高勾麗 創世記

南堂遺稿 㝈牟鏡

校譯校註 金 星 謙

圖書出版 修書院

〈저자소개〉

-학 력-

충청남도 예산군 덕산면 광천리 출생
삽교국민학교(현 삽교초등학교)
예산동중학교
서울고등학교
서울대학교 농과대학 축산학과
서울대학교 대학원 석사과정(가축영양학 전공)
서울대학교 대학원 박사과정(가축영양학 전공)

-이 력-

서울대학교 농과대학 조교
아세아태평양축산학회연합회
 제3차 서울대회 조직위원회 사무장
제일사료주식회사(가축사료 제조판매업)
 연구개발·품질보증·품질경영 업무
자영업(가축영양사료관련 연구개발)

추모경 교역·교주본 출간에 즈음하여

지난 2007년의 어느 가을날 그때까지 국사편찬위원회 자료실에서 누군가의 손길을 하염없이 기다리던 숫처녀에 해당할 것으로 보이는 '남당유고南堂遺稿' '추모경芻牟鏡'과 '고구리사초高句麗史抄'의 기록내용을 하루빨리 세상에 알리려는 마음하나로 초벌 번역하여 각각 2008년 늦여름과 2009년 초여름에 소량의 부수로 출간한 바 있다. 이 지난한 작업에는 역자도 가입한 인터넷동호회 몇몇 분들께서 문자해독과 문장번역을 도와주셨고, 도서출판 지샘 김종호 대표께서 남당유고 추모경芻牟鏡과 남당유고 고구리사초高句麗史抄의 출간비용 모두를 감당해주셨다. 다시금 이 분들의 도움에 감사드린다.

지난번 출간에서는 선대와 후대를 순서를 바꾸어 번역하고 주석한 잘못으로 인하여 고대사강역의 지리비정에 잘못이 많았고 번역도 충실하지 않았음에 걱정스런 마음을 감출 수 없었다. 하여 역자는 그 이후로 10여 년간에 걸쳐 좀 더 많은 기록들을 대조하여 번역 글을 다듬었다. 이번의 교역에서도 역시 남당선생 개인의 가필과 주석으로 읽히는 모든 글자들은 가능한 한 제외하였다.

고대사강역을 주석함에 있어서는 지난여름부터 북방역사지명 읽는 방법을 고대의 음가에 좀 더 가까울 한자병음으로 바꾸어보았다가 역사서에 기록된 지명의 위치를 찾아내는데 큰 진전이 있었다. 한자로 기록된 고대사 지명의 위치를 비정함에 있어 근세조선 이조의 훈민정음으로 인하여 우리는 당달봉사로 만들어졌고 그 결과로 우리는 우리 고대사의 실체를 눈치도 채지 못하게 되었음을 깨달았다. 백성을 위해 문자의 음가를 바로잡았다는 그 자랑스러운 훈민정음이 우리의 옛 역사와 강역을 잊고 잃게 하였던 것이라.

여기서 그간 역자가 깨우치고 주석함에 이용한 우리의 옛 역사에 대한 지식 일부를 다음과 같이 밝혀둔다.

① 추모경 필사본 내지에 별도의 기록이 있었으니, 국사편찬위원회 영상자료 '유기추모경留記芻牟鏡'에는

"留記芻牟鏡
推忠盡節文德匡國功臣守太保特進兼門下侍中
判尚書吏部事監修國史上柱國臣黃周亮奉 勅撰"

이란 기록이 촬영되어 있다. 이는 황주량黃周亮이 유기추모경留記芻牟鏡 또는 추모경芻牟鏡을 수찬하였음을 말하는 것일 터이고,

② 남당유고 리사열전麗史列傳의 황주량전黃周亮傳 끄트머리에는

"諡曰景文.契丹之乱,宮闕書籍燒盡.周亮奉詔訪問採掇撰集太祖至穆宗七大事跡三十六卷以進."

이라 하여, 황주량은 고리조高麗朝에 출사해 사서史書를 편찬한 적이 있었고,

③ '의성조문박물관'이 2012년에 촬영한 '芻牟鏡 上' 내지에는

"臣等謹按　皇朝旧史;神明丁亥正月尚仁修三代鏡至太祖壬子六月成五十七卷,师大鏡百八十卷,白面芻牟鏡五十七卷,西川鏡七十卷,李文真删修新集五十卷芻牟鏡七卷.而字多難解,古碑亦有如此字,不可讀久矣.不得已,以今字究其可讀,而改修如書,謹上箋而進."

이란 기록이 있으니, 전7권 체제의 '추모경'이란 역사서가 이미 있었을 터이며, 아울러서 고구리高句麗 태학박사太學博士 이문진李文眞이 '유기留記100권'을 간추려 수찬하였다던 역사서는 '신집5권'이 아닌 '신집50권'이었고 '추모경芻牟鏡7권'도 함께 수찬하였음이 드러난다.

역자는 정성일 선생님 등이 수고하신 '의성조문박물관 촬영자료 추모경-상' 내지의 기록에 나오는 '신臣'은 황주량黃周亮이었을 것으로 본다. 하여 역자는 고리조정高麗朝廷의 황조皇朝인 고구리高句麗의 '이문진추모경7권李文真芻牟鏡七卷'을 고리高麗가 인간印刊하여 주변 제국들에게 전해진 그 하나가 바로 남당이 일본 황실서고에서 필사하고 가필 주석한 '남당유고 추모경'의 저본이었던 것으로 추정한다.

④ 남당유고 '고구리사초' '고국원제기故國原帝紀' 6년병신六年丙申(CE336)조 기록과 같은 해의 사건에 해당하는 '자치통감資治通鑑'의 기록을 비교하면,

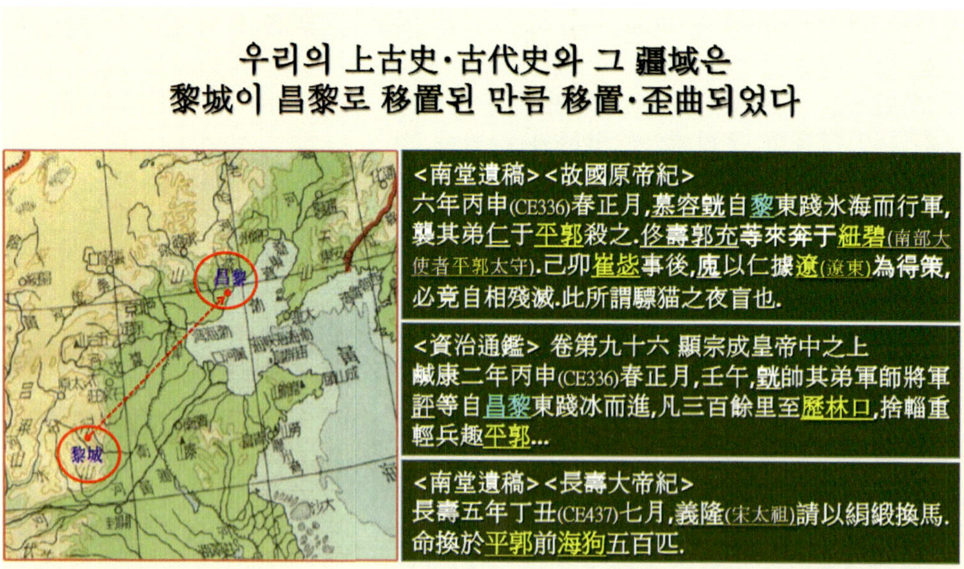

南堂遺稿 故國原帝紀

"六年丙申,春正月,慕容自黎東踐氷海而行軍,襲其弟仁于平郭,殺之.壽郭充來奔于紐碧.己卯崔毖事後,廆以仁據遼[遼東]得策,必竟自相殘滅.此所謂驃猫之夜盲也."

資治通鑑 卷第九十六 顯宗成皇帝 中之上.

"鹹康二年丙申,春正月,壬午,廆帥其弟軍師將軍評等自昌黎東踐而進,凡三百餘里,至歷林口捨輜重,輕兵趣平郭…"

와 같은 바, '리黎'와 '창리昌黎'는 같은 곳이고, 그 시절의 요하遼河는 작금의 청장하清漳河 서쪽줄기西源이었으니 '창리昌黎'는 610Km쯤을 동북으로 이치된 것이며, 기록 내용 당시의 거리로 리성黎城(昌黎)에서 동쪽으로 도합 3백여 리를 진군한 평곽平郭은 장수대제長壽大帝시절에도 물개海狗들이 많이 잡히던 작금 하북성 남부의 옛 대륙택大陸澤·계택雞澤 인근이었을 수밖에 없겠다.

⑤ 이 리성黎城 서편과 서북편에 기자箕子 일가와 관련된 지명인 유사楡社·로성潞城·미자진微子鎭·비간령촌比干峇村 등이 널려있고, 6세기 초반에 수양제隋煬帝가 직접 고구리高句麗의 평양성平壤城을 침범하였다가 여의치 않아 퇴각하던 중 을지문덕乙支文德에게 참패하고 달아나던 끝에 오직 고구리의 변방인 요서遼西 땅 '무武[wǔ]·려厲[lì]·라邏[luó]'만을 저희의 요동군遼東郡과 통정진通定鎭으로 삼아놓고 물러났다는 기록은 바로 작금의 산서성 유사현楡社縣 남방의 무향武鄕[wǔ-]·리성黎城[lì-]·로성潞城[luó-] 지역의 옛 역사 아니었겠는가?

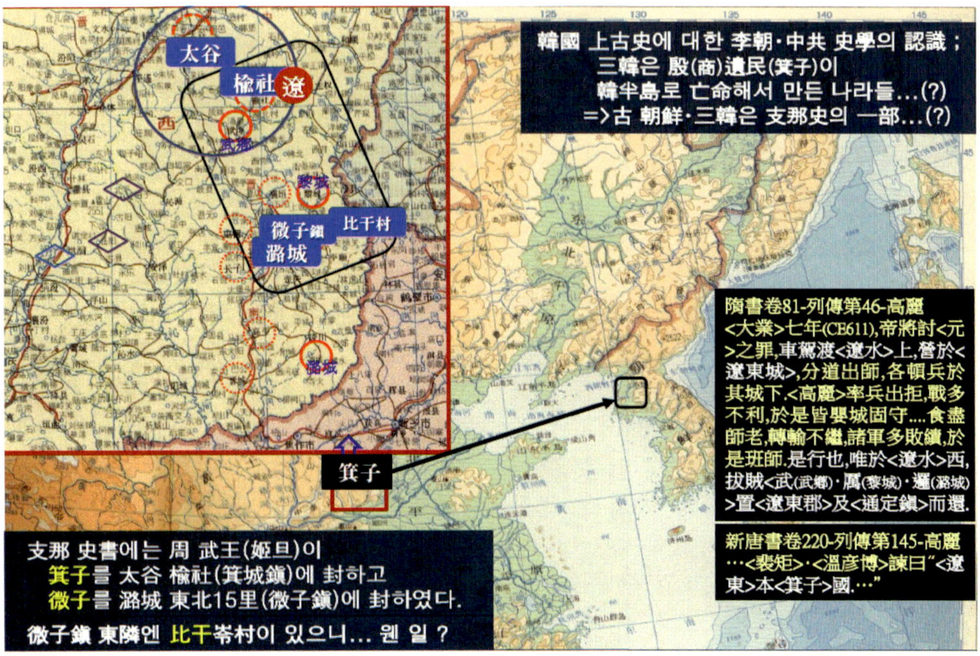

역자의 이런 추정·비정은 천문학자 박창범 박사 등이 현전 삼국사기三國史

記 고구리본기高句麗本紀에 가까스로 살아남은 열 개 미만의 일식日蝕기록들만으로 추정해낸 고구리(도성)의 위치와 대략 궤를 같이하는 것이다. 허나 고구리 역대 중에 기록된 일식의 숫자는 역자가 남당유고와 삼국사기에서 찾아낸 것만으로도 서른넷이나 된다. 고천문학으로 할 일이 남아있는 것이다.

역자는 남당 박창화朴昌和 선생께서 일본 황실서고에서 우리의 옛 역사를 필사해서 가져오신 것에는 무한한 고마움을 느낀다. 허나 필사본 곳곳에 자신의 견해를 가필하고 그가 이조李朝 등으로부터 배우고 공부한 역사지식으로 주석한 것으로 인하여 근자에 남당유고 필사본들의 내용을 탐구하는 이들의 선하고 의로운 마음들이 오도되고 있는 것이 심히 유감스럽다.

남당선생 역시 애당초 근세조선이 우리역사에 끼쳐놓은 패악에서 자유롭지 못하였던 것이다. 대한민국 직전조정 조선은 이전역대들의 역사를 왜소하게 하고 깎아내어 지리지地理志를 새로이 편수하였으며 역사지명의 음가音價마저 훈민정음訓民正音으로 인하여 잘 알지 못하게 하였고 동국통감東國通鑑으로 우리 상대의 역사들을 왜곡 편찬하여 명明에게 책봉국冊封國을 자부하는 예를 다하더니, 결국 이 일들로써 왜곡된 우리고대사를 근세의 일본에게 주입하는 결과를 낳게 하였다. 곧 우리의 고대사는 우리의 조정이 왜곡한 것이지 결코 남인 일제日帝와 조선총독부朝鮮總督府에게 그 근본적 책임을 돌릴 일이 아닌 것이다. 우리 스스로 지키지 못한 우리 역사를 우리 아닌 그 누가 본디의 모습대로 그대로 곱게 지켜주었겠는가?

초벌번역본을 출간한 이래로 다시금 10여년을 내 눈만으로 진력하여 우선 추모경 교역교주본 원고를 준비한 것을 금번에 출간하기에 이르기까지 역자의 생업을 위한 사료기술고문이란 일자리를 주신 (주)체리부로 김인식 회장님의 8년여에 걸친 경제적 도움이 있으셨고, 김영채 박사님과 청음 정윤훈 선생님께선 원문해독에 도움을 주셨으며, 원고의 편집 조판 등 제반 출간작업은 도서출판 수서원 광암 손광춘 사장님께서 수고와 상당한 비용을 감당하시고, 청담동 한치과 이종진 박사님께선 그간 역자의 섭생을 돕고 격려해주셨으며 출간비용 나머지를 맡아주셨습니다. 아울러서 한문수 선생님께선 이 추모경 교역교주본이 출간될 수 있도록 섭외하여 도와주셨습니다. 본시의 우리 고대사가 복원되는 날에 이 분들의 공적이 광복된 우리 고대사와 함께 빛날 것을 의심치 않습니다. 본래의 전공이 아닌 소생이 이 일을 일생후반의 소명으로 삼고 있음을 가상히 여긴 제 처자들과 이에 적극 돕고 격려해주신 모든 분들께 역자는 재삼 마음 깊이 새겨서 감사드립니다.

2019年 겨울 콩밭太田(大田)에서 사천史穿 김성겸金星謙 근서

목 차

芻牟鏡 上

추모경 상

원문출처(http://mf.history.go.kr/Pdf/MF0020000/00322324.pdf)

芻牟鏡 卷一

추모경 권1

慕漱帝紀

모수제기

北夫余不而城檀林山下,蒼松茂密丹闕聳出,此乃天帝之殿也.帝以黃袍瓊帶,頭戴綠幘錦冠,坐於獤皮獅榻,朗讀玉馬神經,羽衣扁罨[皀][1]徒雀躍,民無鷄犬之驚,謳歌太平者幾乎千霜.

顓頊南下,其道神農黃帝,其地北辰南溟.偃皇北遷,其法尭舜禹湯,其土蟠木流沙.姬發東侵西戎稱周,沛項渡江南蠻為漢,青徐幽冀中土之民或東或北,唐虞夷也夏殷胡也.

북부여北夫余[2] 불이성不而城[3] 단림산檀林山아래 푸른 솔이 빽빽하니 무성하고 단궐丹闕[4]이 우뚝하니 솟았더니, 이게 바로 천제天帝의 궁전이라. 천제께선 황색도포黃袍와 옥대玉帶에다가 머리엔 록책금관綠幘錦冠을 쓰시고 채 돈피사탑獤皮獅榻[5]에 앉으시어 옥마신경玉馬神經[6]

---

1) '皀'의 誤寫로 보이나 通字로 보아서 그대로 두었다. 필사본에 이런 例들이 許多함.

2) 소위 옛朝鮮(檀君朝鮮) 등의 歷史들을 近世에 묶어 編修한 까닭에 僞史로 매도된 桓檀古記를 따르면 ; BCE425년에 朝鮮 第44世檀帝 句勿이 藏唐京에서 帝位에 올라 국호 朝鮮을 大夫餘로 바꾸고 三韓體制(중앙집권체제)를 三朝鮮體制(분권체제)로 바꿔 國脈을 이어오던 중, BCE239년에 熊心山에서 擧兵해 白岳山에 雄據하였던 天王郎 大解慕漱(槀離國後裔)에게 第47世檀帝 古列加가 BCE232년 五加들의 共和政이 끝나기에 즈음하여 그 都邑 藏唐京(檀奇古史는 唐藏京·唐莊京)과 帝位를 넘겨 承繼된 옛朝鮮의 正統後國 ; 당시 平壤은 檀帝 句勿이 BCE425년에 大夫餘의 남쪽 海口 땅에 海城을 改築해 離宮(別宮)을 들인 곳이다.

3) 都城 ; 此後의 本傳 記錄들을 綜合하면 不而城의 所在는 ①河北省北端 張北縣 海子洼村遺跡 또는 ②內蒙古 太仆寺旗 都蘭山南隣 九連城 古城遺址 쯤으로 추정된다.

4) 丹色木材로 建造되거나 丹色(赤·紅色)으로 裝飾된 宮闕

5) 담비류(貉·貂·貐·貂)의 毛皮를 두른 帝王平牀 ; 獤皮의 上品은 흑담비피 '잘(紫鞨)'

6) 玉馬神經은 朝鮮·大夫余·北夫余시대의 帝王 등이 읽던 經典이었던 듯

을 낭랑하게 읽으시고, '선인들 널리 퍼져있고 조의무리 바삐 뛰어서,'[7] 민간에선 닭과 개도 놀랄 일 없이 구가하노니 태평성대 거의 천 년이었다.

전욱顓頊[8]께서 남하하시니 그 길道은 신농神農[9]과 황제黃帝[10]이었고 그 땅地은 북쪽은 진辰[11] 남쪽은 명溟[12]이었으며, 언황偃皇[13]께서 북쪽으로 옮기시니 그 법法은 요堯[14]·순舜[15]·우禹[16]·탕湯[17]이고 그 땅은 반목蟠木[18]과 류사流沙[19]이었다. '희발姬發[20]이 동쪽을 침입하여 서융西戎[21]이 주周를 칭하였고 패沛[22]·항項[23]이 강江[24]을 건너 남만南蠻[25]이 한漢[26]이 되매'[27], '청靑·서徐·유幽·기冀'[28] 중토中土[29]의 백성

---

7) 또는, '큰새들 낮게 깃들고 알곡더미엔 참새들이 바삐 뛰어'라는 번역도 가능하겠다.
8) 三皇五帝 중의 帝顓頊 高陽氏 ; 芻牟의 桂婁后所生子 高婁가 高氏를 繼承함
9) 三皇五帝 중의 炎帝 神農으로, 農耕의 創始者로 알려진 上古時代의 人物
10) 三皇五帝 중의 黃帝 少昊金天 軒轅氏 ; 혹자는 이 인물을 金氏 등의 조상이라고도 함
11) ①辰星(北極星)과 맞닿은 곳? ②辰朝鮮(眞朝鮮)? ③辰韓?
12) ①아득한 남쪽의 큰 바다? ②上古時代 黃河·長江 사이의 內陸海(渤海)?
13) 徐偃皇으로 BCE10C경에 華夏族 36國에게 朝貢받던 淮·岱지역 즉 河南省·山東省·安徽省·浙江省 등 連接지역을 掌握해 統治한 東夷帝王 ; 高句麗史略 始祖東明聖王紀 初頭의 筆寫기록에 [檀君之後有徐偃王,與周穆王戰,不利,棄靑徐之地而北敀.扶餘鮮卑等皆其後也.]라 필사되어 있음
14) 史記 三皇·五帝들 중의 唐邑 堯임금으로 東夷系라 함
15) 史記 三皇·五帝들 중의 虞國 舜임금으로 東夷系라 함
16) 虞舜을 멸하고 夏를 세운 華夏族 始祖格인 禹임금으로 非東夷系인 듯함
17) 夏禹의 夏를 멸하고 商(殷)을 세운 東夷帝王
18) ①山東省 東北海邊의 蟠山? ②樹木이 낮게 깔려서 자라는 광활한 樹木地域?
19) 新疆省~甘肅省~內蒙古西·中部의 고비(戈壁)사막 지역
20) 西周를 세운 武王
21) 上古 華夏와 이를 계승한 漢이 周邊 異民族들을 東夷·西戎·南蠻·北狄으로 구분한 西方의 이민족 ; 戎族[拼音;róng-,rēng-]은 兵仗器가 좋고 싸움을 잘하는 族屬이었나?
22) 漢王 劉邦 즉 劉季 ; 邦이 名이고 季는 字라 하나, 季가 名이고 邦은 諱이었을 것
23) 西楚霸王 項羽 ; 名은 籍이고 字는 羽
24) 古代史 기록에서 江은 대개 長江이며 ; 漢水와 江長이 합쳐 흐르는 구간은 漢江
25) 上古 華夏와 이를 계승한 漢이 周邊異民族들을 東夷·西戎·南蠻·北狄으로 구분한 南方의 異民族
26) 西漢(前漢) ; 初期의 漢은 關中·漢中·陝中과 長江以北~河南省 地域 등을 차지하였음
27) 關中의 扶風에 있던 西戎 姬發이 河南省의 黃河南邊 孟津을 東侵하고 勢力을 結集해 黃河北邊 牧野에서 東夷系 商(殷)을 멸한 후에 鎬城(鎬京,西安西便)에 宗周를 세운다음 계속 東侵하여 雒陽(洛陽)지경에 成周(西周·東周의 前身)를 세우고, 長江·漢水지역의 劉邦·項羽 세력들이 長江北方을 爭霸한 끝에 始皇秦을 멸하여 漢(西漢,前漢)을 세우매
28) 대략 上古 夏·商(殷)지역과 山東省 濟水·泗水·淮水지역을 의미한다.

들이 혹은 동쪽으로 혹은 북쪽으로 옮겼더니, 당唐30)·우虞31)시절 이夷32)이었고 하夏33)·은殷34)시절 호胡35)이었더라(그림-1참조).

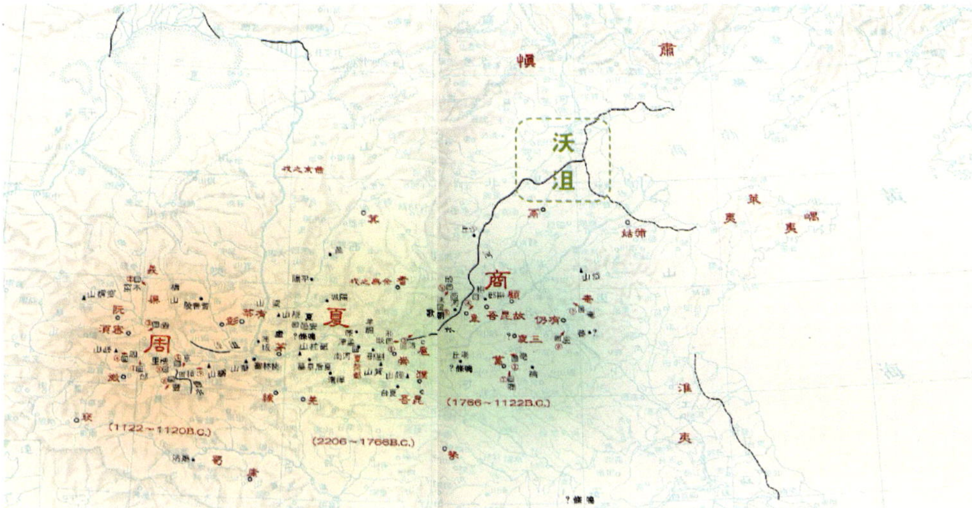

그림-1. 上古시대 夏·商(殷)·周 3代와 肅愼의 위치(중국사회과학원지도집)
-중국사회과학원역사지도집의 지도들 중 신뢰할만한 유일한 지도임-

文生于紋,艮為道宗.傳在渤海,震為法本.連山攸藏農工医薬禮楽射御書数之術,莫不備焉.召姜姬旦之治,得於我而用於彼,久占肥溫之地,長為安楽之計,安者怠而亡,勞者勤而興.

以臣伐君滅親為義,周豈有道.分其父羹,觧其妻袴,漢實無法.五伯尙淫七雄嗜殺.書可以焚儒可以坑,但知築城不知修德,蒙恬未死秦已亡矣.徒事干戈不事其親,病已未生劉已絶矣.

글자文36)가 문양紋37)에서 생겨서 간방艮38)이 도道39)의 조종祖宗40)이

29) 대략 上古 夏·商(殷)·周代 秦·燕·齊·趙의 땅; 그곳도 凡東夷(九黎,九夷)의 땅이었다.
30) 史記 三皇五帝들 중의 唐邑 堯임금으로 東夷系라 함
31) 史記 三皇五帝들 중의 虞國 舜임금으로 東夷系라 함
32) 東夷의 땅에서 출세하지 못한 자신도 夷이었을 孔子가 '夷'를 '오랑캐'로 쓴 이래로 그 뜻이 나빠진 것으로 보이나, 역자는 '夷'字를 '큰大 활弓'이 아닌 '활弓과 화살↑을 가진 사람人'이란 뜻의 글자로 理解한다.
33) 禹가 東夷 徐偃皇세력을 북방으로 밀어내고서 세운 華夏族 역사상 최초의 나라
34) 湯[拼音;tāng,shāng,yáng]이 禹가 세운 夏를 멸하고 세운 上古東夷나라의 하나
35) 華夏·漢이 北狄이라 한 北方세력 ; 서북방 匈奴와 동북방 朝鮮(肅愼)·夫餘 등에 해당
36) 문文은 甲骨字, 夫餘字, 漢字 등 즉 字 즉 文字(글자)란 뜻

되었고 전승傳承[41]이 발해渤海[42]에 있어 진방震[43]이 법法[44]의 본산本山이 되었음에 연산連山[45]·귀장敀藏[46]·농공農工[47]·의약醫藥[48]·예악禮樂[49]·사어射御[50]·서수書數[51]의 학술들을 갖추지 못한 것이 없었다. '소강召姜[52]과 희단姬旦[53]의 다스림은 우리에게서 배워다가 그쪽에다 펼쳤던 것인데,'[54] 비옥하고 따뜻한 땅을 오래도록 차지하고서 안락지계安樂之計를 으뜸으로 삼더니 안존安存한 이들은 게을러 망하고 수고한 이들은 부지런하여 흥하더라.

'신하가 임금을 치고 친족들 죽이기를 의롭다고 여겼으니'[55] 어찌 주周에 도道가 있었겠으며, '제 아비 삶은 국물을 나누고'[56] '제 처

---

37) 문양紋은 文字가 정립되기 이전에 사물 등을 象形한 紋樣들
38) 간艮은 東北方 즉 華夏族 核心疆域의 東北方으로 현금 內蒙古自治州의 烏蘭察布市·長家口市·北京市·赤峰市·承德市 등과 그 以東을 포괄하는 東夷地域의 東北部 총칭
39) 世上天下를 경영하는 理念·思想과 道理
40) 始原 또는 始祖
41) 長久한 세월을 면면히 전하여진 言語·法俗·禮樂·技術 등
42) 上古이래로 黃河의 물이 黃海의 물과 뒤섞이던 山東省·河北省·河南省이 연접된 上古代·古代의 광활한 內陸海·低濕地域 ; 현금 黃海서북변 渤海灣 天津市지경만으로 국한되지 않음
43) 震은 東方 즉 華夏族 核心疆域(西安)의 東方으로, 대략 山東省·河北省東南部 지역
44) 世上天下를 경영하는 규범
45) 神農의 易法
46) 商殷의 易法
47) 農耕과 工作
48) 醫術과 施藥
49) 禮儀와 音樂
50) 戰爭과 統治
51) 書字와 算數
52) 周武王 姬發을 도와 殷(商)을 멸하고 周를 세운 宰相 ; 소위 姜太公으로 本名은 呂尙이고 字는 子牙로, 孔子가 東夷를 폄훼하였다가 그리워하기보다 앞서서 東夷를 배반하고 華夏를 도운 東夷人
53) 西周 周公으로 周文王 姬昌의 아들이며 周武王 姬發의 남동생
54) 이러한 史實들이 후세에 傳하는 史書들에서는 완벽하게 削奪歪曲되어져 있음
55) 周初와 周末 春秋戰國時代의 實狀
56) 史記卷七 項羽本紀第七에 [當此時,彭越數反梁地,絶楚糧食,項王患之.為高俎,置太公其上,告漢王曰"今不急下,吾烹太公."漢王曰"吾與項羽俱北面受命懷王.",曰"約為兄弟,吾翁即若翁,必欲烹而翁,則幸分我一桮羹."項王怒,欲殺之.項伯曰"天下事未可知,且為天下者不顧家,雖殺之無益,只益禍耳."項王從之.]라 기록되었다. 項羽가 劉季(劉邦)의 太公(아비)을 삶겠다고 威脅하자, 劉邦이 한 그릇을 나눠달라고 답한 것을 비웃은 것. 商(殷)의 紂 역시 周文(姬昌) 長子 伯邑考를 삶아서 그 국물을 周文에게 마시게 했다고도 한다.

삽을 풀어헤쳤으니'[57] 한漢은 기실 법法[58]이 없었노라. 오패五伯[59]들은 음란하길 숭상하고 칠웅七雄[60]들은 죽이길 좋아하였고, 책書이라면 불태우고 유자儒者라면 땅에 묻으면서 성城쌓기는 알아도 덕德갖추기는 모르더니 몽념蒙恬[61]이 죽기도 전에 진秦[62]은 이미 망하였고, 섬기느니 오로지 창과 방패이고 '지친至親은 섬기지 않더니'[63] '병이病已[64]를 낳기도 전에 유씨劉氏는 이미 (代가) 끊겼더라.'[65]

奴中郎於北海,屠貳師於東社,李陵泣秋,馬遷腐刑,殺妻戮子,徹固恶矣.毒后納女,光豈忠技.送女烏孫賣笑之行,刺殺樓蘭剽盜之為,右渠未平而彘璞先誅,汗馬不至死者八九而.

于此渾世,慕漱帝作非法非德以潔為治.四八溫井百二洗女,香費千金帨用万幅,身如白玉齒如編珠.同庚之后来自黃竜,紀甲之妃結於順奴,逍遙香林沐浴醴泉,振羽投頸如鴛如鴦.

'중랑中郎[66]장을 북해北海[67]에 종살이시키고'[68] 이사貳師[69]장군을 동

---

57) 匈奴선우(帝王) 묵돌冒頓을 치다가 패한 漢高祖劉季(劉邦)가 妻를 冒頓에게 獻納한 일 ; 史記卷93韓信盧綰列傳第33[漢]7年冬條에 [上遂至平城..,上出白登,匈奴騎圍上,上乃使人厚遺閼氏,閼氏乃說冒頓曰"今得漢地,猶不能居,且兩主不相戹."居七日,胡騎稍引去.]라고 하여 高皇后를 '人'으로 썼지만 漢高皇帝劉邦이 冒頓에게 넉넉한 謝禮品과 함께 本妻를 보내서 7日間을 冒頓과 함께 있게 하였다고 함. '說'字는 '說人明之하다'와 '使人悅之하다'라는 두 가지의 뜻이 있다.

58) 다른 필사본 '畱記芻牟鏡'엔 無法이 無恥여서 '부끄러움이 없었다.'로 번역할 수 있음.

59) 周末 春秋時代의 다섯 覇者 ; 尊周攘夷를 내세운 齊桓公·晉文公·楚莊王·宋襄公·秦穆公. 혹자는 齊桓公·晉文公·楚莊王·吳闔閭·越勾踐의 다섯 諸侯王들을 일컬음

60) 周末 戰國時代의 秦·楚·燕·齊·趙·魏·韓 일곱 나라의 英雄的인 諸侯들을 일컬음

61) 始皇 秦의 長城을 쌓았다는 장수로 始皇 嬴政의 맏아들임

62) 西土歷史上 最初로 天下를 統一하였다는 始皇 嬴政의 秦

63) 漢高祖死後로 무수한 親族·戚族이 悲運을 당한 실태 ; 漢武帝 劉徹의 시절이 가장 극심하였음. 芻牟鏡,東明13年,曰"漢,恒殺弟,徹殺子"

64) 漢武帝 劉徹의 曾孫인 宣帝의 兒名 ; 문맥으로 보면 病已는 劉氏가 아닐 수도 있다.

65) 權力爭奪로 皇族 죽이길 일삼은 결과, 살아남은 嫡子·嫡孫·嫡曾孫이 없어서, 病치레꾼인 出處不明의 支曾孫 病已를 황망하게 皇曾孫으로 삼아 帝位에 세웠음

66) 漢武帝가 북방 匈奴(胡)에게 使臣으로 보낸 中郎將이자 中監이었던 蘇武

67) 漢 北方의 匈奴 땅 ; 內蒙古自治州 中西部 陰山山脈 북방의 沙漠(瀚海)지역 ; 소위 黑玉 遺物들이 쏟아지는 것으로 보아 上古時代엔 物産이 豊富한 濕地·草原이었을 것

68) 漢 朝廷의 符節을 지닌 채로 北方의 匈奴에게 奴隸가 되어 십여 년을 牧羊奴로 지냈다 ; 포로가 된 自國의 將帥를 구해내지 못하고 방치한 실태

69) 漢의 貳師將軍·丞相 李廣利(?~BCE90) ; BCE104년 西域 大宛國을 遠征해 貳師城을

사東社[70]에서 죽였으며 이릉李陵[71]이 눈물짓던 가을에 사마천馬遷을 부형腐刑에 처하고서 처를 죽이고 자식을 찢었으니 유철徹[72]은 실로 악독하였고, 황후에게 독을 쓰고서 딸을 바쳤으니 곽광光[73]이 어찌 충신이었겠나! '딸들을 오손烏孫으로 보내 웃음을 팔게 하고'[74] '루란樓蘭왕을 찔러 죽였으니'[75] 표독한 도적의 짓거리고, '우거右渠[76]가 아직 평정되지 않았는데 순체彘[77]와 양박璞[78]을 죽이더니'[79] '한마汗馬[80]는 오지도 않았는데 죽은 이들이 (열에) 여덟아홉이었더라.'[81]

쳐서 汗血馬를 가져왔고, 그 후 4년간 大宛의 여러 城들을 공략한 功으로 海西侯에 封해졌으며, 훗날 匈奴를 討伐하려고 塞를 나갔다가 速邪烏燕然山에서 匈奴에게 사로잡혀 狐鹿姑單于의 사위가 되었고, "죽더라도 필히 匈奴를 멸하겠다."고 하였다가 匈奴의 '東社(東地神社)'에서 單于의 母親 祭祀用 祭物로 죽었음. 이후로 漢武帝는 國外征伐을 일절 멈췄다고 함

70) 당시 匈奴의 동남쪽 영역에 있었던 東地神社(東社) ; 山西省 太原市(陽曲縣)에 있었던 匈奴의 龍城지경 ; 臨汾·洪洞 사이의 陽曲鎭(楊曲鎭)이 혹시 本始의 古太原 ?

71) 西漢장수 李光의 長孫으로, 字는 少卿(?~BCE74), 漢武帝시절 騎都尉 ; 居延 北方 千餘里에서 匈奴單于와 싸우다가 붙잡혀 항복하였고(BCE99), 匈奴선우의 딸과 혼인해 右校王이 되었으며, 匈奴선우를 도우며 활약하다가 종당엔 病死함

72) 漢 世宗 武帝(孝武帝)

73) 霍光 ; 字는 子孟. 標旗將軍 霍去病의 이복동생. 霍去病 死後에, 武帝(孝武帝)가 죽자 어린 임금을 끼고 國政을 주무르더니 孝宣皇后 許氏를 독살하고 제 딸을 황후로 들여서 國政을 內外로 주무르기에 典範이 된 자임

74) 漢이 북방에서 匈奴와 相爭하던 烏孫國王에게 公主들을 보내 危機를 謀免하였던 일

75) 西域 樓蘭에 使臣으로 간 漢의 傅介子가 樓蘭王 安의 목을 베어 漢 北闕에 걸은 일

76) 漢高祖劉邦의 鄕友·將帥로 立國功臣이어서 太尉·長安侯·燕王이 된 盧綰이 逆謀로 몰렸고 끝내 匈奴 땅으로 도망하매, 처지가 비슷하여 眞朝鮮(北夫余)의 臣下國인 山西省 東南部 箕氏番朝鮮으로 도망해서 勢力을 불려 그 番朝鮮을 훔쳤고 이어서 北夫余 海口땅 海城이 있는 平壤지역을 잠시 훔치기도 했던 그 衛滿의 孫子임

77) 漢武帝 당시 右渠朝鮮(衛滿朝鮮末期)을 정벌하던 漢 陸軍의 左將軍 荀彘

78) 漢武帝 당시 右渠朝鮮(衛滿朝鮮末期)을 정벌하던 漢 水軍의 樓船將軍 楊僕

79) 漢武帝 劉徹이 BCE110~108年에 衛滿朝鮮 右渠王을 水陸軍으로 치다가 連敗한 일

80) [太初四年(BCE101)春,貳師將軍廣利斬大宛王首,獲汗血馬來.作西極天馬之歌.]라는 기록의 汗血馬를 汗馬로 쓴 것

81) 資治通鑑 漢紀 太初二年戊寅(BCE103年)條 기록에 [貳師將軍之西也,既過鹽水,當道小國各城守,不肯給食.攻之不能下.下者得食,不下者數日則去.比至郁成,士至者不過數千,皆饑罷.攻郁成.郁成大破之,所殺傷甚衆.貳師將軍與李哆·趙始成等計:"至郁成尚不能擧,況至其王都乎."引兵而還,至敦煌,士不過什一二,使使上書言:"道遠乏食,且士卒不患戰而患饑,人少,不足以拔宛.願且罷兵,益發而復往."天子聞之,大怒,使使遮玉門曰:"軍有敢入者,輒斬之."貳師恐,因留敦煌.]라 하였으니, 汗血馬를 구하러 西域 大宛國으로 보낸 遠征軍이 굶주리고 패하여 열에 한둘만 살아남았던 일. 後日에 다시 大宛國 貳師城으로 가서 간신히 汗血馬(大宛馬,天馬)를 손에 넣었다고 함

이리 혼탁한 세상에서 모수제慕漱帝[82]께서는 법法도 아니고 덕德도 아닌 깔끔함潔으로 다스리사, 사팔四八 온정溫井[83]에서 백 두 여인들이 몸을 씻어 향값香費으로 천금千金이 들었고 수건帨으로 만폭万幅을 썼더니, 몸은 백옥白玉과 같고 치아는 가지런히 엮어놓은 진주와 같았다. 동갑나기同庚 황후[84]는 황룡黃龍에서 왔고 기갑지비紀甲之妃[85]는 순노順奴에서 맺었는데, 향기로운 숲을 소요하면, 단물이 솟는 샘물에서 목욕하고 깃을 털어 목을 맡기니 원앙이鴛鴦들 같았어라.

安神閨房思老玄虛,弄尾弄璋如竜如虎.重光荒落,五羊献桃.我女如凰来自丹山飢不啄粟,貞靜幽閑.昭陽協洽,又擧鸞主.似凰而肥,雖非后也,亦可以妃.旃蒙作噩,三禽子飛.单于之敀,花草何為.

崑山之酒藏扵駝卵,三神之薬採扵鰲頭,求醬柏谷漂母殺鷄,聞謠"康衢有女如玉,仙風道骨原来多情,無名之花泣扵草野,金枝玉葉自是多風,有恨之實落扵空汀,拓跋索頭慕容紫蒙."

'마음을 편안히 한 여인女人들이'[86] 노자老子[87]의 현허玄虛[88]를 마음에 품었더니, 딸을 낳고 아들을 낳으면 용龍과 같고 범虎과 같았다. **중광황락**重光荒落(辛巳,BCE100)년에 '오양五羊[89]이 복숭아桃[90]를 바쳤더니,'[91] 우리 딸[92]은 단산丹山[93]에서 온 봉황凰[94]은 굶주려도 좁쌀을 쪼지 않듯이 정조 곧고 성깔 조용하여 그윽하고 한가하였다. **소양협흡**昭陽協洽(癸未,BCE98)년에 또 해란鸞공주[95]를 들어올렸다. 해황凰

82) 或曰 小解慕漱(高慕漱?)로 象鮮(芻牟,朱蒙)의 生父임
83) ①四方八方에 널려있는 溫泉들? ②溫泉32個所?
84) 北夫余 黃龍侯(黃龍王) 羊川의 딸 羊聖
85) 牛氏所生 屋文女 屋因妃로 ①띠 同甲(12年차이)이거나 ②還甲이 되도록 伴侶한 妃
86) '神主를 모신 女人들이'로 번역함도 가능하겠다.
87) 仙道 後世의 一種인 道教의 祖宗
88) 道教의 心身修鍊法인 '玄妙·空虛'의 略語인 듯하다
89) ①帝王자리의 羊씨 곧 羊聖 즉 吾羊? ②다섯 羊氏들 즉 黃龍國人? ③慶事에 王母를 둘러싸서 춤추던 舞姬들?
90) ①딸 즉 皇女(公主)? ②仙桃?
91) ①皇女를 낳은 것을 의미하거나, ②皇女를 낳은 것을 祝賀하는 禮法?
92) 芻牟大帝 父皇 慕漱帝의 長女 鮮凰
93) ①檀林山? ②河北省 完縣 西郊의 檀山 즉 桓那故地와 勾茶故地 사이의 檀山(異名 馬耳山·抱陽山)? ③甘州張掖東方·鎭番西北方의 丹山?
94) 凰은 鳳凰새의 암컷 ; 이 해에 羊聖황후가 낳은 漱帝의 鮮凰공주를 은유함

이와 비슷하나 뚱뚱하여 비록 황후감은 아니어도 비妃로는 역시 삼을만하였다. **전몽작악**旃蒙作噩(乙酉,BCE96)년엔 셋째 해금禽[96]이가 떨어졌다. 선우單于[97]에게 출가하니, 화초가 어찌 되었느니!

'곤륜산崑山[98]의 술'[99]을 타란駝卵[100]에 담아놓고서 '삼신三神산 약초'[101]를 오두鰲頭[102]에 뜯어놓은, 백곡柏谷[103]에서 장醬을 구한 빨래하는 아낙이 닭을 잡다가 노랫소리를 들으니, "강구연월康衢煙月[104]에 옥 같은 여인이 있어 선풍도골에 원래 다정하였는데, '이름 모를 꽃들이 초야에서 울고 금지옥엽도 이때부터 바람 잘 날 없어서'[105] 한 서린 씨앗들이 휑한 물가에 떨어졌더니, '탁발拓拔씨 색두索頭[106]부'와 '모용慕容씨 자몽紫蒙[107]부'가 되었노라."[108] 하더라.

彊圉淵默,禾母賔天,存公下降.存之存之,夫余之名,可以存之.帝叔夫婁,爰自故國,移于加葉,生木為柵.死貝為陵,五穀豊盛,魚鼈無盡,一年成邑三年成都,貝為洛陽柵為長安,桑海之濱厥山之隅.

帝妹鼋主,初嫁禾相生賴而別,再嫁羊山生福而攱.著雍困敦桃夭之時,百両御之十燭華之,千乘之君万姓之妃.后弟之婦,仙法之家,宅於杜訥西川之涯,宮於獸林春官之裔,宜爾黃竜世守羊加.

---

95) 舀牟大帝 父皇 慕漱帝의 次女 鮮鸞
96) 舀牟大帝 父皇 慕漱帝의 第三女 鮮禽
97) 匈奴선우 허려권거(虛閭權渠)
98) 큰 산, 崑崙山.. 北夫余 西方의 큰 山(즉 山脈)
99) 몹시 귀한 술. 不老酒?
100) ①駝鳥 알 모양의 그릇? ②駝鳥의 알? ③駱駝의 睾丸?
101) 仙藥인 설련화(雪蓮花)·당삼(党蔘)·종용(苁蓉)·홍화(红花) 등을 이르는 것인가?
102) ①자라 목 모양의 그릇? ②오두산(鰲頭山)?
103) 잣나무가 빽빽한 계곡 또는 고을 ; 鮮卑族(王柏)의 고을이었던 듯하다.
104) 太平聖代
105) 鮮禽이 匈奴單于 虛閭權渠에게 出嫁한 이후의 五單于亂立時節을 의미할 것.
106) 北方鮮卑 일파인 卑离族
107) 西方鮮卑 일파인 卑离族.
108) 鮮禽공주의 삶에 대한 노래로, 東胡(夫余)一派인 鮮卑族의 分枝를 말함인가? 慕容씨 燕과 拓拔씨 魏는 姻戚이었다는 뜻이 되겠다.

그림-2. 加葉原은 哈爾濱市·長春市 중간 查干湖沿邊 'Tahu古市(塔虎城)' 遺址나 松原市'仙州古市'遺址로 추정된다. [加葉原>柵城>新城]

강어연묵彊圉淵黙(丁亥,BCE94)년에 화모禾母[109]께서 돌아가시고 해존공存公[110]이 태어나매, 보살펴 보존하던 부여夫余란 이름을 보존할 수 있는지라, 모수제帝 숙부 '부루夫婁[111]가 이에 고국故國[112]에서 가섭加葉[113]원으로 옮겨가서'[114] 생나무로 성책을 세웠더니, 죽은 조가비들이 큰 언덕을 이루고 오곡이 풍성하며 물고기와 자라가 무궁무진하여, 1년 만에 읍락邑을 이루고 3년 만에 도읍都邑을 이룩하여, 조가비들은 락양洛陽이 되고 성책柵은 장안長安이 되었으니, '상해桑海가 장자리에 계산罽山모퉁이였더라(그림-2참조).'[115]

109) 德皇 禾太后로 慕漱帝의 母后
110) 羊芳황후가 낳은 慕漱帝의 장자 ; 德皇은 아들이 慕漱帝 하나뿐이고, 慕漱帝는 鮮凰·鮮鸞·鮮禽 세 公主들을 낳은 후에야 비로소 첫 아들 鮮存公을 낳았음.
111) 당시 北夫余 天帝였던 夫婁는 北夫余 동쪽으로 떠나가서 東夫余의 始祖가 됨
112) 故鄕을 뜻하는 北夫余都城(不而城) 땅 ; 北夫余 初期以前에 관련한 기록들에 나오는 故國之原이 아님.
113) 東夫余初期都邑 ; 松原市西北 查干湖北隣 塔虎城村 古城遺址? 단재가"伊通州東七十里에 解夫婁頌德碑가 있다." 했으니, 長春市 農安縣(旧伊通縣)에 葬事할 만한 거리였을 것. 桓檀古記 北夫餘紀上 말미에 [國相阿蘭弗奏曰"通河之濱,迦葉之原有地,上壤膏腴宜五穀可都."遂勸王移都.是謂迦葉原夫餘,或云東夫餘.]라 하였다. 이곳이 참 寧古塔?
114) 桓檀古記_北夫餘紀下와 迦葉原夫餘紀의 기록을 따르면 BCE86年의 일

그림-3. 芻牟鏡기록 내용을 종합하면 北夫余侯國인 黃龍國의 都邑지역은 河北省 蔚縣~(旧)永定縣일대 ; 懷來·延慶·涿鹿(旧保安)縣 서남방

모수제 여동생 해원黿[116]공주는 애초에 화상禾相[117]에게 출가해 화뢰頼를 낳고서 사별死别하였고 양산羊山[118]에게 재가해 양복福을 낳아놓고 돌아와서, **저옹곤돈**著雍困敦(戊子,BCE93)년 복사꽃 흐드러질 무렵에 '백 수레百両'[119]가 당도하여 열 촛불을 밝혔으니 천승임금千乘之君[120]이요 만백성万姓의 비妃[121]가 되었다. 후后[122]의 남동생 아낙은 선법仙法하는 집안으로, '두눌杜訥[123]땅의 서천西川[124]'변에 살면서 수

115) 加葉原은 桑海(뽕나무바다,大桑原)와 劂山(低平草原高地,集全岺·集廠)이 連接한 곳?
116) 德皇의 禾太后所生 딸
117) 慕漱帝의 姨從兄(姨從四寸兄) ; 慕漱帝는 禾相의 姑母(禾太后)所生임
118) 黃龍王 즉 北夫余의 黃龍侯
119) ①百車 分量의 婚禮幣帛. ②온갖 百官들의 수레나 百雙의 賀客?
120) 戰車 一千을 가진 규모의 國王 ; 戰車 一萬을 가진 帝王(邦帝)의 다스림을 받는 侯
121) 上國의 다스림을 받는 侯國 最上位 宮人 ; 上國이 없는 獨立國 最上位 宮人은 后
122) 羊聖皇后
123) 杜訥(拼音;dùnè)은 黃龍(國都城)지역; 河北省 西端의 蔚縣쯤? 역자는 黃龍國이 兩都를 運用했다면 主都(西都)는 蔚縣·永定縣지경이었고 東都는 懷來縣·延慶縣지경이

림獸林[125] 춘관春官[126]마을에 궁을 들였으니, 의당 너희 황룡黃龍국은 양가羊加[127]를 세세토록 지킬지어다(그림-3참조).

屠維赤奮,如駿之駃,駃兮駃兮,是誰之女.重光单閼,鼋又生芳,其芳如何.芝蘭之室天香拍地,天后之姿.金霞満堂,帝配之慶.屋禾羊家三舅之臣,帝以玉醬賜之后父,又以金飴饋之鼋山.

玄黙執徐,仲秋之月,狐鹿為母屠殺漢将.李女之兄,昌邑之舅,賣笑而貴,牲於絶域,朝露人生一何如是,因緣內謁者所當亀鑑.武甘斧鉞陵不再辱,義固難屈志不碌碌,無功而尊不祥之甚.

鮮卑王柏,帝之姨也,槐里為婿,狐鹿之叔,昭陽荒落生子豪全.帝亦是年生子驄公,柏與松槐入朝檀宮.帝賜青詞,曰"松栢為槐其蔭不絶,為我臣妾,永久護持豪全.豪全吾兒之驄,騎不仆之,走不失之."

도유적분屠維赤奮(己丑,BCE92)년, 준마 같은 해태駃[128], 빠르다! 빨라! 이는 누구 딸이던고! **중광단알**重光单閼(辛卯,BCE90)년에 해원鼋[129]이 또 양방芳[130]을 낳으니, 그 양방은 어떠하였느니? 집안에 향기 가득하고 천향天香이 땅을 어루만지니 천후天后의 자태요, 금빛노을 만당하니 천제께서 짝하실 경사로고. 옥屋[131]·화禾[132]·양羊[133]가家인 세 장인丈人 신하들이 있었더니, 천제께서 옥장玉醬[134]을 후后들의 아비들에게 내리시고 또한 금이金飴[135]를 해원鼋과 양산山[136]에게 먹이셨다.

현묵집서玄黙執徐(壬辰,BCE89)년 중추지월(음8월), '호록고狐鹿[137]가 어

었을 것으로 추정한다.

124) ①中川(大沙河)서쪽의 滋河(磁河)? 或 ②蔚縣 吉家庄(永定縣)남변을 西北流하는 太平河가 杜訥東川이고 蔚縣 代王城遺址 북변을 東北流하는 壺流河가 杜訥西川?

125) 祭祀犧牲을 사냥하는 숲일 것 ; 蔚縣 翠屏山麓에 西柳林이 있었다.

126) 禮曹 ; 나라의 禮法을 管掌하는 官署

127) 羊氏

128) 慕漱帝의 羊后(羊聖)所生 第四女

129) 禾太后소생 德皇女로 慕漱帝의 여동생. 곧 象鮮의 姑母

130) 解鼋所生인 羊山의 딸

131) 順奴國 鯤淵侯 屋文

132) 鮮卑 禾氏

133) 黃龍國王 羊川

134) 육장(肉醬)·젓갈 또는 된장·간장

135) 貴하고 맛있는 飮食 또는 엿

136) 解鼋의 夫王 즉 黃龍王

미를 위해 한漢의 장수를 잡아 죽였다.'[138] 이녀李[139]의 오빠이자 창읍昌邑왕[140]의 장인이 웃음을 팔아 귀히 되었다가 외딴 곳에서 희생되었으니, 아침이슬 같은 인생 하나 어찌 이리 되었는고? 인연이 닿아 내알內謁[141]하는 이들은 응당 귀감龜鑑으로 삼을 일이라. '소무武는 부월斧鉞을 감내하였으며'[142] '이릉陵은 재차 욕됨을 당하지 않아서'[143] 의義는 실로 꺾기 어렵고 뜻志은 녹록하지 않았는데, 공 없이 귀하게 되었다가 심히 상서롭지 못하였느니.

선비鮮卑 왕백王柏이 천제의 이종姨從으로 호록고 숙부 괴리槐里[144]를 사위로 삼더니 **소양황락**昭陽荒落(癸巳,BCE88)년에 아들 호전豪全을 낳았다. 천제 또한 이해에 아들 해총공驄公[145]을 낳으시어, 왕백柏이 왕송松·괴리槐와 함께 단궁檀宮[146]으로 입조하매, 천제께서 청사靑詞[147]를 내리고 이르시길 "왕송松과 왕백柏은 괴리槐로 인한 음덕蔭이 끊이지 않았고 내 신하가 되었으니 영구토록 호전을 보호하여 지킬 것이며, 호전은 내 아이의 총이말驄[148]이니 말을 타면 엎드리게 하지도 말고 말을 달리다가 잃지도 말지니라." 하시더라.

閼逢敦祥,鼃生羊俊.漢䨲狂徹,光桀作乱乃立弗陵.幼子何知,燕旦可憐.旦使来庭請伐弗陵.帝命孤鹿助旦,問罪禽獸殺寬.不疑收澤,加刄泉鳩太守.北地夷

137) 匈奴의 狐鹿姑單于(在位,BCE97-85)로 且鞮侯單于(在位,BCE101-96) 아들이라 함
138) 貳師將軍 李廣利(以前名曰李蓮年)가 狐鹿姑에게 郅居水戰鬪에서 敗하여 降伏하였다. 後日에 狐鹿姑單于가 그의 母后祭祀에 歸和하지 않는 李廣利를 犧牲祭物로 바쳤다.
139) 貳師將軍 李廣利의 여동생으로, 漢武帝 劉徹의 末年寵姬 李夫人
140) 漢 武帝의 손자 劉賀로, 武帝 死後에 霍光에 의해 보위에 오른 劉髆임
141) 帝王을 寢殿 등에서 隱密히 만남
142) 匈奴에게 使臣으로 갔다가 抑留되어 갖은 威脅을 堪耐하며 義를 지킨 것을 일컬음
143) 匈奴정벌에 패하고 李廣利에게 누명을 쓴지라, 투항해서 降將으로 살았어도, 귀국하여 刑을 받지 않았음을 일컬음. 漢書에 [征和三年(BCE90),貳師復將七萬騎出五原,擊匈奴,度郅居水.兵敗,降匈奴,為單于所殺.語在匈奴傳.]이라 기록되었음
144) 匈奴 且鞮侯선우의 아우. '漢書 地理志 右扶風'條에 [槐里,周曰犬丘,懿王都之.秦更名廢丘.高祖三年更名.有黃山宮,孝惠二年起.莽曰槐治.]란 地理記錄은 혹시라도 당시 北夫余 天帝의 姨從이던 匈奴(東胡)一派 鮮卑의 影響力이 西漢의 都城隣近까지 미쳤음인가?
145) 慕漱帝의 羊聖后所生 둘째 아들 解驄
146) 당시 北夫余 都城인 不而城의 丹闕
147) 道家에서 醮祭(吉한 祭儀)를 행할 때 읽던 푸른 종이에 쓴 祝願文
148) 꼬리·갈기가 푸르스름한 白馬. 즉 青驄馬(千驄馬) ; 西方을 다스릴 臣下 ?

滅宗室乃尹京兆,誰謂漢廷其有人哉.

青羊之夏,狐鹿生女,名曰可喜,不足可喜.火猿之春,鮮松生子,名曰佗利,實不佗利.屋妃生女,其名曰蜃.雀入海中,其珠爲真.兄曰奧陵,姊曰好辰,皆故奥山.蜃獨封主,因亦以功陞為副后.

알봉돈상閼逢敦祥(甲午,BCE87)년, 해원鼋[149]공주가 양준羊俊[150]을 낳았다. 한漢에서는 미치광이 유철徹[151]이 죽고, 곽광光[152]과 상관걸桀[153]이 난리를 피워서 불릉弗陵[154]을 세웠더니, 어린애가 무얼 알겠는가. 연왕燕 유단旦[155]이 가련하여, 유단의 사자가 조정으로 찾아와서 불릉을 치시길 주청하매, 천제께서 호록고狐鹿에게 명하시어 유단을 도와 금수들을 문죄하고 유관寬[156]을 죽이게 하셨다. '준불의不疑[157]가 유택澤[158]을 잡아들이고 천구태수泉鳩太守[159]를 칼질하였다. 북지北地[160]의 이인夷人[161]이 종실宗室을 죽이고 경조京兆[162]를 다스리니, 누가 한漢조정에 인물이 있노라고 하겠는가?'[163]

청양青羊(乙未,BCE86)년 여름, 호록고狐鹿가 딸을 낳아 이름을 가희可

149) 慕漱帝의 同母 여동생 鼋
150) 鮮鼋所生 羊山子
151) 西漢(前漢) 世宗 孝武帝 劉徹
152) 霍去病의 이복동생. 劉徹이 侍中·奉車都尉였던 者를 大司馬·大將軍으로 승차시켜 겨우 8살인 弗陵(昭帝)을 보호하게 하였다고 함.
153) 당시 左將軍으로 霍光과 함께 弗陵(昭帝)을 보호하였으나, 이후 자기 딸을 昭帝后로 삼은 뒤에 霍光과는 權力을 다투었고, 終當엔 燕王劉旦 및 長公主와 함께 謀叛하였다가 族滅당하였다고 함.
154) 劉徹의 第6南으로, 死後에 昭帝로 불렀음.
155) 劉徹의 第3南으로 弗陵(昭帝)의 異腹兄이라 함.
156) 당시 漢의 濟北王 劉寬
157) 西漢 渤海郡사람으로 당시 青州刺史 ; 雋不疑는 위에 기록된 功으로 漢의 都城地域인 京兆郡을 다스리는 京兆尹이 되었음.
158) 西漢 齊孝王의 손자로 燕王 劉旦과 함께 모반하여 青州刺史 雋不疑를 죽이려 하였음.
159) 謀反한 것이 發覺된 劉澤이 도망쳐갔던 湖縣 泉鳩里를 지키던 관리.
160) 西漢 北地郡 또는 북방(匈奴)지역 출신의 夷人이라는 의미
161) 匈奴族 혹은 鮮卑族
162) 西漢의 都邑이었다는 지금의 陝西省 西安市지경
163) 漢書昭帝紀에 [齊孝王孫劉澤謀反,欲殺州刺史雋不疑,發覺,皆伏誅.遷不疑為京兆尹,賜錢百萬]라는 記錄이 남아 있음을 보면, 劉旦이 劉澤과 함께 모반하여 青州刺史 雋不疑를 죽이려 하였으나, 青州刺史 雋不疑가 선수를 쳤고, 劉旦과 劉澤은 北夫余의 命을 받은 狐鹿姑의 도움을 받지는 못하였음이다.

喜라 하였는데 기쁘기엔 모자랐다. **화원**火猿(丙申,BCE85)년 봄에 선비왕송松[164]이 아들을 낳아 이름을 타리佗利라 하였는데 실은 편안치도 이롭지도 않았다. 옥인비屋妃[165]가 딸을 낳아, 이름을 해신蜃[166]이라 하였다. 참새雀(爵)가 바다海(鮮)속으로 뛰어들어 그 구슬珠(父)이 진짜로 된 것이라. 오빠 오릉奧陵[167]과 언니 호진好辰[168]은 모두 오산奧山[169]의 자식으로 되고 해신蜃이만 홀로 공주로 봉해졌으며, 옥인因 역시 이 공功으로 승차되어 부후副后(次后)로 되었다.

紅毛鷄春,禾相如胡,賈達東来,且鞮之女.相為之妻,帝為之妃.壷衍新立,其母不正,二王不朝,龍城孤危.燕旦稱臣,願為白耳.帝以壷新,留之不决.盖長私客,五歲入宮,桀光爭道,旦乘其間.

羊聖生華,黿又生蓉.翌春三月,賈達生穗.真番来降,磧東入貢.帝命屋文東巡海上.又命禾相整理遼東,與旦相會大獵而攸.欒大之子淫徹之孫,願入刷馬.賜以客卿,妻以宗女,賜姓漢氏.

弗陵非子,霍光立之,黃犢似真,不疑斬之.三十万錢万三千戶,奪旦之位.桀光窃弄,鉤弋爲雉.桑楽驕淫,楽與婿飮,罵天而悖.奧川如胡,李陵来朝.帝命壷衍,放武與陵攸,與光桀以迎燕旦.

凰為川妻而生萬,鸞為頼妻而生岑.翌年白縫,黿生芉花,蘇得鴈報.帝開東池,灌扵民田.又放南林,許民逐羊.雖是晩覺,亦一旱雨,鴒鯉鷹雉之楽攸於田夫,鴻鴈麋鹿之戲不愧賢者.

홍모계춘紅毛鷄春(丁酉,BCE84)에 화상이 호胡로 가서 가달賈達을 동쪽으로 데려왔으니, 저제후且鞮[170]의 딸이라. '화상이 그녀를 처로 삼았다가 천제께서 그녀를 비妃로 삼으셨다.'[171] '호연제壷衍[172]가 새로 보

---

164) 后妃列傳엔 [且鞮侯의 남동생 槐里가 鮮卑 딸 王夫興의 지아비가 되어 佗利를 낳았다.]고 나온다. 즉, 王夫興이 王松이고 곧 王柏의 딸이다. ☞ 王氏는 鮮卑族인가?

165) 屋氏인 妃 ; 鯤淵(大淵沼)의 長屋宅을 지키던 屋文(屋文大王·青河大王)의 딸 屋因

166) 무명조개, 巨大한 大蛤.

167) 屋妃(屋因)소생으로 奧山의 아들로 되었으나, 慕漱帝의 아들이었을 수도 있음.

168) 屋妃(屋因)소생으로 奧山의 딸로 되었으나, 慕漱帝의 딸이었을 수도 있음.

169) 屋因소생으로 柳花生母 好人의 生父임.

170) 匈奴선우로 狐鹿姑선우의 父親이라 함.

171) 匈奴선우가 딸을 天帝의 后나 妃로 삼아 보냈는데, 신하인 禾相이 妻로 삼은 것을 불평하였음. 后妃列傳 賈達后 관련기록 참조

172) 狐鹿姑선우의 아들 壺衍提선우로, 보위등극 직전엔 좌록리왕(左谷蠡王)이었음

위에 올랐고, 그 어미가 옳게 하지 않아서'[173] 두 왕들[174]이 알현치 않으니, 룡성龍城[175]이 고립되고 위태로웠다. 연왕燕 유단旦이 신하를 칭하며 백이白耳[176]로 삼아주시길 원하였고, 천제께선 호연제壺가 새로 보위에 올랐음에 그가 곁을 떠나지 못하게 하셨다. 개장蓋長공주[177]가 객客[178]과 사통하여 다섯 살짜리[179]가 입궁하니, 상관걸桀과 곽광光은 도리를 다투고, 유단旦은 그 틈새를 노렸다.

양성羊聖[180]이 해화華를 낳았고, 해원黿[181]이 또 양용蓉[182]을 낳았다. **다음**(戊戌,BCE83) 춘3월, 가달[183]이 화수穗[184]를 낳았다. '진번眞番[185]이 찾아와 항복하고 적동磧東[186]이 입조하여 조공하매,'[187] 천제께서 옥문屋文에게 명하여 동쪽으로 해상海上[188]을 순행케 하시고 또한 화

---

173) 狐鹿姑선우가 아들 壺衍提가 어려 나라를 다스릴 수 없음에 동생 右谷蠡王을 後嗣로 삼으라는 遺言을 남겼으나, 顓渠閼氏가 狐鹿姑의 遺命을 따르지 않고 降將 衛律 등과 謀議하여 左谷蠡王 壺衍提를 보위에 올렸음 ; 이 以後로 匈奴가 衰退한다.

174) 당시 後嗣와 관련하여 狐鹿姑선우의 顓渠閼氏에게 不滿을 가진 左賢王과 右谷蠡王

175) 匈奴가 매년 5월에 大擧 會合하며 先祖·天地·鬼神에게 祭祀하던 장소; 匈奴王庭

176) 條件 없는 諜報員 또는 小規模의 軍隊

177) 燕王劉旦·昭帝弗陵의 同腹 姊인 鄂邑蓋長公主(蓋長公主)로 모두가 劉鐵의 후궁 李姬의 소생임

178) 河間 땅의 丁外人

179) 資治通鑑 孝昭皇帝上 始元三年丁酉(BCE84)는 [初,霍光與上官桀相親善.光每休沐出,桀常代光入決事.光女為桀子安妻,生女,年甫五歲,安欲因光內之宮中;光以為尚幼,不聽.蓋長公主私近子客河間丁外人,安素與外人善,說外人曰"安子容貌端正,誠因長主時得入為后,以臣父子在朝而有椒房之重,成之在於足下.漢家故事,常以列侯尚主,足下何憂不封侯乎."外人喜,言於長主.長主以為然,詔召安女入為倢伃,安為騎都尉.]라고 기록하였다.

180) 慕漱帝의 黃龍國 출신 后 ; 慕漱帝의 天帝位 등극 이전이어서 이름만을 적은 것임

181) 慕漱帝의 동복여동생임

182) 鮮黿소생으로 羊山女임

183) 狐鹿姑선우의 父親인 且鞮侯선우의 딸임

184) 法皇의 딸임

185) 소위 漢四郡之眞番郡 ; 漢書 昭帝紀 始元五年(BCE82) 六月條에 [省罷儋耳·真番郡]이라 하여, 真番이 BCE83年에 北夫余로 歸屬되었고, 이에 漢이 真番(郡)이 이미 떨어져나갔음을 이듬해 始元五年에 對內的으로 認定하여 기록하였다. 眞番은 磧東인근(磧口以東)으로 추정됨. 暫時間 强固하던 漢이 이미 崩壞하고 있음을 적은 것이다. 이 眞番이 혹시라도 甘肅省 凉州 張掖郡 北方의 鎭番을 뜻하는 것은 아닐 것이다.

186) 磧東은 당시 壺衍提선우 匈奴의 東邊領域이었거나 漢 또는 匈奴에서 北夫余로 가는 길목 ; 南流黃河邊 '磧口(鎭)'之境의 東方 즉 山西省 中西邊 離石(永寧)縣之境 추정함.

187) 소위 漢四郡 중의 眞番郡은 대략 磧東 附近지역으로 추정된다.

188) 北夫余 領土의 東部 全地域 ; 河北省北部와 遼寧省 및 이와 接한 內蒙古지역?

상에게 명하여 요동遼東189)을 정리케 하시니, 유단旦과 함께 회동하여 크게 사냥하여190) 돌아갔다. 란대欒大191) 아들이자 음험한 유철徹의 손자192)가 들어와서 말을 솔질하길 원하매, 객경客卿193)을 삼아 종실여인을 처로 주고 한漢씨 성姓을 내리셨다.

'불릉弗陵은 아들이 아닌데도'194) 곽광霍光이 그를 보위에 세우더니, '누런 송아지'195)가 진짜196)를 닮았다고 준불의不疑197)가 그를 참하고, '3십만 전錢'198)과 만3천호戶인 유단의 지위를 빼앗았다. 상관걸桀과 곽광光이 훔치고 농간하여 구익鉤弋199)을 여치雉200)로 만들고, 상락桑樂201)은 교만하고 음락淫樂하여 '사위202)와 함께 술 마시길 즐기더니 하늘을 욕보였다가'203) 어그러졌다. 오천奧川이 호胡로 갔더니, 이릉李陵204)이 조정으로 찾아왔다. 천제께서 호연제에게 명하시길 '소무武

189) 이 遼東은 ①山西省 濁漳北源·淸漳西源 以東? ②山西省 沁水以東? ③山西省 南流黃河以東? ; 支那歷史 時代別 記錄들에 나타나는 '遼水'·'遼河'의 位置가 往往 달리 比定되는 것은 '遼'字의 意味가 저들 都城에서 매우 멀리 떨어진 境界인 때문일 것이라.

190) 軍事訓練을 겸한 武力示威

191) 芻牟의 신하 漢素의 祖父로 漢武帝 劉徹의 사위(衛長公主之夫)이자 方士였음. 漢書武帝紀元鼎四年條曰[夏,封方士欒大爲樂通侯,位上將軍"而又五年條曰"九月,樂通侯欒大坐誣罔要斬]이라 하였다

192) 西漢조정에서 逐出당하여 北夫余로 들어온 漢武帝 劉徹의 外孫子로, 芻牟策士 漢素의 아비를 일컬음. 즉 劉徹의 方士이자 사위였던 欒大의 아들임.

193) 他國에서 들어와 歸依하여 卿이나 相의 벼슬에 있는 사람.

194) 劉徹의 후궁 鉤翊夫人 趙捷予가 弗陵을 10달이 아닌 14달 만에 낳았음을 意味.

195) 黃犢(黃犢車)은 衛태자를 自稱한 夏陽남자 張延年으로 漢書에 기록되어 있다.

196) 武帝(世宗) 劉徹이 반역죄를 씌워서 죽인 衛태자로 衛子夫소생이다.

197) 漢書 卷七十一에 [雋不疑渤海人,字曼倩.武帝末年,不疑爲暴勝之所薦,拜為青州刺史.武帝崩,昭帝即位,而齊孝王孫劉澤交結郡國豪傑謀反,欲先殺青州刺史,不疑發覺,收捕,皆伏其辜.擢為京兆尹,賜錢百萬.京師吏民敬其威信.]이라 기록되어 있음.

198) 本傳과 資治通鑑은 錢三十萬으로 적고, 漢書卷六十三 武五子傳第三十三엔 [帝崩,太子立,是為孝昭....時大將霍光秉政,褒賜燕王錢三千萬益封萬三千戶...]라 적었음

199) 劉徹의 여섯째 妻인 鉤翊夫人 趙捷予로 昭帝 弗陵의 生母임

200) 漢高祖 劉季 즉 劉邦의 本妻名으로, 여기서는 惡毒한 女人을 뜻함.

201) 上官桀의 아들인 車騎將軍·桑樂侯 上官安

202) 弗陵 즉 昭帝

203) 漢書卷九十七上 外戚傳第六十七上 曰"安以后父,封桑樂侯,食邑千五百戶,遷車騎將軍,日以驕淫.受賜殿中,出對賓客言'與我婿飲,大樂'見其服飾,使人歸,欲自燒物.安醉則裸行內,與后母及父諸良人侍御皆亂.子病死,仰而罵天."

204) 匈奴와의 싸움에서 衆寡不敵으로 패하였는데, 李廣利가 誣告하자, 匈奴로 도망하여 降將으로 一生을 마감한 西漢 劉徹의 名將 ; 史記 撰者 司馬遷은 이 李陵의 억울함을

를 놓아주어 이릉陵과 함께 돌려보내서 곽광光·상관걸桀과 함께하여 연燕왕유단旦을 맞아들이게 하라.'[205]고 하셨다.

해황凰이 오천川의 처가 되어 오만萬을 낳았고, 해란鸞이 화뢰賴[206]의 처가 되어 화잠岑을 낳았다. 익년 **백달**白縫(己亥,BCE82)년에 해원黿이 간화芋花를 낳았고, '소무蘇가 기러기를 붙잡아서 소식을 알렸다.'[207] '천제께서 동지東池[208]를 열어서 백성들 밭에 물을 대어주시고 또한 남림南林[209]을 열어서 백성들이 양들을 내몰 수 있게 해주셨다.'[210] 비록 뒤늦게 깨달으셨지만 역시 하나같이 가뭄중의 단비이었더니, 오鴉[211]·리鯉[212]·응鷹[213]·치雉[214]를 쫓는 즐거움이 전부田夫들에게 돌아갔고, 홍鴻[215]·안鴈[216]·미麋[217]·록鹿[218]과 함께 하는 유희는 현자賢者들을 부끄럽게 하지 않았다.

重光赤奮,后生鮮德,賈達生穎.是年大旱,夫婁献粟,自是以後年年献粟,沿江八國為之舟運.桀與燕旦謀殺弗陵而敗,皆被誅戮,旦與其妻子奔入鮮卑.帝命壷衍,發兵伐光,懲其骨肉相殘.

玄黙摂提,凰生奥犍,鸞生羊吉,禽生稽候,羊芳入宮.屋文雲去,斗辰嗣之.好人承寵,副於賈達.羊川雲去,羊山代之.帝召桓公,入為牛加,秉直盡忠,以代二

변호하였다가 宮刑을 당하였음 ; 李陵은 BCE97~74年間에 匈奴 右校王이었음

205) 西漢朝廷에 영향력을 행사하려 한 것을 의미함. 漢書는 劉旦이 스스로 끈으로 목을 매서 자살한 것으로 기록해서 諱恥하였다

206) 禾相의 아들로 羊福의 義子가 된 羊吉의 生父이다

207) 匈奴로 史臣을 나갔다가 19년을 억류되어 北海에서 고생하던 중 오리를 붙잡아 자신이 살아있음을 조정에 알렸다는 古事로, 蘇武는 이듬해에 귀국함(漢書蘇武傳 참조)

208) 北夫余 도성(不而城)을 인접한 卑离영역 ; 옛 지도들에 짝으로 그려진 듯한 ①張家口市 張北縣 서북부의 安固里淖? ②張家口市 북단 九連城鎮 북변의 古市遺址를 인접한 동편의 湖水?

209) ①不而城 남린의 숲? ②匈奴의 蹛林?

210) 東池는 農耕하던 平原에 있고 그 南方은 羊들을 放牧할 수 있는 山地라는 뜻이라.

211) 사다새

212) 잉어

213) 매

214) 꿩

215) 큰 기러기

216) 작은 기러기

217) 큰 사슴

218) 작은 사슴

老.虛閭来朝黄駝千匹,幽冀之民敀者如雲.

중광적분重光赤奮(辛丑,BCE80)년, 황후[219]께서 해덕解德[220]을 낳으시고, 가달이 화영潁[221]을 낳았다. 이 해에 가뭄이 심하였더니 해부루夫婁[222]가 곡식을 바쳐왔고, 이후로 매년 곡식을 바쳤더니, 강江[223]들을 연접한 여덟 나라들이 이를 위해 배를 운용하였다. 상관걸桀이 연왕燕유단旦과 함께 불릉弗陵 죽이길 모의했다가 실패하여 모두 죽임을 당하였고, '유단旦은 제 처자식과 함께 선비鮮卑땅으로 달아나 들어갔더니,'[224] '천제께서 호연제壺衍에게 명하여 군사를 일으켜 곽광光을 쳐서 그들의 골육상잔을 징치하게 하셨다.'[225]

현묵섭제玄黙攝提(壬寅,BCE79)년, 해황凰[226]이 오건奧楗[227]을 낳았고, 해란鸞[228]이 양길羊吉[229]을 낳았으며, 해금禽[230]이 계후稽候[231]를 낳았

219) 天后 즉 皇后인 羊聖
220) 慕漱帝의 셋째 아들
221) 慕漱帝女
222) 東夫余의 始祖 임금
223) 현금 桑干河(桑乾河,桑汗河,永定河) 및 西遼河(潢水 즉 西拉木倫河·錫喇木倫羅) 등 ?
224) 漢書 昭帝紀 元鳳元年條 曰[冬十月,詔曰"左將軍安陽侯桀·票騎將軍桑樂侯安·御史大夫弘羊,皆數以邪枉干輔政,大將軍不聽,而懷怨望,與燕王通謀,置驛往來相約結.燕王遣壽西長·孫縱之等賂遺長公主·丁外人·謁者杜延年·大將軍長史公孫遺等,交通私書,共謀令長公主置酒,伏兵殺大將軍光,徵立燕王為天子,大逆毋道.故稻田使者燕倉先發覺,以告大司農敞,敞告諫大夫延年,延年以聞.丞相徵事任宮手捕斬桀,丞相少史王壽誘將安入府門,皆已伏誅,吏民得以安.封延年·倉·宮·壽皆為列侯."又曰"燕王迷惑失道,前與齊王子劉澤等為逆,抑而不揚,望王反道自新,今乃與長公主及左將軍桀等謀危宗廟.王及公主皆自伏辜.其赦王太子建·公主子文信及宗室子,與燕王·上官桀等謀反父母同產當坐者,皆免為庶人.其吏為桀等所詿誤,未發覺在吏者,除其罪.]라 하여, 燕王劉旦을 庶人으로 만들었다고만 하였고,
　資治通鑑 역시 [...會天子以璽書讓旦,旦以綬自絞死,后·夫人隨旦自殺者二十餘人....]이라 적어서, 劉旦이 鮮卑 땅으로 逃避한 것을 숨기고 기록하지 않았다. 諱恥함이라!
225) 漢書卷一에 [北貉燕人來致梟騎助漢(北貉·燕 사람들이 와서 용맹한 기병을 불러들여 漢을 도왔다).]라는 짤막한 기록이 남아있고, 北貉은 顔師古가 주석하길 [貉在北方,三韓之屬,皆貉類也(北方 三韓之屬 모두는 貉(狛)部類다).]라고 하였음을 보아서, 北貉 즉 北夫余가 强한 項羽 대신 柔弱한 劉邦을 救援하여 漢을 세우게 하였음에, 그 後見의 權限으로 漢의 無道함을 懲治하였음인가? 資治通鑑曰[是歲匈奴發左右部二萬騎為四隊,並入邊為寇.漢兵追之,斬首獲虜九千人,生得甌脫王;漢無所失亡.匈奴見甌脫王在漢,恐,以為道擊之,即西北遠去,不敢南逐水草;發人民屯甌脫.]이라 하였다.
226) 慕漱帝의 첫째 딸
227) 奧川之子
228) 慕漱帝의 둘째 딸

고, 양방羊芳[232]이 입궁하였다. 옥문屋文이 죽어서 옥두진斗辰이 뒤를 이었고, 호인好人이 승은을 입고 가달 다음이 되었으며, 양천羊川[233]이 죽고 양산羊山이 대신하였다. 천제께서 환공桓公[234]을 부르시니, 들어와서 우가牛加가 되어 강직하게 충성을 다하며 두 노인[235]을 대신하였다. '허려虛閭권거[236]가 찾아와 누런 낙타 천 필을 바쳤고'[237] '유幽·기冀 땅의 백성들이 구름처럼 귀의하였다.'[238]

玄兎之年,禾相失頼,鸞嫁羊福,吉為福子.秋英生弗,黿生芊英.帝與禾相西巡而攸,戇光倖秋爭權幻弄.乃命槐里統率烏桓南伐西掠,大獲而攸.范賊度遼,殺其二子.充國坐笑,桓胡爭功.

青竜之春,賈達生蓴.桓淑牛姬皆承帝寵,牛生丹公,桓孕柘公.一言千秋死于好言,要功介子万里行刺.放火于廟稱赦不罪,蟲食密葉書以病已,姦人不覺妖言先斬,范賊欺功介盗為義.

현토玄兎(癸卯,BCE78)년, 화상이 화뢰[239]를 잃어서 해란이 양복羊福[240]에게 재가하니, '화길吉이 양복福의 아들로 되었다.'[241] 추영秋英이 왕불旺弗[242]을 낳고, 해원이 간영芊英[243]을 낳았다. 천제께서 화상과 함께 서쪽[244]을 순시하고 돌아오셨다. 미련한 곽광光[245]과 간사한 전천

---

229) 生父 禾頼가 죽고, 翌年에 어미 鸞이 羊福에게 再嫁한 까닭에 羊氏로 적은 것임.
230) 慕漱帝의 셋째 딸
231) 後日에 匈奴의 單于가 되는 稽候狦 즉 呼韓邪
232) 鮮黿소생인 羊山의 딸로 羊聖황후의 姪女이다.
233) 黃龍王
234) 桂孟子가 낳은 桓那國公
235) 屋文·羊川
236) 당시 匈奴 壺衍鞮單于의 동생으로 呼韓邪(稽候狦) 生父 虛閭權渠이다.
237) 資治通鑑 曰[是歲,匈奴復遣九千騎屯受降城以備漢,北橋余吾水,令可度,以備奔走;欲求和親,而恐漢不聽,故不肯先言,常使左右風漢使者.然其侵盜益希,遇漢使愈厚,欲以漸致和親.漢亦羈縻之.]라 하였다. 당시 匈奴가 漢과 싸우면서 妻家인 北夫余에 도움을 요청한 것임.
238) 幽冀之民은 대략 현금 山西省南半·黃河北岸河南省의 百姓들로, 連屬된 凶年이 原因인 듯 ; 잠시간의 武帝 漢의 威勢는 劉徹의 死後에 급속히 무너졌음.
239) 禾相의 아들로 鮮黿소생임
240) 羊山의 아들로 鮮黿소생임
241) 禾頼의 아들 禾吉이었으나, 羊福이 義父(養父)로 된 까닭에 羊吉로 삼은 것.
242) 卑離族 旺仁의 아들
243) 羊山의 딸
244) 匈奴의 東部지역 또는 北夫余의 西部지역

추秋[246]가 권력을 다투며 교묘하고 못된 꾀를 부려 농단하고 있음에, '괴리槐里에게 오환烏桓[247] 모두를 이끌어 남쪽(遼東)을 토벌하고 서쪽(遼西)을 경략하라고 명하시니, 크게 노획하여 돌아갔다.'[248] '범范적[249]이 요수遼[250]를 건넜다가 제 둘째 아들을 죽이니, 조충국國[251]은 앉아서 웃고, 오환桓(鮮卑)과 호胡(匈奴)는 잘잘못을 다투었다.'[252]

청룡青竜(甲辰,BCE77)년 봄에 가달이 화악萼[253]을 낳았다. 환숙桓淑[254]과 우희牛姬 모두가 천제의 승은을 입어, 우희牛는 해단丹공을 낳고 환숙桓은 해자柘공을 잉태하였다. '말 한 마디 하였던 전천추千秋는 좋

---

245) 西漢의 大將軍·丞相

246) 漢 富民侯 田千秋(或曰車千秋); 死後에 定侯로 謚號되어 富民定侯로도 稱하기도 함.

247) 鮮卑一派 ; 資治通鑑은 이를 遼東烏桓(遼東으로 다시 들어온 烏桓)으로 기록한 듯

248) 漢書卷七 昭帝紀第七 元鳳三年條 曰[冬,遼東烏桓反,以中郎將范明友為度遼將軍,將北邊七郡,郡二千騎擊之.]라는 記事와 有關한 듯

249) 度遼將軍·中郎將인 范明友

250) 遼 즉 古代遼河 ; 譯者는 高句麗 存續期間 중의 遼水(遼河)를 淸漳西源으로 比定함.

251) 漢 世宗·中宗 兩세代의 將帥

252) 漢書 匈奴傳 第六十四上, 曰[壺衍鞮單于既立...其明年,匈奴三千餘騎入五原略殺數千人,後數萬騎南旁塞獵,行攻塞外亭障,略取吏民去.是時漢邊郡烽火候望精明,匈奴為邊寇者少利,希復犯塞.漢復得匈奴降者,言烏桓嘗發先單于冢.匈奴怨之,方發二萬騎擊烏桓.大將軍霍光欲發兵邀擊之,以問護軍都尉趙充國.充國以為'烏桓間數犯塞,今匈奴擊之,於漢便.又匈奴希寇盜,北邊幸無事.蠻夷自相攻擊,而發兵要之,招寇生事,非計也.'光更問中郎將范明友,明友言可擊.於是,拜明友為度遼將軍,將二萬騎出遼東.匈奴聞漢兵至,引去.初,光誡明友:'兵不空出,即後匈奴,遂擊烏桓.'烏桓時新中匈奴兵,明友既後匈奴,因乘烏桓敝,擊之,斬首六千餘級,獲三王首,還,封為平陵侯.]라 하였다;

資治通鑑 漢紀 元鳳三年 기록 [匈奴單于使犁汙王窺邊,言酒泉·張掖兵益弱,出兵試擊,冀可復得其地.時漢先得降者,聞其計,天子詔邊警備.後無幾,右賢王·犁汙王四千騎分三隊,入日勒·屋蘭·番和.張掖太守·屬國都尉發兵擊,大破之,得脫者數百人.屬國義渠王射殺犁汙王,賜黃金二百斤,馬二百匹,因封為犁汙王.自是後,匈奴不敢入張掖....冬,遼東烏桓反.初,冒頓破東胡,東胡餘眾散保烏桓及鮮卑山為二族,世役屬匈奴.武帝出破匈奴左地,因徙烏桓於上谷·漁陽·右北平·遼東塞外,為漢偵察匈奴動靜.置護烏桓校尉監領之,使不得與匈奴交通.至是,部眾漸強,遂反.先是,匈奴三千餘騎入五原,殺略數千人;後數萬騎南旁塞獵,行攻塞外亭障,略取吏民去.是時,漢邊郡烽火候望精明,匈奴為邊寇者少利,希復犯塞.漢復得匈奴降者,言烏桓嘗發先單于塚,匈奴怨之,方發二萬騎擊烏桓.霍光欲發兵邀擊之,以問護軍都尉趙充國,充國以為:"烏桓間數犯塞,今匈奴擊之,於漢便.又匈奴希寇盜,北邊幸無事,蠻夷自相攻擊而發兵要之,招寇生事,非計也."光更問中郎將范明友,明友言可擊,於是拜明友為度遼將軍,將二萬騎出遼東.匈奴聞漢兵至,引去.初,光誡明友:"兵不空出;即後匈奴,遂擊烏桓."烏桓時新中匈奴兵,明友既後匈奴,因乘烏桓敝,擊之,斬首六千餘級,獲三王首.匈奴由是恐,不能復出兵.]을 함께 참조요망.

253) 禾相의 딸

254) 桓那國女主

은 말만하다가 죽고'[255], '공이 필요한 부개자介子는 만 리 밖에서 칼질하고'[256], '사당을 불태웠어도 사면을 칭하고서 죄를 주지 않았으며'[257] 벌레들이 꿀을 바른 나뭇잎을 갉아먹어 '병이病已'라 쓰였는데 간교한 이들은 알아채지 못하고서 우선 (나무를) 잘라내자는 요망한 말이나 하더니, '범명우范 도적놈은 공을 속였고 부개자介 도적놈은 의로운 사람이 되었다.'[258]

旃蒙荒落,法皇晏駕.帝登天位,万國執帛.聖生骨主,桓生柘公.壷衍之母槐里之父詣闕上壽.天馬火枣不遠千里,鷄冠玻璃粲爛輝煌,東池南林歌聲不絶,

---

255) 漢武帝시절에 태자 劉據가 江充의 誣告에 대항해 江充을 죽이고 自殺한 상황을 武帝에게 伸寃해준 말 한마디로 征和四年(壬辰,BCE89)6月丁巳에 丞相에 올랐고 富民侯에 封해졌으며(資治通鑑曰[以大鴻臚田千秋為丞相,封富民侯.千秋無它材能,又無伐閱功勞,特以一言寤意,數月取宰相,封侯,世未嘗有也.]), 武帝死後에 外治를 專擔하면서 內治를 專擔하던 霍光에게 좋은 말만 하다가 죽었음[資治通鑑曰[丞相素無所守持而為好言於下].

256) 資治通鑑 漢紀 元鳳四年甲辰(BCE77),六月條기록은 [初,杅罙遣太子賴丹為質於龜茲;貳師擊大宛還,將賴丹入至京師.霍光用桑弘羊前議,以賴丹為校尉,將軍田輪台.龜茲貴人姑翼謂其王曰:「賴丹本臣屬吾國,今佩漢印綬來,迫吾國而田,必為害.」王即殺賴丹而上書謝漢.樓蘭王死,匈奴先聞之,遣其質子安歸歸,得立為王.漢遣使詔新王令入朝,王辭不至.樓蘭國最在東垂,近漢,當白龍堆,乏水草.常主發導,負水擔糧,送迎漢使;又數為官吏卒所寇,懲艾,不便與漢通.後復為匈奴反間,數遮殺漢使.其弟尉屠耆降漢,具言狀.駿馬監北地傅介子使大宛,詔因令責樓蘭龜茲.介子至樓蘭龜茲,責其王,皆謝服.介子從大宛還,到龜茲,會匈奴使從烏孫還,在龜茲,介子因率其吏士共誅斬匈奴使者.還,奏事,詔拜介子為中郎,遷平樂監.介子謂大將軍霍光曰:「樓蘭龜茲數反覆,而不誅,無所懲艾.介子過龜茲時,其王近就人,易得也;願往刺之,以威示諸國.」大將軍曰:「龜茲道遠,且驗之於樓蘭.」於是白遣之.介子與士卒俱賫金幣,揚言以賜外國為名,至樓蘭.樓蘭王意不親介子,介子陽引去,至其西界,使譯謂曰:「漢使者持黃金錦繡行賜諸國.王不來受,我去之西國矣.」即出金幣以示譯.譯還報王,王貪漢物,來見使者.介子與坐飲,陳物示之,飲酒皆醉.介子謂王曰:「天子使我私報王.」王起,隨介子入帳中屏語,壯士二人從後刺之,刃交匈,立死;其貴人左右皆散走.介子告諭以王負漢罪,「天子遣我誅王,當更立王弟尉屠耆在漢者.漢兵方至,毋敢動,自令滅國矣.」介子遂斬王安歸首,馳傳詣闕,縣首北闕下.乃立尉屠耆為王,更名其國為鄯善,為刻印章;賜以宮女為夫人,備車騎輜重.丞相率百官送至橫門外,祖而遣之.王自請天子曰:「身在漢久,今歸單弱,而前王有子在,恐為所殺.國中有伊循城,其地肥美,願漢遣一將屯田積穀,令臣得依其威重.」於是漢遣司馬一人吏士四十人田伊循以填撫之.秋,七月,乙巳,封范明友為平陵侯,傅介子為義陽侯.]라고 하였다.

257) 漢書卷七 昭帝紀 元鳳四年五月條는 [丁丑,孝文廟正殿火,上及群臣皆素服.發中二千石將五校作治,六日成.太常及廟令丞郎吏皆劾大不敬,會赦,太常轑陽侯德免為庶人.]이라고 함

258) 漢書卷七 昭帝紀 元鳳四年夏四月條는 [詔曰'度遼將軍明友前以羌騎校尉,將羌王侯君長以下,擊益州反虜,後復率擊武都反氐,今破烏桓斬虜獲生,有功.其封明友為平陵侯.平樂監傅介子持節使,誅斬樓蘭王安,歸首縣北闕,封義陽侯.]라 하였다. 樓蘭은 BCE78년에 國名이 鄯善으로 바뀌었다.

漠野海東冠盖相望.秋英入宮五妃俱成.

火馬之年,㳉公生焉.去年大旱今年大水,一人作之十人食之,飽者其誰.作者常飢,忠者轉壑,奸者跋扈,民望始缺,廷議不一.花朝月夕雲雨之楽,臺池鳥獸耳目之悅,只堪欠伸,不足為賞.

范賊入寇,欲城玄菟.烏桓伐之斬其校尉,卑離紫蒙并力大破漢卒,匹馬不敀.帝命槐里調理上谷,降者賞之拒者殄之.霍光謀內不暇於外,雖有慘敗有若不知,忠在簒逆不問邊事.

전몽황락旃蒙荒落(乙巳,BCE76)년, 법황法皇[259]께서 붕어하사, '모수제께서 천제위天位[260]에 올라 모든 나라에게 백서帛書[261]를 내리셨다.'[262] 양성羊聖이 해골骨공주를 낳고, 환숙桓淑이 해자柘공을 낳았다. 호연제의 어미와 괴리의 아비가 궁궐로 찾아와서 만수무강하시라고 술을 따라 올렸다. 천마를 타고 화조火枣[263]를 갖고서 천 리를 멀다 아니하였으니, 계관鷄冠[264]들의 유리구슬 찬란하기 휘황하고 동지東池 남림南林에선 노랫소리가 끊이지 않았으며, 막야漠野[265]와 해동海東[266]의 관모冠帽와 일산日傘이 연달아서 서로를 바라보았다. 추영秋英이 입궁하여, 5비妃들 모두가 갖추어졌다.

화마火馬(丙午,BCE75)년에 칠㳉공[267]이 태어났다. 작년 큰 가뭄[268]과 금년 큰물로 한 사람이 지은 것을 열 사람이 먹었으니 배부른 자 누구더냐. 농사한 이들이 매일 굶으니 충성하던 이는 산골짝을 맴돌고 간교한 이가 발호하여, 백성들의 믿음은 사라지기 시작하고 조정은 의견이 엇갈렸지만, 꽃피는 아침과 달뜨는 저녁에 운우지락雲雨之樂하는 성문臺과 해자池의 새들과 짐승들로 귀와 눈은 즐거워서, 그저 견뎌내며 하품하고 기지개를 켜보지만, 부족한 것은 상을 줄

259) 慕漱帝의 義父 또는 叔皇 ; 慕漱帝의 生父 즉 親皇은 德皇임.
260) 天帝位
261) 下賜爵位 등을 쓴 흰 비단두루마리
262) 后妃列傳 德皇禾太后紀 참조
263) 仙丹의 일종, 즉 不老長生하게 하는 仙藥의 일종
264) 높은 벼슬아치들이 쓰는 冠帽
265) 대략 匈奴(·鮮卑·烏桓·烏孫) 등을 일컫는 말
266) 北夫余쪽 조정의 사람들
267) '㳉'공은 慕漱帝의 아들로, 生母는 本傳은 未詳이나 '芻牟鏡衍義'에는 秋英이다.
268) 資治通鑑에 따르면, 前漢(西漢) 역시 [元鳳5年,夏,大旱.]이라 하였다.

일이로고.

"'범范적이 들어와 노략하며 현도玄菟[269]에 성을 쌓으려하여,'[270] 오환烏桓[271]이 그들을 쳐서 교위의 목을 베고 비리卑離[272]·자몽紫蒙[273]이 힘을 합쳐 한漢의 사졸들을 크게 깨뜨리니, 말 한 필도 돌아가지 못하였다.'[274] '모수제께서 괴리에게 명하사 상곡上谷[275]을 사리를 따져 처결케 하시니, 항복한 이들은 상을 주고 저항한 이들은 모두를 쓸어버렸다.'[276] 곽광은 안에서 모의하느라고 바깥일엔 겨를이 없어서 참패했어도 모르는 척하였으니, 충성이란 찬탈과 반역에 있고 변방의 일은 모를 것이었다.

赤羊之春,好人生女,名曰柳花.賈達生女,名曰禾英.弗陵夭死,昌邑狂悖,霍光廢立,必竟病已,是誰之子.可憐廣陵,終始見棄.嚴劾風燭,霍女竊內.牛姬生女其名曰旃.帝命欒子與且伐光.

著雍涒灘,病已用權,建封廣陽,弘封高密.且欒無力,逗遛觀望.夫妻有女名曰鮮英,斗辰姨子名曰金蛙,蛙英相婚入朝檀宮.帝憂水旱年年不登,加以癘疫

---

269) 拼音[xuántú] 黑虎 ; ①漢之遼東北部의 山岳地域. 或②內蒙古中南部의 山岳地域?

270) 漢書엔 元鳳五年六月條에 [發三輔及郡國惡少年吏有告劾亡者,屯遼東]이라 하고 元鳳六年春正月條에 [募郡國徒築遼東玄菟城]이라 적어서, 元鳳五年(BCE74)六月에 遼東 땅을 차지하였고 다음해 元鳳六年(BCE75)初부터 遼東城·玄菟城(또는 遼東에 玄菟城)을 쌓았노라고 적었으니, 本傳의 慕漱帝紀와 그 內容에 있어 懸隔한 差異가 있다.

271) 일찍이 冒頓이 擊破한 東胡餘衆들이 匈奴左地 烏桓山及鮮卑山로 逃避해 살고 있었고, 漢武帝가 이곳 匈奴左地를 쳐서 그곳 烏桓族을 上谷·漁陽·右北平·遼東塞外로 옮겨서 漢을 위해 匈奴動靜을 偵察케 하였다. 卑離·紫蒙이 協力한 것으로 보면, 이 玄菟를 內蒙古中部 山岳지역으로 추정할 수도 있겠으나, 度遼將軍 范明友가 遼東으로 出擊했다고 기록했으니, 이 시절 當時의 玄菟는 漢 遼東의 一部임이 明白하다.

272) 北夫余系 鮮卑族의 일파 ; 當時 北夫余 都城의 北方으로 추정됨.

273) 北夫余系 鮮卑族의 일파 ; 當時 北夫余 都城의 西方으로 추정됨.

274) 資治通鑑은 "元鳳六年,烏桓復犯塞,遣度遼將軍范明友擊之."라고만 하여 그 結果를 적지 않아 諱恥하였고, 漢書昭帝紀는 元鳳五年六月條에 [發三輔及郡國惡少年吏有告劾亡者,屯遼東.]이라 하고 元鳳六年春正月條엔 [募郡國徒,築遼東·玄菟城...夏...烏桓復犯塞,遣度遼將軍范明友,擊之.]라고 하여, 本傳에는 없는 遼東이 挿入되고 范明友가 大敗한 것을 적지 않아 諱恥하였다. 여하튼 烏桓·卑離(鮮卑)·紫蒙(鮮卑) 역시 (雁門關_南口 西北方인) 北夫余 玄菟地域이거나, 卑離·紫蒙이 遼東으로 와서 遼東烏桓을 도운 것이다.

275) 山西省 霍太山 東北麓 北平鎭(高句麗右北平!)隣近地域일 것 ; 上谷(上穀,嵺峪)을 北京지역에 比定함은 本傳으로 드러나는 北夫余와 그 諸侯國들의 위치로 보아 不可하다.

276) 匈奴·鮮卑·烏桓은 옛朝鮮의 후예들 ; 漢書 匈奴傳에는 BCE96~59年間의 기록이 전혀 없다. 異民族 匈奴에게 당한 恥辱을 숨긴 것이겠다.

人畜半減.好人勧蛙倍納献粟.

적양赤羊(丁未,BCE74)년 봄, 호인이 딸을 낳아 이름이 유화柳花이고, 가달이 딸을 낳아 이름이 화영禾英277)이라. 불릉278)이 요절하고, 창읍昌邑279)이 미쳐서 날뛰매, 곽광280)이 폐위하고 세운 것이 필경 병이病已281)이었다. 이게 누구의 아들인가? 가련한 광릉廣陵282)은 끝내 버림을 당하였고, '엄히 캐물으면 바람 앞의 촛불인 곽광의 딸이 안자리를 엿보았다.'283) 우희牛姬가 딸을 낳으니, 이름이 을전旃이었다. 모수제께서 '란대欒284)의 아들'285)에게 명하사 유단旦과 함께 곽광光을 치게 하셨다.

저옹군탄著雍涒灘(戊申,BCE73)년, 병이가 권세를 써서 유건建286)을 광양廣陽287)에 봉하고 유홍弘288)을 고밀高密289)에 봉하였으며, 유단旦과 란欒290)이는 힘이 없어 피하여 머물며 관망하였다. 해부루夫婁291)는 딸이 있어 이름이 해영解英이고 옥두진斗辰의 이모 아들이 이름이 금와金蛙인데, 금와蛙와 해영英이 서로 혼인하여 단궁檀宮으로 입조하였다가, 모수제께서 물이 적어 해마다 곡식이 여물지 않고 더욱이 창질과 돌림병으로 사람과 가축들이 반감한 것을 근심하시매, 호인이 금와에게 권하여 바쳐오는 곡식을 갑절로 하였다.

---

277) 禾相의 딸
278) 西漢 昭帝의 이름 ; 武帝의 曾孫이자 武帝 衛皇后소생 戾(衛)太子 劉據의 孫子임.
279) 西漢 昌邑哀王 劉賀, 일명 劉髆 ; 李廣利의 여동생인 劉徹의 李夫人소생임.
280) 霍去病의 남동생
281) 西漢 中宗 宣帝의 아명 ; 師古曰[蓋以夙遭屯難而多病苦,故名病已,欲其速差也.後以為鄙,更改諱詢.]
282) 廣陵厲王 劉胥 ; 弗陵이 죽고 毋嗣하여, 宝位 物望이었다가 登極하지 못한 者임.
283) 霍光의 처가 許皇后를 毒殺하고나서 딸이 皇后가 된 일을 적은 것임. 留記芻牟鏡엔 '霍女窺內'가 '霍光窺內'로 되어있음. '霍女'는 '霍光의 女人' 즉 '霍光之妻'일 수도 있다.
284) 後日의 芻牟之臣인 漢素의 祖父로 漢武帝 劉徹의 方士이자 사위였다.
285) 漢武帝 長公主와 方士 欒大 사이의 아들인 漢素의 生父임.
286) 燕剌王의 太子 劉建이 庶人으로 되었다가 封王된 것.
287) 廣陽王 ; 通典엔 廣陽이 古翁州지역인 京兆府 屬地로 기록됨.
288) 廣陵王 劉胥 次子 劉弘이 庶人으로 되었다가 다시금 封王된 것.
289) 高密哀王 ; 通典을 따르면, 高密은 古青州屬地로 나옴.
290) 欒子, 欒大의 아들 ; 漢武帝劉徹의 長生方士 欒大의 妻子는 이미 北夫余로 歸依함.
291) 東夫余의 始祖임금

黃鷄之年,芳生女晨.欒室生子,其名漢素.凰生奧春,蛙生帶伯.天不無心,田年自刎,論徹以罪.沮其立廟,黃覇在獄,講書不怠.細君老死,觧憂復嫁肥王,継三男二女,背反单于,與光通謀.

金狗之春,霍殺奭母,可憐故釼.岑岑其頭,以是為忠,無道可知.壷衍問罪乃舉義師,范賊敗故未免自戮.好人生女,名之以萱.萱兮宜陽佩之忘憂.是年大飢,餓尸相連,献粟不至,帝都洶洶.

황계黃鷄(己酉,BCE72)년, 양방이 딸 해신晨을 낳고, 란欒[292]이의 아낙이 아들을 낳아 이름이 한소漢素이며, 해황凰이 오춘奧春[293]을 낳고, 금와가 대백帶伯[294]을 낳았다. 하늘이 무심치 않아서 전연년田年[295]이 스스로 목을 베었으니 '유철徹을 논의한 것'[296]이 죄이고, (유철의) 사당 세우기를 막았던 '황패黃覇는 옥중에 살아남아 상서尙書[297]를 강론함에 게으르지 않았다.'[298] '왕세군細君[299]이 늙어죽고, 해우觧憂[300]가 재차 비肥왕[301]에게 출가하더니 '연달아 3남 2녀를 낳고서도'[302] 선

---

292) 欒大의 아들 즉 欒子 ; 漢武帝 劉徹의 方士 欒大의 아들이니, 劉徹의 外孫임.

293) 順奴王 奧川의 아들

294) 鮮英소생인 金蛙의 아들

295) 大司農·陽城侯 田延年으로 太僕·建平侯 杜延年과는 다른 사람. 漢宣帝時 潁川太守. 漢書에 嚴延年과 田延年 및 李延年에 대한 傳이 있으니 참고할 때에 조심해야 함

296) 資治通鑑 本始二年條 曰[春,大司農田延年有罪自殺.昭帝之喪.大司農僦民車,延年詐增僦直,盗取錢三千萬,為怨家所告.霍將軍召問延年,欲為道地.延年抵曰"無有是事."光曰"即無事,當窮竟."御史大夫田廣明謂太僕杜延年曰"<春秋>之義,以功覆過,當廢昌邑王時,非田子賓之言,大事不成.今縣官出三千萬自乞之,何哉.願以愚言白大將軍."延年言之大將軍,大將軍曰"誠然,實勇士也.當發大議時,震動朝廷."光因舉手自撫心曰"使我至今病悸.謝田大夫曉大司農,通往就獄,得公議之."田大夫使人語延年.延年曰"幸縣官寬我耳,何面目入牢獄,使衆人指笑我,卒徒唾吾背乎."即閉閤獨居齋舍,偏袒,持刀東西步.數日,使者召延年詣廷尉.聞鼓聲,自刎死.].

297) 孔子가 堯舜부터 周까지의 政事에 관한 文書를 모아 엮은 冊 ; 總20卷58篇으로, 儒家의 理想政治에 대해 敍述했다고 하며, 當時 漢의 必讀教科書인 四書五經의 하나임

298) 資治通鑑 本始二年條 曰[長信少府夏侯勝獨曰"武帝雖有攘四夷,廣土境之功,然多殺士衆,竭民財力,奢泰無度,天下虛耗,百姓流離,物故者半,蝗蟲大起,赤地數千里,或人民相食,畜積至今未復.無德澤於民,不宜為立廟樂."公卿共難勝曰"此詔書也"勝曰"詔書不可用也.人臣之誼,宜直言正論,非苟阿意順指.議已出口,雖死不悔."於是丞相·御史劾奏勝非議詔書,毁先帝,不道.及丞相長史黃覇阿縱勝,不舉劾,俱下獄.有司遂請尊孝武帝廟為世宗廟,奏盛德·文始五行之舞.武帝巡狩所幸郡國皆立廟,如高祖·太宗焉.夏侯勝·黃覇既久繫,覇欲從勝受尚書,勝辭以罪死.覇曰"朝聞道,夕死可矣."勝賢其言,遂授之.繫再更冬,講論不怠.]

299) 江都王 劉建의 딸 劉細君(別名王細君) ; 烏孫王(昆莫) 獵驕靡에게 出嫁한 江都公主(別稱烏孫公主) ; 匈奴의 寧胡閼氏로 기록된 王嬙 즉 王昭君과는 時代가 다르다.

300) 前漢 楚王 劉戊의 孫女 ; 역시 公主로 封받아 細君의 뒤를 이어 烏孫으로 出嫁함

우單于(匈奴)를 배반하며 곽광과 연통해 모의하였다.'[303]

금구金狗(庚戌,BCE71)년 봄(정월)에 "'곽씨霍[304]가 유석奭[305]의 어미[306]를 죽였다.'[307] 가련하다 '손익은 칼'[308]이여! 그녀[309]의 머리를 지끈거리게 함을 충성으로 여겼어도 무도한 것임은 가히 알았으련만.'[310] '호연제가 문죄코자 의로운 군대를 일으키니, 범范적들은 패하고 돌아가서 죽음을 면치 못하였다.'[311] 호인이 딸을 낳아 훤화萱로 이름

---

301) 烏孫王 岑陬의 從弟인 翁歸靡 ; 岑陬의 季父(三寸叔父) 大祿의 아들

302) '匈奴와 婚姻해 烏孫의 家族인지 오래라서 匈奴가 낯선 敵이 아닌데'라는 의미임

303) 漢書 宣帝紀第八 本始二年條엔 [匈奴數侵邊,又西伐烏孫.烏孫昆彌及公主因國使者上書,言'昆彌願發國精兵擊匈奴,唯天子哀憐,出兵以救公主.'秋,大發興調關東輕車銳卒,選郡國吏三百石伉健習騎射者,皆從軍.御史大夫田廣明為祁連將軍,後將軍趙充國為蒲類將軍,雲中太守田順為虎牙將軍,及度遼將軍范明友·前將軍韓增,凡五將軍,兵十五萬騎,校尉常惠持節護烏孫兵,咸擊匈奴.]라 함. 이 일로 匈奴는 쇠약해져서 烏孫을 원망하였다고 함

304) 實은 霍光의 작은 딸 霍成君이 아닌 霍光의 妻인 顯이었다.

305) 西漢 高宗 元帝의 이름

306) 許廣漢의 딸 許平君. 劉病已의 糟糠之妻였던 許皇后

307) 漢書 卷六十八 霍光·金日磾傳 第三十八엔 [宣帝始立,立微時許妃為皇后.顯愛小女成君,欲貴之,私使乳醫淳于衍行毒藥殺許后,因勸光內成君,代立為后.]라 되어있음

308) '손에 익은 칼날(劍,鍛)'이란 의미. 宣帝 病已가 帝位에 卽位하기 以前에 맞이한 女人 즉 許皇后 즉 許婕好 즉 許平君

漢書 卷九十七下 外戚傳 第六十七下 曰[孝宣許皇后,元帝母也.父廣漢,昌邑人...後為暴室嗇夫.時宣帝養於掖庭,號皇曾孫,與廣漢同寺居...是時,昭帝始冠,長八尺二寸...時許廣漢有女平君,年十四五...遂與曾孫,一歲生元帝.數月,曾孫立為帝,平君為婕好.是時,霍將軍有小女,與皇太后有親.公卿議更立皇后,皆心儀霍將軍女,亦未有言.上乃詔求微時故劍,大臣知指,白立許婕好為皇后...]라 하였다

309) 許皇后

310) 漢書卷九十七下_外戚傳第六十七下 曰[霍光夫人顯欲貴其小女,道無從.明年,許皇后當娠,病.女醫淳于衍者,霍氏所愛,嘗入宮侍皇后疾.衍夫賞為掖庭戶衛,謂衍'可過辭霍夫人行,為我求安池監.'衍如言報顯...顯曰'將軍素愛小女成君,欲奇貴之,願以累少夫.'衍曰'何謂邪.'顯曰'婦人免乳大故,十死一生.今皇后當免身,可因投毒藥去也,成君即得為皇后矣.如蒙力事成,富貴與少夫共之.'衍曰'藥雜治,當先嘗,安可.'顯曰'在少夫為之耳.將軍領天下,誰敢言者.緩急相護,但恐少夫無意耳.'衍良久曰'願盡力.'即擣附子,齎入長定宮.皇后免身後,衍取附子并合大醫大丸以飲皇后.有頃曰'我頭岑岑也,藥中得無有毒.對曰'無有.'遂加煩懣,崩.衍出,過見顯,相勞問,亦未敢重謝衍.後人有上書告諸醫侍疾無狀者,皆收繫詔獄,劾不道.顯恐(事)急,即以狀具語光,因曰'既失計為之,無令吏急衍.'光驚鄂,默然不應.其後奏上,署衍勿論.]이라 함 ; 丸藥에 毒藥草 附子를 빻아 넣어서 毒殺한 것을 적은 것이다.

311) 漢書卷八_宣帝紀第八_本始三年條 本紀는 [三年,春正月,癸亥,皇后許氏崩.戊辰,五將軍師發長安,夏五月軍罷.祁連將軍廣明·虎牙將軍順有罪,下有司,皆自殺.校尉常惠,將烏孫兵,入匈奴右地,大克獲,封列侯...]라고 簡略히 적어 諱恥하였고,

資治通鑑은 [春正月.戊辰,五將軍發長安.匈奴聞漢兵大出,老弱奔走,驅畜產遠遁逃,是以五

을 지으니, 훤화는 화목하고 밝아서 근심을 잊는 재주를 타고났다. '이 해의 큰 기근'[312]에 굶어죽은 시신들이 서로 잇달고, 바쳐올 곡식은 다다르지 않아서, 천제 도성의 인심이 흉흉하였다.

白豖之年,賈達生子,名曰禾滿,以滿不滿.霍女為后,天必厭之.沃沮不順,遲其舟運.奧川責之,献粟愈難.都彦以計,撫容列侯.天賜之女,是為都花,帝賜金尺,以其救都,賜姓都氏.勝覇出獄,病已扶直.

玄黙困敦,順沃交戰,青河助順沸流助沃,相勝相負持久不决.献粟不至京都困甚,帝開倉廩公卿自殺.芳后生女鷄黍不備,帝飮粱酒束手無策,群盗蜂起自稱天子.天厄如此,鳳凰何至.

백시白豖(辛亥,BCE70)년, 가달이 아들을 낳아 이름을 화만禾滿[313]이라 하였으나, 가득한 것은 불만이었다. '곽광霍의 딸이 후后가 되었더니, 하늘이 끝내 이를 싫어하였다.'[314] '옥저沃沮[315]가 불순하여 주

將少所得.夏五月,軍罷.度遼將軍出塞千二百餘里,至蒲離候水,斬首·捕虜七百餘級;前將軍出塞千二百餘里,至烏員,斬首·捕虜百餘級;蒲類將軍出塞千八百餘里,西至候山,斬首·捕虜,得單于使者蒲陰王以下三百餘級.聞虜已引去,皆不至期還.天子薄其過,寬而不罪.祁連將軍出塞千六百里,至雞秩山,斬首·捕虜十九級.逢漢使匈奴還者冉弘等,言雞秩山西有虜衆,祁連即戒弘,使言無虜,欲還兵.御史屬公孫益壽諫,以為主可.祁連不聽,遂引兵還.虎牙將軍出塞八百餘里,至丹餘吾水上,即止兵不進,斬首·捕虜千九百餘級,引兵還.上以虎牙將軍不至期,詐增鹵獲,而祁連知虜在前,逗遛不進,皆下吏,自殺.擢公孫益壽為侍御史...冬,匈奴單于自將數萬騎擊烏孫,頗得老弱.欲還,會天大雨雪,一日深丈餘,人民·畜產凍死,還者不能什一.於是丁令乘弱攻其北,烏桓入其東,烏孫擊其西,凡三國所殺數萬級,馬數萬匹,牛羊甚衆;又重以餓死,人民死者什三,畜產什五.匈奴大虛弱,諸國羈屬者皆瓦解,攻盜不能理.其後漢出三千餘騎為三道,並入匈奴,捕虜得數千人還;匈奴終不敢取當,滋欲鄉和親,而邊境少事矣....烏孫昆彌自將五萬騎與校尉常惠從西方入,至右谷蠡王庭,獲單于父行及嫂·居次·名王·犁汙都尉·千長·騎將以下四萬級,馬·牛·羊·驢·橐佗七十餘萬頭.烏孫皆自取所虜獲.上以五將皆無功,獨惠奉使克獲,封惠為長羅侯.然匈奴民衆傷而去者及畜產遠移死亡,不可勝數.於是匈奴遂衰耗,怨烏孫. 上復遣常惠持金幣還賜烏孫貴人有功者.惠因奏請龜茲國嘗殺校尉賴丹,未伏誅,請便道擊之.帝不許.大將軍霍光風惠以便宜從事.惠與吏士五百人俱至烏孫,還,過,發西國兵二萬人,令副使發龜茲東國二萬人,烏孫兵七千人,從三面攻龜茲.兵未合,先遣人責其王以前殺漢使狀.王謝曰"乃我先王時為貴人姑翼所誤耳,我無罪."惠曰"即如此.縛姑翼來,吾置王."王執姑翼詣惠,惠斬之而還.]이라 하였다; 本傳 范賊은 漢五將軍들, 祁連·虎牙將軍 둘은 罪를 받아 自殺하고 度遼·前·蒲類將軍은 잘못이 작아 살아남았다 하였다.

312) 當年의 極甚한 旱魃은 北夫余나 西漢이나 마찬가지였다.

313) 賈達이 낳은 禾相의 아들

314) 資治通鑑엔 [(本始四年)春三月,乙卯,立霍光女為皇后,赦天下.初,許后起微賤,登至尊日淺,從官車服甚節儉.及霍后立,輿駕·侍從益盛,賞賜官屬以千萬計,與許后時縣絶矣.夏四月,壬寅,

운舟運을 지체하매'[316] 오천奧川(順奴王)이 이를 나무랐다가 곡식을 바쳐옴이 더욱 어려워졌더니, 도언都彦이 꾀를 내서 열후들을 위무하고 종용하였다. 하늘이 내린 여인 그가 바로 도화都花였더니, 모수제께서 금척金尺을 내리시고서 도읍都을 구원했음에 도都씨 성姓을 내리셨다. '하후승勝[317]과 황패覇[318]가 옥獄을 나왔으니, 병이가 억울함을 바로잡아 없앴음이라.'[319]

현묵곤돈玄黙困敦(壬子,BCE69)년, '순노順奴와 옥저沃沮[320]가 맞붙어서 싸우고'[321], '청하靑河[322]가 순노를 돕고'[323] '비류가 옥저를 도와'[324] 서로가 이겼다가 물러나며 오래도록 결판나지 않고, 바쳐올 곡식도 이르지 않아서 경도京都의 곤궁함이 심하였더니, 모수제께선 창고들을 여셨고, 공경들은 자살하였다. 양방芳후께선 딸[325]을 낳았으나 닭국물과 밥이 없으셨고, 모수제께선 좁쌀 술을 드실 뿐 속수무책이셨더니, 도적이 벌떼처럼 일어나서 천자天子를 자칭하였다. 하늘의 재앙이 이러하거늘, 봉황[326]이 어찌 오겠는가?

昭陽赤奮,又是旱證.黃龍助順伐沸,湝口荇人救沸伐龍,河上六國交戰,其

郡國四十九,同日地震,或山崩,壞城郭室屋,殺六千餘人.北海琅邪壞祖宗廟.]라 적혀있다.

315) 梁書 高勾麗傳 曰[(景初)六年(CE245),儉復討之,位宮輕將諸加奔沃沮.儉使將軍王頎追之.絶沃沮千餘里,到肅愼南界,刻石紀功;又到丸都山,銘不耐城而還.其後,復通中夏.]라 하였으니, "沃沮 땅은 (夏商周時節)肅愼(朝鮮)의 南界"이었음이다(그림-1 참고).

316) 沃沮가 獻穀의 水路運送을 擔當했었다.

317) 西漢 長信少府 夏侯勝

318) 西漢 潁川太守이자 丞相이었던 長史 黃覇

319) 漢書 本始四年四月條 曰[...大赦天下.]

資治通鑑曰[夏四月,壬寅,郡國四十九同日地震.或山崩,壞城郭室屋,殺六千餘人.北海琅邪壞祖宗廟.詔丞相御史與列侯中二千石博問經學之士,有以應變,毋有所諱.令三輔太常內郡國舉賢良方正各一人.大赦天下.上素服,避正殿五日.釋夏侯勝黃霸,以勝為諫大夫給事中,霸為揚州刺史.]라 하였다.

320) 梁書 列傳 高句驪傳에 [絶沃沮千餘里到肅愼南界]라 한 것을 '그림-1'의 '肅愼' 南邊에 감안하면, 곧 沃沮는 현금 河北省 東北部 低地帶였던 것으로 드러난다.

321) 沃沮는 順奴와 인접했었고, 北夫余는 沃沮에게 獻粟(獻穀)舟運을 담당시켰었다.

322) 靑河伯의 그 靑河일 것으로 본다.

323) 靑河는 順奴國地境으로, 順奴는 王國이고 靑河는 順奴의 一部인 伯國이다.

324) 沸流國이 沃沮를 偏들며 順奴의 故國之原(湯東郡,多勿郡)을 빼앗은 事件인 듯하다.

325) 解晃

326) 聖天子 治政의 徵兆로 나타난다는 새

血玄黃.帝命禾相,乃伐荇人,天下大乱,災異時見.桓那卒本之軍會于汗濱,盖馬肅愼之軍集于粱狛,牛畜殆盡馬驢亦稀.

好人生葦,羊后登壼.壼衍病没,虗閭棄嫂.鳳凰啄蝗,忠光藏輝.金蛙献粟,楽浪受尺.佗利平盜,卑離拒妻.汗濱大戦,五侯零落,雖不至死,被創中矢.沃沮北遷北鞨南下,順奴之國太半折減.

青虎之春,賈達生簠.河上之戦,相被五創,佗中二矢,帝命禾穗為佗之妻.是年七月,干戈雖乏,封彊未復,創者病臥,飢者僵仆,粱酒鵝肉能使帝醉,三后五妃能令帝昏,世間万事總如浮雲.

소양적분昭陽赤奮(癸丑,BCE68)년, '또 한발이 들었다.'[327] '황룡이 순노를 도와 비류를 치고 호구滸口[328]의 행인荇人이 비류를 도와 황룡을 치며 하상河上의 6국들이 뒤엉켜 싸워서'[329] 그 피가 하늘과 땅을 적시매, 모수제께서 '화상에게 명하여 행인을 치시니,'[330] 천하가 크게 어지럽고 천재와 이변이 때때로 나타났다. 환나·졸본의 군대가 한빈汗濱으로 모여들고 개마盖馬·숙신肅愼[331]의 군대가 양맥粱狛으로 모여들어, 소와 가축이 거의 없어졌고 말과 나귀도 드물어졌다.'[332]

호인이 위화葦를 낳았고, 양성羊후가 곤위壼位에 올랐다. '호연제가 병으로 죽고서, 허려권거虗閭[333]가 형수를 버렸다.'[334] '봉황이 황충을 쪼았고, 충성스럽던 곽광이 죽었다.'[335] 금와가 곡식을 바쳐오고, '락

327) 資治通鑑에 '이 해에 匈奴 또한 굶주렸다.'고 적었으니, 北方이 모두 가물었다.
328) 滸原·滸水 어귀로 和林格爾 平原 入口쯤. 그곳에 殺虎口·破虎口라는 地名이 있음.
329) 順奴·沃沮·青河·沸流·黃龍·荇人이 어울려 치고 돕는 形勢(☞相對的 位置가 드러남)
330) 禾相(不而天王)은 荇人의 東北方이다.
331) 肅愼의 西端은 內蒙古中部之境으로 上古時節 큰 潢水(西拉木倫河) 最上流之境이다
332) 河川과 平原으로 모여든 軍隊들도 食糧不足으로 家畜과 兵馬를 잡아먹었다는 뜻
333) 壼衍鞮선우 아우 虗閭權渠 ;「虗閭權渠單于立,以右大將女為大閼氏,而黜前單于所幸顓渠閼氏.顓渠閼氏父左大且渠怨望.」漱皇의 셋째 딸인 鮮禽을 妻로 맞이하기도 함
334) 資治通鑑曰[匈奴壼衍鞮單于死.弟左賢王立為虗閭權渠單于,以右大將女為大閼氏,而黜前單于所幸顓渠閼氏.顓渠閼氏父左大且渠怨望.是時,漢以匈奴不能為邊寇,罷塞外諸城以休百姓.單于聞之,喜,召貴人謀,欲與漢和親.左大且渠心害其事,曰"前漢使來,兵隨其後.今亦效漢發兵,先使使者入."乃自請與呼盧訾王各將萬騎,南旁塞獵,相逢俱入.行未到,會三騎亡降漢,言匈奴欲為寇.於是,天子詔發邊騎屯要害處,使大將軍軍監治眾等四人將五千騎,分三隊,出塞各數百里,捕得虜各數十人而還.時,匈奴亡其三騎,不敢入,即引去.是歲,匈奴饑,人民畜産死者什六七,又發兩屯各萬騎以備漢.其秋,匈奴前所得西嗕居左地者,其君長以下數千人皆驅畜産行,與甌脫戰,所殺傷甚眾,遂南降漢.]이라 하였다.
335) '鳳凰啄蝗,忠光藏輝'는 漢書 宣帝紀 地節2年 기록의 [大司馬大將軍光薨]을 적은 것

랑이 금척金尺을 받았다.'[336] '타리[337]가 도적을 평정하였고,'[338] '비리卑離는 처妻가 되길 거부하였다.'[339] 한빈汗濱에서 크게 싸우다가, 다섯 제후들의 위세가 시들해졌다. 비록 죽진 않았어도 창을 맞고 화살을 맞았다. '옥저沃沮가 북방으로 옮겨가고 북갈北鞨[340]이 남하하여, 순노順奴 땅 태반이 쪼그라들었다.'[341]

청호青虎(甲寅,BCE67)년, 봄에 가달이 해보簋[342]공을 낳았다. 하상전쟁河上戰爭[343]에서 화상이 창 다섯을 맞고 타리가 살 둘을 맞았음에, 모수제께서 화수禾穗[344]에게 명하여 타리의 처가 되게 하셨다. 이 해 7월에 전쟁은 비록 멎었지만 강역은 아직 회복되지 않았고, 창 맞은 이들은 앓아눕고 굶은 이들은 쓰러져죽어, 좁쌀 술과 거위고기가 능히 모수제를 취하시게 하고, 3후后5비妃들이 능히 모수제의 밤들을 좋게 하였으니, 세상만사 모든 것이 뜬구름 같을러라.

乙卯春正,芳生昷公.風雪満城,㳉夜悲鳴.禾相臨終請立佗利,帝讀靑詞封之為王"於戱,佗利,冒頓之耳,寔我外仍.身長七尺,勇冠三軍,擒賊螟山,誅荇魚息,救其舅公,名震七國.立爾為王,愼行遺制."

乃用漠風顓渠之制,賈達佗利復為夫妻,山呼之聲動天掀地.仙人挹白以為不可"二世作妃,淫穢之習.冒孫造國,扶余必亡.母女共夫,豈曰潔政."帝以相志不聽其諫,挹白掛冠入山不出.

李陵之女生子[廣公][345].羊聖已崩,三后未備.帝以賈達陞階為后,陵女胡括代之為妃.廣公且鞮之孫,廣公之母賈達得志,容光倍佳.单于聞之,遣弟上壽,䵼緞千匹黃駝万頭,不老春酒酌以金觥.

이고, 資治通鑑은 [三月,庚午,光薨....鳳皇集魯,群鳥從之.大赦天下.]라 하였다.

336) 沃沮 대신 樂浪(非漢樂浪郡)이 舟運을 맡았다. 金尺으로 獻穀의 量 等을 잰 듯하다.

337) 鮮卑 禾相의 親子 禾頼를 代身한 義子로, 后妃列傳에 [匈奴 且鞮 동생 槐里가 鮮卑의 딸 王夫輿의 지아비가 되어 佗利를 낳았다.]고 하였다.

338) 本傳 乙卯春正 條의 기록 참조 ; 아마도 荇人賊徒 討伐을 뜻하는 듯하다.

339) 佗利가 盜賊들을 平定하고서 卑離族 女人을 妻로 삼으려던 것이 拒絶된 것인가?

340) 河北省東北部 灤河上流 以北지경의 末曷로 北夫余諸侯國들의 北方之地를 차지한 듯

341) 北鞨이 東北方 古潢水 北沃沮에서 順奴南部로 들어와서 順奴의 國勢가 半減된 것.

342) 賈達이 낳은 慕漱帝의 아들이니, 곧 解牟大帝의 異腹親兄이다.

343) 癸丑(BCE68)에 偏이 갈린 北夫余諸侯들이 桑干河 上流 北岸쯤에서 싸운 內戰

344) 賈達이 낳은 法皇의 딸로, 匈奴單于 且鞮侯의 외손녀임

345) 留記解牟鏡에 廣公이어서, 譯者가 挿入하고 번역한다.

帝以潁主妻其賀使,虛閭之弟呼延渠也.潁與佗利已有昕私不肯如呼.帝已許之無可奈何.以金千斤納於賈后乃擧華燭.夜如何其,帝與三后受胡之禮,駝鴦粱萄,醉泥入歡.佗利袖手怨入骨髓.

을묘乙卯(BCE66)년, 춘정월, 양방芳이 해온昷공[346]을 낳았다. 풍설風雪이 성[347]안에 가득한데, 캄캄한 밤중에 슬픈 울음소리가 들렸다. 화상이 죽음을 앞두고서 타리를 왕위(不而天王)에 세우시길 청하여, 수제께서 청사靑詞[348]를 읽어 타리를 왕으로 봉하시며 "오호! 타리는 묵돌冒頓[349]의 8세손耳에 내 외가의 7세손仍으로, 키는 7척이나 용맹하긴 3군[350]에서 으뜸이어, 적을 오산蜈山[351]에서 사로잡고 행인을 토벌해 어패魚佩[352]들을 주살하고 자신의 구공舅公[353]을 구원하여 이름을 '일곱 나라'[354]에 떨쳤느니. 너를 왕으로 세우노니, 전해오는 제도를 삼가 행할지어다."라 하셨으며,

이에 '막풍漠風인 전거연지顓渠閼氏제도'[355]를 따라서 가달과 타리를 새로이 부부로 삼아주시니, 등극을 환호하는 만세소리가 하늘을 울리고 땅을 들썩였다. 선인仙人읍백邑伯[356]이 안된다며 "2대世가 비妃로 삼음은 도리에 어긋나는 추접한 습속이고, 묵돌 후손이 나라(國, 王)를 이루면 부여扶余는 필시 망할 것이오며, 어미와 딸이 지아비를 함께함을 어찌 깔끔한 정사라 이르겠습니까?"라 하였지만, 모수제께선 화상의 뜻이라며 말리는 것을 듣지 않으셨고, 읍백은 관모를 벗어 걸어놓고서 산중으로 들어가서 나오지 않았다.

이릉李陵의 딸(호괄)이 아들 [광廣]공을 낳았다. 양성羊聖이 이미 죽

---

346) 羊芳后소생 漱帝의 아들, 즉 芻牟大帝의 이복친형
347) 不而城
348) 儀式을 거행할 때 읽는 祈願文
349) 匈奴 頭曼선우의 둘째 아들
350) ①前軍·中軍·後軍? ②車軍·騎軍·步軍? ③反亂平定에 참여한 3국의 군대들?
351) 蜈山(拼音;wúshān)은 不而城의 西方遠地일 것 ; 字義로는 '지네산'이니 ①歸綏(歸化城)西北郊 崑都倫 蜈蚣壩(墳)? 滸口(殺虎口,破虎口)에서 가깝다. ②字音으론 包頭市 西便 烏拉山(拼音;wūlāshān)도 가능할 듯하나, 滸口(殺虎口,把虎口)에서 너무 멀다.
352) 魚佩를 찬 이들, 즉 官吏들
353) 丈人의 尊稱 ; 禾相을 指稱함인가? 禾相의 義子이자 그 딸을 妻로 삼기도 하였음.
354) 荇人·盖馬·沸流·肅愼·黃龍·桓那·卒本?
355) 北方(匈奴)의 風習 ; 帝王이 죽으면 後嗣가 죽은 帝王의 妻妾 등을 娶하는 制度
356) ①人名? ②都邑의 우두머리 즉 不而城伯?

어 3후가 미비함에, 모수제께서 가달을 품계를 올려 황후로 삼고 "이릉 딸 호괄胡括로 가달을 대신할 비妃를 삼으셨다."[357] 해광廣공은 저제후且鞮侯 외증손이고, '광공 어미와 가달[358]은 뜻을 이루어'[359] 얼굴빛이 갑절로 고와졌더니, 선우单于[360]가 이를 듣고 동생을 보내와서 주상께서 만수무강하시길 빌며 융단·비단 천 필과 누런 낙타 만두를 바치고 불로춘주不老春酒를 금으로 만든 뿔잔으로 따라드렸다.

모수제께서 화영潁[361]공주를 하례사절에게 처로 주시니, 허려권거虛閭의 동생인 호연거呼延渠라. 화영은 이미 타리와 사귀어서 호연거가 마음에 들지 않았지만, 모수제께서 이미 허락하셨으니, 어쩔 도리가 없었다. (호연거가) 황금 천근을 가달 황후에게 바치고 혼례의식을 거행하였다. 그날 밤이 어떠하였느냐면, 모수제께선 3후들과 함께 호胡의 예물들인 낙타·거위·곡물·포도를 받고 취하시어 야드르르해져서 환락에 빠지셨고, 타리는 수수방관이나 원한이 골수에 박히더라.

丙辰之夏,秋英入節,其夫旺仁護攸卑離.路過叢山無人之谷,抱木塹天,盜出白昼.仁恃其勇,與妻骈行,中路逢賊.身長七尺,面雖被覆,槍如佗利.為其所擊,落于千仞,負創而攸,妻已掠去.

旺仁臨死,謂其子弗,佗利之為"汝報我仇."帝聞此報,欲索秋英.佗利不肯,以為賊酋.弗以其妻易母而攸,未滿百日復攸佗利.旺弗卧薪陰謀報仇.佗利知之欲先討弗,帝命止之,怒而不聽.

荇女天姜禾相之妾,佗利愛亦欲為妃.帝為秋英以姜為妃.姜乃放秋使之攸國.翌年,討弗復取為妾.帝不能禁,威信大墮.弗為佗子,得其羊穀,陰養士卒,以待其時.佗利驕傲,侮辱天帝.

旺弗欲使佗利得罪於天下因其驕傲,而說之曰"當今天下唯陛下至尊,不必受制於檀林也.陛下乞七國之乱而威望已高.此正天與之時,當行廢立之事而號令天下.孰不敢應."佗利然之.

357) 李陵이 北夫余의 서쪽 友邦 匈奴에 귀의해 얻은 딸 胡括을 이미 北夫余에 바친 것을 뜻한다. 胡括은 且鞮侯의 딸이 李陵과 婚姻하여 낳은 且鞮侯의 外孫女이다.

358) 且鞮侯선우의 딸로, 簠公의 生母이다.

359) 護社稷 즉 北夫余의 皇后가 되어 匈奴와의 敵對 可能性을 줄여 護國하는 일

360) 匈奴선우 虛閭權渠로, 賈達生父 且鞮侯의 아우

361) 賈達소생으로 慕漱帝의 딸

병진丙辰(BCE65)년 여름, 추영秋英이 입절入節[362]하였다가, 그 지아비 왕인旺仁이 호위해서 비리卑離로 돌아가는데, 길이 '숲이 빽빽한 산들'叢山[363]을 지났다. 사람 하나 보이지 않는 계곡으로 아름드리나무들이 하늘높이 까마득하여 도둑이 대낮에도 나타났는데, 왕인仁이 제 용맹함을 믿어 처와 나란히 길을 나섰다가 도적을 만났다. 키가 7척에 얼굴은 가렸어도 창槍이 타리 같았다. 그에게 습격당해 천 길 아래로 떨어졌다가 다친 몸으로 되돌아왔더니, 처는 이미 탈취되어 사라졌더라.

왕인이 죽음을 앞두고 그 아들 왕불弗에게 타리가 한 짓을 말하고서 "네가 내 원수를 갚아라."라 하였다. 모수제께서 이 소식을 듣고 추영을 찾아내려 하셨으나, 타리가 적의 우두머리를 위하는 것이라며 따르지 않았다. 왕불이 제 처를 주고서 어미로 바꿔서 돌아갔으나, 100일도 아니 되어 타리에게 되돌아갔고, 왕불은 와신상담하며 원수 갚기를 밀모하였다. 타리가 이를 알아채고 왕불을 먼저 토벌하려 하였고, 모수제께서 명하여 그만두게 하셨으나, 노여워하며 따르지 않았다.

행인荇의 딸인 천강天姜이 화상의 첩인데도, 타리가 애모하여 역시 비妃[364]로 삼으려함에, 모수제께서 추영을 위해 천강姜을 왕비妃로 삼아주셨다. 천강이 이에 추영秋을 내보내서 그녀를 귀국케 하였으나, 다음해(BCE64년)에 (타리가) 왕불을 꾸짖고 다시금 첩으로 취하였고, 모수제께선 이를 금할 수 없으시어 위신이 크게 떨어졌다. 왕불은 타리의 아들이 되어서 그의 양과 곡식을 얻어 군사와 병졸들을 몰래 양성하며 때를 기다렸고, 타리는 멋대로 오만하여 천제를 깔보고 욕을 보였다.

왕불이 타리가 천하에 죄를 짓고서 교만·방자해지게 하고자 그를 설득하여 아뢰길 "지금 천하에선 오직 폐하만이 지존이시니, 단림檀林산[365]의 칙명을 받을 필요 없으십니다. 폐하께선 '7국들의 난리'[366]

---

362) 諸侯의 妻가 4季節을 번갈아 帝王에게 入侍하는 制度로 四時入夕에 해당할 것
363) 卑離國은 不而城에서 樹木이 鬱蒼한 山地(陰山山脈 大靑山)너머 가까운 곳이었다.
364) 不而天王 佗利의 王妃
365) 北夫余 天帝宮의 소재지. 즉 北夫余 天帝인 慕漱帝
366) 癸丑(BCE68)년의 黃龍·順奴·沸流·荇人·桓那·卒本·盖馬 等이 얽힌 河上戰爭

를 평정하셨음에 위세와 명망이 이미 높사오니, 이제 하늘天(天帝位)을 바로잡으실 때이옵니다. 당장에 보위를 폐하고 세우는 일을 행하시어 천하를 호령하십시오. 그 누가 감히 따르지 않겠습니까?"라 하니, 타리가 그리 여겼다.

戊午初夏,不而之民,無物可食,賣妻鬻子,帝開倉畜.而佗利不應,使人促夫婁貢米,曰"今帝無道,民皆怨之.大王若救飢民,則民心必敀.吾當廢帝而立.大王勿失此時,載穀以来."夫婁不應,密告于帝.

帝乃責佗利曰"朕以卿為仁孝忠勇而許之為王.背恩忘德敢欲廢我.天下肯之乎.夫勤者萬事之本,怠者百悪之源.卿始勤終怠,欺之證人,敗亡之兆.如不改過天必厭之."佗利大怒先伐夫婁.

무오戊午(BCE63)년, 초여름에 불이不而성 백성들이 먹을 것이 없어서 처를 팔고 자식을 팔자, 모수제께선 창고에 쌓인 것을 내놓으셨다. 허나 타리는 호응하지 않고서 사람을 시켜 해부루에게 쌀을 바치길 재촉하여 이르기를 "지금 천제가 무도하여 백성들 모두가 그를 원망하오이다. 대왕께서 굶는 백성들을 구제하시면 곧 백성들의 마음이 반드시 따를 것입니다. 내가 천제를 폐하고 세우길 맡을 것이니, 대왕께선 이 기회를 놓치지 마시고 곡식을 싣고 오십시오."라 하니, 해부루夫婁가 응하지 않고서 천제께 몰래 알렸다.

천제께서 이에 타리를 책망하시며 이르시길 "짐은 경이 인자하며 효성스럽고 충성스럽고 용맹하였음에 허락하여 왕을 삼았거늘, 배은망덕하게 감히 나를 폐위하고자 하였노라. 천하가 그리하자던가? 대저 근면함이 만사의 바탕이었고 게으름은 모든 악의 근원이었다. 경은 시작은 부지런하나 끝은 게을렀고, 그걸 속이고 남에게 알렸으니 패망할 조짐이다. 허물을 고치지 않을 것 같으면 하늘이 필시 싫어하실 것이다."라 하시니, 타리가 대노하여 해부루를 먼저 쳤다.

乃謂黃竜荇人,曰"夫婁假托無舟而不貢使帝飢臥,反作虛言離間帝王.罪可伐也,今将三軍而東下.卿等亦發兵而來,聽我指揮."竜荇観望不動.佗利獨自流去,與金蛙會戦于奄利之口,大敗而敀.

於是,夫婁稱王,荇人黃竜順奴等亦皆稱王,而勧天帝,曰"夫余千年,匈奴滅

之.佗利,匈奴之裔也.請廢之."帝乃命佗利,讓位於簠公,以謝列侯.佗利曰"天帝者,吾家所立也,不能制列侯,而反敢侮我耶."

乃使武士逐帝於豝野卑濕之地,强逼芉花以為其妃,分派諸将嚴其防備.賈達諫曰"天帝者,万民之天,而列侯之父也.大王雖强,不可如是.天下蹶起,則何以敵之."佗利大怒,賜達于旺弗.

이에 황룡국과 행인국에게 말하여 이르기를 "해부루가 거짓핑계로 배舟가 없다며 (곡물을) 바치지 않아서 천제로 하여금 굶주려 드러눕게 해놓고서, 도리어 헛된 말로 천제와 왕들 사이를 이간하였소. 그 죄를 토벌해야겠기에, 지금 '3군을 이끌고 동쪽으로 내려가고 있으니,'[367] 경들은 군대를 동원해 와서 내 지휘를 따르시오."라 하였으나, 황룡과 행인이 관망하며 움직이지 않았더니, 타리는 몸소 홀로 거침없이 달려가서 금와와 함께 엄리奄利[368]어귀에서 맞싸우다가 크게 패하여 돌아갔다.

이즈음, 해부루夫婁가 왕을 칭하고, 행인·황룡·순노국 등 역시 모두 왕을 칭하더니, 천제께 권하여 아뢰길 "부여 천년을 흉노가 망가뜨리고 있사옵고, 타리는 흉노 후예이니, 청하옵건대 그를 폐하소서."라 하였다. 천제께서 이에 타리에게 명하여 "보簠공[369]에게 (不而天王位를) 양위하고 열후들에게 사과하라."고 하시니, 타리가 이르길 "천제자리는 내 집안이 오르게 하였거늘, 열후들을 능히 제어치는 못하면서 감히 나를 업신여기시오!"라 하였고,

이윽고 '무사들을 시켜 천제를 돼지새끼들이나 사는 '비습한 땅'[370]으로 쫓아내고, 간화芉花를 억지로 핍박하여 제 왕비妃로 삼았으며, 여러 장수들을 나눠보내서 엄히 방비하였다.'[371] 가달賈達[372]이 말리며 이르기를 "천제께선 만민의 하늘이시고 열후들의 어버이이시오. 대왕께서 비록 강하셔도 이같이 하심은 아니 되오이다. 천하가 궐기할 것 같으면 어찌 그들을 맞서시려오니까?"라 하였더니, 타리가

---

367) 佗利는 黃龍·荇人의 北方이며 奄利水의 서방이다.
368) 東夫余는 奄利水(滦河) 以東을 관리했다. 혹, 奄利水는 엄니수(어머니수?) 柳河?
369) 慕漱帝의 賈達소생 아들, 즉 芻牟大帝의 異腹親兄
370) 卑濕之地는 灤河 最上流 商都河 地境으로 추정됨.
371) 不而天王 他利가 不而城의 北夫余天帝인 慕漱帝를 1차로 反逆함.
372) 芉花는 當時 不而天王后였다.

대노하여 가달達을 왕불에게 주어버렸다.

己未之春,仙衆大擧聲討佗利.時,羊山沒羊福立,夫婁沒金蛙立,奧川累敗不能獨起,列侯雖怒先動者無.旺弗乃與羊福密通曰"大王若起境上,臣當直入誅賊."於是,羊福乃與順奴先應,時則庚申.

佗利聞黃竜之起,命旺弗討之.旺弗謂其衆曰"徃年佗利殺吾父而淫吾母.吾豈無耶者,以待此時也.不而城中金玉珍宝美人膏肉,皆汝等之物也.奮身爭前.前者賞之,後者斬之."

기미己未(BCE62)년 봄에 선인仙人무리들이 타리를 대거 성토하였다. 이때, 양산羊山[373]이 죽어 양복福이 보위에 올랐고, 해부루[374]가 죽어 금와金蛙가 보위에 올랐으며, 오천奧川[375]은 누차 패한지라 혼자서는 궐기할 수도 없었고, 열후들도 비록 노하였으나 먼저 움직이는 이가 없었더니, 왕불[376]이 이에 양복에게 밀통하여 이르길 "대왕께서 국경언저리에서 궐기하시면, 신이 곧장 들어가서 적[377]을 주살하겠습니다."라 하자, 양복이 순노와 함께 먼저 호응하였으니, 때는 경신(BCE61)년이었다.

타리가 황룡이 궐기했음을 듣고 왕불에게 명하여 그를 치게 하였더니, 왕불이 제 군사들에게 이르길 "왕년에 타리가 내 아비를 죽이고 내 어미를 욕보였소. 내 어찌 치욕스러움이 없었겠소. 이런 때를 기다렸소이다. 불이성不而城[378] 안에 있는 금옥진보와 미인들 및 기름진 고기는 모두 그대들의 것이니, 몸을 떨쳐 앞을 다투시오. 앞서는 이들은 상을 주고 뒤처진 이들은 참하겠소."라 하였다.

時,佗利勇将好番,與黃竜兵會梁狛之原,被酒曚曨,軽易羊福,為福将大房听殺,一軍大敗.佗利聞之,欲自将而徃救之,引兵出東門,聞"旺弗率輕騎八千直指不而,殺氣衝天,其勢難當."恐其反而回軍.

旺弗業已入城,殺其城守,掠其府庫.其鋒甚鋭,莫不一當百矣.殺戮滿城,哭

373) 黃龍國王으로 羊福의 生父임
374) 東夫余王으로 慕漱帝의 叔父임
375) 順奴國王
376) 卑離(卑离)侯 旺仁之親子로, 生父死後에 禾相의 義子及婿인 佗利의 義子로 되었음.
377) 天帝인 慕漱帝를 逐出한 不而天王 他利
378) 佗利가 차지하고 있는 北夫余都城.; 芻牟鏡衍義에는 千年古都이니 藏唐京일 것!

聲動天.佗利方知見欺呀然自失.兵不自進,馬不欲趨,雖欲力戦,何可當之.不勝暴怒飮酒数斗,親自當前督軍甚酷.

이때, 타리의 용장 호번好番이 황룡군과 양맥원梁貊原[379]에서 마주쳤는데, 술에 취해 몽롱하여 양복을 대수롭지 않게 여겼다가, 양복福의 장수 대방大房[380]에게 죽고 전군이 대패하였다. 타리가 이를 듣고서 몸소 장수가 되어 달려가서 그들을 돕고자 군사를 이끌고 동문東門을 나갔다가 '왕불이 경기輕騎 8천을 이끌고 불이不而성으로 곧장 향하고 있고 살기가 하늘을 찔러서 그 기세를 감당키 어려움'을 듣더니, 왕불이 반란하였을 것이 두려워서 회군하였으나,

왕불이 이미 입성하여 '성을 지키던 이'[381]를 죽이고 관아와 창고들을 노략하고 있었다. 칼끝이 심히 날카롭고 일당백 아닌 이가 없어서, 죽은 이들로 성안이 가득하고 곡소리가 하늘을 진동하였더니, 타리는 바야흐로 속았음을 깨달아 입이 벌어지고 얼이 빠졌다. 병사들이 스스로는 나아가지 않고 말들도 달리려 하지 않으니, 비록 힘써 싸워본들 어찌 그들을 감당할 수 있으랴. 터지는 분노를 억누르지 못하여 술을 여러 말을 들이켜고 친히 몸소 앞을 맡더니, 군사들을 독려함이 심히 가혹하였다.

時,檀林已陷,守将皐葉護衛佗利妻子而至,佗利大怒立斬皐葉.賈達以手叩胷,曰"汝不敬帝至扵亡國.吾何面目敀見禾相."佗利益怒,擊賈達断臂.賈達罵不絶口而死,旺弗大軍継後而來圍之数匝.

佗利欲敀匈奴而悔殺賈達,天姜請徃荇人,佗利曰"吾殺魚息,荇豈容我㤕."乃復飮酒数斗,上馬而前,落馬者二,諸将護之開路而走.妃嬪被虜手無寸鐵,諸将知不可免,各自逃生,矢下如雨,且将奈何.

이때, 단림檀林성이 이미 함락되어, 수장 고섭皐葉이 타리의 처자식을 호위해 다다르자, 타리가 대노하여 고섭을 선채로 목을 쳤다. 가

---

379) 北方의 不而城(不而天國)과 南方의 黃龍國 사이지역에 해당하는 達里湖 西南方 丘陵性 山地쯤으로 不而城과 가까운 곳이었을 것 ; 역자는 梁貊原을 현금 河北省 張家口市 東南·東北의 丘陵性 山地로 추정함

380) 芻牟鏡衍義엔 이름이 大房直으로 精騎五千을 거느렸음. 北京 房山區 大房山 출신?

381) 芻牟鏡衍義 曰 戍將加祝

달이 손으로 가슴을 두드리며 이르기를 "그대는 천제께 불경하다가 나라[382]를 망치기에 이르렀소. 나는 무슨 면목으로 화상을 죽어서 만나겠소!"라 하자, 타리는 더욱 화가 치밀어 칼로 가달을 후려쳐서 팔을 잘라버렸다. 가달은 꾸짖기를 멈추지 않으며 죽어갔고, 왕불의 대군이 뒤를 이어 와서 타리를 여러 겹겹이 포위하였다.

타리가 흉노로 귀의하고 싶어서 가달을 죽인 것을 후회하니, 천강이 행인으로 가길 청하매, 타리가 이르길 "내가 (河上戰爭에서 荇人의) 관리魚들과 자식息들을 죽였소이다. 행인이 어찌 나를 받아주겠소!"라 하더니, 다시금 여러 말의 술을 들이켜고 말위에 올라 나서다가 두 번을 낙마하매, 여러 장수들이 그를 에워싸서 길을 트며 도주하였다. 비빈妃嬪들은 붙잡혔으나 손엔 짧은 쇠붙이 하나 없어서, 뭇 장수들이 죽음을 면할 길이 없음을 알아 각자 살고자 도망하지만, 화살이 비 오듯이 쏟아지고, 게다가 함께 가야하니, 어찌할꼬?

馬仆人困,醉息奄奄,遇一田夫,避匿城下.遊騎来獲,縛至弗前.数罪屠之,鹽塩其肉,厚葬賈達.妾穗蕚姜,世襲珍宝盡為其有,仙人朱布以為不可勸迎帝故收拾人心,秋英亦勸迎帝還宮.

羊福奥川聞帝還宮,恐軍生變罷兵而敀.旺弗驕傲,自為天王,以母為妻,以后為妾.帝不能禁戱欷長歎.'槐里發兵為子報仇,伏兵叢林大破.槐里来亦倉皇去亦倉皇.'[383]弗以為運,復奪檀宮.

말들은 엎어지고 사람들은 지쳤으며 (타리는 술에) 취해서 숨쉬기도 힘겹던 터에 한 농부를 만나서 성 아래로 피하여 숨었으나, 유기遊騎[384]들이 쫓아와서 붙잡아 포박하여 왕불 앞으로 데려가니, (왕불이) '죄목을 헤아리고 찢어서 그 살점들을 소금으로 절여놓았고,'[385] 가달을 후하게 장사하였다. 첩들인 화수穗[386]·화악蕚[387]·천강姜[388]과 여

---

382) 北夫余 都城인 不而城이 있는 不而天國
383) 이 文句는 芻牟鏡衍義를 좇아 絶句하였음.
384) 追擊騎兵 또는 遊騎將軍
385) 芻牟鏡衍義에 따르면, 旺弗이 佗利를 찢어 소금에 절여서 父親靈前에 바쳤다.
386) 賈達소생 法皇의 딸 禾穗
387) 賈達소생인 禾相의 딸 禾蕚
388) 荇人王의 딸인 禾相의 妾 天姜 ; 芻牟鏡衍義에는 芋花와 芋英이 함께 기록되었다.

러 대를 전해온 진귀한 보물 모두가 유기遊騎들의 차지가 되자, 선인 주포朱布가 아니 된다며 천제를 맞아들여서 인심을 수습하길 권하였고, 추영389) 또한 천제를 맞아들여 환궁하길 권하였다.

양복羊福390)과 오천奧川391)이 천제께서 환궁하셨음을 듣고 군대들이 변고를 만들까를 걱정해 군대를 파하여 돌아갔고, 왕불은 건방지게도 스스로 천왕天王(不而天王)392)이 되어서 어미를 처로 삼고 후后를 첩으로 삼았으며, 천제께선 말리지 못하고 서럽게 흐느끼시다가 길게 한숨을 지으셨다. '괴리槐里393)가 아들394)을 위한 원수를 갚으려고 군대를 일으키자'395), (왕불이) 총림叢林396)에 복병했다가 대파하였다. 괴리는 올 때 역시 겨를 없이 급하였고 갈 때 역시 겨를 없이 급하였음에, 왕불은 운수로 여기고 다시금 단궁檀宮을 탈취하고서

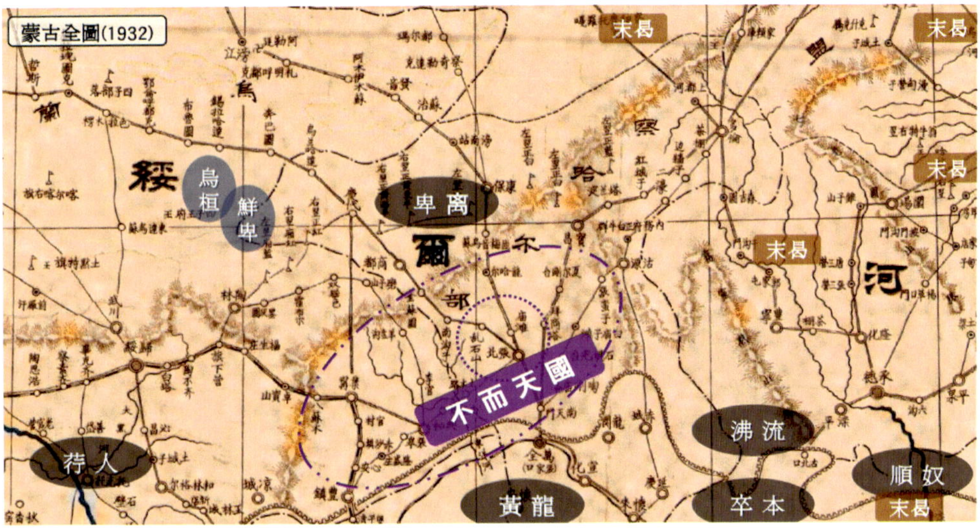

그림-4. 北夫余 不而天國 추정치 內蒙古 察哈尒部 南邊지역 (不而城포함)

389) 旺弗의 生母
390) 黃龍王
391) 順奴王
392) 芻牟鏡衍義 曰 "天帝가 大將軍卑离王을 封하자 不受하고 自爲天王"이라 하였다.
393) 槐里는 他利의 生父이고 生母는 王柏의 딸인 王松
394) 王柏의 딸 王松이 낳은 槐里의 아들
395) 旺弗이 죽인 제 義父 佗利는 鮮卑女人 王松이 낳은 槐里의 친아들이었다.
396) 雜木들이 우거진 숲 ; 파미르高原이나 內蒙古의 蔥岺·蔥山이 아닐 것이다.

辛酉孟春,遷帝水上.羊福大怒先擧義師.時,荇人王祖天新立,福告曰"天帝者,北夫余之尊,昼無旂事,夜登玉京受玉皇之詔,以開万民之運.弗侮而幽之,逆佗之二也,不可不伐."祖天然之,與福合勢.

於是,順奴桓那青河梁猶盖馬鮮卑肅愼之兵来應.旺弗見勢不利,命帝勅罷列國之兵.諸侯以為矯詔而不罷,漸迫不而.弗見其急迫,與其母妻,欲走漠北.欲害帝雪憤,秋英抱帝而護之,遂不得而去.

신유辛酉(BCE60)년 초봄에 천제를 '물가'[397]로 내몰자, 양복[398]이 몹시 노하여 먼저 의로운 군사를 일으켰다. 이즈음, 행인왕 조천祖天이 새로 보위에 올랐더니, 양복이 깨우쳐주며 이르길 "천제께선 북부여의 어르신으로 낮에는 하시는 일이 없지만 밤에는 옥경玉京[399]에 올라 옥황玉皇의 조칙을 받으시어 이로써 만민의 운세를 열어주시거늘, 왕불이 그분을 업신여겨 가두었으니, 반역하기가 타리의 버금이오. 토벌하지 않아선 아니 되겠소."라 하니, 조천 또한 그리 여기고서 양복과 함께 힘을 합쳤다.

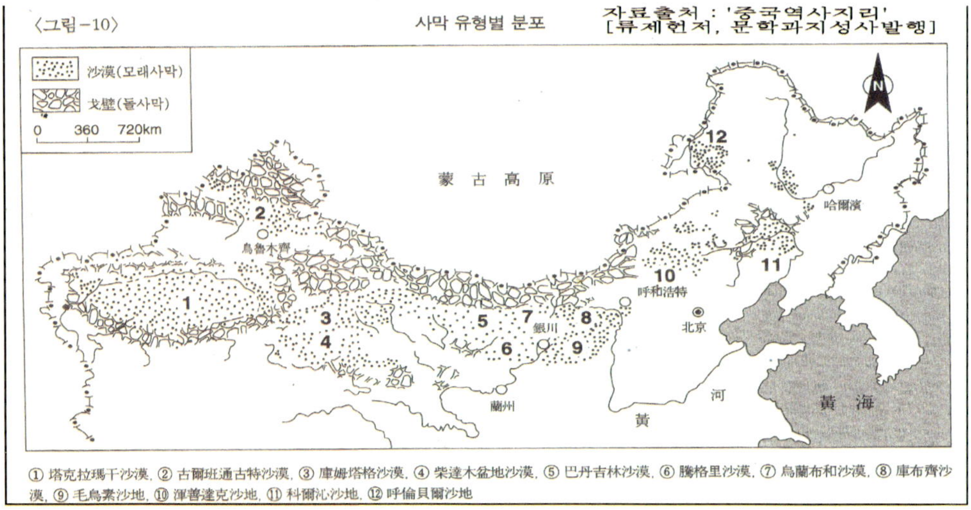

그림-5. 북부여 도성 단림산檀林山 불이성不而城은 "10"지경으로 추정됨

397) 현금 內蒙古中部 灤河 最上流 '沽源縣'동북방 紅城子·烏藍城지경 또는 '多倫縣'지경? 芻牟鏡衍義 曰 "天帝는 '沸流水上'에 遠竄하였더라."고 하였다.

398) 黃龍王

399) 玉皇上帝의 居所

이에 순노順奴·환나桓那·청하靑河·양맥梁貊·개마盖馬·선비鮮卑·숙신肅愼의 군대들이 와서 호응하니, 왕불은 형세가 불리함을 보아 천제로 하여금 조칙케 하여 열국列國들의 군대를 파하게 하였으나, 제후들은 거짓조칙으로 여겨 군대를 파하지 않고 점점 불이성을 압박하였다 (그림-4참조). 왕불은 급한 일이 닥쳐옴을 보고서 제 어미[400]와 처들을 데리고 북막北漠[401]으로 도주코자 하였고(그림-5참조), 천제를 해코지 하여 분함을 풀어보려 하다가, 추영이 천제를 품으로 감싸서 지키매, 마침내 어찌하지 못하고 달아났다.

旺弗臨去,放火焚城,以為緩追之計.羊福欲救火,不得.帝殿王宮總旼烏有,官衙市肆皆為灰燼,白骨成堆酸鼻催淚,燕栖於林狗無主人,天帝雖還無所可居,羊福迎帝旼其杜訥.

黃荇盖鮮四國之兵分守不而,小國罷旼不參于議.祖天以不得自迎天帝,不平而去.盖馬鮮卑欲以不而屬於其國而反目.時,虛閭卒,握衍立,助旺弗之軍.羊福尋卒,羊吉代之.盖鮮相戰,黃竜撤旼.

왕불이 떠나기에 임박하여 불을 질러 성을 태워서 추격을 늦추는 계책으로 삼았더니, 양복은 불을 꺼보려고 하였지만 어쩔 수 없었다. 천제의 전각과 열왕의 궁들 모두는 까마귀들 차지가 되고, 관아들과 저자들은 모두 불타서 흔적이 없어졌으며, 백골들이 언덕을 이루어서 콧등이 찡하여 눈물이 났고, 제비들은 숲속에 깃들고 개들도 주인을 잃어서, 천제께선 비록 돌아오셨으나 거처할 곳이 없으셨더니, '양복이 천제를 모시고 그의 두눌杜訥[402]로 돌아갔다.'[403]

황룡·행인·개마·선비 네 나라 군대가 불이성을 나누어 지키고, 작은 나라들은 (군대를) 파하여 돌아가서 의론에 불참하였다. 조천[404]이 자신이 천제를 모시지 못함을 불평하며 물러가자, 개마와 선비가 불이성을 저희 땅에 속하게 하려고 반목하였다. 이즈음(BCE60), 허려권거가 죽고 악연구제[405]가 보위에 오르더니 왕불[406]의 군대를 도

400) 秋英
401) 北方의 砂漠 ; 그림-5의 "蒙古高原" 東南部 지역일 것
402) 黃龍國의 都城地域 ; 杜訥의 拼音이 [dùnè] ; 두 내(河川)가 감싼 지역이었나?
403) 後日 東明11年 8月에 罽牟가 '陘東'에서 回收된 天帝雲冠을 되찾는 緣由가 된다.
404) 荇人國王

왔고, 양복이 갑자기 죽어 양길이 그를 대신하였으며, 개마와 선비가 서로 맞싸우매, '황룡은 철군하여 돌아갔다.'407)

旺弗得軍来迫岺上,盖馬納之大破鮮卑,旺弗移都更稱卑离.羊吉不肖,不能伐之,輕燥好色,不恤其民,不孝于母.帝累責之,反與相隔.芳后芉后皆被其汚,芳后憤崩,芉后恨歌"豈意鸞賴生此豚犬."

斗辰慰帝,請徃青河,壬戌之秋,单舸東下.西風蕭瑟牧馬悲鳴,沿江千里芦花雪白,青山不老人生如夢.青河雖小山明水麗,故國之原物古人淳,內有好人柳花之腴腴,外有斗辰奥川之忠孝,捨此何去.

왕불이 (匈奴)군대를 얻어 고개408) 곁으로 다가오자, 개마盖馬가 이들을 맞이해 선비鮮卑를 대파하니, '왕불은 도읍을 옮기고 (不而天王) 비리卑离국(王)으로 바꿔 칭하였다.'409) 양길羊吉이 불초하여 능히 이들을 토벌치 못하고 경솔하고 깡마른 것이 호색하며 제 백성은 보살피지 않고 어미에게 불효하매, 천제께서 이를 누차 책망하셨다가 도리어 서로가 멀어졌다. 양방芳황후와 간화芉황후 모두 그에게 욕을 당하여, 양방황후가 괴로워하다가 죽으니, 간화황후가 한탄하며 읊조리길 "어찌 해란鸞410)과 화뢰賴411)가 이런 개돼지豚犬를 낳으려고 했겠는가?"라 하였다.

옥두진斗辰이 천제를 위로하며 청하青河412)로 가시길 청하니, **임술**(BCE59)년 가을(秋八月)에 '큰 배 한 척이 동쪽으로 내려왔다.'413)(그림-6참조) 서풍이 소슬하고 목마牧馬가 슬피 울며, 천 리 강기슭 부들들은 백설 같고 청산青山414)은 늙지 않았으니, 인생은 꿈만 같아라. 청

---

405) 最終으로 統合된 匈奴의 單于. 握衍朐鞮單于는 烏維單于의 耳孫 즉 八世孫이다.

406) 卑离 叛賊으로 鮮卑族이다.

407) 黃龍·盖馬·鮮卑는 不而城과 연접했고, 黃龍은 不而城을 連接한 疆域일부마저 포기했을 듯 ; 芻牟鏡연의를 參照하면, 前後 關聯內容이 詳細하다.

408) 岺은 不而城 인근으로, 陰山山脈 中部이거나 呂梁山脈 北部쯤이었을 것이다.

409) 旺弗은 不而天王을 포기하고 都城을 다른 곳으로 옮겨서 卑离國을 차린 것이다.

410) 慕漱帝의 둘째딸인 鮮鸞

411) 禾相의 아들로 鮮鸞과 혼인하여 禾吉을 낳았다. 禾賴가 죽자, 鮮鸞이 羊福과 재혼함에, 禾吉은 羊福의 義子가 되어서 이름을 羊吉로 변경한 것임

412) 河北省 東北邊 滦河의 東便 支流로 熊虎頭(牛心山)·牛提山에서 發源하여 南流해서 遷安(天安)建昌營에서 滦河에 합쳐지는 青河 곧 淸河

413) 山西省 북방 洋河·桑干河나 河北省 북방 潮白河·灤河 등을 따라 동남향으로 蒙塵함

하青河는 비록 작아도 산수는 곱고 아름다우며, 고국원故國之原[415]의 사물은 예스럽고 사람은 순박하며, 안에는 기름지고 풍성하게 차려주는 호인과 유화[416]가 있고 밖에는 충성하고 효도하는 두진과 오천이 있는데, 이들을 버리고서 어디를 가겠는가?

그림-6. (南)沃沮북방에서 順奴國 熊心山까지 單舸東下가 可能한 河川은 漠河뿐이고(그림-7참조), 따라서 不而城은 漠河上流의 西方이다.

築室於熊心之下,逍遙於鴨淥之濱,檀宮雖失銅臺可劃,后妃已盡孤花可爱,鴻鴈在水麋鹿過山,雖非吾有亦可以友,漁樵問答耕雲之,伊尹待時之,呂尙富貴榮華宿昔之夢,淸雅高尙今日之幸也.

安於小成鷦鷯之楽也,贅於槐國玄駒之夢也.柳花宜水心廣體胖,萱花宜陽君子可佩,妊姒之德嫣母之美.雲重雨深花開花落,五竜擁衛鵠仙羽翼,猉獜之背鳳凰之鞍,雷雨大作龍交泽畔.

웅심熊心산[417]밑에 집을 짓고 압록鴨淥수[418] 물가를 소요하니(그림-7

414) 灤河 중류 동변의 喜峯口 동린 青山? (그림-13의 淸河·青山 참조)
415) 故國之原의 위치가 대략 順奴地境으로 드러남. ①北夫餘始祖 天王郎 大解慕漱가 세력을 키우던 곳? ②慕漱帝가 柳花와 거처하던 곳? ③옛 朝鮮과 初期北夫余의 都邑이었던 벌판으로 湯道河 최상류의 朝陽山지경?
416) 好人소생 屋斗辰의 딸
417) 역자는 '熊心山'을 '都山' 西南傍의 '熊虎頭'와 '牛心山'을 合친 地名으로 본다.

참조), 단궁檀宮은 비록 잃었지만 동대銅臺419)는 계획할 수 있고, 후비后妃들은 이미 없어졌지만 외로운 꽃들이 사랑스럽고, 크고 작은 기러기들이 물에서 노닐고 크고 작은 사슴들이 산을 넘나들어 비록 내 손안에 없어도 또한 벗할 만하고, 어부漁夫와 초부樵夫가 문답하며 구름을 일구니, 이윤伊尹420)의 때를 기다림과 여상呂尙421)의 부귀영화는 지난날의 꿈이지만 청아하고 고상함은 오늘의 행복이어라.

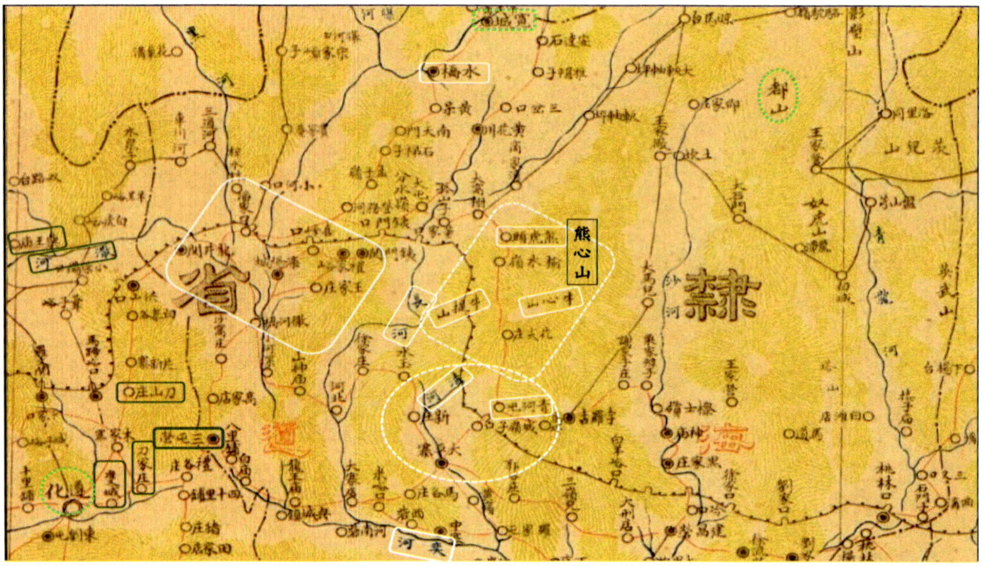

그림-7. 웅심산熊心山은 도산都山 서남방 熊虎頭·牛心山의 복합지명임 ; 랬으니, 北夫餘紀에 熊心이 蘭濱(渼濱)이라고 기록된 것이라.

조그만 성취에 안주하는 뱁새의 즐거움이 있고 회화나무槐國에 덧붙어 살아가는 개미玄駒의 꿈이 있었더니, 유화柳花는 물과 화목해서 마음이 너그러워 몸에 살이 올랐고 훤화萱花422)는 햇빛과 화목해 군자가 함께 할 만하여, 임사妊姒423)의 덕德과 왜모媧母424)의 아름다움

418) 渼河本流(灤河) 中下流 동편의 淸河(靑河) ; 淸河는 鴨淥水이지 鴨綠水가 아니다.
419) 큰 樓臺 ; 크고 튼튼한 城門 또는 樓臺
420) 湯을 도와 夏를 멸하고 商(殷)을 세운 賢相이었다는 인물
421) 周武王 旦을 도와 商(殷)을 滅하고 周를 세운 姜太公 呂尙, 字는 子牙
422) BCE71年生인 好人소생 屋斗辰의 딸로 BCE74년생인 柳花의 同父同母妹임
423) 周文王생모 太妊과 周文王妃이자 周武王생모 太姒을 함께 적은 것으로 보임 ; 妊姒를 炎帝神農氏의 생모라고도 한다. 어느 것이든 賢淑한 后妃를 意味할 것이다.

美이 있었다. 구름이 두텁고 비가 넉넉해 꽃들이 피고 지고, 5룡龍이 옹위하고 학鶴仙들이 시립한 중에 수컷기린猉獜 등에 봉황鳳凰의 안장들이 얹히더니, 뇌우가 크게 일고 용들이 늪가에서 교합하더라.

天生聖人必有異蹟,龍交而孕黃帝之相也,日逐而照偃皇之兆也,棄而不踐后稷之傳,卵化為男小昊之記,百獸護衛虎乳而去,糅皇之事也.如匈奴冒頓沛皃劉邦之類亦稱龍交之說,況芻牟之聖拭.

帝旣授芻牟之聖胎,自知大事之已畢,覺宇宙之無味,惡烟霞之痼.人駕二竜扵優渤放猉獜扵中天,玉鞭飄落空汀彩雲遙憑東海.九疑渺茫湘竹斑血,蒼海万里望夫為石,死者已矣生者奈何.

하늘이 성인聖人을 내실 적엔 필히 이적異蹟이 있었다던데, 용들이 교합하였으니 황제黃帝를 잉태하던 모습이오, 햇빛이 따라다니며 비추었으니 서언황偃皇의 징조이며, 내다버려도 밟지 않았으니 후직后稷425)의 전승이요, 알이 변해 사내가 되었으니 소호小昊426)의 전기이며, 백수百獸들이 호위하고 범이 젖을 주고 갔으니, 갖가지가 함께 섞인 황상皇上이 되실 일이라. 흉노 묵돌冒頓427)과 '패읍沛邑아이 유방劉邦'428) 같은 무리 역시 용과 교합했다던 얘기들이 있거늘, 하물며 추모芻牟의 성聖스러우심에야!

천제께선 이윽고 추모芻牟라는 성스런 태아胎를 주시더니 큰 일이 이미 끝났음을 몸소 아시어 천지고금天地古今이 무의미함을 깨닫더니 고요한 산수와 풍광을 깊이 사랑하는 병이 드셨다. 사람들이 '두 용龍들'429)을 우발優渤430)에 태워다놓고, 수컷기린猉獜을 중천中天431)에다 놓아주니, '옥채찍432)이 쓸쓸한 물가에 나부끼며 떨어졌고'433) 색

---

424) ①보조개가 있는 美女 즉 黎渦 ②터진 하늘을 꿰맸다는 전설상의 神女 女媧 ③고대 서토(중국) 신화에 등장하는 인류의 慈母

425) 上古 周의 시조 또는 舜임금 시절에 農事를 맡았던 인물 또는 직책

426) 黃帝軒轅,의 뒤를 이었다는 小昊金天氏(少皓金天氏)

427) 匈奴초기의 單于(재위 BCE209-174); 부친 頭曼單于을 죽이고 單于位에 올랐다 함.

428) 西漢 高祖 劉季의 諱號

429) 柳花와 腹中의 聖胎(芻牟). 혹시 柳花와 慕漱帝?

430) '優渤'이 '소의 발굽'을 뜻하는 '牛蹄'라면, 同音 地名 '牛提'를 表記할 수도 있겠고, '牛提'는 '소가 끌어다놓다.' 즉 '牛車로 태워다놓다.'로 풀이할 수도 있겠다.

431) 中天은 虛空中 또는 '하늘 한가운데' 즉 '사람이 죽어서 다다르는 곳'이라 함

동구름이 동해東海[434] 멀리에 가득하였더라. 구의산九疑[435]이 아득히 멀어 상강湘江[436]대나무에 피눈물을 흘리며 창해蒼海[437] 만 리 바깥 지아비를 기다리다가 돌이 되었다던데, 죽은 이야 그뿐이겠으나 산 이는 어찌 하리오?

金蛙喪妻欲迎柳花,聖子在腹不肯嫁之.好人左勸斗辰右請,父母之意兄弟之喜,雖有松栢之志,未免桃李之顔,乃設花燭於優渤.爰築新宮於柵城,雀入燕室浮雲蔽日.昭陽大淵暮春之月,

四月五日,鳳凰来鳴,天香満地,天楽下空,芻牟誕生,氣骨英異.蛙王大喜,取之為子,名以象觧,如日之義.蛙以斗辰封於曷思,食邑七千兼相東海.青河之地委於奥犍,東海之權敀於斗辰.

稽候中興,握衍自殺,五単乱胡.旺弗悔過,迎立觧存稱為西帝,斗辰勧蛙立為東帝,烏文馬加,都彦羊加,奥陵牛加,加菽鹿加.東伐于山,倭人來服.西攻白熊,沃沮稱臣,黃竜來賓,楽浪爲子.

금와金蛙가 처를 여의어 유화柳花를 맞이하려 하자, 임금의 자식이 뱃속에 있는지라 그에게 출가하길 꺼렸지만, 호인과 두진이 좌우에서 권하고 청하니, 부모의 뜻이고 형제들도 기뻐하여, 비록 뜻은 송백松栢이었으나 누구라도 천거치 않고서 그냥 놓아둘 얼굴이 아니었음에, 이윽고 우발優渤[438]에서 혼례를 치렀다. 이에 책성柵城[439]에 새 궁전을 지으니, 참새가 제비집을 들어가고 떠돌던 구름들이 햇빛을 가렸다. **소양대연**昭陽大淵(癸亥,BCE58)년 춘3월이었다.

4월 5일에 봉황이 와서 울고 천향天香이 땅에 가득한데 천악天楽이 하늘에서 내려오더니, 추모芻牟가 탄생하셨다. 기골이 뛰어나게 남달라서, 금와왕蛙王이 몹시 기뻐하며 취하여 아들로 삼고 이름을 '상해

432) 慕漱帝의 옥채찍. 慕漱帝의 崩御를 意味함
433) 慕漱帝의 崩御
434) ①東夫余? ②동쪽의 바다나 넓은 땅?
435) 중국 湖南省 永州市 寧遠縣 남쪽 蒼梧의 山으로 舜임금이 그곳에서 죽고 묻혔다 함
436) 중국 湖南省 長砂市를 지나 洞庭湖로 흘러드는 長江의 支流
437) 중국 湖南省 永州市 寧遠縣 蒼梧 땅 또는 苍梧의 큰 河川
438) '熊虎頭'·'牛心' 二峰으로 된 '熊心'山의 西山인 '牛提(牛蹄)'山'밑을 흐르는 '長河'로 추정된다.
439) 松原市 伯都鄉 仙州古城遺址? 당시 東夫余都邑은 石城이 아닌 木柵城이었던 듯

象鮮'라 하였더니, '해日와 같다'는 뜻이라. 금와蛙가 두진을 '갈사曷思에 봉하고'[440] 식읍 7천호를 주었으며 동해東海재상을 겸하게 하였다. 청하靑河[441] 땅은 오건에게 맡겨졌고, 동해(東夫余)를 다스림이 두진의 차지가 되었다.

계후稽候가 중흥하고 악연구제握衍가 자살하니, '다섯 선우'[442]가 호胡에 난립하였다. 왕불이 잘못을 뉘우치고 해존鮮存[443]을 맞이해 보위에 세워서 서제西帝를 칭하였다. 두진이 금와를 권하여 보위에 세워 동제東帝로 삼으니, 오문烏文을 마가馬加로 삼고, 도언都彦을 양가羊加로 삼고, 오릉奧陵을 우가牛加로 삼고, 가숙加菽을 록가鹿加로 삼았으며, "'동쪽으로 우산于山[444]을 치니 왜인倭人들이 찾아와 복속하였고'[445], 서쪽으로 백웅白熊국을 치니 '옥저[446]가 신하를 칭하였고'[447], 황룡이 사신을 보내왔으며 '락랑은 자식이 되었다.'[448]"[449]

---

440) 順奴王에 버금하는 曷思侯를 封한 것이라

441) 靑河大王 屋文의 아들 靑河伯 狗加 屋斗辰의 封地 ; 熊心山 故國之原?

442) 匈奴 虛閭權渠 單于의 다섯 아들 ; ①西匈奴 郅支, ②北西匈奴 呼揭, ③南西匈奴 車犁, ④西匈奴 烏籍都尉, ⑤東匈奴 呼韓邪

443) 慕漱帝의 羊聖皇后소생 장자

444) 작금의 울릉도(鬱陵島)는 不可 ; 哈爾濱市·長春市 間(旧夫餘縣,현松原市伯都·朝陽)이 당시 東夫余 中心이면, 그 동쪽 于山[拼音;yú-]은 ①音이 類似한 榆樹[拼音;yú-]지경(牛頭山~五常)? ②牧丹江市 一帶? ③哈爾濱市 通河縣 依山之境?

445) "東伐于山,倭人來服" ; 이 倭[拼音;wēi-]는 ①榆樹市 東鄰 五常市[拼音;wǔ-]의 衛國[拼音;wēi-]쯤? ②牧丹江市 東北隣 倭肯河一帶 또는 興凱湖一帶의 野人들?

446) 天津市 周邊 沃沮故地의 柴吉(樂浪)에게 南沃沮故地(滦河最下流兩岸)를 내어주고 北方으로 옮아간 北沃沮로 추정 ; ☞ 當時의 白熊國은 (北)沃沮 東邊이었을 것이다.

447) 東夫余의 屬國 ; 이때의 北夫余는 有名無實한 상황

448) 北夫余 말기의 舟運을 맡고 金尺을 받았던 樂浪으로, 先代 崔崇의 樂浪故地에서 이미 南沃沮故地로 옮겨와서 눌러앉은 樂浪이 東夫余의 附庸國(屬國)으로 된 것

449) 東夫余의 相對的 位置가 드러나고, 東夫余 東쪽에도 '倭'가 있었다.

芻牟鏡 卷二
추모경 권2

成長期
성장기

芻牟生而坐,月余能自語,以篳作弓矢,能射紡車繩,香雲常繞室,鳳皇来居樹.半年能自步,離懷而自食,割肉必方正,煮魚以香新.早起每東向,仰日吸精華.不與凢兒遊,不依婢僕護.或出大野立,百獸来護之.又登高丘卧,虎豹来乳之.

蛙王大奇之,賜以芻牟號,乃作芻牟殿,僚屬十余人.萱花監起居,加菽視外事,一寢與一食無不盡其誠.或坐好人膝,或眠萱花背,時往聖母懷撫乳而自好.能知大風吹禁人出海漁,能知旱與雨使人不失稼,老者智不及少者勇不當.

추모芻牟는 태어나자 자리에 앉고, 한 달 남짓에 능히 스스로 말을 하며 피리篳[1]로 활弓과 살矢을 만들어서 능히 물레紡車끈繩[2]을 쏘았더니, 향운香雲이 상시로 집을 둘러쌌고 봉황이 와서 나무에 머물렀다. 반살이 되어선 능히 스스로 걸어서 품을 떠나 스스로 먹었는데, 잘라진 고기들은 필히 네모반듯하였고 익힌 물고기는 냄새가 싱싱하였다. 일찍 일어나서 매양 동향하여 해를 우러르며 정화精華를 흡입하였고, 여느 아이들과 어울려 놀지 않았으며, 비복들의 보살핌을 의지하지 않았다. 혹간 큰 들판으로 나가 서있으면 온갖 짐승들이 와서 지키고 또한 높은 언덕에 올라 누워있으면 호표虎豹들이 와서 젖을 먹였더니,

금와왕蛙王이 몹시 기이하게 여겨 추모芻牟[3]란 별호別號를 내려주고 추모전芻牟殿을 지어 료속 10여 인을 딸려주었다. 훤화가 기거를 살피고 가숙이 바깥일을 돌봐서, 잠재우는 것 하나 먹이는 것 하나에 정성을 다하지 않음이 없었더니, 혹간은 호인의 무릎에 앉고 혹간은 훤화의 등에서 자기도 하였으며, 때로는 성모 품으로 가서 젖

---

1) ①피리(大篳,小篳). ②울타리나 사립문 재료인 싸리나 대나무 등을 뜻하기도 한다.
2) 물레의 회전바퀴와 실을 감는 가락을 연결하는 끈(繩) ; 芻牟鏡衍義에는 蠅(파리)
3) 芻牟鏡衍義 曰 "夫余古語에 神을 芻牟라하더라."라 하였다.

을 어루만지며 스스로 좋아하였다. 능히 큰바람이 불 것을 알아서 사람들이 '너른 물'4)로 나가는 물고기 잡이를 말리고, 가물고 비가 올 것을 능히 알아서 사람들이 농사를 망치지 않게 하였으니, 늙은이의 지혜가 미치지 못하였고 젊은이의 용기가 당하지 못하였다.

二歲能自讀,三世能自畫,漢人來撓舌,胡人来慴伏.好聞古人書,慷慨有大志.時或種果樹,待花而自娛.聖母禱芻牟,丹青修古社.好人抱芻牟,将欲入其社,芻牟泣不入.忽有大地震,其社轉覂之.芻牟堀一处,得二金尺章,重各三百斤.

두 살(甲子,BCE57)에 능히 스스로 읽었고 **세 살**(乙丑,BCE56)엔 능히 그렸더니, 한漢인들이 왔다가 혀를 내두르고 호胡인들이 왔다가 황송하여 엎드렸다. '옛사람들의 기록'5) 듣기를 즐기다가 비분강개하니 큰 뜻이 있었음이며, 때로는 혹 과수를 심어 꽃이 피길 기다리면서 몸소 즐거워하였다. 성모께서 추모를 위해 빌려고 단청丹靑하여 '옛 사당社'6)을 고치셨다. 호인이 추모를 품에 안고서 그 사당으로 들어갈 참에 추모가 울음을 터뜨려서 들어가지 않았다. 홀연 큰 지진이 일고 그 사당이 뒤집혀 엎어지매, 추모가 한 곳을 파서 '금척金尺7)과 금장金章8)을 손에 넣었는데 각각의 무게가 3백 근씩이었다.'9)

四歲能善射,百步墮玉環.得蟹大如蓋,不食而棄之.得獸如猉麟,時跨出江邊,或登高丘還.肉角脫復生,香蹄復生去,取之為仙藥,服之可延年.聖母生鮮弗,煎此角蹄飲,精神倍佳爽,容皃日益好.帶伯欲奪之,忽然不知去,鳳皇亦飛去.

---

4) 東夫余 都城인 柵城인근의 湖水(査干湖)나 松花·嫩·伊通·拉林·混同江 등을 의미할 것
5) 芻牟鏡衍義는 "夫余의 古史"라 하였다.
6) 나라의 土地神을 모셔서 제사하는 사당. 穀食을 관장하는 神이나 그 神을 제사하는 사당은 稷이라 하였다. 나라의 土地神을 모셔 祭祀하는 祠堂. 穀食을 관장하는 神 또는 그 神을 祭祀하는 祠堂은 稷이라 함. 이 古社가 桓檀古記,檀君世紀,九世檀君,阿述,丁巳二年(BCE2049)條의 [青海褥薩于捉舉兵犯闕.帝避于常春創新宮于九月山南麓,命遣于支于栗等討誅之,後三年還都]와 관련된 옛 나라의 祠堂이었나?
7) 貴한 身分임을 알리는 金으로 된 자
8) 貴한 身分임을 알리는 金으로 된 印章
9) 앞선 時代에 큰 帝王이 이 지역에 都邑하였던 證據일 수 있겠다. 桓檀古記 檀君世紀에 기록된 잠시 都邑했던 '常春[cháng-]'이 '長春[cháng-,zhǎng-]' 아니었겠는가?

鮮存遣使来,欲迎㑃牟去.[存使]10)欲入廟,廟言㑃牟帝"以是欲迎去."聖母不許之.又有呼韓邪夢見慕漱帝"我子在東海,當為大单于."乃遣駝十匹.又有北鞨夜夜観東海上,有光成五彩,王以為聖人出,遣使献土物.如是来賀者,連絡常不絶.

네 살(丙寅,BCE55)엔 능히 활을 잘 쏴서 100보 바깥의 옥가락지를 떨어뜨렸다. 크기가 솥뚜껑만한 게蟹를 잡아선 먹지 않고 놓아주었다. 기린猉麟같아 뵈는 짐승을 잡아선 때때로 올라타고 강변엘 나가거나 혹은 높은 언덕을 올랐다가 돌아왔다. 육각肉角은 떨어지면 새로 돋아나고 향기로운 발굽들도 새것이 돋아나면 빠졌는데, 그것을 가져다가 선약仙藥을 만들어 복용하면 수명을 늘릴 수 있었다. 성모께서 해불鮮弗11)을 낳으시고 이 육각과 발굽을 달여 마시시더니 정신이 갑절로 좋아져 상큼해하시고 용모도 날이 갈수록 좋아지셨다. 대백帶伯12)이 이것을 빼앗으려 하자, 홀연 간 곳을 모르게 되었고, 봉황 또한 날아갔다.

해존鮮存13)이 사신을 보내와 추모를 맞이해가고자 하여, [해존存의 사자]가 묘당으로 들어가려 하니, 묘당이 추모제께 알리길 "이 사람이 데려가려 하느니."라 하였고, 성모께선 이를 허락하지 않으셨다. 또한 호한야呼韓邪14)가 꿈에 모수제를 뵈었는데, "내 아들이 동해東海15)에 있는데, 응당 대선우大單于가 될게야."라 하셨음에, 낙타 열 필을 보내왔다. 또한 '북갈北鞨에선 밤마다 동해하늘에 빛줄기가 5색을 이룸을 보고,'16) 왕17)이 성인聖人께서 태어나신 것으로 여겨 사신을 보내와 토산물을 바쳤다. 이처럼 찾아와서 하례하는 이들이 연이어서 늘 끊임이 없었다.

五歲至貝陵,掘貝得神釼.釼上有五字"聖主得此釼".又有黃玉璽藏在翠玉

10) 本傳은 '鮮存'이나, 文脈上으로 보아 '存使'를 '鮮存'의 誤寫로 보아 바로잡았다.
11) 柳花소생 金蛙의 아들
12) 解英소생 金蛙의 아들
13) 慕漱帝 長子로, 당시 逆徒 旺弗이 夫余天帝(西帝)로 맞아들였었다.
14) 東匈奴 一世 單于
15) 이 東海는 당시 㑃牟가 東夫余都城에 있었으므로 東夫余 땅을 의미한다.
16) 北鞨은 東夫余의 서편으로 北極의 極光(오로라)가 관측되는 高緯度지역이다.
17) 㑃牟鏡衍義 曰 "北鞨王陶信"이라 하였다.

鼎.聖母秘藏之,勿使外人知.是歲,槐里死,郅支破呼韓,能言"稽候立."又占"豪全匈."末曷侵奧万,斗辰往救之.柴吉稱楽浪,卒本幷鯤淵,松讓與奧犍相爭故國原.

다섯 살(丁卯,BCE54)에 패릉국貝陵[18]을 가서 조가비를 파내다가 신검神劍을 얻으셨다. "聖主得此釼"이라는 다섯 글자가 칼날위에 있었고, 또한 누런 옥새가 취옥정翡翠鼎에 담겨있었다. 성모께서 이들을 깊숙이 간직하여 남이 알지 못하게 하셨다. 이 해에 괴리가 죽고, '질지姪支[19]가 호한呼韓야[20]를 이겼는데,'[21] "계후稽候[22]가 보위에 오른다."고 능히 말하셨고, 또한 점을 치더니 "호전豪全은 흉조네."라 하셨다. 말갈末曷이 오만奧万[23]의 땅을 침입하여, 두진이 가서 그를 구원하였다. 시길柴吉이 락랑국樂浪[24]을 칭하고, 졸본국卒本이 곤연鯤淵[25]을 병탄하고, 송양松讓[26]이 오건奧犍[27]과 고국원[28]을 서로 다투었다.

六歲能騎馬,乘降如飛電,雖有悍惡馬,制之如小兒.一日必三射,三日必遠騎.種桓又種菜,捕魚又捕雉.早起謁聖母,夻夜省好人.時往漢館裏,尋訪医与藥.勤儉又溫詳,甚得蛙王心.好人生蛙女,名曰禮公主,宝齡雖少一,夙達如解牟.

여섯 살(戊辰,BCE53)에 능히 말을 탔다. 타고내림이 나르는 번개와 같아서 말이 사납고 모질어도 어린애 다루듯 하였다. 하루에 필히

18) 柵城인근의 東夫余屬國인 貝陵國? ; 혹시 거대한 조개무지(貝塚)이 즐비한 고을?
19) 虛閭權渠의 아들로 呼韓邪의 兄 ; 西匈奴선우로 自立하였다.
20) 虛閭權渠의 아들로 姪支의 아우 ; 東匈奴선우로 自立하였다.
21) 匈奴分列時節(BCE58~56)中 五單于亂立(BCE58~56) 뒤끝의 일
22) 東匈奴선우 呼韓邪의 兒名 등으로 稽侯狦·稽候·狦이 기록되어 남아있다.
23) 慕漱帝 長女 鮮凰이 낳은 順奴王 奧川의 아들 ; 解牟가 外叔이다.
24) 本傳에 기록된 樂浪國은 古樂浪國(崔崇)에서 順奴國南部 沃沮로 옮겨온 崔崇後裔의 新樂浪國(崔柴吉~崔理) ; 右渠朝鮮(番朝鮮)과 竝存하였던 古樂浪國 역시 BCE108년에 漢 武帝의 (右渠)朝鮮征伐에서 함께 禍를 당하여 古樂浪國地는 漢의 封地 樂浪郡으로 되었고, 훗날 高句麗 大武臣帝에게 滅亡한 新樂浪國 遺民(流民)들은 沃沮 땅을 東西로 共有하던 涉羅(新羅前身)遺民들과 계속 沃沮에 混居(雜居)한 것으로 본다.
25) 鯤淵은 水神에게 제사하던 '큰 늪'이나 '큰 못'이었고 順奴國 서북변으로 추정됨
26) 沸流國王
27) 順奴國 青河伯 ; 奧萬의 동생으로 解凰소생이니, 解牟가 外叔이다.
28) 北夫余始祖 ; 所謂 天王郎 大解慕漱의 故國之原으로 順奴故地이며 慕漱帝가 BCE59년에 蒙塵하여 죽은 곳이다 ; 承德 東南方 都山以西之地로 추정된다.

삼순三巡[29]을 쏘고 사흘마다 필히 멀리 말을 달렸으며, 독두나무椺를 심고 소채菜도 심었으며 물고기를 잡고 꿩도 잡았다. 일찍 일어나서 성모를 알현하고, 저물어 저녁이면 호인을 보살폈으며, 때때로 한관漢館[30] 안으로 가서 의술醫術·시약施藥을 캐묻고 탐구하였더니, 부지런하고 검소하며 온화하고 자상하여, 금와왕의 마음을 두터이 샀다. 호인이 금와의 딸을 낳아, 이름을 예禮공주[31]라 하였는데, '보령이 비록 한 살이 적어도'[32] 빠르게 통달하긴 추모와 같았다.

七歲好擊釼,烏伊不敢當.沈重有大度,恤貧與孤獨.敬老而禮賓,不以皇子驕,每事問於善,察理周且密.恕人以寬厚,英表偉且奇,皃如已成人.聖母生鮮花,斗辰伐松讓.好陵送錦囊,備香百二精.葦花多疾病,芻牟求神藥,三入西厨山.

일곱 살(己巳,BCE52)에 검釼을 곧잘 겨루어서, 오이烏伊가 감당하지 못하였다. 차분하고 진득하며 도량이 커서, 빈한한 이들과 고아들 및 무자식 노인들을 구휼하였다. 노인을 공경하며 손님에게 예의를 차리고, 황자라며 교만하지 않고 매사를 잘 아는 이에게 물어 살펴서 처결함이 주밀하였다. 너그럽고 후하게 남을 용서하고 뛰어난 외모에 크고 빼어나서 용모가 이미 성인成人과 같았다. 성모께서 해화鮮花[33]를 낳으시고, '두진이 송양을 쳤다.'[34] 호릉好陵[35]이 비단주머니를 보냈고, 깔끔한 향료 102알이 들어있었다. 위화葦花[36]가 질병이 많아서, 추모가 신약神藥을 구해오느라 서계산西厨山[37]에 세 번을 들어갔었다.

庚午,八歲加元服,身長已五尺.每往漢人家,習治又造船.故来與摩離,牧馬十余匹.萱花諫勿勞,自云勞是福.菾公王盖馬,遣使献甘草.芻牟以為酒,每夜

29) 初巡·再巡·三巡의 세 巡을 稱하며, 한 巡은 대략 화살 5대이다.
30) 漢에서 온 사람들이 머물던 집 또는 客舍. 작금의 華僑村 즉 china_town 같은 곳
31) 禮공주는 柳花와는 이부동복자매이고, 芻牟의 義妹이기도 하며 姨母이기도 하다.
32) 禮공주는 芻牟보다 한 살 아래인 BCE57年生이다.
33) 金蛙의 딸
34) 奧犍과 싸워 故國原을 빼앗은 沸流國王 松讓을 征伐한 것이나, 이기지는 못하였다.
35) 屋文女 屋因이 낳은 慕漱의 딸로, 즉 芻牟의 이복누님이다.
36) 好人소생 慕漱帝의 딸(BCE68년생) ; 柳花·萱花의 여동생으로, 芻牟의 둘째 姨母
37) 이후에 斗辰이 죽어 묻힌 곳으로, 東夫余 도성에서 西方의 大河川 곁 低平山地일 것. 혹시 通遼 東南隣의 '吉拉吐山(吉力度山')?

献好人.好人稟賦好,四十如少婦,又飮甘草酒,好用黃駝精,斗辰不能當,蛙王亦常敗.旺弗以胡括與厚川.

稽候入長安,病已厚待之.旺弗伐漆公,黃竜救漆公,荇人襲卑离.旺弗逃紫蒙,宿於慕容家.慕容掛漱象,数罪将欲殺.旺弗自知罪,誓作夫余臣.荇人奪卑离,遂与黃竜爭.荇人迎鮮存,納女為天后,新築天帝宮,大興神仙敎,欲以制天下.莞氏殺厚川而立廣公.

경오庚午(BCE51)년, 8살에 원복元服을 입으셨다. 키가 이미 5척이었다. 늘 한인漢人 집으로 가서 야금하기[38]와 배 만들기를 익히고, 돌아오는 길에 마리摩離[39]와 함께 말 10여필을 먹여 기르셨다. 훤화가 고생하지 말라고 말리면, 스스로 일컫길 '일하는 것도 복입니다.'라고 하셨다. 칠漆공이 개마의 왕을 하며 사신을 보내 감초[40]를 바치매, 추모께서 술로 만들어서 밤마다 호인께 드렸다. 호인은 타고나길 아름다워 나이 40대代[41]에도 젊은 아낙네 같았고, 게다가 감초주를 마시고 황타정黃駝精[42]을 즐겨 복용하니, 두진이 능히 감당할 수 없고 금와왕蛙王 또한 번번이 패하였다. 왕불旺弗[43]이 호괄胡括[44]을 후천厚川[45]에게 주었다.

'계후稽候(呼韓邪)가 장안長安(漢)으로 들어갔고, 병이病已가 그를 후하게 대하였다.'[46] 왕불[47]이 칠漆공[48]을 치니, 황룡이 칠공을 구원하

---

38) 金屬을 鍛造·鑄造하기

39) 摩离[병음;mó(mā)lí]는 한글 音이 '마리'로 漢素 조카 馬黎[병음;mǎlí]와 音이 類似하나 한글표기상의 混亂을 피하고자 摩离는 '마리'로 馬黎는 '마려'로 구분하였다.

40) 양질 甘草 주산지는 춥고 건조한 山西省과 內蒙古沙漠(沙質壤土)지역이었던 듯

41) 好人은 BCE94년생

42) 强精劑이거나 또는 仙藥의 一種인 듯

43) 不而城(不而天國)을 불태우고 北漠으로 도망하여 卑离國을 칭한 鮮卑族으로 北夫余의 逆賊이나, 이후에 鮮存公을 맞아들여 西帝로 세운 卑离國王이다.

44) 匈奴를 遠征하다가 고립되어 匈奴에게 항복한 前漢 將帥 李陵의 匈奴妻所生女임

45) 勾茶國女主 閔尼가 낳은 後日의 勾茶王 厚嶙의 生父일 듯 ; 南堂遺稿 高勾麗史抄 大武神帝紀九年丙申(CE36)條 기록 참조 ; ☞ 혹 勾茶가 支那史의 遼東鮮卑·遼東烏桓 ?

46) 資治通鑑 漢紀卷27 甘露三年(壬申,BCE51)은 [春正月,匈奴呼韓邪單于來朝,贊謁稱藩臣.而不名,賜以冠帶·衣裳·黃金璽·盭綬·玉具劍·佩刀,弓一張,矢四發,棨戟十,安車一乘,鞍勒一具,馬十五匹,黃金二十斤,錢二十萬,衣被七十七襲,錦繡·綺穀·雜帛八千匹,絮六千斤...]이라 하였다.

47) 卑离國

48) 盖馬國王

고 행인49)이 비리50)를 습격하여, 왕불은 자몽紫蒙51)으로 달아나서 모용慕容52)의 집에 머물렀다. '모용이 모수漱제 초상을 걸어놓고 죄를 헤아려서 곧 죽이려하매,'53) 왕불은 스스로 죄를 깨달아 부여의 신하가 되기로 맹세하였고, 행인은 비리를 약탈하다가 황룡과 다투기에 이르렀다. 행인은 해존鮮存을 맞아들이고 딸을 바쳐 천후天后54)로 삼고서 천제궁天帝宮55)을 새로이 짓고, 신선교神仙教를 크게 일으켜서 천하를 다스리려 하였다. 관씨莞氏[완씨,환씨]가 후천厚川56)을 죽이고 광廣공57)을 보위58)에 세웠다.

辛未,九歲通連山鑄鏡用漢字.丹公携書来,教之以王伯"黃竜尊昷公,崇文抗荇人.文章与仙道,孰為天下福."芻牟皆不許"非武不可乣."丹公教兵書,攻守因三才.芻牟評孫吳,以為誤人書."万事隨機應,何可型而膠."丹公大奇之,只得授古書.

신미辛未(BCE50)년, 9살에 연산連山59)·거울주조鑄鏡60)·한자漢字사용에 통달한지라, 단丹공61)이 서책을 가져와서 열왕列王·열백列伯을 가르치며 "황룡이 온昷공62)을 우러르고 문장을 숭상하며 행인에 맞서고 있네. 문장文章과 선도仙道 중에 무엇이 천하를 복되게 하겠나?"라 하매, 추모께선 모두를 인정치 않고 "군대가 아니면 세상을 안정시킬 수 없습니다."63)라 하셨고, 단공이 병서를 가르치며 "공격과 수비는 3재三才64)를 바탕으로 하는데..."라 하매, 추모께서 손오孫吳65)를

---

49) 祖天
50) 旺弗의 不而城
51) 鮮卑一波 紫蒙部
52) 鮮卑一波; 芻牟鏡衍義 曰 '慕容式'
53) 鮮卑族 慕容氏.는 北夫余의 屬家였다
54) 天帝의 后 ; 旺弗 卑离國의 西帝 鮮存이 BCE51년에 荇人國天帝가 되었다
55) ①旺弗이 불태운 不而城의 天帝宮? ②荇人國 땅에 새로이 세운 天帝宮?
56) 勾茶女王 閃尼의 情夫로, 그 아들 勾茶王 厚燐은 BCE36년에 大武神帝에게 降伏함.
57) 匈奴 且鞮侯선우의 외손자로, 賈達소생 慕漱帝의 아들임
58) 紫蒙王
59) 神農易法
60) 靑銅을 용광로로 녹여 거푸집에 부어서 銅鏡을 만들기
61) 慕漱帝 寵姬 牛姬소생(BCE77년생)인 芻牟의 異腹親兄이며, 乙旒의 異父同腹兄임.
62) 慕漱帝의 羊芳소생 아들(BCE66년생)로, 芻牟의 이복형임
63) 尙武의 중요성을 이미 깨우친 것이라

평하시길 “사람들을 그르치는 서책입니다. 만사는 기회를 좇아 대응해야지, 어찌 정형화해서 구애받아야 하겠습니까?”라고 하셨더니, 단공이 매우 기특하게 여기고서 그저 옛 서책들을 잔지 건네주기만 하였더라.

壬申,十歳通攼藏,能成八陣法.烏伊為左幕,摩离為右幕,将兵三千人,習戦又習屯.斗辰相十年,東余已大治.于山与藻那沃沮,又楽浪涉羅加羅等,爭来献土物.蛙王重其功,加封七千戶.聖母生鮮朱,立府置僚屬.七子皆驕傲,芻牟獨愛民.

임신壬申(BCE49)년, 10살에 귀장歸藏[66]을 통달하고 8진법八陣法[67]을 능히 완성하여, ‘오이烏伊[68]로 좌막左幕을 삼고 마리摩离[69]로 우막右幕을 삼아 병사3천을 이끌며 전투를 익히고 또한 둔치길 익히셨다.’[70] 두진의 재상노릇 10년에 동부여를 이미 잘 다스려서, 우산于山[71]이 조나藻那[72] 및 북옥저沃沮[73]와 함께 또한 락랑楽浪[74]과 섭라涉羅[셔라,시라][75] 및 가라加羅[76] 등이 다투어 와서 토산물을 바쳤더니, 금와왕이 그 공을 중히 여겨 ‘7천호를 얹어서 봉하였다.’[77] 성모께서 해주鮮朱[78]를 낳으시매, 관부를 세워 료속을 딸려주었다. 일곱 아들 모두가 교만하고 거만한데, 추모만이 홀로 백성들을 아끼셨다.

---

64) 세 가지 요소 즉 天·地·人 또는 天·時·人에 해당하는 요소들일 것이다
65) 春秋戦國시대의 兵法家들인 孫子(孫武)와 吳子(吳起)의 兵法書
66) 商殷易法
67) 孫武의 孫子 孫殯(孫臏)이 적어놓은 8가지 基本陣法 ; 方陣·圓陣·消陣·數陣·錐行之陣·雁行之陣·鉤行之陣·玄襄之陣이 그것들이라 한다.
68) 東夫余 북부 黑龍江 支流인 烏伊河地域 출신이었나? (그림-8참조)
69) =摩離; 東夫余서남부 滿洲渾河상류 清原(八家鎮)摩离紅山(摩離紅山,莫日紅山) 출신?
70) 兵士 3千을 左軍·右軍·中軍으로 나누어서 함께 훈련하였다는 기록이라
71) 于山國은 東夫余 東方 ; 현금 松花江·混同江의 東南方?
72) 현금 松花江(混同江) 下流지역 都魯河(圖勒河)之境?
73) 이 沃沮(芻牟鏡衍義曰北沃沮)는 順奴南半을 차지하여 南沃沮를 自稱하는 北沃沮人 先發들이고, 崔柴吉의 樂浪은 이미 南沃沮地域을 차지한 東夫余의 子息나라였다.
74) 현금 河北省 天津市 一圓之境?
75) 斯羅 즉 斯盧 ; 현금 河北省 保定市 東南方의 創州~德州 地境으로 추정
76) 현금 山東省·河南省 以南之境? ; AD42년 이전의 干國들인 아홉 加羅國들이 추대한 首露國(帝國)-駕洛(金官伽倻)이 CE42년에 開邦한 것이었나? 그렇다면, 駕洛國記를 새로이 解說하여야 한다.
77) 食邑이 都合 1萬4千戶가 되어서 順奴系(斗辰·柳花 등)의 財政이 더욱 튼실해졌음
78) 金蛙의 아들

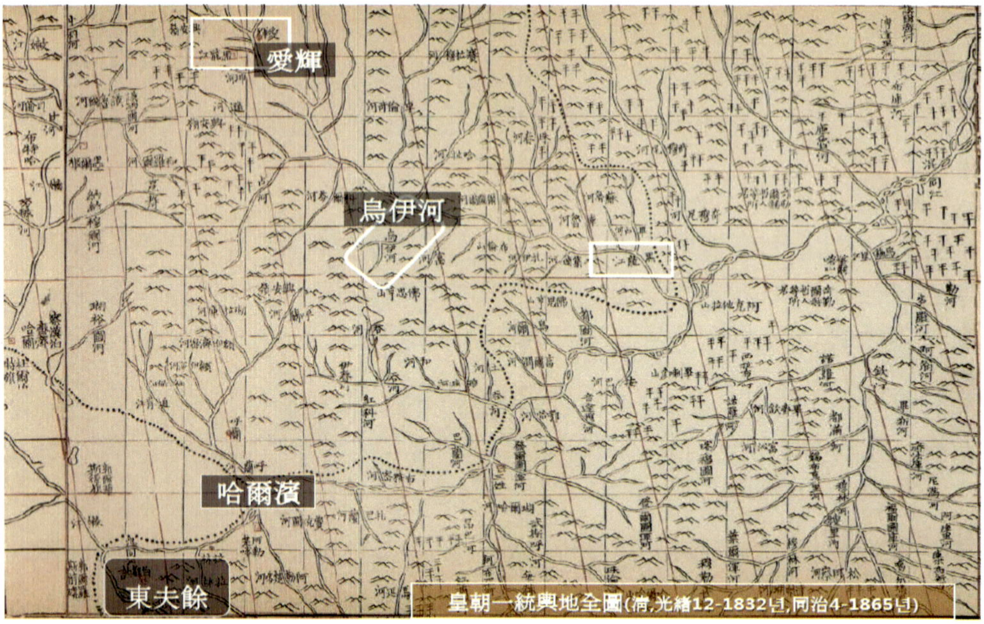

그림-8. 烏伊와 同名의 烏伊河가 '하얼빈' 동북에 있었음은 단순한 우연?

玄鶴暮春節,聖母有奇疾.芻牟禱河神,入水得靈菜.服之卽雲捲,可謂孝感致.又與烏伊等分隊,習野戦山戦與水戦市戦又林戦雪戦及風戦,一一皆習之,人人目芻牟必為天下主.

稽侯與病已,合力討郅支.郅支走烏孫,烏孫不服之.是冬病已死,子奭継其後.虛己能尊賢,優柔不能断.簞公将胡兵東来不而城,㮨公助以軍,黃竜亦與之,荇人不得爭.卑离奉簞公,禾満為其相.末曷漸南下,蔓延盖斯水,自稱南沃沮.

東余尊金蛙稱為大单于.聖母為閼氏,帶伯右賢王,帶素左賢王,帶仲高邪王,帶玄加葉王,帶黃貫那王,帶赤東海王,帶青蘭陵王,斗辰貝陵王,加菽曷思侯,胡真藻那侯,芻牟左大將,鮮弗右大將,奥陵柵城侯.斗辰納都氏,生子曰屋智.

현학玄鶴(癸酉,BCE48)년 늦봄에 성모께서 기이한 병이 드시자, 추모께서 하신河神에게 빌고서 물속으로 들어가 영험한 푸성귀靈菜(芻牟鏡衍義曰金色魚卵)를 구해오셨다. 그것을 잡숫고 구름 걷히듯 하셨으니, 효성이 감응하기에 이르렀다 할 것이다. 또 오이 등과 함께 군대를 나누어 수전水戦·시전市戦과 함께 야전野戦·산전山戦을, 또한 림전林戦·설전雪戦 및 풍전風戦을 하나하나 모두를 익히셨더니, 사람들마다 추모를 지목하길 '필시 천하의 주인이 될 것'이라 하였다.

계후稽侯가 병이病已와 함께 힘을 모아 질지郅支를 토벌하여, 질지는 오손烏孫[79]으로 달아났고, 오손은 질지에게 불복하였다. 지난겨울에 병이가 죽어서 아들 유석奭[80]이 그 뒤를 이었다. 허약한 몸으로 능히 현자賢者를 받들었지만 우유부단優柔不斷하였다. 보簠공[81]이 호胡의 군대를 이끌고서 (龍城에서) 동쪽 불이성[82]으로 오니, 칠柒공[83]이 군대를 내서 돕고, 황룡[84] 또한 그리하여, 행인(鮮存)은 싸움을 벌이지 못하였다. 비리卑离가 보簠공을 받들고, 화만禾満[85]이 그곳 재상이 되었다. '말갈末曷이 점점 남하하여 개사수盖斯水[86]에 만연하더니 남옥저南沃沮를 자칭하였다.'[87]

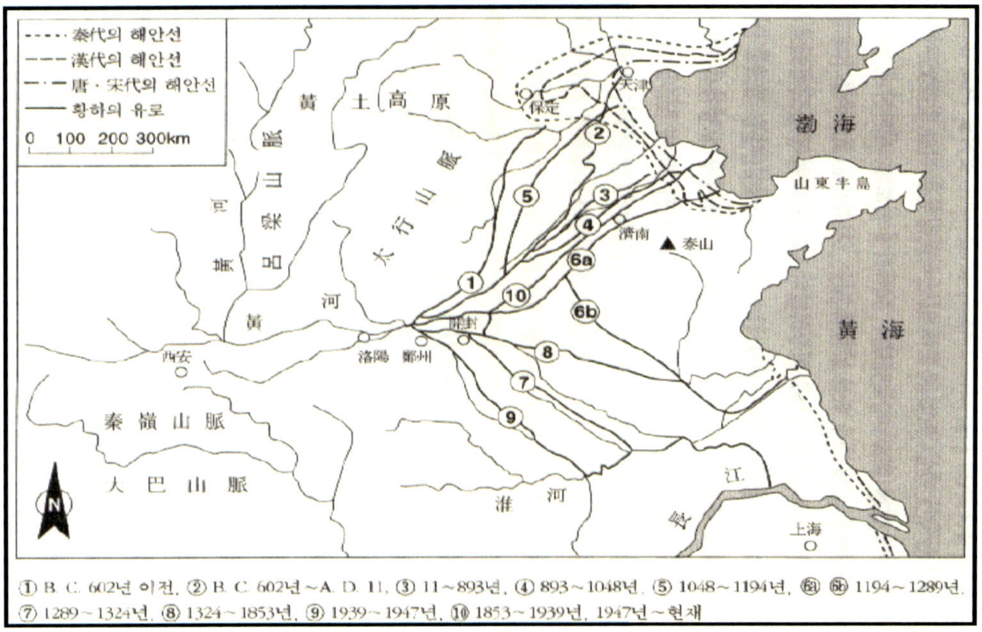

그림-9. BCE1C후반 沃沮지역(肅愼南界)海岸과 黃河물줄기 변화에 대한 올바른 지식이 沃沮(河北省저지대)지역의 古代史 이해에 중요하다.

---

79) 當時 漢과 呼韓邪의 西北方이자 康居의 東邊으로 阿尒泰山脈 南部之境?

80) 前漢(西漢) 孝元皇帝 高宗 劉奭

81) 匈奴 且鞮侯선우의 딸 賈達이 낳은 慕漱帝 아들 ; 즉 且鞮侯의 외손자(BCE67年生)

82) 이미 앞에서 밝힌 沃沮와 東下물길 蒙塵路를 감안하면, 察哈尒部之境으로 드러남

83) 盖馬國王으로 慕漱帝의 賈達所生 아들(BCE75年生)

84) 盖馬以東

85) 禾相의 賈達소생 아들로 簠公의 異父同腹兄이다.

86) 盖斯水는 上古시대 鹽濕地였던 天津市 동북방 '薊運河~沙河'지역 또는 '薊' 땅의 '沙河'지역으로 추정 ; 여하튼 順奴國 南部의 질척거리고 기름진 땅이다.

87) 西方의 混亂으로 北沃沮末曷이 順奴南部인 澳河下流 樂浪地域(南沃沮)으로 남하함.

동부여가 금와를 높여 대선우大單于를 칭하여, 성모는 연지閼氏[88]가 되셨고, '대백帶伯은 우현왕右賢王, 대소帶素는 좌현왕左賢王, 대중帶仲은 고야왕高邪王, 대현帶玄은 가섭왕加葉王, 대황帶黃은 관나왕貫那王, 대적帶赤은 동해왕東海王, 대청帶青은 란릉왕蘭陵王[89](그림-10참조), 두진斗辰은 패릉왕貝陵王, 가숙加菽은 갈사후曷思侯, 호진胡眞은 조나후藻那侯[90], 추모는 좌대장左大將, 해불解弗은 우대장右大將, 오릉奧陵은 책성후柵城侯로 되었다.'[91] 옥두진이 도씨都氏[92]를 거두어 아들을 낳았으니, 옥지屋智라 하였다.

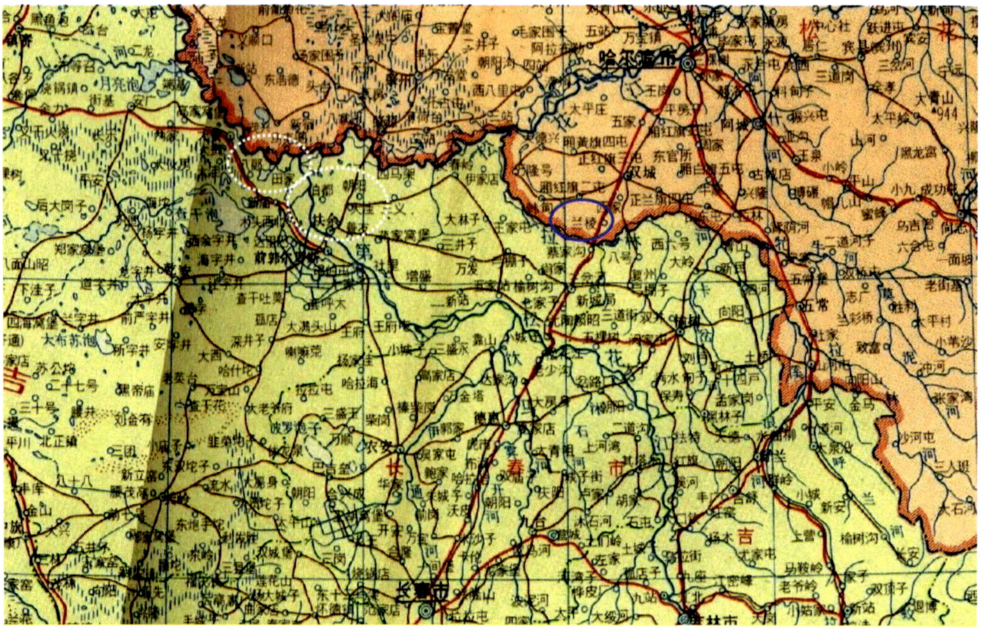

그림-10. 金蛙를 大單于로 높이고 왕자들을 親王에 封할 때, 帶青을 封한 蘭陵과 同音인 '兰棱'(鎭)이 哈尔濱市 서남방 拉林河邊에 보인다.(蘭棱王의 封地가 이곳이니, 父皇의 都城 역시 이 부근이었을 것이라.)

---

88) 匈奴계열 古代國家의 皇后稱

89) 현금 松原市북변(舊 夫餘縣) 仙州古市遺址 東北方인 '蘭棱鎭'一帶(哈爾濱市南方)에 封해진 東夫余의 親王

90) 동쪽 藻那國은 이미 東夫余에 服屬되어 侯國으로 되었다. 임신(BCE49)년 기록참조

91) 鮮夫婁의 딸 鮮英이 낳은 金蛙의 아들 帶伯·帶素·帶仲·帶玄·帶黃·帶赤·帶青 7人 모두에게 親王을 封했다는 것임

92) 貝陵侯 虹株의 妻 都花 ; 이후 屋斗辰 死後에 遺言으로 芻牟의 첫 번째 妻가 됨.

青猇,歲首日,大石落王庭.蛙王憂為災.帶素自誇勇,運石不能得.帶伯与帶仲,次第来運石,皆不能離地,帶玄絶脉死.芻牟晩来見,運之如小磔,擲之于溝中,深入一丈余,万夫不當勇.芻牟隱之久,今日始試之.素等皆畏惧,陰有猜忌心.

청방青猇(甲戌,BCE47)년, 새해 첫날에 큰 돌이 왕궁 안으로 떨어졌다. 금와왕이 재앙이 될까를 근심하니, 대소帶素가 몸소 용맹함을 과시하며 돌을 옮기려다가 그러지 못하였다. 대백帶伯이 대중帶仲과 함께 차례로 와서 돌을 옮기려하였지만 모두 땅에서 떼어내지도 못하였으며, 대현帶玄은 혈맥이 끊겨서 죽었다. 추모께서 해질녘에 와서 보시고 그것을 작은 조약돌처럼 옮겨서 도랑가운데에 내다버렸다. 한 길 넘게 깊이 들어가셨으니, 어느 누구도 당하지 못할 용력이었고, 추모께서 오래도록 숨겨오다가 오늘 처음 써보이셨더니, 대소素 등 모두는 무섭고 두려웠으며 속으로는 시기하는 마음이었다.

靑豕,夏癸未,聖母生鮮百,大鼈自就釜.蛙以為天賜,将欲烹食之,聖母命放之.赤谷扶芬奴有力又善弓,帶素招為臣命與芻牟試.芬奴易與之,連試皆不勝,於是乃神之,願為芻牟臣.帶素聞而怒,使人欲刺之.芬奴殺其刺,逃敀其母家.

청시靑豕(乙亥,BCE46)년 여름 계미일[93]에 성모께서 해백鮮百을 낳으셨는데, 커다란 자라가 스스로 가마솥으로 다가서니, 금와가 하늘이 주셨다며 문득 삶아먹으려 하자, 성모께서 놓아주게 하셨다. 적곡赤谷[94]의 부분노扶芬奴가 힘이 세고 활을 잘 쏘아서, 대소가 불러 신하로 삼고서 하명하여 추모와 겨루게 하니, 부분노芬奴가 그것을 쉽게 여겨 연거푸 겨뤘다가 모두를 이기지 못하더니 그를 신이하게 여겨 추모의 신하가 되길 원하였다. 대소가 이를 듣고 노하여, 사람[95]을 시켜서 그를 칼로 찌르고자 하였고, 부분노는 그 자객을 죽이고 제 어미의 집으로 도망쳐 돌아갔다.

赤㺜,春二月,紅株呪斗辰,斗辰病難起.聖母命芻母求薬東海中.乃遊蘭陵原

93) 陰7月1日에 該當할 것임
94) 赤峰之境 또는 紅山之境으로 추정됨
95) 芻牟鏡衍義 曰 '釰客 暁涉'

學劒於胎仙,復至阮陵上學畜於九阡,北至藻那水乃得膃肭攴,将近半年余.聖母怒太遲,斗辰命"勿怒.死病本無藥,雖遲亦何妨."都氏乃泣言"汝死,我何攴."

斗辰以都氏命為翎牟室,翎牟不肯之.[曰]"昆莫以細君與之岑陬事,汝不聞之乎."好人欲以禮将為翎牟后,乃言"岑陬事出於社稷計.都非社稷計,何苦効岑陬."斗辰憂都氏,病勢益添劇,聖母亦憂之,竟使翎牟娶.月老赤繩戲,世人安得知.

적달赤㺚(丙子,BCE45)년, 춘2월, '홍주紅株가 두진을 저주하여,'96) 두진이 병들어 일어나기 어려우매, 성모께서 추모께 명하여 동해東海 중의 약을 구해오게 하셨다. 이에 란릉원蘭陵原97)으로 유람하여 태선胎仙에게 검술을 배웠고(그림-10참조), 거듭 완릉[环릉]阮陵98) 곁으로 가서 구천九阡에게 짐승 기르길 배우고 북쪽 조나수藻那水99)로 가시어 이윽고 올눌膃肭100)을 구하여 돌아오셨다. 반년쯤 될 참이었더니, 성모께서 심히 지체하였다고 노하시자, 두진이 명하길 "화내지 마라! 죽을병은 본시 약이 없다. 비록 지체하였지만 역시 어찌 훼방하였겠느냐!"라 하였다. 도씨都氏가 이에 울먹이며 "당신이 죽으면 나는 누구를 의지합니까?"라 하였더니, 두진이 도씨에게 추모의 아내가 되라고 명하였고, 추모께서 내켜하지 않으시니, [두진이] "곤막昆莫101)이 세군細君102)을 잠추岑陬103)에게 준 일을 너는 듣지 못하였느냐?"라고 하였다. 호인이 예禮공주를 추모의 후后로 삼을 생각인지라

---

96) 本傳과 翎牟鏡衍義를 따르면, 斗辰이 貝陵王을 封받고서 貝陵侯 虹株의 妻 都氏를 빼앗았고, 虹株는 于山國으로 (동쪽)멀리 쫓겨나서 이로써 斗辰을 咀呪(詛呪)하였으리.

97) 譯者는 哈爾濱市 남방 松源市 伯都訥 古市遺址 東方의 '蘭棱鎮'一帶로 比定한다.

98) '阮'의 拼音이 [yuán-, ruǎn-]'임을 考慮한다 : ①哈爾濱市 東南 尙志(珠河)의 東隣인 '元宝'? ②寧安(寧古塔) 北方 松花江邊 木蘭의 北隣인 '阮福林屯'? ③寧安(寧古塔) '蘭崗'? ④興凱湖 西方 鷄西(穆稜河上流)의 '蘭嶺'? ; 여하튼 阮陵은 藻那水의 南方이다.

99) '藻'의 拼音이 [zǎo_]임을 考慮한다 ; 東夫余의 동쪽 侯國 '藻那國(佳木斯市)'의 동북방인 '松花江(混同江)'支流 '都魯河'?

100) 물개(海狗) 즉 補藥으로 쓰이는 海狗腎을 의미할 것임

101) 匈奴老上선우 末年(BCE162년경)에 匈奴에서 자란 烏孫國王 難兜靡의 아들 獵驕靡 ; 小月氏 烏孫國 君主의 호칭

102)江都王劉建의 딸 細君으로 劉徹의 증손녀. 烏孫王(昆莫)獵驕靡에게 출가(別稱烏孫公主)하였고 獵驕靡 손자 軍須靡에게 재가함; 후일 匈奴로 출가한 王昭君과 類似한 女人

103) 昆莫의 손자로 昆莫中子大禄之兄子임. 漢書曰[岑陬者官號也,名軍須靡.]

이에 "잠추의 일은 사직을 위한 계책이었고, 도씨는 사직을 위한 계책이 아닌데, 어찌 잠추를 본받아 고생하라고 하시오?"라고 하였다. 두진이 도씨가 걱정되어 병세가 더욱 극심해졌더니, 성모께서도 그것이 걱정되어 드디어 추모로 하여금 혼인하게 하셨다. '월로月老가 적승赤縄하는 희학戲謔'[104]을 세상 사람들이 어찌 깨달았겠나!

是年秋大獵,芻牟從蛙王,劣馬引桑弓,射鹿最多獲.帶素六兄弟,駿馬與宝弓,終日無矷得.蛙王責其子"汝等見善射,以為弓矷致.汝等見善騎,以為馬矷致.農則田矷致,医則薬所致,奪其弓與馬,何以無矷得.何不思才拙,徒為猜忌心."

九月,斗辰薨.蛙王臨其枕,"卿死,誰可相.""象鮮雖年少,可以代臣職."蛙王問其次,"烏文雖小可,欠在,不能将".蛙云"蘭何如."斗辰不肯曰"蘭巴雖勝戦,亦非治國才.且有惡賢心,用之必乱政.象鮮如無威,封以駙馬王,賜之寵公主.誰敢侮象鮮."

葬斗闕山後,以禮賜芻牟.芻牟固辞云"臣以斗辰命,已納都為妻.何敢娶公主."蛙云"大丈夫豈可一妻扰.待汝威立後,欲以為相國.今姑数三年,蘭巴可代汝."芻牟不得已,又娶禮公主,食邑三千戶.蘭巴乃為相,盡革斗辰政,東余自此乱.

이 해(BCE45) 가을 큰 사냥 때에 추모께선 금와왕을 따라다니며 시원찮은 말을 타고 뽕나무 활을 당겨서 가장 많은 사슴을 잡으셨다. 대소의 여섯 형제는 준마와 보궁[105]으로 종일토록 잡은 것이 없더니, 금와왕이 자기 아들들을 책망하며 이르길 "너희는 활을 잘 쏘는 것을 보면 활 때문에 그랬노라고 하고, 너희는 말을 잘 달리는 것을 보면 그것은 말 때문에 그랬노라고 하였다. 농사는 곧 밭 때문이었고 의술은 곧 약 때문이었다면, 그의 활과 말을 빼앗고서도 어찌 아무 것도 잡지 못하였느냐? 어찌 재능이 졸렬함은 생각지 않고서 도리어 시기하는 마음이더냐."라 하더라.

9월, 두진이 죽었다. 금와왕이 그의 베갯머리에 임하여 "경이 죽으면, 누가 상국相國[106]으로 좋겠소?"(라 하니), (두진이) "상해象鮮[107]가

104) 月下老人이 붉은 줄로 남녀를 묶어서 天上配匹임을 알려주는 行爲나 弄談
105) 芻牟鏡衍義 曰 "檀弓"
106) 國相과 같은 職責

비록 나이는 어려도 신의 직책을 대신할 수 있겠습니다."(라 하였고), 금와왕이 그 다음을 물으니, (두진이) "오문烏文이 좀 괜찮겠으나 결함이 있어서 능히 장수 자리를 감당할 수 없습니다."(라고 하였고,) 금와가 말하길 "란파蘭巴로 하면 어떻겠소?"라 하니, 두진이 내켜하지 않으며 아뢰기를 "란파가 비록 승전한 적이 있지만 역시 나라를 다스릴 재목은 아니옵니다. 게다가 현자를 싫어하는 심보인지라, 그를 등용하면 필시 정사를 어지럽힐 것입니다. 상해가 위엄이 없어 보이시거든, 부마왕駙馬王을 봉하여 총애하는 공주를 그에게 주십시오. 누가 감히 상해를 깔보겠습니까?"라 하였다.

두진을 계산罽山108)에 장사한 후에, 예禮공주를 추모에게 주었더니, 추모께서 고사하며 아뢰길 "신은 두진의 명으로 이미 도씨를 맞아들여 처로 삼았는데, 어찌 감히 공주를 아내로 삼겠습니까?"라 하시매, 금와가 이르길 "대장부가 어찌 처를 한 명으로 되겠느냐! 너의 위세가 서기를 기다린 연후에 상국相國으로 삼으려 한다. 지금부터 당분간 수3년은 란파가 너를 대신함이 좋겠다."라 하니, 추모께서는 부득이 예禮공주와 혼인하고 식읍 3천호를 받으셨다. '란파가 이에 상국이 되어 두진이 이룩한 정사를 모조리 갈아치웠고, 동부여가 이로부터 어지러워졌다.'109)

赤牛,白熊反,蘭巴試芻牟.芬奴為先鋒,先乼大嫂川.白熊走赤谷,割地請為臣. 八月甲子日,都氏生都祖.蘭巴忌芻牟,不錄平熊功.松讓破卒本,貫貝為讓妻.末曷伐順奴,奧万避毛屯,奧犍遣使来.芻牟欲往救,蛙王不許之,徒傷義憤心.

적우赤牛(丁丑,BCE44)년, '백웅白熊국이 반란하여,'110) 란파가 추모를 시험하매, '부분노를 선봉으로 삼아서 대수천大嫂川을 먼저 평정하니, 백웅왕111)은 적곡赤谷112)으로 달아났다가'113) 땅을 나누고 신하가 되

107) 芻牟의 兒名 또는 本名

108) 東夫余인근의 低平山地일 것 ; 松原市 東部 '集全峇(集廠)'地境의 平平한 山?

109) 東夫余의 衰落을 豫告함

110) 芻牟鏡衍義 曰 "白熊国이 反하여 朝貢을 不修하니. 此는 蘭巴의 妻 皇氏가 蛙王의 子 皇吉을 生하고 白熊國 小斗部를 割하여 食邑으로 삼고 其民을 苛酷히 使하다가 亂을 作케 함이라...."라고 되어있다.

길 청하였다. 8월, 갑자일에 도씨都氏가 도조都祖[114]를 낳았다. 란파가 추모를 시샘하였고 백웅熊국을 평정한 공을 기록하지 않았다. 송양이 졸본국을 깨뜨려, 관패貫貝가 송양의 처로 되었다. 말갈末曷[115]이 순노를 치자, 오만奧万은 모둔毛屯으로 도피하고, 오건奧犍[116]이 사신을 보내왔다. 추모께선 쫓아가 돕고 싶었으나, 금와왕이 허락하지 않아서 헛되이 의분심을 상하게 하였다.

黃虎,呼韓邪,更復竜城庭,送使来献物.五月戊午日,聖母生鮮素,蘋花生宝臣.曶牟與好人,親往曷思國,懷柔黃頭民.大嫂呈豊饌,尉厭為前驅.原滿溯激流,運筏盡死力,有子曰陜父,八歲能鮮文,願為曶牟臣.其母再贊兒,黃頭而雪膚.

황호黃虎(戊寅,BCE43)년, '호한야가 다시금 룡성竜城왕정王庭을 다시금 되찾더니'[117] 사신을 보내와 재물을 바쳤다. 5월, 무오일에 성모께서 해소解素[118]를 낳으시고, 평화蘋花가 보신宝臣[119]을 낳았다. 추모께서 호인과 함께 친히 갈사국曷思國[120]으로 가서 황두부백성黃頭

---

111) 曶牟鏡衍義 曰 "狶敦"

112) 曶牟鏡衍義 曰 "赤谷城"이다. 扶芬奴의 所居地였던 赤谷은 赤峰之境?

113) 白熊國이 大嫂川(현금 西遼河中流地域?)쯤에서 赤谷(赤峰)쯤으로 西遷한 것; 曶牟鏡衍 기록을 따르면, 大江(潢河,西拉木倫河,今西遼河)을 따라 西進하고 赤谷(赤峰)東方 大嫂川口(老哈河口)에서 上陸해서 沿邊(奈曼旗 興隆地)쯤의 白熊國을 平定한 것이리라.

114) 曶牟의 內室 都氏소생인 첫째 아들

115) 北沃沮에서 BCE68년에 일찍이 順奴國 南半部로 南下한 末曷 즉 南沃沮末曷

116) 順奴國 青河人으로 奧萬의 同父同母 남동생이니, 曶牟는 奧萬·奧犍의 外叔이다.

117) 山西省太原縣 龍山지경? 白頭百科辭典曰①[太原市的別稱,太原是一座曆史悠久的古城.古稱晉陽,簡稱並(州).]②[西漢時期匈奴腹地一城,張騫第一次出使西域曾被匈奴扣留在此十餘年.'龍'亦作'蘢',又稱'龍庭'.匈奴祭天,大會諸部處.<漢書匈奴傳上>:"五月,大會龍城."其地在今外蒙古鄂爾渾河西側的和碩柴達木湖附近.]③[對比各時期曆史地圖,令人吃驚地發現,此地有漢代匈奴之龍城,魏晉時期匈奴單於庭,南北朝時的柔然可汗庭,隋時期唐中期的突厥牙帳,唐初期的安北瀚海都護府,唐晚期的回鶻牙帳,五代的古回鶻城,契丹的阻蔔大王府,金代的蒙古克烈部之窩魯朶城.元代嶺北行省和寧路也在其附近,僅由哈喇和林河(今外蒙鄂爾渾河)西岸遷至東岸,明代和林城,清代土謝圖汗城.直到今天外蒙古哈拉和林,均在其附近.]

資治通鑑曰[匈奴呼韓邪單于民衆益盛,塞下禽獸盡,單于足以自衛,不畏郅支,其大臣多勸單于北歸者.久之,單于竟北歸庭,民衆稍稍歸之,其國遂定.]이라 하였으니, 呼韓邪가 龍城王庭으로 北歸하기 直前에 머물던 漢북변 塞지역은 龍城王庭의 以南에 있었던 것이라.

118) 柳花소생 金蛙의 아들로 曶牟의 異父同腹 남동생임 : 曶牟의 아들일 수도 있겠음.

119) 羊吉의 아들 宝得이 낳은 아들

120) 順奴國 東北隣의 나라(順奴七豪國之一)로, 당시엔 東夫余 侯國의 하나였음.

民[121]들을 회유하시니, 대수大嫂[122]가 풍성한 음식을 바쳤고, 부위염尉厭[123]을 전구前驅[124]로 삼았다. 원만原滿이 격류激流를 거슬러 멧목을 옮기느라 죽을힘을 다하였고, 협보陜父[125]라는 아들이 있었다. 여덟 살에 능히 문자를 깨쳤고 추모의 신하가 되기를 바랐으며, 그 어미 재찬아再贊兒[126]는 노랑머리黃頭에 흰 살결雪膚이었다.'[127]

黃兎,春正月,荻得襲毛屯,虎豹来遮路,荻得不得進.奥万以為天,進兵討荻得,戦敗大被傷,乃移九如郷.荻得不敢追,相持羯河上. 三月丙子日,禮氏生獐花.奥万創甚死,禾岑欲報仇,縱兵入羯窟,還為荻得獲,順奴分七國各自為土豪.

황토黃兎(己卯,BCE42)년, 춘정월, '적득荻得[128]이 (順奴王都河南城을 빼앗고서)[129] 모둔毛屯을 습격하는데 호표虎豹들이 다가와 길을 막아서'[130], 적득은 진격할 수 없었다. 오만은 하늘의 뜻으로 여기고 병사들을 내서 적득을 치다가 싸움에 지고 크게 다쳐서 이에 구여향九如鄕으로 옮겨갔고, 적득은 감히 뒤쫓지 못하여, 갈하羯河언저리에서 서로 대치하였다. 3월, 병자일에 예씨가 장화獐花[131]를 낳았다. 오만이 상처가 심하여 죽으매, 화잠禾岑[132]이 원수를 갚고자 군사들을 풀어서 갈족羯소굴로 들어갔다가, 돌아오는 길에 적득에게 붙잡혔고, '순노는 일곱 나라로 찢어져서 각자 토호土豪들로 되었다.'[133]

---

121) 당시 芻牟의 食邑인 曷思國 黃頭部에 살고 있던 머리칼이 노란 百姓들 즉 白人들
122) 扶芬奴의 어미
123) 扶芬奴의 남동생
124) 先鋒. 즉 행렬의 앞장을 서는 사람 또는 騎馬할 때 先導하는 사람
125) BCE50년생으로 芻牟보다 여덟 살 아래이다.
126) 芻牟鏡衍義 曰 [其母贊兒는 黃頭女이나 顔色이 好하여 芻牟의 寵을 受하니라.]하였으니, 黃頭部人 再氏의 딸이었음이라.
127) 大嫂·扶芬奴·扶尉厭 역시 黃頭民이었으니 黃頭雪膚이었을 수 있겠고, 新羅 昔氏의 조상(昔脫解)의 姨母夫 陜父는 黃頭雪膚 즉 黃髮白膚人이었겠다.
128) 羯族酋長(末曷酋長). 匈奴系 曷族. CE4세기초엽 後趙의 石勒은 이 羯族 後裔인가?
129) '芻牟鏡衍義 41面'의 詳細記錄 참조
130) 毛屯谷은 河北省 遵化縣南邊 '虎峪集'지경? 또는 遵化縣北邊 '白虎峪'지경쯤?
131) 芻牟의 嫡室長女
132) 慕漱帝의 羊聖后소생 딸인 鮮鸞이 낳은 禾相 아들 禾頼의 딸로, 당시 順奴王妃였음
133) 順奴國(侯國)이 羯族(南沃沮末曷)에게 유린되어 일곱 土豪(邑國,豪國)들로 갈렸다

白竜,高邪反,帶伯攻不得. 五月,癸亥日都氏生女蓀,萱花生太子.帶仲多[暴雹][134],高邪以是反,帶伯竟大敗.蛙王命芻牟,引軍至界上,使人慰其民.其民慕芻牟,不戦而散去.蛙王以芻牟欲為高邪王,芻牟辞不就.又以曷思國十二邑為沐,亦辞不受之.

國人多旼之,豪傑七十人.烏摩陜芬奴稱為東四豪.眼黃白眉人鬚多夢七等,皆以膂力進人物,皆有主沛.然,孰能禦桃李尙成蹊.况且真命主葛馬與古銅素守乂万支介冠項竹伊,皆以弓弩進.吳翠林雲霜月氏鎬股曹,皆以槍釼来.

백룡白竜(庚辰,BCE41)년, 고야高邪국[135]이 반란하여, 대백帶伯[136]이 공격하였으나 이기지 못하였다. 5월, 계해일에 도씨가 딸 도손蓀[137]을 낳았고, 훤화萱花[138]가 태자[139]를 낳았다. 대중帶仲이 포학함이 많았고 이에 고야국이 반란하였더니, 대백이 끝내 대패하였다. 금와왕이 추모께 명하여, 군대를 이끌고 경계언저리로 가서 사람을 시켜서 그곳 백성들을 위무하시니, 그곳 백성들은 추모를 흠모하여 싸우지 않고 흩어져 돌아갔다. 금와왕이 추모를 고야왕으로 삼고자 하였으나, 추모께선 사양하며 따르지 않으셨고, 또한 갈사국 열두 읍을 목읍沐邑으로 주려하였으나, 역시 사양하며 받지 않으셨다.

'많은 나라사람들이 그를 붙좇았으니 호걸들이 70인이었다. 오이·마리·협보·부분노를 칭하여 동4호東四豪라 한다. 안황眼黃[140]·백미白眉[141]의 사람들과 수다鬚多[142]·몽칠夢七 등이 모두가 힘을 합쳐 사람과 물자를 바쳤으니, 모두 습지沛[143]의 주인들이었다(그림-2,-10참조). 이러하였으니, 인재桃李들이 숭상하여 길이 남을 누가 능히 막을 수 있었으랴! 하물며 진명真命국[144]주인 갈마葛馬가 고동古銅·소수素守·예

---

134) 本傳은 暴雪이고, 芻牟鏡衍義는 '虐使殺戮'이니, 必是 暴雹을 暴雪로 誤寫한 것이라.
135) 東夫余 封國으로 帶仲의 封國
136) 東夫余의 右賢王으로 高邪王 帶仲의 同父同腹兄이다.
137) 芻牟의 內室 都氏소생 둘째 딸
138) 柳花의 친 여동생
139) 芻牟의 萱花소생 아들(萱太子)로 이름이 漏落되었다
140) '눈빛이 노란 사람'을 이름으로 기록한 것
141) '눈썹이 흰 사람'을 이름으로 기록한 것
142) '수염鬚髥이 많은 사람'을 이름으로 기록한 것. 芻牟鏡衍義는 '須多'로 筆寫됨.
143) 長春市북방 松花江과 嫩江의 합류지역 일대인 濟濟哈尔·大庚·白城지역의 습지들
144) 東夫余 북방 습지의 小國?

만乂万·지개관支介冠·항죽이項竹伊와 함께 모두가 활弓과 쇠뇌弩를 바치고, 오취吳翠·림운상林雲霜·월지月氏·호고조鎬股曹 모두도 창槍과 칼釼을 가져왔다.'[145]

白蛇,春二月,芻牟与好禮,巡視曷思國,加萱来迎之.相議禦羯策,減民進供物,又罷上京役. 五月丙戌日,芻牟出獵旋.帶素依桓狙,折其世傳釼.蕞爾小東余,本非芻牟志.烏鳶嚇腐鼠,其情誠可笑.成長十九年,母主恩亦大,妻小亦可憐.

禮主方姙娠不能隨.芻牟藏釼松柱下,柱有七稜岑,礎有八谷盤,乃謂禮主曰"物在七岑下,松在八谷上,當索松石間,得藏可携来.若過二十年,可以迎汝去.""重耳十九年,冢上栢已大.況且二十年,生死安可期.雖然大丈夫豈顧兒女子."

乃以禮与都委於鮮弗家,夜半将欲發,阮陵大巨驄,忽超二丈欄,自入芻牟庭.鞍上有一書,乃是九阡贍.乃騎巨娄上,腰佩太阿釼,四豪擁前後,十二分左右.一聲勸馬,裡肅肅,出柵城.北辰耿自高,長江有意鳴.丈夫得志秋,平生第一夜.

백사白蛇(辛巳,BCE40)년 춘2월, 추모께서 호好인 및 예禮씨와 함께 갈사국[146]을 순시하시니, 가숙加과 훤화萱가 찾아와 맞이하였다. 갈족羯[147]을 막아낼 방책을 상의하고, 백성들이 바치는 공물을 줄여주셨으며, 또한 도성으로 올라와서 하는 부역을 없애주셨다. 5월 병술일[148]에 추모께서 사냥하러 나갔다가 돌아오시는데, '대소가 독두나무에 숨어 엿보다가 그 때까지 전해진 칼을 부러뜨렸다.'[149] 풀이 더부룩한 이 조그만 동부여는 본시 추모의 뜻이 아니었고, 까마귀와 솔개도 썩은 쥐에는 노하거늘, 그 뜻이 실로 가소로웠다. 성장하여 열아홉 살이 되셨더니, 어머니의 은공 역시 크셨고, 처들과는 짧았지만 역시 애틋하셨더라.

예禮공주는 바야흐로 임신하여 따라나설 수 없음에, 추모께서 소

---

145) 이미 親衛勢力들의 규합이 완료되었다

146) 東夫余의 遠西方일 것임

147) 羯族은 末曷의 한 部類이다. 山西省 楡社縣을 根據地로 한 羯族(匈奴와 同族인 五胡의 한 部族) 石勒이 CE4世紀 初葉에 後趙를 세운다.

148) 東夫余 脫出日(BCE40년 음력5월8일 즉 양력6월9일로 추산됨)

149) 夫婁의 世傳宝釼이 부러졌고, 芻牟를 除去하려는 深刻한 葛藤을 表出한 것임. 芻牟鏡衍義를 따르면, 芻牟는 이 釼片을 감추어놓은 것이다.

나무기둥 아래에 칼날을 숨기셨다. 그 기둥은 일곱 모서리가 길쭉하니 뻗어있고 주춧돌은 여덟 골이 진 받침이어서, 이에 예禮공주에게 말씀하여 이르시길 "물건은 일곱 고개嶺 밑에 있고 소나무는 여덟 계곡谷 위에 있소. 응당 소나무와 돌 사이를 뒤져 숨겨놓은 것을 찾아갖고 와야 할 것이고, 20년이 지나면 그대를 데려갈 수 있겠소."라 하시니, "'중이重耳는 19년 만에 무덤 곁 잣나무가 이미 커있었습니다.'[150] 항차 20년이면 생사生死를 어찌 기약하겠으며 설사 그렇기로서니 대장부가 어찌 아녀자를 뒤돌아보신답디까."라 하였다.

이에 예씨와 도씨를 해불解弗 집에 맡겨놓았고, 한밤에 떠날 참인데, 완릉(롼릉)阮陵의 큰 거루巨騾[151]가 홀연 두 길 되는 담장을 넘어 스스로 추모의 마당으로 들어왔고 안장에 '구천九阡의 선물'이라는 글발 하나가 있었다. 거루를 올라타고 허리에 태아검太阿劍[152]을 차시니, '호걸 넷'[153]이 앞뒤를 옹위하고 열두 사람이 좌우를 나눠 맡았다. 말 한마디로 말을 채근하여 엄숙하고 고요한 마음으로 책성을 나서니, 북극성 밝은 빛은 절로 높았고 긴 강물도 뜻있는 소리를 내었다. 사나이가 뜻을 이룰 때로 평생에 제일가는 밤이었다.

六月己未曉,一行到高邪,夢七忽来報"帶仲引兵来,帶素善後策,必竟至於斯."草草秣馬起,乃入小柵城.守将荷真已,素被朱牟恩,寛待犒一行.已亦願隨来,姑留為探報.乃捨江大路,西厠山傍行,巨椬塹天立,白日不得見,但聞異鳥聲.

松子満舗地,金銀繞椬香,蒼鼯含哺奔,魚鼈泝水來.日烝汗出背,俯岩飲清泉.百里無一人,古木腐如尸.傍有七丈岩,大書"辛巳夏聖人當過此."白肴攀而上,携来二金印.一作大单于,一作濊可汗,重各百五斤,未知何時代,做此藏於斯.

6월 기미일[154]새벽에 일행이 고야高邪관[155]에 다다랐는데, 몽칠夢七

---

150) 春秋時代(BCE7C)에 齊桓公을 이어 中原의 2代 覇者가 된 晉文公(在位BC636-628) ; 姬重耳가 出晉한 지 19年에 歸晉해 宝位에 오른 것을 禮氏가 引用해 答한 것이다.

151) 巨騾는 '커다란 당나귀'란 뜻이어서, 大巨騾는 아주 큰 당나귀이겠다.

152) ①帝王劍. 天下宝劍. 春秋時代 吳의 刀匠 干將과 그 妻 莫邪(莫耶)가 함께 만든 天下宝劍인 龍淵(干將/龍泉)·太阿(莫邪/泰阿)·工布(工市) 중의 太阿劍? ②朱牟가 5歲 때 貝陵 땅에서 翠玉鼎 속의 누런 宝璽들과 함께 얻은 그 神劍?

153) 烏伊·摩離·陜父·扶芬奴 즉 東四豪

154) 六月己未日(즉 BCE40년 음력 6월12일 즉 양력 7월12일) ; 탈출후로 34일째 새벽

155) 朱牟鏡衍義曰"高邪関"; 역자는 현금 赤峰에서 遠東地境인 ①通遼市 瓜哀力나 古力

이 홀연히 와서 고하길 "대중帶仲이 병사들을 끌고서 쫓아오고 있고, 대소帶素가 뒤처리를 잘하니 필경 이곳으로 올 것입니다."라고 하여, 대충 말을 먹이고 일어나서 이윽고 작은 성채로 들어갔다. 수장守將 하진이荷真已는 본디 추모의 은혜를 입은지라, 후하게 갖춰서 일행을 먹였고, 자신도 역시 따라오길 바랐음에, 탐색해 알리기 위해 잠시 지체하였다. 이윽고 '강변 큰길'[156]을 버리고 서계산西罽山[157] 곁길을 걸으니, 거대한 독두나무가 하늘을 찔러 밝은 해는 보이지 않고 낯선 새소리만 들리더라.

솔방울들이 땅위에 가득하니 널려있고 누런 은행나무들이 독두나무를 둘러싸서 향기로운데, 청설모가 먹이를 가득물고 달아나고, 물고기와 자라들이 물줄기를 거슬러 오르고 있었다. 햇볕이 찌는 듯하고 등에선 땀이 나서 '바위에 엎드려 맑은 샘물을 마시는데'[158], 백리 안에 사람들이 없고 고목들이 시체처럼 썩고 있었고, 곁에는 일곱 길 되는 바위가 있는데 "신사辛巳년 여름에 성인聖人께서 이곳을 지나신다."는 큰 글자들이 있었다. 백미白眉(白眉)가 부여잡고 올라가서 금인장金印章 두 개를 가져왔다. 하나는 대선우大單于이고 하나는 예가한濊可汗이었는데, 무게는 각기 백다섯 근이었으며, 어느 시절에 이것들을 만들었고 이곳에 숨겨놓았는지 알 수 없었다.

路出其岩下,轉轉入谿谷.飛獺自椏墮,含魚入水中.有魚二尺余,肥香燒可食.一行皆滿飽,枕流石上眠,不知山日落.忽遇絶壁上,無路可得通,過雨大粒滴.忽有一大漢,穿林抱石行,自云"我漢素,本是欒大孫,採薬入此山,欲見聖人過."

芻牟引與語,知其有抱負,"卿有何高見,敎此亡命人.""陛下万世主,此行必大吉.臣有造船術,願得養水師.臣友有鄭共,能冶作兵[鎧][159].臣侄有馬黎,能畜蓄殖馬.并可招来之,以為陛下臣."芻牟大嘉之,以素為師傅,時聞古代事,或評帝王業.

溫都 쯤을 주목한다. 高邪國 以後로는 追擊軍이 있어서 더욱 빨리 逃走하였을 것이라.

156) 古來로 큰 길은 물길 곁으로 있었음이니, 老哈河邊路? 大凌河邊路?

157) 柵城에서 30여일 거리에 樹木이 낮게 깔린 低平山地일 것(通遼·双遼 地境?). 通遼 東南隣의 吉拉吐山·吉力度山?

158) ①'平泉'지경? ②단순한 '水泉'의 하나? ③혹시 옛 朝鮮 初都이었을 朝陽山地境?

159) 本傳엔 [左豈+ 右瓦]로 필사된 듯한데, [鎧,(铠)]의 異體字/古字/訛字/誤寫로 보았다.

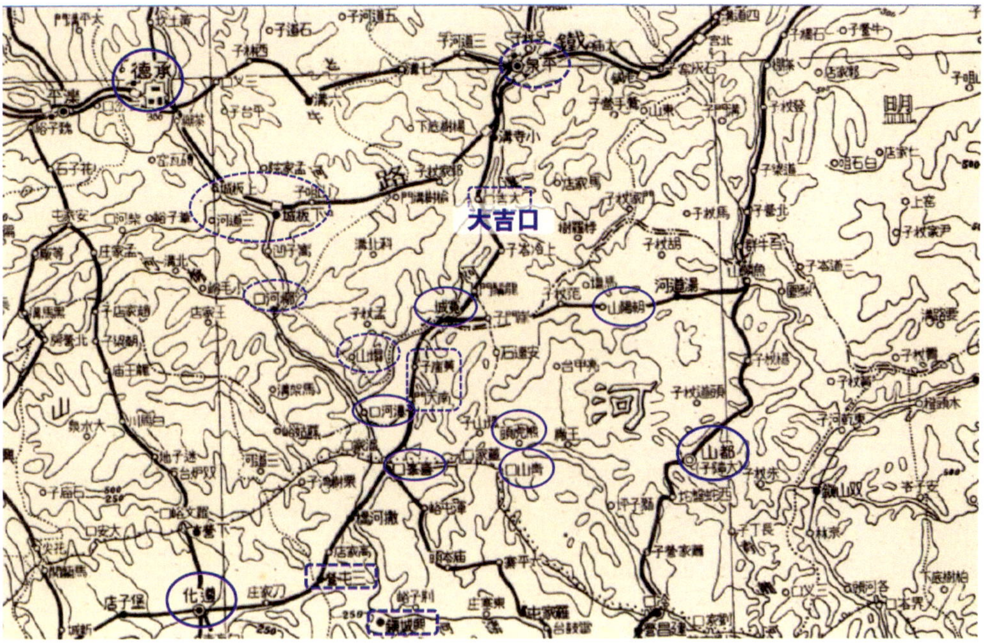

그림-11. 추모의 환향루트 막바지(大吉口~毛屯谷 추정지역)를 지금까지의 기록들을 근거하여 추정해보시길(그림-7,-13 및 본문에 충실히)

길이 그 바위 아래로 나있어서 돌고 돌아서 계곡으로 들어갔더니, 날랜 수달이 독두나무에서 떨어져 물고기를 입에 물고서 물속으로 들어갔다. 두 자가 넘는 물고기 두 마리를 잡았더니, 살지고 향기로워 구워먹기에 좋았다. 일행 모두가 배불리 먹고 시냇물을 베개 삼아 바위위에서 잠들었다가 산중의 하루가 지는 것도 몰랐으며, 홀연 절벽위에 있게 되었고 빠져나갈 길을 찾지 못하고 있는데, 지나가는 비가 큰 방울로 떨어졌다. 홀연 한 커다란 사내가 숲을 헤치고 바위를 껴안으며 돌아다니다가, 스스로 이르길 "저는 한소漢素[160] 이옵고 본시 란대欒大[161]의 손자로 약초를 채취하다가 이 산에 들어왔사온데, 성인께서 지나시는 것을 뵙고 싶었습니다."[162]라 하였다.

추모께서 곁으로 불러 함께 얘기를 나눠보시고, 그가 포부가 있음

160) 黃鷄(己酉,BCE72)년 출생. 漢武帝 劉徹의 딸 衛長公主가 劉徹의 方士 欒大에게 출가하여 낳은 아들 欒의 아들. 이로 보아 漢素는 漢武帝 劉徹의 외증손

161) 西漢 武帝 劉徹의 方士 및 樂通侯인 사위로 죄를 받아 腰斬됨

162) 芻牟鏡衍義를 따르면, 漢素는 바위에 써있는 文字들을 이미 보았다.

을 알아채시어 "경은 어떤 고견으로 이 망명하는 사람을 가르치시겠소?"라 하시자, "폐하께선 만세의 임금이시고 '이 곳을 지나셨으니 필히 대길大吉하실 것입니다.'[163] 신은 배 만드는 기술이 있어서 수군을 양성하고 싶사옵고, 신에겐 정공鄭共이란 벗이 있는데 능란하게 야금해서 병장기와 갑옷鎧(铠)을 만들며, 신의 조카로 마려馬黎가 있는데 능숙하게 말을 모아 무성하게 불립니다. 함께 부르시어 폐하의 신하로 삼으실 만하옵니다."라 하매, 추모께서 이를 크게 기뻐하시고 한소를 사부師傳로 삼아 늘 옛 시절의 일들을 들으시고 혹간은 제왕들이 이룬 일을 평하시더라.

漢素善知路,深林如平地,逶迤出蟹橋."此地本多蟹,滿地唯蟹行,取之食不盡."二蟹如巨席,欲為芻牟饌,芻牟命放之,"徃年吾放渠,今又再来此.凢物殊大者乃其神君也.吾雖飢無食,何忍食蟹神."其蟹聞而涙,雌雄向長江,步步顧芻牟.

自此大嫂店,不過数十里.大嫂,芬奴母,本是赤谷人,身長九尺余,體重三百斤,豊美弄丈夫,且善槍釼術.有夫数十人,皆為大嫂役.俗以女多夫,稱之曰大嫂.凢通此店者,莫不被其掠,生子数十人.勇者三十人,智者二十人,仁者二十人.

日食豚一頭,能盡十人食,其子扶芬奴尉厭與菸狗,皆為芻牟臣.嫂長両河間,閱人非不多,未見如芻牟,嗟歎久不已,献金五千斤,以為芻牟用.一行三十人,両日飽且楽.大路如黃頭,拜見菽与萱,萱花從芻牟.辛巳到奄利,時已七月節.

한소가 길을 잘 알아서 깊은 숲에서도 평지에서처럼 이리구불 저리구불 해교蟹橋[164]로 가더니, "이 땅엔 본시 게들이 많아서 땅바닥에 가득한 것은 오직 움직이는 게들뿐인지라 잡아서 먹어도 없어지질 않습니다."라 하였다. 게 두 마리가 큰 방석만하여, 추모께 드릴 음식을 만들려 하자, 추모께서 명하여 놓아주게 하시고 "왕년에 내가 그들을 놓아주었는데, 지금엔 또 다시 여기로 왔구려. 무릇 모든 사물들 중에 유난히 큰 것은 그들의 신군神君일 터인데, 내가 비록 굶었고 먹을 것이 없지만 어찌 차마 해신蟹神을 먹겠소이까?"라 하셨더니, 그 게들이 알아듣고 눈물을 흘렸으며 암·수가 장강長江[165]으

163) 그림-11 寬城(關城)北隣의 大吉口를 通過한 듯. 中國輿圖(1916-18)에는 大吉溝임
164) 그림-7 大吉口(大吉溝)南方 寬城西南隣의 水橋로 추정 ; 蟹橋(게다리)>海橋>水橋

로 향하면서 걸음걸음마다 추모를 뒤돌아보더라.

이곳에서 대수점大嫂店[166]은 불과 수십 리이고, 부분노 어미 대수大嫂는 본시 적곡赤谷[167]사람인데 키가 9척을 넘고 체중이 300근으로 풍만하고 아름다워 사내들을 농락하고 창술·검술에 뛰어났더니, 사내들 수십 인 모두가 대수의 일꾼이 되었다. 풍속에 사내가 여럿인 여인을 대수大嫂라 불렀다. 이 집을 지나던 이들 모두 그녀에게 스쳐 지남을 당하지 않을 수 없어서 수십 인의 자식을 낳았더니, 용맹한 이가 30인, 지혜로운 이가 20인, 어진 이가 20인이었다.

하루에 돼지 한 마리를 먹어서 능히 열 사람 몫을 먹어치우는 그녀의 아들들인 부분노·부위염·부어구 모두가 추모의 신하가 되었다. 대수는 '두 물줄기'[168] 사이의 우두머리였고 겪어본 사람이 많지 않은 것도 아니었으나[169] 추모 같은 이는 만나본 적이 없었음에, 오래도록 감탄하며 탄식하였을 뿐만 아니라 금 5천근을 바쳐 추모께서 쓰시게 하였다. 일행 30인은 이틀을 배불리 먹었으며 또한 즐거웠다. '큰길로 황두黃頭마을로 가시어 가숙과 훤화를 찾아뵈니'[170], 훤화가 추모를 따라나섰고, 신사일[171]에 엄리奄利[172]땅에 다다랐고, 때는 벌써 7월 절기이었다.

芻牟聞布穀,問"其為何鳥.或云布穀鳥."漢素否之曰"七月豈布穀.此乃復國鳥."復國又復國."陛下将復國,彼鳥宣復國.天心卽人心,鳥亦知天心,終日呼復國,必竟復國已.若聞此鳥聲,不思復國者,安可曰人邪,人而不如鳥."復國

---

165) 洨河(灤河)中下流 支流인 瀑河(豹河) 南方의 '長河'인 듯 (그림-7,-11,-12,-13참조)
166) 그림-17의 '水橋'西南으로 瀑河(豹河)·長河 間 옛 산길의 鋏門口·喜峰口인근일 것 ; 大屯 또는 南天門 또는 孟子岺 쯤? 大嫂店은 大嫂의 旅館이다.
167) 赤峰 또는 紅山 인근의 고을이었던 듯하다.
168) 滦河 中流로 西南流하는 瀑河(豹河)와 長河 두 河川 또는 瀑河(豹河)와 滦河인 듯.
169) 扶芬奴의 어미 大嫂는 女豪傑 ; 黃虎(BCE43)年 5月 芻牟의 曷思國 黃頭民 懷柔時에 一行을 厚하게 接待한 여인. 현금 孟子岭鄉~鋏門關 지경쯤에 居住하였었나?
170) 大嫂마을 인근의 曷思國 黃頭雪膚人部落은 古代에도 大路로 편히 갈 수 있던 곳. 혹 長河支流인 黃化川 上流의 黃呆(或云黃崖子)? 또는 順奴國(毛屯谷)의 東部 또는 北部로 澳河를 西·南向으로 渡河하기 以前인 昨今의 承德縣 一帶 ?
171) BCE40年 陰曆 7月4日(陽曆8月3日)로 脫出한지 56일째임.
172) 작금 滦河 中下流 東邊의 어느 곳일 것 ; 혹시라도 '엄리=엄니=어머니'라면 滦河 支流인 건너편 柳河沿邊이나 禮家峪 ?

復復國.

中路逢霖雨,泥濘不可行.数日洪水至,平地水丈余,乃宿高丘村,蜂實夫妻忠.炎熱多蝺苦,一行悶且欝,萱花常執扇納凉舀牟枕.居民知駙馬,莫不持酒来.合力開前路,通知奄利口,波濤高洶洶,水勢遙連天,無舟不可渡,且聞追兵至.

추모께서 포곡布穀(뻐꾹새) 소리를 듣고 물으시길 “저것이 무슨 새입니까? 혹자는 포곡조布穀鳥[173]라고 하던데.”라 하시니, 한소가 그게 아니라며 아뢰길 “7월에 어찌 곡식씨앗을 뿌리겠습니까? 이는 복국조復國鳥[174]입니다."라 하였고, 복국조가 또 '복국!'이라 하자, “폐하께서 곧 복국하실 것이라서, 저 새가 복국하실 것을 알리고 있음입니다. 천심이 곧 인심이고, 새들 또한 천심을 알아서 종일토록 나라되찾길 외치고 있으니, 필경 나라를 되찾으실 것입니다. 이 새의 울음소리를 듣고서도 나라 되찾기를 생각하지 않는 자라면 어찌 사람이라 하겠습니까? 사람이라도 새보다 못할 것입니다."라고 아뢰니, 복국조가 거듭 '복국!'이라 하였다.

도중에 장맛비를 만나 진창을 지날 수 없었다. 수일간 홍수가 밀려와서 평지의 물 깊이가 한 길을 넘었고, 이에 고구촌高丘村[175]에서 유숙하니, 봉실蜂實 부처夫妻가 충성스러웠다. 불볕더위와 많은 독충들이 괴로워서 일행이 걱정하고 답답해하니, 훤화는 상시로 부채를 잡아서 추모의 잠자리를 시원하게 해드렸고, 주민들은 부마駙馬[176]임을 알아보고서 술을 가져오지 않는 이가 없었다. 힘을 합쳐 엄리하구奄利口[177]에 기별해 알아보니(그림-12, -13 참조), ‘파도가 높아 흉흉하고 수세水勢가 하늘에 닿았는데, 배가 없어 건널 수 없었고,’[178] 게다가 쫓아오는 군사들이 다다르고 있음이 들렸더니,

---

173) '播種할 때를 알리는 새'라는 의미

174) '나라를 되찾을 것을 알리는 새'라는 의미

175) 높은 언덕마을(그림-7,-11참조) ; 瀑河(豹河)下流연변 榻山이나 喜峰口쯤의 한 곳?

176) 帝王의 사위 즉 東夫余임금 金蛙의 사위 ; 일찍이 金蛙가 斗辰에게 曷思邑을 封했으니, 이곳에서도 응당 당시의 東夫余 事情에 밝았을 것이다.

177) 奄利口는 滦河中流의 瀑河(豹河)口·喜峯口·潘家口가 서로 인접한 流域 ; 滦河와 그 支流인 柳河·澈河·瀑河 물이 몰려드는 柳河口나 滦陽鎮 지역일 것임.

178) 奄利口는 激流가 흘러들어 쌓이는 곳으로, 洪水가 나면 江幅이 넓어지고 貯水量이 많아서 波濤까지 일어나는 平地一帶. 淹水는 그 뜻이 '물줄기가 머무는 河川'이니 瀑河(豹河) 河口일 것이다.

以弓擊水,歌"天帝之子兮,河伯之外孫,欲渡無船兮,[追兵至奈何][179]."萱花願為牲踴身投水中,忽有方丈亀浮出受萱花.一行三十人,乃登亀背上,泛泛中流去,其疾完如矢.帶仲追来見,亦打水叱曰"我乃夫余主,欲捕象鮮来,神何不助我."

忽有蟹一隊連[菆][180]作浮橋,帶仲促其軍上橋到中流,蟹忽各散去,人馬俱落水,出沒波濤中.帶仲踴水中,大呼'神来助.'蟹群以大[螯][181]支裂帶仲肉,鮮血滿江紅.四豪望而笑拍掌大快之,翁牟止之曰"帶仲雖愚騃亦一人命也,勿幸人不幸."

활로 물을 치며 읊으시길 "천제天帝 아들이고 하백河伯[182]의 외손이오. 건너고 싶은데 배는 없고 쫓아오는 군사들이 다가오고 있으니, 어쩌면 좋겠소?" 하시매, 훤화가 희생이 되려고 몸을 솟구쳐 물속으로 뛰어드니, 홀연 사방 한 길이 되는 거북들이 떠올라 훤화를 받아냈다. 일행 30명이 거북 등에 올라 둥실둥실 냇물 가운데로 흘러가니, 그 빠르기가 완연히 화살과 같았다. 대중帶仲이 쫓아와 보고서 역시 물을 치며 꾸짖어 이르길 "나는 부여 주인이고 상해象鮮를 붙잡으려 왔소. 신神은 왜 나는 돕지 않소이까?"라 하니, 홀연 한 무리의 게蟹들[183]이 겨릅대菆를 잇대서 부교를 만들었다. 대중이 자기 군사들을 채근하여 부교에 올라서 물 가운데에 이르자, 게들은 홀연 뿔뿔이 흩어져 사라졌고 사람과 말들 모두는 물속으로 떨어져서 파도 속을 들락날락하였다. 대중이 물속에서 솟구쳐 올라 큰 소리로 신에게 크게 외치길 "와서 도와주시오!"라 하니, 게들이 모여들어 큰 집게발로 대중의 육신을 찢어발겨서 선혈로 가득하여 강물이 벌겋게 되었다. 호걸 네 명[184]이 멀리 내다보면서 웃고 손뼉 치며 몹시 기뻐하자, 추모께서 말리며 이르시길 "대중이 비록 미련하나 역시 사람 목숨이오. 남의 불행을 행운으로 여기지 마시오." 하셨더니,

---

179) 本傳은 '追兵可奈何'이나 誤寫임을 알리는 標示가 있어, 譯者가 直前의 記錄 '聞追兵至'를 參照하여 '追兵至奈何'로 校正하여 飜譯한다.

180) 갈대 가[葭]字로도 보이나 隣近 毛屯谷 麻衣村을 留念해 겨릅대 추[菆]로 읽었음.

181) 本傳은 上'敖'下'骨'이나 폰트가 없어 義와 音이 類似한 上'敖'下'虫'로 하였다.

182) 此後의 記錄에는 青河伯 ; 역자는 青河를 ①青山·熊心山 사이에서 發源하여 青山곁을 南流해 渼河로 흘러드는 淸河로 본다. 혹시라도 ②密雲湖지경의 潮河支流 淸水河?

183) 조급히 動員된 조그맣고 不實한 거룻배들?

184) 烏伊·摩離·陜父·扶芬奴

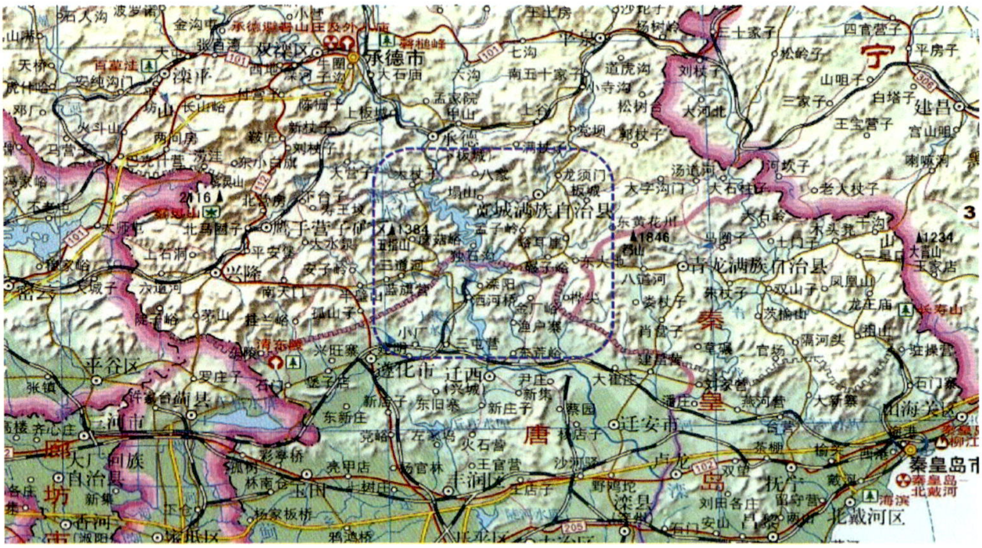

그림-12. 還鄕路 막바지가 장마철 큰비로 인해 "波濤高洶洶,水勢遙連天, 無舟不可渡."였다면 "奄水·奄利水·奄淲水"渡河位置 淹利口는 本傳 기록들의 정황상 위의 지도에 표시된 潘家口水庫일대였을 것

漢素嗟歎曰"聖言當如是.臣知陛下運從此大通矣."此時順奴國大被末曷害.曷衆万余口,穴居曷水邊,出沒掠良民,七國不得全.近以霖雨蟄又為虎豹困,欲出汗濱地,数侵九如鄕.奧犍兵不多,乃請毛屯援.毛屯谷三村,村長皆賢人;一是疏衣村克氏再思公,能占人吉凶,勸民勤農桑,施人以恩惠,村民仰如神.一是衲衣村仲室武骨公,豪俠好義氣,為人能報仇,有勇精武藝,隣里皆慴伏,不敢倣盜賊.一是水藻村少室黙居公,採薬救疾病,造船避洪水,以是有德望.

한소가 감탄하고 칭송하며 "성인聖人의 말씀은 응당 이와 같으셔야 하옵고, 신이 알기론 폐하의 운세가 이제부터 크게 좋으십니다."라 아뢰었다. 이즈음, 순노가 말갈末曷의 피해를 크게 입었다. 말갈무리 만여 명이 갈수曷水[185]변에 혈거하며 출몰해 양민들을 약탈하매, '일곱 나라들[186]'은 온전할 수 없었다. 근래엔 장마로 칩거하다가 또 호표虎豹들에게 곤란함을 당해 한빈汗濱[187] 땅으로 나가려고 구여향九如鄕[188]을 수차 침범하고, 오건奧犍[189]은 병력이 많지 않아서 모둔

185) 그림-13 중하단 '虎峪集'(虎谷)의 西方인 '薊縣'之境의 '薊河(乾河)'일대?
186) 일곱 土豪國들 ; 潮白河 中下流 東邊 ~ 滦河(灤河) 中下流 東西沿邊의 땅
187) 작금 河北省 天津·永清 間의 永定河(桑干河) 最下流 沿邊

곡[190]에 도움을 청하였다. '모둔곡 세 촌락 촌장들은 모두 현인들로 ; 하나는 마의촌麻衣村 극씨克氏 재사再思공公으로 능히 남들의 길흉을 점쳐주고 백성들에겐 부지런히 농사짓고 누에치길 권해서 남들에게 은혜를 베푸니, 촌민들이 신처럼 받들었다. 하나는 납의촌衲衣村 중실仲室씨 무골武骨공으로 호협하고 의기가 있어 능히 남을 위해 원수를 갚아주었다. 용맹하고 무예에 정통하여, 가까운 마을들이 습복하였고 감히 도적질을 흉내 내지 못하였다. 하나는 수조촌水藻村 소실小室씨 묵거默居공으로 약초를 채취해 질병을 고쳐주고 배를 만들어 홍수를 피하게 하였더니, 이로써 덕망이 있었다.'[191]

是日為九如鍊兵習弓釼,人報"普述口五彩玲瓏,上又有雙彩虹,自北来揷地,紅光如巨火[焰][192]."三賢大異之,登高遙望曰"必有聖人来."引衆直向来.一大玄武舟滿載不知人,中有一大帝神風凛且威.三賢俯伏地"臣等愚且鈍,不得早迎駕."

烏伊謂衆曰"帝是天帝子,今為復國来.汝等皆子来,水火亦可入."武骨伏奏曰"臣家雖陋室,此地無他好,願迎陛下駕,請為臨時宮."帝乃許其請,一行入其村,果然富裕人,接待以珍味,使令足於前.骨妻仲室氏來薦㓒牟枕,年少美且賢.

이날, 구여향九如을 위해서 군사들을 훈련해 활과 칼 쓰기를 익히고 있는데, 사람들이 알리길 "보술수普述어귀[193]가 오색영롱하고 위쪽에 또 쌍무지개雙彩虹가 떴는데 북쪽에서 와서 땅에 꽂혔고 붉은 빛이 거대한 화염火焰같습니다."라 하매, 세 현자들이 몹시 기이케 여겨 높은 곳에 올라 멀리 바라보더니 "필시 성인께서 오시고 있음이오."라 하고서 무리들을 이끌고 즉시 오시는 곳으로 행하였다. 한 커다란 '현무배玄武舟'[194]가 낯모를 사람들을 가득 태웠고, 그 무리들 중에 한

---

188) 拼音[jiǔrú-] ; 卒本을 西接한 順奴의 西邊일 것으로, 대략 洵河(州河)沿邊을 추정함
189) 奥川의 鮮凰소생 아들로 屋因의 孫子이며 武將인 듯 ; 奥萬 死後에 靑河를 맡음
190) 작금 北京市東方 遵化東邊 雙城·三屯營·興城鎮·渾屯谷지역? 㓒牟鏡衍義 曰 '順奴內部山內地域' 漢素曰'淹淲地方普述水口與優渤水邊南北相隔."
191) 毛屯谷 形便의 說明에 注目할 필요 있을 것
192) 筆寫本은 먹물자국으로 읽을 수 없으나, 譯者가 文脈으로 보아 한 字를 揷入하였다.
193) 普述은 拼音이 [pǔshù]이니 瀑河(瀑水,豹河)이고 普述口는 瀑河口이며, 對岸은 龍井關河(澈河·撒河-施掩水?)일대로 지금의 潘家口水庫 西便 龍井關河口일 것임.
194) 方丈大亀들의 實體임

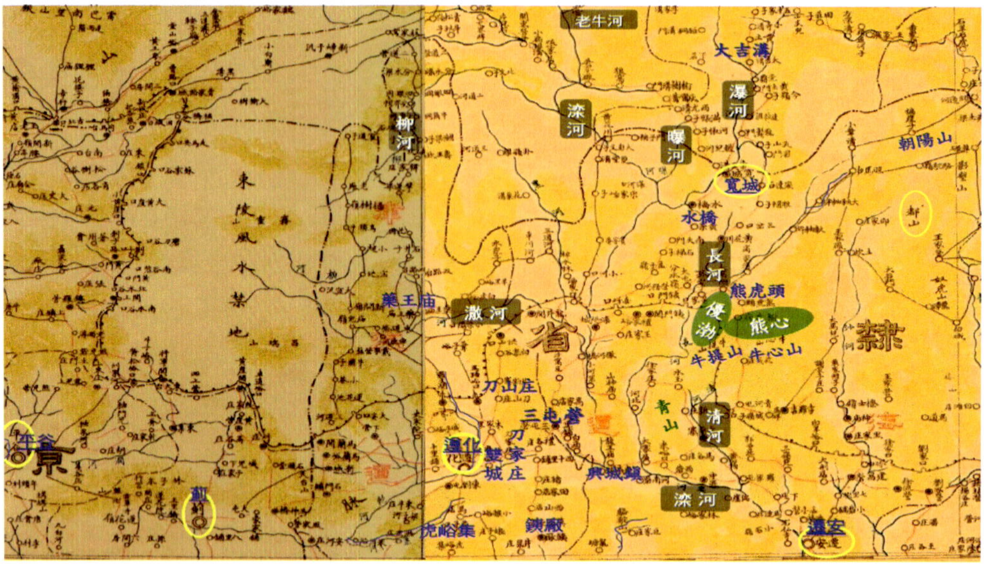

그림-13. 옛 順奴國 毛屯谷으로 보이는 三屯營과 그 주변(桓檀古記 北夫餘記와 本傳 BCE59년 기록 참조). 중앙의 藥王庙와 중하단의 銕廠·刀家庄·刀山庄은 仲室氏武骨公·小室氏默居公의 功業에 부합됨.

대제大帝께서 계셨으니 신령한 풍채에 늠름하고 위엄이 있으셨다. 세 현자들이 고개를 숙이고 땅에 엎드려 "신臣 등이 우매하고 아둔하여 어가를 일찌감치 맞이하지 못하였사옵니다."라 하였다.

오이가 무리들에게 이르기를 "추모제께선 천제의 아드님으로 지금 나라를 되찾으려 오셨소. 그대 등 모든 남자들은 오시오. 서로 상극인 이들 역시 들일 수 있소이다."라 하자, 무골이 엎드려 주청하여 아뢰길 "신의 집이 비록 방들이 누추하나 이 땅엔 달리 좋은 곳이 없사옵니다. 폐하 어가를 모시길 원하옵고, 임시궁으로 삼으시길 청하옵니다."라 하니, 추모제께서 이에 그 청을 들어주시어, 일행이 그 촌락으로 들어섰더니, 과연 부유한 사람인지라 접대하니 진미였고 사령들도 이전195)에 비해 풍족하였다. 무골 처 중실씨仲室氏가 와서 추모의 잠자리를 시중하였는데, 나이가 젊고 예쁘고도 현명하였다.

逐虎一朝事,除羯亦不難,當合卒本國,遂可為之謀.九如奥犍公乃是卒本婭,可使媒両國,乃如九如鄉,奥犍喜迎之.帝姊鮮凰子,聖母之外從.議之備鞨策,

---

195) 大嫂店·高丘村 또는 高丘村에 머물던 때

閱兵試武藝.其妻乙旃氏,卒本妃之妹,夜薦芻牟枕,具言卒本事,帝乃知虛實.

選弓三十人槍手五十人,帝在軍士前,射虎皆中目.虎盲不得見,槍者進屠之.諸将大呼言'不去當盡滅.'虎群乃悲吼,負子逃水走.乃伐其林木,漢素作舟車,四豪鍊兵士,三賢撫百姓,隣近大土豪聞風多敀之,卒王延陀勃亦遣其妻来.

卒妃乙旃氏,親見芻牟聖,不勝喜悅[心][196],欲以其女兒薦為芻牟后,敀與其夫議.其女召西奴,亦来見芻牟,遂棄已醮夫,欲招芻牟去.芻牟不肯去"丈夫當自立,何作人贅婿."婚議遂不成.楽浪主柴吉亦以女來謁,帝皆不應之以待他好俠.

범들을 몰아내기는 하루아침 일거리요 갈족羯[197]을 쓸어내기 또한 어렵지 않았고 졸본국을 합치는 것이 마땅하여, 두루 그리하기로 모의하였다. 구여향九如鄕 오건奧犍공이 졸본의 동서라서 두 나라를 중매케 하기에 좋았음에, 구여향으로 찾아가시니, 오건이 기쁜 마음으로 맞이하였다. 추모제의 누님 해황解凰[198]의 아들이고 성모(柳花)의 외4촌이라서, 갈족鞨방비책을 의논하여 정하고 열병하여 무예를 점검하셨다. 그의 처인 을전씨乙旃氏[199]가, 졸본왕비[200]의 여동생으로, 밤에 추모께 잠자리를 바치며 졸본에 관한 일들을 구구절절 아뢰었더니, 추모제께선 이에 (졸본의) 허실을 깨달으셨다.

궁수弓手 30인과 창수槍手 50인을 선발하시고, 추모제께서 군사들 앞에 서서 호랑이들을 쏘아서 모두 눈을 맞추시니, 호랑이들은 눈이 멀어서 볼 수 없게 되었고, 창수들이 나아가서 도살하였다. 여러 장수들이 큰 소리로 "떠나지 않으면 모조리 죽음을 당할 것이다."라 이르니, 호랑이 떼는 비명을 지르면서 새끼들을 등에 업고 도망하여 물속으로 달아났다. 이에 그 숲의 나무들을 베어서 한소가 배와 수레를 만들고, 4호四豪[201]들이 병사들을 훈련하고, 3현三賢[202]들이

196) 本傳엔 筆寫 時에 먹물이 떨어져서 한 글자가 보이지 않으나, 譯者가 挿入하였다.
197) 北沃沮지역에서 南下해 順奴故地 南部 盖斯水(羯河, 薊河+沙河)일원에 만연하였던 末曷(鞨)들 ; 일찍이 匈奴單于를 따르지 않은 匈奴遺民으로 보인다. 順은 匈과 類似音이어서, 順奴는 大夫餘·北夫餘에 融化된 土着匈奴였을 것으로 推定할 수도 있겠다.
198) 慕漱帝의 羊聖后소생 長女
199) 慕漱帝 寵姬인 牛姬의 딸
200) 乙旒
201) 烏伊·摩離·陜父·扶芬奴
202) 再思·武骨·黙居

백성들을 진무하였더니, 인근의 큰 토호土豪들이 풍문을 듣고서 귀의하였고, 졸본왕 연타발延陀勃도 제 처를 보내서 찾아왔다.

졸본왕비 을류씨乙旒氏203)가 추모께서 훌륭하심을 몸소 뵙더니 기쁜 마음을 이기지 못하여, 그 딸아이를 바쳐서 추모의 후后로 삼으려고 돌아가서 지아비와 더불어 의논하였다. 그 딸 소서노召西奴 역시 와서 추모를 뵙더니, 이윽고 이미 혼인한 지아비204)를 버리고 추모를 초빙해가려고 하였으나, 추모께선 따라가길 옳게 여기지 않으시어 "장부가 떳떳하게 스스로 보위에 오를 것이지, 어찌 남의 데릴사위가 되겠소?"라 하사, 혼사논의가 성사되지 않았다. 락랑樂浪임금 시길柴吉 역시 딸과 함께 찾아와서 뵈었지만, 추모제께선 모두를 응대하지 않으시고 다른 교분이 있던 협객들을 응대하셨다.

八月,丙辰日,禮主生類利,丹公来言状.芻牟聞而喜,以手加額曰"天其祚我埃.有子可以継,何苦更娶犹."乃詣屋因祠,親掃漱帝室.但有一玉鞭,案寞無听見,"不過二十年,果然如此變."帝姊好陵主乃是屋因出,與帝話一夜多言漱帝時.

帝与夢七等,早起巡境内撫民勧其業,探知賊来路設關置守卒.召集皮裘匠大增軍士服,節食貯牛羊以為過冬計,又作輕乾肉使備不時用.凢人有宝刀皆以金買之,凢有血氣者皆使来從軍.又召鄭共來聚鐵製槍釼,馬黎來牧馬.

8월, 병진일205)에 '예禮공주가 유리類利를 낳았음에'206) 단공丹公207)이 와서 그 형상을 얘기하니, 추모께서 듣고 반가우사 손을 이마에 대고 이르시길 "하늘이 내게 복을 내리신 것인가? 뒤를 이을 아들이 있는데, 어찌 다시금 혼인하는 고초를 겪겠는가!"라 하셨고, 이윽고 옥인사屋因祠208)로 가시어 몸소 모수제 거소를 청소하셨다. 달랑 옥채찍 하나가 있을 뿐, 안상案床이 쓸쓸하고 볼품없었더니, "불과 20

203) 鮮凰 아들 奧犍의 妻인 乙旃의 언니

204) 卒本의 于台인 仇台

205) 東夫余 탈출 91일째인 음력 8월9일 즉 양력 9월7일 경이다.

206) 高句麗史略三代 孺留紀에 「辛巳七月,東扶餘公主禮氏生孺留于柵城.名曰類利者,肖月之意也.」라 하였으니, 本傳의 '八月丙辰日'은 類利誕生日이 아니고, 兄 丹公이 아우인 芻牟를 찾아온 날이 타당하다.

207) 慕漱帝의 宮人 牛姬가 낳은 芻牟의 同父異腹兄이며, 乙旒의 異父同腹兄이다.

208) 灤河 중하류 柳河지경? 慕漱帝의 順奴출신 屋因妃 祠堂

년에 과연 이같이 변하였네."라 하셨다. 추모제 누님 호릉好陵공주가 곧 옥인소생이었는데 추모제와 함께 온 밤 내내 모수제시절의 많은 얘기를 나누었더라.

추모제께서 몽칠夢七 등과 함께 일찍 기침하여 경내를 순시하시며 백성들을 위무하여 생업에 힘쓰게 하시고, 적들이 들어올 길목들을 탐지하여 관문을 설치하고 지키는 병졸들을 두셨으며, 가죽옷 장인들을 불러 모아 군사들의 옷을 대대적으로 만드시고, 소와 양 들을 아껴먹고 남겨두어 겨울을 나는 계책으로 삼고 또한 고기를 말려 가볍게 하여 불시의 쓰임에 대비하셨으며, '보도寶刀를 가진 모든 이들에겐 금金을 주어 사들이고'[209] 혈기 있는 이들 모두로 하여금 찾아와서 종군하게 하셨으며, 정공鄭共을 부르시어 '쇠붙이를 모아 창검을 만들게 하시고'[210] 마려馬黎도 와서 '말들을 기르게 하셨다.'[211]

末曷來毛屯,烏伊大破之.末曷來九如,摩離大破之.末曷不敢來,北侵沸流國,東侵楽浪界,又或越卒本.三國皆不安,皆求我兵援.帝故袖手観只錬軍士藝,且備放火具以養火手技.九月,芦花衰,秋風漸寒冷,去夜雪初下,正是可攻時.

曷輩卧窟中飲酒行楽時,摩離引火手從西放火入.賊窟依芦荻,一時火連天,悲鳴皆躍出.鬚多夢七等躍入皆斬之.賊将金獅子酔酒曳戟來,白眉擊殺之.曷酋荻得兒上馬來督戦,烏伊相對戦,勝敗未可知,帝射卽落馬,烏伊斬其頭.

말갈이 모둔곡[212]을 침입하매 오이가 그들을 대파하고, 말갈이 구여향[213]을 침입하여, 마리가 그들을 대파하니, 말갈은 감히 다가오지 못하고 '북쪽으로 비류국[214]을 침입하거나 동쪽으로 락랑국[215]경계를 침범하고 또 혹간 졸본국[216] 땅을 건너기도 하여'[217], 이 세 나

---

209) 毛屯谷으로 推定되는 三屯營 서편 산 너머에 刀家庄과 刀山庄이 있(었)다.
210) 遵化·新集鎭 間의 鉄廠(鎭)에서? 現今의 이곳 인근엔 대규모의 鐵鑛山과 製鐵工場들이 있다.
211) 遵化 서린의 馬蘭關지경에서?
212) 三屯營·遵化縣 일대?
213) 작금 河北省 泃河(南獨樂河,鵖川) 일대?
214) 密雲縣·懷柔縣 이북지경?
215) 河北省 天津市 南部지경?
216) 薊運河 以西의 北京平原지경?

라 모두는 불안하여 모두가 우리군대의 도움을 바랐지만, 추모제께선 일부러 팔짱끼고 방관하시며 오직 군사들의 무예를 단련하실 뿐이셨고, 게다가 불 놓을 도구들을 갖춰 화수火手들의 재주를 양성하셨다. 9월, 갈대꽃이 말라들고 가을바람이 점점 차가워지다가 지난밤엔 첫눈이 내렸으니, 바로 공격하기 좋은 때였다.

'말갈무리가 굴속에 누워 술 마시면서 행락할 때라서'[218], 마리가 화수들을 이끌고 '서쪽으로 불을 질러 들이쳤다'[219]. 적 소굴은 갈대와 억새를 의지한지라 일시에 불꽃이 하늘에 닿아 비명을 지르면서 모두가 뛰쳐나오자, 수다鬚多·몽칠夢七 등이 뛰어들어 그들을 모조리 베어버렸고, 적장 금사자金獅子가 술 취해 창을 끌고나오자, 백미白眉가 그를 격살하였다. 말갈추장 적득 놈이 말위에 올라 싸움을 독려하매, 오이가 상대하여 싸우는데 승패를 알 수 없었다. 추모제께서 활로 쏘시니, 곧 말에서 떨어졌고, 오이가 그의 머리를 베었다.

賊見其酋頭,膽寒皆逃走,走至南岸上.芬奴引弓手,伏在其前面,一時發弓弩,賊皆墮水死.漢素引水軍,溯水至曷口,収其走水者.賊兵八千騎,一時為魚肉.其衆万餘口,女子千余人,只為軍士獲,漏出得生者,不過二三百.羯河盡平之.

此時我軍数,不過三百人,弓手只百人,水軍亦百人,鈒手五十人,火手五十人,誅賊万余人,所謂一當百,非此更何有.帝以羯妻子分賜諸軍士.順奴旧王妃,命為芬奴妻.財宝亦均分,無一私藏之.凬名振內外,隣國皆来賀,謅牟未甞矜.

적들은 추장의 머리를 보고 담이 서늘하매 모두 도주하여 '남쪽기슭으로 달아나서 기어올랐지만'[220], 부분노가 궁수들을 이끌고 그들의 전면에 매복하였다가 일시에 활과 노를 쏘니, 적들 거개는 물로 떨어져 죽고, 한소가 수군들을 이끌고 물살을 거슬러 갈구曷口[221]로 가서 물속으로 달아난 이들을 잡아들였다. 적병 8천기가 일시에 결

217) 이 末曷은 현 天津 북방 薊運河지경쯤인 寶坻·薊·玉田縣일원에 있었을 것임
218) 末曷(羯)은 河川(물길,勿吉)沿岸 즉 河岸에 穴居하던 족속이었다.
219) 末曷이 西쪽이고 毛屯谷(順奴)는 東쪽임
220) 羯河는 대략 東南向 내지 南向 또는 西南向으로 흐르던 하천이었다.
221) ①香河縣 東郊의 渠口? ②薊河 어귀? ③寶坻洞 또는 薊洞 入口?

딴나고 그 무리 만여 명과 여자들 천여 명은 오직 군사들에게 사로잡힐 뿐이었으며, 빠져나가 살아남은 이들은 이삼백에 불과하였다. '갈하羯河[222]들 모두가 평정되었다(그림-14참조).'[223]

이때 아군 수효는 불과 3백 인으로, 궁수 겨우 백 인, 수군 역시 백 인, 검수 5십 인, 화수 5십 인이었는데, 주살된 적은 만여 인이었으니, 소위 일당백이란 게 이것 아니면 무엇이겠는가? 추모제께서 말갈羯 처자식들을 군사들에게 나눠주시고, '순노의 옛 왕비'[224]에게는 하명하여 부분노의 처로 삼으셨으며, 재물과 보물을 고르게 나눠주고 어느 것 하나도 사사로이 가지신 것이 없었다. 풍문과 명성이 내외에 떨쳐져서 인근 나라들 모두가 찾아와 하례하여도, 추모께선 자랑하지 않으셨다.

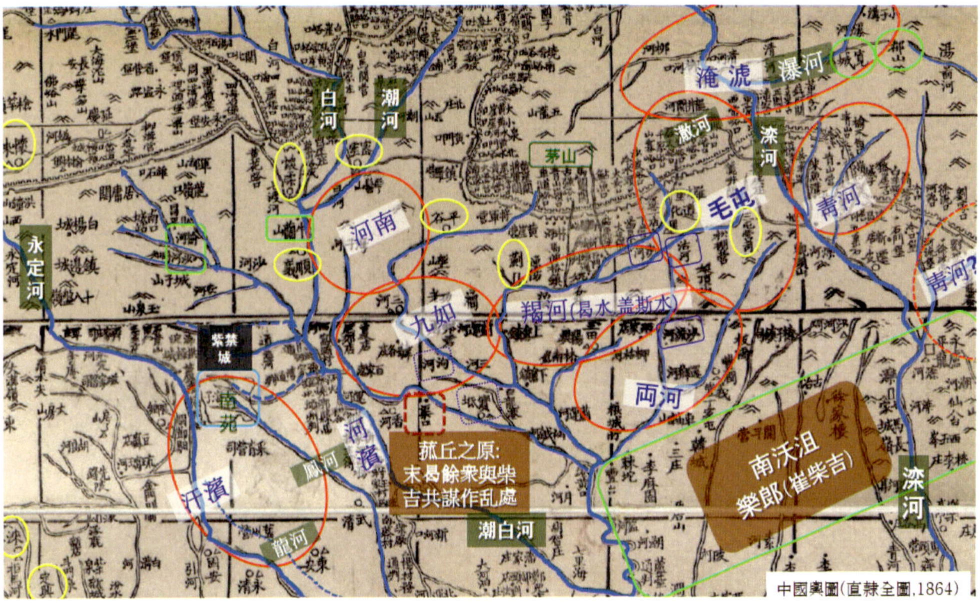

그림-14. 南沃沮故地에 만연했던 羯河(盖斯水)말갈 축출·수비지역 개요

烏伊鎮羯河,摩離鎮青河,漢素鎮汗濱,芬奴鎮河南,再思鎮淹淲,武骨鎮毛

222) 작금의 潮白河하류·滦河하류 사이의 河川들임이 분명하다. 薊河 則 沽河 則 泃河?
223) 北沃沮 땅에서 남하한 末曷에게 빼앗긴 順奴의 남부 땅을 회복한 것. 卒本國·沸流國에게 빼앗긴 順奴의 서북쪽과 북쪽·동쪽 땅은 아직 未回復임
224) 順奴王 奧萬의 妃로 이름이 禾岑이다.

屯,黙居鎮両河,奧犍鎮九如,陜父在帝側運籌帷幄中,丹公為師傅.萱花主內壼,尋訪旧親戚,開宴屋因祠.卒本國王妃亦来叅是宴,又與乙旃氏請婚召西奴.

帝以有夫女不可奪而娶,他云已相離不必更相嫌.帝以卒本國不可不相合,持久不能决.卒本使前婿遷之南荒処,以為仇台死.帝聞其婿死,欲與相婚之,是時召西奴方娠前夫女,以待其産後.

'오이가 갈하羯河[225]를 지키고, 마리가 청하靑河[226]를 지키고, 한소가 한빈汗濱[227]을 지키고, 부분노가 하남河南[228]을 지키고, 재사가 엄표淹淲[229]를 지키고, 무골이 모둔毛屯[230]을 지키고, 묵거가 양하両河[231]를 지키고, 오건이 구여九如[232]를 지켰고, 협보는 추모제 곁에서 계책을 내면서 군막 안에 머물렀고 단공은 사부師傅를 하였다.'[233] 훤화가 안살림[234]을 맡아서 옛 친척들을 심방해 옥인사屋因祠에서 연회를 열었고, 졸본국 왕비 역시 찾아와서 이 연회에 참석하였으며 다시금 을전씨와 함께 소서노와 혼인하시길 청하였더니.

추모제께서 '유부녀를 빼앗아 혼인할 수는 없소이다.' 하시니, 그들이 아뢰길 "이미 서로 헤어졌으니 다시는 서로 꺼리실 필요가 없습니다."라 하였다. 추모제께선 졸본국을 불가불 서로를 합쳐야함에도 오래도록 결말을 짓지 않으시매, 졸본이 이전 사위를 멀리 남쪽 거친 곳으로 옮겨가게 해놓고서 구태仇台[235]가 죽었노라고 하였고,

---

225) 天津市 동북방의 薊運河·還鄕河지경?

226) 滦河지류 長河 동린의 靑山에서 발원해 滦河로 들어가는 淸河(靑河)?

227) 桑干河(永定河) 最下流 연변?

228) ① 密雲水庫이남의 潮河남변 則 平谷서방지경? ② (順奴國主都 河南城쯤이었을) 灤平이나 上板城 一帶地域? ③ 順義동남변을 짧게 東流하는 潮白河의 南岸? ④ 羯河 즉 薊河의 南邊?

229) 柳河·豹河(瀑河)의 사이지역?

230) 遵化縣 雙城일대?

231) ① 天津西隣의 凉河? ② 玉田 남린의 柳枯河(兩家河/梁子河/亮甲店)? ③ 두 개의 河川이라면 長河·瀑河 또는 長河·淸河 또는 還鄕河·沙流河?

232) 順奴卒本間地域이다. 洵河地域(宝抵之境)?

233) 旧順奴之境의 回復(그림-14참조)

234) 壼位之任務 즉 안주인의 임무 즉 안살림

235) 召西奴의 첫 남편이자 卒本國의 '于台'職位者로, 支那史書들에 '屯有(山西省屯留)'以南 帶方故地에 百濟를 세웠다거나 扶餘王으로 기록된 尉仇台'와도 다른 사람이고, 公孫氏와 혼인한 百濟王이자 天地에 제사하고 帝國을 칭한 古爾王과도 시대를 달리한 사람이다. 역자는 그가 金仇台이었을 것으로 推定해본다.

추모제께선 그 사위가 죽었음을 듣고서야 서로 혼인하고자 하셨으며, 때마침 소서노가 이전 지아비의 딸을 바야흐로 임신한 터라서, 그를 출산한 후를 기다리기로 하셨다.

芻牟鏡 卷三

추모경 권3

本紀 第一

본기 제1

壬午,春正月,以烏伊為左大将,摩離為右大将,賜金尺大綬章,重各十五斤.陜父為大主簿,扶芬奴為大司馬,賜金尺小綬章,重各十斤.

末曷餘衆古斗西文等,求救扵北沃沮,得三千餘騎,屯於菰丘之原,聚其散衆,與柴吉共謀作乱.上使漢素芬奴,率水陸軍進擊,大破之.

二月,荇人國天帝鮮存公薨,子文立.上遣再思吊之.柒公遣使来請卽位,上辞以無德.

임오(BCE39)년, 춘정월, 오이로 좌대장左大將을 삼고 마리로 우대장右大將을 삼아 금척金尺과 대수장大綬章을 하사하니 무게가 각각 열닷 근이었고, 협보로 대주부大主簿를 삼고 부분노로 대사마大司馬를 삼아 금척과 소수장小綬章을 하사하니 무게가 각각 열 근이었다.

'말갈의 남은무리인 고두古斗·서문西文 등이 북옥저北沃沮[1]에 도움을 구해 3천여 기를 얻어 고구원(호구원)菰丘原[2]에 둔을 치고 그들의 흩어진 무리를 모으더니 시길[3]과 함께 모의하여 난리를 일으키매, 주상께서 한소와 부분노로 하여금 수군과 육군을 이끌고 진격하게 하여 그들을 대파하셨다.'[4]

2월, 행인국 천제 해존解存[5]공이 죽어 아들 해문文이 즉위하였고, 주상께서는 재사[6]를 보내서 조문하셨다. 칠柒공[7]이 사신을 보내와서 즉위하시길 청하였으나, 주상께선 덕德이 없다며 사양하셨다.

---

1) BCE68년에 南下한 北曷과 樂浪國에게 땅을 내어주고 北方으로 간 沃沮인 北沃沮

2) 北京市 동변 香河縣·宝抵縣간의 '渠口鄕'지경? ; '渠口'은 갯고랑이고, '菰丘原'은 다년생 水邊草인 줄풀(菰)들이 무성한 언덕이었으리라.

3) 樂浪國王 ; 樂浪은 潮白河 최하류 河濱지경이거나 天津市以南지경

4) 작금의 鴨綠江북변 集安(輯安)쯤에서 高句麗가 開國했다면 이런 일이 可當하겠나?

5) 芻牟(象解) 이복형들 중의 最長兄

6) 毛屯谷 麻衣村의 克氏

7) 盖馬王으로 芻牟(象解)의 이복형이다.

三月,以漢素為太師,賜金魚大綬章.以加菽公妃萱花公主順奴王妃乙旃公主武骨公妃仲室夫人為天后,賜翟服金魚玉馬,金尺大綬章,重各七十斤.以奥犍為順奴王,奥命比如侯,奥春青河伯,各賜金印玉章.是月召西奴生女阿爾.與楽浪王柴吉乫界.柴吉欲得奄東盖斯之地,曰"我本南沃沮也.願得沃沮故地."上許之.烏伊諌曰"吾等壤曷而得地.柴吉坐領此地,可乎.不如伐之."上曰"柴吉小虜也,驕而無謀.姑安之而擒之,未晩.末曷雖丧其衆,必来報復,不可不備也.且黃竜荇人卒本沸流等皆是强敵也,不可與小虜先爭而損耗也.吾聞延陀勃病不能視事,其女召西奴代政而年少自危.可以計取之然後,北乫沸流西壓黃竜則吾計.可就矣."烏伊服之.

3월, 한소를 태사太師로 삼아서 금어金魚[8]와 대수장을 하사하셨다. 가숙공비加菽公妃 훤화공주와 순노왕비 을전乙旃공주 및 무골武骨공비 중실仲室부인을 천후天后들로 삼고 적복翟服[9]·금어金魚·옥마玉馬 및 금척과 대수장을 하사하시니, 무게가 각각 70근이었다. 오건奥犍을 순노왕順奴王으로 삼고, 오명奥命을 비여후比如侯[10]로 삼고, 오춘奥春을 청하백青河伯으로 삼아서, 각각에게 금인金印·옥장玉章을 하사하셨다. 이 달에 소서노가 딸 아이阿爾를 낳았다. 락랑樂浪왕 시길柴吉과 함께 나라의 경계를 정하셨다. 시길이 '엄수奄水[11]동쪽과 개사수盖斯水[12] 땅을 갖고자 "나는 본시 남옥저南沃沮[13]이었으니, 옥저고지沃沮故地를 가지고 싶소이다."라 하였고'[14], 주상께서 이를 허락하시니, 오이가 말리며 아뢰길 "우리는 말갈을 몰아내고서야 그 땅을 얻었는데, 시길은 앉아서 그 땅을 차지하는 것이 될 일인지요?"라 하자, 주상께서 이르시길 "시길은 조그만 종놈으로 교만하고 무모하니 잠시 안심하게 하였다가 그를 잡아도 늦지 않고, 말갈은 비록 그들의 무리

---

8) 官吏 등이 차는 물고기 모양 패물인 魚袋로 金魚·銀魚·銅魚·鐵魚 등이 있었음
9) 옛날에 皇后가 입던 (붉은 緋緞 바탕에 青色 꿩(翟)을 수놓고 깃고대 둘레에 붉은 線을 두르고 線 위에 龍이나 鳳凰을 그린) 옷과 그에 딸린 옷가지들
10) 本傳은 '比如侯'이나, 前後의 記錄들로 보아 '九如侯'의 誤寫일 수도 있겠다.
11) 滦河 최하류 東岸 즉 河北省 동북단 盧龍일대 ; 혹시라도 奄水·奄淲水·奄利水는 각각 서로 다른 河川이었을까? 同一한 河川을 달리 기록한 것일까?
12) 灤河最下流西岸~潮白河最下流東岸의 上古㘴 鹽濕地인 '薊河·沙河·洵河·海河'之境?
13) 天津市 東北方 渤海沿岸의 河北省 低地帶로 薊·玉田·豊潤·盧龍·撫寧縣지역 ; 昭陽赤奮(癸丑,BCE68)記事 중 '樂浪受尺時'의 樂浪疆域으로 南沃沮 末曷 蔓延地域 포함.
14) 末曷이 南下해 順奴南㘴을 차지할 적에 樂浪國일부 역시 차지해 南沃沮라 하였다

를 잃었어도 필시 보복할 것이니 대비하지 않을 수 없으며, 게다가 황룡·행인·졸본·비류국 등은 모두 강한 상대들이니, 작은 놈과 먼저 싸워 힘을 써버려선 아니 되겠소이다. 내가 듣건대, 연타발延陀勃이 병으로 정사를 살피지 못하여, 그 딸 소서노가 대신해서 정사를 보는데 나이가 어리고 위태로우니, 계책을 써서 그 나라를 취한 후에 북쪽으로 비류를 평정하고 서쪽으로 황룡을 짓누르는 것이 내 계책이오. 따라주면 좋겠소."라 하시니, 오이가 이를 따랐다.

夏,北沃沮末曷二千騎渡河而南,聲言'報菼得古斗之讎'.上命扶芬奴,伏弩於河南,待其登崖而射之,皆落水中.上又與漢素摩離擊其殘軍於河中,大破之.烏伊弟烏干芬奴弟菸狗等,自柵城来言"禮公主都夫人,皆以聖母之命,為鮮弗之妻."上曰"弗弱而多疾,都美而好淫,禮健而緊韌.弗安能敵此二女乎."弗其不久後果然. 卒本延陀勃,聞上之英豪逐虎攘曷之威動於內外,遣使請見.上遣再思報聘曰"両君相見,必相會於界上.今大王病不移席,安可坐致吾主乎."陀勃曰"昔者,人心淳厚,各守其界,禮讓而居.自末曷南侵以来,南沃順奴地方為其魚肉,侵寇我邦無年不兵.寡人身被重創,薬石無效.只有一女,年少沒識,欲得佳郎而傳國.近聞,聖人自東方来,敀者如雲,祥瑞日至,虎負子而自逃,羯焚窟而遠鼠.欲使兒女得此聖人以為夫,則一洽寡人之望.而顧此蕞,爾小邦聖人抑欲来救乎."再思曰"自吾聖皇,以三百之人屠曷八千之衆,而救順奴於塗炭,開沃沮於鎻東,柴吉来服曷思懷恩,遠震河北,聲動汗西.志在千里,不暇殘邑.然,隣傍世豪莫不献土,子来敀附沓至.大王欲以公主作親,何不厚幣崇禮至誠来懇."

여름에 북옥저15) 말갈 2천기가 하河16)를 건너 남쪽으로 와서 맹세하여 선언하길 '적득·고두의 원수를 갚겠다.'고 하매, 주상께서 부분노에게 명하여 하남河南17)에 노수들을 매복해 물가로 기어오르길 기다려서 쏘게 하시니, 모두 수중으로 떨어졌다. 주상 또한 한소·마리와 함께 살아남은 군사들을 하河18)중에서 쳐서 대파하셨다. 오이

15) 末曷이 南下한 결과로 남겨진 北方땅으로 올라간 沃沮 ; 今世의 西遼河(西喇木倫河, 潢河) 上流地域으로 추정됨 ; 滎河가 東方 末曷들이 北上·南下하던 主通路였다.
16) 현금 北京市 平谷區 北方의 潮河로 추정된다.
17) 현금 密雲湖 南邊 潮河의 紅門川南邊 및 清水河 일원으로 추정된다.
18) 현금 潮白河 中上流지경으로 추정된다.

동생 오간烏干과 부분노 동생 어구菸狗 등이 책성[19]에서 와서 아뢰길 "예禮공주와 도都부인 모두가 성모의 명으로 해불解弗[20]의 처로 되셨습니다."라 하매, 주상께서 이르시길 "해불은 약골에 질환이 잦고, 도부인은 예쁘고 호음하며, 예공주는 굳센데다가 급하고 질긴데, 해불이 어찌 능히 이 두 여인을 짝할 수 있겠나!"라 하셨는데, 해불은 오래지 않아 결국 그리되었다. 졸본의 연타발이 '주상께서 영웅호걸다워 호랑이들을 쫓아내고 말갈들을 물리치신 위세가 나라안팎을 들썩이고 있음'을 듣고 사신을 보내 서로 만나길 청함에, 주상께서 재사를 보내 보빙報聘[21]하시니; (재사가) 아뢰길 "두 임금께서 서로 만나려면 필시 나라의 경계에서 서로 만나셔야 할 터인데, 지금 대왕께선 병으로 자리를 뜨지 못하십니다. 어찌 앉으셔서 제 주군을 초치하실 수 있겠는지요?"라 하매, 연타발이 이르기를 "지난날엔 인심이 도탑고 후하여, 각자 자기의 경계를 지키고 예의를 지켜 사양하며 살았소만, 말갈이 남침한 이래로 남옥저와 순노 지방이 그들에게 짓밟혀 결딴나고, 내 나라邦[22]도 침구侵寇하여 병란 없는 해가 없어, 과인이 몸에 큰 상처를 입었는데 약과 침이 듣지를 않소. 단지 딸 하나 있는데 나이가 어리고 아는 것이 없어, 훌륭한 낭군을 얻어주어 나라를 물려주려 하오이다. 근자에 들으니, 성인께서 동쪽에서 오시자, 따르는 이들이 구름 같았고 상서로움이 날마다 도래하여, 호랑이들이 새끼들을 들쳐 업고 스스로 도망쳤으며 말갈들은 토굴을 태워먹고 먼 곳으로 숨었다고 하더이다. 바라건대 어린 딸로 하여금 이런 성인을 얻어서 지아비로 삼을 수 있다면 곧 과인의 바람이 단번에 채워지겠소이다. 허니 이 사람의 덥수룩한 꼴을 감안하여, 그쪽 작은 나라邦 성인께서 욕망을 삼가며 찾아와 도와주시오!"라 하매, 재사가 아뢰길 "'저의 성황聖皇께선 3백 인으로 말갈 8천 군사를 무찔러 순노를 도탄에서 건져내시고 옥저[23]를 쇠사슬에

---

19) 東夫余의 都城

20) 芻牟(象解)의 異父同母弟

21) 答禮使臣을 보내는 것

22) '邦'은 邑(國)이나 郡(國)보다 훨씬 '큰 規模의 나라'이다. 이미 芻牟에 대한 소문을 듣고서도 卒本을 '我國'이 아닌 '我邦'이라 칭하였으니, 卒本 역시 弱小國이 아닌 큰 나라였음이다.

서 풀어내신'[24] 이래로, 시길이 찾아와서 굴복하고, 갈사국이 은공을 마음에 품었으며, 멀리 하북河北[25]이 떨고 있고, 성음聲音이 한서汗西[26]를 진동하고 있사오며, '뜻하심이 천리千里에 있으시어'[27] 잠시도 읍국들이 해를 입게 하지 않으셨더니, 이웃하거나 가까이 있는 세습 호족들이 땅을 바치지 않음이 없고 그 아들들이 찾아와 귀부歸附함이 답지하고 있사옵니다. 대왕께선 공주로써 화친하려시면서 어찌 후한 폐백幣帛으로 예의를 숭상하고 지극한 정성으로 찾아오시어 간절히 청하지 않으십니까?"라 하였더니,

陀勃乃使仇都,奉牛馬千匹虎皮百張宝鈒十柄黃金百両而来,請和婚.上見其使来,手額而喜"天以卒本賜我,餘無可慮."乃引見仇都,殷勤致禮曰"孤以客踪,偶得一戦,非吓大能.大王許以公主,致此厚禮,實感我心.自此,両国為一統合天下,以副大王子我之恩."仍把仇都之手而勸酒,曰"汝亦我臣也.勿辭而醉."仇都曰"公主命臣'勿醉而失禮於夫皇.'故臣不敢力醉."上許其不飮而送之.初,卒本侯乙足,娶其叔鯤淵伯乙宋之女旈氏,生子乙音而卒.國相延陀勃,七國之乱有功於社稷,故委以妻子.陀勃遂娶旈為妻而生女貫貝召西奴.丁丑之年,以運鹽貿鐵之事,與松讓交戦于汗濱而敗.旈氏膝行而乞和,遂以貫貝妻松讓.召西與仇台情好,生女阿爾.仇台以卒本世族,美而無勇,遂至爱衰.召西奴欲改嫁于芻牟,使人勸仇台自殺,而稱丧夫,是年十七.

연타발陀勃이 이윽고 구도仇都를 시켜서, 소와 말 천 필, 호피 백 장, 보검 열 자루 및 황금 백 냥을 받들고 찾아와서 서로 화친하여 혼인하길 청하였다. 주상께선 그 사신이 오는 것을 보시더니 손을 이마에 대고[28] 기뻐하며 "하늘이 졸본을 내게 주시니, 나머지는 걱정할 것이 없겠구나."라 하셨다. 이윽고 구도를 가까이 불러 만나보시며 은근히 예의를 차려 이르시길 "나는 떠돌이로 마침 싸움 하나를 이긴 것이지, 대단한 능력 때문은 아니었소이다. 대왕께서 공주를

23) 南沃沮
24) 지난해 7월 毛屯谷에 도착한 이래로 末曷들을 몰아낸 지역이 順奴 南部(南沃沮)와 沃沮지역(현금의 渤海西岸지역)이라는 기록이라.
25) 北沃沮地域? 古潢水(西拉木倫河-現今西遼河)以北? 洋河·潮白河·滦河의 北方?
26) 卒本國 西界·北界의 노출 ; 작금 北京市 西南方 桑干河(永定河)의 西邊?
27) 품은 뜻이 웅대하여 즉 四方百里 小國이 아닌 四方千里를 넘는 大邦을 세우려 하여
28) 몹시 기다렸음을 나타내는 몸동작

허락하시고 이리 후한 예물을 보내시다니, 실로 내 마음을 감동케 하셨소이다. 이제부터는 두 나라를 하나의 천하로 통합해서, 대왕께서 나를 자식으로 여기시는 은혜에 부응할 것이오."라 하시고, 구도의 손을 잡아 술을 권하며 이르시길 "그대 역시 내 신하이니, 사양치 말고 취해보시오."라 하시니, 구도가 아뢰길 "공주께서 저에게 명하시길 '술에 취하여 부황夫皇께 예의를 잃지 말라.'고 하셨고, 그런 까닭에 신은 감히 힘들여 취할 수는 없사옵니다."라 하매, 주상께선 그가 술을 마시지 않아도 된다고 하시고 그를 전송하셨다. 애당초 졸본후卒本侯 을족乙足이 그 숙부 곤연백鯤淵伯 을송乙宋 딸 류씨旒氏(乙旒)와 혼인해 아들 을음乙音을 낳아놓고 죽었고, 국상 연타발延陀勃이 '7국의 난리'[29] 중에 사직을 지킨 공이 있는 까닭에 '(을족의) 처자를 떠맡았다.'[30] 연타발이 이에 류旒씨를 처로 맞이하여 딸 관패貫貝와 소서노를 낳았다. 정축년(BCE44)에 '소금鹽을 운송하고 철鐵을 무역하는 일로 송양松讓과 한빈汗濱[31]에서 교전하다가 패하여'[32], 류씨가 무릎으로 기며 화해를 구걸하더니 이윽고 관패를 송양에게 처로 주었다. '소서노는 구태仇台와 함께 정분이 나서 좋아하여 딸 아이阿爾를 낳았는데, 구태가 졸본 세족世族으로 미려할 뿐 용맹함이 없어서 마침내 애정이 시들해졌다. 소서노가 추모께 개가하고자 사람을 시켜 구태에게 자살하라고 권유해놓고서 '지아비가 죽었노라고 칭하였으니'[33], 이때 나이 열일곱[34]이었다.

---

29) 河上戰爭 ; 昭陽赤奮(癸丑,BCE68)년 기사 참조

30) 卒本侯 乙足의 遺命 또는 慕漱帝의 命이었던 듯

31) 현금 ①張家口市 南隣 桑干河 沿邊? ②永定河(桑干河,桑汗河) 하류 연변?

32) 荇人國의 土産物인 소금(鹽)을 나르고 銕을 貿易하는 일로 紛爭이 있었던 듯

33) 南堂遺稿<百濟王紀><百濟書記>의 <優臺王>條는 [<百濟書記>百濟者,大神水之義也.百濟之俗,重武而不修文,且多忌諱,故久無史.至近肖古王時,高興始作史曰<書記>.<優臺王>北扶餘解夫婁王之庶孫也.解夫婁王以日神降靈之後,布德北方,天下泰平.分遣王子于列國,以監民疾苦.時,卒本太守延陀勃有女曰召西奴,甚美.優台聞之請往卒本.王以優台母微,不許.優台乃私行至卒本,與召西奴相通,延陀勃以王不許欲禁之.乃相逃避太伯山谷沸流川上,祀河神而生子曰沸流.延陀勃聞之,使人迎皈,遂以卒本之地皈之.時,漢元年初元二年甲戌歲也.時解夫婁王太子金蛙立,卽優台之父也,命優台王于卒本. 元年甲戌五月,立召西奴爲妃.立東明廟於沸流川.四年丁丑,三月,次子溫祚生.七月,分國爲東西南三部,使乙氏屹氏解氏分長其州.七年庚辰(BCE41),正月,王母乙氏薨於扶餘.王徃迎其喪而皈,至得疾而薨.四月,王遺腹女阿爾生.五月,以妃召西奴爲女君."이라 한 까닭에 混亂스러우나, 譯者는 本傳을 따른다.

上使漢素購錦罽苧綾色絹色紗金花玉佩之物以為幣,使摩離陜父為報聘之使.召西奴親自摂袖而歓待酒食,曰"自我之婚以来,晝宵夢想唯在夫皇膝上.汝等故語夫皇,不必具備禮数,為先早早合巹使妾洽然,然後徐徐備之."摩離故告于芻牟,曰"公主年雖少艾,華泽充溢,美如秋花,潔如銀鱗.察機之智,近於細明.容物之德,似或不足."陜父曰"巧笑納媚,流眄揣意.似是好淫之性,不宜聖人之配."烏伊曰"聖上此計全為天下大事.君等何以毀主妨婚乎."上曰"荊山之玉,非無小瑕,亦足以為璽.天以宝主為我之璽,雖有小欠,君子居之,何陋之有."

주상께서 한소를 시켜 금계錦罽·저릉苧綾·색견色絹·색사色紗·금화金花·옥패玉佩 같은 물건들을 사서 예물로 삼으시고, 마리와 협보로 하여금 보빙사신을 하게 하셨더니, 소서노가 친히 몸소 소매를 걷어 술과 음식으로 환대하며 이르길 "나는 혼인하기로 정한 이래로 밤낮으로 꿈꾸며 그리워하느니 오직 부황夫皇의 무릎 위에 있는 것입니다. 그대들은 돌아가거든 '예수禮數[35]를 빠짐없이 갖추는 것은 필요없으니, 우선 한시바삐 합근合巹하여 첩으로 하여금 흡족케 하신 연후에 서서히 갖추시라.'고 부황께 말해주시오."라 하였다. 마리가 돌아와서 추모께 고하여 아뢰길 "공주께선 나이는 비록 적으나 미모이시어, 화사華하고 윤택澤하기는 차서 넘치시고 아름답기美는 가을꽃 같으셨으며 뽀얗기는 은빛 물고기 같으셨습니다. 기회를 살피는 지혜는 세세히 밝기에 가까우시나 사람들을 포용하는 덕은 혹간 부족하신 듯합니다."라 하니, 협보가 아뢰길 "교묘한 웃음으로 아양떨고, 눈물 흘리며 곁눈질로 속을 가늠하였습니다. 이같이 곧잘 미혹하는 성품이라면, 성인의 짝으로 마땅치 않겠사옵니다."라고 하매, 오이가 이르길 "성상께선 이 계책으로 천하대사를 온전케 하시려는데, 그대 등은 왜 공주를 폄훼하여 혼인을 막으려 하오?"라 하니, 주상께서 이르시길 "형산荊山[36]의 옥玉은 작은 흠결이 없지 않았어도 옥새玉璽가 되기에 충분하였고, 하늘이 보배로운 공주를 나의 옥새로 삼으셨소. 비록 작은 흠결이 있어도 군자가 그를 차지하면, 어찌 그를 볼품없다고 하겠소이까?"라 하셨다.

---

34) 本傳의 기록을 따르면, 召西奴는 BCE39년에 17살이었으니 곧 BCE55년생이다.
35) 禮法을 지킨 婚需
36) 陝西省 涇陽西北·涇水南隣의 荊山?

七月之望,上齋戒沐浴,與烏伊吉士,蒸豚脂鯤淵,祭玄武之神.仍以西南行至卒本川,觀其土壤肥沃山河嶮固,而嘉之曰"吾妻之國果如是乎."少焉,公主以紫衣白馬,引率從者,依山而来.上手額曰"吾妻来矣.天賜我欤,天賜我欤."乃抱公主拎馬上而移于巨娄之上并騎而歓.主見聖上之凜凜神風,不覺心醉顚于上懷,燕嘴轉香,鷽丘雀躍.乃入東城,展雲衾而醮焉.

'7월 보름날'[37]에 주상께서 심신을 삼가 목욕하시고, 오이·길사[38]와 함께 '곤연鯤淵[39]에서 돈지豚脂[40]를 삶아'[41] 현무신玄武神[42]께 제사하셨으며, 이어서 '서남으로 길을 잡아 졸본천[43]에 이르러'[44] 그곳 토양이 비옥하고 산하가 험고함을 보시고 기뻐하며 이르시길 "내 처의 나라가 과연 이러하였는가!"라 하셨다. 조금 있다가 공주가 자줏빛 옷으로 흰 말에 올라서 따르는 이들을 이끌고 산길을 따라 오고 있었더니, 주상께서 손을 이마에 대고 이르시길 "내 처가 오는구나. 하늘이 내게 주심인가! 하늘이 내게 주심이야!"라 하셨다. 이윽고 말 위의 공주를 안아서 거루巨娄 위로 옮겨 함께 타시고 즐거워하셨다. 공주가 성상의 늠름하고 뛰어난 풍채를 보고 자신도 모르게 마음을 빼앗겨 주상 품안으로 떨어졌더니, 제비들 부리에선 향내가 맴돌고 꾀꼬리 언덕에선 참새들이 좋아하며 팔짝거렸다. 이윽고 동성東城[45]으로 들어가시어 운금雲衾을 펼쳐 초례를 치르셨다.

公主再拜且拜曰"妾以小邦之主,世襲此邑.輓近以来,北辱拎末曷東屈拎楽浪,北有松讓南有涉羅,無年不兵無日不戰,国弊民疲無以支存.况今,新丧于台,國無所主.妾以孤寡不知所圖.伏乞夫皇,矜此可憐,使妾執紼,主此邦民."上

---

37) BCE39年 陽曆 9月 2日(丙辰日) 추정

38) 漱帝의 牛姬소생 아들 丹公이 金蛙의 姑母인 婢妾(乙氏,斗辰之姨)에게서 얻은 아들로 芻牟 친조카

39) ①潮河·白河가 만나는 巨大한 密雲이거나 ②潮河中上流 古北口지경의 큰 淵일 것.

40) 豚脂는 孕胎된지 두 달이 된 豚의 胎仔를 이른다.

41) 祭物을 바치는 방법? '豚脂를 쪄서 鯤淵에 기름을 쳐서'로 번역할 수도 있겠다.

42) 北方을 지키는 神. ; 거북을 뜻하기도 하고, 별자리 28宿中의 斗·牛·女·虛·危·室·壁 별들을 指稱하기도 한다.

43) 北京市 동북변의 ①溫楡河最東上流之境 牤牛河? ②懷河上流之境支流 牤牛河? ; 南堂은 脚註하길 牛首川이라 하였다.

44) 卒本川은 鯤淵의 서남방이었음이 드러난다.

45) 卒本國 沸流谷의 東城 ; ①北京市東城區지경? ②北京市북변 牛欄山·高麗營지경?

遜辞再三避之不得,乃與公主設宴三日,合巹二夜雲雨巫山.二聖歓喜,万民謳歌,百僚山呼.上抱后而喜,曰"吾妻之國,山河嶮固土壤肥沃,進可以取退可以守,牛羊魚鼈不可以勝食,黍稷豆粱亦足而富民,有何可憂不知所圖."

공주가 재배하고서 또 절하며 아뢰길 "첩은 소방小邦[46]의 임금으로 이 읍을 세습하였는데, 몇 해 전부터 '북쪽으론 말갈에게 치욕을 당하고, 동쪽으론 락랑국에게 굽혀야했으며, 북쪽엔 송양松讓이 있고, 남쪽엔 섭라涉羅[셔라,시라]가 있어'[47](그림-46참조), 전란이 없는 해가 없고 싸움 없는 날이 없어서 나라가 피폐해지고 백성들은 피로하여 지탱해 보존할 길이 없었는데, 하물며 이젠 또 우태于台[48]가 죽어서, 나라는 주인이 없게 되었고, 첩은 홀로 된 과부라서 어찌할 바를 모르겠습니다. 엎드려 바라오니 부황夫皇께선 이를 가련케 여겨 첩으로 하여금 엉킨 실이나 다스리게 하시고 이 나라 백성들의 임금을 해주세요."라 하였다. 주상께선 겸손하게 재삼 사양하시며 피하시다가 어쩌지 못하시어 이에 공주와 함께 사흘간 연회를 열고 이틀 밤을 합근合巹하시며 무산운우巫山雲雨를 나누셨다. 두 성인께서 매우 즐거우셨고, 모든 백성들이 노래하고 백료들이 만세를 불렀더니, 주상께서 황후를 품에 안고 기뻐하시며 이르시길 "내 처의 나라는 '산하가 험고하고 땅이 비옥하여 나아가면 이길 수 있고 물러서면 지킬 수 있으며, 소牛·양羊·물고기魚·자라鼈가 먹기에 넘쳐나고 기장黍·피稷·콩豆·수수粱 또한 넉넉하여'[49] 백성들이 부유한데, 어찌 근심할 것이 있고 도모할 바를 몰랐겠소이까?"라 하시니,

皇后依懷而奏曰"女媧雖賢仰于庖犧,王母雖聖依於穆王,從古女主皆守牝禮.妾以小國,事我夫皇.從玆以往,事無大小,唯夫主之.妾當隨之."上曰"諾."先是,卒本有駿牝,無牡.不與常牡交之,至于東城,有黑驪自東而来,交之生駒.故

---

46) 卒本은 邑國이나 郡國보다 큰 나라이며, 小邦은 我邦을 낮추어 稱한 것이다.

47) 末曷이 河水 卽 潮白河系로 南侵하고, (順奴가 末曷에게 瓦解되자) 順奴 南隣의 樂浪國이 西侵하고, 白河 동편지류인 湯河 주변의 沸流國;은 북쪽에서 괴롭히고, 涉羅가 남쪽에서 괴롭혀서

48) 召西奴의 이전 지아비 仇台의 職位. 百濟王紀 끝에 붙여진 百濟書記의 優臺王者 則 北夫余 解夫婁王의 庶孫인가?

49) 卒本地域의 地利的 特性들로, 北方族들의 꿈이었던 巨大한 北京市 盆地가 聯想된다.

居人異之,名東城曰紇升骨城矣.至是,上與后合巹于此,故國人以為天乏.紇升骨者,交騰谷也.上與皇后進牛壤謁父母,陀勃大喜曰"我得佳婿而傳國,何憂之有.死無恨矣."旒氏亦眷聖上,不可形言.上親自調薬以治其創,大有效果,卒本之臣莫不神之.上自是居于卒本王宮,與皇后朝両國之臣,決両國之事.陀勃與旒氏退居別宮.於是,卒本国兵馬盡敀𦊓牟.上命扶尉猒,錬其精銳.又選順奴卒本豪族之子女,親授弓釰之術. 九月,上與皇后謁屋因祠,與三天后相見,於好陵之前.好陵乏后位於萱花之下乙旃之上. 上如汗濵,賜漢素鄭共馬黎等田宅奴婢,妻以豪族之女.漢人之以技来敀者日加.

황후가 품에 기대어 아뢰기를 "여왜女媧[50]는 현명해도 복희伏羲[51]를 따랐고, 서왕모王母[52]는 성인聖人이어도 목왕穆王[53]을 의지하였으니, 예로부터 여자임금들은 암컷牝의 예도禮度를 지켰습니다. 첩은 작은 나라를 바쳐 내 부황夫皇을 섬기겠사오니, 이제부터 앞으로는 정사를 크고 작음 없이 오직 지아비께서 주재하십시오. 첩은 응당 따르겠습니다."라 하니, 주상께선 이르시길 "그럽시다."라 하셨다. 이에 앞서, 졸본엔 준마암컷駿牝이 있었는데 수컷이 없었다. 범상한 수컷들과는 함께 사귀지 않다가 동성東城[54]으로 가보니 동쪽에서 온 가라말黑驪[55]이 있었고, 서로 사귀어 망아지를 낳았다. 때문에 그곳에 살던 사람들이 이를 기이케 여겨 동성을 흘승골성紇升骨城이라 불러왔는데, 이때 와서 주상께서 황후와 함께 이곳에서 합근하시니, 때문에 나라사람들이 하늘이 정한 일이라 여겼다. '흘승골紇升骨'이란 '흘레 하며 올라탄 고을'이란 말이라. 주상께서 황후와 함께 우양牛壤[56]으로 가시어 부모를 찾아뵈니, 연타발陀勃이 몹시 기뻐하며 이르기를 "나는 훌륭한 사위를 얻어 나라를 물려주는데, 무슨 걱정거리가 있겠소. 죽어도 한이 없소이다."라 하였고, 류씨旒氏 역시 성상을

---

50) 伏羲씨의 여동생, 전설 속의 여자 임금.
51) 동아시아 上古의 帝王 ; 三皇五帝의 首位로, 八卦를 처음으로 만들고 그물을 만들어 고기잡이 방법을 가르쳤다 함. 神市倍達사람이어 역시 東夷人으로 여긴다.
52) 西王母 ; 동아시아 上古의 仙女로 姓은 楊이고 名은 回이라 함. 神仙說의 유행으로 神仙化되었음.
53) 周穆王 ; 上古 周나라의 5世 임금. 서쪽 樂園으로 유람하여 西王母를 만났다고 함.
54) 昨今 北京市의 옛 順義縣 縣廳지경?
55) 毛色이 검은 말 즉 黑馬
56) 北京市 북부 牛欄山 西南隣의 高麗營지경? 平壤의 다른 이름일 수도 있겠다.

보살핌이 형언할 수 없었다. 주상께선 친히 몸소 약을 지어 연타발의 상처를 치료하시어 큰 효험이 있었더니, 졸본 신하들로 그 일을 신기하게 여기지 않는 이가 없었다. 주상께선 이때부터 졸본왕궁[57]에 머무시며 황후와 함께 양국 신하들과 조회하시어 양국의 국사를 처결하시고, 연타발은 류씨와 함께 별궁으로 물러나서 기거하였다. 이에 졸본국 군사와 군마들 모두가 추모께 귀속되니, 주상께선 부위염에게 명하여 그들을 정예가 되게 훈련하시고 또한 순노·졸본의 호족자녀들을 선발하여 친히 궁술·검술을 전수하셨다. 9월, 주상께서 황후와 함께 옥인사를 참배하시고, 세 천후들과 함께 호릉好陵[58]의 면전에서 상견하시니, 호릉이 황후의 지위를 훤화[59]의 아래이고 을전[60]의 위로 정하였다. 주상께서 한빈汗濱[61]으로 가서 한소·정공·마려 등에게 땅과 집을 주시고 호족의 딸로 처를 삼아주시니, 재주 있는 한인漢人들이 찾아와 귀의함이 날로 더하였다.

癸未,春正月,以萱花為天太后,召西奴為天皇后,旃后為地皇后,仲室氏為人皇后.

二月,鍊兵,二千於汗濱,水師八百於河中. 命丹公相都於鶻岺湖上. 飭諸将毋奪民貨色,以安其生.

五月,曷賊雪敬等一千余騎来侵青谷,摩離撃破之.其舟楫兵仗多是沸流国物也,上命奥春與松讓相詰.

계미(BCE38)년, 춘정월, 훤화를 천天태후太后로, 소서노를 천天황후皇后로, 을전旃후를 지地황후로, 중실仲室씨를 인人황후로 삼으셨다.

2월, 병사兵士 2천을 한빈에서 훈련하시고 수사水師 8백을 하河[62]중에서 훈련하셨다. 단공丹公[63]에게 명하여 골령호骨岺湖[64] 연변에

57) '牛壤'에 소재하였다.

58) 屋因所生인 慕漱帝女(公主)로 屋因所生인 奧山女好人과는 동복자매.

59) 好人소생 屋斗辰의 딸인 柳花와는 同父同腹姊妹

60) 牛姬가 낳은 鯤淵侯 乙宋의 딸로, 骨品·行列 등으로 보아 好陵이 最上位이었다.

61) 卒本國에 인접한 汗水(桑干河,桑乾河,永定河)의 河濱(河邊). 곧 卒本國 西南界임.

62) 潮白河의 下流지경?

63) 牛姬가 낳은 慕漱帝의 아들

64) 北京市의 平谷區 ①東方 海子水庫 北隣 滑子村지경? ②東郊의 王都庄村지경? 근세지도(光緒順天府志,平谷縣圖)엔 이곳 王都庄 북방 물 건너 서편에 三國史記의 '礪津'과

도읍할 자리를 살피셨다. 모든 장수들을 엄히 타일러 민간의 재화와 여인을 빼앗지 않게 하시어 그들의 삶을 편안케 하셨다.

5월, 말갈적도 설경雪敬 등 1천여기騎가 청곡靑谷65)을 침입하였고, 마리摩離가 이를 격파하였다. 그들의 배舟·노楫·병장기兵仗 다수들이 비류국66) 물건인지라, 주상께서 오춘67)에게 명하여 송양68)과 함께 그 까닭을 따지셨다.

七月,上與召皇后如汗南,與桓那国女主桂婁夫人芝界.上見桂婁皃美而有勇,其志高尙,恨不得早見.桂亦見芻牟之聖,有欽仰之色.其國界一從召后之言而割與卒本,桓那之臣多不平,桂婁曰“天下從當皆皈於芻牟.汝等何爭尺寸地乎.”

八月,柴吉來襲牛山.上親征大破之,仍復鯤淵以南失地,又取奄東盖斯之地屬於卒本,命柴吉來朝.柴吉稱病遣使來,獻主襲者五人謝罪. 萱后生元陽公主. 鮮卑王豪全遣使来献土物,賀復順奴故地. 箕東守于真來降.旃后婿也.

7월, 주상께서 소召황후와 함께 한남汗南69)으로 가시어 환나국桓那国70)여임금 계루桂婁부인과 함께 경계를 정하셨다. 주상께선 계루의 모습이 아름답고 용맹하며 그의 뜻이 고상함을 보시고 일찍 만나지 못하신 것을 한스러워하셨고, 계루桂 역시 추모의 훌륭하심을 뵙고 흠모해 우러르는 기색이더니 나라의 경계71)를 하나같이 소召후의 말을 따라 졸본에게 떼어주었다. 환나의 신하들 다수가 불평하매, 계루가 이르길 “천하가 종당엔 모두 추모께 귀속될 것인데, 그대들은 어찌 한 자 한 치의 땅을 다투시는가?”라 하였다.

8월, ‘시길72)이 우산牛山73)을 습격하매, 주상께서 친히 그를 토벌

同音인 ‘瀝津’庄이 표시되었고, 현세 구글지도엔 西‘沥津’村이 표시되어 있다.

65) 古北口 南方의 潮河지류인 淸水河谷으로 추정 ; 이곳이 灤河와 潮河를 타고 들어온 北方의 末曷들이 古北口를 거쳐 卒本國 北方의 沸流國 도움아래 侵入하기에 地理적으로 최적이었을 것이다.

66) 卒本을 南接한 나라 ; 潮白河의 白河지류인 湯河하류 湯河口쯤이었을 것으로 추정.

67) 順奴國의 靑河伯 즉 淸水河伯?

68) 沸流國王

69) 卒本國 서남변으로 桑干河 남방 ; 淸朝時節의 保定府·眞定府·順德府지경?

70) 北夫余 諸侯國의 하나로 北夫余天帝 慕漱帝의 妻家國들 중의 하나였음.

71) 현금 北京市의 서남부지경

72) 芻牟帝 시절의 樂浪國王으로 후세에 大武神帝가 滅한 樂浪國王 崔理의 曾祖이다.

해 대파하사 오히려 곤연鯤淵 이남의 잃었던 땅을 되찾았고'[74] 또한 '엄수奄水동쪽과 개사수盖斯 땅을 취하여 졸본에 귀속시키셨다.'[75] 시길에겐 '찾아와 입조하라.'고 명하셨더니, 시길은 병을 핑계하고 사신을 보내와서 습격을 주도한 다섯 사람을 바치고 사죄하였다.

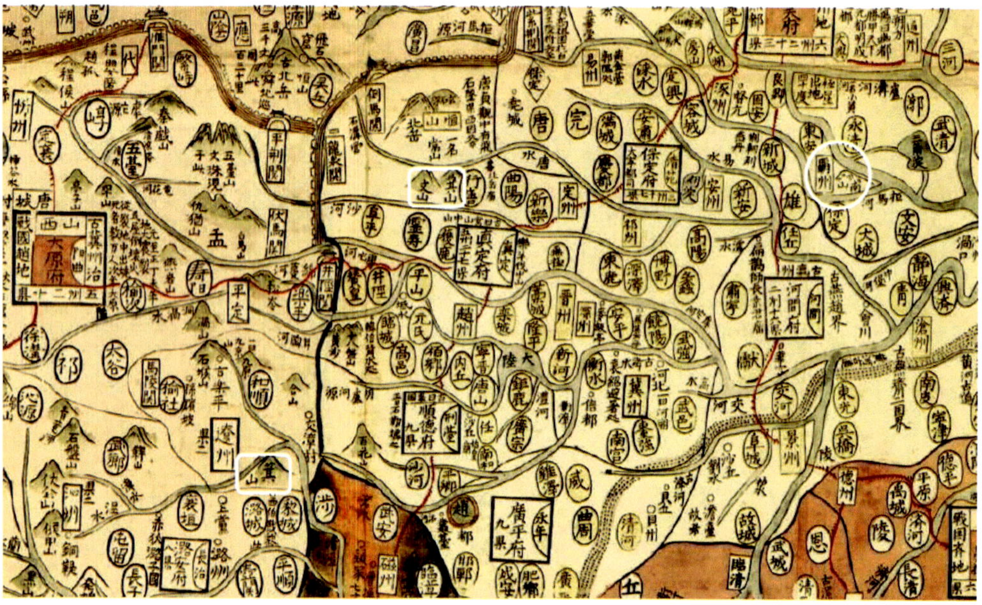

그림-15. 黃龍國 中川(沙河) 북린의 箕山(箕丘)과 勾茶國 남변쪽으로 보이는 근세 淸國 山西省 遼州의 箕山(大淸廣輿圖,1785년,日製)

훤화후가 원양元陽[76]공주를 낳았다. 선비왕鮮卑王 호전豪全이 사신을 보내와서 토산물을 바치고 '순노고지順奴故地를 복구하신 것'[77]을

73) 卒本國 도성지역인 牛壤지경의 山 ; 北京市 동북변의 牛欄山 쯤으로 比定한다.

74) 牛山은 丁卯(BCE54)년에 卒本이 (順奴에게서) 탈취한 鯤淵 인근으로 드러남 ; 譯者는 '牛山'을 懷柔·順義縣間의 '牛蘭山'으로 比定하고 '鯤淵以南'을 順義縣동변 潮白河東岸으로 比定한다. ☞ 鯤淵以南 땅은 順奴>卒本>樂浪>卒本의 것으로 된 것이다.

75) 壬午(BCE39)년 3월에 順奴故地였던 南沃沮를 樂浪에게 할양하였다가 되찾아 卒本에게 귀속시킴. 곧 崔柴吉의 樂浪國은 灤河최하류 兩岸(南沃沮) 땅을 잃고 금세 唐山以南~天津西南일대(淸代 滹沱河·子牙河하류)의 卑濕地로 축출된 것임. 쫓겨난 이곳이 머지않아 '竹嶺(覇州南山)以東'으로 기록되며(그림-15右上의 南山), 뒷날 高句麗 '竹嶺郡'이다.

76) 芻牟의 萱花소생 딸

77) 樂浪의 牛山침입을 구실삼아서 順奴故地 奄東·盖斯 땅을 卒本에 붙인 것임.

하례하였다. 기동箕東78)수장 우진于眞79)이 찾아와서 투항하였다(그림-15참조). 을전旃황후의 사위이다.

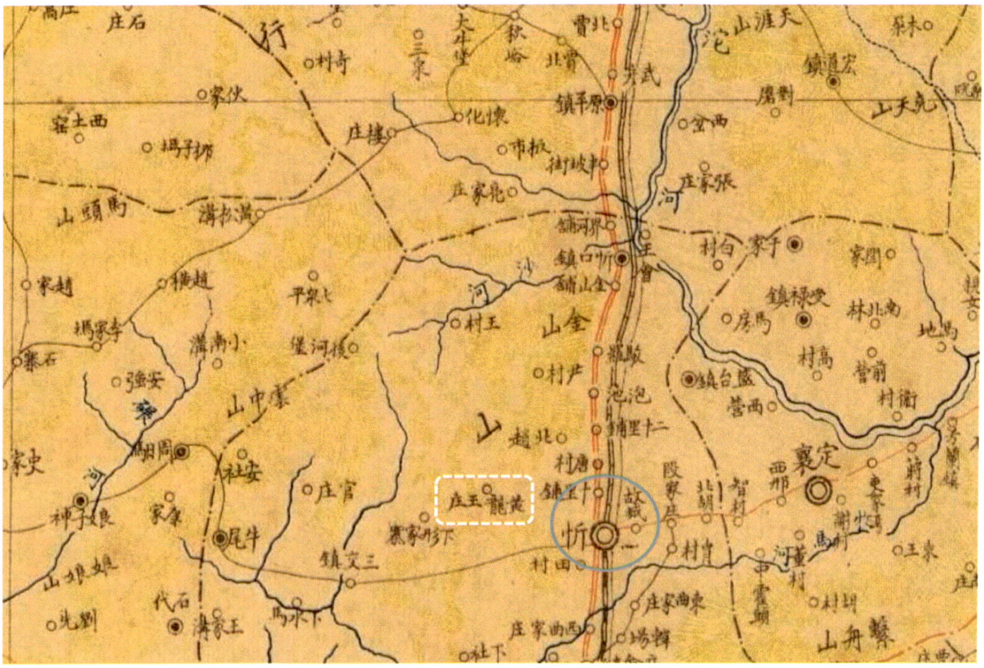

그림-16. 山西省 省都 太原市 북린 忻縣 땅에 '黃龍王庄'이란 지명이 20세기초반의 지도(中國輿圖, 1917)에 표시되어있다. 한 시절 北夫余 侯國 黃龍國 故地의 변방으로 추정되는 곳이다. 우연이었겠는가? 이후의 지도엔 '黃龍王沟村'으로도 표시되었다.

九月,柒公薨.遺命其妻事芻牟,以其子為芻牟子.盖馬王燕音之子宜與其左大将胡丘右大将呂哲,自立為盖馬王,以柒公之妻秋氏為其妻.秋氏使人来告,陝父請伐之,不許.

十月,上親率獵騎,渡汗水獵于箕丘之東.故路又與桂婁相逢.上得一香麝,桂婁得一羚羊請換之.上喜許之,曰"羊大而麝小.得無損乎."桂婁曰"麝雖価高,非男子之用也.妾當自淨而以待陛下之招後宮."上知其意,遂入野人家相歓.自是,使臣徃来不絶. 旃皇后生奥花公主.

9월, 칠공柒公80)이 죽었다. 그의 처에게 유명遺命하여 추모를 섬기

78) 箕丘(箕山)以東
79) 黃龍國 羊門의 아들 于仁의 남동생

고 그의 아들을 추모의 아들로 삼게 하였으나, 개마국왕 연음燕音의 아들 연의宜가 그의 좌대장 호구胡丘 및 우대장 여철呂哲과 함께하여 몸소 보위에 올라 개마왕이 되더니 칠공 처 추秋씨를 제 처로 삼았다. 추씨가 사람을 시켜 찾아와 고하여, 협보가 그를 토벌하시길 청하였으나, 허락하지 않으셨다.

10월, 주상께서 친히 렵기獵騎들을 이끌고 한수汗水[81]를 건너시어 '기구箕丘동편'[82]까지 사냥하셨고, 돌아오시는 길에 또 계루를 상봉하셨다. 주상께선 사향노루香麝(麝香) 하나를 잡으셨는데, 계루가 영양羚羊 한 마리 잡은 것으로 맞바꾸길 청하매, 주상께서 기꺼이 허락하고 이르시길 "영양은 크고 사향노루는 작은데, 손해 없으시겠소?"라 하셨더니, 계루가 아뢰길 "사향노루는 비록 값이야 높다랗지만 남자에게 쓰이는 것이 아닙니다. 첩이 응당 몸소 깨끗이 하고서 폐하께서 후궁으로 부르시길 기다리겠습니다."라 하자, 주상께서 그 뜻을 알아채시고 들판의 인가로 들어가서 서로 좋아하셨고, 이때부터 사신의 왕래가 끊어지지 않았다. 을전旃황후가 오화奧花공주[83]를 낳았다.

80) 燕音 이전의 盖馬王 ; 芻牟의 生母未詳인 異腹親兄으로 추정된다.
81) 桑干河(永定河,古濕水,古汁水)
82) 箕東守將 于真의 封地로, 이해 8월에 守將인 于眞이 자진 복속한 속령이었다.
83) 乙旃이 낳은 芻牟의 딸

本紀 第二
본기 제2

東明元年甲申,春正月,甲午,上與召皇后及后母旒氏,出大殿,受群臣朝賀.以鄭共馬黎為左右太史,以芝曆,日観天象占風雲.

二月,丁卯,陀勃薨.召皇后以国献于芻牟,四豪三賢等率百官土豪等請上卽皇帝位.上固辞以無德,衆請益漲,不得已乃卽位於沸流谷西城山,乃順卒之界也.以萱花為左皇后,召西奴為右皇后,旃后為下皇后,仲室氏為小皇后,以黙居妻小室氏鄭共妻張氏為夫人,皆有寵矣.上自娶召后以来或居東城或居西城或居牛壤或居毛屯,自是常居西城,四后二夫人遞直當夕.上素好色多通侍臣之妻,自知其不美而不能止.至是又納旒氏為大室后,盖憐其年少而難守寡也.上自幼好早起,必有斫事.期其成就斫御侍巾,皆是腴厚老成之女,俾補漏闕且卽生子.大室亦勤勉人也,每朝必先起以助上勞,上以是多之.

동명원년갑신(BCE37), 춘정월, 갑오일84)에 주상께서 소召황후 및 황후의 어미 류旒씨와 함께 대전大殿으로 나가 뭇 신하들의 입조하례를 받으셨다. 정공鄭共과 마려馬黎를 좌·우 태사太史로 삼아 역법曆法을 정하셨다. 날마다 천상天象을 살피시고 풍운風雲을 점치셨다.

2월, 정묘일85)에 연타발이 죽으매, 소召황후가 나라를 추모께 바치고, 4호四豪86)·3현三賢87) 등이 백관들과 토호들을 거느리고 주상께서 황제위에 오르시길 청하였다. 주상께선 덕이 없다며 고사하시다가, 무리들의 청함이 더욱 거세서, 부득이 비류골沸流谷88) 서성산西城山89)에서 즉위하셨으니, '순노·졸본 접경'90)이었다. 훤화를 좌左황후, 소

84) 陰曆 正月 초하루로 陽曆 2月 2日경

85) 陰曆 2月 4日로 陽曆 3月 6日경

86) 烏伊·摩離·陜父·扶芬奴

87) 再思·武骨·黙居

88) 譯者는 沸流谷을 '湯河를 낀 沸流國'과 달리하여 今世의 ①北京市 中央을 東南流하는 溫楡河(沙河,薩水)연변의 고을 또는 ②潮白河연변의 고을로 추정한다.

89) 紇升骨城인 東城山의 西方 ; ①順義縣 高麗營 東方3.5km쯤의 西杜蘭村? ②順義西方·紫禁城東北·高麗營南方의 火神營 古城?

90) 譯者는 卒本과 順奴의 본시경계를, 兩國 時勢에 따라 변했겠으나(壬午BCE39년 3월 기록 참조), 地理形勢로 보아 潮白河로 추정하며, 卒本 東城은 順義縣治所쯤이고 西城을 인접했던 것으로 추정할 수도 있겠다. 溫楡河 및 潮白河의 白河는 모두 上流에서 湯水(溫泉水)가 흘러들었음에 沸流谷을 特定함에 어려움이 있다.

서노를 우右황후, 을전旃후를 하下황후, 중실仲室씨를 소小황후, 묵거 처 소실小室씨와 정공 처 장張씨를 부인夫人으로 삼아서 모두를 총애하셨다. 주상께선 소召후를 취하신 이래로 혹간은 동성東城[91]에 거처하시다가 혹간은 서성西城[92]에 거처하시고 혹간은 우양牛壤[93]에 거처하시다가 혹간은 모둔毛屯[94]에 거처하셨는데, 이 이후로는 늘 서성에 거처하셨고, 네 후들과 두 부인들이 서로들 번갈아서 밤에 짝을 하였다. 주상께선 늘 호색하시어, 곁에서 모시는 신하의 처와 통정하셨는데, 스스로도 그것이 불미不美한 줄 아시면서도 그치지를 못하시더니, 지금에 와서 또 류旒씨를 취하여 대실후大室后로 삼으셨다. 개략 나이가 젊어서 과부寡婦로 머물기 어려움을 가련히 여기신 것이리라. 주상께선 어릴 적부터 일찍 일어나길 좋아하셨으니 필시 하시는 바 있음이었고, 수건을 받드는 이를 다스릴 틈을 타셨음이었다. 이들은 대개 지극히 무르녹은 노련한 여인들로 임금의 틈새를 메워드릴 뿐만 아니라 자식을 낳기도 하였다. 대실大室 또한 근면한 사람인지라 아침마다 필히 먼저 일어나서 주상께서 애쓰심을 도왔더니, 주상께선 이 일로 그녀와 여러 번을 그리하셨다.

丹公與漢素鄭共馬黎陜父吉士等,議之國號.馬黎奏曰"臣聞'上古之人以山為国者,地闢於丑而人生於寅故也.丑寅為艮,山也門也.門是為國者,居于穴也.扶餘取音于将曙,而象其門,木之字也.今扶餘之運盡矣,當取音于穴,而取義於捲簾而納明可也.高勾其麗者,納明之義也.勾麗者,穴之音也.當以高勾麗為號,况有黑驪紇升之瑞乎.'"上嘉之,遂用其言.漢素曰"扶餘以佳禾為號,故其民足以自食,然未免蒙昧.今以納明為號,則民将足以自明,宜加東作而勸民也."

단丹공이 한소漢素·정공鄭共·마려馬黎·협보陜父·길사吉士 등과 함께 의논하여 나라이름國號을 정하였다. 마려가 아뢰기를 "신이 듣기로, 오랜 옛날 사람들이 산山을 나라로 삼은 것은 (하늘이 子時에 열리고) 땅이 축시丑時에 열렸으며 사람이 인시寅時에 생겨난 때문이었고, 축인丑寅방은 간방艮方으로 산山이고 문門인데, 문門을 나라國로 삼았던

91) 牛壤인근으로 西城을 인접했을 것 혹시 北京市 東城區지경?
92) 牛壤인근으로 東城을 인접했을 것 혹시 北京市 西城區지경?
93) 譯者는 '牛欄山' 남린의 '高麗營'지경으로 추정함.
94) 譯者는 '毛屯宮'소재지로 '三屯營'서린인 遵化縣東郊의 '雙城'지경으로 추정함.

것은 혈穴[95]에서 살았음입니다. 부여扶餘는 '장차 밝아옴將曙(黎)'에서 소리音를 따고 문門을 형상形象하길 나무木라는 글자로 하였는데, 지금 부여扶餘의 운수運數가 다하였으니, 마땅히 소리는 혈穴에서 취하고 뜻은 '발을 말아 올려(捲簾) 빛을 받아들임(納明)'을 취하시면 좋겠사오며, '발(麗)을 높이걸음(高勾)'은 '밝은 빛을 받아들임(納明)'을 뜻하고, 구리勾麗는 것은 혈穴(窟)의 소리音이니, 마땅히 고구리高勾麗로 (나라)이름을 삼으시면 좋겠사온데, 게다가 검은黑 가라말驪이 흘승紇升하는[96] 상서로움이 있사옵니다!"라 하였더니, 주상께서 기쁘게 여기사 그 말을 용납하셨다. 한소가 아뢰길 "부여扶餘는 '좋은 벼禾'를 이름으로 삼은 까닭에 그 백성들은 자신들이 먹을 것은 충족하였지만, 몽매함은 면치 못하였습니다. 지금 '밝음을 받아들이는 것(納明)'으로 이름을 삼으시니, 백성들은 장차 스스로 밝아지기에 족할 것이옵니다. 마땅히 동작東作[97]을 보태서 백성들이 힘쓰게 하소서."라 하였다.

三月,丁酉,鳳凰来鳴,群臣請以凰鳴之瑞為元年之號.上曰"漢素請加東作之意,朕亦然之.朕生于亥而天開于子.日之将曙也,其山玄蒙'顓頊'是也.日之将明也,其山紫蒙'偃皇'是也.日之初明也,其山'朱蒙'乃朕之兆也.當以'芻牟'為'朱蒙'而以'東明'為年號,可也."上乃與后妃大宴群臣,而頒高句麗國東明元年之號,以其宴殿為鳳鳴殿.

取宗室女,使令於御前者曰女御,服紫衣故曰紫衣仙人.宗室子,使令於御前者曰緋衣仙人.公卿子弟,使令於堂上者曰青衣仙人,使令於堂下者曰皀衣仙人.取豪族子弟,奔走於階下者曰皀徒,亦曰皀衣[仙][98]人.

3월, 정유일[99], 봉황이 와서 울자, 뭇 신하들이 봉황이 우는 상서祥瑞로써 년호年號의 근본元을 삼으시길 청하니, 주상께서 이르시길 "한소가 동작東作의 뜻을 보태길 청하였는데, 짐 또한 그럴 생각이오. 짐은 해亥시에 태어났고, 하늘은 자子시에 열려서, 날日이 곧 샐

95) 굴·구덩이·맞구멍
96) "암·수가 서로 올라타며 흘레붙는"이란 뜻이라.
97) '東作西收' 또는 '東作西成' 즉 '春播秋收'로 봄에 씨를 뿌려 가을에 거두는 農事
98) 本傳의 '先'을 '仙'의 誤寫로 보았다. '先驅'역할이었으면 '先'이 옳겠다.
99) 음력 3월 5일로 양력 4월 5일경

양이면 그 산은 검은빛玄으로 휩싸이니(玄蒙) 바로 '전욱顓頊'이셨고, 날이 장차 밝아올 양이면 그 산은 자줏빛으로 휩싸이니(紫蒙) 바로 '언황偃皇'이셨으며, 날이 다시금 훤해지면 그 산은 붉은빛으로 휩싸이니(朱蒙) 짐의 조짐이오이다. 응당 '추모芻牟'를 '주몽朱蒙'으로 하고 '동명東明'으로 년호年號를 삼음이 좋겠소."라 하셨다. 주상께서 이에 후비后妃들과 함께 뭇 신하들에게 큰 연회를 베풀고 '고구리高句麗'100)라는 나라國와 '동명東明'이란 원년元年의 이름들을 반포하셨으며, 연회를 베푼 전각을 봉명전鳳鳴殿101)으로 삼으셨다.

종실宗室의 딸들로 골라 뽑혀 어전御前에서 심부름하는 이들을 녀어女御라 일컫고, 복색服色이 자색紫色이어 자의선인紫衣仙人이라 일컬었다. 종실의 아들로 어전御前에서 심부름하는 이들을 비의선인緋衣仙人이라 일컬었다. 공경公卿의 자제로 당상堂上에서 심부름하는 이들을 청의선인靑衣仙人이라 일컫고 당하堂下에서 심부름하는 이들을 조의선인皀衣仙人이라 일컬었다. 호족豪族의 자제로 골라 뽑혀 섬돌아래階下에서 분주한 이들을 조도皀徒(皁徒)102)로 일컬었는데 역시 조의선인皀衣仙人으로도 일컬었다.

丙午,曷酋西文雪敬等再擧入寇汗濱.上親征斬首千余級,虜雪敬梟于河上.時,曷衆之散居汗西河北者,與松讓通謀聯兵,来襲汗濱之船廠鍊場.上以計誘其衆扵汗口而屠之殆盡.其衆號哭,知不可敵,皆移于河北.上命摩離,移民營農,置戍扵河界,監視渡人. 上以船兵馬政之緊急,以漢素為造船大加,鄭共為造兵大加,馬黎為畜馬大加,各領其屬而立府.以陜父吉士為左右太史,命頒節候暦于諸豪以便農牧.分汗濱軍為十二隊,各置隊正,其半為騎,其半為船,各授弓釼弩槍.

병오일103)에 말갈추장 서문西文과 설경雪敬 등이 재차 흥기하여 한빈汗濱104)에 들어와 노략하매, 주상께서 친히 쳐서 천여 급을 참수하

---

100) '高句麗'의 '麗'는 國名에 쓰인 名詞 '麗'이니, 그 音은 '리[lì]'가 옳겠다.
101) 卒本國 沸流谷 西城에 있었을 것이며, '鳳凰이 우는 祥瑞로움'을 '年號'가 아닌 '殿閣의 이름'으로 쓴 것이라.
102) 屋外에서 흙을 밟으며 바빴으니 衣色이 黑色이었을까? 즉 黑衣仙人이었을까?
103) 음력 3월 14일로, 양력 4월 14일경
104) 桑干河 하류 연변

고 설경을 사로잡아 물가河上[105]에 효시梟示하셨다. 이때, 말갈무리로 한서汗西[106]·하북河北[107]에 흩어져 살던 이들이 송양[108]과 상통해 모의하고 군사들을 연합해 한빈汗濱의 선창船廠[109]과 훈련장을 내습하매, 주상께서 계략으로 이 무리들을 한구汗口[110]로 유인해 도륙하시어 거의 모두를 죽이시니, 그 무리는 울부짖다가 대적할 수 없음을 깨달아 모두 하북으로 옮겨갔다. 주상께서 마리摩離에게 명하여 백성들을 (한서·하남에) 옮겨서 농사짓게 하고 하수河水의 경계[111]에는 수자리들을 두어 '물을 건너는(건네주는) 이들'[112]을 감시하게 하셨다(그림-14,-17참조). 주상께서 병선船·병장기兵·군마馬의 일이 긴급하사, 한소를 조선대가造船大加[113]로 삼고, 정공을 조병대가造兵大加[114]로 삼고, 마려馬黎를 축마대가畜馬大加[115]로 삼아, 각기 그에게 딸린 이들을 거느려 관부官府를 세우게 하셨다. 협보·길사를 좌·우 태사로 삼고 명하여, 절후력節候曆을 뭇 호족들에게 나눠주시어 농사와 목축에 편하게 하셨다. '한빈군汗濱軍을 12부대로 나누고, 각각에 대정隊正[116]을 두셨다. 이들 절반을 기마군騎馬軍으로 삼고 절반으로 선군船軍으로 삼아'[117], 각각에게 궁弓·검劒·노弩·창槍을 나눠주셨다.

五月,上與召皇后泝沸流水至沸流,松讓避居山中而不見.松讓素以奸巧之人,七國之乱以舌功,娶其女主而為君.及得貫貝而生子松議及女.見陀勃無子,欲兼併卒本,踈其本妻女主而欲兼娶召后.召后百計沮之,故遂生邊界之爭.及上娶召后,自以為長婿,扇動卒本之反側者,欲奪旆氏而得國,上不得已遂納旆

105) 密雲湖지경의 潮河연변
106) 桑干河 중하류 서변으로 작금의 하북성 永定河변인 房山·涿鹿縣지경으로 추정
107) 작금 北京市 密雲湖지경의 潮河북변 쯤으로 沸流國 경내쯤이었던 듯함
108) 沸流王
109) 造船所 또는 船舶 繫留所 ; 혹시 桓檀古記 檀君嘉勒三年의 '造船舶于薩水'處 부근?
110) 桑干河 河口로 작금의 永定河가 渤海灣으로 注入하던 天津지경이었을 것으로 추정
111) 密雲湖 남변?
112) '渡人'은 물을 건너는 사람. 또는 他人을 배를 태워서 물을 건네주는 下級官吏
113) 船舶 建造를 맡은 大加 (현세의 長官)
114) 兵仗器 製作을 맡은 大加
115) 軍馬를 모으고 繁殖 育成하길 맡은 大加
116) 隊正은 단위부대를 이끄는 하급군관. 新羅의 卒正에 해당할 듯하다.
117) '汗濱'은 騎馬軍과 船軍(水軍)을 운용하기에 적절한 水邊 平原地域이다.

氏以安其心.又誘曷衆以害国,奥春累責其咎,而不悛.上欲親折而懲之,而松讓知不可當,空闕而走于山中.梪木鬱密,人不得通故,不知其處也.然,問,多溫泉奇界,可観之地故,上與后泝流而上,忽見有麢而射之,麢将箭而走,有菜葉逐流而下,乃知有人居,尋得之乃松讓之居也.

5월, 주상께서 소召황후와 함께 비류수沸流水118)를 거슬러서 비류국沸流119)에 다다랐더니, 송양은 산중으로 거처를 피하여 보이지 않았다. 송양은 본디 간교한 사람이어 '7국의 난리'120) 중에 혓바닥으로 공을 세워 그 여임금121)과 혼인하여 임금이 되고, 관패貫貝122)를 얻어 아들 송의松義와 딸들을 낳기에 이르렀다. 연타발이 아들이 없음을 보더니, 졸본을 합병하고자 제 본처와 여주인을 멀리하며 소召후를 함께 취하려고 하였고, 소召후가 온갖 수數를 써서 그걸 막은 까닭에 마침내 변계邊界다툼이 생겼었다. 주상께서 소召후와 혼인하시기에 이르자, 자신이 맏사위라며 졸본국의 불순한 이들을 선동해 류旒씨를 빼앗고 나라를 가지려 하매, 주상께서 부득이 류旒씨를 거두어 그녀를 안심케 하셨더니, 또다시 말갈무리들을 꼬드겨 나라에 해를 끼쳤다. 오춘이 누차 그의 허물을 책망해도 뉘우치지 않으매, 주상께서 친히 그를 꺾어서 징치하려 하셨고, 송양은 대적할 수 없음을 깨달아 궁궐을 비우고 산속으로 도주한 것이었다. 독두나무가 울창해 빈틈이 없어서 사람들이 오갈 수 없던 까닭에 그의 거처를 알 수 없었으나, 탐문하니, '온천이 많고 경계가 기이하여 볼만한 곳'123)인지라, 주상께서 소후와 함께 물줄기를 거슬러 올라가시는데, 홀연 사향노루가 눈에 띄어 쏘셨다. 사향노루는 화살을 맞은 채 달아났고, 소채 잎이 물줄기를 따라 내려오고 있었다. 이에 사람들의 거처가 있음을 알게 되었고, 그곳을 찾아낸 즉 송양의 거처였다.

松讓避之,不得,乃出相見曰"寡人僻在海隅,未嘗得見君子.今日邂逅不亦幸

118) 潮白河(白河)나 그 支流인 湯河 ; 이후의 戰史로 보아 熱河·湯道河는 不可하다.
119) 白河의 지류인 湯河일대의 沸流國都城
120) 河上戰爭 ; 昭陽赤奮(癸丑,BCE68)년 기사 참조. 이 전쟁즈음에 沸流國王이 죽었다.
121) 沸流國 본디임금의 妻. 松讓도 卒本國 延陀勃의 경우처럼 沸流國 王이 된 것이다.
122) 延陀勃의 乙旒소생 딸
123) 潮白河의 白河 最東 지류인 湯河상류 紅湯寺지경?

乎.然不識吾子本是何人,詐稱朱蒙而敢欺吾妹作妻而取吾舅国乎."上曰"我是天帝子也,攘曷逐虎以護順奴,討柴芝桓以扶卒本.舅皇爱我,妻以嗣君.何以為詐乎.甚是無禮,不可容恕."乃把松讓伏之.貫貝来謝曰"此是病風之人'其言何足弾乎.妾見弟夫之雄,不勝喜歡,欲以膏粱待之.留連数日,相叙兄弟之情好也."上曰"果如姐言.吾亦以禮相待.然,松不奔舅皇之丧,而不賀吾妻之婚.內藏陰嶮之心,外發猜忌之言,可知其所志也."

송양은 피해보았으나 어쩔 수 없어서, 나와서 서로 마주해 일컫길 "과인은 넓은 땅海 한 귀퉁이隅에 치우쳐 있어서 일찍이 그대를 본 적이 없는데, 금일 우연히 만났으니 그 또한 행운 아니겠소! 허나, 나를 몰라보는 그대는 본시 어떤 사람인데, 주몽朱蒙을 사칭하였고 감히 내 여동생124)을 속여서 처로 삼고 내 장인의 나라를 차지하였는가?"라 하매, 주상께서 이르시길 "나는 천제의 아들로, 말갈들을 쫒아내고 호랑이들을 몰아내서 순노를 보호하고, 시길을 토벌하고 환나를 평정하여 졸본을 도왔더니, 구황舅皇125)께서 나를 아끼시어, 처로 삼고 임금 자리를 뒤이었소. 어찌 속였다고 하오? 심히 무례하여, 용서할 수 없소."라 하시고, 송양을 한손으로 움켜잡아 꿇리시니, 관패貫貝가 쫒아와 사죄하며 아뢰기를 "이 이는 나쁜 바람이 든 이입니다. 그런 이의 말을 어찌 타낼만하겠습니까? 첩은 제부弟夫께서 뛰어나심을 뵈오니 기쁘고 즐겁기가 한량없어, 살진 고기와 맛있는 음식을 대접하고 싶습니다. 여러 날을 머무시며 형제들의 진심어린 우의를 서로 펼쳐봅시다."라 하매, 주상께서 "과연 누님姐다운 말씀이시오. 저 역시 예의를 차려 거들겠습니다. 허나, 송양은 구황舅皇의 상례喪禮에도 급히 오지 않았고 내 처 혼례婚禮도 축하하지 않았으며 속으론 음험한 마음이나 품고 밖으론 시기하는 말이나 내뱉으니, 가히 그가 뜻하는 바를 알겠소이다."라 하셨더니,

松曰"我是仙人也,淡而無慾,豈有所志扰.舅君之喪,吾所未聞也.舅雖妻父,以仙品論之卽吾臣也.渠若病死,當迎我而禱之.不此之為而任自行之,吾豈徃吊扰."上曰"汝敢以父為臣,而不吊乎.如此悖倫者,可斬而正風."遂拔釼,松驚走匿於柱下.其柱朽木也,松嘗以朽木作此,而欺其年高者也.上一蹴而折之,屋為

124) 妻妹 즉 妻弟인 召西奴
125) 丈人인 卒本임금 즉 延陀勃에 대한 尊號

之傾覂,松壓在其間,其徒扶椽救出,渾身拍痛.后與貫貝乞上恕之.而松反怒,使其武士來抗.上皆投于水中,射者射之,槍者槍之,辯者辯之,松勢窮乃服.

송양이 일컫기를 "나는 선인仙人인지라 담담하고 욕심이 없소. 어찌 뜻하는 바가 있겠소! 장인어른의 죽음은 내가 듣지 못한 바이고, 장인께선 비록 처의 아비이시나 선인仙人품계品階로 따지면 곧 내 신하요. 그분이 병病으로 죽을 것 같았으면, 응당 나를 맞이해서 빌어야 하였거늘, 이는 행치 않고 멋대로 자기들이 일을 치렀는데, 내가 어찌 찾아가서 조상弔喪하겠소!"라 하매, 주상께서 이르시길 "그대는 감히 아비가 신하여서 조상하지 않았단 것이오? 이처럼 인륜을 그르친 이는 목을 베어 풍속을 바로잡아야겠소!"라시며 칼을 뽑으시니, 송양은 급히 내빼서 기둥 밑에 숨었다. 그 기둥은 썩은 나무이었고, 송양은 일찍이 썩은 나무로 기둥을 만들어놓고서 그 연한이 오래된 것으로 속였었다. 주상께서 한 번 발로 차서 그것이 부러졌고 지붕이 기울어 내려앉았다. 송양이 그 틈새에 깔려, 그 무리들이 서까래를 떠받쳐 구해내니, 온몸을 어루만지며 아파하였다. 소후后가 관패와 함께 주상께 그를 용서하시길 애걸哀乞하자, 송양이 도리어 화를 내면서 자신의 무사들을 시켜 와서 대항케 하매, 주상께서 모두를 물속으로 던져버리셨다. 활로 하면 활로 그리하시고, 창으로 하면 창으로 그리하고, 말로 하면 말로 그리 하셨더니, 송양은 기세가 다하여 이윽고 굴복하였다.

上叱責之曰"汝以奸譎無狀,忘稱仙人誅求良民,自稱天子,以汚吾姊生子生女.罪當万誅."松哀乞曰"看我妻面活我一命,則當為附庸而臣妾."上曰"汝甚奸譎,不可信也."乃取其世襲金璽金人玉馬銀鶴等珍宝千餘及黃金五千斤玳瑁八十枚真珠扇五柄,又取貫貝及其子女侍枕美人三人而來."松隨至水口而號泣謝罪.上見其欲死,欲敀貫貝.貫貝曰"吾亦欲謁母而来.願隨陛下而去."上乃載而敀.貝見上之英雄松之劣陋,請扵旃召而願為後宮.上本無奪意,而后與旃氏力言'其渴望,不諧,則将病.'故乃納為沸流宮夫人.扵是,上之左右五枕備焉.遂以萱召旃為三天后,旃貫仲小張為五天妃,復夫余旧制.

주상께서 그를 질책해 이르시길 "그대는 간사하고 음흉하기 형용할 수 없소. 함부로 선인을 칭하며 양민의 재물 등을 강제로 빼앗았고,

천자를 자칭하며 내 누님을 욕보여 아들을 낳고 딸을 낳았으니, 죄가 만 번을 베어도 마땅하겠소."라 하셨다. 송양이 애걸하며 "제 처의 얼굴을 보아서라도 한 목숨 살려주시면, 곧 당장 부용附庸하여 신첩臣妾[126]이 되겠습니다."라고 아뢰었지만, 주상께선 "그대는 심히 간사하고 음흉하여 믿을 수 없소이다."라 이르시고, 세습한 황금국새金璽·금인金人·옥마玉馬·은학銀鶴 등 진귀한 보물 천여 가지와 황금 5천근 및 대모玳瑁[127] 80매와 진주선眞珠扇 다섯 자루를 거두고 또한 관패와 그 자녀들 및 시침미녀 3인까지를 거두어서 오셨다. 송양이 '비류수 어귀'[128]까지 따라와 울부짖으면서 사죄하매, 주상께선 그가 죽으려함을 보시어 관패를 돌려보내려 하셨더니, 관패가 아뢰기를 "저 또한 어미를 찾아뵙고서 (돌아)오고 싶사옵니다. 원하오니, 폐하를 따라가겠나이다."라 하여, 주상께서 수레에 태워서 돌아오셨다. 관패가 주상의 영웅다우심과 송양의 못나고 추함을 본지라, 류씨旒氏와 소召후에게 부탁하여 후궁이 되길 원하였다. 주상께선 본시 빼앗을 뜻이 없으셨으나, 황후와 류旒씨가 '그녀의 갈망渴望을 들어주지 않으면, 장차 병이 되겠습니다.'라면서 힘써 아뢰는지라, 거두어 비류궁沸流宮부인을 삼으셨다. 이에 주상께선 좌우5침左右五枕을 갖추셨더니, 마침내 훤화·소서노·을류乙旒를 세 천후天后로 삼고 을전·관패·중실씨仲室氏·소실씨小室氏·장씨張氏를 다섯 천비天妃로 삼아 '부여의 옛 제도'를 되살리셨다.

六月,上與召旒貫観馬于矮山川,勧稼而還.　　桓那國女主桂婁遣使献土物及手刺御衣一襲.上送神馬二匹代瑁二枚真珠扇一柄綠紗二段,而厚待其使送之.

七月,松讓悉其国中兵五千,以賈敦為将而來侵.初,松失其妻子珍宝,發憤欲死.其臣鄒格奏曰"臣有友人,名賈敦者.其父漢人,其母臣之族也,有将相之才.陛下若以為将,可滅朱蒙而報讎矣."松大喜迎之為将,悉五千步騎而發.漢素聞之,欲以船軍邀擊之於水中.上命待其半渡而擊之,使首尾不能救.且命烏伊摩離,各引五百騎,自河南,因其朝霧而渡北岸,烏伊掠湯東諸庫,摩離直馳入沸

126) 自身은 臣下가 되고 自己의 妻를 主君에게 妾으로 바치는 臣下?
127) 占치는 道具로 使用하던 큰 바다거북의 등딱지
128) 水口는 현금 密雲湖 西北隣 琉璃庙 隣近의 '湯河口'之境으로 推定된다.

流而襲其無備空都虜松讓.扶芬奴引兵一千出汗西,渡北掠湯南湯西.

6월, 주상께서 소召·류旒·관貫후들과 함께 왜산천矮山川[129]에서 말들을 살펴보고 농사에 힘쓰게 하시고서 돌아오셨다. '환나국 여임금 계루가 사신을 보내 토산물과 손수 지은 어의御衣 한 벌을 바쳤고, 주상께선 신마2필·대모2장 진주선 한 자루 녹색 비단과 박사薄紗 두 단段[130]을 보내시며'[131] 그 사신을 후하게 대접하여 보내셨다.

그림-17. 침입한 비류국을 격퇴·복속한 전쟁은 북경시 수계지형에 부합 ; 비류국은 기록상으로 졸본 북방이었고, 북경시 북변 琉璃河邊에 貫貝와 類利의 관련유적 琉璃庙가 있음으로 보아, 경개가 수려한 湯河谷中에 비류국이 도읍했었던 것으로 추정된다.

7월, 송양이 나라 안의 군사 5천을 모조리 긁어모으고 가돈賈敦을 장수로 삼아서 쳐들어왔다. 앞서서 송양이 처자식과 진보들을 빼앗

129) 矮山과 矮山川은 당시 卒本國경내에 있었을 것이다. 구글衛星地圖로 矮山을 찾으면 紫禁城 東北邊(朝陽區)쯤으로 나오지만, 詳細한 判斷이 어렵다.
130) 半匹
131) 婚姻할 意向을 알린 것인가?

기고서 분통이 터져 죽으려하니, 그의 신하 추격鄒格이 주청해 아뢰길 "신臣에게 벗하는 사람이 있사온데 이름이 가돈賈敦이며, 아비는 한漢인이고 어미는 저희집안 족속으로, 장상將相[132]의 재질이 있습니다. 폐하께서 그를 장수로 삼으시면, 주몽朱蒙을 멸하여 원수를 갚을 수 있으십니다."라 하니, 송양이 크게 기뻐하며 그를 맞이해 장수로 삼고 모조리 긁어모아서 보병과 기병 5천을 보낸 것이다. '한소가 이를 듣고 선군으로 그들을 수중에서 요격하려 하니'[133], 주상께서 명하시길 그들이 반쯤 건너길 기다렸다가 들이쳐서 앞과 뒤가 서로를 돕지 못하게 하셨다. 또한 오이와 마리에게 명하여, 각자 500기를 이끌고 하남[134]에서 아침안개를 틈타 북쪽기슭으로 건너가서, 오이는 탕동湯東[135]의 모든 창고들을 노략하고 마리는 비류국[136]으로 곧장 달려가서 대비가 없는 빈 도읍을 습격하여 송양을 사로잡게끔 하셨고, 부분노는 1천 군사를 이끌고 한서汗西[137]로 가서 북쪽으로 건너 탕남湯南[138]과 탕서湯西[139]를 치게 하셨다(그림-17참조).

賈敦分兵二路.一軍出汗濱虛張聲勢,一軍出河南自将精騎銳卒襲青谷之倉庫以為持久之計,使人探其虛實.上知其意,伏兵於青谷若無人.賈軍至河南,為烏伊摩離之所敗.其至汗濱者,為扶芬奴漢素所敗.其殘卒,依賈敦之命,從河岸出青谷.上誘其衆入青谷,四面圍之,矢下如雨.賈敦中箭落馬,為我軍所獲,餘皆或降或逃,僵尸滿野.扶芬奴伐湯南如破竹,虜男女二千余口.烏伊巡湯東撫其民,不犯秋毫,百姓懷之.時,松讓自沸流出水樓,苦待捷報.時,摩離假作沸流軍而疾走,松以為渠兵而蒼皇出迎曰"業已凱旋耶."摩離笑曰"非汝之凱旋而,乃我之凱旋也."遂擒,以為行酒之奴.其後宮美女皆為摩離之侍女.松自知其不敢當,膝行而請罪.上命歲修貢;羊八千首,黍豆二千石,藥材弓矢金銀宝刀雜物八百種,白鹽三千石,以示七縱七擒之意.

132) 將帥나 宰相

133) 한반도 鴨綠江 북안 集安이나 遼寧省 桓仁(懷仁)쯤에서 高句麗가 시작되었다면, 이런 일이 可能하였겠나?

134) 密雲湖지경의 潮河남안? 承德남린의 灤河남변?

135) 北京市 북린의 小湯山 동편인 懷柔縣지경?

136) 白河지류인 湯河 최하류 유역 琉璃廟지경?

137) 北京市 紫禁城 서변인 洵頭門~石景山지경

138) 小湯山 남변인 沙河鎭지경

139) 小湯山 서방인 昌平~南口鎭지경

가돈賈敦이 군대를 두 길로 나누어, 일군은 한빈汗濱[140]으로 가서 허장성세하고 일군은 하남河南[141]으로 가서 정기精騎·예졸銳卒을 자신이 이끌고 청곡靑谷의 창고들을 습격하여 오래도록 싸울 계책으로 삼고 사람을 시켜 청곡의 허실을 탐색하였다. 주상께선 그 의중을 아시어 청곡에 군사들을 매복해 사람들이 없는 듯 해놓으셨더니, 가돈의 군대는 하남에 이르러선 오이·마리에게 패하고, 한빈으로 다다라선 부분노·한소에게 패하였다. 살아남은 병졸들이 가돈의 명을 좇아 물기슭河岸[142]을 따라 청곡靑谷[143]으로 갔다. 주상께서 이 무리를 청곡으로 유인하여 4면으로 포위해 화살을 비 오듯 쏟아 부으시니, 가돈은 화살에 맞고 낙마하여 아군에게 붙잡혔고, 나머지 모두는 항복하거나 도주하니, 쓰러져있는 시체들이 벌판에 가득하였다. '부분노는 탕남湯南을 대나무 쪼개듯 토벌하여 남녀 2천여 구를 포로로 잡았다. 오이는 탕동湯東을 순수하며 백성들을 위무하여 털끝하나 해치지 않았더니, 백성들이 이를 마음에 새겼다.'[144] 때마침, 송양이 몸소 비류국沸流[145]에서 수루水樓[146]로 나와 승전소식을 애타게 기다렸는데, 그때 마리가 비류군대로 위장하고 질주하니, 송양이 제 군대로 알고서 창황하게 나와 맞이하며 이르길 "벌써 개선하는 것이오?"라 하매, 마리가 웃으며 이르길 "그대 군대의 개선이 아니고, 내 군대의 개선이외다."라 하고서 마침내 사로잡아 술을 따르는 종으로 삼으니, 그의 후궁들과 미녀들 모두는 마리의 시녀로 되었다. 송양이 감히 대적할 수 없음을 몸소 깨닫고 무릎으로 기며 죄를 청하매, 주상께선 해마다 양 8천두, 기장·콩 2천석, 약재藥材·궁시弓矢·금은金銀·보도寶刀와 잡다한 물자 8백종 및 흰 소금白鹽 3천석을 바치라고 명하시고 칠종칠금七縱七擒[147]하실 뜻을 알리셨다.

140) 桑干河北邊
141) 密雲湖지경의 潮河 남변
142) 潮河 남안
143) 密雲湖 동린 淸水河 중류지경 ; 물길을 따라 들어온 적을 사방에서 포위하기에 적당한 곳
144) 扶芬奴는 猛將이고, 烏伊는 智將이었다
145) 沸流國 都城을 의미함
146) 潮白河의 白河로 沸流國입구 물가의 망루 ; 湯河口지경?
147) 일곱 번을 풀어주었다가도 일곱 번을 사로잡아서 마음대로 상대방을 처분함

八月,甲子,親錬兵馬于汗濱.步卒三千扶尉猒将之,船軍一千漢素将之,馬騎一千馬黎将之,上指揮三軍如運掌.四方来観者如雲,壮士之来攸投軍者二千余人. 招沸流國賢士松太為侍臣.

閏八月,壬辰,上與三后五妃率公卿之妻,観稼於東郊.是年,大豊,賜酒農老而喜曰"黍稷豆粱足矣.恨無麥種."旒后弟乙耕奏曰"雖無麵麥,蕎麥則多矣."上曰"蕎麥凉,麵麥溫,安能如之."乙耕献酒,請買麥種於東海.須臾,雙鳩下庭吐其含麥,乃聖母殿傳書鳩也,其足亦有小麥囊.上與后觧之,東向拜謝.自是雙鳩每引一隊群鳩下庭傳麥,名其鳩曰麥鳩,乃得大小麥種.大麥芽用作糖,小麥粉用作麵酒.甲午,以乙耕為主農大加,以仲室禹為主農小加.禹,仲室妃之弟也.皆有農功.上用人,雖后妃親戚,無其技功,則不任.

8월, 갑자일, 친히 군대들을 한빈汗濱에서 훈련하셨다. 보졸步卒 3천을 부위염이 이끌고, 선군船軍 1천을 한소가 이끌고, 기마군馬騎 1천을 마려가 이끌었는데, 주상께서 3군을 손바닥 움직이듯 지휘하셨다. 사방에서 몰려와 구경하는 이들이 구름 같았고, 장사壯士들로 찾아와 의탁하여 군대로 들어온 이들이 2천여 인이었다. 비류국의 현명한 선비 송태松太를 불러 곁에서 모시는 신하로 삼으셨다.

윤8월, 임진일, 주상께서 3후·5비들과 함께 공경들의 처들을 거느리고 동쪽교외의 농사작황을 둘러보셨다. 이해에 큰 풍년이 들어서, 농사지은 노인들에게 술을 하사하시고 기뻐하며 이르시길 "서黍·직稷·두豆·량粱은 충분한데, 맥종麥種[148]이 없는 것이 한恨이오."라 하시자, 류旒후의 남동생 을경乙耕이 "비록 면맥麵麥[149]은 없어도 교맥蕎麥[150]은 많습니다."라고 말씀을 올리매, 주상께서 "교맥蕎麥은 차갑고 면맥麵麥은 따뜻한데, 어찌 그것들이 같을 수 있겠소."라 이르셨다. 을경이 술을 따라 올리며 맥종麥種을 동해東海[151]에서 사들이시길 청하였다. 얼마 후, 비둘기 한 쌍이 마당으로 내려앉아 머금었던 보리麥를 토해냈으니, 곧 성모 전각의 전서구傳書鳩[152]들이었고,

148) 大麥과 小麥의 종자들
149) 보리와 밀 즉 大麥과 小麥
150) 메밀
151) 동쪽 땅(興安嶺山脈以東) 즉 東夫余
152) 書信을 傳하는 비둘기

그 발에는 소맥小麥(밀)주머니들이 달려있었더니, 주상께서 황후들과 함께 열어보고 동쪽을 향해 절하여 감사하셨다. 이 한 쌍의 비둘기가 매번 한 무리의 비둘기를 이끌고 마당에 내려앉아 보리麥를 전해준 때로부터, 그 비둘기들을 맥구麥鳩라 불렀다. 이리하여 대맥大麥과 소맥小麥의 종자를 얻게 되었고, 보리大麥싹芽(엿기름)은 엿糖을 만드는데 쓰고 밀小麥가루粉는 국수麵와 술酒을 만드는데 쓰였다. 갑오일, 을경乙耕을 주농대가主農大加153)로 삼고, 중실우仲室禹를 주농소가主農小加154)로 삼으셨다. 중실우禹는 중실仲室비 남동생이고, 모두들 농사에 공功이 있었다. 주상께서 사람을 쓰심엔 비록 후비后妃의 친척이라도 그가 재주와 공이 없으면 임용하지 않으셨다.

十月,戊子,上與后妃親祀神隧,以謝豐登.用五牲七穀三酒六果.五牲者牛羊鹿豕獐也.七穀者黍稷豆粱粟簥蘇也.三酒者黍酒粱酒酪酒也.六果者梅桃橡栗芡栢也.或曰橡者榛也.

十一月,上親率精騎二千,渡汗水至中川,召黃竜主羊吉,吉大惧不出.使人讓之曰"汝以鸞子侮辱先帝,不救同胞陷於曷酋,不迎朕駕大乖倫常.罪不可釋."吉乃遣其侄子于仁,献黃金八千斤彩絹二千匹及先帝宮人芋花禾英等二十余人而謝曰"僕老病,子幼故,遣侄于仁以迎大駕俾無失禮,使沿路州牧盡誠奉供以便會獵.恕此衰鈍可也."陜父請伐之,丹公曰"不可.黃竜世守忠義,雖有劣,吉亦是帝孫,撫而幷之,可也."上亦然之,乃與仁獵于獸林獲獐無数,謂仁曰"朕之弓術,比吉何如."仁曰"臣父修文,不識弓術.安能比㧳."上笑曰"修文之国,上下好淫,不理政事乎.如不早降,當如松讓."乃割箕丘以東之地為獵場,置獵舍獵騎.以烏伊為箕東将軍,使鎭黃竜.以烏干為羯河鎭将,以代其兄. 上幸芋花禾英,納于后宮.芋年四十五,英年三十八.芋乃黿女而英乃賈達之女,皆以玉葉,際會乱季,崎嶇渡世,至是始入瓊府而安其餘生.

10월, 무자일, 주상께서 후비들과 함께 친히 신수神隧155)에 제사하시어 농사가 풍성하게 여물었음을 감사하셨다. 5생牲·7곡穀·3주酒·6과果를 쓰셨으니, 5생牲(犧牲)이란 것은 소牛·양羊·사슴鹿·돼지豕·

153) 農事를 주관하는 大加

154) 主農大加를 보좌하는 직책

155) 高句麗人들이 위하던 神(隧神)이 있었다는 都城 동쪽의 큰 동굴 ; 임금이 해마다 10월에 제사를 지냈다고 한다(隧는 襚 또는 穟로도 쓰기도 한다).

노루獐였고, 7곡穀이란 것은 기장黍·피稷·콩豆·수수粱·조粟·메밀蕎·차조蘇였으며, 3주酒란 것은 서주黍酒·량주粱酒·락주酪酒였고, 6과果는 매실梅·복숭아桃·상수리橡·밤栗·가시연밥芡·잣栢이었다. 혹자는 상수리橡를 개암榛이라고도 하였다.

11월, 주상께서 친히 정예기병 2천을 이끌고 한수汗水[156]를 건너 중천中川[157]으로 가셨다(그림-15 箕山 참조). 황룡국 임금 양길羊吉을 부르셨는데, 양길이 몹시 두려워서 나오지 않음에, 사람을 보내 꾸짖어 이르시길 "그대는 해란鸞[158]의 아들로 선제先帝[159]를 모욕하였고, 동포들을 돕지 않아 말갈추장들에게 함락되었으며, 짐의 어가를 마중하지 않아서 인륜人倫과 상도常道를 크게 어겼으니, 죄를 벗을 수 없소."라 하셨다. 양길이 이에 조카 우인于仁을 보내 황금8천근·채견 2천 필과 선제궁인 간화芊花[160]·화영禾英[161] 등 20여 인을 바치고서 용서를 빌며 아뢰길 "종복從僕은 노병老病이 있고 아들이 어린 까닭에 조카 우인을 보내서 임금님의 수레를 맞이함에 예의를 잃음이 없게 하였으며, '연로의 주州·목牧들로 하여금'[162] 성심을 다해 받들게 하여 사냥에 불편함이 없게 해놓았사오니, 노쇠하고 아둔한 이 사람을 용서하시면 좋겠습니다."라 하여, 협보가 그를 치시길 청하니, 단丹공이 아뢰길 "아니 되오. 황룡국은 대대로 충의를 지켜왔고, 비록 못났어도 양길 역시 천제의 손자(외손)이오. 다독였다가 합병하심이 좋겠소."라 하였다. 주상께서도 역시 그리 여기셨고, 우인과 함께 수림獸林에서 사냥하시어 노루를 무수히 잡으셨다. 우인에게 말씀하여 이르시길 "짐의 궁술弓術을 양길과 비교하면 어떻소?"라 하시니, 우인이 아뢰기를 "제 숙부父는 글이나 익혀서 궁술은 아는 것이 없사온데, 어찌 비교하겠습니까?"라 하매, 주상께서 웃으시며 "글을 익히는 나라는 상하가 호음好淫할뿐 정사는 돌보지 않는다던

156) 永定河 즉 桑乾河 즉 桑汗河 즉 桑干河 즉 汁水 즉 濕水
157) 中川은 黃龍故地 箕丘인근으로, 작금 河北省서부 靈丘太白山(常山)남방의 行唐·曲陽間(箕東) 수렵지(獸林原)로 추정한다.
158) 慕漱帝의 羊皇后소생 둘째 딸로 곧 芻牟의 이복누님임
159) 慕漱帝
160) 芻牟의 姑母 竜이 낳은 黃龍王 羊山의 딸(BC80年生)로 芻牟의 內從 4寸 누이이다.
161) 賈達이 낳은 禾相의 딸 ; 禾英은 芻牟의 眞姨從 6寸임
162) 北夫余 侯國이었던 黃龍이 조그만 邑國쯤이 아닌 큰 나라이었음이라.

가? 빨리 항복하지 않으면 송양처럼 될 것이야."라 이르셨으며, '기구箕丘[163]이동以東'[164]을 떼어내서 사냥터로 삼고 렵사獵舍[165]·렵기獵騎[166]를 두셨으며, '오이를 기동장군箕東將軍으로 삼아 황룡국을 억누르고 있게 하시고'[167] 오간을 갈하진장羯河鎭將으로 삼아 그 형을 대신하게 하셨다. 주상께서 간화芉花와 화영禾英에게 승은을 내리시고 후궁으로 거두셨다. 간화芉는 나이 마흔다섯이고 화영英은 나이 서른여덟이었다. 간화는 원黿공주의 딸이고 화영은 가달의 딸인지라, 모두 옥엽들이었는데 어지러운 세상을 만나 기구한 세상을 살다가, 이때 와서 비로소 경부瓊府로 들어가서 여생餘生이 편안케 되었다.

十二月,命烏伊引兵五千鍊于中川.羊吉見勢不利,大驚,宰牛以犒之,請以其女蘇氏妻之.烏伊素好色,而不擇美醜,所畜甚多.至是,見蘇氏之美,大喜曰"若非妻面,吾軍已必肉泥杜訥矣.公主之德,不亦大乎."于仁曰"又欲以一女納于朱蒙,可乎."烏伊曰"今皇后妬之,雖納無益.吾當并娶而為皇英矣."于仁曰"此乃天后所生,非王者不嫁也."烏伊怒曰"爾敢以我為非王者乎.當族滅爾輩."于仁大惧,并以其女妻烏伊,乃芉花所生羊吉女大禾也,時年十七.烏伊既納羊吉二女,召黃竜国壮丁築真珠城置戍,以為久遠之計.于仁母菽陵公主羊吉妻芉英,皆被烏伊之汚辱,陜父勧上召烏伊曰"烏伊不伐羊吉而惑於二女,自稱久計而築城,伐齊為名,徒事奸淫.菽陵者先帝之女,芉英者先帝之后也,乃敢強劫,無君之状也."上曰"芉英已為羊吉之妻,不可曰天后.菽陵已嫁羊門,烏伊妾之,何妨.築城之事,雖云自意,将在外便宜行事不聞天子之詔.且黃竜旧国,不可伐以滅之.久而銷之未晚故,吾故以烏伊卧而治之也.何須深責細事."竟置不問.烏伊漸得黃竜之權,其威高於羊吉,衆指以為烏太王.

12월, 오이에게 명하여 5천병을 이끌고 가서 중천中川에서 훈련하게 하니, 양길이 그 위세를 보고 불리하매 크게 놀라 소들을 잡아 그들을 먹이고 제 딸 소蘇씨를 처로 삼아주길 청하였다. 오이는 본시 호색하여 미녀·추녀를 가리지 않아서 거느린 이들이 심히 많

---

163) 大淸廣輿圖(1785)을 살피면 最東北方 箕山(箕丘)이 行唐縣 西郊에 있다.
164) 山西·河北 경계지경인 行唐縣以東 땅 ; 當時 黃龍都城은 이곳의 西北方으로 추정됨.
165) 임금이 狩獵할 때 거처하는 行宮
166) 사냥을 돕고 獵舍를 지키는 騎馬兵士
167) 黃龍國을 復屬하는 일을 시작함

았다. 지금에 와서 소씨 미모를 보고 크게 기뻐하며 이르길 "만약 처의 얼굴 아니었으면, 내 군대가 이미 두눌杜訥[168]을 필시 짓이겼을 것이오. 공주 덕德 또한 크지 않았겠소?"라 하였다. 우인이 이르길 "또 딸 하나를 주몽朱蒙께 바치려 하는데, 괜찮겠지요?"라 하매, 오이가 이르길 "지금의 황후께선 투기하시니, 바쳐도 이로울 게 없소. 내가 응당 함께 취해서 '아황皇과 여영英'[169]으로 삼으리다."라 하니, 우인이 이르길 "이 딸은 천후天后소생이라 왕이 아니면 출가할 수 없소이다."라 하자, 오이가 노하여 이르길 "자네가 감히 나를 왕이 아닌 자라고 하였나? 당장 너희 족속을 멸하겠다."고 하니, 우인이 크게 겁을 먹어 그 딸을 오이에게 처로 주었다. 간화芊花소생 양길의 딸 대화大禾로, 이때 나이 열일곱이었다. 오이가 이미 양길의 두 딸을 거둔지라, 황룡국 장정들을 불러 진주성真珠城[170]을 쌓고 수자리를 두어서 오래도록 머무를 계책으로 삼았다. 우인 어미 숙릉菽陵공주와 양길 처 간영芊英 모두가 오이에게 오욕을 당하였음에, 협보가 주상께 오이를 불러들이시길 권하며 아뢰길 "오이가 양길은 토벌치 않고 도리어 그 두 딸에게 빠졌으며, 오래도록 지속할 계책을 자칭하며 성을 쌓아 제齊[171]를 치는 것을 명분으로 삼고, 오로지 간음하길 일삼고 있습니다. 숙릉은 선제先帝의 따님이고, 간영芊英은 선제의 후后이셨는데, 감히 억지로 겁탈해서 임금을 몰라보는 형상입니다."라 하매, 주상께서 이르시길 "간영은 이미 양길 처가 되었으니 천후天后라 할 수 없고, 숙릉은 이미 양문羊門에게 출가하였으니, 오이가 그들을 첩으로 삼은들 어찌 꺼릴 일이겠나. 성을 쌓는 일은 비록 자의였지만, 장수는 외지에선 편의대로 일을 하지 천자의 명을 기다리지 않네. 게다가 황룡은 '옛적부터 친히 지내던 나라'[172]여서 토벌해서 멸할 수 없고, 쇠약해지길 오래도록 기다려도 늦지 않으이. 그런 까닭에 내가 이미 오이를 그곳에 엎어져서 다스

168) 당시 黃龍國의 都城지역

169) 蛾皇과 女英, 즉 堯의 딸 蛾皇과 女英으로, 堯가 姊妹를 舜에게 출가시켰다.

170) 淸時의 行唐縣·新樂縣 일대이었을 것으로 추정한다.

171) 대개 漢書地理志에 따라 작금의 山東省북변·河北省남변 일대로 해설하나, 歷史疆域歪曲以前의 春秋時節 齊땅인 현금 河南省 南陽市지경 또는 濟原市지경일 수도 있겠다.

172) 黃龍國은 '父皇의 后(妻)國'이었으니, 곧 '北夫余의 后國(侯國)'이란 의미로 쓰인 듯.

리게 하였거늘, 어찌 모름지기 자잘한 일을 깊이 책망하겠나."라 하시며, 끝내 불문에 부치셨다. 오이는 점차로 황룡의 권세를 차지하여 그 위세가 양길보다 높았더니, 무리들이 지칭하기를 오烏태왕太王이라 하였다.

本紀 第三
본기 제3

東明二年乙酉,春正月,松讓羊吉遣使来獻土物.桓那女主桂婁夫人入朝,上寵愛之,召皇后嫉妬之.上乃與桂婁同騎而至中川行宮,納桂婁為后.桂婁豐美有德而善騎射知大體,上甚愛之曰"恨不早得而為正妻."桂婁曰"人生有命.雖婢妾,妾所自甘也."上益賢其言,戀而難別,遂錬黃竜軍二千,徵馬三千匹.羊吉失其妻女,又見誅求日甚,知其必亡,憂惧病劇而死,時年四十四.上欲立羊門.羊門,鸞主所生羊福之子,而于仁之父也.門猶其父福,忠悋無飾,不喜名利,固辞不就,曰"兄有太子賢而有德.願陛下立之."吉子宝得,芊花之出也,與上同年而浸扵酒色,故欲不立.芊花泣曰"妾子雖騃,禾相之後也.陛下思之."上曰"吾為汝立之,烏伊必不怨."芊花曰"烏伊恣政昏主,反勝扵明主矣.且陛下雖存黃竜,豈可久乎."上乃命宝得立之.宝得以酒色為事而委政於于仁.仁懦弱無謀,且以母故父事烏伊,烏伊頤使得仁如奴.時,黃竜国有歌,曰"聖人自東方来,甲乙昌."以是,父老每迎帝駕,請為其君.上輒賜酒慰之. 召皇后以仇都為主宮大加.仇都者,仇台之兄而旃妃妹乙旃之夫也.為人皃美而善阿諛,召后信任宮中之事.上雖陋其人品,以其為卒本世臣而能謹扵其職,故以為大加.以再思為主賓大加,命備迎桂婁為后之節次.

동명2년을유(BCE36), 춘정월, 송양과 양길이 사신을 보내 찾아와서 토산물을 바쳤다. 환나국 여임금 계루桂婁부인이 입조하여, 주상께서 그녀를 총애하시자, 소召황후가 질투하니, 주상께선 계루와 함께 같은 말을 타고 중천행궁中川行宮[173]으로 가시어 계루를 거두어 후后를 삼으셨다. 계루가 풍만하고 아름다우며 덕망이 있고 게다가 기사騎射를 잘하고 (政事의) 대체大體[174]를 알고 있음에, 주상께서 그녀를 심히 아껴 이르시길 "일찍 만나 정처正妻로 삼지 못한 것이 한恨이오."라 하시니, 계루가 아뢰길 "인생엔 명운命運이 있음이니, 비첩婢妾자리라도 첩은 스스로 감내하겠습니다."라 하매, 주상께선 그 말을 더욱 현명하게 여기사 사랑하여 헤어지기 어려워하시더니, 내친김에 황룡군사 2천을 훈련하며 말 3천 필을 징발하셨다. 양길이

---

173) 黃龍國 中川(箕東)에 만든 獵舍 ; 大沙河·郜河 間 王亭集 쯤? (갑신10월·동명원년 11월조 참조)

174) 政事의 大綱과 要點

처들과 딸들을 빼앗겼고 또한 강제로 빼앗김이 날로 심해지는 것을 보고서 필시 망할 것임을 알아 걱정과 두려움으로 병이 극심해져서 죽으니, 이때 나이 마흔 넷이었다. 주상께선 양문羊門을 보위에 세우려 하셨으니, 양문은 란鸞공주소생 양복羊福의 아들이자 우인의 아비였다. 양문은 제 아비 양복을 닮아서 지극히 삼가며 겉치레를 하지 않고 명리를 반기지 않아, 굳게 사양하고 나서지 않으며 아뢰길 "형[175]에게 태자가 있고 현명하고 덕망이 있사오니, 원하옵건대 폐하께선 그를 보위에 세우소서."라 하였다. 양길의 아들 보득宝得은 간화가 낳았고, 주상과는 동갑인데, 주색에 빠져있는 까닭에 보위에 세우려 하지 않으셨더니, 간화가 울먹이며 아뢰길 "첩의 아들이 비록 미련해도 '화상禾相[176]의 손자'[177]입니다. 폐하께선 그걸 살펴주세요."라 하매, 주상께서 이르시길 "내가 그대를 위해 그를 보위에 세워도, 오이가 필시 곱게 봐주지 않을 것이오."라 하셨더니, 간화가 아뢰길 "오이는 멋대로 정사를 주물러서, 임금을 혼미케 함이 도리어 임금을 명석케 함을 능가하니, 폐하께서 설사 황룡국을 존치코자 하셔도 어찌 오래 갈 수 있겠사옵니까?"라 하매, 주상께서 이에 보득에게 명하여 보위에 세우셨지만, 보득은 주색잡길 일삼으며 정사를 우인에게 맡겨놓았고, 우인은 나약하고 지모가 없었으며 게다가 어미 때문에 오이를 아비로 섬겼더니, 오이가 보득과 우인을 턱 끝으로 노비처럼 부렸다. 이 시절, 황룡국에선 "성인께서 동쪽에서 오시고 갑甲을乙[178]에 융성하신다."는 노래가 있었고, 이로써 부로들이 추모제의 어가를 맞이할 때마다 '자신들의 임금이 되어주길 청하였고'[179], 주상께선 번번이 술을 하사하여 그들을 위로하셨다. 소召황후가 구도仇都[180]를 주궁대가主宮大加로 삼았다. '구도는 구태仇台[181]의 형'[182]으로 을전旃비 여동생 을패乙旆의 지아비인데, 사람됨이 미

175) 羊吉
176) 慕漱帝의 姨從兄이니 芻牟의 眞姨從叔임
177) 羊吉(羊福의 義子)은 禾相 아들 禾頼의 親子이고, 宝得은 羊吉의 親子임.
178) '甲申年~乙卯年'이라는 의미인 듯
179) 芻牟帝께서 黃龍國을 친히 다스리시길 청하였으나
180) 新羅 金氏 金閼智의 조상인 金仇都일 것으로 본다.
181) 召西奴의 첫 지아비
182) 召西奴에게 버림받고 후일에 百濟의 憂臺王이 되었다는 仇台가 北夫余王 解夫婁의

모이고 아유阿諛하길 잘함에, 소召후가 그를 믿어 궁중의 일을 맡겼고, 주상께선 비록 그의 인품을 천히 여기시나 그가 졸본의 세신世臣이고 제 직무에선 능히 언행을 삼간 까닭에 그를 대가大加로 삼으신 것이다. 재사再思를 주빈대가主賓大加로 삼고 명하여, 계루를 맞아들여 후后로 삼는 절차를 준비하셨다.

漢人楊遂来言"漢主奭用京房易學."未幾,房為石顯哳殺.上笑曰"韓信善兵,而為呂雉哳殺.京房善易,為石顯哳殺.是察外而不察內也.雖善,何足道.且哳謂易者,非人主哳可事者也.其死也亦不惜矣."遂乃知上之不喜易說,而退語其衆曰"連山之說當不容矣."時,連山敀藏滿天下皆用之,上獨不拘忌而無敗,人多神之. 上姊蘋花蓼花等自黃竜来謁,命立府而養之. 問民疾苦,民有泣者,上亦泣之者多.

한인漢人 양수楊遂가 와서 아뢰기를 "한漢의 임금 유석奭[183]이 경방역학京房易學[184]을 수용하였습니다."라 하였으나, 오래지 않아 경방房이 석현石顯에게 죽임을 당했음에, 주상께서 웃으며 이르시길 "한신韓信은 용병用兵을 잘했어도 여치呂雉에게 죽고, 경방은 역학易에 훤했어도 석현石顯에게 죽었소이다. 이는 나라바깥은 살폈지만 나라안쪽을 살피지 않았음이니, 비록 좋다한들 어찌 도道[185]에 비하겠소. 게다가 소위 역학易學이란 것은 사람들의 임금을 하는 이가 받들만한 것이 아니고, 그가 죽었음 또한 애석해 할 일이 아니오."라 하시니, 양수遂는 이에 주상께선 역설易說(역학의 말씀)을 반기지 않으심을 알고 물러가서 제 무리에게 알리길 "연산連山역법의 가르침이 용납되지 않음을 당했소."라 하였다. 이 시절, 연산連山역법[186]과 귀장敀藏역법[187]이 천하에 만연하여 모두가 그것을 수용해도, 주상께선 홀로 구애받지 않고 기피하여 낭패를 당하지 않으셨더니, 많은 이들이 이를 신기하게 여겼다. 평화蘋花·료화蓼花 등 주상의 누님들이 황룡에서 찾아와 알현하니, 명을 내려 관부를 세워 봉양하셨다. 백성

庶孫이라면, 仇都 역시 解夫婁의 庶孫일 것이다.

183) 西漢(前漢) 高宗 孝元帝의 名

184) 東郡사람 京房이 說한 '神農曆法'也 ; 漢의 東郡 역시 渤海 땅에 속한다.

185) 仙道?

186) 神農易法

187) 殷商易法

들의 질고疾苦를 물으셨으며, 백성들이 울 일이 있으면, 주상 또한 그 일로 우신 적이 많으셨다.

二月,上與桂婁夫人如桓那謁桓淑之廟,與桂婁行合巹之禮.主賓大加再思献幣如召后時,桂婁献桓那国于上,其禮亦如召后献卒本之時.命烏干為桓那沛者,武骨為羯河鎮将.作桂婁宮於鳳鳴殿之南,以桂婁為第三天后.宮殿鹵簿之儀,一如萱召之例.封桂后胞兄柘公為桂林王,胞弟桓柏為桓那侯.皆桓淑所生漱帝之子也.為人淸高好潔,養鶴自娛不関世事.及上之来,累勧献国,為反側者所拘.至是,得蒙恩典.

上聞河北森林之地,尙有曷賊蟄居之処,其衆往往渡河而来,有蠢動之状.乃命松讓出兵士三千人粮米五千石,使藁斗吉士等捕曷于河北,伐木採鐵.曷衆逃入荇東.

2월, 주상께서 계루桂婁부인과 함께 환나로 가시어 환숙桓淑[188]의 사당에 고하시고, 계루와 함께 합근례合巹禮(合歡禮)를 치르셨다. 주빈대가 재사가 예물을 바치기를 소召후 때처럼 하고, 계루는 환나국을 주상께 바쳤더니, 그 예식 역시 소召후가 졸본을 바칠 때와 같았다. 명을 내려 오간을 환나패자桓那沛者로 삼고 무골을 갈하진장羯河鎭將으로 삼으셨다. 계루궁桂婁宮을 봉명전鳳鳴殿[189] 남쪽에 세우시고 계루를 셋째천후第三天后로 삼으셨으며, 궁전과 의장鹵簿예법은 훤萱·소召후들과 똑같게 하셨다. 계桂후의 동복오빠 해자柘공을 계림왕桂林王으로 삼고 동복남동생 환백桓柏을 환나후桓那侯로 삼으셨다. 모두 환숙이 낳은 모수제의 아들들로 사람됨이 사욕私慾없이 고매하고 품행들이 깔끔하여 학鶴을 기르기로 스스로를 즐기며 세상사를 관여하지 않았는데, 주상께서 도래하시자 누차 나라를 바치길 권하였다가 반대하는 이들에게 갇혔고, 지금 와서 은전恩典을 입은 것이라.

주상께서 '하북河北 삼림 땅'[190]에 아직 말갈 적들이 숨어사는 곳이 있고 그 무리들이 왕왕 하河를 건너와 준동蠢動하는 상황을 들으시더니, 이에 송양에게 명하여 병사 3천인과 군량미 5천석을 내게 하고 고두藁斗[191]·길사吉士 등으로 하여금 하북에 있는 말갈을 사로

188) 桂婁生母로 慕漱帝의 寵姬였다
189) 卒本西城에 所在하였다
190) 이후 기록을 보아 이 河는 桑乾河(汗河) 또는 그 支流들인 洋河들일 것이다.

잡고 '나무를 베어내고 철을 캐셨더니'[192], '말갈무리는 행동荇東[193]땅으로 도주해 들어갔다.'[194]

四月,召皇后生沸流太子及溫公主於溫水宮,宮在西城山.上大喜曰"天以鳳凰賜我邪."命置僚屬.時,旒后亦生暖公主.召皇后見其豊乳如流泉而沾胷,以沸溫委於旒后而當夕如平時.盖妬桂后而身亦健熾故也.

五月,以默居為主藥大加,使监召皇后之藥.桓福為桂林沛者,乃柘公之子也,時年十五.柘公無意於政事,使其妻桂孟子執政,故以福為沛者也.以桓那国為桂林郡,而烏干為淹滤沛者,仇賁為卒本沛者,于真為汗濱沛者,逸苟為奉供使者,焚永為神隧小加.于真,于仁之弟,羊門之子也.上之到毛屯也,率先来敀,有膂力能騎射.常諫羊吉之偃武而被謫箕東者也.箕東之策皆其所劃也.其妻奥媛,旃后出也.

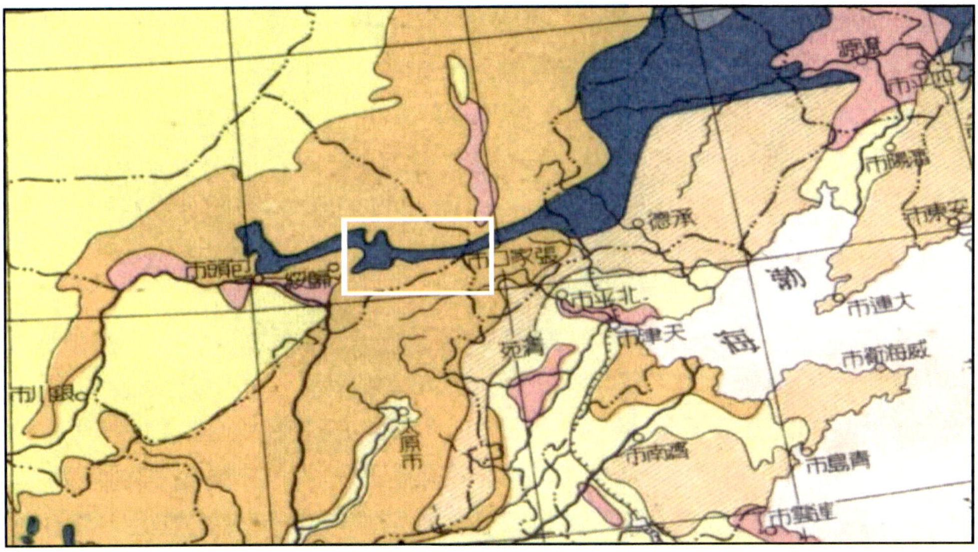

그림-18. 토양종류 도식도(中國分省新地圖, 1948)[청색-흑색토 ; 밤색-갈색토.] 張家口·歸綏·和林格爾(백색네모지역) 지역을 森林 속의 말갈을 축출하고 湯外郡과 質山郡을 둔 곳으로 추정함. 이 지역에 銕·石炭産地가 널려있고, 質山[zhì-]은 銕山[tiě-, dié-]과 似音이다.

191) 非末曷酋長古斗也

192) 이 河北지역이 당시 森林地域이고 鐵産地가 있었다.

193) 黃河 河套와 質山(滸口) 즉 銕山(殺虎口) 以西지역이었던 荇人國의 東部

194) 荇人國은 北夫余 不而城 서남방의 侯國이며, 荇東 땅은 荇人國의 東部임. 따라서 이 기록의 河北末曷은 沸流國과 卒本國의 遠西方에서 준동하였던 것이다.

4월, 소召황후가 비류沸流태자와 온溫공주를 온수궁溫水宮에서 낳았고, 궁은 서성산에 있었다. 주상께서 몹시 기뻐하며 이르시길 "하늘이 내게 봉鳳[195]과 황凰[196]을 주셨나?"라 하시고, 명을 내려 료속들을 두셨다. 마침 류旒후 역시 난暖공주를 낳았는데, 소召황후가 그의 젖이 풍부해 샘처럼 흘러서 가슴을 적시는 것을 보더니 비류沸와 온溫공주를 류후에게 맡겨놓고서 평시처럼 밤일을 감당하였다. 대략 계桂후를 투기함이었고 몸 역시 건강하고 불타오른 까닭이었으리.

5월, 묵거默居를 주약대가로 삼아 소召황후의 약을 살피게 하셨다. 환복桓福을 계림패자桂林沛者로 삼으시니, 자柘공의 아들로 이때 나이 열다섯이었다. 자공이 정사에 뜻이 없어 그 처 계맹자桂孟子를 시켜 정사를 살핀 까닭에 환복을 패자로 삼으신 것이다. '환나국을 계림군桂林群으로 삼고'[197], 오간을 엄표淹淲[198]패자, 구분仇賁을 졸본패자, 우진을 한빈패자, 일구逸苟를 봉공사자奉供使者, 분영焚永을 신수소가神隧小加로 삼으셨다. 우진은 우인의 동생으로 양문의 아들인데, 주상께서 모둔에 도착하시니, 솔선해 찾아와서 의탁하였으며, 겁주는 힘이 있고 기사에 능하였다. 늘 양길에게 군대를 무너뜨린다고 간언하다가 기동箕東[199]으로 유배된 자이더니, 기동에 대한 책략은 모두 그가 계획한 바이었고, 그의 처 오원奥媛은 전旃후 소생이었다.

六月,松讓以其艱難,怨其神鹿,懸鹿扵蟹原之上.有大蟹来咬,鹿哀號七日,天乃大雨七日,洪水大漲,平地水深二丈,沸流都城陷沒扵水中,松讓避入岩窟,都民號哭索其父母妻子,慘惔難言.上發兵徃救之,賑其民衆.讓自知德薄才拙無以自存,請以國献永為臣子.乃以其地為湯東湯西湯北三郡,以讓為多勿侯.多勿者,復旧土之義也.[復][200]舊村曰多勿故國之義也.天帝之熊心山鴨渌行宮在湯東,為讓所奪,至是復之,故以湯東為多勿郡.自是始置汗東汗南桂林箕東湯東湯西湯北,編入國土而守牧之.

---

195) 수컷 봉황새
196) 암컷 봉황새
197) 桓那國은 桂林郡(이후 桂林·桓那 2州)로 바뀌었으니, 그 疆域이 작은 나라이었다.
198) 작금의 灤河지류인 豹河 則 瀑河(豹河) 周邊지경?
199) 箕丘東便 則 黃龍國 中川지경
200) 문맥상으로 보아 南堂이 [復]을 빠뜨리고 筆寫한 것으로 보고, 譯者가 挿入한다.

6월, 송양이 힘들고 고생스러움에 신록神鹿[201]을 원망하며 신록을 해원蟹原[202] 곁에 매어두었고, 큰 게들이 몰려와 물어뜯어서 신록이 이레를 애절하게 울부짖었고, 하늘이 큰 비를 이레를 내려서 홍수가 크게 일었다. 평지수심이 두 길이 되니, 비류국 도성은 물속으로 함몰되어, 송양은 바위굴로 피해 들어갔고, 도성 백성들은 울부짖으며 제 부모와 처자들을 찾아다녔으니, 그 참담함은 형언하기 어려웠다. 주상께서 군사를 동원해 찾아가서 그를 구원하고 그 백성들을 진휼하시니, 송양은 박덕薄德하고 재능이 졸렬해 자신을 지킬 수 없음을 스스로 깨닫고 나라를 바쳐 영원한 신하가 되기를 청하였다. 이에 '그 땅을 탕동湯東·탕서湯西·탕북湯北 세 군郡으로 삼고'[203], 송양讓을 다물후多勿侯로 삼았다. '다물'은 '옛旧땅土을 되찾다.'라는 뜻이고 '복구촌復舊村'은 '다물고국多勿故國'의 뜻이라. 천제의 '웅심산熊心山압록행궁鴨淥行宮[淸河宮](그림-7참조)'[204]은 탕동이었고'[205] '송양에게 빼앗겼다가'[206] 이제 와서 되찾은 까닭에 '탕동을 다물군多勿郡으로 삼았더니,'[207] '이로부터 처음으로 한동汗東·한남汗南·계림桂林·기동箕東군·탕동湯東군·탕서湯西군·탕북湯北군을 두게 되었으며, 나라 땅으로 편입해서 지키고 다스렸다(그림-17참조).'[208]

秋七月,徵黃竜国壮丁三千人為軍,黃竜国女子五千人為宮司諸僚之御人及公卿之婢. 漢素造兵船大艦二百隻,献之.上嘉其功,賜黃金百両奴婢百口,命採漢官之制.鄭共製上甲冑宝鈒而進.上始用甲冑,賜其奴婢百口,命置冶工三

---

201) 神鹿이라 함은 대개 白鹿 즉 白色 사슴을 지칭한 듯하다.

202) 게들이 바글거리는 벌판, 琉璃廟 西北隣 湯河口(湯河溝)지경? 만약 蟹原과 蟹橋가 相近했다면, 芻牟의 還鄕路는 北夫余故地 毛屯谷 入村 時에 즉 막바지에 東南走한 것으로 解說할 수 있겠다.

203) 沸流國地를 熱東郡·熱西郡·熱北郡으로 하지 않았으니, 沸流水(沸流河)는 곧 熱河가 아닌 湯水(湯河)임을 알 수 있겠다. 즉 '沸' 곧 '湯'이라!

204) 都山·喜峯口 間의 灤河지류인 淸河 谷中의 太平寨北?

205) 故國原·故國川·故國川原은 湯東 땅에 있었다.

206) 本傳의 丁卯年(BCE54) 記事 참조

207) 南堂遺稿 高句麗史略三代之[芻牟東明]二年乙酉六月條曰"松讓懸鹿於蟹原,七日大雨漂都.上發兵救之,賑其飢民.讓自知德薄,獻國爲臣.上以其地爲故國原而松讓爲多勿候.多勿,復舊地之意也.盖聖父解慕漱與聖母柳花逍遙之地也." 즉 故國之原은 잠시 松讓沸流故地의 一部이었다.

208) 卒本國은 현금 北京市平原으로, 沸流國地 기준하면 湯南郡지경에 인접하였을 것.

十所以製兵仗.共妻張氏甚美,上如共第必幸之,賞賜甚多,其起居出入一如後宮. 曷思国黃頭郡侯加菽公,與其妃葦花公主,陪好人宮來朝.上留加菽公為松江王,以好人宮為皇太后,旒后為小太后,萱花宮召西奴宮桂婁宮為三天后,旃后宮貫貝宮仲室宮小室宮張氏宮為五天妃.以芊花宮禾英宮蘋花蔘花宮為瓊后,宮殿鹵簿一如皇后例,置其僚屬. 是月,芊花生皇子鮮晉.上與再思默居親視湯劑起居.再思時為瓊宮大夫而默居主藥故也.

以萱皇后昕生加萱公為皇太子,號曰萱太子,以丹公為師.上未冠時,聖母使加菽公妃萱花侍枕而生萱太子,乃上之長子也.上之亡命還鄉也,萱花宮悶上之無枕伴而隨焉.時,萱年尙幼不能偕,委於好人宮.至是至年六歲,為人鴻壯鄭重,頗多刕牟之風,上喜曰"真吾子也."乃立為皇太子.

추7월, 황룡국黃竜国의 장정 3천인을 징발해서 군사軍士들로 삼고, 황룡국의 여자 5천인을 궁궐宮과 관아司의 뭇 관리들이 부리는 사람이나 공경公卿들의 계집종으로 삼았다. 한소가 병선兵船209)과 큰 전함大艦 200척을 만들어 바쳤다. 주상께서 그 공을 기쁘게 여기사 황금 100냥과 노비 100구를 내리셨으며, 명하시어 한漢의 관제官制를 채택하셨다. 정공이 주상의 갑주甲胄210)와 보검宝劍을 만들어 바쳤다. 주상께서 비로소 갑주를 착용하셨고, 그에게 노비 100구를 하사하고 명하시어 야공冶工(대장간) 30곳을 두어 병장기兵仗들을 만들게 하셨다. 정공의 처 장張씨가 심히 아름다워, 주상께선 정공의 집을 가시면 꼭 그녀에게 승은을 내리시더니, 심히 많은 상을 주시고 그녀의 기거와 들고남을 후궁과 같게 하셨다. 갈사국 황두군후黃頭郡侯211) 가숙공이 그의 비妃인 위화葦花212)공주와 함께 호인궁好人宮213)을 모시고 입조하니, 주상께서 가숙공을 눌러있게 하여 송강왕松江王214)으로 삼으셨고, 호인궁을 황태후, 류旒후를 소小태후, 훤화궁·소서노궁·계루궁을 3천후天后, 전후궁·관패궁·중실궁·소실궁·장

209) 水軍 30人 정도가 타는 작은 戰船
210) 갑옷과 투구
211) 陜父家族과 같은 黃頭雪膚人(白人)이 모여 살던 郡을 다스린 諸侯일 것으로, 承德·欒平쯤이 그 封域?
212) 柳花와 萱花의 여동생
213) 柳花의 生母 즉 刕牟의 外祖母인 好人
214) ①赤峰·都山以東지경? ②松岺山脈·大凌河지경?

씨궁을 5천비天妃로 삼으셨다. 간화궁·화영궁禾英宮·평화궁과 료화궁을 경후瓊后[215]로 삼고, 궁전과 의장을 황후의 예와 똑같이 하여 료속들을 딸려주셨다. 이달에 간화가 황자 해진解晉을 낳았더니, 주상께서 재사·묵거와 함께 친히 탕제湯劑와 기거를 보살피셨다. 재사가 이때에 경궁瓊宮대부[216]를 하고 묵거가 약을 주관한 때문이라.

훤화황후소생 가훤加萱[217]공을 황태자로 삼아 훤萱태자로 호칭하고, 단丹공을 스승으로 삼아주셨다. 주상께서 성인成人이 되시기 이전에, 성모께서 가숙공비 훤화로 하여금 잠자리를 시중하게 하여 훤태자를 낳았으니, 주상의 장남이었다. 주상께서 망명하여 환향還鄕[218]하실 때, 훤화궁이 주상께서 침상반려가 없으심을 민망히 여겨서 스스로 따라나섰는데, 그때 훤태자는 아직 나이가 어려서 함께 하실 수 없었음에 호인에게 맡겨놓으셨다. '지금에 와서 나이 여섯이 되었는데,'[219] 사람됨이 매우 씩씩하고 정중하였으며 추모의 기풍이 파다하여, 주상께서 기뻐하시며 "진정 내 아들이로다."라 이르셨고 이에 황태자皇太子[220]로 세우신 것이라.

八月,上與桂后鍊兵二万,於汗濱及中川.上以軍事未豔,櫛風沐雨,親自跋涉,一飯三起,夙興晏眠,殆無虛日.命萱后主神政,召后主民政,桂后主軍政.凡在閱鍊征伐,桂后常之從故稱桂以武后,召以文后,萱以仙后.萱后年高而為上至親故召桂二后皆服之如母.萱后有德包容二后如妹.但桂后位卑而權高年高故召后常不洽,上使萱后撫以安之.召后性嚴烈端潔,人多不附.桂后德氣藹然,人多服之,故人以為文武轉倒. 黃竜國鎭将烏伊,與其二妻入朝,献黃竜國玉璽金印宝馬及緯書經書六藝之士.命置府中.沸流國鎭将摩離,亦引其二妻入朝,献沸流国宝馬良弓金璽宝鼎經書六禮之士.亦置府中.上謂烏伊摩離曰"沸流已平.黃竜亦為入口之物,緩緩噉下可也.南方可謂稍乏矣.但河北之羯與荇人相通更入林中,蘽吉之功敀於虛地.可謂蝇蛃之徒,若不掃蕩,良民不長,奈何."乃以烏

215) 출가하였던 황족여인이 돌아와서 거처하던 궁전
216) 使人으로 或間 兼情夫
217) 以前까지는 加菽이 義父인 셈이었다.
218) 河北省 동북부 遵化·三屯營의 南隣에 '還鄕河'或云'懷鄕河'라는 河川은 무슨 過去를 가졌을까? 直隷全圖(同治3年,CE1864年)과 皇朝一統輿地全圖(CE1832年) 참조
219) BCE41년생
220) 皇上의 子란 의미일 뿐이며, 東宮 즉 正胤이란 뜻은 아님.

伊為左軍大将,摩離為右軍大将,扶芬奴為先鋒大将,各引兵三千,伐北羯逐出山外.收其地為湯外質山二郡,置戍鎭将及守牧官.此地,椬木塹天,獐鹿無盡,居人藏其鹽肉於木桶而出遼東換絹而来者亦多.上與桂后鍊兵八千而畋之,置獵舍而敀.時,桂后有娠,不能騎馬,故停其巡行而敀,流産.上惜之命桂后不復隨行,后不從上命而隨之與常.上亦不能禁,不告而出,則后追而常及之.

8월, 주상께서 계후와 함께 한빈汗濱에서부터 중천中川에 이르기까지에서 2만 군대를 훈련하셨다. 주상께선 군대의 일들로 쉴 틈이 없어, '바람에 머리 빗고 빗줄기에 목욕하며'[221] 친히 몸소 산을 넘고 물을 건너시느라 밥 한 끼 편히 잡숫지 못하셨고, 일찍 일어나서 밤늦어서야 주무시는지라 거의 일 없는 날이 없으셨더니, 명을 내려 훤萱후[222]가 신정神政을 주관하고 소召후가 민정民政을 주관하고 계桂후가 군정軍政을 주관하게 하셨다. 무릇 사열과 훈련이나 정벌이 있으면 계후가 늘 따라나서는 까닭에 계후는 무후武后로 불렸고, 소후는 문후文后로, 훤후는 선후仙后로 불렸다. 훤후가 나이가 많고 주상의 지친인고로 소·계 두 후 모두 어미에게 하듯이 훤후에게 승복하였고, 훤후는 덕망이 있어 두 후들을 여동생처럼 포용하였다. 다만 계후가 지위가 낮은데 권세가 높았고 나이가 많았음에 소후가 항상 불만이었더니, 주상께선 훤후로 하여금 달래서 편안케 하셨다. 소후는 성깔이 심히 매섭고 지나치도록 간결하여 사람들이 그녀를 가까이 하지 않았고 계후는 덕망 있고 기상이 흘러넘쳐 많은 사람들이 따랐더니, 사람들이 문文과 무武가 뒤바뀌었다고 하였다. '황룡국진장 오이가 두 처들과 함께 입조하여 황룡국의 옥새玉璽·금인金印·보마寶馬·위서緯書[223]·경서經書[224]·6례지사六禮之士[225]들을 바치매, 관아에 맡아두게 하셨고, 비류국진장 마리摩離가 역시 두 처와 함께 입조하여 비류국의 보마·양궁良弓·금새金璽·보정寶鼎·경서·6례지사들을 바치매, 역시 관아에 맡아두게 하셨다.'[226] 주상께서 오이와 마리

221) '櫛風沐雨'는 '바람에 머리를 빗질하고 빗물에 沐浴한다.'는 말로 곧 '쉴 틈 없다.'라는 뜻이라.
222) 柳花의 같은 부모 여동생인 萱花
223) 經書에 對하는 詩緯·易緯·書緯·禮緯·樂緯·春秋緯·孝敬緯 관련서적
224) 儒學관련서적
225) 禮··樂·射·御·書·數에 能熟한 선비들

에게 말씀해 이르시길 "비류국은 이미 평정되었고, 황룡국 또한 입안에 들어온 것이어 천천히 씹어 삼키면 될 것이며, 남방南方[227]도 차차 평정될 것이라 말할 수 있겠는데, 다만 '하북의 갈羯족들[228]'이 행인국[229]과 함께 상통하여 숲속으로 다시금 들어왔으니, 고두藁斗와 길사吉士의 공적이 헛되이 되었소이다. 정말로 파리 떼 같은 무리들이라서 소탕하지 않으면 선량한 백성들이 오래가지 않겠으니, 어찌 해야 하겠소?"라 하시고, 오이를 좌군대장左軍大將 마리를 우군대장右軍大將 부분노를 선봉대장先鋒大將으로 삼으니, 각기 군사 3천씩을 이끌고 북갈北羯들을 산림 밖으로 축출하였다. 그 땅을 취하여 탕외湯外[230]·질산質山[231] 두 군郡으로 삼고, 수자리戍와 진장鎭將 및 머물러 가축을 치는 관리를 두셨다(그림-18참조). '이 땅엔 독두나무가 하늘을 찌르고 노루와 사슴이 무궁무진하여'[232], 그곳에 사는 사람들이 그 고기를 소금에 절여서 나무통에 담아갖고 요동遼東[233]으로 나가 견직絹으로 바꿔오는 일 또한 많았음에, 주상께서 계후와 함께 그곳에서 군사 8천을 훈련하며 사냥하시고서 렵사獵舍[234]를 두어놓고 돌아오셨다. 이즈음에 계후가 아이를 가져 능히 말을 탈 수 없는 까닭에 순행을 멈추고 돌아오셨으나, 유산流産하여, 주상께서 이를 가엽게 여겨 계후에게 다시는 따라나서지 말 것을 명하셨으나, 계후가 주상의 명을 따르지 않고 여느 때처럼 따라나서니, 주상께서도 역시 말리실 수 없으시어 알리지 않고 나오시지만, 곧 계후가 뒤쫓아서 늘 그곳에 다다랐었다.

秋九月,又畋于質山鍊兵八千.桂后追至,與上較射于苑中林.賞弓師七人釼

---

226) 黃龍國과 沸流國을 接收 完了하여 屬地로 삼음
227) 옛朝鮮의 馬韓지역, 즉 작금 河北省 南半以南지역
228) 河北羯은 곧 지난 2月에 河北森林에서 쫓겨난 末曷賊
229) 山西省 서북부의 內蒙古지역 및 黃河 河套지경 ; 字音으로 보면 質山[zishan]이 곧 銕山(鉄山,鐵山[zishan]이고, 右玉지역에서 남방으로 뻗은 鉄山이 곧 質山. 따라서 이곳 南方에 盖馬國이 있었던 것으로 추정한다.
230) 沸流國故地 바깥인 山西省북방지역 ; 湯西郡·湯北郡의 西方인 張家口市 西部일대
231) 黃龍國 서북방으로 山西省 西北界 鉄山지역(右玉縣 紅河邊 銕山_鉄山堡지경) 추정
232) 陰山山脈과 呂梁山脈의 交叉地인 歸化城·綏遠城·右玉·大同市지경
233) 古代의 遼水以東地域인 山西省 清漳西源 以東地域 ; 東明3年丙戌5月條 기록 참조
234) 獵騎居所 및 狩獵行宮 ; 右玉縣 殺虎口營砦?

師五人槍師三十八人.以菸狗為質山鎭将,桓柏為湯外鎭将.桓柏,桓淑昕出漱帝之子,桂后之胞弟也.時,年二十四. 以烏伊摩離陜父為三公,漢素扶芬奴再思武骨黙居仇都乙耕桓福鄭共為九卿,扶尉厭仇賁烏干馬黎于真桓柏菸狗都喜松太逸苟焚永禾黍為十二上大夫,各賜田宅奴婢車馬以次.

추9월, 또 질산質山에서 사냥하며 병사 8천을 훈련하시니, 계후가 뒤따라와서 주상과 함께 원중림苑中林[235]에서 활쏘기를 겨루었다. 궁사弓師 7인 검사劒師 5인 창사槍師 38인을 시상하셨다. 어구菸狗로 질산진장質山鎭將을 삼고 환백桓柏으로 탕외진장湯外鎭將을 삼으셨다. 환백은 환숙桓淑이 낳은 모수제 아들로 계후와는 동복남동생이며 이때 나이 스물넷이었다. 오이·마리·협보를 3공公으로 삼고, 한소·부분노·재사·무골·묵거·구도·을경·환복·정공을 9경卿으로 삼고, 부위염·구분·오간·마려·우진·환백·이구·도희都喜·송태·일구·분영·화서禾黍를 12상대부上大夫로 삼고, 각각에게 땅·집·노비·수레·말을 등차等次에 따라 하사하셨다.

十月,聖母狗二匹引神馬五十匹而至矮山下.上命馬黎畜於石河,以為種馬而牸之. 是年,漢人陳湯殺郅支于康居而傳首至漢,漢以湯矯詔擅殺不為功.湯怨之.湯勇而能劒,欲立功於外,至西域欺郅支曰"奉漢主命,献黃金絹布."郅支引見,湯拔劒斬之殺其部下数人.康居素怨郅支,故皆為湯而滅郅支之衆.郅支驕慢而敗,呼韓邪乃継其後而伯於胡.上聞之,謂漢素曰"不賞陳湯何如."素曰"此乃匡衡讀書之論也.湯要功而矯詔,冒嶮而行刺,失信於隣國,非大国之體也.不功當矣."上曰"漢之待外,年來區區.解袴於白登,賣笑於烏孫,涉何賊於浿上而拜尉.介子刺於樓蘭,收功.陳湯之行,出於二賊之計.匡衡雖匡,前例如彼.豈可曰讀書之論乎.漢人之所為,皆是奸鼠之計不過,使陳湯為豪傑矣,可不笑乎."未幾,湯果至論功,漢之昕為如此矣.

10월, 성모의 개 두 마리가 신마神馬[236] 쉰 마리를 이끌고 왜산矮山[237] 아래로 다다랐다. 주상께서 마려에게 명하여 석하石河[238]에서

---

235) 質山獵舍(行宮)의 동산 ; 울타리를 쳐서 짐승들을 풀어놓아 기르던 곳.

236) 멋지고 神靈스럽게 생긴 말이나 또는 種馬

237) 矮山[ǎishān]은 ①卒本國 西城 인근 낮은 丘陵性 (난쟁이) 山의 하나? ②北京市 昌平區 東隣의 小湯山?

238) 현금 北京市 平谷區 동북변에 있는 四座樓山 南麓 北獨樂河(石河-洵河支流)지경?

길러서 종마種馬로 삼아 암컷을 붙여주게 하셨다. 이 해에 한인漢人 진탕陳湯[239]이 질지郅支[240]를 강거康居에서 죽여 머리를 한漢으로 보냈더니, 한漢은 진탕이 임금의 명령으로 속이고서 멋대로 죽였다며 공적으로 삼아주지 않았고, 진탕은 이를 원망하였다. 진탕은 용감하고 칼 쓰기에 능하였는데, 나라바깥에서 공을 세우고자 서역西域으로 가서 질지를 속이며 이르길 "한漢 임금[241]의 명을 받들어 황금과 비단 및 포목을 바칩니다."라 하매, 질지가 진탕을 곁으로 불러 접견하자, 진탕이 칼을 뽑아서 그를 죽이고 그의 부하 여럿을 죽였다. 강거도 평소에 질지를 원망하던 까닭에 모두들 진탕을 위해 질지의 무리를 멸하였으니, 질지는 교만하다가 패하였고, 호한야가 이에 그 뒤를 이어 호胡(匈奴)의 우두머리가 되었다. 주상께서 이를 듣고 한소에게 말씀하여 이르시길 "진탕에게 상을 주지 않았소이다. 어찌 된 일이오?"라고 하시자, 한소가 아뢰길 "이게 바로 광형독서지론匡衡讀書之論[242]입니다. 공功이 필요한 진탕이 임금의 명령으로 속이면서 위험을 무릅쓰고 칼질하여, 인근 나라에게 믿음을 잃었으니, 큰 나라의 체통이 아니었습니다. 공으로 인정하지 않은 것은 당연합니다."라 답하매, 주상께서 이르시길 "한漢은 외국들을 대응함에 오래전부터 떳떳치 못하고 구차스러워서, '백등白登에서 속곳을 벗고'[243], '오손烏孫[244]에게는 웃음을 팔았으며'[245], '섭하涉何는 패수浿水[246] 곁에서 도적질해'[247] 도위尉[248]가 되었고, '부개자傅介子는 루란樓蘭에서 칼질하였다가'[249] 공을 몰수당하였으며, 진탕의 소행은 2적지계二賊之計에서 나온 것이었소. 광형匡衡[250]이 비록 바로잡았다지만, 전례前

239) 資治通鑑 曰 [冬,使西域都護騎都尉北地甘延壽·副校尉山陽陳湯共誅,斬匈奴郅支單于於康居.]라 한 사건이다.
240) 西匈奴單于로 東匈奴單于 呼韓邪의 兄인 呼屠吾斯임. 즉 郅支骨都侯單于.
241) 漢 高宗 孝元帝 劉奭
242) 가난한 匡衡이 옆집의 벽을 뚫어서 새어나온 火光을 훔쳐 讀書한 數
243) 漢 高祖 劉邦이 匈奴에게 당하고 妻 呂雉를 匈奴單于에게 보내서 陵辱케 한 사건
244) 鮮卑一派
245) 烏孫公主 等의 사건
246) 太行山脈남록 濟原市中의 溴水(湨水). 이 溴水는 '平壤城南涯浿水'의 그 浿水가 아님
247) 涉何의 衛滿朝鮮 裨王살해
248) 資治通鑑 曰 '遼東東部都尉'
249) 鄯善國 初王 尉屠耆의 兄인 樓蘭國王 安歸를 BCE77년에 연회석에서 살해한 사건

例들이 그와 같은데, 어찌 '독서지론讀書之論'[251]을 언급할 수 있겠소? 한인漢人들이 한 일들 모두는 간서지계奸鼠之計에 불과하여, 진탕으로 하여금 호걸이 되게 하였으니, 비웃지 않을 수 있겠소이까?" 라 하셨다. 얼마 후에 진탕은 결국 공을 논하기에 이르렀고, 한漢이 하는 짓거리들은 이와 같았다.

250) 가난하여 남의 집 벽을 뚫어서 훔친 불빛으로 책을 읽었다는 西漢 東海郡 承縣사람으로, 字가 稚圭인 西漢經學家로, 元帝 時에 職位가 宰相에 이르렀음.

251) '匡衡이 심히 가난하여 옆집 벽을 뚫어 불빛을 훔쳐서 讀書한 것은 罪가 아니다.'라는 논리

本紀 第四
본기 제4

東明三年丙戌,正月,以烏伊為太輔主兵大加,摩離為左輔主民大加,陜父為右輔主刑大加,扶芬奴為大[注][252]簿主穀大加.芬奴怒曰"陜父以年少之兒,恃其龍陽之寵,只坐帷幄之中,而無尺寸之功.安能居臣之上乎."上曰"陜父,蕭何也.卿,曹參也.運籌帷幄决勝千里之外,豈可曰無功乎.身被百創親冒矢石卿之力亦大矣,吾豈輕之哉.鼻為醜器而居口之上,手足勞之,口舌坐嘗,皆其才職然也,豈有輕重上下哉.且朕非劉恒,焉用鄧通.卿勿妄言."

二月,仲室氏生女萱氏,張氏生屛太子.命皆賜衣置僚.

三月,黃竜雌雄見于鶻岺,至王骨岺交首脫爪,至南岺蟠交三日.乃以其山為龍山,其水為龍溝.群臣以為祥瑞,而請作宮室于此.上以兵事未盡,不許.

동명3년병술(BCE35), 정월, 오이를 태보太輔·주병主兵대가大加로, 마리를 좌보左輔·주민主民대가로, 협보를 우보右輔·주형主刑대가로, 부분노를 대주부大注簿·주곡主穀대가로 삼으시니, 부분노가 화가 나서 아뢰길 "협보[253]는 나이 어린 아이로 '임금의 고임'[254]을 믿어 군막 속에 앉아있었을 뿐 조그만 공도 없는데, 어찌 신의 윗자리를 차지할 수 있답니까?"라 하니, 주상께서 이르시길 "협보는 소하蕭何[255]이었고, 경은 조참曹參[256]이오. 군막 안에서 계책을 궁리해 천리 밖의 승리를 결정지었소. 어찌 공이 없다 할 수 있겠소? 몸에 수백의 상처를 입으면서 친히 시석矢石을 무릅쓴 경의 애씀 역시 대단하였거늘, 내가 어찌 그것을 가볍게 여기겠소! 코는 못생긴 물건이어도 입 위에 있고, 수족들은 고생하는데 입과 혀는 앉아서 맛을 보오이다. 모든 재능과 직분이 그러하거늘, 어찌 경輕·중重과 상上·하下가 있겠으며, 게다가 짐이 유항劉恒[257]이 아니거늘 어찌 등통鄧通[258]을

---

252) 本傳은 缺字이나 문맥상 '大主簿(大注簿)'를 '大簿'로 誤寫한 것으로 보여 삽입함
253) BCE50년생임.
254) '임금께서 男色으로 삼아 총애하심'으로 번역할 수도 있음
255) 劉邦의 立國時 武臣으로 책략가임
256) 劉邦의 立國功臣인 蕭何 ; 戰略을 韓信과 함께 잘 실행한 武臣
257) 西漢太宗
258) 西漢 太宗의 신하로 世宗과의 특별한 관계를 이용하여 巨富를 쌓았다고 한다.

쓰겠소이까? 경은 함부로 말하지 마시오!"라 하셨다.

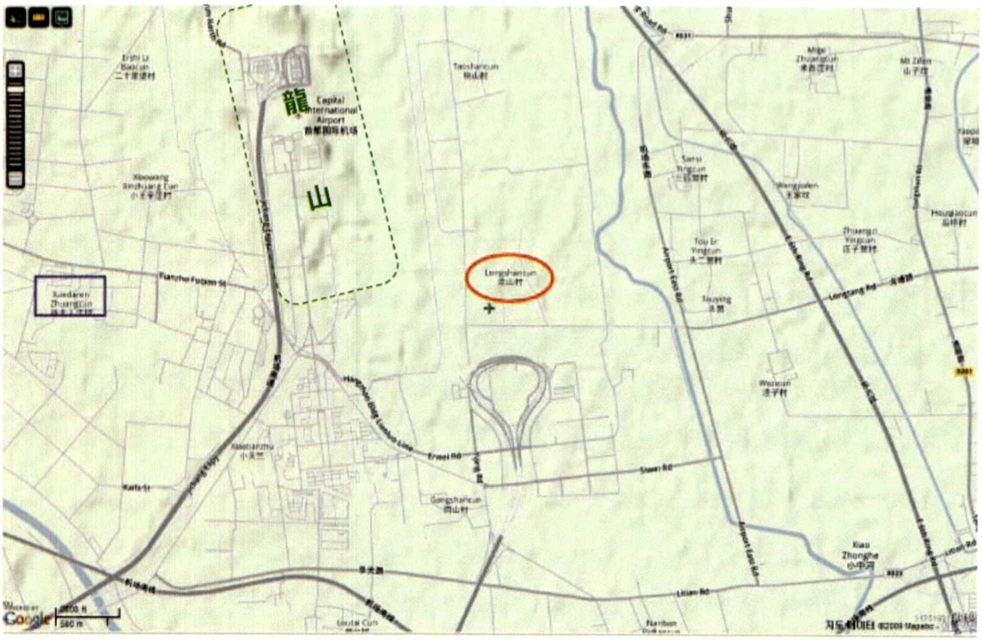

그림-19. 구글지도(2010년以前)상의 龍山村 ; 龍山村은 北京 首都國際機場一般旅客廳舍로 덮였고, 이 서편의 龍山은 貴賓廳舍로 덮였다.

2월, 중실씨가 딸 훤萱씨를 낳고, 장씨가 병屛태자를 낳으매, 하명하여 모두에게 옷을 하사하고 료속을 딸려주셨다. 3월, 누런 용들 암·수가 골령鶻嶺[259]에 나타나서, 왕골령王骨嶺으로 가더니 머리를 서로 비비다가 발톱을 빠뜨렸고, 남령南嶺으로 가서 사흘간 몸을 섞어 똬리를 틀었더니 그 산을 룡산龍山[260]이라 하였고(그림-19) 그 냇물을 룡구龍溝[261]라 하였다. 군신들이 상서로운 일로 여겨 여기에 궁실을 지으시길 청하였으나, 주상께선 전쟁이 아직 끝나지 않았음을 들어 허락하지 않으셨다.

四月,鮮卑王豪全遣使來献土物,請共伐卑離分之.上厚待而送之.陜父曰

259) 鶻嶺(송골매고개), 즉 平谷區 동변의 滑子村지경일 듯

260) 北京首都國際機場자리가 龍山村자리 ; 龍山村 서편 산들이 龍山이고 인근의 河溝가 龍溝이었을 것이다.

261) 北京首都國際機場 서편 溫楡河沿邊의 "龍道泃橋"자리쯤으로 추정됨

"豪全不修臣子之禮而請分卑離,甚無禮.何待之厚而養其慢乎."上曰"彼旧我新,自然之勢也.姑養其慢而擒之,未晩." 上與萱后幸河南大閱軍兵,入優渤行宮,探聖母古蹟,載乳媼鄒加而旼.民曰"我父如天,我母如地."

五月,上如質山探荇人国消息.荇人王祖天好神仙,以黃金為亀事之如神,好奢侈多後宮,後宮子百余人.其母妹婦女皆當夕番.衣服飮食多求於遼東,国人不勝其輸運之苦.国有鹽鐵弓礤荇鴑之産,其利莫[大][262].其民多是遼来之人,多美人佳士仙人嗜用荇菜,故其菜遠及遼華,荇人之名夙暢.味香可食,國中湖沼多生之.祖天以荇鴑養胃肥如豗豚,軍民之政皆委於方士,不務農桑而賣買為業.民有三子,其一為仙其一為軍其一為農.仙者仙院之役也.軍者運鹽之軍也.農者畜也.耕者極少,荒地廣大,多毒蛇大蟲.

4월, 선비국왕 호전豪全이 사신을 보내와 토산물을 바치고 비리卑離(卑离)를 함께 쳐서 나누자고 청하고, 주상께선 그를 후하게 대접하여 보내시니, 협보가 아뢰길 "호전은 신하의 예의를 갖추지 않았고 비리를 나누자고 청하여 심히 무례하였습니다. 어찌 그를 후대하시어 그네의 오만함을 부추기십니까?"라 하매, 주상께서 이르시길 "그네는 오래 되었고 우리는 새로 섰으니 자연스런 형세네. 잠시 그네를 오만하게 두었다가 잡아도 늦지 않네."라고 하셨다. 주상께서 훤후와 함께 하남河南[263]으로 거둥하여 친히 군사들과 병장기들을 검열하셨고, 우발優渤[264]행궁을 들르시어 성모의 옛 자취를 찾아보시고 젖어미 추가鄒加를 태워서 돌아오시니[265], 백성들이 이르길 "우리 아비는 하늘과 같으셨고 우리 어미는 땅과 같으셨다."고 하였다.

5월, 주상께서 질산質山[266]으로 가셔서(그림-20참조) 행인국荇人国의 소식을 탐문하셨다. 행인국왕 조천祖天은 신선神仙을 좋아해 황금으로 거북을 만들어서 그것을 신神처럼 섬겼고, 사치를 좋아하고 후궁들이 많아서 후궁자식들이 100여 인이나 되었으며, 그의 어미·여동

262) 本傳엔 '木'으로 필사된 듯 보이나, '大'의 誤寫로 보았다.
263) ①沸流軍과 싸웠던 그 河南으로, '密雲湖'남린 '潮·白河'합수처 南原의 '河南寨鎭'지경? ②遵化·遷安 間의 灤河(灤河,栾河)南岸 河南砦지경?
264) '優渤'은 '소 발' 즉 '牛足' 즉 '牛蹄' ; 작금의 西土國地圖엔 '牛提'로 表記되어 있다.
265) 優渤(水)行宮은 熊心山 서편 牛提山 아래의 長河연변 徐家庄쯤인 듯(그림-7참조).
266) 山西省 북변 '右玉縣 鉄山[zishan]'지역 추정(右玉縣 紅河邊 鉄山_鉄山堡之境)

그림-20. 質山(銕山)·質山原·滸口(殺虎口)·滸原·雙江(双河) 추정지

생·며느리·딸 모두들이 번갈아서 밤일을 감당하였다. 의복과 음식은 많은 것이 요동遼東267)에서 조달하여 나라사람들이 그것들을 수레로 운송하는 고역을 피하지 못하였고, 나라에선 '소금鹽·철鐵·활弓·살촉鏃·행채荇菜·거위鵞가 산출되어서 그 이득이 막대하였다(그림-21).'268) 그곳 백성들은 다수가 요遼땅에서 온 사람들이고, 많은 미인들과 품행 단정한 선비와 선인들이 행채荇菜를 즐겨 먹고 소용하여 '행채가 멀리 요遼269)·화華270)까지 다다랐더니'271) 행인국荇人 이름이 일찍이 퍼져나갔으며, 맛과 향이 먹기 좋았고 나라 안의 호소湖沼들에서 많이 나고 있었다. 조천은 행채와 거위로 배를 불려서 두더지나 돼지처럼 살이 붙었고, 군정軍政과 민정民政은 모두 방사方士들에게 맡겨 놓고서 '농경과 양잠은 힘쓰지 않으며'272) 팔고사기를 일로 삼았다.

---

267) 譯者는 이 遼東을 山西省 淸漳河以東 쯤으로 추정한다.

268)①內陸의 소금산지와 鐵산지를 겸하여 기준하면 鄂爾多斯·准格尔지역과 和林格爾평원지역이 최적지로 추정되고 ②荇菜의 소비지로 보면 遼州와 華州를 함께 貿易할 수 있는 南流黃河 북부지역으로 추정된다.

269) 山西省 중동부 遼山(遼河,遼水)

270) 陝西省 남동부 華山 ; 혹시 玉華山이나 泰華山?

271) 荇人國은 遼山(遼河)와 華山으로부터 멀리 떨어져 있었다.

백성들은 아들이 셋이면, 하나는 선仙을 하고 하나는 군軍에 가고 하나는 농사農를 하였는데, 선仙을 하는 것은 곧 선원仙院에서 노역하는 것이고, 군대는 소금을 운송하는 군사들이었으며, '농사는 곧 짐승을 기르는 것이고'273) 경작耕하는 이가 극히 적어서 버려둔 땅이 넓었고, 독사毒蛇와 큰 맹수들大蟲274)이 많았다.

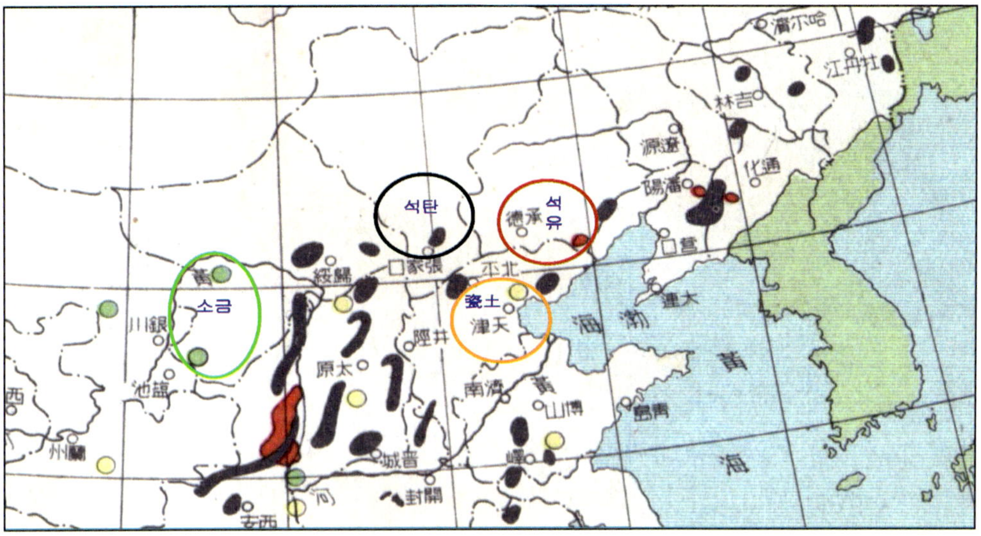

그림-21. 소금 및 석탄(제철연료) 산지분포 ; 張家口市주변은 철광석·석탄 산지로 유명하였음(中國分省新地圖,1948)

祖天有三京,夏居海山,冬居滸原,春秋在北棘.其母蘭氏,遼東女也.天父山以千金買之為妻生子天,而出獵為虎噉而死.天年幼,山弟雷代立,亦以蘭為妻生女数人而未能生子.天乃烝而生子雲,蘭勧雷傳位於天以如約,雷回避不行而陰欲殺天.蘭遂與天因其醉而絞殺之,遂立天.天委政於蘭,而養鶴馴鹿紺紙金泥寫符画仙而優遊度日,不知戦闘弓馬之術.田野荒廢,取穀於黃竜卑离以鹽償之.上禁黃竜之穀,故飢寒者日攷于質山.質山多獸多林,無飢寒之憂.蘭氏年過紀甲而窃奸方士.祖天怒殺呂君方君吳君等,皆蘭之情夫也.於是,蘭氏使其親族欲廢祖天,而事發,蘭黨多被誅戮.幽其妻蘭氏於荇泉,以其第四妻鶩氏為正妻,乃蘭生雷女也.鶩以其庶弟祖君為相,庶姪旺發為将,而盡逐方士,登用

272) 耕作하기에 不適合한 땅이어서?
273) 荒蕪地에 가까운 沙漠과 草原·樹林으로 된 지역?
274) 虎·豹·熊같은 사납고 큰 猛獸들

真仙.國中上下離心,不知變出何時.蘭氏使侄子蘭秀上書于帝曰"臣蘭,素以遼東世族,為山之妻而生天.月余,山傷沒,委妾於其弟雷曰'天年至十五,汝可立天.'天年十五而夙成,能與臣作雲雨.雷不如約而立天,反妬臣,與天好三年相持,必竟雷受神罰而死.時,臣年尙少,謹守從子之義,勉為三世之妃,生其五子二女,極盡貞誠至於老耗,故時吸佳郎之精華以補元氣.天妬以為奸,幽此老妾于荇泉別宮,違其荇鶩之養,背恩之甚,莫若斯也.願陛下興師問罪.臣當擧義,雖無桂后之美,當盡陀勃之誠."上嘉之,賜密詔諭之曰"朕當為卿雪恥.卿其謹勵自愛."仍賜不老酒二缸.蘭秀辞去,上手額而西曰"殆天之賜我者歟."命伐質山之木以造船于獎江.獎江人尾山献黃金七千斤,上命召后作魚花以賜後宮及公卿夫妻. 旃妃生旃花公主.

조천祖天은 도읍京이 셋으로, '여름엔 해산海山[275]에 거처하고, 겨울엔 호원滸原[276]에 거처하며, 봄·가을엔 북극北棘[277]에 있었다.'[278] 그 어미인 란蘭씨는 요동遼東 여인이고, 조천天 아비 조산山이 천금[279]을 주고 사다가 처로 삼아 조천天을 낳더니 사냥을 나갔다가 호랑이에게 물려서 죽었다. 조천이 나이가 어려, 조산 동생 조뢰雷가 대신 보위에 올랐고 역시 란蘭씨를 처로 삼아 딸을 여럿 낳았지만 아들은 낳을 수 없었다. 조천이 이에 치붙어 아들 조운雲을 낳으매, 란씨가 조뢰에게 약속대로 조천에게 보위를 물려주길 권하니, 조뢰는 회피하며 그리하지 않았고 몰래 조천을 죽이려 하였다. 란씨가 이윽고 조천과 함께 그를 취하게 해서 목을 졸라 죽이고 조천을 보위에 세웠는데, 조천은 정사는 란씨에게 맡기고 학을 기르고 사슴을 길들이며 감색종이紺紙에 금니金泥[280]로 부적符籍을 묘사하고 신선神仙을 그리며 한가하게 세월을 보냈으니, 전투하고 활과 말을 다루는 재주는 알지 못하고, '밭과 들판은 황폐하여 곡식을 황룡과 비리에서 얻고

275) 鄂爾多斯북변 東流黃河중류 包頭市지경 南海子~北海星 일대의 山地로 추정함

276) 滸原·滸口는 質山(原)쯤에서 發源한 青水河 隣近地域이었을 것; ①冬節에 燃料·食料가 豊富한 내몽고 和林格爾 土城子일대? ②내몽고 河套北東部(準格爾旗) 丘陵性 樹木山地의 北流河川들인 和蘇台河·呼斯太泊·哈什拉川지경?

277) 歸綏市(歸化城·綏遠城) 西隣의 畢克齊(或曰畢齊克齊)지경?

278) 鹽·銕·礁石·荇菜가 토산물인 내몽고 河套·呼和浩特·和林格爾 平原 일대로 추정

279) 金 千兩 즉 많은 돈

280) 金을 녹인 액체 즉 금물

소금으로 갚았다.'[281] 이에 '주상께서 황룡의 곡식을 금하셨고'[282], 그런 까닭에 굶주리며 추위에 떨던 이들이 매일 질산으로 몰려들었다. 질산엔 짐승과 숲이 많아 굶거나 추위에 떨 걱정이 없었다. 란씨가 환갑을 지난 나이에 방사方士[283]들과 몰래 통정하매, 조천이 려군呂君·방군方君·오군吳君 등을 죽였으니, 모두가 란씨의 정부들이었다. 이에 란씨가 자신의 친족들을 시켜 조천을 폐하려다 일이 발각되어 란씨 무리 여럿이 베여죽었음에, 제 처 란씨를 행천荇泉[284]에 가두고 자신의 넷째 처 아씨鵞氏를 정처正妻로 삼았으니 란씨가 낳은 조뢰의 딸이라. 아씨가 제 서제庶弟 조훈祖焄을 재상으로 삼고 서질庶姪 왕발旺發을 장수로 삼아 방사들을 모두 내쫓고서 진선眞仙[285]들을 등용하매, 나라 안의 높고 낮은 이들의 마음이 흩어져서 언제 변고가 생길지 모를 일이었더니, 란씨가 조카자식 란수蘭秀를 시켜 추모제께 글을 올려 아뢰길 "신 란蘭이는 본시 요동세족遼東世族으로 조산의 처가 되었고, 조천을 낳은 지 한 달 남짓에, 조산山이 다쳐서 죽게 되자 첩을 제 아우 조뢰雷에게 맡기며 이르길 '조천이 나이 열다섯이 되거든, 자네는 조천을 보위에 세워야 하네.'라 하였습니다. 조천이 나이 열다섯에 숙성하여 능히 신과 함께 운우雲雨를 나누는데도, 조뢰雷가 약조한 대로 조천을 보위에 세우지 않았고 도리어 신을 시샘하며 조천과 함께 족히 3년을 서로 대치하였습니다. 끝내 조뢰雷는 신벌神罰을 받아 죽었고, 그때 신은 나이가 아직 젊어 아들을 따르는 도리를 삼가 지키며 부지런히 3세비三世妃[286]를 하였습니다. 그의 아들 다섯과 딸 둘을 낳으며 극진히 정성을 다하다가 늙고 쇠잔해진 까닭에 때때로 멋지고 젊은 남자들의 정화精華를 흡입해 원기를 회복하였더니, 조천이 투기하여 간통하였다며 이 노쇠한 첩을 행천별궁荇泉別宮에 가둬놓고 행채와 거위로 공양하는 도리는 저버렸습니다. 은혜를 저버림이 이같이 심할 수는 없사와, 원하옵건

281) 黃龍과 卑离는 穀倉이며, 荇人國에서 나는 食鹽을 運送하기 좋은 지역이었음
282) 食糧供給을 遮斷 ; 遼東이 黃龍國의 穀倉이었던 듯. 遼東의 一部는 黃龍故地
283) 修道仙人
284) 荇菜 主産地 ; 荇菜는 湖沼植物이니, 荇泉은 呼蘇台泊 또는 紅·黃·靑水하류 쯤?
285) 得道한 仙人
286) 祖山之妃·祖雷之妃·祖天之妃 ; 3代를 연이어 妃를 하며 살았다는 말이다.

대 폐하께서 군대를 일으켜 죄를 물으시면, 신은 마땅히 의병을 일으킬 것이오며 비록 계桂후의 미모는 없지만 응당 연타발의 정성을 다하겠습니다."라 하매, 주상께서 이를 기뻐하시며 은밀히 조칙하여 유시하시길 "짐이 경의 수모를 갚아주겠소. 경은 삼가 힘써 자애自愛하시오."라 이르시고 불로주 두 항아리를 하사하셨다. 란수가 감사하고 떠나가자, 주상께선 '손을 이마에 대셨다가 입을 가리면서 이르시길'287) "하늘이 내게 주신 사람 아닌가!"라 하셨고, 명을 내려 질산의 나무들을 베어서 쌍강雙江288)에서 배들을 지으셨다. 쌍강사람 미산尾山이 황금 7천근을 바치매(그림-20,-25 右下의 雙河), 주상께선 소召후에게 명하여 금어金魚·금화金花를 만들어 후궁들과 공경부처公卿夫妻들에게 하사하셨다. 을전旃비가 전화旃花공주를 낳았다.

六月,上與桂娄后如桓那,謁桓淑祠及柘公,賜大宴桂氏桓氏之族,賜桓福母桂孟子彩紗魚花如皇后例,乃桂后之姊也.時,桂后方娠高婁太子而當其誕辰

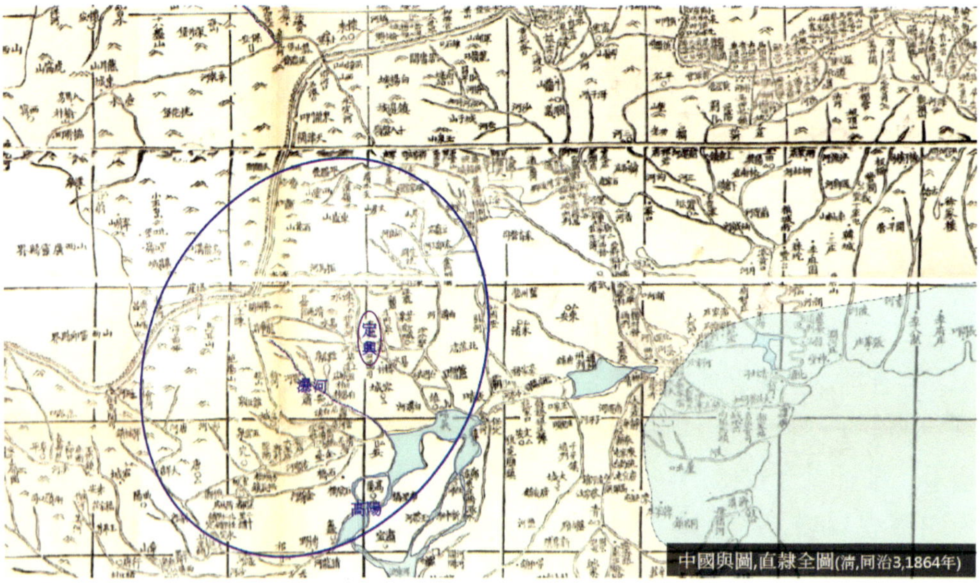

그림-22. 桓那國宗戚男女들과 遊戱한 淌水는 어디? 本傳記錄을 綜合하면 桓那國은 東北接卒本·西接黃龍·南接勾茶·東南接涉羅이니, 그림에 표시한 지역(現今 保定市일대, '高陽' 포함)이 그 강역으로 추정됨.

287) ①이미 기다렸던 것을 얻어 하늘에 감사하며 ②멀어지길 기다렸다가 조심스럽게

288) 雙江은 銕山(質山)南部를 西流하여 紅水河(滄頭河)로 흘러드는 双河(雙江,雙水)

故有此佳宴.桂孟子亦得上寵而有娠,桂氏一門之榮於此極矣.桂桓亦羊吉之族也.桂后之[父]289)桂亮,本羊山之庶子也,為桓那女主桓淑之夫而生桂后姊妹三人.桓淑之祖亦出於羊山之祖,乃羊川之庶兄也.上與桓那宗戚男女遊於淌水.淌水[楝桶]290)献瓜,賜其姓椽氏.楝桶者以楝皮為桶者也.

6월, 주상께서 계루桂婁후와 함께 환나桓那로 가시어 환숙桓淑291)의 사당과 자柘공292)을 배알하시고, 계桂씨·환桓씨 혈족들에게 큰 연회를 베푸셨다. 환복桓福 어미 계맹자桂孟子에게 고운비단과 금어魚·금화花를 황후의 법식처럼 하사하셨으니, 계후의 언니였다. 이즈음에 계후가 바야흐로 고루高婁태자를 임신하였고 그녀의 탄신일을 맞이한 까닭에 이리 멋진 연회가 있었다. 계맹자 또한 주상의 승은을 입어 임신하였으니, 계씨일문의 영예가 이에 극에 닿았다. '계씨·환씨 역시 양길의 혈족이었다.'293) 계후의 아비 계량桂亮은 본시 양산羊山의 서자庶子로 환나 여임금 환숙의 지아비가 되어서 계후 자매 세 사람을 낳았고, 환숙의 할아비 역시 양산의 할아비에게서 나왔으니 곧 양천羊川의 서형이다. 주상께서 환나 종척 남녀들과 함께 탕수淌水294)에서 즐기시는데, 탕수사람 연통楝桶이 참외瓜를 바치매, 그에게 연椽씨 성姓을 내려주셨다. 연통楝桶은 연목楝木껍질로 만든 통桶이다.

七月,上自桓那如黃竜,訪羊吉妻芉英.芉花之妹,初為鮮存妻生文,乱後為羊吉妻生其六子.吉死,年已四十三,欲剃髮為尼,宝得强烝之為後宮.其子文為荇人國天帝欲迎去,宝得不許.至是,被上寵入瓊宮.芉英與禾英,端懿,能通北夫余仙儀古楽.上使公卿子弟能解音律者受其業,置于州郡以為東明仙子,使之尙義崇武.女曰仙娘,尙美崇文,以茶餑為禮. 八月十五日,始行月歌于東郊,以萱后為月仙.仙子仙娘之會者千人,上各賜匹練. 十月十日,設東明大會於神

---

289) 本傳에 [父]字가 缺寫된 것으로 보아 挿入한다. 桂亮은 桂婁后의 生父이다.

290) 本傳에는 [楝桶]으로 筆寫되었으나, 주어진 姓氏가 [椽]임에 [楝桶]의 誤寫로 본다.

291) 慕漱帝 寵姬였던 桓淑은 桂婁의 生母임

292) 慕漱帝의 桓淑소생 아들이어서 芻牟의 이복형이다.

293) 桓那國은 女王國이었으나, 女王의 아비를 기준으로 한 서술이다.

294) 淌水는 桓那國 位置(卒本國南方·黃龍國東方·勾茶國東北方)를 特定 ; 淌水란 이름의 文字的 뜻은 '물결이 크게 이는 河川이나 湖水'로 拼音은 탕[tǎng]·창[chàng]임 ; ①山西·河北省을 흐르는 '唐河'? ②徐水縣을 지나는 鷄瓜河(瀑河,雹河)? ③定興縣을 貫流하는 易水? 한여름 遊戲處 淌水는 '河北省 定興·徐水·清苑縣'지경 湖水일 수 있겠다.

隧.仙子仙娘之會者七千余人.上與三后五妃親臨,按舞娛神,賜之襪巾.命公卿夫人皆以素衣奉饌.時,群鳩自東来播麥于神田,群臣山呼.上與三后東向,拜謝聖母之恩. 桂后生皇子高娄.狀皃魁杰,口鼻耳目多類於帝.上大喜曰"此子必興吾家"乃名高娄,召萱太子沸流太子屛太子,置之膝上而娛之.加桂后奴婢湯邑.高娄者取后名,高字取于顓頊高陽氏也.

7월, 주상께서 환나에서 황룡으로 가시어 양길 처 간영芊英을 찾아보셨다. 간화芊花의 여동생으로, 애초 해존295)의 처가 되어 해문文을 낳았고, 난리 뒤에 양길의 처가 되어 그의 여섯 아들을 낳았다. 양길이 죽자, 나이 이미 마흔 셋이어, 머리를 자르고 여승尼이 되려 하였으나, 보득296)이 억지로 치붙어 후궁을 삼았다. 그녀 아들 '해문이 행인국 천제가 되고서'297) 모셔가려 하였으나, 보득이 허락하지 않았고, 이때 와서 주상의 승은을 입어 경궁으로 들어갔다. 간영芊英은 화영禾英298)과 함께 바르고 의로웠으며, 북부여의 선의仙儀299)와 고악古樂에 능통하였다. 주상께서 공경들의 자제 중에 음률音律을 깨친 이들로 하여금 그 기예를 배우게 해서 주·군에 배치하고 동명선자東明仙子로 삼으시어 그들로 하여금 의義와 무武를 숭상하게 하셨다. (공경들의) 딸들은 동명선랑仙娘이라 하였으니, 미美와 문文을 숭상하고 차茶와 떡餠을 예도禮度로 삼았다. 8월, 보름에 월가회月歌會를 동교東郊300)에서 처음 거행하시고, 훤후로 월선月仙301)을 삼았다. 모여든 선자仙子·선랑仙娘들이 천 사람이었고, 주상께선 각각에게 명주를 한 필씩 하사하셨다. 10월, 10일에 신수神隧302)에서 동명대회東明大會를 여셨다. 모여든 선자仙子·선랑仙娘이 7천여 사람이었다. 주상께선 3후·5비들과 함께 몸소 임석해 안무按舞하시어 신을 즐겁게

---

295) 慕漱帝의 長子로 荇人天帝

296) 芊花가 낳은 羊吉의 아들

297) 慕漱帝 末年에 侯國들이 稱王하더니, 慕漱帝 死後에 서쪽 땅 匈奴에선 5單于가 亂立하고, 不而城西方지경의 鮮卑인 卑离(西夫余)가 西帝를 칭하고, 東夫余가 東帝를 칭하니, 이에 荇人도 天帝를 칭한 것으로 추정됨.

298) 賈達이 낳은 禾相의 딸

299) 仙道의 儀禮

300) 卒本國 西城의 東郊?

301) 月歌會主管者

302) 高句麗가 神에게 祭祀하던 ①큰 洞窟 즉 隧穴, ②구멍 뚫린 巨大巖盤일 수도 있음.

하셨고, 그들[303]에게 버선襪[304]과 두건巾을 하사하셨으며, 공경들의 부인들에겐 명하여 모두들 흰옷차림으로 음식을 뒷바라지하게 하셨다. 이때, 비둘기 떼가 동쪽에서 날아와서 신전神田[305]에 보리를 파종하니, 뭇 신하들이 만세를 불렀고, 주상께선 3후들과 함께 동쪽을 향해 절하여 성모의 은혜에 감사하셨다. 계후桂后가 황자 고루高婁를 낳았다. 용모와 얼굴이 출중하기 으뜸이고 입·코·귀·눈이 추모제를 많이 닮았음에, 주상께서 매우 기뻐하시며 "이 아이가 필시 내 집안을 흥하게 할 것이야."라 하시고 '고루高婁'로 이름을 지으셨으며, 휜萱태자·비류沸流태자·병屏태자를 부르시어 무릎에 앉혀서 그들을 즐겁게 하셨다. 계후에겐 노비와 탕읍湯邑을 얹어주셨다. '고루高婁'[306]라 함은 '계후의 이름'[307]을 취한 것이고, '고高'자字는 전욱顓頊 고양씨高陽氏[308]에서 취한 것이다(그림-22의 '高陽' 참조).

十一月,納黃竜王宝得女禾氏為小妃,乃禾英之出也.上愛其鮮古楽,命入桂后宮受寵.至是,封妃置僚屬.　荇人国天帝鮮文逃來,上大喜封為荇人王,仍練黃龍兵一万於河濱.上與芊英禾英禾小妃閱之,禾英媚上曰"妾閱兵亦多,而未有如此之盛.且見英雄雖多,未見如陛下之聖."上笑曰"無乃莫知其子之惡,而但見其苗之碩者乎."時,荇人国多飢民且失天帝,上下洶洶.上遣粟救之,召其王祖天來觀鍊兵.祖天許之,其妻鶩氏疑有變而諫曰"大王得罪於母蘭,今母子相隔.朱蒙以此檎之,奈何."祖天然之,使其二妻子祖原來,献珊瑚盃而奏曰"臣父有喘氣之證,入朝中途病劇留之,命臣來謝."上曰"汝父之病,何不早言邪."乃以喘薬遺之,厚待而送之.鮮文曰"叔父何不留原而送之乎.彼乃假病,必不来矣."上笑曰"來亦好,不来亦好矣.豈有捕牢中之豚者扰."是日,大酺将卒,上通禾英於幄舍,陜父諫曰"陛下既多後宮.何必又此老狐乎."上曰"吾豈好為扰.但憐渠老而無依也."英,買達所生禾相女也.時年四十,血氣尙壮,容色未衰.

---

303) 三后五妃? 仙子仙娘?

304) 女人(仙娘)들이 허리에 매는 '넓은 허리띠'로 해석해도 가능할 것이다.

305) 神隧 곁에 딸린 田野

306) 高句麗 皇室後裔 중에 "高"字를 "氏"로 쓰는 後裔의 始祖 ; 高氏는 皇位에 오르지 않았다. 芻牟(朱蒙)는 鮮氏이다.

307) 桂婁

308) 上古時節 三皇五帝의 一人인 帝顓頊으로 高陽에서 나라를 일으키고 帝邱에 都邑하였다고 함. 譯者가 桓那故地로 추정하는 河北省 淸代 保定府 東部에 高陽縣이 있음도 奇妙하다. 唐土名勝圖會.保定府總圖(日,1805)는 高陽縣에 顓頊의 陵이 있다 하였다.

上頗有惑焉而有此言.英,幼時侍潄帝有寵,歷佗利旺弗羊福羊吉宝得.宝得自幼長於英懷及生禾妃,遂為宝得妻連生子女.元年冬,故入瓊宮,寵日加焉,遂納其女禾妃.此乃聖人之微瑕也,陜父曰"'聖人大度,非小人可窺也.'此之謂'無可無不可者歟.'" 烏伊妻大禾氏生上女穡公主,以為烏伊女.上每至公卿邸,幸其妻女,而生子亦多,皆為公卿之子女.芉花累言"大禾當納後宮."上以烏伊為柱臣,而不許.

11월, 황룡왕 보득의 딸 화禾씨를 거두어 소비小妃로 삼으셨으니, 화영禾英[309]의 딸이었다. 주상께서 그녀가 고악古樂을 깨친 것을 어여삐 여기사 명을 내려 계후의 궁으로 들여서 승은을 내리셨으며, 이때 와서 비妃로 봉하고 료속을 둬주신 것이라. 행인국천제 해문이 도망쳐왔더니, 주상께서 몹시 반기시며 행인왕을 봉하시고 이어서 황룡군병 1만을 하빈河濱에서 훈련하셨다. 주상께서 간영芉英·화영禾英·화禾소비와 함께 그들을 열병하시니, 화영이 주상께 아양 떨며 아뢰길 "첩도 열병한 적이 역시 많아도, 이같이 멋진 적은 아직 없었고, 게다가 비록 많은 영웅들을 보아왔지만 폐하처럼 멋진 분을 아직 본 적이 없습니다."라 하매, 주상께서 웃으며 이르시길 "그 사람의 악행을 모르는 게 없소. 다만 오직 그 후예 중에서 충실한 이를 눈여겨보고 있소!"라 하셨다. 이즈음에 행인국은 굶는 백성이 많았고 게다가 천제[310]까지 잃어서 높고 낮은 이들이 흉흉해하였음에, 주상께서 곡식을 보내 그들을 구제하시고 그 왕 조천을 불러서 군사들이 훈련하는 것을 지켜보게 하셨다. 조천은 그리 하겠다고 하였다가, 그 처 아鵞씨가 변고를 당할까를 의심하여 말리면서 아뢰길 "대왕께선 어미 란蘭에게 죄를 지어, 지금 모자가 서로를 멀리하고 계십니다. 주몽이 이것으로써 붙잡으면 어쩌시려고요?"라 하매, 조천이 그리 여겨 둘째 처의 아들 조원祖原을 사자로 보내왔더니, 산호술잔珊瑚盃을 바치고 상주하여 아뢰길 "신의 아비께선 천식증세가 있사와, 입조도중에 병이 심해 지체하시며 신에게 명하여 찾아와서 사죄드리게 하셨습니다."라 하매, 주상께서 "네 아비의 병을 어찌 일찍 말하지 않았는가?"라 이르시고 천식 약을 그에게 건네주고 후

---

309) 賈達이 낳은 禾相의 딸
310) 荇人國天帝 즉 解文

하게 대접해 보내주셨다. 해문이 아뢰길 "숙부께선 어찌 조원原이를 잡아두지 않고 풀어줘서 돌려보내십니까? 그는 꾀병이고 필시 오지 않을 것입니다."라 하매, 주상께서 웃으며 이르시길 "와도 역시 좋고, 오지 않아도 역시 좋네. 어찌 우리 안에 갇힌 돼지를 사로잡겠나?"라 하셨다. 이날, 장졸들에게 큰 잔치를 벌여주시고, 주상께서 화영禾英과 장막에서 상통하셨더니, 협보가 간하여 아뢰기를 "폐하께선 이미 후궁들이 많으신데, 하필 또 이런 늙은 여우십니까?"라 하자, 주상께서 이르시길 "내가 어찌 그리하길 좋아하겠소! 다만 저이가 늙고 의지할 이가 없음을 가련하게 여겼을 뿐이오."라 하셨다. 화영英은 가달賈達소생 화상禾相의 딸이고, 이때 나이 사십인데 아직 혈기왕성하고 용모와 안색도 아직 쇠하지 않았으며, 주상께서도 꽤나 혹하셨기에 그리 이르신 것이라. 화영은 어릴 적에 모수제를 시종하여 총애를 받았고, 타리·왕불·양복·양길·보득을 거쳤다. 보득이 어린애 때부터 화영 품에서 장성하였고, 화禾비를 낳기에 이르더니 이윽고 보득의 처가 되어 연거푸 아들딸을 낳았다. 동명원년[311] 겨울에 경궁으로 들어왔고, 총애가 날로 더해졌더니, 드디어 자기 딸 화禾비를 바쳤다. 이것이 성인聖人으로서는 작은 흠결이었음에, 협보가 이르길 "성인의 큰 도량을 소인들은 엿볼 수 없다더니, 그 말이 '해야 하는 것도 없고, 하지 말아야 것도 없다.'함을 말함인가?"라 하였다. 오이 처 대화大禾씨가 주상 딸 당糖공주를 낳으니, 오이의 딸로 삼으셨다. 주상께선 매양 공경들의 저택에 가실 적이면 그의 처와 딸에게 승은을 내리신지라, 자식을 낳으심 또한 많았으나 모두를 공경들의 자녀로 삼아주셨다. 간화가 여러 차례 말씀드리기를 "대화는 응당 후궁으로 들이셔야 합니다."라 하였지만, 주상께선 오이가 기둥뿌리신하인 까닭에 윤허하지 않으셨다.

十二月,松讓有疾.遣黃竜国薬師胡瞖,往治之.時,天寒多厲疾,發黃竜薬師孝寧等十二人漢人朱槐等七人施薬治療,使公卿大夫夫人詣軍營慰将卒之有疾者,賜衣酒以次.又命貫貝往見松讓疾,貝以娠満辞之,不許. 時,淹淲河南湯東汗濱河濱有水陸両軍,質山中川桓那牛壤西城有車騎両軍,皆置将軍司馬以

311) 東明元年 즉 BCE37년

統之. 萱后生高陽公主.上與好太后受后妃宗女之賀于萱后宮,賜酒宗室公卿之在府者. 扶芬奴妻禾岑生芬奴二子,而又得上寵而娠.上慮其年近五十,遣医監娠.医還報非娠而逆胃也,上幸之,親持胃劑而往慰之.岑痛其非娠,更願薦枕.上恐其難産,而不許.岑,羊吉之姉也.其母鸞,上之二姉也.上憐其数奇,而封為公主,賞賜甚多. 卑离王簹公遣使来,献東池之魚,曰“願與吾弟船遊於池上而欲慰先帝在天之靈.可與禾英姉同来.”上笑曰“吾兄亦幼矣.”厚待其使而送之.

12월, 송양이 질환이 있어서, 황룡국 약사 호둔胡臀을 보내 찾아가서 그를 치료하셨다. 이즈음, 날씨가 춥고 돌림병이 많아서, 황룡약사 효녕孝寧 등 12인과 한인漢人 주괴朱槐 등 7인을 보내 약을 써서 고쳐주시고, 공경대부들의 부인들로 하여금 군영으로 가서 질환이 있는 장졸들을 위로하게 하셨으며, 옷과 술을 품계에 따라 하사하셨다. 또한 관패에게 명하여 송양의 질환을 가서 들여다보게 하셨고, 관패가 만삭을 핑계하였지만, 허락하지 않으셨다. 이즈음, '엄표淹淲·하남河南·탕동湯東·한빈汗濱·하빈河濱에는 수水·륙陸 양군兩軍이 있고'[312] '질산質山·중천中川·환나桓那·우양牛壤·서성西城에는 거車·기騎양 군이 있었으며'[313] 모두에 장군將軍·사마司馬를 두어 그들을 통솔하셨다. 훤후가 고양高陽공주를 낳으매, 주상께서 호태후와 더불어 후·비들과 종친 여인들의 하례를 훤후의 궁에서 받으시고, 도읍에 있는 종실과 공경들에게 술을 하사하셨다. 부분노의 처 화잠禾岑이 부분노의 둘째아들을 낳고서, 또 주상의 승은을 입어 임신하였다기에, 주상께서 그녀의 나이가 쉰에 가까움이 걱정되어 의원을 보내 임신을 감별케 하셨더니, 의원이 돌아와 고하길 "임신이 아니고 역위逆胃[314]입니다."라 하였다. 주상께선 다행으로 여기셨고 친히 위약胃藥(胃劑)을 갖고 거둥하여 그녀를 위로하셨다. 화잠岑이 임신이 아니었음을 애통히 여겨 다시 잠자리시중을 청하였으나, 주상께선 난산을 걱정해 윤허치 않으셨다. 화잠이 양길의 누님이고 그녀의 어미

312) 水軍·步兵이 훈련·주둔하기에 적합한 지역. 즉 騎馬兵과 車騎兵을 운용하기엔 지리적으로 부적합한 곳

313) 開豁지역과 山岳지역으로 戰車부대 및 騎馬부대를 훈련·주둔하기에 적합한 지역

314) 胃가 飮食을 잘 받아들이지 않아서 嘔吐·嘔逆하는 症勢.

해란鸞이 주상의 둘째 누님인지라, 주상께서 그녀의 기구한 운수를 가련히 여겨 공주로 봉하고 매우 많은 상을 주셨다. 비리왕卑离王 해보簠[315]공이 사신을 보내 찾아와서 동지東池[316]의 물고기를 바치고 알리기를 "원하노니 내 아우[317]와 함께 호수에서 뱃놀이하여 하늘에 계신 선제先帝[318]영령을 위로코자 하니, 화영禾英누님과 함께 오시면 좋겠네."라 하매, 주상께선 "내 형님도 역시 철없으시네."라 이르시고, '그 사신을 후하게 대접하여 전송하셨다.'[319]

---

315) 賈達后가 낳은 慕漱帝 아들(BCE67年生)로 禾英의 이부동모 남동생

316) 北夫余도성(不而城)을 隣接한 卑离영역으로, 옛 지도들에 짝으로 그려진 듯한 ①張家口市 張北縣 서북부의 安固里淖? ②張家口市 북단 九連城鎭 북변의 古市遺址를 인접한 동편의 湖水?

317) 芻牟

318) 慕漱帝

319) 鮮卑族 卑離國은 慕漱帝 北夫余의 侯國으로, 初期 高勾麗의 兄弟國 또는 侯國..

芻牟鏡 中
추모경 중

원문출처(http://mf.history.go.kr/Pdf/MF0020000/00322325.pdf)

芻牟鏡 卷四
추모경 권4

本紀 第五
본기 제5

東明四年丁亥,春正月,發河南湯東汗濱軍三萬,上親征湯東賊十部落,燒其窟而逐出黑水之外.荻得餘衆誘引北沃沮靺衆,稍稍南下窟於黑水南岸年年增加,與敦河利勿之賊遙遙相應,将有大擧南下之兆.故上豫為之,伐自水口至梁山之間十部落五十餘屯,殺賊一万五千虜八千余口.餘皆遁入敦河,敦河賊之来援者亦多殺傷.是戦亦以火攻得勝.賊耐寒而不能耐火,爛者不能起,以上為火神畏之,不敢抗拒.北沃沮諸賊,見皇軍之渡河,皆遠遁北塞依山而居,遣使約降請歲修朝貢者十二.上凱旋河南,召楽浪王柴吉而獵于矮山.柴吉歲修朝貢以誠,故上優待之,而以其為東扶余之屬国,使之安土.然,柴吉不能自安,願以女献.上命陜父妻之,是為柴花夫人.

동명4년정해(BCE34), 춘정월, '하남·탕동·한빈 군대'[1] 3만을 동원해, 주상께서 친히 '탕동적 10부락'[2]을 정벌하사, 그 소굴을 불사르고 흑수黑水[3]바깥으로 몰아내셨다. 적득荻得[4]의 남은무리가 북옥저[5] 말갈무리靺衆를 꼬여서 이끌고 점점 남하하여 흑수黑水 남안에다 굴을 파는 일이 해마다 늘었고, '돈하敦河·이물림利勿林'[6]의 적도들과 함

---

1) 곧 水·陸 兩軍
2) 湯河以東(湯東郡)(潮河灤河上流)지경에 들어와 살고 있는 末曷 10部落
3) 湯河(湯山)以東 黑水 ; ①平泉縣북방 老哈河上流 支流인 黑里河?(北岸에 東西800m·南北560m의 古代黑城이 現存함) ②赤峯 東南 老哈河 中流(或曰烏巴河)의 '黑水鎭'지역? ③灤河 最上流 多倫北隣 '黑風河'? ; 이 末曷들을 후세 黑水靺鞨의 源流로 추정함. 潮白河의 白河支流 黑河는 湯東地域이 아니다.
4) 黃土年(己卯BCE42)에 沸流國의 지원을 받아 順奴 땅을 침입하였다가, 그해 겨울에 芻牟에게 敗하여 죽은 末曷酋長이다.
5) 漢河(天河)-작금 西遼河(西拉木倫河) 상류연변 즉 大興安嶺山脈·西遼河 중상류연변
6) 敦河는 旧興安省 呼倫지경 北敦河의 本流? 利勿林은 현금 西遼河 하류 通遼~雙遼지경? 여하튼 모두 東夫餘 西方이었을 것이다. 高句麗史略 '大武神帝紀' 참조.

께 아득하게 멀리 상응하여 곧 대거 남하할 낌새가 있는 까닭에, 주상께서 그것을 예감하시고 '수구水口[7]에서 량산梁山[8]이르는 사이의 10부락 50여둔屯'[9]을 토벌하시어 1만 5천의 적들을 죽이고 8천여 구를 사로잡으셨다. 나머지는 돈하敦河 땅으로 도망쳐 들어갔고, 돈하 땅의 적도들로 와서 돕던 이들 또한 많이 죽고 상하였다. 이 전쟁 역시 화공火攻으로 승리를 챙기셨다. 적들은 추위는 견뎌도 불은 견딜 수 없어서 불에 데어 문드러진 이들은 일어설 수도 없었더니, '주상을 화신火神으로 여겨'[10] 두려워하며 감히 항거하지 못하였다. 북옥저의 여러 적도들은 황군皇軍이 하河[11]를 건너는 것을 보고 모두 북쪽 변방으로 멀리 달아나 산을 의지해 거처하며 사신을 보내 항복을 약속하고 매년 조공하겠노라고 청한 이들이 열둘이었다. 주상께서 하남으로 개선하시어, 락랑왕 시길을 불러 왜산矮山[12]에서 사냥하셨다. 시길이 성의껏 매년 조공하는 까닭에, 주상께서 그를 우대하셨고 그를 동부여 속국이라 여겨 그로 하여금 고향 땅에서 편히 살게 하셨다. 허나, '시길이 능히 스스로 안존할 수는 없어서 딸을 바치길 원하매, 주상께서 협보에게 명하여 그녀를 처로 삼게 하셨다.'[13] 이 이가 시화부인柴花夫人이 되었다.

三月,祭黃竜於鶻岺,相宅地.上以西城宮室狹窄難容,故将移都於此.而壮丁盡入於軍伍,婦女老弱驅於農牧,故難以始役,乃停營室伐木之役. 下弦,上與三后五妃如好太后宮,献不老酒,祝紀甲之慶.上弾瑟,萱后歌之,加菽公與葦花對舞'麒麟醉火豕流赤兎冠青龍蟠'等而娯之,乃赤兎日也. 沸流宮天妃貫貝夫人生皇子貝倫於沸流.上以松讓之疾由於貫貝,命貫貝皈松讓,以貝倫為松讓子.仲室小室張氏等亦皆皈其夫.旃妃禾英,其夫皆以不近女色,仍留後宮.

---

7) 水口가 曷思國 奄利縣 쯤이면 奄利水口로 현금 滦河의 瀑河口·喜峯口 일원일 것.

8) 水口가 滦河지역이니, 梁山은 大興安嶺山脈과 七老圖山脈의 교차지점인 七老圖嶺·興安嶺사이에서 發源해 南流하여 滦河로 流入되는 吐拉根河(土力根河) 일원의 西梁·南梁·王梁子·玉樑子·車道梁 등 承德市 서북을 아우르는 지역으로 추정된다.

9) 滦河 中流~上流 沿岸의 末曷部落들

10) 末曷들은 芻牟帝가 거처하던 卒本 땅 西城을 火神營으로 稱하였을 만하다.

11) 이 河는 滦河상류나 赤峰市이남의 여러 큰 하천일 것. 北沃沮지역 大河(潢河)는 곧 작금 西遼河(錫喇木倫河,西喇木倫河)이다. (이후의 北沃沮靺鞨征伐 관련기록 참조요망)

12) ①東都인근으로 작금 薊縣북방 茅山西隣지경? ②北京市 紫禁城 北邊지경의 작은 山?

13) 樂浪國을 妻家國이 아닌 臣下國로 삼겠다는 뜻을 밝힌 것이다.

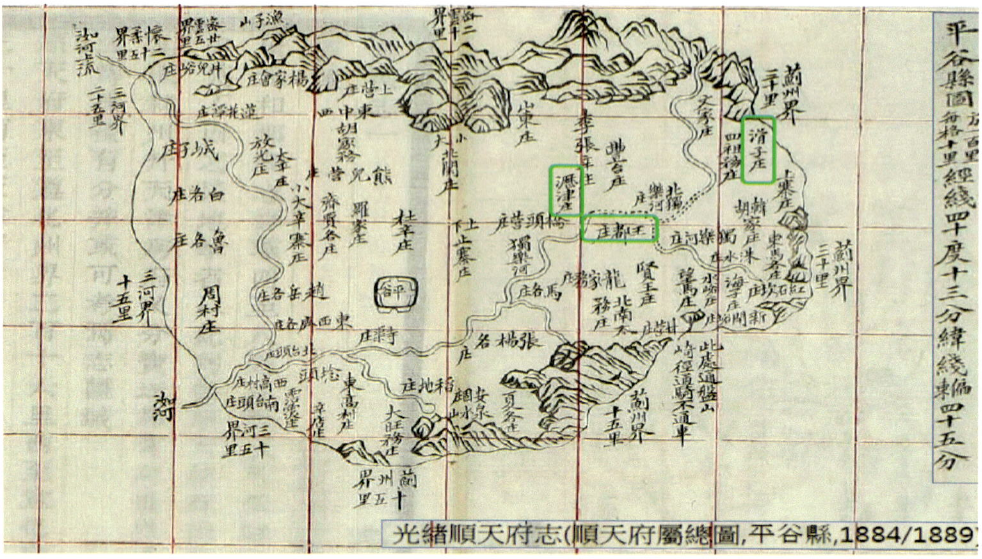

그림-23. 高勾麗 東都자리 '鶻岺·鶻岺湖'로 추정되는 北京市 平谷區 泃河(獨樂河) 연변에 滑子村(鶻岺村)·王都庄·礪津村(瀝津) 등이 있었다.
21C초반 衛星地圖에 보이던 滑子村~王都庄 사이에 東西2.4km·南北1.2km 규모 '韓庄鎭土城遺址'가 근년에 멸실됨(그림-24참조).

3월, 골령鶻嶺[14]에서 황룡黃龍에게 제사하고 집터를 살피셨다(그림-23참조). 주상께서 서성西城의 궁실들이 협소하여 견디기 어려운 까닭에 이곳으로 도성을 옮기실 참이었다. 허나, 장정들 모두가 군대로 들어와서 부녀자와 노약자들이 농사와 목축에 내몰린 까닭에 공역工役을 시작하기가 어려워서 이에 궁실을 지을 벌목공역을 멈추셨다. 하현下弦[15]날, '주상께서 3후·5비와 함께 호인태후궁好太后宮으로 가시어 불로주를 바치고 기갑紀甲을 맞이하신 경사'[16]를 축하하셨다. 주상께서 거문고를 타고 훤화후가 맞추어 노래하며 가숙공이 위화와 함께 춤으로 응대하여 기린취麒麟醉·화시류火豕流·적토관赤兎冠·청룡반靑龍蟠 등으로 호인태후를 기쁘시게 해드렸더니, 적토일赤兎日[17]이었다. 비류궁沸流宮천비天妃 관패부인이 황자 패륜貝倫을 비류에서

---

14) 北京市 平谷區 東部일대. 北京市 平谷區동변에 滑子村(鶻子村)이 있고, 光緖順天府志地圖(1884,1889)에는 平谷縣 동변에 滑子庄·王都庄·賢王庄·龍家務庄·瀝津庄 등이 표시되었다.

15) 每月 陰曆 22~23日로 오른쪽 半月이 뜨는 날이다.

16) 好人은 丁亥(BCE94)生이었다.

17) 丁卯日(陰曆3月24日로 下弦翌日인 陽曆4月20日이었다.)

낳으매, 주상께서 송양의 병이 '관패에게서 연유한 것으로 여겨'[18] 관패에게 명하여 송양에게 돌려보내시고 패륜을 송양의 아들로 삼으셨으며, 중실씨·소실씨·장씨 등도 역시 모두 그 지아비들에게 돌려보내시고, 을전旃비와 화영禾英은 그들의 지아비들이 여색女色을 가까이 하지 않는지라 후궁에 남겨두셨다.

四月,戊寅,好太后為上設三亥龍節如紀甲時.上献豹皮大鏡於太后,大宴七日.宴罷,有黃霧四塞,不辨人物者亦七日,有神兵運才於營室之地.群臣奏曰"去年七月有慶雲青赤,今又有黃霧.神助之瑞,莫非助營室之慶耶.請先建三后六妃之宮,以為廣嗣之計."上曰"皇天命之,安敢不作."於是,庶民子来莫不戮力. 五月,田于湯東梁山之陽山陰山之間,以慰松讓夫妻,立貝倫皇子府.松讓請還貫貝于後宮,上曰"五妃之例,四節入侍則足矣,何必常侍而多曠乎."乃以四中為貝妃之節. 六月,曷思国奄利縣,久為末曷旂占,至是來附於松江.

4월, 무인일[19]에 호인태후가 주상을 위해 3해용절三亥龍節[20]을 기갑(회갑) 때처럼 베푸니, 주상께서 표범 피와 큰 거울을 태후께 드리고 이레간 큰 연회를 베푸셨다. 연회를 파하니, 누런 안개가 사방에 끼어서 사람 얼굴을 분별치 못한 지 또한 이레가 되었는데, 신병神兵들이 궁실을 지을 땅으로 자재들을 날라놓았다. 뭇 신하들이 주청하길 "지난 해 7월엔 경사스런 구름이 울긋불긋하였고, 지금은 또 누런 안개가 끼었습니다. 신께서 도우시는 길조이며 궁실 짓기를 돕지 않음이 없을 경사이옵니다! 청하오니, 3후·6비들의 궁들을 먼저 세우시어 광사지계[21]로 삼으소서."라 하자. 주상께서 "하늘皇天께서 그리 명하신다니, 어찌 감히 짓지 않겠소이까?"라 이르셨더니, 많은 백성 자식들이 왔고, 힘을 모으지 않는 이가 없었다. 5월, 탕동湯東 량산梁山[22]의 양산陽山[23]과 음산陰山[24]사이에서 사냥하여 송양 내외

---

18) 즉 '松讓이 妻 貫貝를 主上에게 빼앗긴 때문으로 여겨'라는 뜻

19) 陰曆 4月 4日

20) 罽牟는 癸亥生이고, 셋째 亥年(丁亥)인 25歲生辰을 맞이한 것이다. ; '歷代要覽'의 洪武4年條(明太祖)와 恭愍王20年條(CE1368年)의 "歷代帝王들은 일찍이 生日을 祝賀하지 않았는데, 다만 唐玄宗으로부터 생겼다..."라는 기록은 虛妄한 것이라 할 것이다.

21) 廣嗣之計란 임금이 많은 자식을 두어 後嗣를 튼튼히 하는 計策

22) 당시 湯東郡故地인 北京市동북방 古北口·灤平縣 間 霧靈山中의 三道梁지경? 곧 山川景概가 秀麗한 먼 後世 淸의 東陵서북변이라.

를 위로하시고 패륜貝倫 황자부皇子府를 세워주셨다. 송양이 관패를 후궁으로 되돌리시길 청하자, 주상께서 이르시길 "5비妃들은 사철四節마다 입시하면 족합니다. 하필이면 상시 입시해서 많은 이들이 홀로 지내야겠소?"라 하시고, 4중四中[25]을 관패貝비가 입시하는 때로 삼으셨다. 6월, 갈사국曷思國 엄리현奄利縣[26]이 오래도록 말갈에게 점유된 바이었다가[27] 이때 송강松江[28]으로 찾아와서 붙좇았다.

그림-24. 北京市 平谷區 泃河북변에 남아있던 滑子村인근 韓庄鎭遺址 ; 明이 後金(淸)의 西侵을 막으려고 急造한 巨大鎭營이라면, 포장도로로 덮어 지우기보다는, 歷史遺跡으로 復元을 서둘렀을 것.

七月,東明神宮成.茅茨不剪,土階三等.慶雲復見宮南,其色青赤.故者如雲,

---

23) 古北口·灤平縣 間 '霧靈山'中 '三道梁'지경의 南山?

24) 古北口·灤平縣間 '霧靈山'中의 '三道梁'지경의 北山?

25) 四季節의 가운데 달로 곧 陰曆 2·5·8·11월.

26) 曷思國(承德縣추정)은 順奴國 동북방이고, 奄利水는 曷思國지경이며, 曷思國은 奄水(湙河)연변지역이었으니, 奄利縣은 이 지역 柳河가 湙河로 흘러드는 '柳河口'지경이었고, 奄淲縣은 이 지역 瀑河(豹河)가 湙河로 흘러드는 현금 寬城縣 西南邊 '瀑河口'지경이었을 것으로 추정한다. 後世記錄에 나타나는 '曷思國王 山鮮가 다다랐던 鴨淥谷'은 '湙河지류 '瀑河'의 북변을 西流하는 小河川인 '淸河'지역이었을 것으로 추정한다.

27) 松讓을 토벌하여 故國之原 熊心山을 수복한 이후에도, 이미 떠난 末曷에게 미련을 가졌었거나 여타 事情이 있었나?

28) 順奴 땅의 일부를 分封한 松江王(加菽公)의 封地로 灤平縣지경쯤으로 추정한다.

二水之間人家櫛比,以成不夜之城. 八月,行月歌於神宮之南.以召后為月仙,大酺三日以慰将士及漢人.月歌始于燕昭王室中,而盛行于黃竜国,至是為我俗云.上欲以禾小妃為月仙,而皇后妬而自為之. 九月,以大豊,宴父老於南郊.瓊后禾英宮生皇子乙豆智.命為禾小妃子.以乙耕妻鄒氏為乳母,故名乙豆智.以黨乙氏者,上欲觧召后之慍也.

7월, 동명신궁東明神宮[29]이 완성되었다. '띠로 지붕을 얹고서 끝을 다듬지도 않았으며 흙섬돌이 3단이었다.'[30] 경사스런 구름이 다시금 궁의 남쪽에 나타나고 그 색이 울긋불긋하였더니, 귀의하는 이들이 구름 같아서 '두 물줄기'[31]사이가 인가들로 즐비하여 불야성不夜城이 되었다. 8월, 월가회를 동명신궁神宮[32] 남쪽에서 여셨다. 소召후로 월선月仙을 삼고 사흘간 큰 주연을 열어 장수와 병사 및 한인漢人들을 위로하셨다. 월가회는 '연燕소왕昭王'[33]집안에서 비롯되어 황룡국에서 성행하였고, 이때 와서 우리풍속으로 되었다 한다. 주상께선 화禾소비小妃로 월선月仙을 삼으려 하셨으나, 황후가 투기하며 몸소 월선을 하였다. 9월, 큰 풍년이 들어, 남교에서 부로들에게 연회를 베푸셨다. 경후 화영궁禾英宮이 황자 을두지乙豆智를 낳으매, 명을 내려 화禾소비小妃[34] 아들로 삼으셨다. '을경乙耕 처 추鄒씨를 유모로 삼아주셨고, 그런 까닭에 이름을 을두지로 하였다.'[35] 을乙씨무리로 삼으신 것은 주상께서 소후召后의 노여움을 풀어주시려 함이었다.

十月,上與桂后畋于獸林溫宮.鮮卑新王涉臣遣使,献虎皮象牙甘草.上問豪全死由,使云"豪全食馬肝而死.初,豪全愛其小妻翟氏,疎其大閼.大閼怒,與其子涉臣,殺豪全立涉臣.涉臣乃以大閼為妻而自擬於冒頓."時男女之制未備,而燕齊鄭衛之風流入東土.兄弟母子相婚而不知其爲禽獸之行.或有良知而能恥者,以習俗安而犯之.其風流於後世,不容易去根.以若東明之聖不能防其微於始者,盖急於創業,専以政略結婚.故納召后而合卒本,得桂后而併桓那,立禾

---

29) 神聖한 東明(芻牟)의 宮闕 ; 東都宮闕 즉 東都
30) 몹시 質朴하여 石築하지 않은 까닭에 그 遺跡이 現存하긴 거의 不可能하겠다.
31) 東明神宮 卽 東都의 位置로 沟河(獨樂河)와 錯河(石河)?
32) 東都의 東明神宮
33) 戰國燕(朝鮮侯國?)의 昭王 ; 在位 BCE311-279년(32년간)
34) 宝得의 딸로 禾英소생
35) 乙耕의 아들인 것처럼 이름을 지은 것임

妃而柔黃龍.三后六妃之婚,盖有微妙之策於其中,不可以徒貪好內論之.

10월, 주상께서 계桂후와 함께 수림온궁獸林溫宮[36]에서 사냥하셨다. 선비鮮卑의 새 임금 섭신涉臣이 사신을 보내와 호피虎皮·상아象牙·감초甘草를 바치매, 주상께서 호전豪全이 죽은 까닭을 물으시니, 사신이 아뢰기를 "호전豪全은 마간馬肝[37]을 먹고 죽었습니다. 애초에 호전이 작은 처 적翟씨를 아끼며 대연지大閼를 소홀히 하였더니, 대연지가 노하여 자기 아들 섭신과 함께 호전을 죽이고서 섭신을 보위에 세웠으며, 섭신은 대연지를 처로 삼고 몸소 묵돌冒頓을 흉내 내고 있사옵니다."라 하였다. 「이 시절엔 남녀 간의 제도가 미비하였음에 연燕·제齊·정鄭·위衛의 풍조가 동쪽 땅으로 흘러들어 형제兄弟·모자母子가 서로 혼인하면서 그것이 금수의 행실임을 알지 못하였다. 혹간은 잘 알아서 그런 일을 능히 부끄러워한 이가 있었더라도 습속이라면서 편히 여겨 그것을 범하고 그 풍조가 후세로 흘렀으니, 그 뿌리를 없애기가 쉽지 않았을 것이라. 동명東明같은 성인聖人께서도 능히 그 비천한 일을 시초부터 막을 수 없으셨던 것은 개략 창업이 화급하여 정략결혼에 전념하신 때문으로, 소召후를 거두어 졸본卒本을 합치고, 계桂후를 얻어 환나桓那를 병합하고, 화禾비를 세워 황룡黃龍을 유화柔化하셨다. 3후와 6비를 두는 혼인은 모두 미묘한 책략이 그 속에 있었을 터이니, 단지 부녀자를 탐해 밝혔노라고 논함은 옳지 않을 것이다.」[38]

東明五年戊子,春正月,頒東明曆于黃竜国諸部.以五亥為主. 召皇后生斗圽太子,是為溫祖宮.以馬黎妻鄭氏為乳母. 上以漢素功高忠極常以謙讓自處,其妻大房氏亦賢而有儀.賜河濱之地為湯沐邑.漢素知上好內,上臨其第,必以其妻薦枕.其妻必沐浴潔身而後受幸,薦以禮法,未嘗笑謔,納媚儼然有道.上謂大房曰"汝與我既為夫婦,何嚴如是."大房曰"妾父大房良,国之高士也,敎妾以貞潔,故妾自幼以来未嘗斜視犯夜.今以夫命雖侍陛下,何可曰夫婦而敢慢.且聖

---

36) 黃龍故地 箕丘以東(箕東)에 獵舍(行宮)와 獵騎를 두어둔 곳 ; 黃龍故地와 桓那故地의 接境쯤으로 추정 ; 以後의 勾茶國服屬戰史를 감안하면, 이 獸林溫宮은 河北省 唐縣·曲陽縣 間의 '溫庄(溫泉場)'지경이었던 것으로 추정된다.

37) 말(馬)의 간(肝). 何首烏라는 藥草뿌리 역시 馬肝石·陳知白·地精으로 불린다.

38) 譯者는 南堂의 加筆인지, 高麗朝 黃周亮의 加筆인지, 以前 史官의 加筆인지 모르겠다.

人之陰敎如是,其荒乱不經,君子之所恥也.”上大嘉之,欲納于後宮而不敢奪其志.然,累幸其苐而幸之,其起居甚簡,布被織席,手執鋤鍬而種菜烹飪,掌硬而足露.上曰“天子之妻當如卿矣.吾妻無一人如卿者矣.”賜金尺大綬章,加賜黃金一千两彩段百匹,以其子漢悉為萱太子仙人,又以召后宮女御仇都女仇曼妻漢素,桂后宮女御桓曼妻鄭共,旒后宮女御乙耕女乙曼妻馬黎.皆上之寵姬也.時,鄭共妻張氏馬黎妻鄭氏亦被上寵,故有是命也.皆增祿米牛羊.以馬黎為大畜大加,畜馬以外兼掌牛羊豚獐. 大設漢館于河濱,招漢人之有技者居之,使河濱侯漢素指揮以敎其技于民之俊秀有才者,又以能通扶余字者習用漢字.

동명5년무자(BCE33), 춘정월, 황룡국 모든 부락部에 동명력東明曆을 반포하였다. 5해五亥[39]를 주主로 삼았다. 소召후가 두근斗圿[40]태자를 낳았다. 이 이가 온조溫祖가 된다. 소후궁宮이 마려 처 정鄭씨를 유모로 삼았다. 주상께서 한소가 공이 높고 충성하기 극진하며 늘 겸양하게 몸소 처신하고 그의 처 대방大房씨 역시 현명하고 예의를 지켰음에 하빈河濱[41]땅을 탕목읍湯沐邑으로 삼아주셨다. 한소가 주상께서 그의 내자內子를 좋아하심을 눈치 채고서 주상께서 그의 집에 왕림하시면 필히 자기 처를 시켜 잠자리를 모셨다. 그 처는 필히 목욕하여 몸을 깨끗이 한 연후에 승은을 입었으며, 아직껏 웃거나 희롱하지 않으며 예의와 법도로써 모셔서 도리가 염연하였다. 주상께서 대방씨에게 말씀하여 이르시길 “그대와 나는 이미 부부가 되었거늘, 어찌 이와같이 엄하시오?”라 이르셨더니, 대방씨가 아뢰기를 “첩의 아비 대방량이 나라에서 고결하신 선비로 첩에게 정결하라고 가르치신 까닭에 첩은 어릴 적 이래로 아직껏 야반통행을 곁눈질한 적이 없습니다. 지금 지아비의 명을 받아 비록 폐하를 모시지만, 어찌 부부를 칭하며 감히 오만하겠습니까? 잠시 성인의 음교가 이러하셔도, 과하게 난잡하여 상도를 벗어나면, 군자께서 부끄러워하실 것입니다.”라 하매, 주상께선 매우 기쁘시어 후궁으로 들이고 싶으셨지만 감히 그 뜻을 빼앗을 수는 없으셨다. 그런데 누차 그 집으로 거둥해 승은을 내리셔도, 그녀의 살아가는 형편이 몹시 질박하여 베옷

39) 乙亥·丁亥·己亥·辛亥·癸亥 五亥의 다섯 亥年 중, 癸亥가 芻牟의 誕生年이다.
40) 本傳의 '圿'字는 音이 '근圿' 혹은 '절(切)'인데, 譯者는 筆寫모습인 '근'을 따른다.
41) 潮白河 하류연변으로 東明神宮(東都 鶻川宮)의 西南方이다.

입고 자리를 짜거나 손수 호미와 가래를 잡아 푸성귀를 파종하여 삶고 익히느라 손바닥이 거칠고 발이 축축하였더니, 주상께서 이르시길 "천자의 처는 응당 경과 같아야하거늘, 내 처들은 경과 같은 이가 한 사람도 없소이다."라시며, 금척과 대수장을 하사하고 황금 1천량과 채단 100필을 얹어주셨으며, 그녀 아들 한실漢悉을 휜태자 선인仙人으로 삼으셨다. 또한 소후궁召后宮의 녀어女御인 구도仇都 딸 구만仇曼을 한소에게 처로 주시고, 계후궁桂后宮 녀어 환만桓曼을 정공에게 처로 주셨으며, 류후궁旒后宮녀어인 을경乙耕 딸 을만乙曼을 마려에게 처로 주셨다. 모두가 주상의 총희들이었고, 이즈음에 정공처 장張씨와 마려 처 정鄭씨[42] 역시 주상의 승은을 입은 까닭에 이런 명이 있은 것이다. 모두의 봉록에 찧은 곡식과 소와 양을 늘려주셨다. 마려를 대축대가大畜大加로 삼고 말 기르기 이외에도 소와 양 및 돼지와 노루를 겸하여 맡게 하셨다. 하빈河濱에 한관漢館을 커다랗게 지어서 재능 있는 한漢인들을 그곳에 거처하게 하시고, 하빈후河濱侯 한소로 하여금 그들을 지휘해 준수한 백성들에게 그들의 기술을 가르치시고 또한 '부여자扶余字에 능통한 이들로 하여금 한자漢字를 익혀서 쓰게 하셨다.'[43]

漢主劉奭以其妻王嬙妻呼韓邪.稱以昭君寧胡閼氏,其色為當世之第一.而奭棄之以與呼韓邪,其敬胡之禮可謂至矣.時,卑离王簠公遣使告于呼韓邪禽主,曰"末弟朱蒙自東海来,已乞順奴沸流卒本黃竜等国,父帝封域多已復矣.弟與朱蒙欲遊於東池,以慰父帝母后之靈.姊亦與侄偕来而參此佳筵,則吾兄弟之喜當何如扰.侄若東携末弟西連羌戎而南下,則吾當率鮮卑烏桓而亦助一臂,冒頓之業庶可圖也."禽主謂呼韓邪,曰"汝之外父,皆如是.其英雄何患而事漢邪.當養兵以南下可也."呼韓邪然之而備伐漢之兵.漢奭聞而大驚,請'為兄弟之盟而世以公主納之.'

한漢임금 유석劉奭[44]이 제 처 왕장王嬙[45]을 호한야呼韓邪[46]에게 처

42) 南堂註釋曰 共妹 즉 鄭共의 여동생

43) 漢子와 다른 夫余의 固有한 文字가 있었다는 기록 ; 箕子가 漢字를 가지고 현금 北韓(朝鮮民主主義人民共和国,DPRK) 땅으로 들어와서 文明·文化를 傳하였다는 歷史解說은 歷史·疆域을 歪曲하는 것이라는 자료의 하나이다.

44) 漢 高宗 劉奭, 在位BCE49-33

로 주었다. 소군昭君·영호연지寧胡閼氏라 불렸고, 그녀의 미색이 당세의 제일이었다. 그런데 유석奭이 그녀를 호한야에게 주었으니, 그가 호胡를 받든 예법이 지극하였다 하겠다. 이즈음 비리왕 보공簠公[47]이 사신을 보내서 호한야와 금禽[48]공주에게 알리기를 "막내아우 주몽이 동해東海[49]에서 와서 순노·비류·졸본·황룡국 등을 이미 평정하여, 부제父帝께서 봉封하셨던 강역 여럿을 이미 되찾았음에, 아우[50]가 주몽과 함께 동지東池[51]에서 놀이하여 부제父帝와 모후母后[52]의 영령을 위로코자 합니다. 누님 또한 조카[53]와 함께 오시어 이 멋진 자리에 참석하시면, 우리 형제들[54]의 기쁨을 그 무엇에 견주겠습니까! 조카가 동쪽 막내아우와 손잡고 서쪽 강羌·융戎들과 연락하여 남하하면, 나도 응당 선비鮮卑·오환烏桓을 이끌어 역시 한 팔을 거들을 것인즉, 묵돌冒頓[55]의 대업大業[56]을 너끈히 이룰 만할 것이외다."라 하였더니, 금공주禽主가 호한야에게 말하여 이르길 "네 외가어른外父들 모두가 이 같으신데, 영웅英雄이 무엇이 걱정되어 한漢을 섬기느냐! 응당 군사를 양성하여 남하함이 좋겠다."라 하였고, 호한야가 그리 여기고 한漢을 칠 군대를 준비하니, 한漢의 유석奭이 듣고 크게 놀라서 형제를 맹약을 하고 세세토록 공주를 바치기로 청한 것이라.

初,劉季困於平城,使呂雉解袴於冒頓,而奪已嫁之女為冒頓之妾以来,徒以女色求媚.至是,漢廷又以此策送美人之画於呼韓邪.呼韓邪選其一人.豐美而有小点者,乃王嫱也.画工毛延壽曾画嫱時,手戦而誤落一彩滴于頷,乃急淸拭而尙有小

45) 漢 高宗 劉奭의 後宮 ; 世稱 王昭君으로, 昭君은 字이다.
46) 東匈奴一世선우, 재위BCE58-31, 虛閭權渠선우아들, 西匈奴 郅支선우의 동생
47) 賈達이 낳은 漱帝의 아들(BCE67년생)
48) 羊后(羊聖)가 낳은 漱帝의 셋째 딸(BCE96년생)로 呼韓邪의 生母임
49) 東夫余
50) 簠公自身
51) 北夫余都城(不而城)을 인접한 卑离영역으로, 옛 지도들에 짝으로 그려진 듯한 ①張家口市 張北縣 서북부의 安固里淖? ②張家口市 북단 九連城鎮 북변 古市遺址를 인접한 동편의 湖水?
52) 賈達
53) 呼韓邪
54) 禽·簠·朱蒙 3人을 칭함
55) 匈奴 二世單于로 在位期間은 BCE 207~174年이었다
56) 漢을 쳐서 關中·漢中·陝中 等을 차지하는 일

痕.至是,奭誤入其画扵送画之中,追後欲脫之,則使已入胡矣.奭以為呼韓邪必以点棄之而取他女,豈意反爱此小點而選嬙.奭不得,遂棄王嬙.嬙,鶩母之妹也.珊見其美而喜,遂停伐漢之計,而反保上谷燉煌.漢以大国賣妻求媚者,不一二矣.豈可謂大国乎.未免巾幗之嘲也.珊亦迷扵女色而忘其祖宗,可謂沒骨漢也.

애초, 유계劉季[57]가 '평성平城'[58]에서 곤욕을 당하여 여치呂雉[59]로 하여금 묵돌에게 샅을 열게 하고 이미 출가한 여인을 빼앗아 묵돌의 첩으로 삼은 이래로 오직 여색女色으로 아첨하길 힘써왔다. 이때 와서 한漢조정이 또 이 계책으로 미녀들의 그림을 호한야에게 보냈고, 호한야가 그 중의 한 사람을 골랐다. 풍만하고 예뻤으며 작은 점이 있었으니 바로 왕장王嬙이었다. 화공 모연수毛延壽가 일찍이 왕장嬙을 그릴 적에 손이 두려움에 떨려서 채색물감 한 방울을 아래턱에 잘못 떨어뜨렸고, 급히 닦아냈으나 여전히 작은 흔적이 남아있었다. 이즈음 유석奭이 보낸 그림들 속에 잘못 끼워졌고, 뒤따라가서 그것을 빼내려고 하였으나, 이미 사신은 호胡땅으로 들어갔더니, 유석은 호한야가 필시 점 때문에 그녀를 버리고 다른 여인을 택할 것으로 여겼지 어찌 도리어 그 작은 점을 좋아해 왕장을 택할 것을 생각이나 하였으랴! 이에 유석奭은 할 수 없이 왕장을 포기하였고, 왕장은 유오鶩[60] 어미의 여동생이었다. 계후산珊은 그녀의 미모를 보고 기쁜 마음에 한漢을 정벌할 계획을 멈추고 도리어 '상곡上谷[61]과 돈황燉煌을 지켰다.'[62] 한漢은 큰 나라라면서 처를 팔아 아첨하길 힘쓴 것이

---

57) 西漢 高祖 劉邦의 兒名, 在位期間 BCE 206~195年

58) 이 平城은 代縣 平城이다 ; 당시 北夫余 핵심강역의 一部인 山西省 大同 白登山의 平城'이란 해설은 漢이 千辛萬苦 끝에 가까스로 '險瀆'地境을 얻은 것으로 읽히는 司馬遷 史記의 本紀와 朝鮮傳 기록에 附合하기 쉽지 않겠다. 게다가 衛滿이 漢을 脫出할 때 건넌 浿水도 기껏 작금 山西省 太行山脈남단 黃河변의 濟源지경 溴水[湨水]였던 것으로 魏畧에 기록되어 있다. 소위 漢武帝 劉徹이 旣存 옛朝鮮의 一部인 箕準의 番朝鮮 一部를 강탈한 衛滿의 손자 右渠를 BCE109-108年間에 征伐하였다는 지역을 韓半島 平壤지역으로 比定하거나 일찍부터 北夫余의 핵심강역 東部이자 故國原 지경쯤이었던 河北省 동북단 渤海岸의 현금 昌黎주변으로 보는 것 역시 戰史地理的으로 不可하겠다.

59) 劉季 則 漢高祖 劉邦의 本妻

60) 劉奭의 아들인 西漢 統宗 孝成帝, 재위기간은 BCE 33~7年

61) 山西 汾河中流 霍太山 인근일 것으로 太谷을 지나는 嵺峪河(象谷河)를 주목되고, 이 嵺峪河(象谷河)發源 南隣에서 遼水(清漳西源)가 發源함 역시 그러하다.

62) 漢書 匈奴傳은 本傳의 '上谷·燉煌'을 '上谷以西至敦煌'이라고 摘示하고 있다. 이미 北

한 두 번이 아니었으니, 어찌 큰 나라라고 하겠나? 여인들巾幗의 조롱감이었다. 계후산 또한 여색에 미혹되어 제 조종祖宗[63]을 잊었으니, 볼품없는 꼬락서니가 가히 한漢이었노라고 이를 것이라.

嬙與姍故其王廷,唯大砂小砂而已,無花草禽鳥之楽,但立於牧馬胡笳之中,以羶肉充腸,容皃自退.而单于猶自眷,愛如珠玉,不離左右.此之謂'益之而損,愛之而苦者也.'雖然,陰昜之理不可欺,遂娠姍子伊屠智,盖亦天也.上謂漢素,曰"人之生也唯食色而已,是故能推食以與人者能得其力,能推色而與人者能擒其身.劉季能以妻女讓于冒頓,冒頓不愛其妻而能爭空地.今,奭以其妻與姍,此漢與单于共隆而不滅者也.夫父子兄弟爭其食色者必亡,能讓而共之然後可以安矣.漢以其讓于单于者,不能讓于其至親者,何也."素曰"兄弟父子聚麀則相殘故作此禮也.聖人不滅大盜不息者,此之謂也.'鳥雀之生任其自然而不害,其作禮而相殘者反不如鳥雀之任其自然也.'中国之王公不如其庶民之無恥,其庶民之無恥者又不如外人之自然者也.故王者之治任其自然而已,不為数窘而反罹其中也.九事,正其大體則些少之差,終當自正矣.雖有內乱,不至外乱,則不可罪也."上曰"其令有司識之.江都淫其母妹而死,細君淫其祖孫而榮,法之不平如是其甚矣.此所謂法不如無法也." 芋花生朏公主.

왕장嬙이 계후산姍과 함께 그의 왕정王廷[64]으로 돌아가니, 오직 크고 작은 사막들砂漠 뿐이고, 화초花草와 새들을 즐기는 것 하나 없었다. 다만 말 기르는 이들의 풀피리胡笳소리 속에서 누린내 나는 고기로 배를 채워 용모가 절로 퇴락하는데, 선우는 오히려 몸소 보살피고 사랑하길 주옥珠玉같이 하며 곁을 떠나지 않았다. 이를 일러 '더할수록 상傷하고 사랑할수록 고통스러운 것'이었어라. 비록 그랬어도, 음양陰陽의 이치는 속일 수 없어, 이윽고 계후산의 아들 이도지伊屠智를 임신하니, 개략 하늘의 뜻이라. 주상께서 한소에게 이르시길 "사람들의 삶은 오직 식색食色뿐이고, 그런 까닭에 능히 음식을 밀어서

夫余 諸侯國들을 복속한 高勾麗의 始發疆域인 작금 河北省 北半지역에 이 시절에 東匈奴가 차지하여 지킨 上谷이 있었다는 해설은 虛說인 것이며, 山西 霍太山 東北麓엔 지금도 北平鎭(右北平?)이 있음을 보아, 上谷은 이 霍太山 東北方 부근이었다고 본다.

63) 帝王君主의 始祖와 中興祖를 포함한 祖上들 또는 自身의 根本

64) 呼韓邪(姍)가 돌아간 王廷은 風物로 보아 磧東지역의 龍城이 아닌 北海(澣海)지역에 있었던 冒頓의 古王廷으로 추정된다.

남에게 주면 그의 힘을 얻을 수 있고, 능히 미색을 양보하여 남에게 주면 그의 몸을 묶어놓을 수 있어서, 유계는 능히 처와 딸을 묵돌에게 주었고, 묵돌은 제 처를 아끼지 않으며 능히 빈 땅을 다투었소. 지금 유석奭이 제 처를 계후산狦에게 주었으니, 이는 한漢이 선우(匈奴)와 함께 융성하여 망하지 않으려는 것이외다. 무릇 부자父子형제兄弟가 식읍과 여인을 다투면 필연코 망하노니, 능히 제 지친에게 양보하여 함께 나눈 연후에나 안전할 것이오. 한漢이 선우에게는 양보할 것을 능히 제 지친에게 양보치 않은 것은 어찌 된 일이오?"라 하시매, 한소가 아뢰기를 "형제兄弟부자父子가 한 여인을 탐하면 곧 서로를 해치는 까닭에 이런 예법을 만들었습니다. 성인聖人은 불멸하나 큰 도적은 쉴 틈이 없다함은 이를 일컫는 것이옵니다. 새들의 삶도 자연의 이치를 따르며 해치지 않는데, 예법을 만들어놓고도 서로 다투는 이들은 도리어 자연의 이치를 따르는 새들보다 못하여, 중원나라 왕공들은 부끄러울 것 없는 많은 백성들보다 못하고 부끄러울 것 없는 많은 백성들은 또한 자연을 따르는 바깥나라 사람들보다 못하옵니다. 때문에 왕을 하는 이들의 다스림이 자연의 이치를 따를 뿐 움집의 수를 세지 않고 도리어 그 속에 사는 사람들을 걱정하면, 모든 정사는 그 대체가 바로잡혀서 사소한 차질이 있어도 종당엔 저절로 바로잡히고, 설사 내란이 있더라도 외란에는 이르지 않아서 죄를 지을 수 없습니다."라 하니, 주상께서 이르시길 "그대가 관리들로 하여금 이를 알게 하시오. 강도江都[65]는 한 어미 여동생을 음행하였다가 죽었는데, 유세군細君[66]은 할아비와 손자를 음행하고서도 영화로웠소. 법도의 불공평함이 이처럼 심하니, 이것이 '법 있음이 법 없음만 못함'을 이르는 바이오."라 하시더라. 간화芉花가 순肫공주를 낳았다.

四月,宝得病小可而入朝,上使禾英伴故.上亦至黃竜,與宝得禾英,畋于杜訥河,而観魚於羅淵羊川.時,黃竜見于此淵,淵多黃鯉,大者十余尺,黃竜以為神

65) 劉徹의 형 江都王 劉非의 아들 劉建

66) 王嬙 ; 劉徹의 公主를 대신하여 (匈奴와 西漢 사이에 있던) 天山山脈 以東의 烏孫王(昆莫) 獵驕靡에게 출가하였다가, 昆莫이 죽자 그의 친손자 軍須靡와 혼인한 前漢 江都王 劉建의 딸

而不食.宝得始釣而食之,味甚美.至是,宝得為上親自割烹.上與禾英抱臥幄舍,細雨下扵舍外,忽有一人從舍下走,上引鏑射其右脚,詰之乃荇人之細作也.此地乃黃荇之界也,荇人欲犯駕而藏其獵騎于窪中.上使奥春捕其獵騎而探其虛實.祖天釋其母蘭而欲收外議.蘭敀滸原復事祖天,然為其女鶩氏所制,不能當夕而相爭.鹽礫多,為私掘抵罪,誅斬者数千,逃亡者亦数千.

4월, 보득이 병이 좀 덜해져서 입조하매, 주상께서 화영禾英을 시켜 동반해 돌아가게 하셨고, 주상 역시 황룡국으로 가시어 보득 및 화영과 함께 두눌하杜訥河[67]에서 사냥하고 '라연羅淵과 양천羊川'[68]에서 물고기 잡이를 둘러보셨다. 때때로 황룡이 이 늪에 나타났는데, 늪에는 누런 잉어가 많았고 큰 것은 10여척이 되었음에, 황룡에선 신이神異케 여겨 먹지 않았었다. 보득이 처음으로 낚아서 먹어보고 맛이 매우 좋았음에, 지금 와서 보득이 주상을 위해 친히 토막 내서 끓이고 있고, 주상께선 화영과 함께 껴안고 막사(帳幕)에 누워계셨으며, 막사바깥엔 가는 비가 내리는데, 별안간 한 사람이 막사를 향해 내달리매, 주상께서 명적鏑[69]을 당겨 그 자의 오른다리를 쏘아 문초하시니, 행인荇人세작細作이었다. 이 땅[70]이 곧 황룡국의 변방이어서, 행인이 어가御駕를 범하려고 렵기獵騎를 우묵한 곳에 숨겨놓은 것이라. 주상께서 오춘奥春으로 하여금 그 렵기를 붙잡아서 행인의 허실虛實을 탐색하셨다; 조천은 제 어미 란蘭이를 풀어줘서 나라 밖의 의론을 거둬들이려 하였고, 란蘭이는 호원滸原[71]으로 돌아가서 다시금 조천天을 섬기다가 제 딸 아鶩씨에게 짓눌려 밤일을 맡을 수 없음에 서로 다투었으며, 소금과 촉석礫[72]이 많았음에 사사로이 파

---

67) 桑乾河 중상류 남변 廣靈縣 恒山山脈의 白羊山·恒山·花山에서 發源하여 東流하는 '壺流河'?

68) ①豊鎭·大同·陽高縣 間 '盤羊山'·'龍混山'之境?[中國輿圖(1918)참조] ②桑乾河上流 '應縣'으로 흐르는 '渾河'하류변의 '龍山'北麓 '羅(家)庄·龍泉村'지경?[中國輿圖(1918)참조] ③廣靈縣동북변의 羅町? 이 인근의 廣靈縣북변에도 '黃龍村'이 있다.[中國輿圖(1943)참조]

69) 鳴箭을 의미하며, 활시위를 떠나면 바람을 가르면서 소리를 내는 화살임.

70) 羊川·羅淵지경

71) ①내몽고 和林格爾지경? ②山西省서북단 右玉縣 殺虎口지경? ③내몽고 河套 準格爾旗의 黃河남류초입 黃河涯平原(和蘇台河平原)?

72) 화살촉을 만드는 돌로, 青石 또는 銕鑛石이었을 것

내다가 죄를 받아 수천이 주살되고 또한 수천이 도망하였다.

五月,漢主奭死,年四十三.奭以徒善優柔之質,能為儒者之所制,割其爱妻以與珊後,寤寐思之而恐為儒者之所責隐疾不眠而死,可謂癡而憐者也.在位十六年,窋者外戚弄政,忠良死於無咎,好內不倦浸於帷房而死.庸之庸也,而乃曰元帝.元之義抑取於玄牝之玄乎.子驁嗣,時年十九,亦好色之徒也,與其養母相奸而忽其生母,養母之族日隆云.　加葉原以大雨沒於洪水,蛙王移都于柵城.旒太后生皇子乙豆信,命為召后之子.

5월, 한漢임금 유석奭[73]이 나이 마흔셋에 죽었다. 유석은 그저 선善하기만 하였지 바탕이 부드럽고 유약하여 쉽사리 유자儒者들에게 제압되었으며, 제 애처를 계후산珊에게 떼어준 후로 자내깨나 그녀가 그리워도 유자들에게 질책 받을 것이 두려워 괴로움을 숨기며 잠을 이루지 못하다가 죽었으니, 어리석고 가여운 이라 할 것이라. 재위 16년간을 환관宦官과 외척外戚이 정사政事를 롱락籠絡하여 충성스럽고 선량한 이들이 죄 없이 죽고, 아녀자를 밝혀서 침실帷房에 틀어박히길 게으르지 않다가 죽었더니, 바보 중에 바보였고, 그리하여 원제元帝로 일컬었음은, 원元의 뜻은 현빈玄牝[74]의 현玄에서 억지로 따옴이라. 아들 유오驁가 뒤를 이었는데, 나이 열아홉에 역시 호색하는 무리여서 제 양모養母와 서로 간음하며 생모生母를 홀대하여, 양모의 족당이 날로 융성하였다 한다.　가섭원加葉原[75]이 큰비로 홍수에 잠겨, 금와蛙왕이 도읍을 책성柵城[76]으로 옮겼다.　을류旒태후가 황자 을두신乙豆信[77]을 낳으니, 명을 내려 소召후의 아들로 삼으셨다.

秋八月,大閱水陸軍於滸口,使扶芬奴扶尉猒,選征符軍一万以習之.故行月歌于中川,以桂后為月仙.　丹公薨,享年四十五.公好神仙善連山,性淡如晒落不肯名利.封鯤淵王,不受,起居於小菴之內,常以一婢侍側而已.庶子吉士亦不受鯤淵王.其母,公之婢也,以蛙王之姑,從公四十五而殉之,年五十七.生公七

---

73) 西漢의 高宗
74) 어둡고 아찔한 검붉은 골짜기, 즉 여인의 가랑이
75) 拼音[jiashe-], 東夫余 初都 ; 吉林省 松原市 西北方 查干湖 東隣 塔虎古城遺址?
76) 柵城은 加葉原 附近 高地帶 ; 吉林省 松原市 北邊의 伯都訥鄉 仙州古城 遺址?
77) 本是 乙旒의 첫 지아비가 乙足이어서 乙氏를 썼거나 母姓을 따른 것인 듯하다.

子五女,吉士其長也.

그림-25. 荇人國討伐 관련지명 質山·質陽·質山原·滸口·滸水·滸原·雙江의 추정지역은 山西省의 서북변과 內蒙古 중서부의 南邊지역이었다.

추8월, 호구滸口[78]에서 수군과 육군을 친히 검열하시고, 부분노와 부위염으로 하여금 행인정벌군사 1만을 선별해 숙달시키게 하셨다(그림-25참조). 귀로에 중천中川[79]에서 월가月歌회를 거행하고 계桂후로 월선月仙을 삼으셨다. 단丹공이 향년享年 마흔다섯에 죽었다. 공은 신선神仙을 즐기고 연산連山[80]을 잘하였다. 성품이 별 바랜 낙엽처럼 담백하고 명리名利를 멀리하여, 곤연왕鯤淵王을 봉해도 받지 않고서 조그만 암자에서 기거하였으며, 늘 한 비첩婢[81]이 곁을 시중할 뿐이고, 서자庶子 길사吉士 역시 곤연왕을 받지 않았다. 길사 어미는 공의 비첩인데, 금와蛙왕의 고모姑로, 공을 따르기 45년에 순사殉死

78) 滸原入口 ; 山西省 西北端 右玉縣 鐵山堡지경 殺虎口·破虎口를 인접한 河邊일 것
79) 大清廣輿圖(1785刊) 滹沱河북방 行唐縣서북부의 箕山(箕丘)를 인접해 흐르는 大沙河가 高勾麗의 中川으로 比定된다. 이 大沙河상류의 本流와 支流(郜河) 사이의 東北山과 西南山이 각각 箕山과 文山이었던 것으로 추정된다.
80) 神農易法
81) 貴族이 아닌 階層의 女人. 下稱하여 婢妻·婢妾이지, 卑賤한 身分은 아니었을 것

하였으니, 나이 쉰일곱이었고, 공의 일곱 아들과 다섯 딸을 낳았더니, 길사가 맏이였다.

九月,祖天母蘭復遣使來,請問罪.上責其使,曰"汝主悔過而釋母.又何不和乎."使曰"昔以天,而今以鶩也."上曰"母女相妬,未有不亡之国也.天當誅之矣."遂遣吉士責祖天,與蘭鶩入朝.天問計於其衆,左将徐得勧天送蘭.吉士遂與蘭来.上遂納蘭于瓊府,優待之. 上親訪隠士元理尙海等,濯其足,賜金帛.

9월, 조천祖天 어미 란蘭이 거듭 사신을 보내와서 죄를 물어주시길 청하매, 주상께서 그 사신을 책망해 이르시길 "너희 임금이 잘못을 뉘우치고 어미를 풀어주었거늘, 또 무슨 불화不和인가?"라고 하시니, 사신이 아뢰길 "지난번은 조천天때문이었고, 이번엔 조아鶩때문입니다."라 하매, 주상께서 이르시길 "모녀가 서로 투기해 망하지 않은 나라가 아직 없었다. 조천이 응당 그들을 주살해야 했다."라고 하셨다. 이윽고 길사를 보내 조천을 책망하시고, 란蘭과 조아鶩를 데리고 입조케 하시니, 조천이 자기 무리에게 계책을 물었고, 좌장左將 서득徐得이 조천에게 란蘭을 보내길 권하매, 길사가 이에 란蘭과 함께 돌아왔고, 주상께선 란蘭을 경부瓊府로 거두어 우대하셨다. 주상께서 친히 은거하는 선비 원리元里와 상해尙海 등을 방문하시어 그들의 발을 씻어주고 금과 비단을 하사하셨다.

十月,上與桂后復畋于杜訥原及質陽,蘭秀祖鶩等來奔,共議討荇之計而察其動靜.祖天悔遣其母,而請還之,上曰"天鶩不來,蘭何以去." 呼韓邪遣使來,献黃駝而問會東池.上曰"吾與賢侄當會于上谷.何言東池乎."使云"寧胡生子伊屠智.猵大喜曰'漢之外孫,胡之珍宝,天王也.'使其臣民遠致盆花孔雀獅子等而悅之.寧胡猶思漢帝而痩衣帶緩,則猵以為腰身而憙之,不嗜駝峯而却之,以為為己而懐之.寧胡亦無奈何,竟老於猵之懐中."猵欲為寧胡而移居磧東林木之地,頻送使者以探上意.上笑曰"猵誠癡人也自居自处,吾何言之.漢都若東,則必有許多王昭君老於吾懐中矣.不若早制坤方而有之."漢素曰"制坤之業不難.陛下,恭儉養兵,席卷而西.兵精粮足,德化行焉.沛然之敀,其孰能禦之.数年以來,山無虎豹之患,野無末曷之侵,年年豐登,牛羊繁殖,女口三倍于男口,故無有曠夫而生兒漸多,或有一産五.女者生生不已人口日增,両河之間煙花相望,不過幾年可得百万之軍矣.錬此以西,遼山東西皆敀於我,何難制坤

乎."上曰"非朝夕之事也,朕當自修而待之." 紫蒙王廣公遣使来,献甘草酒而請納女為妃.上命吉士奧天往迎之,曰"萬古之聖君,一代之俗人."

10월, 주상께서 계후와 함께 다시금 두눌원杜訥原에서 질양質陽[82]에 이르기까지 사냥하셨다. 란수蘭秀·조목祖鶩 등이 도망쳐 와서, 함께 행인국을 토벌할 계책을 의론하고 행인국 동정을 살피셨다. 조천이 제 어미를 보낸 것을 후회하며 돌려보내주시길 청하자, 주상께서 이르시길 "조천과 조아가 오지 않았데, 란이 어찌 가겠나?"라 하셨다. 호한야가 사신을 보내와서 누런 낙타를 바치고 동지東池에서 회합할 것이냐를 여쭈매, 주상께서 이르시길 "나는 현명한 조카[83]와 함께 응당 '상곡上谷에서 만나겠소. 어찌 동지東池를 말하시오?'[84]"라 하셨다. 사자가 아뢰길 "녕호寧胡가 아들 이도지伊屠智를 낳으매, 산姍이 몹시도 기뻐하며 이르기를 '한漢의 외손에 호胡의 진보珍寶이니, 천왕天王이 될 것이야.'라더니, 관원과 백성들로 하여금 화분花盆·공작孔雀·사자獅子 등을 멀리에서 가져다가 그녀를 기쁘게 하였습니다. 녕호가 오직 한漢의 황제를 그리워하며 야위어서 의대衣帶가 느슨해졌던 즉 산姍이는 요신腰身[85]을 위한 것으로 여겨 그것을 기뻐하였고, 타봉駝峰[86]을 맛있게 먹지 않고 물리치면 몸을 위한 것으로 여겨 그녀를 품에 안았으니, 녕호 역시 어쩌지 못하여 필경 산姍의 품에서 늙을 것입니다."라 하였다. '산姍이 녕호를 위해 적동磧東[87]의 나무들이 숲을 이룬 땅으로 옮겨 살고 싶어서 빈번히 사자를 보내 주상의 의중을 탐색하니'[88], 주상께서 웃으며 이르시길 "산姍이는 참

---

82) 質山의 남변 平原 ; 河套東北邊 '九原'지역의 東方인 右玉縣 '鉄山堡' 南隣? 質山과 鉄山은 幷音[zishan]으로 同一하며, 기록들의 정황상 同一地名으로 보인다.

83) 呼韓邪는 芻牟의 內從侄이다

84) 함께 漢을 도모할 의향이 있다면 좀 더 漢 都城이 가까운 곳에서 회합하자는 뜻

85) 腰身은 허리(腰)를 지칭 ; 허리(腰)를 들어 射精하지 않는 房中術을 지칭하기도 함

86) ①駱駝 등(背)의 혹으로 만든 珍貴한 飮食 ②'駝峰肉兒'라면 이는 '小麥粉을 짐승 젖으로 반죽해 얇게 밀어 익혀서 준비한 소를 싼 다음 불에 구워 만든 떡'을 뜻한다.

87) 匈奴가 前漢都城 北隣으로 進出한 때로, 곧 磧東은 당시 匈奴朝廷에서 東方이고 北夫余(高句麗)로 가는 길목일 것 ; 山西省 南流黃河 중하류 東邊 '磧口(鎭)'以東 땅으로 離石縣·太原縣 間의 '連枝山'일대가 합당해 보인다. 괜히 連枝山'이겠나?

88) 磧東(磧口鎭以東)은 山林地域으로 漢과 東匈奴가 마음대로 할 수 있는 곳이 아니어서 高句麗의 許諾을 얻고자 했다는 뜻이다. 곧 沙漠·草原에 親熟하지 않은 漢人妻를 들인 匈奴 呼韓邪單于가 山西省 中西部 離石·太原市 間의 山林地域으로 移居했음이라.

으로 미련하여 (上谷을 지키는 藩邦을) 본시 그랬듯이 자처하는데, 내가 어찌 그걸 말해주겠는가? 한漢의 도성이 동쪽이었다면 필시 내 품에서 늙어갈 왕소군王昭君이 허다했을 것이야. 일찌감치 곤방坤方[89]을 제압해서 차지해야 되겠소."라 하시자, 한소가 아뢰길 "곤방을 제압하는 일은 어렵지 않습니다. 폐하께서 공손검약恭遜儉約하고 양병養兵하시어 석권席捲하며 서진西進하십시오. 군대가 날래고 군량軍糧이 풍족하여 덕화德化를 행하시면, 쏟아지듯 귀의하는 것을 누가 능히 막겠나이까. 수년 이래로 산지에선 호표虎豹의 우환이 없고 들판에선 말갈末曷의 침입도 없어서, 해마다 풍년에 소와 양이 쭉쭉 늘어나고 있고, 여인의 수효가 남자의 세 배가 되는 까닭에 홀아비가 없으니, 아이들의 출생이 점점 많아지고 있습니다. 혹간은 한 명이 다섯을 낳으며 여인들이 낳고 낳기를 멈추지 않으니 인구는 날마다 늘어날 것이고, '두 물줄기河'[90]사이에선 굴뚝연기가 끊임없이 피어오르니, 몇 해 지나지 않으면 100만 군사를 가지실 것입니다. 이들을 훈련해 서진하시면, 요산遼山[91]의 동쪽·서쪽 모두 우리 것이 될 것인데, 어찌 곤방을 다스리기가 어렵겠나이까?"라 하니, 주상께서 이르시길 "조석朝夕간에 될 일은 아니니, 짐은 응당 스스로를 다듬으며 기다리겠소."라 하셨다. 자몽紫蒙왕 광廣공[92]이 사신을 보내와서 감초주甘草酒를 바치고, 딸을 거두어 비妃로 삼아주시길 청함에, 주상께서 길사吉士와 오천奧天에게 명하여 가서 맞아오게 하시고 이르시길 "만고성군萬古聖君에 일대속인一代俗人이시네."라 하시더라.

東明六年己丑,春正月,桂后生曼公主. 柴吉来報'禮后已生鮮弗二子.'上笑曰"吾弟之子亦吾子也,何嫌之有.但恐弗不能敵禮,況又都乎." 漢以五鹿充宗為玄菟太守.五鹿以石顯之徒,猖獗既極,驚惡顯而黜之.五鹿亦被謫于幽州而妄稱玄菟太守.玄菟之地非漢之有也久矣,五鹿焉敢来乎,只是夢玄菟而已. 鄭共妻張氏生女雉.美如其母,上以雉名之曰"當如呂雉."張曰"呂雉無行而不吉.何以

89) (高句麗의) 서남방, 즉 당시의 前漢

90) 東都의 위치 ; 泃河 上流인 獨樂河(鶻岑河)와 泇河? 이의 最上流가 茅川이라.

91) 기록들을 따르면 周初에 箕子가 살던 곳이고, 所謂 鞣鞨白山이 있던 곳으로, 上谷 또한 그 지역이었으니, 바로 山西省 中東邊 淸漳河 西源 上流地域이 그곳이었다.

92) 匈奴 且鞮侯單于의 딸 賈達이 낳은 北夫余 末帝 慕漱帝의 아들임

此女擬之乎."上曰"雖然,如雉者亦能幾人乎.恐不及矣." 廣公妻胡括率其女素括而来.上迎于杜訥而合巹,為第七妃.胡括與芉花同年,上留之瓊府,而不還.

동명6년기축(BCE32), 춘정월, 계桂후가 만曼공주를 낳았다. '시길柴吉이 찾아와서 예禮후가 벌써 해불解弗의 둘째아들을 낳았음을 알리니'[93] 주상께서 웃으며 이르시길 "내 동생[94]의 아들 또한 내 아들이오. 어찌 싫어할 일이겠소. 다만 해불弗이 예禮씨를 감당치 못할까 걱정이고, 항차 또 도都씨는 어찌 할꼬?"라 하셨다. 한漢이 오록충종五鹿充宗[95]을 현도玄菟[96]태수太守로 삼았다. 오록五鹿은 석현石顯패거리로 창궐함이 이미 극심하여, 유오驁[97]가 석현顯을 미워해서 쫓아냈고, 오록 또한 유주幽州[98]로 유배되어 현도태수를 참칭한 것이라(추모경 중 권5의 그림-34참조). '현도玄菟 땅이 저들의 소유가 아닌 지 오래였거늘, 오록이 어찌 감히 올 수 있었으랴. 다만 꿈에서 현도를 그렸을 뿐이었으리.'[99] 정공鄭共 처 장張씨가 딸 치雉[100]를 낳으니, 미모가 어미와 같아서, 주상께서 치雉로 이름을 지으시고 이르시길 "꼭 여치呂雉같네."라 하시니, 장씨가 아뢰기를 "여치는 품행이 나빴기에 불길합니다. 왜 이 딸을 그와 견주십니까?"라 하매, 주상께서 이르시길 "설사 그랬다지만, 여치雉 같기만 하면 역시 능히 남을 위태롭게 한단 말이오? 그에 미치지 못할까 걱정이오."라 하셨다. 광廣공의 처 호괄胡括[101]이 딸 소괄素括[102]을 데리고 입조하매, 주상께서 두눌杜訥[103]에서 맞이해 합근合巹하시어 일곱째 비妃로 삼으셨다. 호

---

93) 樂浪國이 아직 東夫余와 密通 中이었다.

94) 異父同母 남동생

95) 西漢 元帝·成帝 시절의 梁丘易(西漢宣帝時人梁丘賀易法)의 大家, 字는 君孟 ; 환관 石顯 등과 元帝시절에 政事를 籠絡하였다가 成帝에게 石顯이 逐出될 때 流配됨

96) ①山西省 中東部 山岳지역? ②山西省 西北部 山岳지역?

97) 西漢 孝成帝 劉驁

98) 漢書 地理志는 [東北曰幽州,其山曰醫無閭,藪曰養,川曰河·泲,浸曰菑·時이고;河内曰冀州,其山曰霍,藪曰揚紆,川曰漳,浸曰汾·潞이며;正北曰並州,其山曰恒山,藪曰昭餘祁,川曰虖池·嘔夷,浸曰涞·易]등 이라 하였다. 믿더라도 黎城을 東北遠方 現今의 昌黎城으로 移置한 만큼을 勘案해야 한다. 이 幽州 玄菟는 기껏해야 山西省 中東部 山岳地域일 뿐이다.

99) 玄菟 땅 모두 이미 北夫余 諸侯國인 盖馬國이나 勾茶國의 疆域이었음으로 추정함

100) 後世에 琉璃王(琉璃明王,光明大帝)의 宮人(雉姬)이 됨

101) 李陵이 匈奴單于의 딸과 婚姻하여 낳은 딸로 匈奴單于의 外孫女임

102) 胡括이 낳은 廣公의 딸로 李陵의 外孫女

딸은 간화芉花와 동갑(BCE82年生)이었고, 주상께서 그녀를 경부瓊府에 머물게 하시어 돌려보내지 않으셨다.

二月,鮮卑王涉臣遣使献甘草酒及漢曆,烏桓王鷄蔣亦遣使献土菌狐白皮,請婚姻.上厚待之而命求能蚕者送之. 三月,荇人王祖天遣方士許斗馬練来,言"漱帝之見困也,吾與羊福救之.今,足下不思當時之恩,而但恃兵力欲襲我土.此鷹鶻之行也.豈天帝子之所為乎.吾與卑离盖馬欲奉足下為单于.足下以為何如."上笑曰"祖天不恤其民,徒事淫乱,百姓離心,兄弟不睦,梁貊不肯與,安能與卑离盖馬合力扰."乃留其方士不還. 禾英后生黍公主于獸林溫宮. 四月,以玄菟人曹元理為算数博士,黃竜人秦章為医薬博士,盖馬人王忠為連山博士.其先皆自中国来者也.上不擇其閥而用之,以啓聰明. 微行至漢素苑,與大房氏泛舟於河上,而留連数日.徵其父大房良,不至.未幾,大房氏生房太子,萱后生蕃太子,仲室氏生蔓太子,旃天妃生旃太子.

2월, 선비鮮卑왕 섭신涉臣이 사신을 보내서 감초주와 한漢의 책력을 바치고, 오환烏桓왕 계장鷄蔣 또한 사신을 보내 토산土産버섯菌과 호백피狐白皮[104]를 바치며, 혼인해주시길 청하매, 주상께선 그 사신들을 후대하시고 잠사蠶事에 능한 이들을 구하여 그들에게 딸려 보내셨다. 3월, 행인왕 조천이 방사 허두許斗와 마련馬練을 보내와서 말하기를 "수제漱帝께서 곤궁함을 당하실 적에 '내가 양복羊福[105]과 함께 도와드렸거늘'[106] 지금 족하足下[107]는 당시의 은공恩功은 생각지 않고 다만 군대의 힘을 믿고 내 땅을 엄습하려 하오이다. 이는 '사나운 매鷹鶻들의 행실'[108]이지, 어찌 천제의 아들이 하실 바이겠소? 내가 비리卑离·개마盖馬와 함께하여 족하를 선우單于로 받들고 싶은데, 족하께선 어찌 생각하시오?"라 하매, 주상께서 웃으며 이르시길 "조천은 백성들은 돌보지 않고 다만 음란하길 일삼아서 백성들의 마음이 떠났고, 형제들과 화목하지 못하여 양맥梁貊[109]들이 따르려하지 않는데, 어찌

103) 黃龍國의 旧都城지역
104) 여우 겨드랑이의 흰 털 부위로 만든 모피
105) 당시 北夫余 侯國인 黃龍國의 王
106) 앞의 辛酉年(BCE60) 기록 참조
107) 상대방에게 맞먹자는 호칭 ; 膝下(子女)보다 낮은 族孫·從孫쯤의 호칭
108) 忠孝·禮義를 아는 대범한 鳳凰이나 鸞이 아닌 작고 사나운 매나 송골매의 行實
109) 大興安嶺山脈을 횡단하는 금세 西遼河(潢河)의 古代 最上流 陰山山脈 北麓지경?

능히 비리·개마와 함께 힘을 합칠 수 있겠소!"라 하시고, 그들을 가두어 돌려보내지 않으셨다. 화영禾英후가 서黍공주를 수림온궁에서 낳았다. 4월, 현도사람 조원리曹元理를 산수박사算數博士로 삼고, 황룡사람 진장秦章을 의약박사醫藥博士로 삼고, 개마사람 왕충王忠을 연산박사連山博士로 삼으셨다. 그들의 선대들 모두는 중원나라에서 온 이들이나, 주상께선 그들의 문벌門閥을 가리지 않고 등용하여 눈과 귀를 예민하게 일깨우셨다. 한소의 동산으로 미복잠행微服潛行해 가시어 대방大房씨와 함께 하河[110]상에 배를 띄우고 여러 날을 연이어 머무르며 그녀 아비 대방량大房良을 부르셨으나, 오지 않았다. 머지않아서, 대방씨가 방房태자를 낳았고, 훤萱후가 권菤태자를 낳았으며, 중실仲室씨가 만蔓태자를 낳았고, 전旃천후가 전旃태자를 낳았다.

五月,上至質陽,與桂后蘭氏分排征荇之軍,命舟師沿滸水作站以絶鹽路.鹽侯等来拒,各出兵守其鹽.蘭氏與蘭秀祖鶩等或說或討,輸其鹽於滸口.蘭年已六十五而娠皇子八月矣,上慮其難産而命安之,不聽而先人.荇国多鹽山鹽井,其鹽為黃盖卒句等之用.鹽侯有大小黃白之名,以鹽為豪者也.各有鹽兵数百,販鹽為利.至是,其鹽皆為我軍所留.祖天憂惧不知所為,盡出王府兵七百,與之大鹽侯,曰"事之成敗任卿自為而已."大鹽曰"臣等之兵不過二千,皆是販鹽奴,不知弓釼,何能敵彼.不若請救於北鞨."天乃求救於北鞨王春臣,遺以美女曰"朱蒙来侵我国,将奪鹽山.此鹽攺彼,末曷亦無以得鹽矣.朱蒙之意,不徒鹽山而亦在礁山.礁山去,則羯之去勢也.願與之共禦此寇."春臣然之,與肅愼王乾朕大擧而来,與我兵會于子午谷,大戰終日.互有殺傷,日晡不决,上與桂后親冒矢石當前驅呼,賊勢漸加,事甚危急.時,南風吹沙塵北去,賊依林而射.上大呼火攻.桂后乃引火手,因風放火燒山.火圍賊衆,賊衆始知陷在火中,遂潰大乱.我軍乘勝追擊,莫不以一當百.賊遺尸万余而走,馬匹兵仗牛羊無数,皆為我獲.祖天大惧,與其妻子出奔北棘城.上以士卒多傷,命停進擊祖天,使扶芬奴将新二千與蘭秀巡之荇南諸郡,荇人莫不来降.尉猒将質陽一千巡之荇東諸郡.以祖鶩為前導,以七月五日會於河上.

110) 漢素가 河濱侯였으니 潮白河下流의 沿邊이었을 것

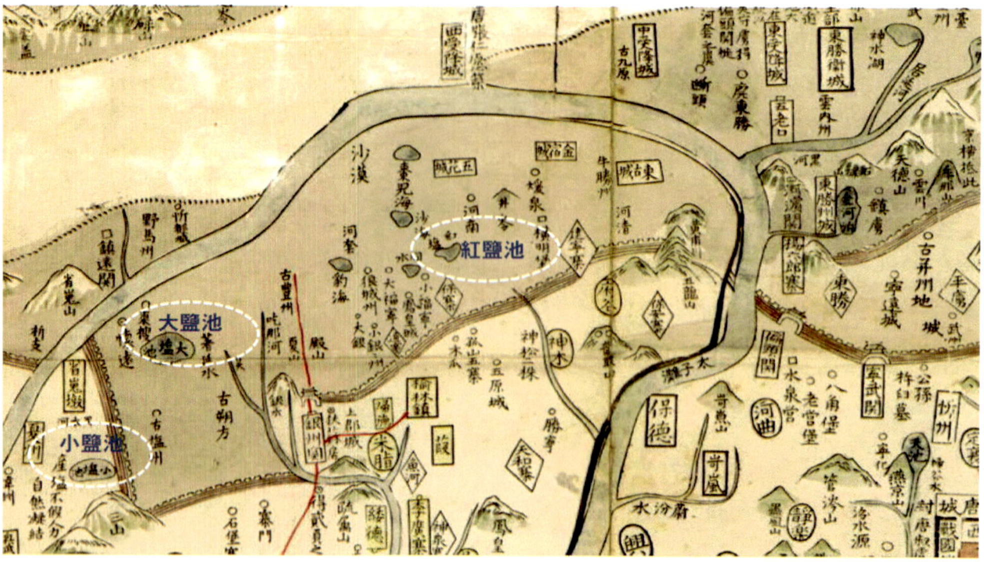

그림-26. 이 지역에 大鹽侯·小鹽侯 등에 대응하는 大鹽池·小鹽池·紅鹽池 등(大淸廣輿圖,1876) : 근래에도 穀物生産이 稀薄하고 鐵鑛山·石炭鑛山 및 內陸鹽田들이 널려있던 지역임

5월, 주상께서 질양質陽[111]으로 가시어 계桂후·란蘭비와 함께 행인 정벌군[112]을 나누어 내보내시고, '수군에게 명하시어 호수滸水[113]연변에 참站을 세워 소금 길을 끊으셨다.'[114] 염후鹽侯 등이 와서 항거하며 각기 출병하여 그들의 소금을 지키자, 란蘭씨가 란수·조목 등과 함께 혹은 설득하고 혹은 꾸짖어서 그들의 소금을 호구滸口[115]로 실어 날랐다. 란蘭이 나이 예순다섯에 황자를 가진 지 여덟 달이어서, 주상께서 난산을 걱정하며 편히 있으라고 명하셨지만, 듣지 않고서 남들을 앞장선 것이라. 행인국荇国엔 염산鹽山·염정鹽井이 많았고, 그 소금이 황룡黃·개마盖·졸본卒·구다勾에서 소용되었다. '염후들은 대大·소小·황黃·백白이라는 이름들이 있었고'[116] 소금으로 귀히 된 이들로

111) 質山(銕山)南隣 ; 右玉縣 西郊 銕山堡南隣의 平原으로 추정됨
112) 陸軍들로 步兵과 騎馬兵일 것이라
113) ①和林格爾(滸原)를 지나 托克托이남에서 南流黃河로 合流하는 紅水河 上流들? 혹시라도 ②河套동북변을 北流해서 東流黃河 말단으로 合流하는 哈什拉川이나 呼斯太河?
114) 北流黃河동변 河套 등의 鹽池·鹽井·鹽山들에서 나는 食鹽이 陸路 또는 黃河 水路를 통하여 인근 北夫余諸侯國 등의 穀物 등과 交換 貿易되는 길목들을 차단한 것
115) ①和林格爾平原入口(殺虎口)? 黃河涯 平原인 ②呼斯太河口 또는 ③哈什拉川河口?

각기 염병鹽兵수백씩을 거느리고 소금을 팔아 이득을 보아왔다. 이때 와서 그들의 소금 모두가 아군이 억류한 바가 되었음에, 조천이 걱정되고 두려움에 어쩔 줄 몰라서 왕부王府병력 7백 모두를 내어서 대염후117)에게 건네주며 이르길 “일의 성패를 경에게 맡기니, 알아서 하시게나.”라 하니,

그림-27. 荇人國 征伐戰史 추정도 ; 이곳 서부에는 최근의 지도에도 크고 작은 鹽池·鹽井들이 다수 표시되어 있다.

대염후가 아뢰길 “신 등의 병졸은 2천을 넘지 못하고 모두 소금을 팔던 자들인지라 활과 칼 쓰기를 모르니, 북갈北鞨에 도움을 청하지 않고서야 어찌 능히 저들을 대적하겠습니까?”라 하매, 조천이 이에 북갈왕 용신舂臣에게 도움을 청하였다. 미녀들을 보내주고 말하기를 “주몽朱蒙이 우리나라를 쳐들어와서 곧 소금산鹽山들을 빼앗을 참이오. 이 소금이 저들에게 넘어가면 말갈末曷들 역시 소금을 얻을 수 없소. 주몽朱蒙의 속셈이 소금산만이 아니고 또한 촉산蔟山에도 있어서 촉산이 떨어지면 갈羯족도 기세를 잃게 되오. 바라건대, 그대와

116) 河套서북부일대의 大鹽池·小鹽池·黃鹽池·白鹽池 등이 古鹽州지경과 그 北方 땅에 近世까지도 散在하였으니, 自然史的 證據의 一例일 것이다.

117) (河套 西北部의 大鹽池를 관할하던?) 大鹽侯

함께 이 도적을 막고 싶소이다."라 하였더니, '용신舂臣도 그리 여겨서 숙신왕 건짐乾朕과 함께 대거 몰려와서'118) 우리군대와 자오곡子午谷119)에서 맞붙어 온종일 크게 싸웠다. 서로 죽이고 상하며 해질녘에도 끝나지 않으매, 주상께서 계桂후와 함께 친히 화살과 돌팔매를 무릅쓰고 앞을 맡아 나서시어 말을 달리며 호령하셨지만, 적들의 기세가 점점 더해져서 일이 심히 위급하였다.

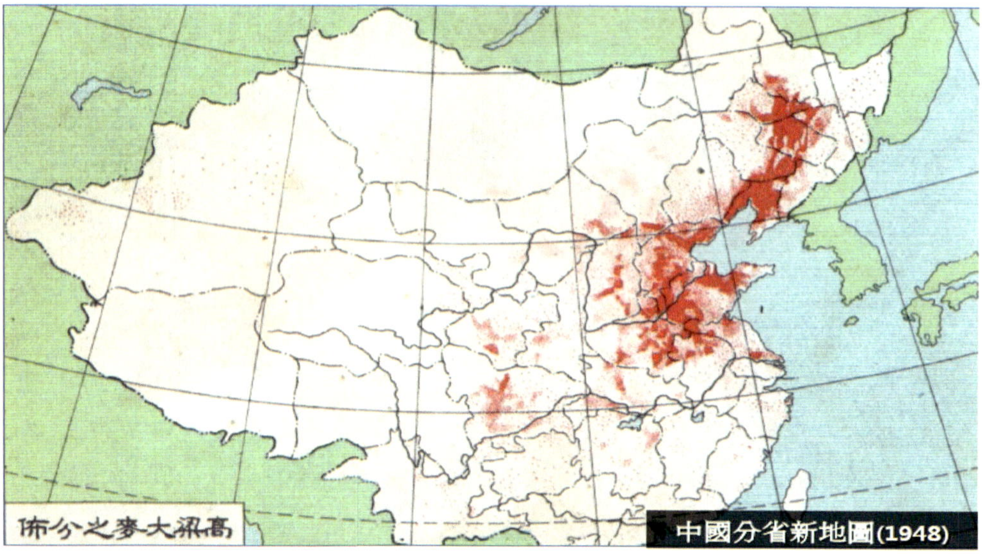

그림-28. 北方主穀 高粱·大脈의 산지분포(中國分省新地圖,1948) ;
[그림-25·그림-26의 河套지역은 穀物産地가 아니었음이 입증된다.]

'때마침 남풍이 모래먼지를 날리며 북쪽으로 내달았고'120) 도적들은 숲을 의지해 활을 쏘아대매, 주상께서 크게 '화공火攻!'이라 외치셨다. 계桂후가 이에 화수火手들을 이끌고 바람을 힘입어 불을 질러 산을 불태우니, 불길이 도적무리들을 둘러쌌다. 도적무리들은 이윽고 불길 속에 갇혔음을 깨닫고 무너져서 크게 어지러웠고, 우리군사들은 승승하며 추격하여 일당백 아닌 이들이 없었다. 도적들은 1만 여의 시체를 남겨놓고 도주하여, 셀 수 없이 많은 마필과 병장기 및 소와

118) 肅愼과 北鞨(羯/末曷) 등은 當時 食鹽과 礦石을 그들 疆域에서 自給하지 못했다.
119) 和林格爾 丘陵性山地 北方通路인 '城關鎭·土城子·盛樂鎭·什拉烏蘇·沙尓沁鎭 일대?
120) 荒蕪地지역이었던 듯

양들은 모두가 아군의 차지가 되었고, 조천은 몹시 두려워서 제 처자식들을 데리고 북극성北棘城[121]으로 달아났다. '주상께선 사졸들이 많이 상하였음에 하명하시어 전진해서 조천을 치는 것을 멈추게 하시고, 부분노로 하여금 새로운 군사 2천을 이끌고 란수와 함께 행남荇南[122]의 모든 군郡들을 순수하여 평정하게 하시니, 행인사람들로 찾아와서 항복하지 않는 이가 없었다. 부위염은 질양質陽 군사 1천을 이끌고 행동荇東[123]의 모든 군郡들을 순수하여 평정하였다. 조목을 전도前導로 삼아서 7월 5일에 하河상[124]으로 집결하였다.'[125]

上以蘭氏為荇人国天王.時,蘭氏産期臨迫,卧於牛車之上,謂荇人之来降者,曰"吾以為高句麗國皇后而當朔如此.汝等當尊朱蒙為天帝而討天之罪."於是,沿路諸侯爭來投降.上與桂后蘭妃受其降而賜之以酒,兵不血刃而進駐天都滸原.其夜,蘭氏生皇子蘭公,一軍鳴鼓而山呼,都民擧火而祝之,上抱蘭妃受民之大賀.蘭氏依上懐而悦涙,曰"妾之一生,無有如此之幸."先是,祖天将北走,祖天之兄子旺發勧祖降之,天怒幽發於囹圄而去.發自獄中出,收捨民心,封其府庫宮室而迎王師,故城中晏然.上喜其功,以發為沛者,以鎭撫乱民.發之母,旺仁之女也.其父,祖山之前妻子也.上命芬奴取天之後宮八十余子女百三十人,分賜諸将為妾為奴,又取府庫珍宝金人玉馬等,賜桂后蘭妃及芬奴兄弟.大酺将士五日,賑其飢民撫其宗戚.烏伊将新民五千而至.

주상께서 란蘭씨를 행인국荇人國천왕天王으로 삼으셨다. 이때, 란蘭씨가 산기産期가 임박해 소달구지 위에 누워 항복해온 행인사람들에게 이르길 "내가 고구리高勾麗나라 황후가 되어서 이처럼 만삭이 되었소. 그대들은 의당 주몽朱蒙을 천제天帝로 받들고 조천天의 죄를 꾸짖어야 할 것이오"라고 하였다. 이에 연로沿路의 제후諸侯들이 다투어 찾아와 투항하였고, 주상께선 계桂후·란蘭비와 함께 그들의 항복을 받아들이고 술을 하사하셨더니, 군사들은 칼에 피를 묻히지 않

121) 荇人國 夏節期 都城 ; 内蒙古 ①呼和浩特(歸綏) 綏遠城·歸化城? ②呼和浩特 西方 畢克齊(鎭)? ; 和林格爾 북방 土城子 쯤에서 최종적으로 祖天이 敗하여 逃走하였을 것
122) 荇人國의 南部 또는 荇泉의 南方지역
123) 荇人國의 東部 또는 荇泉의 東方
124) 滸河(紅水河)邊이나 和林格爾·托克托間 黃水河邊 黑城의 西方인 黃河邊을 추정
125) 荇人國의 荇東·荇南을 平定 服屬함

고 조천의 도성 호원滸原[126]으로 진주하였다. 그날 밤, 란蘭씨가 황자 란蘭공을 낳아서, 온 군사들이 북을 울리며 만세를 부르고 도성 백성들이 횃불을 들어 축하하였다. 주상께서 란蘭비를 끌어안고 성대한 축하를 받으시니, 란蘭씨가 주상의 가슴을 의지해 기쁜 눈물을 흘리며 아뢰기를 "첩의 일생에 이런 행복은 없었습니다."라고 하였다. 이에 앞서, 조천이 곧 북쪽으로 내빼려할 참에, 조천 형의 아들 왕발旺發이 조천祖에게 항복하길 권하자, 조천이 왕발發을 옥에 가둬 놓고 가버렸다. 왕발이 스스로 옥중에서 빠져나와 민심을 수습해 가라앉히고서 그곳 부고府庫·궁실宮室을 잠가놓고 왕사王師[127]를 맞이한 까닭에 성안이 화평하였더니, 주상께서 그 공을 기뻐하여 왕발을 패자沛者로 삼으시고 난민亂民들을 진무鎭撫하셨다. 왕발發의 어미는 왕인旺仁[128]의 딸이고, 그 아비는 조산祖山[129]전처의 아들이다. 주상께서 부분노에게 명하여 조천의 후궁 80여 인과 자녀 130여 인을 거둬들여 모든 장수들에게 나눠주어 첩을 삼고 노비를 삼게 하셨다. 또한 부고의 진보珍宝·금인金人·옥마玉馬 등을 거둬들여 계후 및 란비와 부분노 형제에게까지 하사하시고, 장수와 병사들에겐 닷새간 큰 술자리를 베푸셨으며, 굶는 백성들을 진휼하고 종척들을 위무하셨다. 오이가 새로운 백성 5천을 데리고 당도하였다.

八月,召皇后自京都馳至,告'神雀集于宮庭.'上命烏伊進拔荇泉.荇菜之最好者産于是淵,味小苦有澁,雅之香味,以此煮鵞肉而祭天,故以為靈地,而作別都乃古都.人口之稠密,物貨之華麗,勝於滸原.故天使其長子祖雲,令死守而不降.且其民欲,為国殉死.上令烏伊,先拔其四面而絶其粮.然,使蘭氏勧雲降,雲知其為天命而出降.上問雲曰"爾母善乎爾父善."[130]雲曰"父母皆善."上曰"豈有皆善之理."雲曰"父為祖宗而守社稷,母為天子而討不服,皆有善否,為人子者安敢言其否乎."上嘉其言,抱置膝上,曰"爾母為吾妻而生子,爾亦吾子也."乃封雲為荇泉侯,賜雲太子號.雲,是年三十一,有五妻十二妾,子女七十余

126) (1)和林格爾 平原의 古城인 ①土城子? ②大紅城? ③大圪都? 或 (2)河套東北邊 準噶爾旗 呼蘇台泊(湖)지경 古城인 ①土城子? ②十二連城?
127) 帝王이 친히 몸소 이끌고 있는 軍隊
128) 旺弗之父는 旺仁
129) 祖天之父
130) "爾母善乎爾父善."는 "爾母善乎爾父善乎."의 誤寫 아니었겠나?

人.蘭氏之幽在荇泉時,雲極力護之,人皆知其孝.上賜金花銅魚,爵太大兄,以彰其孝,命與扶芬奴巡荇西路而上.扶尉猒從荇東路而上,上與烏伊引兵而前,不以殺戮為務,專以撫順為主.荇人聞荇泉之已拔,爭以鵞肉餽軍.

8월, 소召황후가 경도京都[131]에서 달려와 신작神雀들이 궁정宮庭에 모였음을 알리니, 주상께선 오이烏伊에게 명하여 행천荇泉[132]을 진격해 빼앗았다. 행채荇菜[133] 중에 가장 좋은 것이 이 못淵에서 났고, 맛이 약간 쌉쌀하고 떫어서, 향과 맛이 고상하매, 이걸로 거위고기를 삶아 하늘에 제사한 까닭에 신령神靈한 땅으로 여겨 별도別都[134]로 삼았다. 그런데 오래 된 도성이라서 인구가 조밀하고 물화物貨의 화려함이 호원滸原[135]을 능가한 까닭에 맏아들 조운祖雲을 시켜서 죽기로 지키며 항복하지 않게 하였고, 게다가 그곳 백성들도 나라를 위해 순사殉死하려 하였다. 주상께서 오이를 시켜서 먼저 '그곳 사방을 빼앗아 식량을 끊으셨고'[136], 그리고 란蘭씨를 시켜 조운雲에게 항복하길 권유하니, 조운은 천명으로 여겨 나와서 항복하였다. 주상께서 조운雲에게 물으시길 "자네 어미는 선善하셨네. 자네 아비도 선하셨더냐?"라 하니, 조운이 아뢰기를 "아비와 어미 모두 선善하셨습니다."라 하매, 주상께서 "어찌 모두가 선했을 수 있겠나?"라 이르시니, 조운이 아뢰길 "아비께선 조종을 위해 사직을 지켰고, 어미는 천자天子를 위해 불복不服하는 이들을 토벌하셨으니, 어찌 (어미는) 선善하고 (아비는) 그렇지 않았겠으며, 사람의 자식이 되어서 어찌 감히 선하지 않았노라고 말하겠습니까?"라 하매, 주상께서 그 말을 기쁘게 여겨 끌어안아 무릎 위에 앉히고 이르시길 "자네 어미가 내 처가 되어서 아들을 낳았으니, 자네 역시 내 아들이네."라 하셨으며, 조운을 행천후荇泉侯로 봉하고 운雲태자라는 호號를 내리셨다. 조운은 이때 나이 서른하나에 처가 다섯 첩이 열둘이었고 자녀가 70여 인이었다.

---

131) 東明神宮 즉 鶻岺及鶻川邊의 東都 ; 현금 北京市 平谷區의 王都庄村 또는 韓庄村

132) ①和林格爾西方의 黑城일대 ②和林格爾北隣 城關鎭·土城子·盛樂鎭'~二道水庫 間 일대 즉 黑城北方 王興堡·土城子北方일대 古代淵池 ③準噶爾旗(準格爾旗)의 呼蘇台泊

133) 마름, 가시연밥

134) 荇泉의 別都가 滸原의 都城보다 古都이다. 荇人古都 荇泉城은 黑城?

135) 祖天(荇人國)의 冬節期 都城지역

136) 荇泉 別宮(別都,離宮,離都)은 滸原과 떨어져 있었을 것이다

란씨가 유폐되어 행천荇泉에 있을 적에, 조운이 란씨를 극진히 비호한지라, 남들 모두가 그의 효성을 알고 있었다. 주상께서 금화金花·동어銅魚를 하사하고 태대형太大兄작위를 주시어 그 효성을 표창하셨으며, 명하시어 부분노와 함께 행천서로荇泉西路로 순행하며 올라가게 하셨다. 부위염은 행천동로荇泉東路로 올라갔고, 주상께선 오이와 함께 군사들을 거느리고 앞을 서시어 살육을 일삼지 않고 오직 위로하여 순응케 하기를 위주로 하셨더니, 행인사람들은 행천을 이미 빼앗겼음을 들은지라 다투어서 '거위고기로 군사들을 먹였다.'137)

九月,進屯於北棘之南.祖天見勢甚危,遣使献金亀,而請割荇東荇南以献之,永為臣妾.上命祖天自來降之.天恐不能保,欲焚城而死,城中乃反欲擒天而迎皇師,天聞単身走海山.天走,而城中唯有天之妻子近臣二百余人,議論不一.烏伊屯河上,觀望不進.扶芬奴喧傳,大軍進擊海山.天之三子祖駿出城来見祖雲而知皇軍之信義,遂決出降.烏伊引兵入城中,撫慰城民,以天之妻子珍宝盡與於雲而少不干涉.荇人大悦,相賀,曰"官軍之大度,烏将軍之德也."

9월, 진격하여 북극北棘성138) 남쪽에 주둔하니, 조천은 형세가 심히 위급함을 알고 사신을 보내 금거북金亀을 바치며 '행동·행남을 떼어서 바치고 영원히 신하臣下가 되겠노라'고 청하니, 주상께선 조천에게 '몸소 와서 항복하라'고 명하셨다. 조천은 (목숨을) 능히 보존하지 못할까 두려워 성城을 불태워 죽으려 하였다가, 성안사람들이 도리어 조천을 붙잡아서 황군을 맞이하려 하매, 조천은 이를 듣고 단신으로 해산海山으로 도주하였다. 조천이 도주하니, 성안엔 오직 조천의 처자식과 근신近臣 2백여 인만 남았고, 의론도 모아지질 않고 있었다. 오이가 하河상139)에서 주둔해 관망하며 진격하지 않는데, 부분노가 '대군大軍이 해산海山으로 진격하고 있다'고 떠들썩하게 퍼뜨리니, 조천의 셋째아들 조준祖駿이 성을 나와 찾아와서 조운을 만나보더니 황군의 신의信義를 깨달았고 마침내 성을 나와 항복하길 결심하였다. 오이가 군대를 이끌고 성안으로 들어가서 성민城民을 위무하며 조천의 처자

137) 거위고기로 군사들을 먹였음은 당시 행인국이 거위(鵞)를 널리 사육하였음이라
138) 呼和浩特(歸綏,歸化城) 또는 이곳 西方의 小黑河북안 '畢克齊'지경?
139) 河上은 河邊 또는 河北 등으로, 여기서는 包頭지역의 黃河沿邊으로 추정된다.

식과 진보 모두를 조운雲에게 내어주고서 조금도 간섭하지 않았더니, 행인사람들이 크게 기뻐하며 서로를 축하하며 이르기를 "관군官軍의 크나큰 너그러움은 오烏장군 덕택德이었소."라 하였다.

十月,上與桂后蘭妃至北棘.天妻大獹,羯王[春臣]140)妹也,鴛氏使大獹獻祖天之璽綬.上受而賜蘭妃,以錦衣賜大獹曰"鵬鳩鴨鴛何不来見渠父乎."大獹曰"得罪於母主故不敢来."上笑曰"母女之間,何嘗大仇."命皆進謁,抱之膝上.鵬年四十六,鳩四十三,鴨四十,鴛三十七,皆有美色,皆賜錦衣而次第當夕.鴛最有媚術,與蘭上下.上遣祖駿往諭天勸降.天聞之,益惧,作窟於南北海山而避居,各处使人不知其所,故駿不得見而還.上乃率其妻子近臣四百余人還都,賞征荇将士,而裂封於荇東荇西荇南諸郡為守牧,使之置戍.封祖天諸子為王子,諸女為公主,賜宅牛羊年穀.祖天之妻妾,九人入後宮,餘皆賜公卿之有功者為妻妾. 十二月,大祭戦死軍士,賜其父母妻子年穀衣酒以次.上與桂后如子午谷,親吊骨山.上謂烏伊,曰"當時天不與風,吾今無矣."烏伊諫上,不復親冒矢石.上曰"兵匈而仙淫,唯農最潔.吾其農乎."

10월, 주상께서 계桂후·란蘭비와 함께 북극北棘에 당도하셨다. 조천 처인 대로大獹가 북갈羯왕 용신春臣의 여동생이었는데, 아鴛씨가 대로를 시켜서 조천의 새수璽綬141)를 바치니, 주상께서 받아서 란蘭비에게 하사하셨다.
대로에게 비단옷을 하사하고 이르시길 "붕鵬·구鳩·압鳩·아鳩는 어찌 그 아비께 와서 알현치 않는가?"라 하시니, 대로가 아뢰길 "모주母主께 죄를 지은 까닭에 감히 찾아오질 못하옵니다."라 하매, 주상께서 웃으며 이르시길 "모녀간에 무슨 큰 원한이 있다던가?"라 하시고 모두에게 명하여 나와서 알현케 하시더니 모두를 무릎위로 끌어안으셨다. 붕鵬은 46살, 구鳩는 43살, 압鳩은 40살, 아鳩는 37살로, 모두 미색이었다. 모두에게 비단옷을 하사하여 차례로 밤일을 맡게 하셨더니, 아鳩가 아양을 떠는 재주가 가장 좋아서 란蘭과 막상막하였다. 주상께서 조준을 보내시어 조천을 찾아가 타일러서 항복하길

---

140) 本傳엔 '庯臣'이나, 譯者가 前後記錄들을 살펴서 '舂臣(春臣)'으로 바로잡는다.
141) 國璽와 印綬 ; 蘭이 이미 荇人國天王으로 封해졌고 璽綬를 받았으니, 祖天은 亡한 것이고, 荇人國은 다시금 諸侯國으로 復屬된 것이다.

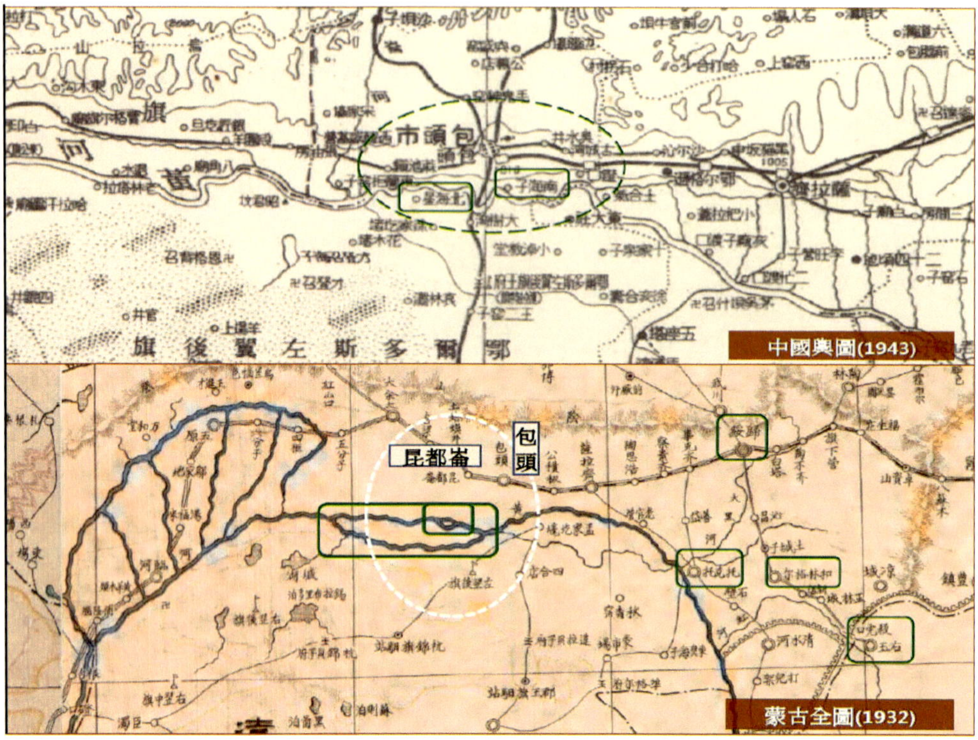

그림-29. 荇人國 西北部였을 南·北 海山지역으로 보이는 黃河河套북변의 '南海子'와 '北海星(北海城?)'이란 지명이 나타나 있다.

권유케 하셨으나, 조천이 이 소문을 듣고 더욱 두려워서 '남해산南海山142)·북해산北海山143)'144)에 굴들을 파고 숨어살면서(그림-29참조) 각각의 장소를 남들이 알지 못하게 한 까닭에, 조준이 만나지 못하고 돌아왔더니, 주상께서 이에 그의 처자식과 근신 4백여 인을 인솔해 도성으로 돌아오셨다. '행인을 정벌한 장수와 군사들을 포상하셔서 행동荇東·행서荇西·행남荇南 제군諸郡을 줄줄이 봉하여 태수守와 목牧사로 삼으셨고, 이들을 시켜서 수자리를 두게 하셨다.'145) 조천의 모든 아들을 왕자로 봉하고 모든 딸을 공주로 봉하시어 집宅·소牛·양羊·년곡年穀을 하사하셨다. 조천의 처첩들은 아홉은 후궁으로 들어갔고

---

142) 鄂爾多斯북변 包頭지경 黃河북안 南海子 일대의 山地?
143) 鄂爾多斯북변 包頭지경 黃河남안 北海星 일대의 山地?
144) 當時 鄂爾多斯북변 包頭지경 黃河가 河中 山을 南北으로 에워싸 흐르던 그 山 ?
145) 荇北을 제외한 荇人國을 平定·服屬 완료? 南海山·北海山이 있는 荇人國 北部 땅은 討伐平定하기 어려운 濕地나 山岳 같은 곳인가?

나머지 모두는 공을 세운 공경에게 하사되어 처첩으로 되었다. 12월, 전사한 군사들을 성대하게 제사하시고, 그들의 부모와 처자들에게는 년곡·옷가지·술을 차등을 두어 하사하셨다. 주상께서 계桂후와 함께 자오곡子午谷[146]으로 가시어 골산骨山[147]을 친히 조상弔喪하셨다. 주상께서 오이烏伊에게 이르시길 "그 당시에 날씨가 바람이 없었다면, 나는 오늘 없을 것이오."라 하시자, 오이가 주상께 간언하기를 "다시는 친히 화살과 돌팔매를 무릅쓰지 마십시오."라 하니, 주상께서 이르시길 "전쟁兵은 흉凶하고 선仙은 음란淫亂하며 오직 농경農만이 가장 깔끔하니, 나는 농경農耕을 해야겠소!"라 하셨다.

---

146) 和林格爾縣북방 丘陵性山地 間의 북방통로로 '城關鎭·土城子·盛樂鎭·什拉烏蘇'일대로 추정됨

147) 骨山의 일반적 뜻은 (불타거나 하여) 草木들이 없는 돌들만으로 이루어진 산이겠으나, 여기서는 戰死한 骸骨들을 山처럼 묻은 큰 무덤일 듯하다.

芻牟鏡 卷五

추모경 권5

本紀 第六

본기 제6

東明七年庚寅,春正月,鳳凰復来鳴于萱皇后之宮.陜父吉士等請改年號曰"去年神爵来集于召皇后之宮庭,臣等請改元而以兵事未得.今又有此大瑞,若不改元以示万国詔後世,何以知陛下堯舜之治乎."上曰"東明之號出於国號.何可旋改乎.輕妄如徹者,汝等效之邪.鳥之異者獸之奇者,何足為祥乎.若果為祥,則徹元善者歟病已仁歟.此輩殺妻戮子,積惡万年者也.如是而有祥,祥何足貴乎.非祥而災也.姬發以来,渠等皆取於我.近年以来,黃荇多取於渠者因其技藝也.彼所謂安期生赤松子之類,於我車載而斗量矣,無用於治.汝等不見黃荇之亡乎,欲以我為政徹之類乎.自我征伐以来多殺無咎,自知罪大無以為謝.豈敢以瑞自居而稱慶乎.夫物之在世者,多則尋常,少則稱奇.鳳凰其犇之類,以少罕為貴,亦何足用乎.自今以往,其勿以祥瑞来言."陜父曰"陛下雖自謙如此,奈臣民固請何上不聽."

동명7년경인(BCE31), 춘정월, 봉황이 훤萱황후의 궁으로 다시 와서 울었더니, 협보와 길사 등이 년호年號를 바꾸시길 청하며 아뢰길 "지난해엔 신작神雀들이 소召황후의 궁정으로 모여들어, 신臣 등이 년호를 바꾸시길 청하였다가 전쟁 때문에 이루지 못하였사온데, 지금 또 이런 큰 길조가 있는데, 년호를 바꾸고 모든 나라들에게 일러주어 후세에 알리지 않으시면, 폐하의 요순지치堯舜之治를 어찌 알기나 하겠습니까?"라 하매, 주상께서 이르시길 "동명東明이란 년호가 국호國號에서 나왔거늘, 어찌 갑자기 바꿔야 되겠소! 유철徹[1]이처럼 경망스럽기를 그대들은 본받으려는 것이오? 기이한 새와 기이한 짐승이 어찌 상서祥瑞로 족하단 말이오! 만약 정녕 상서였더라면 '유철이의 년호들이 옳았단 말이고 병이病已[2]가 어질었단 말이오?'[3] 이

---

1) 西漢(前漢) 世宗 武帝의 이름

2) 西漢 中宗 宣帝의 兒名과 諱이고, 字는 次卿 ; 卽位以後로 諱를 詢으로 바꾸었음.

3) 西漢 世宗 武帝 劉徹이 在位55年間(BCE141~87)에 11個의 年號를 썼고, 中宗 宣帝 劉病已 또한 在位 年間(BCE87~49)에 7個의 年號를 썼음을 이르는 말.

놈들은 처를 죽이고 아들을 죽여서 만년이 갈 악업惡業을 쌓은 자들이었소. 이처럼 길조가 있다면야 길조가 어찌 족히 귀貴하겠소? 길조가 아니고 재앙災殃이외다. '희발姬發[4]이 이래로 그들 모두는 우리를 본받았었소.'[5] 근년이래로 황룡黃과 행인荇이 그들을 많이 받아들인 것들 그들의 기예技藝때문이었고, 저들이 일컫는 '안기생安期生[6]·적송자赤松子[7] 부류'[8]는 우리들에겐 수레에 싣고 다니며 말박으로 퍼낼 수 있는 것이어서 다스림에 쓸모가 없소. 그대들은 황룡黃과 행인荇이 망가진 것을 보지 못하였소? 나로 하여금 영정政[9]과 유철徹의 부류가 되게 하려시오! 우리도 정벌해온 이래로 무구無咎한 이들을 많이 죽여서 스스로도 죄가 큼을 알면서 사죄함이 없었소. 어찌 감히 상서라면서 본시 그래야하듯이 경사를 칭하겠소? 대저 세상에 있는 것으로 많은 것은 대수롭지 않게 여기고 드문 것은 기이하다고 칭하고 있소. 봉황과 기린其麟은 많지 않고 드물어서 귀하게 여기는 것이니, 역시 어찌 그 쓰임새가 넉넉하겠소? 이제부터 앞으로는 그대들은 길조라며 달려와서 말하지 마시오."라 하셨더니, 협보가 아뢰길 "폐하께서 몸소 겸양하심이 이와 같으시어, 신하와 백성들이야 굳세게 청해볼 뿐이옵니다. 주상께서 허락하지 않으시는데, 어찌 하겠사옵니까!"라 하더라.

於是,順奴國相加再思卒本國相加延鳳桓那国相加桓應黃竜国相加于仁沸流国相加松讓荇人國相加旺發等上大單于之號于上.上曰"单于卽朅牟也.同語而異字.彼以為天,此以為神.神卽天也.何必单于然後可乎."烏伊曰"卑离盖馬等重单于而忽朅牟,不可不如是也."上曰"在乎質而不在乎文乎.雖有其名不

---

4) 周 武王의 이름

5) 本傳 慕漱帝紀 기록인 "文生于紋,艮為道宗.傳在渤海,震為法本.連山攷藏農工医薬禮楽射御書数之術莫不備焉.召姜姬旦之治得於我而用於彼,久占肥溫之地長為安楽之計,安者怠而亡勞者勤而興. 以臣伐君滅親為義,周豈有道.分其父羹觧其妻袴,漢實無法.五伯常淫七雄嗜殺,書可以焚儒可以坑,但知築城不知修德,蒙恬未死秦已亡矣.徒事干戈不事其親,病已未生劉已絶矣."의 內容을 이미 알고 있었다는 애기임.

6) 秦始皇이 만났다는 山東 琅邪 阜鄕의 仙人·方士로 千歲翁이라 불렀다고 한다.

7) 神農의 雨師였다는 仙人으로 不死而登天爲神仙者也.

8) 不老長生하는 術法 等

9) 秦始皇帝의 이름. 그의 姓名(氏名)을 대체로 嬴政이라 하나, 秦政 혹은 趙政 혹은 呂政이라고도 한다.

有其力,則不可矣.吾聞'冒頓之方盛也,控弦七十万,猶以爲未足而常隱其精銳,見其老弱.劉季之侵平城也,将三十万以欲泥之.豈意冒頓已有百万之衆,選其精銳四十万以圍季.他皆攻滅漢兵如虎搏兎.季膽寒,遣其妻以請和,遂遺觧袴之辱於千載.'夫良賈深藏若虛,况未有其實而徒有其名者乎."乃却单于之號而以龔芻牟之名如前,賜醋相加公卿等七十余人.大閱水陸軍於汗濱,分八旗六十四軍,各置軍正,使烏伊統之,摩離扶芬奴副之.以烏干尉厭馬黎桓柏仇賁菸狗都喜松太為八旗将軍.

이즈음, 순노국 상가相加 재사再思, 졸본국 상가 연봉延鳳, 환나국 상가 환응桓應, 황룡국 상가 우인于仁, 비류국 상가 송양松讓, 행인국 상가 왕발旺發 등이 대선우大單于[10] 칭호를 주상께 올리자, 주상께서 이르시길 "선우單于가 곧 추모芻牟이고, 같은 말로 글자가 다른 것이오. 선우는 하늘天로 여김이고 추모는 신神으로 여김이며 하늘天이 곧 신神이거늘, 어찌 선우로 한 연후에야 좋겠소이까?"라 하셨더니, 오이가 "'비리와 개마가 선우를 중시하고 추모를 경시하여,'[11] 이같이 하지 않으면 아니 되겠습니다."라고 아뢰니, 주상께서 이르시길 "살필 것은 근본이지, 살필 것이 글자가 아니오! 설사 이름이 있어도 힘이 없으면 곧 아니 될 것이외다. 내가 듣기로 '묵돌冒頓[12]은 그 기세가 한창일 때 공현控弦[13]이 70만을 오히려 충분하지 않다고 여기며 그 정예들은 숨겨놓고서 노약한 이들을 드러내보였고, 유계劉季[14]는 평성平城[15]을 침범함에 30만을 이끌어 그들을 짓이기려 하였소. 어찌 묵돌이 이미 100만의 군대가 있었고 정예 40만을 추려서 유계季를 포위할 것을 생각이나 하였겠소. 묵돌의 군대 모두가 한꺼번에 공격해서 한漢의 군대를 짓이기길 호랑이가 토끼를 잡듯이 하였더니, 유계는 간담이 서늘해져서 제 처를 보내서 화의를 청하였고, 이에 속곳을 벗은 천년치욕을 남겼소이다.' 무릇 잘하는 좌상賈[16]들은 깊이 감춰놓고 창고가 빈 듯이 하였소. 하물며 아직 속

---

10) 大檀君을 뜻하는 大單干이 訛傳된 것 아닐까?
11) 卑篱國과 盖馬國의 非夫餘系인 匈奴·鮮卑·烏桓이라는 의미일 수 있겠다.
12) 모돈, 묵특, 물돌 ; 匈奴二世單于; 在位 BCE209-174
13) 말을 타고 달리면서 활을 쏘는 병사
14) 西漢 高祖 劉邦의 本名 則 兒名
15) 소위 西漢의 鴈門郡(代縣) 平城 !! 大同縣 白登山 新平城에 眩惑되지 말아야 !!

이 차기도 전에 헛되이 그 이름을 탐하겠소이까?"라 하시어 선우單于라는 칭호를 물리치시어 추모芻牟라는 칭호를 이전처럼 유지하시고, 상가相加들과 공경公卿 등 70여인에게 주연을 베푸셨다. 수군과 육군을 한빈汗濱에서 친히 검열하셨다. 8기八旗[17]64군軍으로 나누고 각 군에 군정軍正[18]을 두셨으며, '오이로 하여금 이들을 통솔케 하시고 마리와 부분노가 그를 돕게 하셨으며, 오간·부위염·마려·환백·구분·부어구·도희·송태를 8기장군八旗將軍들로 삼으셨다.'[19]

二月,松讓妻貫貝生皇子達倫于召皇后宮.貫貝自去年從上于滸口而更得娠.召后欲強其勢而因留之,至是生子欲封之,上不許.　桓那汗南之地有地裂之變.出於寃死者,上以刑罰為生命之大事,不可不愼,故命置評府,使明理善論者以為評者而觧其寃枉.凢有罪當死者,必使評者審其寃而决其獄.凢官守自盜,賊盜官物,殺人作盜作奸,父子兄弟相害者,不待評者而誅. 陜父奏曰"去年八月有両月之变.十月有再華之乖.臘平有無氷之異.今又有地裂之災.皆天地陰昜之變也.願上減饌自責餝躬儉素,勿為聲色嚴禁女謁.三后五妃亦冝遠夕相戒,况璦后嬪公卿妻女乎.陛下如是則公卿亦如是.上下飮乱,民俗壞敗,可不愼欤.公卿大夫之掠民妻財者,以法处之而勿貸,且黃鶩大鹿大鼈之肉不冝常用,而使宗戚公卿大夫冝體上旨."上可其奏.國俗,以仲月之望,設犯夜而男女聚飮乱行為楽.是遂停其俗,吏民之犯禁者抵罪,國內肅然.上嘉之,曰"陜乃吾之子方也."時,扶芬奴多取荇女畜之,日以宴飮縱色為事.陜父素與芬奴相克,而作此法.芬奴心衜之,欲殺陜父.陜父聞之,不能夜行.上累令二人相和,而反目尤甚.上曰"朕若不在,陜父危矣."陜父年少特寵不能容物,故為人斫憎如此.

2월, 송양 처 관패가 황자 달륜達倫을 소召황후의 궁에서 낳았다. 관패가 지난해부터 호구滸口[20]에서 주상을 모시어 다시금 임신하자, 소후가 자기세력을 강화하려는 까닭으로 그녀를 눌러 앉혔고 이때 와서 아들을 낳으매 그녀를 (后·妃로) 봉하려 하였지만, 주상께서 허락하지 않으셨다. 　환나국 한남汗南 땅에서 땅이 갈라지는 이변이

---

16) 一定한 곳에서 賣買하는 者 즉 坐商 ; 相對語 商은 떠돌며 賣買하는 者 즉 行商.
17) 南堂 註釋 曰 "青黃赤黑紺紫綠■" ; 八旗軍制의 始初는 淸나라가 아니다.
18) 新羅의 卒正에 相當 ?
19) 統帥-副帥-旗將軍-軍正의 軍統率體系
20) 滸水어귀? (그림-25 및 그림-27 참조)

있었다. 원통하게 죽은 이들에게서 나온 것으로 여기사, 주상께서 '형벌은 생명을 다스리는 큰 일'이라서 신중하지 않을 수 없음에 명을 내려 평부評府를 두고 밝게 따져서 잘 헤아리는 이를 평자評者로 삼아 원통하고 잘못된 일들을 풀어내도록 하셨다. 죄를 받아서 죽게 된 모든 이들은 필히 평자로 하여금 원통함이 있는 지를 상세히 밝혀서 그들을 송사케 하셨고, 몸소 도적질한 관수官守, 관물官物을 훔친 도적, 사람을 죽이고 물건을 훔치거나 간음한 이, 서로를 해친 부자형제 모두는 평자의 심리를 기다림 없이 주살하게 하셨다. 협보가 주청하길 "지난해, 8월에는 달이 둘인 변고가 있었고, 10월에는 꽃이 다시 피는 괴이함이 있었으며, 랍평臘平[21]에는 물이 얼지 않는 이변이 있었는데, 또 지금 땅이 갈라지는 재앙이 생겼습니다. 이 모든 것은 천지음양의 재변입니다. 원하옵건대 주상께선 음식을 줄여 자책하시며 몸치장을 검소히 하시고 성색聲色을 가까이하지 마시고 여인들이 찾아뵘을 엄히 금하소서. 3후后·5비妃 역시 응당 밤일을 멀리하며 서로가 조심하면, 항차 경부瓊府의 후后·빈嬪들과 공경들의 처와 딸들이야 어쩌겠습니까? 폐하께서 이러하시면, 공경들도 마찬가지일 것입니다. 높고 낮은 이들이 술에 취해 음란하면, 민간의 풍속이 볼품없이 무너질 것인데, 어찌 삼가지 않을 수 있겠사옵니까? 공경대부가 민간의 처와 재물을 빼앗으면 법대로 다스려 용서하지 마시옵고, 게다가 '누런 거위鵞와 큰 사슴鹿 및 큰 자라鼈의 고기'[22]를 상시로 먹음은 온당치 않사오니, 종척들과 공경들로 하여금 주상의 뜻을 깨닫게 하소서."라 하였더니, 주상께서 그 주청을 받아들이셨다. 나라풍속으로 '4철의 가운데 달 보름에 야반통행을 허락하여, 남녀들이 모여서 음주하며 어지러이 놀아나길 즐거움으로 삼아왔는데, 이로써 마침내 그런 습속이 그치게 되었다.'[23] 이를 어기는 관리와 백성이 벌을 받게 되어 나라 안이 숙연해졌더니, 주상께서 이를 기뻐하며 이르시길 "협보는 내 장자방子方[24]이오." 하

21) 섣달 즉 한겨울
22) 黃鵞·大鹿·大鼈고기는 드물고 귀한 것
23) 國風이었던 '四中節'을 禁한 것이다
24) 漢의 建國功臣으로 高祖 劉季(劉邦)의 謀士이었던 張良의 字임

셨다. 이즈음 부분노가 행인국 여인들을 많이 얻어 쌓아놓아서, 날마다 연회를 열어 음주하면서 여인들 거느리기로 일을 삼았는데, 협보가 평소에 부분노와 상극이고 이런 법을 만들었더니, 부분노가 마음에 충격을 받아 협보를 죽이려 하였고, 협보는 이를 듣고 밤길을 능히 다닐 수 없었다. 주상께서 누차 두 사람으로 하여금 서로 화해토록 하셨지만 반목함이 더욱 심하였더니, 주상께서 이르시길 "짐이 없으면 협보가 위험하겠다."고 하셨다. 협보는 나이가 적어, 특별한 총애를 받았지만, 능히 '만사物를 담아내지는 못하던'[25] 까닭에 남들에게 미움을 삼이 이와 같았다.

三月,設公服司以給百官夫妻之公服.乏百官公服以等次,使服部令主之.三輔,爵太大兄,紫袖袍,紫羅巾,金花飾冠,佩金魚銀章;主兵主民主刑主宮主穀五大加,紫衫紫羅巾金花飾冠佩銀魚銀章.主神主賓主藥主農主畜五大加,紫衫紫羅巾銀花飾冠佩銀魚銅章.皆爵上大兄:三輔曰公,一品有三級;上五加曰大卿有五級,下五加曰次卿亦有五級,皆二品;大注簿大将軍大使者大對盧,皆爵中大兄,紫杉緋羅巾銀花飾冠銅魚銅章,稱三品小卿有七級;于台沛者将軍大仙人大評者,爵次大兄,[緋杉緋羅巾][26]銀花飾冠銅魚銅章,稱四品,上大夫,有七級;都尉仙人使者評者注簿司馬,爵中兄,緋衫緋羅巾雉花飾冠銅魚銅章,稱五品,中大夫,有七級;烏拙褥奢意候校尉小評,爵小兄,[緋杉緋羅巾][27]雉花飾冠鐵魚銅章,稱六品,下大夫,有七級;皀衣翳屬御人軍人,紅衫朱羅巾雉花飾冠鐵魚銅章,稱七品,上士,有七級;縣尉司畜小守小牧蚕師馬師,紅杉朱羅巾雉花飾冠鐵魚檀章,稱八品,中士,有九級;村長司農工師技人渡丞關守,紅杉朱羅巾錦花飾冠檀魚檀章,稱九品,下士,有九級;薬人馬人蚕人草人獵騎工人織人,朱杉青羅巾錦花飾冠檀魚檀章,稱十品,小士,有九級;圉人船人隊正邏正,朱杉青羅巾綠皮飾冠檀魚角章,稱十一品,小人,有九級;倉正尺正市人驛人,朱杉青羅巾綠皮飾冠檀魚牙章,稱十二品,下人,有九級.祿 ;

3월, 공복사公服司를 두어서 백관들 내외에게 공복公服을 공급하였다. 백관들의 공복은 등차等次를 두어 정하고, 복부령服部令이 주관主하였다[28] ; 3보三輔는 작위爵 태대형太大兄으로 자수포紫袖袍·자라건紫

---

25) 일과 사람을 능히 圓滿하게 헤아려 容納하지 못하였더니

26) 本傳의 '裶衫裶羅巾'을 上衣·頭巾의 色種인 '緋衫緋羅巾'을 誤寫한 것으로 보았다

27) 本傳의 '裶衫裶羅巾'을 上衣·頭巾의 色種인 '緋衫緋羅巾'을 誤寫한 것으로 보았다

羅巾·금화관식金花飾冠에 금어金魚·은장銀章을 찬다. 주병主兵·주민主民·주형主刑·주궁主宮·주곡主穀 5대가大加는 자삼紫衫·자라건紫羅巾·금화관식에 은어銀魚·은장銀章을 차고, 주신主神·주빈主賓·주약主藥·주농主農·주축主畜 5대가는 자삼·자라건·은화銀花관식에 은어·동장銅章을 차며, 모두의 작위는 상대형上大兄이다 : 3보三輔는 공公으로 1품品이며 3급級[29]이 있다; 상5가上五加는 대경大卿으로 5급[30]이 있고, 하5가는 차경次卿으로 5급[31]이 있으며, 모두 2품이다; 대주부大注簿·대장군大将軍·대사자大使者·대대로大對盧 모두는 중대형中大兄으로, 자삼·비라건緋羅巾·은화관식에 동어銅魚·동장銅章을 차며, 3품 소경小卿으로 7급이 있다; 우태于台·패자沛者·장군将軍·대선인大仙人·대평자大評者는 작위 차대형次大兄으로 비삼緋衫·비라건緋羅巾·은화관식에 동어·동장을 차며 4품 상대부上大夫로 7급이 있다; 도위都尉·선인仙人·사자使者·평자評者·주부注簿·사마司馬는 작위 중형中兄으로 비삼·비라건·치화雉花관식에 동어·동장을 차며, 5품 중대부中大夫로 7급이 있다; 오졸烏拙·욕사褥奢·의후意候·교위校尉·소평小平은 작위가 소형小兄으로, 비삼·비라건·치화관식에 철어鐵魚·동장을 차며, 6품 하대부下大夫로 7급이 있다; 조의皀衣·예속翳屬·어인御人·군인軍人은 홍삼紅衫·주라건朱羅巾·치화관식에 철어·동장을 차며, 7품 상사上士로 7급이 있다; 현위縣尉·사축司畜·소수小守·소목小牧·잠사蠶師·마사馬師는 홍삼·주라건·치화관식에 철어·단장檀章을 차며, 8품 중사中士로 9급이 있다; 촌장村長·사농司農·공사工師·기인技人·도승渡丞·관수關守는 홍삼·주라건·금화錦花관식에 단어檀魚·단장을 차며, 9품 하사下士로 9급이 있다; 약인藥人·마인馬人·잠인蠶人·초인草人·렵기獵騎·공인工人·직인織人은 주삼朱衫·청라건青羅巾·금화錦花관식에 단어·단장을 차며, 10품 소사小士로 9급이 있다; 어인圉人·선인船人·대정隊正·순정邏正은 주삼·청라건·록피綠皮관식에 단어·각장角章을 차며, 11품 소인小人으로 9급이 있다; 창정倉正·척정尺正·시인市人·역인驛人은 주삼·청라건·록피

28) 官職·公服을 制度化하였다는 것이라
29) 太輔·左輔·右輔
30) 主兵·主民·主刑·主宮·主穀
31) 主神·主賓·主藥·主農·主畜

관식에 단어·아장牙章을 차며, 12품 하인下人으로 9급이 있다. 록봉祿은 (아래 秩品별 俸祿은 번역을 생략함);

王公	三妻五妾九婢	正穀千百石散穀同数	羊豕五百匹	彩絹千匹	奴婢九百口
一品	同 正妻祿依夫 副妻減一等	千石	四百匹	九百匹	八百口
二品	同 妾減三等 副妾減五等	九百石	三百匹	八百匹	七百口
三品	三妻四妾 八婢	八百石	二百半	七百匹	六百口
四品	同	七百半	二百匹	六百匹	五百口
五品	同	七百石	百半	五百匹	四百口
六品	三妻三妾 七婢	六百石	百匹	四百匹	三百口
七品	同	五百半	九十匹	三百匹	二百口
八品	同	五百石	八十匹	二百匹	百口
九品	二妻三妾 六婢	四百石	七十匹	百匹	九十口
十品	二妻三妾 六婢	三百石	六十匹	八十匹	七十口
十一品	二妻二妾 五婢	二百石	五十匹	七十匹	五十口
十二品	同	百石	四十匹	六十匹	三十口
無品	一妻二妾 四婢	五十石	三十匹	五十匹	二十口

皇后翟服;錦袴錦襦以紫綠為之,紫羅袍黃羅衫,玉帶珠冠以七宝飾之.七宝者翡翠紅玉黃金珊瑚真珠夜光琥珀也.佩金魚玉馬金印玉章金釵金釧金環玉環十二香囊黼黻,真珠宝扇麝香蘭綬硨磲宝盒瑪琉盒.七妃翟服;袴襦袍冠如皇后,金魚金馬銀印玉章金釵金釧金環玉環,十香囊黼黻真珠宝扇麝香蕙綬硨磲宝盒青玉盒,帶用金銀象牙帶.王公夫人承上寵者翟服;如妃制,八香囊紅紈宝扇麝香芝綬,金裝角帶.皇后用玉床玉轎四馬宝車,以金珠飾之.妃用象牙轎床雙馬宝車,亦以金珠飾之.夫人用檀床檀轎雙馬車,亦以金珠飾之.[公][32]正妻依公例,副妻以下各減一等,卿妻亦如之.

황후皇后 적복翟服은 금고錦袴·금유錦襦를 자색紫色·록색綠色으로 하고 자라포紫羅袍·황라삼黃羅衫을 입음. 옥대玉帶·주관珠冠을 7보七宝로 장식하며, 7보七宝는 비취翡翠·홍옥紅玉·황금黃金·산호珊瑚·진주真珠·야광夜光·호박琥珀이다. 금어金魚·옥마玉馬·금인金印·옥장玉章·금비녀金釵·금팔찌金釧·금반지金環·옥반지玉環·12향낭보불十二香囊黼黻·진주보

32) 本傳은 '公卿'이나 文脈으로 보아 '公'의 誤寫로 보아 바로잡았다.

선真珠宝扇·사향란수麝香蘭綬·차거보합硨磲宝盒·마유합瑪琉盒을 패佩·용用한다. 7비七妃 적복翟服은 고袴·유襦·포袍·관冠은 황후와 같고, 금어金魚·금마金馬·금인金印·옥장玉章·금비녀金釵·금팔찌金釧·금반지金環·옥반지玉環·10향낭보불十香嚢黼黻·진주보선真珠宝扇·사향혜수麝香蕙綬·차거보합·청옥합青玉盒을 패용하며 허리띠帶는 금金·은銀·상아象牙로 장식한 띠를 쓴다. 왕공王公부인夫人으로 주상의 성총聖寵을 입은 이의 적복은 비妃의 제도와 같고, 8향낭八香嚢·홍환보선紅紈宝扇·사향지수麝香芝綬를 패용하며 금장각대金裝角帶를 맨다. 황후皇后는 옥침상玉床·옥가마玉轎·4마보거四馬宝車를 쓰며 금金·구슬珠로 치장하고, 비妃는 상아가마象牙轎·상아침상象牙床·쌍마보거雙馬宝車를 쓰며 역시 금金·구슬珠로 치장하며, 부인夫人은 단목침상檀床·단목가마檀轎·쌍마수레雙馬車를 쓰며 역시 금金·구슬珠로 치장한다. 공公의 정처正妻는 공公의 예例를 따르고 부처副妻이하는 각각 한 등급을 낮추며, 경卿의 처妻들 또한 이와 같다.

四月,詔曰"朕以上帝之命,征伐無道拯我赤子,未遑農桑田野不闢.宜爾小民勤墾荒地,種以黍粟豆粱以免飢渴.九為官牧守将者,勤倹自守,無漁細民.如有犯禁,論以逆律."扵是,上親耕籍田,萱皇后親行蚕事,召皇后親行麻事,桂皇后親行毛事.使蚕人蚕女麻人麻女毛人毛女等治桑麻葉皮毛等事.北夫余黃竜之蚕業已久,治江已有.漢人之蚕織,自去年以来,上命有司種桑甚多,足為三夏之農.　以漢素為選部令,使採技藝.漢素奏曰"用人之法,專以技藝,則雖得其才,不得其心者有之.用人以正,則雖或才有不足,能得其心,故忠有餘矣.以是,孝廉用人,雖拙必成.只取其才,則雖能多敗."上曰"善.且孝者人之本也.可使採民有孝行者以聞之."漢素之選舉必観其行而問才,故得人最賢,人以為河濱之舉.

4월, 조칙詔勅하여 이르길 "짐이 상제上帝의 명으로 무도無道한 이들을 정벌해 우리 백성赤子[33]들을 건져내느라고 미처 겨를이 없어서 농사짓고 누에칠 전야田野를 일구지 못하였소. 의당 그대 평민小民[34]들은 부지런히 황무지를 개간하고 서黍·속粟·두豆·량粱을 파종해서

33) 임금이 핏덩이 같은 갓난아이처럼 여기는 백성들
34) 벼슬하지 않는 보통사람들

굶주림과 목마름을 면해야 할 것이오. 관리가 되어 목牧사·태수守·장수將를 하는 모든 이들은 근검勤儉자수自守하며 힘없는 백성들에게서 빼앗지 마시오. 금禁한 짓을 범한 이들은 반역죄로 논하겠소."라 하셨다. 이제야 주상께선 친히 적전籍田을 일구셨고, 훤萱황후는 친히 누에를 치고, 소召황후는 친히 삼베를 삼고, 계桂황후는 친히 양털을 다듬었다. 잠인蚕人·잠녀蚕女·마인麻人·마녀麻女·모인毛人·모녀毛女 등으로 하여금 뽕잎桑葉·마시麻枲껍질皮[35]·양털毛 등을 다루는 일을 하게 하셨다. 북부여北夫余는 황룡국 잠업蠶業이 이미 오래되었고, 강물을 다스림도 이미 있어왔으며, 한인漢人잠직蠶織도 지난해부터 주상께서 관리에게 명하여 뽕을 심은 것이 매우 많았더니 여름 석 달의 농사일로 충분하였다. 한소를 선부령選府令으로 삼아 기예技藝가 있는 이들을 채용케 하셨더니, 한소가 아뢰길 "사람을 등용하는 방법이 기예만을 의지하면, 설사 그런 인재는 얻을 수 있을지라도 그의 마음을 얻지는 못하옵니다. 사람을 등용하기가 올바르면, 비록 혹간 재능이 부족한 이가 있더라도 능히 그들의 마음을 얻게 되고, 그런 까닭에 충성은 덤이옵니다. 이러한 까닭에 효성과 청렴함으로 사람을 등용하면, 비록 재주가 서툴러도 반드시 이룰 것이며, 단지 재주만을 취한다면 비록 능란하더라도 많은 실패가 있을 것이옵니다."라 하매, 주상께서 이르시길 "그렇시다! 게다가 효孝는 사람의 근본이니, 민간에서 사람을 뽑음엔 효행하는 이들을 탐문하여 할 수 있어야 할 것이오."라 하셨으며, 한소가 사람을 뽑고 천거함에는 반드시 그들의 행실을 살피고 재주를 물어서 가장 현명한 이들을 얻었더니, 사람들이 하빈河濱[36]땅의 인재천거방법으로 여겼다.

以烏伊摩离陜父為公,扶芬奴再思武骨默居仇都為大卿,漢素鄭共馬黎乙耕尉猒為亞卿,仇賁桓福烏干菸狗于真為小卿,桓柏都喜松太逸荀樊永禾黍吉士為上大夫.武骨妻仲室氏松讓妻貫貝氏鄭共妻張氏以夫人例賜翟服,默居妻小室氏以公妻例賜公服,各賜年穀一千八百石羊豕三百匹綾緞錦羅四時衣次八百匹奴婢七百口田宅鹽盆如侯例而去其妃號.以奥犍妻乙旃氏宝得妻禾英氏

---

35) 대마(麻)와 모시(枲) 줄기의 껍질

36) 漢素는 河濱侯에 封해졌고, 牛壤과 東都가 潮河下流 沿岸이니, 곧 高勾麗이다.

禾英女禾小妃廣公女素括妃祖天女霓姬為新五妃,賜翟服宮殿.

오이·마리·협보를 공公으로 삼고, 부분노·재사·무골·묵거·구도를 대경大卿으로 삼고, 한소·정공·마려·을경·부위염을 아경亞卿(次卿)으로 삼고, 구분·환복·오간·부어구·우진을 소경小卿으로 삼고, 환백·도희·송태·일구·분영·화서·길사를 상대부로 삼으셨다. 무골 처 중실仲室씨와 송양 처 관패貫貝씨와 정공 처 장張씨는 부인夫人 예例로 적복을 하사하고, 묵거 처 소실小室씨는 공처公妻의 예로 공복을 하사하며, 각각에게 년곡 1천8백 석과 양·돼지 3백 필 및 릉단綾緞·금라錦羅·사철옷감四時衣次 8백 필과 노비7백 구 및 밭·집·소금·그릇을 후侯의 예로 하사하고 비호妃號를 거둬들이셨다. 오건 처 을전씨와 보득 처 화영씨[37] 및 화영 딸 화禾소비小妃와 광공 딸 소괄素括비[38] 및 조천 딸 예희霓姬를 새로 5비五妃로 삼아 적복과 궁전을 하사하셨다.

五月,上如鄭共宅與張氏賞牧丹櫻桃吹笛.而如河濱侯宮與漢素妻大房氏幸溫水,徵大房良夫妻賜衣酒命大房良為選部令.良辭以老不就. 勾茶國女主閃尼殺其夫而請為夫人.上素知其為毒女,不許.閃尼遂反,以盖馬王燕宜為夫而共謀,欲侵黃龍,招懷反側.群臣請伐盖馬.上以荇人之創未愈,欲休兵而不許,使都喜吉士徃探盖勾之虛實而攷. 六月,徵荇南軍二千黃龍軍五千,命扶芬奴于仁鍊之于西川.上親鍊沸流軍三千于汗濱,從汗水至汗東,南獵于桓那句茶之界.閃尼躍馬,追桂后大罵,曰"亡国之女敢鬧天仙之国."上怒欲伐之,命沸流軍結陣于界上而待詔. 萱皇后告蚕績,上親臨蚕室賜蚕師蚕人等衣酒.

5월, 주상께서 정공 저택엘 가시어 장張씨와 함께 모란牧丹과 앵두櫻桃를 즐기며 젓대를 부셨다. 그리고 하빈후河濱侯 궁으로 가시어 한소 처 대방大房씨와 함께 온수溫水로 거둥하셨고, 대방량大房良부처夫妻를 불러 옷과 술을 하사하셨으며, 대방량에게 명하여 선부령選府令이 되어달라고 하셨으나, 대방량은 늙었노라 사양하며 나서지 않았다. 구다국勾茶國여임금 섬니閃尼가 제 지아비를 죽이고서 부인夫人으로 삼아주시길 청하니, 주상께선 평소에 그녀가 악독한 여인임

37) 賈達이 낳은 禾相의 딸
38) 匈奴降將 李陵의 딸 胡括이 낳았음

을 아시는지라 허락하지 않으셨다. 섬니가 이윽고 반발하여 개마왕 연의燕宜를 지아비로 삼아 공모하고 황룡을 치고자 두 마음을 품은 이들을 손짓해 달래매, 뭇 신하들이 개마를 토벌하시길 청하였더니, 주상께선 행인에서 생긴 창상이 아직 낫지 않았음을 들어 병사들을 쉬게 하고자 윤허치 않으시고 도희와 길사로 하여금 개마와 구다의 허실을 가서 탐색해 돌아오게 하셨다. 6월, 행남군 2천과 황룡군 5천을 징발하고 부분노와 우인에게 명하여 서천西川에서 그들을 훈련하게 하셨다. 주상께선 친히 비류군 3천을 한빈汗濱[39]에서 훈련하시며 한수汗水를 따라 한동汗東[40]으로 가셨다가 "환나와 구다의 경계'[41]까지 남쪽으로 사냥하시니'[42](그림-30참조), 섬니가 말 위에 뛰어올라서 계桂후를 뒤쫓으며 큰소리로 모욕하여 이르길 "나라를 망쳐먹은 년이 감히 천선天仙[43]의 나라를 시끄럽게 하는구나!"라 하였다. 주상께서 노하여 섬니를 토벌하시고자 비류군에게 명하여 경계상에서 결진해 조칙을 기다리게 하셨다. 훤萱황후가 잠사실적蠶絲蚕績을 고하여, 주상께서 친히 잠실蠶室로 가시어 잠사蚕師와 잠인蚕人들에게 옷과 술을 하사하셨다.

七月,上至瓠盧湖,與柘公妃桂孟子,泛舟湖上,品瓜賞月酒,然有絶世氣象.閃尼以馬韓人水德為其情夫,悉集国中兵,與我軍相持.其国在黃龍桓那之南漢山之北,東至汗東之南,西至盖馬之東,南接馬韓辰韓.常附庸於黃龍盖馬,至是與馬韓通好,與燕宜失和.上以為戦機,乃使人謂閃尼曰"戦,吾䀋非不能也.傷人必多,不若和."閃尼曰"勝者傷人,敗者被傷,當然之事也.欲来降則降,欲被傷則傷而已.引兵入界慠之以威,今忽言和,何也."上笑曰"無已則戦矣.其勿怨可也."乃使前騎散告於民,曰"吾欲與和,而閃尼請戦,故不得已戦也.殺傷破毁,吾豈嗜而為之㦲.北夫余之故土,不可不復,而戦也."句茶之民,以此怨閃尼.上又言"閃尼好淫而殺夫者三,不可不懲.詬我皇后,辱及朕躬,不可不問.罪在閃尼一人.宜爾百姓勿妄動而被誅.若有擒梟閃尼水德而来者,當封勾茶侯矣."両軍因雨相持於二水.七月二十日,先鋒突破敵陣直馳黃山,大軍継之.敵

39) 桑干河 중하류 東邊인 북경시 石景山 쯤 ; 水·陸 兩軍이었을 것
40) 桑干河 중하류 東邊 ; 북경시 大興區 永定河 東邊 쯤
41) 本傳의 后妃列傳에 따르면 '丹山'지역
42) 河北省 完縣 南呂村쯤의 '檀山'을 이때 취하여 桓那 땅에 編入한 것으로 推定됨
43) 勾茶國女王 閃尼가 天仙을 자칭한 것일 듯

集其軍於黃東.大戰三日,互有勝負.水德有勇,我軍多傷.上親射殺之,敵潰保水上,追擊破之.閔尼以虎山為将决死戦於都下,大戦自晨至晡.桂后護上被矢,上怒督軍迫之,射殺虎山以下九将,血流成渠.賊臣霞逢等縛閔尼出降,命斬之.命諸将巡撫諸郡,不下者擊破之.至八月十五日乃定.行月歌于茶都,分勾茶為馬山平山黃山泥河豊城,以閔尼女為桓柏松太之婢,虜其親戚子女為奴婢.其不順者或誅或遷,順受天命者,或移或存.其為皇軍前導者,依旧授位,或進其級.

7월, 주상께서 호로호瓠盧湖[44]에 당도하시어 자공柘公비妃 계맹자와 함께 호수에 배를 띄우고 참외를 품평하며 달과 술을 완상하시니, 분명 절세기상이셨다. 섬니閔尼가 마한馬韓[45]사람 수덕水德을 정부情夫로 삼고, 나라 안의 군대를 모두 긁어모아 우리 군대와 서로 대치하였다. 구다는 황룡과 환나의 남쪽으로 '한산漢山 북쪽이고'[46] 동쪽은 '한동汗東[47]의 남쪽'[48]에 이르고 서쪽은 '개마의 동쪽'[49]에 닿았으며, 남쪽은 마한馬韓[50]·진한辰韓[51]을 접하였다(그림-30참조). 늘 황룡과 개마에 붙어살다가, 지금 와선 마한과 상통해 좋아지내며 연의와는 사이가 나빠졌음에, 주상께선 싸워서 이길 때가 되었다고 여기셨고, 이에 사람을 시켜 섬니에게 말하여 이르시길 "전쟁이라면 내가 못할 바 아니고, 화해하지 않으면 필시 많은 사람이 상할 것이오."라 하시니, 섬니가 말하길 "이기는 이가 남을 상하게 하니, 지는 이가 상할 것은 당연한 일이오. 찾아와 항복하려면 항복하고, 상하고 싶으면 상하면 될 뿐이오. 군대를 끌고 경계 안으로 들어와서 위협하고 겁을 주다가, 지금 갑자기 화해를 말하다니, 웬 일이오!"라 하매, 주상께서 웃으며 이르시길 "그칠 마음이 없다면 곧 전

---

44) 桓那·勾多 間의 境界 ; 滹沱河·鷄瓜河 등이 南北에서 흘러든 白洋淀 일원으로 추정
45) 河南城 동북단 安陽市지경? 소위 西漢 河南郡 新鄭縣의 馬韓都邑地? 馬韓의 東端쯤이 辰韓이라했는데, 濟南[jinan]쯤이 그 地境으로 보인다.
46) ①邯鄲市 中央의 '邯山'지경? ②太行山? ③大邳山(大伾山)? ; 大邳山 남방에 柵城이란 뜻의 지명인 "長垣"이 後日에 溫祚의 漢山 南쪽의 城이었을까?
47) 桑干河下流 東岸? 完縣 南呂村 檀山이 桓那·勾茶 間의 國界 ; '后妃列傳' 참조
48) 德州 西邊지경
49) 五台山脈 東南麓지역 즉 五台山·五臺縣지역인 듯함
50) 河南省 東北部 지경?
51) 河南省 安陽市 동방인 山東省 西北邊지경? 그림-30과 그림-46 참조

쟁일 것이니, 나를 원망치 말아야 할 것이오."라 하셨고, 이에 전방의 기병들로 하여금 흩어져서 백성들에게 알리도록 하셨다. 이르시길 "나는 화해하려고 하였으나, 섬니가 싸우길 청하는 까닭에 부득이 싸우게 되었소. 죽고 다치게 하고 부수고 허물기를 어찌 내가 좋아하여 그리하겠소! '북부여의 옛 땅을 되찾지 않을 수 없으니'[52] 싸움이 있을 것이요."라 하셨다. 구다 백성들이 이로써 섬니를 원망하였더니, 주상께서 또한 이르시길 "섬니가 음사淫事를 즐기다가 죽인 지아비가 셋이니 징치하지 않을 수 없고, 내 황후를 꾸짖어서 욕스러움이 짐 자신에게까지 미쳤으니 문죄하지 않을 수 없소. 죄는 섬니 한 사람에게 있으니, 응당 그대 백성들은 망동하다가 죽음을 당하지 마시오. 만약 사나운 섬니와 수덕을 사로잡아 오는 이가 있으면, 응당 구다후勾茶侯로 봉하겠소."라 하셨다.

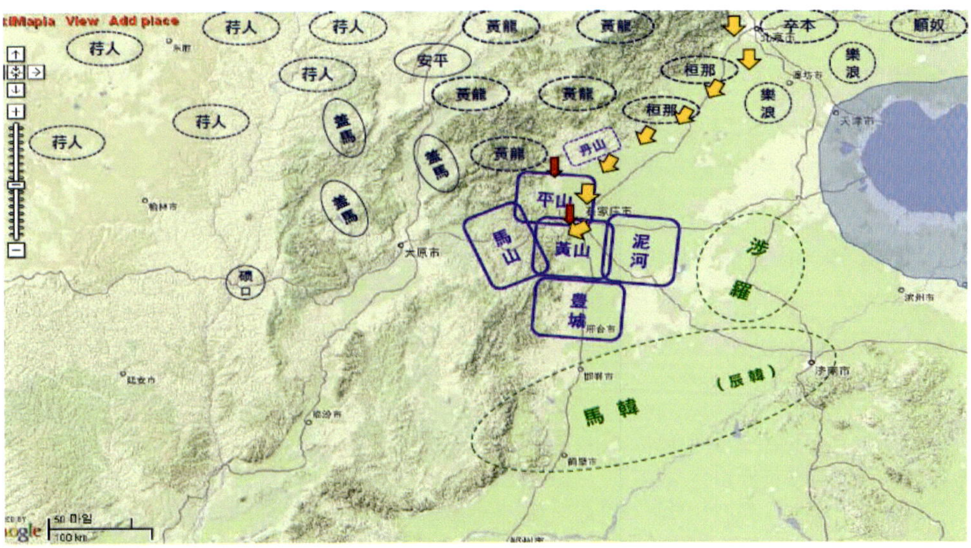

그림-30. 구다국勾茶國 정벌로 추정도
[本傳의 后妃列傳에 따르면 勾茶征伐路 중간에 丹山(檀山)이 있었다.]

양쪽의 군대들이 비로 인하여 이수二水(雙河)[53]에서 서로 대치하다

52) 勾茶는 일찍이 北方 烏桓山에서 漢軍에게 붙잡혀 遼東으로 옮겨진 遼東烏桓이었나?
53) 本傳의 后妃列傳 東明桂皇后傳엔 "二水"가 "雙河"로 기록 된 바, 두 하천이 나란히 흐르는 곳일 터이고, 戰場이었던 勾茶都城·二水(雙河)·黃山은 서로 멀지 않았을 것이다

가, 7월 20일에 선봉이 적진을 돌파하여 황산黃山[54]으로 곧게 내달리고 대군大軍이 뒤를 따르니, 적군은 황산 동편으로 군사를 집결시켰다. 사흘을 크게 싸웠어도 서로 엎치락뒤치락 하였다. 수덕水德이 용맹하여 아군이 많이 상하매, 주상께서 친히 그를 쏘아죽이셨고, 적군이 무너져서 물줄기 곁을 지키매, 쫓아가 격파하니, 섬니가 호산虎山을 장수로 삼아 도성언저리에서 죽기로 싸웠다. 해 뜰 녘부터 해 질 녘까지 큰 싸움이 벌어졌고, 계桂후가 주상을 호위하다가 화살을 맞았더니, 주상께서 노하여 군사들을 다그쳐 조여들면서 호산이하 아홉 장수들을 사살하사, 핏물이 도랑을 이루었다. 적의 신하 하봉霞逢 등이 섬니를 결박해 나와 항복하였다. 명을 내려 그녀를 참하고, 모든 장수에게 명하시어 모든 군郡을 순무巡撫하게 하셨으며, 굴복하지 않는 곳은 격파하셨다(그림-31참조). 8월 15일에 이르러 평정되니, 월가회月歌를 구다茶국 도읍都에서 행하시고 '구다勾茶국을 나누어 마산군馬山[55]·평산군平山[56]·황산군黃山[57]·니하군泥河[58]·풍성군豊城[59]으로 삼으셨다(그림-30).'[60] 섬니의 딸들은 환백·송태의 비첩들로 삼고, 그녀의 친척과 자녀는 붙잡아 노비로 삼았으며, 고분고분하지 않은 이들은 주살하거나 내쫓고, 천명天命을 고분고분 받아들이는 이들은 옮겨서 살거나 눌러앉아 살게 하였으며, 황군皇軍의 전도前導가 되었던 이들은 옛날에 견줘 직위를 주고 혹간은 승차시키셨다.

; 譯者는 本 戰史 中의 二水(雙河)를 '쌍둥이'란 뜻을 가지는 '栾'字를 쓰는 '栾城'을 隣接해 東南流하는 두 가닥의 河川인 洨河 上流쯤으로 추정한다.

54) 本 戰史 中의 黃山은 石家莊 南隣 元氏縣 所在 黃山으로 추정된다. ; 行唐·曲陽 間 黃山(章山)은 檀山(丹山)의 南方이어도 黃龍故地 箕丘一圓에 해당되어 勾茶國 都城 인근 黃山으로 合當치 않고(后妃列傳참조), 滿城縣 西北의 黃山과 黎城 西方 黃山(黃岩山) 및 長治 인근 黃(岩)山은 역시 戰史記錄에 부합하지 않는다.

55) 馬山郡은 石家莊市 서방 滹沱河 중상류 남방의 盂縣 白馬山~石馬山 일대로 추정

56) 平山郡은 石家莊市 북린 平山 일원으로 추정

57) 黃山郡은 石家莊市 남린 元氏縣 黃山 일원으로 추정

58) 泥河郡은 石家莊市 西南(濁漳河上流) 일원으로 추정

59) 豊城郡은 石家莊市 遠南지역 ; 옛 大陸澤·澧河 일대. 安陽市북변 濁漳河남안 豊樂鎭 일대는 邯鄲市 '邯山(漢山)以南이 馬韓이라'는 기록에 衝突이 생김.

60) 勾茶國은 대략 山西省滹沱河中上流以南·沁水以東·濁漳河以東·東北流黃河以北지역에 있었던 것으로 추정된다.

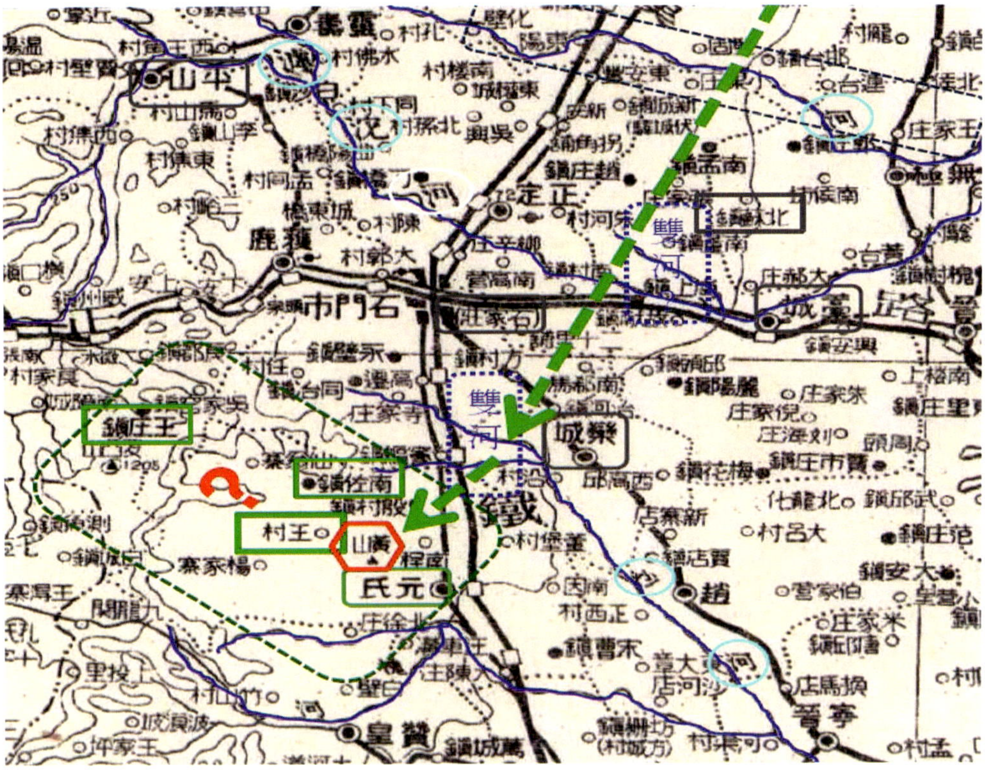

그림-31. 勾茶國 정벌전쟁 黃山戰場과 都城지역[蘇村鄕·南佐鎭·王村 인근의 黃山이 勾茶征伐戰場의 黃山일 것이다.][밑그림은 中國輿圖,1943]

十一月,桂皇后崩,春秋三十二,以皇后葬於真珠河山,名曰真珠陵,以真珠城為其看烟.后以忠臣桂亮之女,出於天妃桓淑之腹.天姿雅貞淸秀,且能騎射,從上於矢石之中而有征荇之大功.又從于黃山之戦有功于茶都,中流矢而護聖,創未合而昇天.臨終,無一言及私,唯禱聖上平定天下.郡臣莫不流涕曰"有此聖后,万民之福也."上撫其子女曰"無母之子,将何以育乎."以桂后妹桂媛為高娄太子大夫,桓福弟桓秀為曼公主大夫,以庇護之.上思念桂后之玉皃懿德而悲慟不已乃歌曰

"吾妻吾妻今何去 忍能負我青山去
青山無語花自白 使我傷心流水去
流水去去去不還 使我何日訪君去"

至今傳之為吾妻曲.上自失桂后以来,不楽寢食.桓福母桂孟子,德容方弗於后,言語簡而正重,時来慰上曰"人生如朝露,徃者莫追,何乃自苦如是乎."上曰"后妃雖多,無如桂妻者矣."乃留孟子於宮中.孟子為柘公妃,十六生桓福,十九

生桓秀,二十二生桓英,二十五生桓竹,二十八生桓蕒,三十始得上寵,三十一生上女桓茵,三十四生上子桓公.至是,柘公以上失桂后而悲慟,献妃于上而代桂后.稱曰孟宮,上寵爱之.后豐美有德,不與人爭.上重之,每有大事,必問議之.

11월, 계桂황후가 춘추 서른둘[61]에 죽었다. 황후로 진주하산眞珠河山[62]에 장사하여 진주릉眞珠陵이라 하고, 진주성眞珠城[63]이 무덤을 지키면서 제사하게 하셨다. 계후는 충신 계량桂亮의 딸로 천비天妃 환숙桓淑[64]의 배에서 나왔고, 타고 난 자태에 심성이 바르고 곧았으며 얼굴이 깔끔하고 빼어났었다. 게다가 기사騎射에도 능하여, 돌과 화살이 쏟아지는 속에서 주상을 따르면서 행인荇人정벌에 큰 공을 세웠고, 또한 황산黃山싸움[65]에도 따라나서서 구다勾茶도성都城에서 공을 세웠다. 화살을 맞고도 성상을 호위하였다가 상처가 낫지 않아 승천하였다. 죽음에 임박해서도 한마디 사사로운 언급이 없이 오직 성상聖上의 천하평정天下平定만을 빌었더니, 군신들로 눈물 흘리지 않는 이가 없었으며 "이리 훌륭한 황후께서 계셨음은 만백성의 복이다."라 하였다. 주상께서 그녀의 아들과 딸을 위무하며 이르시길 "어미 없는 자식들을 장차 어찌 키울거나!"라 하시더니, 계桂후 여동생 계원桂媛을 고루高婁태자 대부大夫로 삼고 환복桓福의 동생 환수桓秀를 만曼공주 대부로 삼아 이들을 감싸서 보호하게 하셨다. 주상께선 계桂후의 아름다운 자태와 훌륭한 덕행을 마음에 그리며 비통함을 그치지 못하시어 읊조리시길 ;

"내 처여! 내 처여! 지금 어디로 가셨소!
참고 견디며 나를 업으셨다가 청산으로 가셨거늘,
청산은 말이 없고 꽃들만 절로 하얗게 피어있어서,
내 아픈 마음 흐르는 물에 실어 보냈더니,

---

61) BCE62年生이다.
62) 黃龍故地 동부 眞珠城지경 ; 中川(大沙河)·箕丘(箕山) 인근의 丘陵이었을 것이고, 이곳을 흐르는 河川 곁에 葬事된 陵寢을 眞珠城이 守陵하였을 것이니, 眞珠河는 大沙河 上流 支流인 郜河·胭脂河(臙脂河)·姜河쯤으로 추정됨
63) BCE37년에 烏伊가 黃龍 땅에다가 黃龍을 짓누르면서 齊 땅을 圖謀할 名分으로 쌓은 城으로 中川(大沙河)上流의 王決鎮(王快鎮)·廣安鎮·党城鎮·沙城鎮지역?
64) 芻牟帝의 生父이자 北夫余 末帝인 慕漱帝의 天妃
65) 勾茶 토벌전쟁으로 현금 石家莊市 남방 元氏縣의 黃山을 이르는 것으로 추정됨

흐르는 물은 흘러만 갈뿐이고 가더니만 돌아오지 않더이다.
어느 날에야 나로 하여금 그대를 만나보게 하시겠소!"

라 하셨더니, 지금토록 전해져 오처곡吾妻曲이 되었다. 주상께선 계桂후를 잃으신 이래로 침식寢食을 즐거워하지 않으셨다. 환복桓福 어미 계맹자桂孟子가 덕행과 몸가짐이 계후를 방불하여 말이 간결하고 방정하기 지긋하였는데, 이때 찾아와서 주상을 위무하며 아뢰길 "인생은 아침이슬 같사오며, 앞서 간 이를 쫓아갈 수도 없사옵니다. 어이하여 몸소 이리도 괴로워하십니까?"라 하매, 주상께서 이르시길 "후·비들이 많아도 계처桂妻만한 이가 없소."라 하시고, 계맹자孟子를 궁중에 남겨두셨다. 계맹자는 자柘공 비가 되어 열여섯에 환복桓福을 낳았고 열아홉에 환수桓秀를 낳았고 스물둘에 환영桓英을 낳았고 스물다섯에 환죽桓竹을 낳았고 스물여덟에 환장桓莨을 낳았으며, 서른에 비로소 주상의 승은을 입어 서른하나에 주상의 딸 환인桓茵을 낳았고 서른넷에 주상의 아들 환桓공을 낳았다. 이때에 와서, 자공이 주상께서 계후를 잃어 비통해 하심에 (자신의) 비妃(桂孟子)를 주상께 바쳐 계후(桂妻)를 대신하게 하였더니, 맹궁孟宮이라 불렸으며, 주상께서 그녀를 총애하셨다. 계후(桂妻)가 아름답기 풍만하고 덕이 있어 남들과 다투지 않았음에, 주상께선 그녀를 소중히 여기사 큰 일이 있으면 필히 묻고 의론하셨다.

涉臣使斗昆来言"呼韓邪食菌死,其長子莫車嗣之.姍妻顓渠大閼,皆呼延之女也.或云大閼,呼延妻禾穎也.大閼先生莫車,顓渠後生且莫車.顓渠,姍時已與莫車相通,而立之.莫車既立,以王昭君為顓渠,以其生母為大閼,顓渠為第三閼氏,而不相妬.莫車勇而有智,能統其衆."上曰"顓渠先通莫車而立之者乃因寵之計,反屈扵不計之人,罪在扵不正其倫也.然,其不妬以安國為心者,已知其自誤也."孟子曰"盛衰成敗如風倫,顓渠,秉権已久,雖讓于昭君,應無不滿矣.昭君,雖得姍眷而常瘏,至是能習扵胡俗,以少為夫而秉権乃肥云."

섭신涉臣[66] 사신 두곤斗昆이 와서 말하길 "호한야呼韓邪[67]가 버섯을 먹고 죽었고, 그 장자인 막거莫車[68]가 뒤를 이었습니다. 산姍[69]의

66) 鮮卑王
67) 東匈奴선우. 壺衍提의 동생 虛閭權渠의 아들, 즉 姍(呼韓邪)은 壺衍提의 조카

처 전거顓渠연지70)와 대연大閼지 모두는 호연呼延거71)의 딸들로, 혹은 대연지를 호연呼延거72)의 처 화영禾穎73)이라 하는데, 대연지가 먼저 막거莫車를 낳았고 전거연지가 뒤에 저막거且莫車를 낳았으며, '전거연지가 산狦시절에 이미 막거와 상통하였음에'74) 막거를 보위에 세웠고, 막거는 보위에 올라 왕소군王昭君75)을 전거연지로 삼고 제 생모를 대연지로 삼았으며 전거연지를 제3연지로 삼았는데, 서로들 투기하지 않고 있사옵고, 막거는 용맹하고 지략이 있어서 능란하게 그 무리를 다스리고 있습니다."라 하였더니, 주상께서 이르시길 "전거연지가 먼저 막거와 상통하여 막거를 세운 것은 총애로 인한 계책이었는데, 오히려 계책을 쓰지 않은 이에게 굽혔으니, 죄는 그들의 인륜을 바로 하지 않은 것에 있소이다. 허나 그들이 투기하지 않고 나라를 평안하게 하기로 마음먹은 것은 이미 저희의 잘못을 알고 있음이오."라 하시자, 계맹자가 아뢰기를 "성盛하고 쇠약衰함과 이루고成 이루지 못함敗은 풍륜風倫76)과 같아서, 전거연지는 권력을 잡은 지가 이미 오래인지라 왕소군昭君에게 양보해도 응당 불만이 없고, 왕소군은 비록 산狦의 보살핌을 받으면서도 늘 두려웠지만 이제 와선 능히 호胡(匈奴)의 습속에 익숙하여 젊은이를 지아비로 삼아 권력을 틀어쥐더니 이윽고 살이 붙었습니다."라 하였다.

東明八年辛卯,春正月,丁亥,宴群臣於朝陽殿.上謂烏伊曰"北沃沮靺鞨越河入寇,河上之民歲受其侵矣.宜将兵掃窟,使民無苦."烏伊曰"黑水之鞨,連亘数千里,以漁獵寇盜為生,本無定居,掃窟甚難.一時散之,終復来寇,如蝇如蚊."上曰"屠其王庭而移民屯戍,沿界立亭以報其實." 上如高婁太子宮,以東宮大夫桂媛為夫人,賜翟服年穀.

---

68) 雕陶莫皐, 復株絫선우 즉 復株絫若鞮선우(BCE31~20재위). 且莫車가 아님.
69) 稽侯狦 즉 呼韓邪의 兒名
70) 單于의 正后이고, 다음이 大閼氏
71) 呼韓邪의 忠臣인 左伊秩訾(王)의 兄으로 그도 역시 王이었다.
72) 虛閭權渠의 동생인 呼延渠
73) 賈達이 낳은 慕漱帝의 딸
74) 莫車가 大閼氏가 낳은 이복동생 且莫車에게 보위를 물려주기로 계획·약속함
75) 號가 寧胡閼氏인 王嬙
76) 佛敎에서 이 世上을 바치고 있다는 四倫 즉 金倫·水倫·風倫·空倫의 하나. 倫을 輪으로도 쓴다. 혹시라도 '風倫'을 '바람결'로 飜譯하면 不可할까?

동명8년신묘(BCE30), 춘정월, 정해丁亥일에 군신들에게 조양전朝陽殿[77]에서 연회를 베푸셨다. 주상께서 오이烏伊에게 말씀하시길 "북옥저北沃沮[78]의 말갈靺鞨들이 하河[79]를 넘어 들어와서, 물가의 백성들이 해마다 그들의 침략을 받고 있소이다. 마땅히 군대를 이끌어 소굴들을 쓸어내서 백성들이 고통스럽지 않게 해야 하겠소."라 하시니, 오이烏伊[80]가 아뢰길 "흑수黑水[81]의 말갈鞨들은 수 천리에 널려있고, 물고기를 잡거나 사냥하고 약탈하거나 훔치길 생업生業으로 삼고 있습니다. 본시 머물러 살지 않아서, 소굴을 쓸어내긴 심히 어렵습니다. 한동안 흩어놔도 끝내 돌아와 노략하는 것이 '파리나 모기'[82]와 같습니다."라고 하매, 주상께서 이르시길 "그들의 왕정王庭을 도륙하고 백성들을 옮겨 둔을 쳐서 지키면서 경계 언저리에 초소들을 세워서 그들이 몰려오면 알리게 하시오."라 하셨다. 주상께서 고루高婁태자의 궁으로 가시어 동궁대부 계원桂媛[83]을 부인夫人으로 삼으시고 적복과 년곡을 하사하셨다.

二月,禾天妃生香公主. 以漢素子漢鳳為河濱太守,鄭共子鄭誾為荇南太守,桂長為馬山太守,桓克為平山太守,于蜆為黃山太守,尙弼為泥河太守,再思子克禮為豊城太守,武骨子仲室玩為毛屯太守,默居子穆淸為淹淲太守,乙昌為牛壤太守,秩六品. 三月,旒太后生皇子乙豆容. 萱皇后以養蚕絲織帛以為帝衣.國蚕自此始,賜蚕人織人等羊豕有差. 萱太子加元服于鳳鳴殿,以烏伊妻大禾氏為東宮大夫.

2월, 화禾천비[84]가 향香공주를 낳았다. 한소 아들 한봉漢鳳을 하빈河濱태수太守, 정공 아들 정은鄭誾을 행남태수[85], 계장桂長을 마산태

77) 東都에 딸린 殿閣의 하나
78) (현)西遼河 즉 (旧)西喇木倫河 즉 (古)潢河의 沿邊(北邊)지역?
79) 현금의 嫩河 서남方의 西遼河쯤일 것
80) 黑水末曷을 상세히 아는 것으로 보아, 烏伊는 혹시 黑龍江지류 烏伊河 출신?
81) 滦河之黑水. ; 潮河之黑水·白河之黑水·老合河之黑水·黑龍江은 아닐 것이다.
82) 요즈음에도 北方 툰드라(tundra) 등의 低濕地를 인근한 草原地域 등에서는 解冬期 직후에 大規模로 무리를 이룬 파리와 모기가 馴鹿 등이 죽음에 이를 정도로 害롭다.
83) 高婁의 生母 桂后 則 桂婁의 여동생
84) 禾英의 딸인 禾小妃
85) 荇人故地 荇南郡을 지키는 太守

수[86], 환극桓克을 평산태수[87], 우현于峴을 황산태수[88], 상필尙弼을 니하태수[89], 재사 아들 극례克禮를 풍성태수[90], 무골 아들 중실완仲室玩을 모둔태수[91], 묵거 아들 목청穆淸을 엄표태수[92], 을창乙昌을 우양태수[93]로 삼으셨다. 관등이 6품[94]이었다. 3월, 류旒태후가 황자 을두용乙豆容을 낳았다. 훤황후가 누에를 길러 뽑아낸 견사로 비단을 직조하여 추모제의 옷을 만들었고, '나라의 잠업'[95]이 이로부터 시작되었다. 잠인蠶人과 직인織人 등에게 양·돼지를 차등을 두어 하사하셨다. 훤萱태자를 봉명전에서 '원복을 입히고'[96], 오이의 처 대화大禾씨를 동궁대부로 삼으셨다.

四月,上與桂孟子如獸林溫宮. 肅愼王乾朕遣使来,献金人宝磢以謝前過,請與相婚.辞以無女. 祖駿與祖雲相爭.駿殺其雲而取其財,蘭氏請誅祖駿.命下質陽獄,不待評而誅,以其財没為霓姬宮所屬. 五月,鍊兵三万扵河上.荇人黃竜勾茶卒本桓那沸流順奴沃沮曷楽浪人皆来犒軍.以壯其観,卑离梁貊聞之膽寒.上不見桂后騎馬之状而痛哭.諸臣慰之,不得.皀衣庚七奏曰"天子不哭于夫人.臣恐隣国笑之."上怒欲斬之,桓柏諫曰"恐傷后靈.請止之."上乃觧,賜七金百両. 梁貊国沙頭部酋長許信五里部陌克加南部酋長烏陳月伊部酋長金忍等入朝.皆賜妻一人馬二匹綵絹十四厚待而送之. 黃龍国宝得以病呻吟,年餘不食而死.其子皆幼.上命于仁代之,妻以桓英.

4월, 주상께서 계맹자와 함께 수림온궁獸林溫宮을 가셨다. 숙신왕 건짐乾朕이 사신을 보내 찾아와서 금인金人·보촉宝磢을 바치며 '이전의 잘못'[97]을 사죄하고 서로 혼인하길 청하매, 딸이 없다며 물리치

86) 勾茶故地 馬山郡을 지키는 太守
87) 勾茶故地 平山郡을 지키는 太守
88) 勾茶故地 黃山郡을 지키는 太守
89) 勾茶故地 泥河郡을 지키는 太守
90) 勾茶故地 豊城郡을 지키는 太守
91) 順奴故地 毛屯谷을 지키는 太守
92) 灤河 中下流의 支流인 豹河(瀑河·曝河·濕河)를 지키는 太守
93) 卒本故都 牛壤(高麗營之境?)를 지키는 太守
94) 爵位는 中大夫에 해당
95) 高勾麗의 國蚕 ; 漢蚕? 黃龍蚕이었나?
96) 滿十歲에 成年儀禮를 치러준 것이다
97) 高勾麗의 荇人征伐時에 北羯과 함께 荇人의 子午谷으로 와서 荇人을 도왔던 일

셨다. 조준祖駿[98]이 조운祖雲[99]과 서로 다투어, 조준駿이 조운雲을 죽이고 그의 재물을 빼앗았다. 란蘭씨가 조준을 주살하시길 청하였더니, 명을 내려 질양質陽[100]의 옥에 가두시어 평자의 심리를 기다림 없이 주살하셨고, 그의 재물은 몰수하여 예희궁霓姬宮[101]에 귀속시키셨다. 5월, 하상河上[102]에서 3만병을 훈련하셨다. 행인·황룡·구다·졸본·환나·비류·순노 및 옥저말갈·락랑 사람들 모두가 와서 군사들을 먹였고, 그 모습이 장관이었더니, 비리卑离[103]와 양맥梁貊[104]은 이를 듣고 간담이 서늘하였다. 주상께서 계桂후가 말을 타는 모습을 볼 수 없어 통곡하시며 모든 신하들이 위로해드려도 멈추지 않으셨다. 조의皁衣[105] 경칠庚七이 주청하여 아뢰길 "천자天子는 부인夫人일로 울지 않사옵니다. 신은 이웃 나라들이 비웃을까 두렵습니다." 라 하니, 주상께서 노하여 그를 참하려 하셨다가, 환백[106]이 간하길 "계후后영령을 해치실까 두렵습니다. 그만하시길 청하옵니다."라 아뢰자, 주상께서 노여움을 푸시고 경칠七에게 금 백 냥을 하사하셨다. '양맥국의 사두부沙頭部추장酋長 허신許信과 오리부五里部 맥극가陌克加 및 남부南部추장 오진烏陳과 월이부月伊部추장 김인金忍 등이 입조하니'[107] 모두에게 처妻 한 사람과 말 두 필 및 명주 열 필 씩을 하사하고 후대하여 돌려보내셨다. 황룡국 보득이 병으로 신음하느라 1년여를 먹지 못하다가 죽었다. 그 아들이 어려서, 주상께서 우인于仁에게 명하여 그를 대신하게 하시고 환영桓英[108]을 처로 삼아주셨다.

---

98) 荇人國王 祖天의 第3子
99) 荇人國王 祖天의 長子로 荇泉侯
100) 質山(鉄山) 南麓인 右玉縣 西隣의 鉄山堡·雲石堡지경?
101) 荇人王 祖天의 딸로 芻牟帝의 妃가 된 여인
102) ①桑干河 중상류 연변? ②潮白河 중류 연변?
103) 灤河 上流 上都河 遠西지경?
104) 灤河 上流 上都河 東西 양변지경?
105) 爵位가 下大夫로 七品身分인 낮은 職位에 해당
106) 桓淑이 낳은 慕漱帝의 아들로, 芻牟(象鮮)의 異腹兄이다.
107) 軍士訓練 狀況을 보고 肝膽이 서늘해진 北方의 梁貊勢力들이 入朝한 일
108) 桂孟子가 낳은 柘公의 딸

七月,上與桂孟子如汗南,泛舟扵湖上而宴桂桓乙延仇于之族.上醉落湖中,孟子抱拯之,以其处為抱拯,岩居人歌之曰

"瓠江月落玉竜飛 桂子初香両頰緋
抱落春風死不敀 母牛赴急疾如翬
満湖凬靜下船幃 無限春凬玉女肥"

時,上爱于仁妻桓英,相戯落水,故其歌如是.道是有可還無可,誰知天子固非非,盖其結花詞也.

7월, 주상께서 계맹자와 함께 한남汗南[109]으로 가시어 호수湖[110]에 배를 띄워 계桂·환桓·을乙·연延·구仇·우于씨족들에게 연회를 베푸셨다. 주상께서 취하여 물에 빠지셨고, 계맹자가 품에 안아 들어올려서, 그곳을 포증抱拯[111]이라 하는데, '암자에 거처하던 이'[112]가 노래하여 이르기를 ;

"호강瓠江[113]에 달月이 떨어지고 옥룡玉龍이 날아드니
계수나무桂자식子[114]은 첫 주향酒香에 양 볼이 붉어졌네.
품에 안고 떨어진 춘풍春風 죽도록 돌아오지 않으니
어미소母牛[115] 급히 달려감이 꿩처럼 빨랐고,
호수에 가득하던 바람 잠잠하여 배의 휘장 내려지니
끝없는 춘풍春風에 옥녀玉女[116]는 넉넉하였더라."

라고 하였다. 이때 주상께선 우인于仁 처 환영桓英[117]을 어여삐 여겨 서로 희락하시다가 물에 빠지셨던 까닭에 그 일을 노래함이 이러하였다. 도리道로야 분명 되돌릴[118] 수 있으셨음에도 그리하지 않으셨고, 누구라도 천자임을 알고서도 굳이 그른 것을 그르다고 할 수

---

109) 桑干河 중하류 東流구간 南方지경으로 桓那故都지역으로 추정된다.
110) 桑干河(桑乾河)하류가 東流하던 汗南지역의 水上宴會에 알맞은 湖淵池.일 것
111) 빠진 물에서 '품에 안아 건져낸 곳'이란 뜻의 地名이면, 同音地名인 ①'保定市' 中央部 竞秀区 侯河邊 '龍潭公园'지경이거나? ②'保定市' 中央部 莲池区의 '古蓮花池'지경?
112) 桓英의 生父 柘公 등이었을 듯하다.
113) 白洋淀서편 藻雜淀(藻苲淀)북안의 黑龍口지경?
114) 桂孟子가 낳은 桓英
115) 桂孟子
116) 玉같은 女人 즉 桂孟子의 딸인 桓英
117) 桂孟子소생임
118) 桓英을 于仁에게 준 것을 주지 않은 것으로 되돌리는 것

없었음에, 개략 그저 결화사結花詞를 읊었음이어라.

八月,孟子生皇子蒜公.以仇都妻乙旆氏為乳母.　卑离王簠公遣其子素奴来,献美女五人明珠十顆,請會於東池.紫蒙王廣公亦遣子西川来,献象牙白璧宝帐五事.簠公請廣公及胡王莫車,故莫車亦遣使来,献不老酒,請會東池.許之.

時,長安大雨四十日,大水将至,百姓奔走自乱.王鳳亦至,水至而請以船避之.王商以為水不至,鎮其妄動.水果不至,鶩以是賢商,鳳疾之為隙.

8월, 계맹자가 황자 산蒜공을 낳으니, 구도仇都 처 을패乙旆씨를 유모로 삼아주셨다. 비리왕 보簠공[119]이 자기 아들 소노素奴를 보내와 미녀 5인과 명주明珠[120] 10개를 바치고 동지東池에서 회동하길 청하였고, 자몽왕 광廣공[121] 역시 아들 서천西川을 보내와서 상아象牙 및 백벽白璧과 보장宝帳 다섯을 바쳤으며, 보공이 광공 및 호왕 막거莫車까지를 청한 까닭에 막거 역시 사신을 보내와서 불로주를 바치며 동지에서 회동하길 청하여, 이를 허락하셨다.

이즈음, '장안長安이 큰 비 40일에 큰물이 곧 닿을 참이었더니, 백성들이 분주하여 저절로 어지러웠다. 왕봉王鳳 또한 당도하여 물이 닿을 것이니 배를 타고 피하자고 청하였는데, 왕상王商이 물이 닿지 않을 것이라며 그의 망동을 진정시켰다. 과연 물이 닿지 않았더니, 유오鶩[122]가 왕상商을 현명하다고 여겼고, 왕봉鳳은 이것이 흠이 될 것을 괴로워하였다.'[123]

丙辰,上與胡括素括如卑离東池,會簠公廣公莫車于東池.簠公妃舄氏廣公

119) 賈達이 낳은 慕漱帝의 아들로 象鮮(芻牟)의 이복친형

120) 말조개과 민물조개 蚌蛤이 만든 아름다운 빛깔의 珍珠 ; 이 '明珠'는 卑离國의 특산물이었을 것이다.

121) 賈達이 낳은 且鞮侯 외손자로 象鮮(芻牟)의 이복친형

122) 西漢 成帝

123) 資治通鑑 漢紀 孝成皇帝上之上, 建始三年條 曰[秋,關内大雨四十餘日.京師民相驚,言大水至;百姓奔走相蹂躪,老弱號呼,長安中大亂.天子親御前殿,召公卿議.大將軍鳳以為"太后與上及後宮可御船,令吏民上長安城以避水."君臣皆從鳳議.左將軍王商獨曰"自古無道之國,水猶不冒城郭.今政治和平,世無兵革,上下相安,何因當有大水一日暴至,此必訛言也.不宜令上城,重驚百姓."上乃止.有頃,長安中稍定,問之,果訛言.上於是美壯商之固守,數稱其議,而鳳大慚自恨失言. 上欲專委任王鳳,八月,策免車騎將軍許嘉,以特進侯就朝位.]이라 기록하였다.

妃慕容氏莫車王昭君與素括妃相見池上.昭君雖美不如張鄭孟召,上謂胡括曰“誰謂漢家女美於天下乎.天下之美盡於東矣.”昭君旼而生女須卜居次,皃類.盖昭君之慕帝深矣.漱帝開東池而灌民田後,天人無別.帝與莫車相會後,芻单益近云.昭君之生女也,求人蔘熊蹯松子胡桃紫貝于上,上命吉士求而送之.涉臣遣使来,献土物.

병진일, 주상께서 호괄[124]·소괄[125]과 함께 비리땅 동지東池에 이르러 보공·광공·막거를 동지에서 회동하셨다. 보공비 작鳥씨와 광공비 모용씨 및 막거의 왕소군이 소괄비를 동지 곁에서 상견하였는데, 왕소군이 비록 아름다워도 장張·정鄭·맹孟·소召와 같지는 않았음에, 주상께서 호괄에게 이르시길 “누가 한가漢家의 여인이 천하제일의 미색이라 하였소? 천하의 미색들은 모두 동쪽에 있었소.”라 하셨다. 왕소군이 돌아가 딸 수복거차須卜居次[126]를 낳았는데, 얼굴이 닮았다. 개략 왕소군이 추모제를 흠모함이 깊었음이라. ‘모수제漱帝께서 동지를 열어 백성들의 밭에 물을 대어주신 이후’[127]로 ‘천세天世와 인세人世에 차별差別이 없었는데’[128] 추모제와 막거가 서로를 만난 이후로 추모芻와 선우單가 더욱 가까워졌다고 하였다. 왕소군이 딸을 낳기에 이르자 인삼人蔘·곰발바닥熊蹯·잣松子·호도胡桃·자패紫貝[129]를 주상께 부탁하고, 주상께선 길사에게 명하여 구해서 보내셨다. 섭신涉臣[130]이 사신을 보내와 토산물을 바쳤다.

以桂孟子為第三皇后,賜桂后舊宮,稱曰孟后宮.禾妃陞為小后,稱禾后宮.上

124) 廣公의 妻로 匈奴降將 李陵의 딸이다.

125) 胡括이 낳은 廣公의 딸이다.

126) 漢書 匈奴傳에는 雕陶莫皐(復株絫單于)의 王昭君所生長女(雲)로 기록되어 있음. ‘居次’는 곧 ‘公主’라는 뜻이었다고 한다. 당시 王昭君은 復株絫單于의 딸 둘을 낳았고, 長女雲爲須卜居次요 小女爲當于居次라 하였으니, 그네들은 그리 알고 지낸 것이리라.

127) 本傳 慕漱帝紀 白猪(己亥,BCE82)年 記錄 [帝開東池灌於民田又放南林許民逐羊.雖是晚覺亦一旱雨,鴒鯉鷹雉之楽旼於田夫,鴻鴈麋鹿之戲不愧賢者.]의 略述일 것

128) ‘天人無別’의 ‘天人’은 ‘身分이나 才能이 뛰어난 하늘같은 사람(男子)’ 또는 ‘매우 아름다운 女人’을 뜻하기도 한다. ‘天人無別’을 ‘높고 귀한 분들은 다를 것이 없어서’ 또는 ‘天下의 美人은 男子를 가리지 않아서’로 변역할 수도 있겠다.

129) 沙漠이나 草原에서는 나지 않는 稀貴한 것들이었고, 姙産婦가 먹고 싶은 稀貴한 飮食거리를 이미 낯이 익은 芻牟帝께 要請한 것이었으리.

130) 鮮卑王

春秋方盛,女謁日增.旒英旃仲貫張召霓之外又有桓英桂媛大房暖,勧稼閱武之餘,或微行民家漢館徃徃有私幸,貴賤交流山泽通氣.召皇輒諫之,而不聽.馬山人牛篤来献黃金四百斤.問其何以得之,曰"家東有大岩多金,父子七人破其岩碎得之,藏于山中而人多欲奪之,末子小得曰'大金非小民之財也.持則取禍,不如献于聖上以補治民征伐之用.'諸子皆曰'善'.於是,臣来献者也."上曰"汝父子合力而和者,孝也.為國献金者,忠也.知大財不可有者,智也.有此三德,可不賞乎."命篤為馬山小守,尾全為雙江小守,楝桶為淌水小守.後,牛篤為乳媪鄒加之子,賜姓鄒氏.以小得為採金使者,命採拣國中之金銀銅鐵.尾全為採鹽使者,主鹽山鹽湖.

계맹자를 제3황후로 삼고 계桂후의 옛 궁전을 하사하여 맹후궁孟后宮이라 하고 화禾비를 승차해 소후小后로 삼아 화후궁禾后宮으로 부르셨다. 주상께서 춘추春秋가 방성方盛하여, 배알하는 여인들이 날로 늘었다. 류旒·영英·전旃·중仲·관貫·장張·소召·예霓 이외로도 환영桓英·계원桂媛·대방난大房暖이 있으셔도, 농사를 권장하거나 무예를 검열하시는 틈에 혹간 민가民家와 한관漢館을 미행微行하여 왕왕 사행私幸하사 귀하신 이가 천한 이와 뒤섞여 산이나 물가에서 기氣를 통하셨다. 소召후가 문득 말려도 듣지 않으셨다. 마산馬山[131]사람 우독牛篤이 찾아와서 황금 400근을 바쳤다. 어찌하여 생겼느냐를 물으시니, 아뢰기를 "집 동쪽 큰 바위에 금金이 많아서, 아비와 아들들 일곱이 그 바위를 깨고 잘게 부숴서 얻었습니다. 산속에 숨겨놓았다가 남들이 탈취하려 함이 많아서, 막내아들 소득小得이 이르길 '큰 금덩이는 하찮은 백성의 재물이 아닙니다. 갖고 있으면 화禍를 당하겠으니 성상께 바쳐서 백성을 다스리고 정벌하는 일에 쓰시게 함이 낫겠소.'라고 하매, 모든 아들들이 그것이 좋겠다고 하였고, 이에 신이 와서 바친 것입니다."라 하매, 주상께서 이르시길 "그대들 아비와 아들들이 힘을 모아 화합하였으니 효孝이고, 나라를 위해 금을 바치니 충忠이며, 큰 재물을 가져선 아니 됨을 아니 지혜智慧요. 이런 세 덕德이 있는데, 포상하지 않을 수 있겠소!"라 하시며, 명하여 우독篤을 마산소수馬山小守, 미전尾全을 쌍강雙江소수[132], 연통楝

131) ①勾茶故地 馬山郡 땅일 것. 혹시라도 ②荇人故地 銕山南麓(質陽)지경의 '磨兒山'?
132) 勾茶故地의 ①平山郡 '兩河'나 ②黃山郡 '雙河'? 或是 荇人故地 ③質陽의 '雙江'?

桶133)을 탕수淌水134)소수로 삼으셨다. 훗날, 우독篤이 젖어미 추가鄒加의 아들임에 추鄒씨 성姓을 하사하고, 소득小得을 채금사자採金使者로 삼아 나라 안의 금金·은銀·동銅·철鐵(銕)을 캐내서 가리도록 명하셨으며, '미전을 채염사자採鹽使者로 삼아 염산鹽山·염호鹽湖들을 주관하게 하셨다.'135)

九月,上與三天后如神隧,行年豊祭,宴父老於東郊.仍幸真珠陵,嗚咽不能起,召皇后曰"桂后固賢於妾,身遠矣.不圖陛下如是其思念.妾若死則陛下不應如是."上曰"然."召后怒曰"何以薄妾乎."上曰"汝之此言足以自薄也.豈我薄汝乎.汝為万民之母,當以大量包容,何以區區之事,露其狹量邪."召后知其失言而謝曰"妾果誤矣.夫皇恕之." 上命主農大加乙耕薦国中力農有藝者三十七人為司農秩九品,主民大加再思薦孝子順孫十二人為其村長亦秩九品,大畜大加馬黎薦善牧者為司畜秩八品.

9월, 주상께서 세 천후들과 함께 신수神隧로 가서 풍년제를 행하시고, 동교東郊에서 부로들에게 연회를 베푸셨다. 이어서 진주릉眞珠陵으로 거둥하시더니 우시다가 목이 메어 능히 일어서지 못하시니, 소召황후가 아뢰길 "계桂후가 분명코 첩보다 현명하였지만, 몸이 멀어졌는데도, 폐하께서 이처럼 그리워하실 줄 미처 몰랐습니다. 첩이 죽었더라면 폐하께선 이처럼 하시지는 않으실 것입니다."라 하매, 주상께서 "그렇소."라 하시자, 소召후가 발끈해 아뢰길 "어찌 첩을 가벼이 하십니까?"라 하매, 주상께서 이르시길 "그대의 이 언행은 스스로를 가벼이 하기에 충분하오. 어찌 내가 그대를 가벼이 했단 말이오! 그대는 만백성의 어미여서 마땅히 큰 도량으로 포용해야 하겠거늘, 어찌 매사에 자잘하고 용렬하게 속 좁음을 드러내시오!"라 하시니, 소후가 실언했음을 깨닫고 사과하여 아뢰길 "첩이 정말 잘못하였습니다. 부황夫皇께서 용서하세요."라 하더라. 주상께서 명을 내려 주농대가主農大加 을경乙耕으로 하여금 나라 안에서 힘써 농

---

133) 東明三年丙戌(BCE35)六月에 '瓜를 楝桶에 담아 바친 者.'로 淌水(唐河)·鷄瓜河 合流處 地境(鷄瓜泉)의 사람이었을 수 있겠다.

134) '淌'字의 拼音이 [chǎng/tǎng]이며, 淌水로 斟酌되는 곳에 唐河[tánghé]가 흐른다.

135) 當時 荇人故地에 鹽山·鹽湖가 많았다. 馬山人 牛篤과 그 아들 尾全 等은 荇人故地 質陽지경 磨兒山 사람들이었나? 아니면 任地가 荇人故地였나?

사하며 재주 있는 이들을 천거케 하여 37인을 사농司農으로 삼으시니 질秩9품品이었고, 주민대가主民大加 재사再思로 하여금 효자孝子순손順孫들을 천거케 하여 12인을 촌장村長으로 삼으시니 역시 질9품이었으며, 대축대가大畜大加 마려馬黎로 하여금 목축牧畜을 잘하는 이들을 천거케 하여 사축司畜으로 삼으시니 질8품이었다.

上夜夢桂后.后曰"春宜夏宜丹花,秋宜蓮花,冬宜黃花."上覺而不知黃花,召草人問之,曰"是草生於岩谷之上,霜雪不能侵,故高士愛之."上曰"然則可速取来裁于宮中."陜父諫曰"陛下以儉德自守,茅茨土階三等,何以草藝為事."上曰"吾以此花為桂后之靈.汝勿多言."於是,黃山人石縮採進黃花于孟后宮.上愛其香曰"真吾妻之香也."

주상께서 밤에 계桂후 꿈을 꾸셨는데, 후가 아뢰길 "봄과 여름에도 아름다운 것은 모란꽃丹花이고, 가을에 아름다운 것은 연꽃蓮花이며, 겨울에 아름다운 것은 황화黃花입니다."라 하였다. 주상께서 깨어나셔서 황화黃花를 알 수 없으시어 초인草人[136]을 불러 황화를 물으시니, 답하길 "그 풀은 바위골짜기 곁에서 자라는데, 서리와 눈도 그 꽃을 범하지 못하는 까닭에 고결한 선비들이 좋아합니다."라 하매, 주상께서 이르시길 "그렇다면 속히 가져와서 궁중에 심어야 되겠소."라 하시니, 협보가 간언하여 아뢰길 "폐하께선 검소하신 덕德을 몸소 지켜 띠 풀로 지붕을 얹고 섬돌도 흙으로 3단을 쌓으셨거늘, 어찌 풀을 심는 것을 일로 삼으시렵니까?"라 하매, 주상께서 이르시길 "나는 이 꽃을 계桂후 영령으로 삼겠네. 자네는 여러 말 말게나."라 하셨다. 이에 황산黃山[137]사람 석축石縮이 황화黃花[138]를 캐서 맹후궁孟后宮에 바쳤고, 주상께선 그 향기를 소중히 하시며 "정말 내 처의 냄새로다."라고 이르시더라.

以漢素為主文大加,選聰俊子弟為郎徒.使馬黎吉士都喜元理秦章王忠等,敎以六禮之學以備選用之道.是庠序之始. 上謂摩离,曰"民者国之本也,無民

136) 秩10品의 下級官吏

137) 西都의 南方에 있었던 ①勾茶故都의 黃山? ②勾茶故都 동북방 行唐曲陽間(黃龍故地箕東)의 黃山(章山)? ③桓那故地인 滿城 黃山?

138) 노란 菊花 즉 黃菊

無国.国者王之本,無国無王.故王者之治国也,以善養其民為本.朕為天子,未嘗不慮于是而征伐不息,壮丁多立扵矢石之下,老弱疾苦扵畎畝之間.朕甚不安兵士,須要精鋭,而不在扵多.自今以後,減軍之額而敀其鄕里,以安百姓之心."時,上微幸東郊.有一老人罵曰"朱蒙,汝稱為天帝之子而為天子,古之汲水者為大夫,古之屠豕者為士,古之仙人之子為兵卒.汝豈天帝之子撚.天帝何嘗如是為政撚."上曰"雖古之汲水者,有功則可為大夫.屠豕者,有技可為士.仙人之子,壮丁則可以為卒而扶国,卒者兵之本而兵者国之力也.仙人自稱国之柱石[139].其子為国力,不亦可乎.然,老人之子,其赴戦而使老人無依,則我之過也."乃命還老人子從軍者,命勿選老人子為軍,而仍有是命.

한소를 주문대가主文大加[140]로 삼아 총명하고 준수한 자제들을 선발하여 랑도郎徒[141]로 삼으시고, 마려·길사·도희·조원리[142]·진장[143]·왕충[144] 등으로 하여금 6례지학六禮之學[145]을 가르치고 선발해서 등용하는 방도를 갖추셨다. 곧 상서庠序[146]의 시초이다. 주상께서 마리에게 이르시길 "백성들이 나라의 근본인지라 백성 없이 나라 없고, 나라는 왕의 근본인지라 나라 없이 왕도 없소. 그러한 까닭에 왕을 하는 이가 나라를 다스림엔 백성들을 잘 양육함이 근본일진대, 짐은 천자가 되어서 아직까지 이는 걱정치 않고 정벌하길 쉬지 않아서, 많은 장정들이 쏟아지는 화살과 돌멩이 아래에 서있었고 노약한 이들이 도랑과 밭 사이에서 병들도록 고생하였으니, 짐은 병사들을 심히 불안하게 하면서 오로지 정예가 되어지길 닦달하며 살피지 않음이 많았소. 지금부터 이후로는 군사의 수를 줄여 그들을 향리로 돌려보내서 백성들의 마음을 편안케 하겠소."라 하셨다. 이즈음 주상께서 동교東郊를 미행하시는데, 어떤 한 노인이 욕하여 이르기를 "주몽朱蒙! 그대가 천제天帝의 아들을 칭하고 천자天子가 되

139) 本傳은 桂石이나, 譯者는 柱石(주춧돌)의 誤寫로 보았다.
140) 文書·學問·藝術·法道·禮儀 등을 擔當하는 最高位 官僚
141) 新羅에선 애초에 郎徒가 아닌 娘徒를 두었다가 花郎徒로 바꿨다고 함
142) 趙元理는 玄菟人으로 算數博士
143) 秦章은 黃龍人으로 醫藥博士
144) 王忠은 蓋馬人으로 連山博士
145) '冠禮·婚禮·喪禮·祭禮·飮酒·相見' 等과 같은 6種의 禮學
146) 현금의 學校로, 扃堂이 아닌 後世 太學에 該當할 것. 庠序(周庠殷序)가 由來이다.

더니, 예전엔 물이나 대던 이를 대부大夫로 삼고, 예전엔 돼지나 잡던 이를 군사士로 삼고, 옛 선인仙人의 아들은 병졸兵卒로 삼았소. 그대가 어찌 천제의 아들이고, 천제께서 어찌 일찍이 이처럼 정사政事를 보셨단 말이오!"라 하매, 주상께서 이르시길 "비록 물을 대던 이도 공功이 있으면 대부大夫가 될 수 있고, 돼지를 잡던 이도 기예技藝가 있으면 군사士가 될 수 있으며, 선인의 아들도 장정壯丁이라면 병졸이 되어 나라를 도와야 하오이다. 병졸은 군사력의 근본이고 군사력은 나라의 힘이거늘, 선인들은 나라의 기둥과 주춧돌임을 자칭하면서 그들의 아들이 나라의 힘이 되는 것은 아니 된단 말이오? 허나, 노인의 아들이 전장에 나가서 노인을 의탁할 곳이 없게 만든 것은 내 잘못이었소."라 하시고, 명을 내려 노인의 아들로 종군하는 이들을 돌려보내고, 명하시어 '노인의 아들을 뽑아서 군병을 삼지 말라.'고 하셨다. 그래서 이리 거듭하여 명하신 것이었다.

十月,巡行北界而旼,不豫.三天后沐浴齋戒而禱以身代.三后遆夜不眠者七日七夜,薬不奏效.上曰"吾夢見'天帝責我侮辱仙人而笞我二章.'吉凶何如."命卜之,陜父奏曰"夢者心之所存也.陛下素惡仙人之亡国而停其優待.然,古俗不可猝變,且其緣姻皆非下流,不可賤之向.以老人之子傷心而必夢此也.夢何嘗有吉凶抌.不必卜之.如有不吉,改則吉矣."三后與烏伊等,皆云"有神兆"而使王忠占之,得否卦,以為匈,命派仙人于名山大川而禱之.陜父又諫曰"否者,陰盛陽衰之兆也.陛下多女謁漸多房勞加,而北界風傷以染疾,安得無損抌.當遠色而減後宮,然後庶保聖躬矣."上謝曰"汝言是矣.吾亦知之."黙居曰"陛下親冒矢石,櫛沐而勞,捫足而忍,食不兼味,衣不重裘,自養甚薄,故勞傷在此耳.二三後宮何必减乎.廣嗣之計不宜如是,臣當以薬治之."上曰"卿言亦好,吾望諸臣皆如陜父耳."

10월, 북쪽 변경을 순행하고 돌아오시어 편치 않으시자, 세 천후들이 목욕재계하고서 자신들로 대신하기를 빌었다. 세 후들이 밤을 번갈아서 자지 않은 것이 일곱 낮 일곱 밤이 되어도 약들이 효험이 없었더니, 주상께서 이르시길 "내가 꿈에 '천제께서 나를 선인仙人을 모욕했다고 책망하시며 볼기 두 대를 치시는 것'을 보았소. 길흉吉凶이 어떻겠소?"라 하시고, 점을 쳐보라고 명하니, 협보가 주청하여 아뢰길 “꿈이란 것은 마음속에 있던 것입니다. 폐하께선 평소에 선인들이 나라를 망친다며 싫어하시며 그들을 우대하길 멈추셨습니다. 허나 오래된 습속習俗은 갑자기 변할 수 없고, 게다가 그에 얽힌 이들은 지체 낮은 부류가 아니라서 천하게 되는 것을 싫어합니다. 노인의 아들들 일로 상심하셨으니, 필시 이를 꿈꾸셨을 것입니다. 꿈에 어찌 길흉이 있겠습니까! 점치실 필요 없사옵니다. 불길不吉해 보여도 고치면 길吉해지옵니다.”라 하였는데, 세 후들이 오이烏伊 등과 함께 모두 신기한 조짐이라고 말하고 왕충王忠을 시켜 점을 쳐서 비괘否卦를 얻었음에 흉凶한 것으로 여겨, 명을 내려 선인들을 명산대천名山大川들로 나눠보내 빌게 하시니, 협보가 또 말리며 아뢰기를 “비괘否卦는 음기陰氣가 성盛하고 양기陽氣가 쇠衰할 조짐입니다. 폐하께선 배알하는 여인들이 많으시어 점점 합환함이 많아지시어 피로가 쌓이셨고 북쪽변경의 바람에 상하여 질병에 전염되셨는데, 어찌 손상됨이 없으셨겠습니까? 마땅히 색사色事를 멀리하고 후궁들을 줄이신 연후에 옥체에서 독기를 빼시고 보양하십시오.”라 하니, 주상께서 감사하며 이르시길 “그대 말이 옳으이. 나도 그걸 깨달았네.”라 하시자, 묵거[147]가 아뢰길 “폐하께선 몸소 시석矢石을 무릅쓰셨고, 바람으로 머리 빗고 빗줄기로 목욕하며 수고하시느라고 발을 주무르며 참아내셨고, 맛좋은 것도 함께 잡숫지 않고 두터운 털가죽 옷을 입지 않으시어 자신을 돌보심에 심히 야박하셨습니다. 그런 까닭에 피로에 이지러지셔서 이런 일을 당하신 것입니다. 하필 후궁 두셋을 줄이시다니요? 광사지계廣嗣之計[148]에 온당치 않사옵니다. 제가 약을 써서 낫게 하겠사옵니다.”라 하니, 주상께서 이르시길 “경의 말씀 역시 마땅하나, 나는 여러 신하들 모두가 협보 같았으면 하오이다.”라 하셨다.

十二月,上疾快愈.上與三后如神隧謝病愈,仍訪仲室氏.氏有病而不謁,只撫子女而還. 漢,匡衡多取封邑四百頃,而免為庶人.上曰“衡穿人之壁而讀書,其貪已久矣.安能淡於色而廉於財乎.国家之用人,須盡其財耳.不可以一卵之故,

147) 主藥大加
148) 많은 子息들을 두어 後嗣를 튼튼히 하는 계책

棄其将材衡之為庶人,亦因猜忌之相殘也.苟有淡於色廉於財而不爭權者,豈肯為帝王用乎."

12월, 주상께서 병이 깔끔하게 나으셨다. 주상께선 세 후들과 함께 신수神隧로 가서 병이 나았음에 감사하고 이어서 중실씨仲室氏[149]를 방문하셨다가, 중실씨氏가 병이 들어 배알하지 않음에, 다만 자녀들을 위무하고 돌아오셨다. '한漢에서 광형匡衡이 봉읍封邑을 많이 취하여 400경頃[150]이 되었다가 면직되어 서인庶人으로 되었더니'[151], 주상께서 이르시길 "광형衡은 남의 집 벽을 뚫어서 책을 읽었으니, 그는 탐욕한 지 오래였소. 어찌 능히 여색色 앞에서 담담하고 재물 앞에서 청렴하겠소이까? 나라가 인재를 등용함엔 오롯이 나라의 재물 모두를 써야하였거늘, 알 하나로 되지 않았다는 까닭에 그들의 장재將材[152]인 광형衡을 버려 서인으로 삼았고, 역시 시기하여 서로를 해친 것에서 기인하였소. 진정 여색에 담담하고 재물에 검소하며 권력을 다투지 않을 자이었다면, 어찌 제왕이 등용함을 따랐겠소?"라 하셨다.

東明九年壬辰,春正月,檀山公鮮騘薨,年六十.潄帝第二子也.性淸高好潔,不肯推世,與其妻羊春居于杜訥之檀山泽,養鶩以送餘年.上累迎之,不肯來.至是,尊為檀山公,賜其妃羊春年穀如公例.春,于仁之姑也.仁自幼通之,至是為仁妻.故陜父請停年穀,不聽.上减饍親吊,以其有女而無子,命鮮晉太子為其嗣.因其遺命,葬于泽畔服関. 宴群臣及外臣於朝陽殿,宮殿狹窄,外臣之来朝者皆以為'太儉,無接待之室.'烏伊乃請創建西都以振皇威.上曰"創業之初,未暇體皃.今才数年,宮室如是狹小.凢事不可苟且為之者,此也.其令有司議之."時,都城人口稠密,已無更容故人之道.西都基地祥瑞累現,而居人傳云'天帝之子来都之地.'群臣乃請創之. 桂媛夫人生皇子高离,命為桂婁之子. 鍊兵十万於汗濱. 二月,命再思與柴吉乞界.以竹岺以東為楽浪.奄利水東岸南岸盡入順奴,南沃沮故地也. 三月,如平山観墾田勧農,巡視城戍. 四月,萱后生蕙太

149) 仲室氏는 본시 毛屯谷 三賢 중 一人인 武骨의 妻

150) 一萬坪 또는 一萬 이랑 또는 一萬 두둑의 넓은 農耕地

151) 資治通鑑 漢紀 建始三年 辛卯 十二月條 曰[丁丑,匡衡坐多取封邑四百頃,監臨盜所主守直十金以上,免為庶人.]이라 하였다.

152) 將帥나 宰相의 바탕(才質,能力)을 가진

子,而召后亦有娠,故孟后親蚕禾小后親庣.

동명9년임진(BCE29), 춘정월, 단산공檀山公 해총解驄이 죽으니, 나이 예순이었다. 모수제 둘째아들로 성품이 맑고 고매하여 조촐함을 좋아하고 세간으로 천거됨을 기꺼워하지 않아서 자기 처 양춘羊春[153]과 함께 두눌杜訥[154]땅 단산택檀山澤[155]에 거처하며 거위 기르기로 여생을 보냈다. 주상께서 누차 그를 맞이하셔도 들어오지 않다가, 이에 이르니, 단산공檀山公을 추존하고 그의 비妃 양춘에겐 공公의 예와 같이하여 년곡을 하사하셨다. 양춘春은 우인于仁의 고모로, 우인仁이 어릴 적부터 그녀와 상통하였고 이에 우인의 처가 되었다. 그런 까닭에, 협보가 년곡 하사를 멈추시라 청하였으나, 듣지 않으신 것이다. 주상께서 감선減膳하여 친히 조상하셨고, 그가 딸은 있되 아들이 없음에, 해진解晉태자에게 명하여 그의 후사로 삼으시니, 그의 유명을 따라 단산택 곁에 장사하고 상복입기를 다하였다. 뭇 신하들과 외신外臣[156]들에게 조양전朝陽殿[157]에서 연회를 베푸셨다. 궁전이 비좁았더니, 들어와 입조한 외신들 모두가 '하도 검소하시어 접대할 궁실이 없으시다.'고 여겼다. 오이가 이에 서도西都를 새로 세워서 황위皇威를 떨치시길 주청하니, 주상께서 이르시길 "창업초기여서 체모를 차릴 겨를이 없었는데, 지금 겨우 수년 만에 궁실 협소함이 이와 같소. 모든 일에 구차해서는 안 된다는 것이 이것인가 보오. 허니, 관리들에게 명하여 의론하시오" 하셨다. 이즈음 도성이 인구가 조밀하여, 이미 귀화하는 사람들을 계속 받아들일 길이 없었고, 서도 터에선 길하고 경사스런 조짐이 누차 나타났으며 그곳에 사는 사람들에게 전해오는 말에 '천제天帝의 아들이 와서 도읍하실 땅'이라 하였더니, 많은 신하들이 이에 창건하시길 주청하였다.

---

153) 南堂 註釋 曰'羊福女.' 즉 北夫余 慕漱帝 時節 黃龍王 羊福의 딸

154) 이 杜訥은 黃龍國을 뜻하며, 杜訥은 黃龍國地 中心(都城)地域인 陽原縣·蔚縣·涞源縣 지역을 뜻하기도 한다.

155) ①山西省 陽原縣 東北 朱臥山? ②河北省 '唐縣' 東北15Km지경 檀山(馬耳山)?

156) ①都城 또는 宮城의 內職臣下에 相應하는 外職臣下 ②他國(他邦)에서 온 使臣

157) 東都에 딸린 殿閣

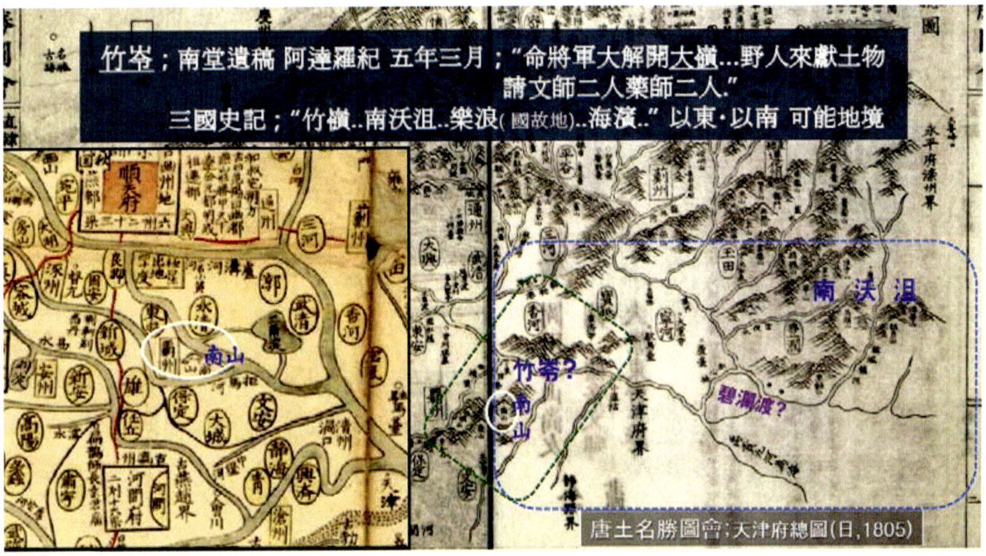

그림-32. 南沃沮故 海濱地域 竹岺(南山)의 위치 추정도. 高勾麗 都城의 하나인 平壤城은 이 竹岺北方 隣近지역이라는 기록이 있다.

계원桂媛[158]부인이 황자 고리高离를 낳으매, 명하여 계루 아들로 삼으셨다. 한빈[159]에서 10만 군사를 훈련하셨다. 2월, 재사에게 명하시어 시길柴吉과 함께 국경을 정하셨다. '죽령竹岺[160]이동以東이 락랑樂浪국[161]으로 되었고, 엄리수奄利水[162] 동안東岸과 남안南岸 모두는 순노順奴땅으로 들어왔으니 남옥저고지南沃沮故地였다.(그림-32참조)'[163] 3월, 평산平山[164]에 가시어 개간開墾한 밭을 둘러보고 농사를 권장하셨으며 성城과 수자리를 순시하셨다. 4월, 훤화萱황후가 의薏태자를 낳았고, 또한 소召황후 역시 임신하여, 맹孟후가 친히 잠사蚕事를 하고 화禾소후가 친히 마사麻事를 하였다.

五月,聖母遣上弟鮮朱来,献神巫二人.令主宮中祈禱.朱言"正月,鮮弗卒.聖

---

158) 高婁의 生母 桂后 則 桂婁의 여동생 ; 高婁太子宮의 太子大夫

159) 桑干河 沿邊

160) 天津西方 覇州東隣 永定河·拒馬河(大清河)合流地境 南山(大淸廣輿圖-1785 참조)

161) 漢樂浪郡이 아닌 崔理 曾祖의 樂浪國으로 대략 豊潤·宝抵·武清·靜海·青縣 일원

162) 灤河下流지역 東邊과 南邊

163) 柴吉의 樂浪國이 南遷北羯이 잠시 차지했던 順奴남부 南沃沮故地를 返納한 것이다. 譯者는 奄利水 東岸과 南岸은 溟河 最下流지역이었고 이로써 樂浪은 昨今의 天津市地域으로 縮小되었다. 後世 高麗朝 王建의 樂浪公主는 이곳 出生인 것으로 推定한다.

164) 勾茶故地 平山郡으로 현금 石家莊市 平山縣지경으로 추정된다.

母命禮氏為鮮百妻都氏為鮮朱妻."上問"類利何如."朱曰"弾雀而誤中汲婦之盆.婦罵以無父之子無敎如此.類利敀問父事,禮氏具言南行之事,類利卽欲奔来,禮氏曰'汝父之於汝年,射無不中,釼無不擊,畋畜医農無不盡焉.才不如之,往見何為.'類利乃學弓釼而潛心."云.上欲留朱,朱以聖母故請敀,乃送之. 漢罷中書窎官,始置尙書五人.常侍尙書主丞相御史事,二千石尙書主刺使二千石事,主客尙書主外国事,三公曹尙書主断獄事,戶曹尙書主庶人上書事.上曰"庶人上書則可知下情矣."其令主民,特設申鼓以聞民言. 漢主驁好色不倦,多置後宮女謁,太盛嫉妬相殘而未有生産云.

5월, 성모께서 주상의 아우 해주鮮朱를 보내와 신무神巫 두 사람을 바치매, 궁중宮中의 기도祈禱를 주관케 하셨다. 해주朱가 말씀드리길 "정월에 해불鮮弗이 죽어, 성모께서 명하시어 '예禮씨는 해백鮮百의 처가 되고 도都씨는 해주의 처가 되었습니다."라 하였다. 주상께서 "유리類利는 어떠한가?" 물으시니, 해주가 아뢰기를 "참새를 쏘았다가 빗나가서 물 긷는 여인의 물동이를 맞혔더니, 그 여인이 '애비없는 자식은 배운 것 없음이 이렇다.'라 하여, 유리가 돌아와서 아비의 일을 물었고, 예씨가 남쪽으로 떠나신 일을 자세히 얘기하니, 유리가 곧 도망쳐오려고 하매, 예씨가 이르길 '네 아비는 네 나이에 쏘아서 맞히지 못함이 없으셨고, 칼로는 거리낄 것이 없으셨으며, 사냥·목축·의약·농사에도 통달하지 못한 것이 없으셨다. 재주가 아직 그 같지 않은데 가서 만난 뵌들 무엇 하겠느냐?'라 하니, 유리가 활쏘기와 칼 쓰기를 배우면서 마음을 가라앉혔습니다."라 하였다. 주상께서 해주를 눌러있게 하시려다가, 해주가 성모 때문에 돌아가겠노라 청하여, 보내주셨다. '한漢이 중서환관中書宦官을 없애고 상서上書 다섯을 처음으로 두었다.'165) 상시상서常侍上書는 승상丞相·어사御史의 일을 주관하고, 2천석상서二千石上書는 자사刺使·2천석의 일을 주관하며, 주객상서主客上書는 외국의 일을 주관하고, 3공조상서三公曹上書는 중대범죄重大犯罪 처결을 주관하며, 호조상서戶曹上書는 서인상서庶人上書166) 일을 주관케 하였다. 주상께서 이르시길 "서인상서는 곧 지체 낮은 사람들의 사정을 알아야 할 것이오."라 하시고, 이에 주민대가主民로 하여금 신문고申鼓를 특별히 설치해서 백성

165) 資治通鑑은 正月의 일로, 漢書는 春의 일로 기록되어 있다.
166) 뭇사람들(관리무리들)이 올린 글

들의 말을 듣게 하셨다. 한漢의 임금 유오鷔167)가 호색하여 후궁 두기에 게으르지 않아서 배알하는 여인들이 몹시 많지만 질투하면서 서로 헐뜯기만 하여, 아직 낳은 자식이 없다고 하였다.

上命神巫為萱后禱,巫曰“上不拜於我,故国人将不信我矣.我當去.可将人馬來.”陜父怒曰“不殺此妖巫,則国将乱矣.”乃揮釼詣巫曰“汝主宮中之禱而無效,反欲受帝之拜.其無嚴甚矣.罪當斬矣.”巫大惧乞命,上笑曰“汝亦畏死邪.當拜陜父.”巫乃拜于陜父而乞生曰“我靈已盡,請送敀.”上曰“汝有足,自去.敢請送乎.”巫曰“我在加葉則足不踐土,空為聖母所欺而来此.”上曰“此女殆不知言.可逐之.”乃使卒曳出之.巫至淹淲為田夫所畜.其老巫母而少巫女也.以革幔草离粧之為神而終夜誦呪,盡則寢如長夜.其所言皆荒誕大膽,加葉之民崇之如神.時,加葉人多敀於東都.金蛙憂之,使聖母送巫而示加葉之靈.而上逐為田夫之婢妾,使役於田畝,奔走於舂炊.加葉人曰“曷牟何待巫如是乎.”上曰“我国之田婦皆賢於此巫,遠矣.比他田婦則此巫可謂上待也.”加葉人驚曰“真天子之国也.何其多巫如是乎.”以此,加葉人聞而益来,巫風大振.巫之觀望者,或南或西.涉羅倭韓之巫風終此始熾.

주상께서 신무神巫에게 명하여 훤화萱후를 위해 빌게 하시니, 무녀가 말하길 “주상께서 우리에게 절하지 않으셨고, 그런 까닭에 나라 사람国人들이 장차 우리를 믿지 않을 것이니, 우리는 응당 돌아가야 되겠소. 말과 사람들을 불러주시오.”라 하였다가, 협보가 노하여 아뢰길 “이 요망한 무녀들을 죽이지 않으면 나라가 장차 어지럽겠습니다!”라 하고 칼을 뽑아 무녀들에게 다가서며 이르길 “너희가 궁중에서 비는 일을 맡고서 효험이 없었는데, 도리어 임금께서 절하시길 바랐으니, 그 죄는 참수로다.”라 하니, 무녀들은 몹시 두려워하며 목숨을 구걸하였다. 주상께서 웃으시며 “너희들 역시 죽기는 두렵나? 당장 협보에게 절하라!”고 이르셨다. 무녀들이 이에 협보에게 절하고 살려주길 애걸하며 “우리 신령께서 이미 쇠진하셨으니, 호송해 돌려보내주시길 청하옵니다.”라 아뢰자, 주상께서 이르시길 “너희도 스스로 걸어갈 발이 있거늘, 감히 호송해서 보내달라고 청하는가?”라 하셨더니, 무녀들이 아뢰길 “저희가 가섭加葉168)에 있었

167) 前漢 統宗 孝成帝(재위 BCE33-7년)
168) 東夫余 또는 東夫余旧都

으면 발이 땅을 밟지 않았을 것인데, 공연히 성모께 속아서 여기에 왔습니다."라 하매, 주상께서 이르시기를 "이 계집들이 거의 말귀를 못 알아듣소. 내쫓아야 되겠소."라 하시고 군졸을 시켜 끌어내셨고, 무녀들은 엄표淹淲[169]땅에 이르렀다가 밭을 일구는 사내에게 잡혀있게 되었다. 그 늙은 무녀는 어미이고 젊은 무녀는 딸이었는데, 가죽장막革幔을 초리草离[170]로 꾸며 신령스럽게 해놓고 밤새 주문을 외우다가 끝이 나면 밤이 긴 듯이 잠을 잤더니, 그들의 말이 황당하고 대담하여, 가섭(에서 귀화한)사람들이 그들을 여신女神처럼 받들었다. 이즈음, 동도東都[171]로 귀부하는 가섭사람들이 많아서, 금와가 그것을 걱정하며 성모로 하여금 무녀들을 보내서 가섭의 신령神靈을 과시한 것인데, 주상께서 쫓아내셨고, 밭을 일구는 사내의 비첩이 되어 '밭고랑에서 일하고 절구질해서 불을 때느라고'[172] 분주하게 되었더니, 가섭사람들이 아뢰길 "추모께선 어찌 그 무녀들을 이리 대하십니까?"라 하매, 주상께서 "내 나라의 밭을 일구는 여인들 모두가 이 무녀들보다 훨씬 현명하오. 밭을 일구는 다른 여인들과 견줘보아도 가위 이 무녀들은 썩 좋은 대우요."라고 이르셨다. 가섭사람들이 깜짝 놀라며 이르길 "참말로 천자의 나라로세. 어찌 무녀들이 이리 많단 말인가!"라 하였고, 이에 가섭의 사람들이 소문을 듣고서 더욱더 찾아오니, 무속풍습巫風이 크게 일어났고, 관망하던 무녀들이 혹은 남쪽 혹은 서쪽으로 갔더니, 섭라涉羅[섀라,시라][173]·왜倭[174]·한韓들[175]의 무속풍습巫風이 이를 따라 불붙기 시작하였다.

六月,上北巡至梁山,賜戍卒衣酒.溯上大河,北望大河之勢,以審九河之曷域,而謂烏伊曰"曷衆尙依芦叢而居之,因風火攻之計不可棄也."命沿路備魚油松脂蓬炬等物.九河之賊三十餘落,其中大河玉河蘭河中河牛河濱土石齒月窟馬丘狄屯巴婁阿勿史弗等最强,餘皆服屬于是.史弗最近於梁山,漸被皇化而頗有服從之意,且有外部落七酋長有內附之意.乃命都喜厚遺是輩,約以有

169) 淶河 중하류지경의 支流인 豹河(瀑河·曝河)
170) 풀로 만든 山神 또는 山神殿
171) 高勾麗 東都
172) 穀物을 農事하고 절구질하여 밥하기에
173) 즉 斯羅=尸羅=斯盧=新盧=新羅
174) 古代 倭로 西土의 古代 倭이지 昨今 韓半島 南方 海中의 列島倭를 지칭함이 아님
175) 昨今의 西土 黃河下流지역이었던 소위 後期 三韓 즉 馬韓·辰韓·弁韓들임

事相應. 五鹿充宗奸匈極惡,與石顯輩弄絡劉奭以致貨累鉅万,為王鳳昕逐而出幽州,自稱玄菟太守以金銀彩絹等每誘涉臣會獵而欲襲鮮卑.涉臣将其計而反誘鹿出渝關,至石原,使其将互獨射殺之,馳入其居而取其財宝美女.涉臣之母可喜,莫車之大姑也,與狦為從,而且以妹妻莫車而交密,相與専横於上谷.王鳳惡鹿而不問其死.

6월, '주상께서 북녘을 순수하여 량산梁山176)에 당도하사'177) 수자리 군졸들에게 옷과 술을 하사하시고, 대하大河178)쪽으로 거슬러 올라가며 북쪽으로 대하들의 형세를 바라다보셨다. 구하九河179)의 말갈曷 땅을 자세히 살피시고 오이에게 말씀해 이르시길 "말갈 무리가 늘 부들무더기를 의지해 사는 까닭에 바람의 힘을 빌리는 화공계火攻之計를 버려서는 아니 되겠네." 하시고, 연로沿路180)들에게 명하여 어유魚油·송진松脂·쑥횃대蓬炬 등의 물품들을 준비하셨다. 구하九河적도 30여 부락落들 중에서 대하大河181)·옥하玉河182)·란하蘭河183)·중하中河184)·우하牛河185)·빈토濱土186)·석치石齒187)·월굴月窟188)·마구馬丘189)·적둔狄屯190)·파루巴婁191)·아물阿勿192)·사불史弗193) 등이 아주 강성하고 나

176) 陰山山脈東端·大興安嶺山脈南端·七老圖山脈北端의 交叉地인근 達里湖(泊)와 渎河上流 多倫縣 東方의 山地들로 추정함 ; 당시 北方 丘陵性 山地의 통칭이기도 할 것.

177) 西遼河(潢河)상류 經棚지경 達里湖 동남변의 大王墓는 혹시 (高勾麗)梁陌大王으로 기록된 乙弗大王(美川大帝)의 父皇 咄固大王의 무덤 아니겠는가?

178) 大河는(들은) 梁山 인근을 흘렀다 ; 大河는 ①西遼河(古潢河,古潢水) 즉 西拉木倫河(錫喇木倫河)상류지경? ②大河는 灤河 최상류이고, 大河는 多倫縣 동방의 大河口鄉을 뜻하기도 하는가?

179) 九河는 한 河川의 名稱이 아닌 古代 西遼河 最上流지역의 아홉 河川들로 추정됨

180) 길목에 連接하여 있는 部落國이나 部族國들 또는 派遣官吏들

181) 拼音이 [dàhé/dàihé]인 烏珠穆沁右翼旗 那塔克泊으로 流入하던 大鶏林河(大水)?

182) 拼音이 [yùhé]인 河川 일원

183) 拼音이 [luánhé]인 河川 일원 ; 滦河의 最上流地域일 듯함.

184) 拼音이 [zhōnghé]인 河川 일원

185) 拼音이 [niúhé]인 河川 일원

186) 拼音이 [bīntǔ/bīndù/bīnchǎ]인 지역

187) 拼音이 [shíchǐ/dànchǐ]인 지역

188) 拼音이 [yuèkū/rùkū]인 지역

189) 拼音이 [mǎqiū]인 지역 ; 沙巴尒貼伊河남린 大馬郡지경? 錫林浩特·烏倫북방 馬山?

190) 拼音이 [dí/tì,zhūn/tún]인 지역 ;. 多倫縣동린 滴旦溝지경?

191) 拼音이 [bālóu/bālǚ]인 지역 ; 達里泊서북으로 흘러드는 巴魯汁河(魁屯河)하류

192) 拼音이 [ē/ā,wù/mò]인 지역 ; 達里泊서북방 湖·山間의 阿巴嘎大王府지역

193) 拼音이 [shǐfú]인 지역 ; 達里泊서편으로 흘러드는 沙巴尒貼伊河(和來果勒河)

머지는 이들에게 복속하고 있었다(그림-33참조). '사불이 량산梁山에서 매우 가까워'194) 점차 황은에 교화되어 복종할 뜻이 꽤나 있었고, 게다가 바깥쪽 부락 일곱 추장도 내부할 뜻이 있었음에, 도희에게 명하여 이 무리에게 먹을 것을 후히 보내주고서, 일이 벌어지면 함께 내응하도록 약속하였다. '오록충종五鹿充宗이 간사하고 흉악하기 극악하여 석현石顯무리와 함께 유석劉奭195)을 농락하며 누거만금의 재화를 쌓다가, 왕봉에게 쫓겨나 유주幽州196)(그림-34참조)로 나가서 현도태수玄菟太守를 자칭하며,'197) 금金·은銀·채견彩絹 등으로 매번 섭신涉臣을 회유해 만나서 사냥하다가 선비鮮卑를 습격하려 하였으나, 섭신

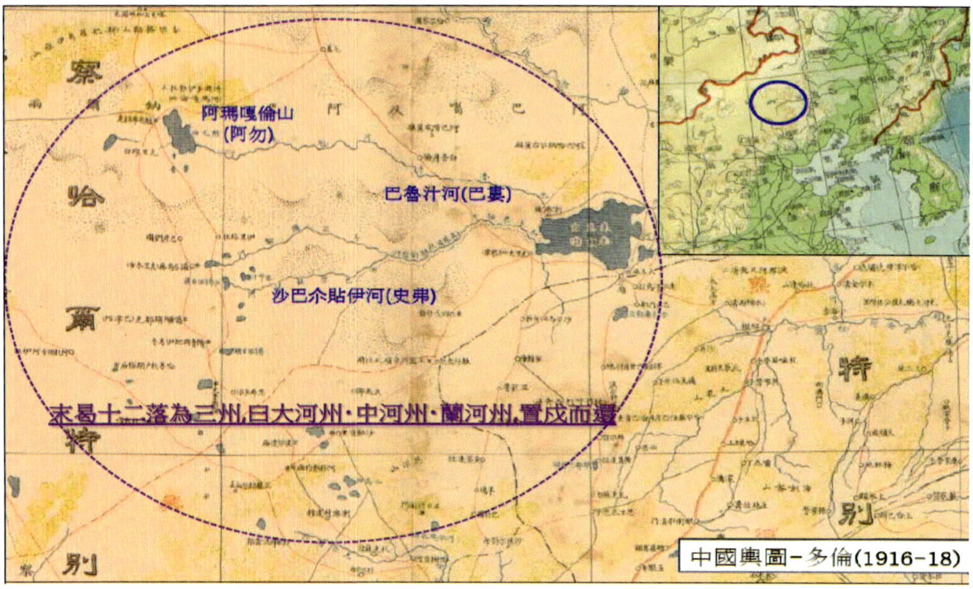

그림-33. 北沃沮故地 北鞨12部落 토벌지역으로 추정되는 達里湖 서방 ; 阿瑪嘎倫山(阿勿)·巴魯汁河(巴婁)·沙巴尒貼伊河(史弗)·沙搏尒台湖(史弗)라는 山·川의 이름들이 20세기까지 한 지역에 몰려있었고, 그 지역에 阿巴嘎大王府가 標示되기도 하였다.

194) 梁山地域이 바로 이 史弗部(沙巴尒貼伊河一帶)南方의 丘陵性 山地였다는 기록.

195) 西漢 高宗 孝成帝

196) 勾茶國을 北接한 馬韓의 南方지역으로 추정 ; '漢書卷93'의 傳에 石顯은 濟南人으로 魏郡太守를 歷任했었으니 그의 故郡은 魏郡으로 邯鄲(邯山)南方 古河內지역이었음.

197) 自治通鑑 漢紀 建始元年(己丑,CE32二年)條曰[春正月,乙丑,...石顯遷長信中太僕,秩中二千石.顯既失倚離權,於是丞相御史條奏顯舊惡;及其黨牢梁·陳順皆免官,顯與妻子徙歸故郡,憂懣不食,道死.諸所交結以顯爲官者皆廢罷;少府五鹿充宗左遷玄菟太守,御史中丞伊嘉為鴈門都尉.]라 하였다. 즉 北夫余(高勾麗)의 玄菟 땅을 빼앗겠다는 의미였을 것이라.

이 오히려 그 계략[198]으로 도리어 오록충종을 꾀어 유관渝關[199]밖으로 나오게 하여 석원石原[200]에 다다르자, 그의 장수 호독互獨을 시켜서 그를 쏴죽이고 그의 거소로 달려 들어가서 그의 재보와 미녀들

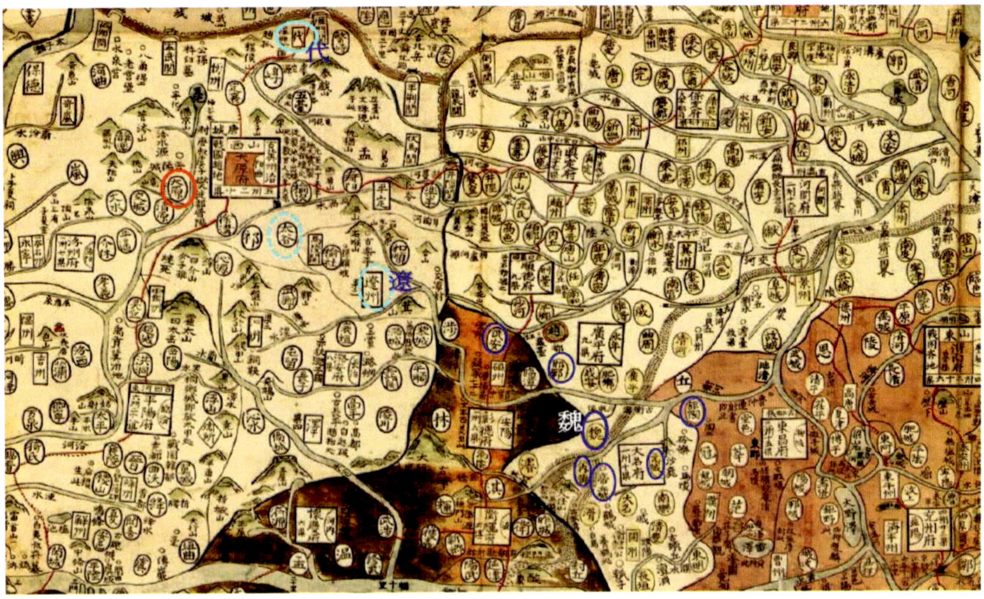

그림-34. 漢末朝廷에서 쫒겨난 石顯의 故郡 魏郡의 위치 ; 魏郡은 冀州에 속하고 周代以後 '冀州는 河內로 漳·汾·潞水지역'이란다.

漢朝廷에서 石顯과 함께 쫒겨난 五鹿充宗이 玄菟太守를 僭稱한 幽州는 어디? (漢書卷28上地理志第8下에는 代·上谷·漁陽·右北平·遼西·遼東·玄菟·樂浪이란 郡들이 幽州屬郡이었으니, 上古 周가 冀州를 冀·幽·並州로 分劃한 地境들은 어떠했을까? 역자는 滹沱河中流·濁漳河 間의 지역을 本始의 幽州지역으로 추정함.)

을 취하였다. "섭신이 어미 가희可喜가 막거의 대고모大姑라서 계후산㹻과는 4촌이고, 게다가 여동생을 막거에게 주고 몰래 교류하여 서로 도와가며 '상곡上谷[201]을 전횡해도'[202], 왕봉[203]은 오록충종鹿을

198) 財物을 주어 懷柔하는 방법
199) ①河北省南端 魏縣의 西北方 刑台縣西北의 柳林鄕 추정. 혹시 山西 楡社縣 일대?
200) 渝關(柳林,楡林) 인근의 바위와 자갈들이 즐비한 지역 ; 河北省 刑台市 西北隣에 즉 臨城縣·內丘縣 太行山脈東麓에 '柳林鎭·石城·石門·石家欄·石槽·石關·石坡咀·双石舖·黃石舖' 등의 地名들이 散在해 있으니, 이곳이 '石原'일 것이라. 역시 다만 偶然이겠나?
201) 역자는 山西省 汾河上流의 東便支流인 '嵺峪河' 下流沿邊의 '太谷縣'지경을 추정함
202) 당시 '上谷'인근에 匈奴와 鮮卑가 있었다. 이미 高勾麗가 차지한 河套·山西省·河北

싫어해서 그의 죽음을 캐묻지 않았다."[204]

七月,上與孟后蘭妃巡行荇南,閱戍観魚品荇.而至滸原慰勞将士八百人,畋于質陽而還. 以滸原処士木公為大仙人,使執御史之事.木公淸直,群臣畏之.初上之巡滸原也,木公乞行憔悴骨立,上憐之而與語,其知如神.上曰"玉在荊山,不識于世者久矣."乃舉之.盖知祖天之将亡而不立於其朝者也.

7월, 주상께서 맹孟후·란蘭비와 함께 행남荇南[205]을 순행하여 수자리들을 살피시고 물고기 잡이를 둘러보셨으며 행채荇菜를 품평하셨다. 그리고 호원滸原[206]으로 가시어 장수와 병사 800인을 위로하셨고, 질양質陽[207]에서 사냥하고 돌아오셨다. 호원滸原처사處士[208] 목木공公을 대선인大仙人으로 삼아 어사御史[209]일을 맡기니, 목공이 청렴강직하여, 뭇 신하들이 그를 조심하였다. 이전에 주상께서 호원滸原을 순시하실 적에 목木공은 걸행 하였음에 초췌하여 뼈가 앙상하였고, 주상께서 그를 가련히 여겨 말씀을 나누셨다가, 그의 지혜가 귀신같았더니, 주상께서 "옥玉이 형산荊山에 있었거늘, 세상이 오래도록 몰랐소이다."[210]라 이르시고서 그를 등용하셨다. 개략 조천이 곧 망할 것임을 알아서 그의 조정에 출사하지 않은 사람이었다.

八月,臨汁水之上,相西都之基.盖黃竜国東都之旧基也,山川風景具有可観.命烏伊摩离,錬兵八万,以為討沃之備. 選黃竜国文士五人為木公之臣.禾英后之所薦引者也. 上學琴於禾英,禾英又引黃竜国楽士箕山,以為琵琶師.陜

省 北部長城以北의 上谷說은 虛妄한 것임. '上谷'은 霍太山 隣近의 한 고을이었을 것이다. '上谷'과 함께 기록된 '北平(鎭)'이 霍太山 東北麓에 있었음을 그 누가 알았으랴!

203) 당시 王鳳은 孝成帝로부터 漢의 諸政事를 委任받고 있었다.

204) 옛 遼東 東胡의 故鄕으로 스며든 鮮卑 一派를 涉臣이 이미 磧東에 들어와 있는 匈奴와 함께 上谷을 專横하였다는 기록인데, 말 많은 上谷은 어디였겠나? 바로 霍太山 東北方 近地인 嵺峪河(象谷河)邊의 太谷地境을 上谷이라 기록한 것 아니었겠는가?

205) 荇人國 南部지역 즉 荇南郡 ; 河套 中南部 또는 南流黃河 中北部 지역으로 추정.

206) 黃河 河涯平原인 '呼和浩特'平原이거나 또는 '和林格爾'平原.

207) '和林格尒'平原 東南의 右玉縣 '鉄山堡' 南原

208) 世俗으로 나오지 않고 滸原의 草野에서 묻혀 살던 선비 즉 居士

209) 暗行御史의 줄임말 ; 王命으로 地方에 派遣되어 특별임무를 수행하는 임시직 관리

210) 貴한 인재가 가까운 곳에 있었거늘, 세상이 그를 몰랐다는 말일 것이라. 史記 夏本紀 正義註釋 曰'括地誌云荊山在雍州富平縣'이라 하였는데, 이는 '長安'에서 멀지 않은 '荊山'에 '玉(貴한 人才)'이 있었는데, 君主의 耳目이 어두웠었음을 의미한 것이다.

父諫曰"黃竜修文而亡.不可取也."上謂木公曰"陜父諫我以不樂.何如."木公曰"聲色人之所好也.不可飾以止之.能知其節則可矣.極者亡之始,中者安之本也."上曰"人言朕可避英.何如."木公曰"敎之以飾則飾.敎之以天則天.飾者欺之始,天者純之源也.民爭飾之,法不可算矣."

8월, 즙수汁水[211]곁으로 왕림하시어(그림-35참조) 서도西都터 모습을 살피셨다. 개략 황룡국 동도東都 터여서 산천풍경이 두루 볼만했다.

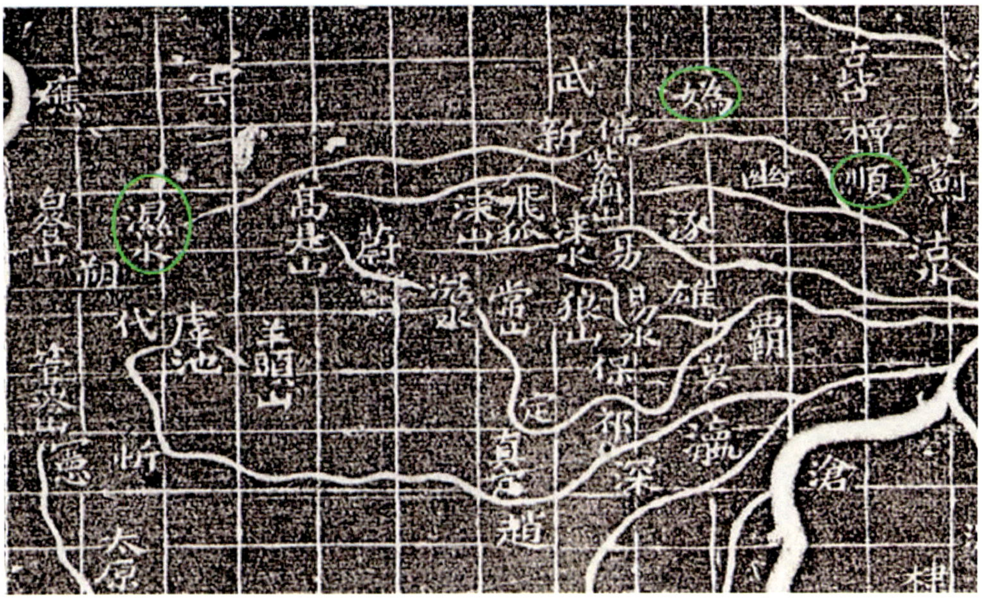

그림-35. 宋代地圖(石刻禹迹圖탁본)에 보이는 濕水(汁水) 즉 桑汗河(桑干河, 桑乾河) ; 宋代에 저들이 河北·山西의 큰 水系마저 제대로 알지 못했음은 분명코 그들이 이곳을 갖지 못했음이다 ; 懷來縣-延慶區嬀水(潙河)변에 지난세기 말까지 남아있던 大古城·小古城 遺址 등이 최근에 中共國의 都市開發로 사라졌다.

오이·마리에게 명하여 8만 병력을 훈련해 옥저沃[212]토벌을 준비하셨다. 황룡국 문사文士 다섯 사람을 뽑아 목木공의 신하로 삼으시니, 화영禾英후가 천거해 데려온 이들이었다. 주상께서 화영에게 거문고琴를 배우셨고, 화영이 또 황룡국 악사樂士 기산箕山을 데려와서,

211) 현금 北京市 서남변을 지나는 桑干河 則 永定河의 상류지경(그림-35참조)
212) 北沃沮

비파琵琶선생으로 삼으시니, 협보가 간언해 아뢰길 "황룡국은 글월文을 익히다 망했습니다. 등용하시면 아니 되옵니다."라 하매, 주상께서 목공에게 말씀해 이르시길 "협보가 나더러 즐기지 말라고 말리는데, 어찌 생각하시오?"라 하시니, 목공이 아뢰길 "성색聲色은 사람들이 좋아하는 것이니, 그만둬야 할 것으로 꾸며서는 옳지 않습니다. 능히 그 멎을 곳을 알면 되오며, 극심하면 망함의 시작이니 치우치지 않으심이 안전의 근본입니다."라 하매, 주상께서 이르시기를 "남들이 말하길 짐이 화영英을 멀리해야 되겠다고 하는데, 어찌 생각하시오?"라 하셨더니, 목공이 아뢰기를 "꾸며서 가르치면 곧 거짓이고 진실로 가르치면 곧 진실이오며, 꾸밈은 속이기의 시초이고 진실은 순수함의 원천입니다. 백성들이 꾸미길 다투면 법法의 수효가 셀 수 없게 됩니다."라 하였다.

九月,烏伊等引兵至梁山,分八路覘之.時,巴婁阿勿軍與史弗交戰,菸狗直指阿勿部掃其窟,大軍連續渡河因風放火.賊首尾不能相救,或走山依之,或走水匿之,老弱落溷而死者亦不知其数.摩离從大河而上,漢素引水師掩襲赴河之賊,賊累戰失利.北鞨王春臣遣使請和,割大河以東為界.

9월, 오이 등이 군사들을 이끌고 량산[213]에 당도해 여덟 길로 나누어 엿보다가, 마침 '파루巴婁와 아물阿勿의 군대가 사불史弗과 교전하매,'[214] 어구가 곧게 아물부阿勿部를 향하여 달려가서 그 소굴들을 쓸어내고, 대군大軍이 연이어 물줄기河들을 건너서 바람을 힘입어 불을 질렀더니, 적들은 앞뒤가 능히 상응해 도울 수 없어서 혹자는 산으로 달아나서 몸을 숨기고 혹자는 물로 달아나서 숨었으며, 늙고 약하여 뒤쳐져서 울부짖다가 죽은 이들 또한 그 수를 헤아릴 수 없었다. 마리가 큰 물줄기大河를 따라 올라가고, 한소가 수군을 이끌고 물 가운데로 도망한 이들을 엄습하니, 적들은 누차 싸웠지만 패하였다. '북갈[215]왕 용신이 사신을 보내 화친하길 청하며 대하大

213) 山脈과 山脈을 잇거나 大規模濕地를 건너기 편리한 '들보 산' 또는 '징검다리 산'의 의미일 것이다.

214) 인접한 巴婁와 阿勿이 합세하여 인근의 史弗을 공격한 것이다.

215) 北沃沮末曷(北鞨) ; 대략 北沃沮故地는 현 達里湖(達里泊,獺海)一帶로 드러난다.

河[216])이동以東을 떼어내서 경계로 삼았다(그림-36참조).'[217])

그림-36. 北沃沮 末曷(北鞨) 12部(巴婁·阿勿·史弗等地) 征伐服屬戰圖

十月,烏伊等分末曷十二落為三州,曰大河州中河州蘭河州,置戍而還. 送中河所得白熊王女加得於白熊国,其王大喜遣使来貢魚皮鹿塩. 召皇后生馬公主,上徃慰之.后曰"妾聞加葉有太子皇后.何不率來乎.妾不妬矣.請速率来,使吾女阿爾配之何如."上曰"聖母思我故不忍皆率而来也.卿其安心.徐當好處矣.天下事皆有自鮮之時耳."時,孟后禾后皆有寵.而召后寵少衰且生女,故自有不安而欲引類利為其用也.

10월, 오이 등이 말갈末曷(靺鞨) 12부락을 나눠서 세 주州로 삼으니 대하주大河州·중하주中河州·란하주蘭河州였다. 수자리를 두어놓고서 돌아왔다. 중하中河에서 잡은 백웅왕 딸 가득加得을 백웅국白熊国[218])으로 보내주니, 그 왕이 크게 기뻐하며 사신을 보내 찾아와서 물고기·피륙·사슴·소금을 바쳤다. 소召황후가 마馬공주를 낳으매, 주상께서 찾아가서 위로하시니, 후가 아뢰길 "첩이 듣기론 가섭원加葉에 태자와

216) 그 지역에 南北流하는 大河인 大鷄林河로 추정된다.
217) 현세 西遼河 최상류 서북방 靺鞨(末曷)을 토벌해 達里湖 동북방쯤으로 축출한 것.
218) 당시의 白熊國은 赤峰市 북방~동북방 翁牛特王旗?

황후가 있으신데, 왜 데려오지 않으십니까? 첩은 시샘치 않습니다. 청컨대 속히 데려오시어 제 딸 아이阿爾로 하여 짝을 짓게 함이 어떠신지요?"라 하매, 주상께서 웃으며 이르시길 "성모께서 나를 생각하고 계신 까닭에 차마 모두를 데려오지 않고 있소이다. 경은 마음을 편히 하시오. 천천히 해야 좋은 곳을 마주합니다. 천하의 일들은 모두 절로 풀리는 때가 있는 것이오."라 하셨다. 이즈음, 맹孟후[219]와 화禾후[220] 모두가 총애를 받는데, 소召황후는 총애가 조금 줄었고 게다가 딸을 낳은 까닭에 스스로가 불안해 유리類利를 끄집어 당겨서 자신이 이용하려 함이었다.

十一月,曷思国相加大業来献船材土物.以業為都尉,秩五品中大夫,賜衫及花魚. 禾英后生杜公主,五雲繞空.上奇其蹟,以公主宮為彩雲宮,以禾斗為宮大夫六品,賜花魚.斗,相之侄子也,乃狐鹿之外孫也. 芊花宮生皇子鮮蒙.時年五十二,上恐有虞,命羊真為大夫而極盡其養.后以先帝寵后,累經災厄.而晚得上寵,如再[爇][221]之扇,不知其倦,氣力尙熾,顏色如華,能歡上心.

11월, 갈사국曷思國 상가相加 대업大業이 와서 배를 만들 자재들과 토산물을 바치매, 대업業을 질5품 중대부 도위都尉로 삼아서 비삼衫·치화花·동어魚를 하사하셨다. 화영禾英후가 두杜공주를 낳았고 오색 구름이 허공을 에워쌌더니, 주상께서 이를 기이하게 여겨 공주 궁을 채운궁彩雲宮이라 하시고 화두斗를 6품 궁대부宮大夫로 삼으시어 치화花·철어魚를 하사하셨다. 화두斗는 화상相의 조카이고 호록狐鹿[222]의 외손이다. '간화궁芊花宮이 황자 해몽鮮蒙을 낳았고, 이때 나이가 쉰둘이매, 주상께서 우려할 일이 있을까를 걱정하사 명을 내려 양진羊眞을 대부로 삼아서 극진히 보양하셨다.'[223] 후后는 선제先帝의 총후寵后로 누차 재액災厄을 겪다가, 뒤늦게 주상의 승은을 입더니,

---

219) 桂孟子

220) 禾英

221) 本傳의 筆寫가 덧칠되어 '爇'字인지 '熟'字인지 分揀이 어렵지만, '爇'字로 읽었다.

222) 匈奴帝王 狐鹿姑선우

223) 本傳의 后妃列傳(芊花太后傳)은 '芊花가 鮮蒙을 53歲에 낳았음에, (芊花아들) 芊直을 宮大夫로 삼아 保養하였노라'고 하였으니, 52歲·53歲 및 羊眞·芊直으로 相異하여 混亂스럽다. 羊·眞과 芊·直은 모두 서로 通字들이었나?

재차 달아오른 거세마처럼 게으름을 몰랐고, 기력이 오히려 불타올라 얼굴빛이 꽃과 같아져서, 능히 주상의 마음을 기쁘게 하였다.

東明十年癸巳,春正月,涉臣使與莫車使入朝,献土物. 旒后乙氏以老衰,請退從其子乙音而如牛壤.許之. 二月,徵黃竜荇南桂林民丁万人,營西都,汁水上鵞卵原. 上與孟后如獣林溫宮. 紫蒙王廣公以其子西川為紫蒙王,自稱太上天王.西川遣使来,献土物. 北鞨王春臣為其下蘇辰斫殺.大河酋長角民伐蘇辰殺之,而自立,盡取春臣財宝妻女以為其有. 三月,鍊民十万於河上,還西川而親耕籍田. 四月,萱后親蚕,召后親痲,孟后親毛.

동명10년계사(BCE28), 춘정월, 섭신[224] 사신이 막거 사신과 더불어 입조해서 토산물을 바쳤다. '류旒후 을乙씨'[225]가 노쇠하였음에 물러나서 자기 아들 을음乙音[226]을 좇아 우양으로 가겠노라 청하여, 허락하셨다. '2월, 황룡·행남·계림의 민간장정 1만을 징발하여 서도西都를 즙수汁水변 아란원鵞卵原[227]에 지으셨다(그림-37참조).'[228] 주상께서 맹후와 함께 수림온궁에 가셨다. 자몽왕 광공이 그의 아들 서천西川을 자몽왕으로 삼고 자신은 태상천왕太上天王을 칭하니, 서천이 사신을 보내와 토산물을 바쳤다. 북갈왕 용신이 그 수하 소진蘇辰에게 죽자, 대하大河추장 각민角民이 소진을 토벌하여 죽이고 자신이 보위에 올라서 용신의 보배와 재물 및 처와 딸을 모두 취하여 제 것으로 삼았다. 3월, 하河상[229]에서 백성 10만을 훈련하시고 서천西川[230]으로 돌아오시어 친히 적전籍田을 일구셨다. 4월, 훤화萱황후가 친히 잠사蠶事를 하고, 소召황후가 친히 마사痲事를 하고, 맹孟황후가 친히 모사毛事를 하였다.

---

224) 鮮卑王

225) 乙旒 ; 즉 召西奴의 生母

226) 卒本侯 乙足(延陀勃之主君)의 아들로 鯤淵伯 乙宋의 딸이 낳았음. 乙旒가 낳은 延陀勃의 딸들인 貫貝·召西奴의 동복오빠.

227) 黃龍國 東都故地로 山川景槪가 훌륭한 鵞卵-거위알-모양인 길쭉한 타원형의 땅 ; 北京市 서북방 ①懷來縣平原? 또는 ②延慶區官廳水庫지역 水沒以前의 盆地?

228) 西都創建을 始作한 것이다. 우리나라 唯一의 正史라는 定史 三國史記엔 이 高句麗初期의 大事를 기록으로 남기지 않아서 西都(鸞臺所在地)의 存在를 아예 모르게 하였고, 다만 그 所在를 모를 鸞臺관련 記事가 한 번 있을 뿐이다.

229) 현세의 西遼河나 灤河·潮河·桑干河(汁水,濕水,桑乾河,永定河) 중 하나의 北邊

230) 이 西川은 ①東都의 西川이었을 北獨樂河? ②箕丘인근 中川의 西쪽 河川 곧 磁河(滋河)

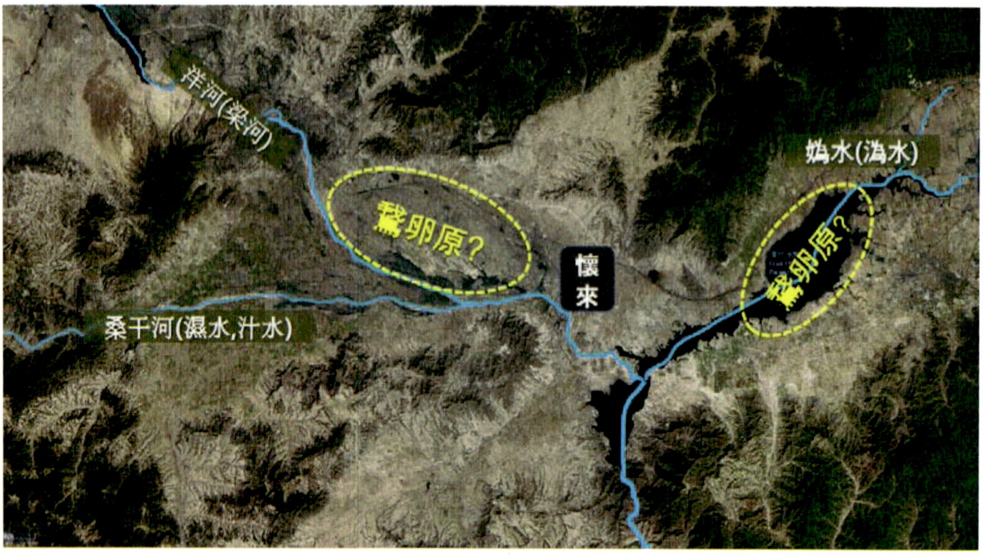

그림-37. 황룡·행남·계림 민간장정 일만으로 西都를 지은 汁水邊 鶩卵原 ; 후세 기록에 西都가 홍수에 잠긴 적이 있었음을 보아 우측지역이 鶩卵原으로 좀 더 타당하겠다.

五月,以農時,减營都民丁.半数故家,以屯田兵充其数而督其役. 上聞'舂臣死後北鞨無人,大河以北諸部互相爭鬪.'命扶尉猒馬黎等鍊兵扵大河,以為討鞨之備. 上謂默居曰"我国,地廣人稀,土沃農少,兵不能多而国不能冨.方今之計,莫如多産善育.其令一産五男者一産四女者十二人爵依中大夫賜衣花魚,年年生子者間年生子者皆給年穀肉饌繒絮薬物.卿其主之."名曰生産大加. 五江之民能作舟車者,使之賑鹽通貨,置其鹽所器䣕衣䣕等扵各地. 命穹廬世居者,男女無別而生産.不振者,使之作家分居嫁娶而生産之.又好自婚而生産不振之五豪,命相婚姻而結親. 漢人鞨人胡人之從軍者,亦皆如国人例,序其秩而賜其妻妾奴婢,有功者爵之亦如国人例使之永為国民而安心.其令主民主兵,調定其制. 凡女之為人妻者,丧其夫而無夫之子女,兄弟叔侄然後嫁之,母從子嫂從弟嬸從姪,不使兄弟叔侄爭其母嫂及財,命主民定制.婢生主之子女,亦依主之妻妾䣕生子女例,使之從軍襲財,以才授秩不使永作奴婢.宗戚公卿之婢,生宗戚公卿之子女,皆陞為其妾,賜姓氏.

5월, 농사철이어서 도성 짓는 민간장정을 줄였다. 반수가 귀가하여, 둔전병屯田兵들로 그 수를 채워 도성 짓기를 독려하셨다. 주상께서 들으시길 '용신舂臣이 죽은 후로 북갈에 사람이 없어, 대하大河북쪽의 모든 부락이 상호간에 다투고 있음'에, 부위염과 마려 등에게 명하시어 대하에서 군대를 훈련해 북갈鞨토벌을 준비하셨다. 주상께서 묵거에게 말씀해 이르시길 "우리나라는 땅은 넓으나 사람이 적고 땅은 기름지나 농경하는 곳이 적어서 군사들을 많게 할 수 없고 나라를 부유하게 할 수도 없소. 바로 지금의 계책으로 삼을 만한 것으로는 많이 낳아서 잘 키우는 것 만한 것이 없소. 그대가 령을 내려, 한 사람이 아들 다섯을 낳았거나 한 사람이 딸 넷을 낳은 12사람들에게 중대부中大夫에 견줄 작위爵位와 옷衣·화식花·어패魚를 하사하고, 해마다 아들을 낳거나 해를 걸러서 아들을 낳은 이들 모두에게 년곡·고기반찬肉饌·비단·솜·약물을 대주시오."라 하시고서 생산대가生産大加라 이르셨다. '5강五江'[231] 백성들로 배와 수레 만들 수 있는 이들을 부려 소금을 나눠주고 재화를 보급하셨으며, 염소鹽所[232]·기소器所[233]·의소衣所[234] 등을 각지에 두셨다. 명하시길 궁려窮廬[235]에서 대를 이어 사는 이들에게 아들과 딸을 가리지 말고 낳게 하고, 부진한 이들은 집을 지어 나눠어살며 혼인해 자식을 낳게 하고, 또한 '자기들끼리 혼인하길'[236] 좋아하거나 자식 낳기에 부진한 '다섯 호족들'[237]을 상호간에 혼인하여 친분을 맺도록 하셨다. 한인漢人·갈인鞨人·호인胡人으로 종군從軍한 이들 역시 모두에게 나라사람國人[238]의 법식처럼 질품秩品의 차례를 두어 처첩妻妾과 노비奴婢를 하사하고 공이 있는 이에게는 나라사람의 법식처럼 작위를 내려 영원한 나라백성으로 삼아 안심시키셨다. 주민대가主民와 주병대가主兵에게 령을 내려 이를 제도로 정하셨다. 남자의 처가 된 모든 여인은 지아비夫가 죽어서 지아비 없이 자녀子女가 있게 되면, 형제·숙질叔侄(과 우선해 혼인한) 연후에 (다른 남자에게) 출가하고, 어미母는 아들子을 따르고 형수兄嫂는 (죽은 이의) 시동생弟을 따르며 숙모嬸는 시조카姪를 따르게 하여, 형제 및 숙질이 어미와 형수 및 재물을 다투지 않게 하셨다. 주민대가에게 명하여 그 제도를 정하셨다. 비첩婢이 낳은 자녀들 또한 주인의 처·첩이 낳은 자녀의 예를 따라 종군하며

---

231) 다섯 江줄기 ; 南堂 註釋 曰"奄·汗·中·西·北."이라 註釋하였으나, 根據不詳이다.
232) 소금을 만드는 곳
233) 食器 등의 그릇을 만드는 곳
234) 옷을 만드는 곳
235) 室內에서 室外의 하늘이 보이는 몽골식 등의 오두막집
236) 家內婚 및 族內婚
237) 南堂 註釋 曰"封豪·土豪·神豪·財豪·漢豪"
238) 각종 벼슬아치·구실아치로, 現世의 公務員以上이지 결코 庶民大衆을 뜻하지 않음.

재산도 물려받고 재능에 따라 직위를 받아서 영원한 노비가 되지 않게 되었고, 종척과 공경의 비첩이 종척과 공경의 자녀를 낳으면 모두 그의 첩으로 승차되고 성姓·씨氏[성씨姓氏]가 내려졌다.

六月,上如湯外,巡視鐵山,命鄭共採而鑄冶.其金銀銅玉皆納于召皇后宮,為宮中之用. 七月,至大河閱兵.角民聞之,率其妻子遁入雪羅山中.諸酋續續来降,自願為先鋒.上曰“朕豈好用兵扰.但問角民之罪而已.角民如自来,則兵不血刃而乞矣.”角民大惧,送春臣財宝妻女而請和.上叱其使,曰“角民不自来,則不得免死矣.” 命曹元理測乞北鞨地勢審其風俗.東自白熊西至肅愼之界,元理曰“測此廣漠之地,審其人情風俗,當用十万人費二十年之力然後方可.”上曰“如彼其浩繁乎,其止之.”上以此踈元理.

6월, 주상께서 탕외군湯外[239]에 가시어 철산鐵山[240]들을 순시하시고, 정공에게 명하여 채광採鑛해서 불리고 단련하게 하셨다(그림-38 참조). '그곳의 금金·은銀·동銅·옥玉은 모두 소召황후궁에 바쳐져서 궁중에서 소용되었다.'[241]

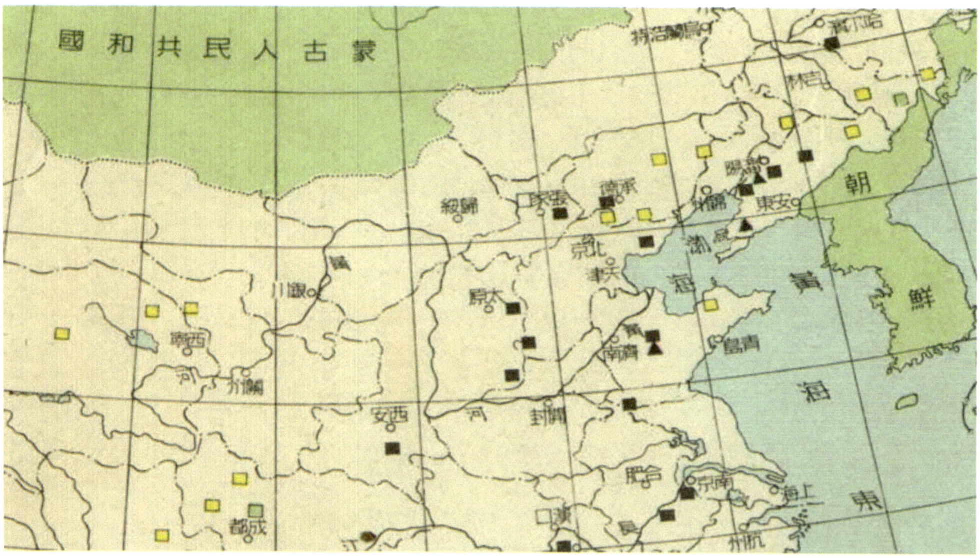

그림-38. 철鐵(흑색)·금金(황색)의 주산지(中華人民共和國新地圖,1950_金屬)

---

239) 沸流國地 湯河서린 湯西郡의 서방인 湯外郡지역

240) 張家口동린(그림-38)에 表示된 鐵産地로 推定되며, '赤城鎭'이나 또는 '葛峪堡' 쯤을 譯者는 '湯外鎭'으로 추정한다.

241) 召皇后의 宮内에 貴金屬을 金花 등으로 제작하는 工作所가 있었다.

7월, 대하大河[242]로 가서 군사들을 검열하셨다. 각민角民[243]은 이를 듣고 처자식을 이끌고 설라산雪羅山[244] 속으로 도망쳐 들어갔고, 모든 추장들은 속속 찾아와 항복하고 선봉이 되기를 자원하였다. 주상께서 이르시길 "짐이 어찌 군대부리기를 즐기겠소! 다만 각민角民의 죄를 문책할 뿐이어서, 각민이 스스로 찾아오면 군사들이 칼에 피를 묻히지 않고서 멈추겠소."라 하셨어도, 각민이 몹시 두려워하며 용신의 보배와 재물 및 처와 딸을 실어 보내고 화친하길 청하매, 주상께서 그 사신을 질책하여 이르시길 "각민은 스스로 오지 않고선 죽음을 면할 수 없소."라 하셨다. 조원리曹元理에게 명하여 '북갈北鞨의 지세地勢를 측정하고 그곳의 풍속들을 살피게 하셨다. 동쪽은 백웅白熊국[245]부터이고 서쪽은 숙신肅愼의 경계까지임에,'[246] 조원리가 아뢰길 "이 아득하게 넓은 땅을 측정하고 그들의 형편과 풍속을 조사하려면, 응당 10만 인을 써서 20년을 들여야만 바야흐로 가능할 것이옵니다."라 하매, 주상께서 이르시길 "저들이 그리 광활하게 번성하였을 것 같다면야, 그만두시오."라고 하셨고, 주상께선 이 일로 조원리를 멀리하셨다.

肅愼王乾朕遣使来,獻北海之火魚月山之角雁,而諫曰"臣聞陛下鍊兵十万於大河而将屠北鞨之衆云.然末曷隨水而移其源,遠自上谷之北,從河而上逶迤太伯,蚕食黑水,東至于海上西至于北海.此北海者,单于之秘園也,漢帝不能侵,蘇武老於此者也.臣與末曷或和或戦者百有余年,不能根治而抛之者.盖如惡草而難除,不可盡芸也.臣以為陛下英勇雖出百王,與此惡草爭利,則得不補失,恐非聖人之治也.請罷是役."上謂其使曰"爾王之忠言,朕甚嘉之."厚遺而

242) 北沃沮땅 北鞨의 南界쯤에 해당하였을 것 ; 이 大河는 ①古潢河(天河)인 現世 西遼河(錫喇(西拉)木倫河) 最上流이거나 ②灤河 上流 多倫縣 동편의 大河口鄕 지역일 것.

243) 北鞨王 春臣을 죽인 蘇辰을 토벌해 죽이고서 北鞨王이 된 以前의 大河酋長

244) 北鞨王 角民의 새로운 居處로 ①大河(西拉木倫河/錫喇木倫河)北邊山地의 尸立合山? ②大河(西拉木倫河/錫喇木倫河)北邊에서 멀리 떨어진 깊고 험한 巴爾達穆山(倍達山,八達山) 北隣의 希拉溫圖爾山 則 天山 지역?

245) 赤峰市 북방~동북방 翁牛特王旗가 확실한 듯하다.

246) 北鞨(北沃沮末曷)의 소재는 東쪽이 白熊國(赤谷則赤峯之境)부터이고 西쪽은 肅愼의 西邊國境까지였다. 모든 末曷(靺鞨)들이 아닌, 本傳 東明九年 六·九·十月조의 北鞨關聯 記錄들에 한정된 기록으로, 北沃沮故地에 흩어져 살던 北鞨의 位置를 드러낸 것이다.

送之.乾朕恐禍及己而如是言之,聞上之嘉其言而半信半疑,憂惧老病而死.子胡白嗣,秘其喪而不告之.

숙신왕 건짐乾朕이 사신을 보내와서 '북해北海 화어火魚'[247]와 '월산月山 각안角雁'[248]을 바치고 간하여 아뢰길 "제가 듣기론 '폐하께선 군대 10만을 대하大河에서 훈련하고 계시며 곧 북갈北鞨무리들을 도륙하실 것'이라 하였습니다. 허나, 말갈末曷은 물줄기를 좇아 그들의 근원을 옮겨서, 멀리 상곡上谷[249]북쪽에서부터 물줄기들河을 따라 이리구불 저리구불 태백太伯[250]으로 올라왔고, 흑수黑水[251]를 잠식하더니, 동쪽은 '바다海 곁'[252]에 이르고 서쪽은 북해北海[253]에 닿았습니다. 이 북해北海란 곳은 '선우單于의 비원秘園'[254]으로 '한漢의 임금'[255]이 능히 칠 수 없어 소무蘇武[256]가 그곳에서 늙었고, '저희도 말갈末曷들과 혹은 화친하고 혹은 싸우길 100년이 넘도록 능히 뿌리를 뽑을 수 없어서 내버려두었습니다.'[257] 개략 지독한 잡초들은 없애기가 어렵듯이 모조리 솎아낼 수 없습니다. 신은 폐하께서 뛰어나게 용맹하시어 비록 모든 임금들 중에 출중하셔도 이리 지독한 잡초들과는 이로움을 다퉈보셔야 얻는 것으로 잃는 것을 메우지 못할 것이오라, 성인聖人의 다스림을 이루지 못하실까 두렵습니다. 청컨대 이 전쟁을 파하소서."라 하매, 주상께서 그 사신에게 말씀하여 이르시길 "그대들 왕의 충성스런 말에 짐이 매우 기쁘오."라 하시고 후하게 대접하여 돌려보내셨다. 건짐乾朕은 화가 자신에게 미칠까 두려워 이런 말을 하였던 것이었고, 주상께서 기뻐하셨다는 말을 듣

247) 당시 肅愼疆域인 北海(瀚海) 즉 戈壁沙漠 東部의 土産物로 붉은 색 물고기인 듯
248) 당시 肅愼疆域인 月山의 土産物로 뿔 같은 머리깃털이 난 기러기나 논병아리 종류?
249) 譯者는 山西省 太原市 東南의 옛 嵺峪河 연변의 太谷지경을 옛 上谷으로 추정함
250) 陰山山脈동단·大興安嶺山脈서남단·七老圖山脈서북단이 만나는 巨大山地일 듯
251) 推定可能한 西쪽에서부터 現世 ①滦河의 支流인黑風河? ②老哈河의 支流인 黑水? ③黑龍江 中下流지역? 譯者는 이 '海上'을 현금 黑龍江 中下流 沿邊으로 추정한다.
252) 上古의 桑海인 ①大遼河 西北沿岸이나 ②嫩江平原? 또는 ③黑龍江河口東北方지경?
253) 瀚海(戈壁沙漠) 즉 大漠 ; 澣海는 古代까지 濕地와 沙漠이 병존하던 廣大遊牧地域.
254) 소위 北漠 澣海지역에 있었다는 匈奴 冒頓單于의 單于庭
255) 西漢 世宗 孝武帝 劉徹
256) 西漢 孝武帝 劉徹이 匈奴로 보낸 使臣
257) 당시 北鞨의 영역은 肅愼영역의 西南部와 상호 중첩되었었다.

고도 반신반의하며 근심하고 걱정하다가 노쇠하여 죽었으며, 아들 호백胡白은 뒤를 잇고서 건짐의 죽음을 감추고 알리지도 않았다.

徵末曷人三万人,為鄕導,編于三路六十軍之中.一軍二千人作五隊,隊用曷人百名為之前導負担,皆渡河而待期.北鞨聞之避去者甚衆,諸将曰"若皆逃去,只得空庭而已.不如速討之."上曰"空庭而易.動,必非根據之地也.留而死守者乃其根據也.逃者逃之,留者攻之,可也.浮動者逃則根地必孤矣.或擭或誅而不與較殺,萬全之計也."

'말갈末曷인[258] 3만을 징발해 향도嚮導로 삼아서 3로路 60군軍 속에 펼쳐놓았다. 1군軍 2천인을 다섯 부대隊[259]로 만들고, 각 부대는 말갈인 100명으로 길을 앞세워 지고 메게 하여, 모두가 물河[260]을 건너서 때를 기다렸다.'[261] 북갈北鞨이 이를 듣고 피하여 떠나는 이들이 심히 많았음에, 모든 장수들이 아뢰길 "모두가 도망쳐 달아나면, 얻는 것은 단지 빈 뜰庭 뿐일 것입니다. 속히 치는 것이 낫겠습니다."라 하니, 주상께서 이르시길 "빈 뜰庭이면 쉬울 것이고, 움직이면 필시 뿌리내려 산 땅이 아닌 것이며, 머물러서 죽기로 지킨다면 그들이 뿌리내려 산 땅인 것이오. 도망하는 이들은 도망하게 하고, 남아있는 이들을 치면 되겠소이다. 떠돌아 움직이던 이들이 도망쳤으면 곧 뿌리를 내리던 땅은 필시 의지할 데가 없을 것이어서, 간혹 생포하고 간혹 주살한다면, 맞붙어서 죽이기를 겨루지 않을 터이니, 아주 안전한 계책이겠소이다."라 하셨다.

八月,北地飛雪寒威早至.上與士卒露宿于野,以兵卒冬衣未至,不御重裘,沿

---

258) 이미 自進하여 投降하고 先鋒이 되길 自請한 末曷들
259) 隊는 小隊·中隊·大隊처럼 軍보다 작은 規模의 兵力單位
260) 大河 즉 古潢河인 작금의 西遼河(西喇木倫河,錫喇木倫河,西淩河)
261) 각 部隊는 末曷100名 포함 500人이니, 3路60軍 總員은 500×60×5=150,000명으로 고구리 창세기 국력을 실감케 하는 군사력임 ; 이래도 현금 한반도 압록강 북변 근처로 옮겨진 지명 懷仁에 재삼 덧씌워진 深深山谷 桓仁지경의 (史書들에 이름도 뵈지 않는 僞名) 五女山山城 地境에서 조그만 小國인 部族國家정도로 始國하였다고 하겠는가? 한반도 북변 압록강 중류 集安 땅의 2천3백여 피라미드群은, 현금의 遼河 東·南方에 있었던 細形 青銅劍을 사용한, 어쩌면 옛朝鮮과도 別個인, 本始 巨石文明을 낳은 上古文明과 관련된 나라의 무덤골인 것이다. 역시 歷史歪曲을 위한 치밀한 地名·遺物·遺跡 造作에 속고 있음일 것이다.

江積薪爇火.火光連天,賊以為開闢後初有之事.召后孟后聞上有微祟而馳至,上以冬衣未至責而還之,未幾皮裘至,軍得御寒.上還都. 上夢見'類利太子及禮氏于舊床.'未幾禮氏果遣使来献衣酒獐肉.傳語女使一如禮氏語,上嘉之厚遺而送之.

8월, 북쪽 땅에 눈발이 날리며 위세를 떨치는 추위가 일찍 닥쳐왔고, 주상께선 사졸들과 함께 벌판에서 노숙하셨다. 병졸들의 겨울옷이 아직 오지 않았음에, 두터운 갖옷을 입지 않으시어, 강변을 따라 나무를 쌓아서 불을 피워, 불빛이 하늘에 닿았더니, 적들은 개벽 이후로 처음 있는 일이라 하였다. 소召후와 맹孟후가 주상께서 좀 편찮으신 낌새가 있으심을 듣고 달려왔더니, 주상께선 겨울옷이 오지 않았음을 질책해 돌려보내셨다. 머지않아 가죽옷이 도착하여 군사들은 추위를 견딜 수 있었더니, 주상께선 도성으로 돌아오셨다. 주상께서 꿈에 옛 침상 위에 있는 유리類利태자와 예禮씨를 보셨더니, 머지않아서 예씨가 과연 사신을 보내와서 옷과 술 및 노루고기를 바쳤다. 말을 전하는 여자사신이 예씨가 말하는 것과 똑같았음에, 주상께서 기뻐하시며 후하게 대접하여 돌려보내셨다.

九月,白鸞来集西都王臺.其毛如玉莖而頷黃眼赤觜綠脛朱.西都姑未盡成而有此嘉瑞,故上與召后禾后移居于臺,名之曰鸞臺.孟后留東都朝陽堂,禾英夫人居鳳鳴殿華离堂. 扶尉猒宝燕将第一軍伐大河之東南五加沙部,馬黎鄭福将第二軍伐大河之西北,萊狗羊臣将第三軍伐五河.去年有神雀之慶而荇泉拔,今有白鸞之慶北鞨亡矣.鞨衆自以為南北懸絶,從古未聞鷄犬之驚,穹廬巨創,內藏千年宝貨皆是中国古物也,守貨而死者相連如抱卵之雉矣. 十月,三軍皆出五河之北,扱枝河虜角民兄弟三人,北沃沮三十余落来降.掃窟者八十三,斬将者百二,拓地千余里,牛羊獹鹿十七万,生口八万,女子居二,駿馬五千四,兵仗珍宝無数.

9월, 흰 란새鸞가 서도西都 왕대王臺[262]에 모여들었다. 털은 옥기둥

262) 우뚝한 곳에 있는 帝王의 樓閣 ; 三國史記는 이 西都 王臺(鸞臺)의 所在 즉 西都의 존재를 제대로 기록하지 않아서, 後世의 長壽大帝가 이 西都에서 '大夫餘(古朝鮮後期) 海城 땅의 離城이었던 平壤城을 石柱金裝大宮으로 修理하여 그 平壤城으로 移都南下(東南下)한 것'을 제대로 깨닫지 못하게 하였다.

같고 털은 황색, 눈은 적색, 주둥이는 녹색에 정강이는 붉었다. 서도가 조금 덜 완성되었는데 이런 경사스런 조짐이 있음에, 주상께선 소召후·화禾후와 함께 거처를 누대로 옮기고 그곳을 란대鸞臺로 이름 하셨다. 맹孟후는 동도東都 조양당朝陽堂에 머물고 화영禾英부인은 봉명전鳳鳴殿263) 화리당華离堂에 거처하였다.

그림-39. 1차·2차 北沃沮 末曷(北鞨) 토벌·복속 추정지역-(1)

부위염扶尉猒과 보연宝燕이 제1군을 몰아 대하大河264)동남과 오가사부五加沙部265)를 치고, 마려馬黎와 정복鄭福이 제2군을 이끌어 대하서북을 치고, 어구菸狗와 양신羊臣이 제3군을 거느리고 오하五河266)를 쳤다. 지난해엔 신작神雀경사가 있더니 행천荇泉을 빼앗았고, 금년엔 흰 란새의 경사가 있더니 북갈北鞨이 망하였다. 말갈鞨무리들은 스스로 남북이 멀리 늘어져 사이가 멀고 '고래古來로부터 닭과 개가

263) 卒本故地 沸流谷 西城소재 宮城의 殿閣
264) 현세 西遼河(古潢河_天河) 최상류 동안 일대?
265) 克什克騰旗·上哈巴旗·西拉木倫五十家子駟을 포괄하는 지역?
266) 五河는 單一河川의 명칭이 아닌 그 일대에 몰려있는 다섯 河川을 통칭할 것 ; 赤峰 서방 烏丹城일대의 少冷河(拜察河)·悵方溝川·莫葫溝川·白音溝·野猪溝 등지로 추정

놀라는 소리를 들어본 적 없어'267) 궁려窮廬는 거창하였고 '그 안의 천년보화千年寶貨는 모두 중원나라 옛 물건들이었더니'268) 재화를 지키다가 죽은 이들은 알을 품은 꿩처럼 뒤엉켰더라. 10월, 3군軍 모두가 '오하五河 북쪽'269)으로 나가서 지하枝河270)를 빼앗고 각민과 형제 세 사람을 사로잡으니, 북옥저 30여 부락落이 찾아와 항복하였다(그림-38,-39참조). 쓸어낸 소굴이 여든 셋, 참살된 장수들이 백둘, '넓힌 땅이 천여 리'271), 소와 양 및 개와 사슴 17만, 생구生口 8만, 여인들 거소 둘272)에 준마駿馬가 5천 필이었고, 병장기와 진보珍寶는 셀 수도 없었다.

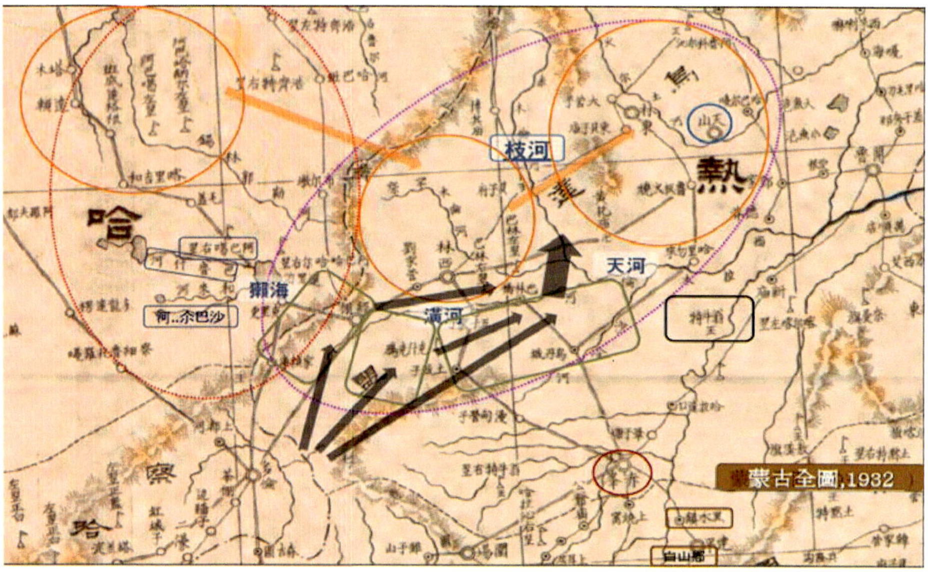

그림-40. 1차·2차 北沃沮 末曷(北鞨) 토벌·복속 추정지역-(2)

十一月,置沃沮将軍十人分治降衆,以曷女六万三千分賜将士.移其大姓男

267) 征伐·討伐을 當한 적이 없었기에

268) 北鞨의 上代居處 上谷이 中原나라 都城과 그리 멀지 않았었다는 뜻이리라.

269) 巴林橋 지역?

270) 枝河는 拼音이 [zhīhé/qíhé]이니, 赤峰북방 潢河건너 濟爾哈朗圖河(赤木倫河).

271) 沸流國故地 湯北郡으로부터 千里 (그림-39참조) ; 高句麗史抄 長壽大帝紀 長壽39年 辛亥(CE471)二月條엔 "遣將軍淵吉胡海等,將兵三萬與肅愼軍三千,伐室韋至北海,拓地二千餘里,獲其金人十二而還."라 하였으니, 잊지 않고 더 넓은 北方地域을 拓地한 것이다.

272) 北沃沮 末曷들은 女子와 男子의 居所를 달리했다는 記錄이다.

丁于杜訥之西及梁猶之谷,使墾荒地. 上遣桓福於五河,分賜粱酒粱飴於将士.福故献鼠皮于上及三后,曰"皇軍之皮裘不如鞨衆之鼠裘,故皆奪彼衣而衣之,乃免落指傷鼻之患.曷女為皇軍盡死力者亦多得,以奏功."云.上曰"曷女以獸性木腸,亦知王師之重.其令有司選其佳者,賞之."命軍為妻,以国人待之無差.召后曰"曷乃賤婢也.妻軍可乎."上曰"曷亦人也.有何不可.夫物賤則貴,又安知後日彼亦貴乎.漢以胡曷為賤,而反為胡曷昕困,貢其絮繒公主.貴賤何常固乎.能自樹者必勝,不可以一時之困賤之也.况其迎王師而出死力者乎.盖有拔賤為貴之志也.不酌其情,何以御之." 十二月,冬暖如春無氷雪,行月歌之會於西都,以慰凱旋軍卒,犯夜三日.縱軍恣慾飾以花臺鳳車使美男女戴行,上與三后登臺而賞其衆.巾帶衣領中外會者数十万,女居其三而男其一.

11월, 북옥저[273)]에 장군 10명을 두어 항복한 무리들을 나누어 다스렸다. 말갈 여인들 6만 3천을 장수와 병사들에게 나눠주고, 그곳의 큰 성씨姓氏 남정男丁들은 '두눌杜訥서쪽'[274)]과 양맥곡梁猶谷[275)]으로 옮겨서 버려져있던 땅을 개간하게 하였다. 주상께서 환복桓福을 오하五河로 보내시어 장수와 병사들에게 기장 술과 기장 엿을 나누어 주셨다. 환복福이 돌아와서 주상 및 세 황후들께 쥐가죽鼠皮[276)]을 바치고 아뢰기를 "황군의 가죽옷皮裘이 말갈鞨무리의 쥐가죽옷鼠裘보다 못하여, 모두가 저들의 옷을 빼앗아 입고서야 손가락이 떨어지거나 코가 상하는 고통을 덜었으며, 말갈여인들로 황군을 위해 죽을힘을 다한 이들이 많았습니다. 이들의 공을 상주합니다."라 하매, 주상께서 이르시길 "말갈 여인들은 성깔은 짐승 같고 질박한 마음이나 역시 왕사王師(皇軍)의 귀중함을 알았소이다. 그대가 관리들을 시켜 그 어여쁜 이들을 가려내서 상을 주시오."라 하시고, 군사들에게 명하여 그들을 처로 삼아서 나라사람들이 그들을 대우함에 차별이 없게 하시니, 소召후가 아뢰기를 "말갈이면 천한 종년들인데, 군사들에게 처로 삼아줌이 옳으신지요?"라 하매, 주상께서 이르시길 "말갈 역시 사람인데, 아니 될 것이 무엇이오? 대저 만물은 천賤하면 곧 귀

273) 北沃沮는 北海(瀚海) 동쪽의 達里湖(达里诺尔)일대와 현금 西遼河上流지역으로, 太守 10人이 나누어 다스릴 정도의 넓고 거친 지역이었음이다.
274) 旧 黃龍都城 西方 ; 이곳이 上谷의 北地이고, 또한 曷(羯)은 匈奴의 일부이었나?
275) 達里湖(达里诺尔)以南의 大興安嶺山脈·七老圖山脈·陰山山脈 交叉지역?
276) 몽골 등 北方草原의 寒冷地域에 사는 '우는 토끼' 등 齧齒類 動物의 毛皮?

貴해지거늘, 뒷날엔 저들 역시 귀해질 수 있음은 아시오? '한漢이 호胡와 갈曷[277]을 천시하였다가 도리어 호胡와 갈曷들에게 곤욕을 치르면서 자신들의 솜과 비단 및 공주를 바쳤소이다.'[278] 귀하고 천함이 어찌 오래도록 변치 않겠소! 능히 자립하는 이들은 필시 귀히 될 것이니, 잠시 곤경에 빠졌다고 천시함은 불가하오. 하물며 그들은 왕사王師를 맞아들이고 나와서 죽기로 힘쓴 이들이오! 개략 천함을 벗어나서 귀해지려는 뜻일진대, 그 정성을 헤아리지 않고서야 어찌 그네들을 다스리겠소이까."라 하셨다.

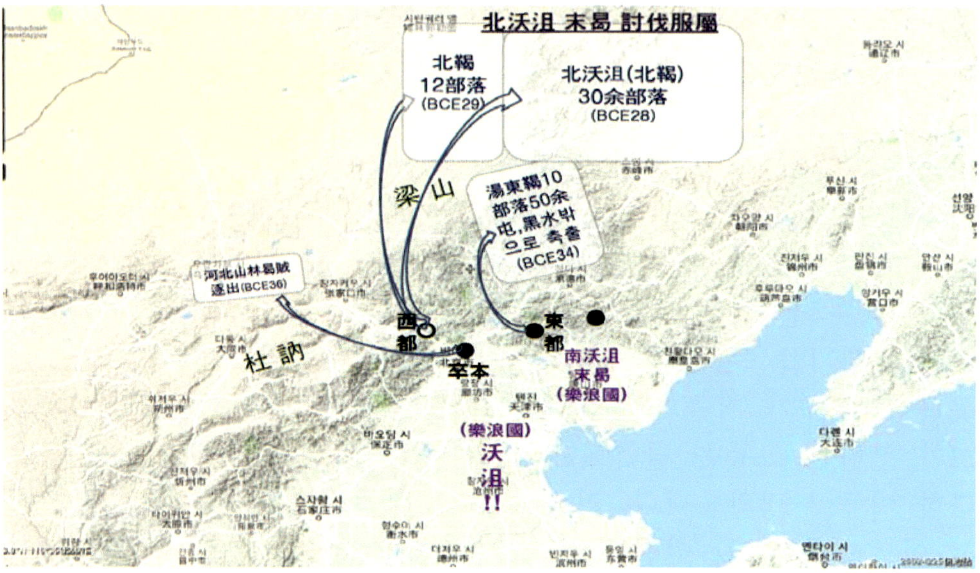

그림-41. 高勾麗 初期의 諸曷族 逐出·征伐·討伐 服屬戰 綜合圖

12월, 겨울이 따듯해서 봄과 같더니, 물이 얼지 않고 눈도 내리지 않았다. 서도에서 월가모임月歌之會를 행하여 개선한 군졸들을 위로하시며 3일간 야반통행을 허락하시니, 풀려난 군졸들은 마음껏 화대花臺를 얹은 봉거鳳車[279]를 치장하여 미남미녀들로 하여금 머리 위로 올려서 행진하였고, 주상께선 세 후와 함께 그 화대에 오르시

277) 西漢 東北方 上谷의 匈奴 漁獵族 勿吉?
278) 西漢(前漢)이 수차례 匈奴를 치다가 패하여 수모를 당했음을 이른 것이다.
279) 黃金과 鳳凰으로 치장한 天子의 수레

어 그 무리들에게 상을 주셨다. 두건 쓰고 허리띠 하여 옷을 갖춰 입은 도성과 향리에서 모여든 이들이 수십만이었는데, 그 중에 계집들을 셋으로 치면 사내들은 하나였다.

東明十一年甲午,春正月,上與孟后如罽所,躬親蹂毛以作北軍征袍.上自北巡以来,聖躬欠和,閑養宮中,至是平復,以黍酒宴重臣宗戚而吉之.上謂乙音桓福羊桂等,曰"親者,遠之始也.汝等無以外戚自驕而取禍,可也.夫婦而子,子而兄弟,兄弟而從,一身之裔不過百年而如此.况外戚假子乎.且人之性,親昵則易恣,縱而見惡,不可不戒也."且謂諸臣曰"君臣一體也.方其冒矢石而接鍛刃也.或眼落而臂創,豈其疎眼而遠臂歟.當時之勢,有所不得已也.及其膏粱通口咽而入胃腸也,手足徒勞而無預.豈口胃獨專其利歟.特一倉庫鼎臼而已,其澤均霑.主穀非獨專其穀者,而主藥非獨用自樂者也.卿等宜自寬無相妬則國家興矣."於是,重臣宗戚皆勤其職,而不敢爭其好否. 孟后生葱太子,桓福妻于氏乳之.于氏,仁之妹也,時有上寵.

동명11년갑오(BCE27), 춘정월, 주상께서 맹孟후와 함께 계소罽所[280]로 가시어 몸소 양털을 밟아 북군北軍정포征袍를 만드셨다. 주상께선 북쪽을 순시하신 이래로 화기和氣가 모자라 궁중에서 휴양하시다가 지금에 이르러 평상을 되찾으시매, 서속주黍酒로 중신들과 종척들에게 연회를 열어 그것을 기뻐하셨다. 주상께서 을음乙音·환복桓福·양羊·계桂 등에게 말씀하여 이르시길 "가까움은 멀어짐의 시작이니 그대들은 외척外戚이라면서 스스로 교만하다가 화를 입는 일이 없어야 하겠소. 부부가 되어 자식들을 낳고, 자식들이 형제들을 낳고, 형제들이 4촌들을 낳으면, 한 사람의 후예들이 불과 100년에 이와 같아지거늘, 하물며 외척과 가자假子[281]들까지라면 어떻겠소? 게다가 사람들의 습성이 부모가 가까이 해주면 쉽사리 방자해져서 추한 꼴을 보이니, 조심하지 않으면 아니 될 것이오."라 이르셨다. 뿐만 아니라, 모든 신하들에게 말씀하여 이르시길 "임금과 신하는 한 몸이오. 언제 어디에서나 함께하며 화살과 돌멩이를 무릅쓰고 칼날에 맞서다

280) 羊 등의 짐승 털로 옷감을 만들거나 하는 곳

281) 假子 즉 義子로, 아내의 전남편 아들 즉 어미를 따라온 남의 아들로 의붓아들. 養子는 父系血統이 同一한 後嗣에 該當한다.

가, 혹자는 눈이 빠지거나 팔을 다치는데, 어찌 그 눈알을 소홀히 하고 그 팔을 멀리 하겠소! 당시의 형세로는 부득이 한 것이오. 맛있는 고기와 미숫가루가 입과 목을 지나 위와 장으로 들어가면, 손과 발은 하는 일이 없었고 관여치 않았지만, 어찌 입과 위가 홀로 그 이로움을 독차지 하겠소! 다만 하나의 창고나 솥과 절구일 뿐이어서 그 혜택이 골고루 미치오이다. 주곡대가는 그 곡식들을 혼자서 독차지하는 이가 아니고, 주약대가는 그 약재들을 혼자서 멋대로 쓰면서 자신을 편안케 하는 이가 아니니, 경들은 의당 몸소 관대해져서 서로 시샘함이 없어야 나라가 흥할 것이요."라 하셨더니, 중신·종척들 모두가 그들의 직분에 부지런하면서 감히 좋고 싫음을 다투지 않았다. 맹孟후가 총葱태자를 낳으매, 환복 처 우于씨가 젖을 먹였다. 우씨는 우인의 여동생으로, 이즈음에 주상께서 총애하셨다.

三月,上如西川河濫踈勒之園,觀梅.勒,漢人,以蠶絲致貨為黃竜国西川侯.其居擬於王宮,有金玉之殿,妻妾百余人,使令遍満四方.蚕織之餘,栽梅於溫处.有早者晚者白者青白者綠白者紅白者斑白者黃者紅者複袷者等七十餘,其香淡而遠,盖其所尙者也.禾英后薦勅于上而主国之蚕織.至是,上至其園賞梅,曰"此花雖無嬋娟之美,其雅韻可爱如吾禮妻之德."遂思禮后,東望悽愴久之.

3월, 주상께서 서천西川[282]하람河濫[283]에 있는 소륵踈勒의 동산으로 가시어 매화들을 둘러보셨다. 소륵踈勒은 한인漢人으로 비단실蠶絲로 재물을 모아 황룡국黃龍國 서천후西川侯가 되었고, 그의 거처엔 왕궁을 본떠 금金·옥玉으로 꾸민 전각들이 있고 처첩들이 100여 인이었으며 사령들이 사방에 널려있었다. 누에를 쳐서 비단을 짜는 것 이외로 따뜻한 곳에 매화를 가꾸었더니, 일찍 피는 것, 늦게 피는 것, 백화白者·청백화青白者·록백화綠白者·홍백화紅白者·반백화斑白者·황화黃者·홍화紅者·복겹꽃複袷者 등 70여 가지로, 그 향기는 담박하나 멀리 퍼졌고, 개략 그러함을 높이 사는 것들이었다. 화영禾英후가 소륵勒을 주상께 천거하여 나라의 잠직蠶織을 주관하였다. 이때에 이르러, 주상께서 그의 동산園을 들러 매화를 감상하시며 이르시길 "이 꽃

282) 滹沱河와 大沙河의 사이를 흐르는 滋河(磁河)일 것이다.
283) ①行唐·靈壽 간의 滋河(磁河)中流 汎濫原인 安香鄉(王村)지경? ② ①의 以西지역?

들은 비록 곱고 예쁜 아름다움은 없지만, 그 우아한 운치韻致는 그리워할만함이 내 처 예禮씨의 덕德과 같소이다."라 하시더니, 예禮후를 떠올리시고 동쪽을 바라보시면서 오래도록 애달파하셨다.

四月,上又夢類利太子抱禮后卧於旧床,覺而與語召后.召后曰"類利,陛下之長子也.棄而不顧則恐為後日之患.不如早召而来."上曰"非不欲召,恐為聖母之思我而姑留之也."然,上之諸子皆因其母寵而欲.萱后之子,雖非嫡出,年最長而仁弱.召后之子,沸流雖長而仁弱,斗坊有上之風.召后每欲以斗坊為嗣,覘上之意.高娄乙豆智,皆賢而有勇,無母可依.上每念禮后之德而聞類利之賢,未嘗不馳念一為聖母,而忍重一為諸子之爭立而未决.儲嗣之計,實為関心.秦政疎扶蘇而亡国,劉徹信江充而殺子,禾相不立子而絶祀,皆可鑑者也.上以是憂慮,而類利欲索藏物而腐心南望,故致此夢兆也. 上又夢漱帝蒙塵之状,謂禾英曰"吾欲存卑离者為禾穗禾尊矣.累夢,父帝似有復旧之意.北創雖未合,不可不西移也."乃大閱于河上.

4월, 주상께서 또 '유리태자가 예禮후를 품에 안고 옛 침상에 누워 있는' 꿈을 꾸시고 깨어나 소召후에게 말씀하시니, 소후가 아뢰길 "유리는 폐하의 맏아들입니다. 내버려두고 돌보지 않으시면, 뒷날에 우환이 있을까 두렵습니다. 빨리 불러오심이 낫겠습니다."라 하매, 주상께서 이르시길 "불러오고 싶지 않은 것이 아니고, 성모께서 나를 그리워하실 것이 걱정되어 잠시 머무르게 하고 있소."라 하셨다. 허나, 주상의 여러 아들들 모두가 자기 어미가 고임을 받고 있음으로 인하여 욕심을 내고 있었다. '훤화萱후 아들'284)은 비록 적출嫡出은 아니어도 나이가 제일 많았으나, 어질고 나약하였다. 소후 아들들인 비류沸流는 나이는 많으나 어질고 나약하였으며, 두근斗坊285)은 주상의 기풍이 있었더니, 소후가 늘 두근을 후사로 삼으려고 주상의 의중을 살피고 있었다. 고루高娄와 을두지乙豆智는 모두 현명하고 용맹하나 의지할 만한 어미가 없었다. 주상께선 늘 '예禮후의 덕스러움'286)을 유념하시다가 유리의 현명함을 들으셨으나, 미상불 생각이 치닫는 첫

---

284) 萱태자
285) 東明5年戊子(BCE33), 春正月 기록 참조. 斗坊은 後日에 溫祚로 改名된다.
286) "大業을 앞둔 대장부가 어찌 아녀자를 마음에 두시오?"라 한 禮氏의 행실.

째는 성모를 위하는 것이었더니, 차마 여러 자식을 경쟁시켜 보위에 오르게 하는 것을 제일로 중히 여기지 못하여 아직 결정치 않으신 것이었고, 실상은 저사지계儲嗣之計[287]에 마음을 두고 계셨었다. 진秦의 영정政[288]이는 부소扶蘇[289]를 멀리하였다가 나라를 망쳤고, 유철劉徹이는 강충江充을 믿다가 아들을 죽였으며, 화상禾相은 아들을 보위에 세우지 않아서 제사가 끊겼더니, 모두 거울로 삼을 만한 것들이었다. 주상께선 이것들을 우려하셨고, 유리는 숨겨진 물건을 찾으려고 부심하며 남쪽을 바라보고 있는 까닭에 이런 꿈자리가 있은 것이리. 주상께서 또 수제漱帝께서 몽진蒙塵[290]하시는 참상을 꿈에 보시고, 화영에게 말씀하시길 "내가 비리卑离를 존치하려 한 것은 화수禾穗[291]와 화악禾蕚[292]을 위함이었소만, 누차 꿈에 뵈니, 부제父帝[293]께서 복구復旧하실[294] 뜻을 가지신 것 같소이다. '북쪽의 창상'[295]이 비록 아직 아물지 않았지만, 서쪽[296]으로 움직이지 않아선 아니 되겠소이다."라 이르시고서, '하河 상[297]에서 친히 군사들을 검열하셨다.'[298]

五月,上與禾英巡視梁猸之墾田種粟,召卑離王素奴相見於獺海.素奴母禾蕚烹鯉而享之.上以蕚年雖五十尙有顔色而頗有媚意,遂幸之.素奴怒出不敬之語,左右拿下而欲殺之."妾以不幸被弗之辱而生此子.汚則汚矣,亦是血倫也,不無爱情."上曰"汝言是也."乃命"勿殺,携旼東都,賜宅居之而監其動靜."上為禾穗禾蕚,別立宮室於西都.於是,禾氏鮮氏羊氏之旼付者,相望而不絶.上命烏伊引軍伐卑离,令"勿傷轂殺民.降者封之,走者勿追,敵者攻之,守者棄之.取其轂羊以食之,緩緩前進曰'天帝子来矣.'"旺弗賊退去,父老見皇軍之威

---

287) 後嗣 즉 東宮세우기
288) 秦始皇 嬴政
289) 秦始皇 嬴政의 長子
290) 戰亂 및 患亂 등으로 임금이 먼지를 뒤집어쓰며 避難하는 것
291) 賈達이 낳은 法皇 딸 ; 法皇은 慕漱帝 이전의 北夫余天帝로 德皇과는 형제였을 것
292) 賈達이 낳은 禾相 딸 ; 慕漱帝의 姨姪女
293) 慕漱帝
294) 北夫餘를 多勿하실
295) 北鞨 또는 北沃沮末曷을 정벌할 때 입은 傷處와 後遺症 등
296) 西方은 旺弗의 卑离國을 의미 ; 西漢은 高勾麗 西南方(坤方)이었음
297) 西都 인근인 桑乾河(桑干河,汗河,汁河) 중류연변이었을 것
298) 北夫余 西쪽 鮮卑族인 卑离族이 점유한 北夫余古都를 回復하려는 계획을 결심

儀曰"不圖.今日復見天帝之軍."爭以牛羊来犒.上與禾英簠公撫慰百姓,旬月之間,民心攸矣.

5월, 주상께서 화영禾英과 더불어 '양맥梁貊[299]이 밭을 일궈 조粟를 파종한 것'[300]을 순시하시고, '비리왕 소노素奴[301]를 불러 달해獺海[302]에서 상견하니'[303], 소노 어미 화악禾萼이 잉어를 삶아서 대접하였다. 주상께서 화악이 비록 나이 50이어도 안색顔色이 좋고 꽤나 아양을 떨 뜻이 있어 이에 승은을 내리셨더니, 소노가 화를 내며 불경스런 말을 내뱉으매, 측근들이 그를 붙잡아 꿇려서 죽이려 하였더니, (禾萼이) "첩이 불행하여 왕불弗에게 욕을 당하여 이 자식을 낳았습니다. 욕을 당한 것이야 더럽지만, 역시 혈륜이라 애정이 없을 수는 없습니다."라 하매, 주상께서 "그대 말이 옳소."라 이르시고, 명을 내리시어 '죽이지 말고 동도東都로 데리고 돌아가서 집을 주어 거처케 하여 그의 동정을 살피게' 하셨다. 주상께서 화수禾穗와 화악禾萼을 위한 궁실을 서도西都에 따로 지으셨고, 이를 즈음해 화禾씨·해鮮씨·양羊씨들의 귀부함이 빈번하여 끊이지 않았다. 주상께서 오이에게 명하여 군대를 이끌어 비리를 토벌케 하셨다. 명하시길 "곡식을 상하게 하거나 백성들을 죽이지 말고, 항복하는 이는 (그 대로) 봉하고 도망하는 이들은 뒤쫓지 말고, 대적하는 이는 치고, 지키는 이는 내버려두시오. 그곳 곡식과 양들을 거두어 먹고, 천천히 전진하면서 '천제의 아들이 돌아왔음'을 알리시오."라 하셨다. '왕불旺弗의 적도들이 물러갔다.'[304] 부로父老들이 황군의 위엄스런 거동을 보고 아뢰기를 "해치지 마십시오! 오늘에야 천제의 군대를 다시 뵙습니다."라더니, 소와 양들을 가져와서 군사들을 먹이기를 다투었다. 주상께서 화영禾英 및 보簠공과 함께 백성들을 어루만져 위로하셨음에, 달포쯤에 민심이 돌아선 것이라(그림-42,-43참조).

---

299) 梁山지역 또는 이곳의 貊族들 ; 達里湖 남방지역으로 추정됨
300) 梁貊 땅에 옮겨 놓은 北沃沮末曷 大姓氏 장정들의 농지개간 및 농경상황
301) 卑離王이었던 簠公의 아들. 簠公은 賈達이 낳은 慕漱帝 아들이니 芻牟의 이복친형
302) 達里湖 즉 達里泊 즉 达里湍尒 (그림-38,-39,-41,-42참조)
303) 이 당시 不而城을 점거하고 있던 卑离國은 達里湖以西지역이었음이 드러남
304) 일찍이 慕漱帝에게 反逆하였고, 얼마 전에 鮮卑王 簠公을 쫓아내고 卑离를 自稱했던 旺弗의 東部守備隊가 退去한 것으로 추정됨

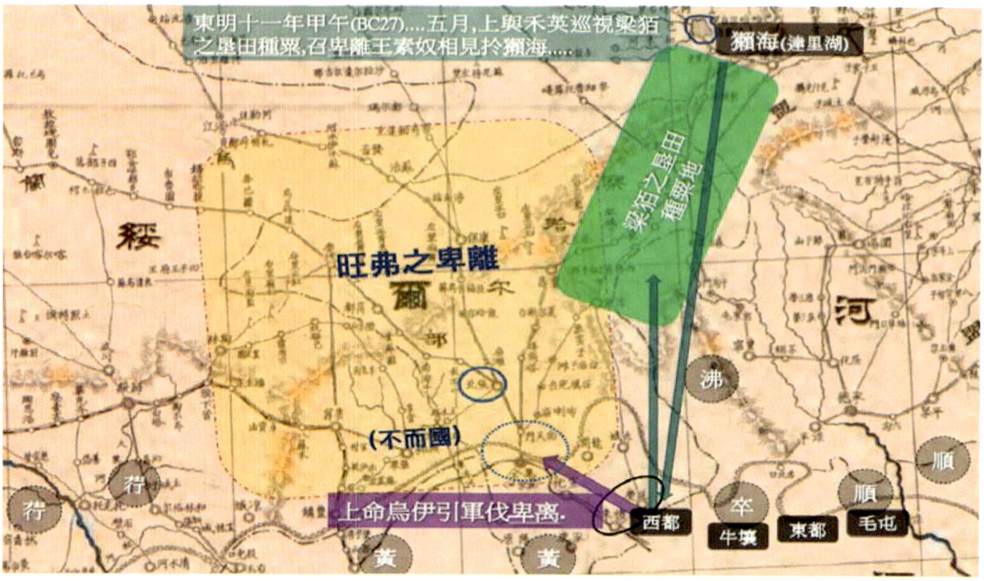

그림-42. 獺海의 위치 추정 ; 실제 湖水의 모습도 대략 半月을 닮았다.

七月,大軍進駐竜原.上與禾英萼穗,次于龍淵鯉宅食瓜.禾穗受幸,羞愧作歌,曰 ;

"荇花初發藕花落 黃鯉来交赤鯉恥
不是野鳩来親鶴 奈此衰顔難得子
空使聖皇勞竜躬 無心雲雨濕髖卑."

上慰之曰"本是一家,人不是.燕雀楚越,何可乃爾."穗曰"不幸老大而得覩今日,不覺喜淚交下,回思前非不得無愧耳."

7월, 대군大軍이 용원龍原305)에 진주하였다(그림-43참조). 주상께서 화영禾英·화악萼·화수穗와 함께 용연龍淵306)리택鯉宅307)으로 가시어 참외瓜를 드셨다(그림-43참조). 화수가 승은을 입고서 부끄럽고 볼 낯이 없음에 읊조려 아뢰길;

"행화荇花가 피기 시작하고 우화藕花가 지는 때에
누런 잉어黃鯉 찾아와서 붉은 잉어赤鯉 교접하니, 부끄럽네.

---

305) 西都서북방 ; 今 河北省 涿鹿縣 西北隣 ; 張家口市 南隣의 龍洞山(今娘子山)北原
306) 龍原일대의 淵池였을 것 ; 張家口市 南隣의 龍洞山東麓 龍門房인근에 있었던 深井堡나 磁坡窑 쯤으로 추정
307) 잉어(鯉)를 기르고 그릇(器)을 굽던 이들이 살던 곳

멧비둘기野鳩가 찾아와서 학鶴을 가까이함은 아니련만
어찌 쇠한 이 얼굴로 아들은 가지지 못하면서
헛되이 높으신 황상을 몸소 힘드시게 하느뇨?
무심한 운우雲雨로 샅을 적셨으니, 비루한지고!"

라 하매, 주상께서 그녀를 위로해 이르시길

"본시 한 집안인데, 남들은 아니라 하네. 속 좁은 이들이야
멀리하며 무심히 살겠지만, 어찌 그럴 수 있으리, 그대를!"

이라 하시니, 화수가 아뢰길

"불행히도 늙어빠져서야 금일에야 뵈오니,
기쁜 눈물이 뒤엉켜 흐름도 모르겠고,
지난날 잘못을 돌이켜 생각하면 부끄러움이 없지 않습니다."

라 하였다.

그림-43. 徐徐히 進擊해 되찾은 北夫余(不而天國)都城 不而城과 宗廟

八月,烏伊進拔不而城.彼此不傷一卒,都民以鸞旗鳳車迎聖上及三禾宮入次于天帝舊宮.上親祭于廟,以仙室大兄屋春為不而城主,賜禾鮮羊佗旺亀等大姓大酺三日,徙卑離大姓旺氏鮮氏皮氏遂氏等于湯東.以烏伊為卑离假王,秩大等上品,以卑离後宮賜之.以其公卿妻女賜諸将為妻妾,其珍宝則移于西

都,牛羊散財盡給于軍士以差.烏伊歷王黃卑,侍妾数百人食前方丈,心廣體胖巨如河馬,非復加原之烏瘦子也. 上與禾英如彬枳溫泉,訪夫余太史羊殷,問夫余及夫余字神經緯書.殷曰“旺弗之乱,夫余典籍燒盡無餘.年前,臣偶得天帝雲冠於陘東,田民家藏之.今見陛下,可知其物待故主也久矣.”跪獻之.上披閱再三,不覺戲欷曰“物存而人去,人生固浮雲也.”盖托,冠名而言也.是日,禾后生女,名亦以為蕓公主.

8월, ‘오이가 진격해 불이성不而城308)을 빼앗았다. 피차 군졸 하나 상하지 않았더니’309), 도성백성들이 란기鸞旗310)를 단 봉거鳳車311)로 성상과 세 화禾씨궁들을 맞이해 들여서 천제天帝의 옛 궁312)으로 갔다. 주상께서 친히 사당에 제사하시고, 선실대형仙室大兄 옥춘屋春313)을 불이성주로 삼고서, 화禾·선鮮·양羊·타佗·왕旺·구龜 등 큰 성씨들에게 친히 큰 주연을 사흘을 베풀고, ‘비리卑離의 큰 성씨 왕씨旺氏·선씨鮮氏·피씨皮氏·수씨遂氏 등을 탕동湯東314)으로 옮기셨다.’315) 오이를 비리卑离국 임시왕假王으로 삼고 품계를 주상의 품계와 대등케 하여 비리국 후궁들을 그에게 하사하시고, 그곳 공경들의 처와 딸은 모든 장수들에게 처와 첩으로 하사하시고, 그곳의 진귀한 보물들은 서도西都로 옮기시고, 소와 양 및 써서 없어질 재물들 모두는 군사들에게 차등지어 나눠주셨다. 오이는 황룡과 비리의 왕을 역임하게 되어 시첩들이 수백 인에 밥상이 사방 한 길이었더니, 마음이 너그러워 몸에 살이 붙으니 거대하기 하마 같아서, 다시금 벌판을 더해주어야 할 검게 그을린 깡마른 사람이 아니었다. 주상께서 화영과 함께 빈지온천彬枳溫泉316)을 가시어 부여태사 양은羊殷을 찾아가셨다. 부여夫余317)와 부여문자夫余字로 된 신경神經318)과 위서緯書319)를 물으

308) 現今 北京시 서북방 察哈爾盟(察哈尒部) 張北縣 興和古城·八面城子지경?

309) 旺弗의 卑离國이 병합해 차지했던 北夫余 旧都城을 無血入城하여 回復함 ; 不而城은 湯西·湯外·質山의 北方지경 즉 察哈尒部 張北縣지경이었다

310) 鸞鈴으로 장식된 天子(天帝)의 깃발

311) 黃金 鳳凰으로 치장된 天子(天帝)의 수레 또는 仙人이 타는 수레

312) 北夫余 天帝의 不而城 檀宮

313) 屋因이 낳은 慕漱帝 아들 ; 本傳 記錄上, 罽牟의 最長(BCE96年生) 異腹兄.

314) 潮白河의 白河 支流 湯河의 東方지역

315) 卑离旧地의 직전지배계층을 沸流國 東部로 徙民한 것

316) ‘彬枳’는 拼音이 [bīnzhǐ]로 ‘平地[píngdì,bìngdì]’와 유사 ; 內蒙古中南部 ①張北縣(興和城)西北隣·八面城子(北城子)西隣의 ‘平地腦包(發泉)’? ②集寧市 南隣 舊'平地泉?

시니, 양은이 "왕불의 난리[320] 중에 부여 전적典籍들은 불타 없어졌고 남은 것이 없사옵니다. 몇 해 전에 '신이 형동陘東에서[321] 천제운관天帝雲冠[322]을 우연히 손에 넣었는데, 밭을 일구는 백성 집에 간직되어 있었습니다.'[323](그림-44참조) 지금 폐하를 뵈오니, 그 물건이 옛 주인을 기다린 지 오래였음을 알겠습니다."라 아뢰고서 무릎 꿇어 그 운관雲冠을 바쳤다. 주상께서 여시어 재삼 살피시다가, 정신없이 탄식하고 흐느끼며 이르시길 "물건은 남아있는데 사람은 가버렸으니, 인생은 분명 뜬구름이외다."라 하셨다. 뚜껑을 열어보니, 운관雲冠이라 이름 하였던 그대로였다. 이 날에 화禾후가 딸을 낳으니, 그 이름을 또한 운藝공주로 하셨다.

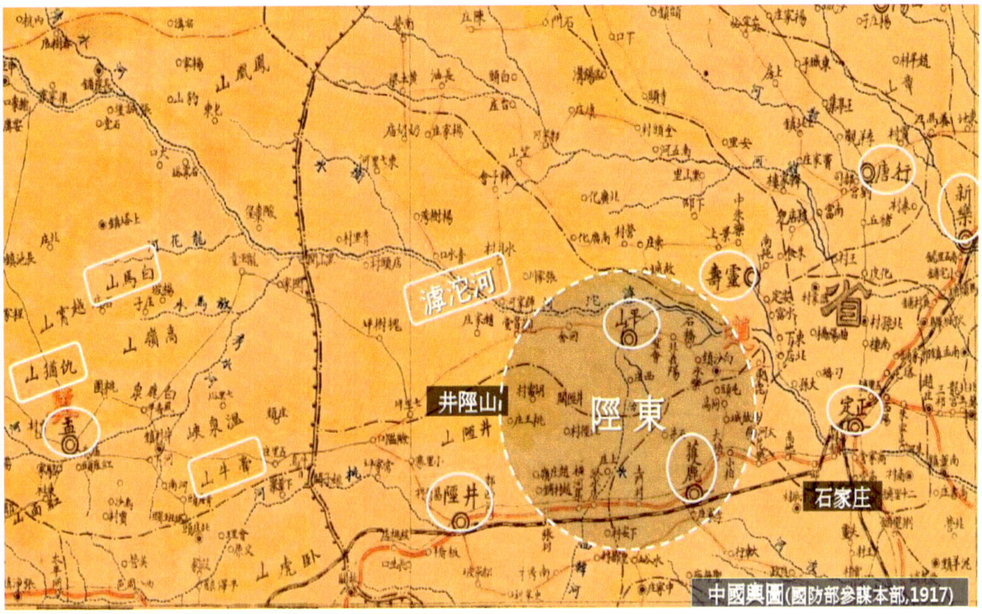

그림-44. 陘東은 河北省과 山西省의 경계인 太行山脈 井陘山 동쪽의 땅. 작금의 石家庄市(石家莊市) 西方에 해당한다.

---

317) 夫余의 歷史

318) 玉馬神經 등

319) 詩緯·易緯·書緯·禮緯·樂緯·春秋緯·孝敬緯 등

320) BCE60年(辛酉)에 있었던 旺弗의 叛逆事件

321) 山西省 娘子關 北隣 井陘山 以東地域 ; 당시 陘東 땅은 勾茶國地로 勾茶가 黃龍國에 附庸하던 시절이었을 것으로 추정한다.

322) 北夫余의 天帝 또는 帝王이 쓰던 구름모양 장식이 있는 儀冠 즉 卷雲冠

323) 그림-44와 辛酉年 즉 BCE60年 該當記錄인 "羊福迎帝攸其杜訥" 참조

九月,召后孟后馳至.上以両都無人,責之.召后曰"雄鷄行処雌鷄随.妾等曠月未得侍枕,安能忍其慕夫之情邪."上乃還西都. 十月,卑离諸城皆下,而唯长岺高顯不下.乃命摩離扶尉猒伐之. 命羊般羊世吉士大更等,搜集夫余古史古典,以余漢字編之,以便乙览及公卿子弟之敎. 扶尉猒北創未合,故以烏干代之.摩离亦陞太輔,而觧其兵任,故以馬黎代之以西進.以漢素左輔主民大加,扶芬奴主兵大加,桓褔主穀大加. 十二月,大雪.烏干馬黎等困於積雪之中.此地多毒泉,軍士往往中毒而死,上遣黃竜医二十人救之.退保西河之梁河,西河守芉直反付長岺.上命羊臣往說芉直.直外順內嶮不可信,群臣請伐之.直乃禾尊之婿而芉花之出也,上問其年,三十而日,年尙幼矣,姑捨之.

9월, 소召후와 맹孟후가 달려왔다. 주상께서 '두 도성'[324]에 사람이 없음을 책망하셨다가, 소召후가 아뢰길 "수탉이 가는 곳을 암탉들은 쫓아다닙니다. 첩 등은 홀로 세월을 보내면서 시침하지 못하였으니, 지아비가 그리운 정을 어찌 능히 참을 수 있으리까?"라 하여, 주상께선 이에 서도로 돌아오셨다. 10월, 비리卑离의 모든 성이 떨어졌는데, 오직 '장령長岺과 고현高顯'[325]만이 떨어지지 않아서, 이에 마리와 부위염에게 명하여 그곳을 치게 하셨다. 양은·양세羊世·길사·대경大更 등에게 명하여 부여의 옛 역사서와 전적을 수집하고 부여余와 한漢의 문자字로 편찬해서 임금께서 열람하시거나 공경의 자제를 가르침에 편안케 하셨다. 부위염이 북방싸움에서 얻은 상처가 아직 아물지 않은 까닭에 오간이 대신하고, '마리 역시 태보太輔로 승차하여 병마兵馬소임에서 풀려난 까닭에 마려馬黎가 그를 대신하여 서진西進하였다.'[326] 한소가 좌보·주민대가, 부분노가 주병대가, 환복이 주곡대가로 되었다. 12월, 많은 눈이 내려 오간과 마려 등이 쌓인 눈 속에서 곤욕을 치렀고, 이 땅에는 유독한 샘들이 많아서 군사들이 왕왕 중독되어 죽으매, '주상께서 황룡의원 20인을 보내 그들을 도우셨다.'[327] (오간과 마려 등이) 서하西河[328]의 량하梁

---

324) 鶻岺湖邊의 東都와 黃龍國 東都舊基 鵞卵原의 西都를 뜻한다.

325) 北夫余 不而天國의 西南邊一部로 추정 ; 黃龍國 北西部 및 盖馬國 北東部와 近隣地境이었을 것 ; 대략 天鎭·陽高·豊鎭·集寧·興和之境으로 추정함. 卑离의 高顯이 所謂 漢四郡 玄菟郡이 管轄하던 '遼東郡의 屬縣 高顯'과는 달랐고, 長岺 또한 樂浪郡 屬縣 長岺과는 다른 곳으로 추정한다.

326) 北夫餘故地의 長岺·高顯은 高勾麗 西都의 遠西方이자 不而(卑離)의 西部였다.

河329)로 물러나 지키자, 서하를 지키던 간직直이 배반하고 장령長岺330)에 붙었다(그림-45참조). 주상께서 양신羊臣에게 명하여 간직을 찾아가서 설득케 하셨다. 간직은 겉은 순하나 속은 험해 믿을 수 없어서, 뭇 신하들이 그를 토벌하길 청하였지만, 간직直이 화악禾萼의 사위이고 간화芊花가 낳았고, 주상께서 그의 나이를 물으셨다가, 서른에 며칠을 지나서 나이가 아직 어렸음에, 잠시 그를 내버려두신 것이다.

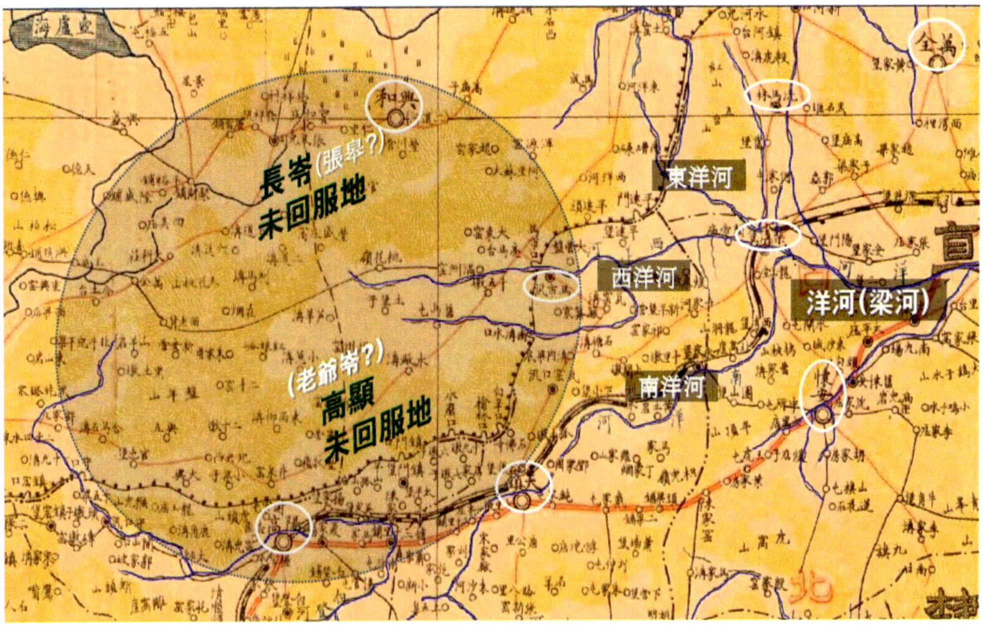

그림-45. 未服屬 不而國地인 長岺과 高顯의 위치 추정

<u>東明十二年乙未</u>,春正月,上宴芊花於鸞坮,而問曰"汝子芊直不思汝而反,吾為汝不忍加誅,奈国事何."芊花曰"妾以不幸為羊吉昕汚而生此惡子.陛下今行統一大業.安可為妾一人而私此惡子.請誅而徵百."上乃决親征.芊直聞之大惧,自詣軍前,面縛而降,曰"誘臣以反者司馬菰舟也.舟曰'陛下以臣母為

327) 長岺과 高顯이 黃龍故地의 西北邊이었거나 그와 隣接한 곳이란 뜻이리라.
328) 山西省북변 桑乾河지류 南洋河·西洋河·東洋河의 西洋河이었을 것으로 추정한다.
329) 南洋河·西洋河·東洋河 합류처 柴溝堡의 서편 西陽河(馬市口지경)일 듯하다.
330) 桑干河의 북방 최대지류 洋河 중의 西洋河 최상류 서북방 인근의 張皋鎭 일대?

妻,故必子臣而宥之.'豈意臣母亦欲誅臣扰.此皆舟之罪也.捕舟而来此,請幷誅而知臣之寃枉."上乃訊舟,舟曰"妬狗吠堯,終古皆然,何必怪臣."上曰"汝誘癡子而反其父,非吠堯之類也."乃斬之.直乞命不止,上不忍加誅赦為先鋒而伐長岺.過梁河至酸水,與賊大戰,破之.上追至軍營,直以其妻鮮氏薦之,甚美,上爱之.直軍飮酸水而中毒.上與直亦為毒氣所侵而還,命扶尉猒代領其衆而退保西河待期.時,长岺人多以毒死.其俗棄尸於原野河川.軍飮酸水,尸滿水中,賊二次来襲撒毒而去.鮮氏煮鵞於柉下,骸骨自柉上落入鼎中,其不潔如是.蓼公主生嘉抑太子,命羊臣妻亀氏乳之.

동명12년을미(BCE26), 춘정월, 주상께서 간화芉花에게 란대鸞坮에서 연회를 베푸시며 "그대 아들 간직芉直은 그대를 생각지 않고 배반하였고, 나는 그대를 생각해 차마 형벌을 가하지 못하고 있소. 나랏일을 어찌 해야겠소?"라 물으시니, 간화가 아뢰길 "첩은 불행하여 양길에게 욕을 당해 이 나쁜 자식을 낳았고, 폐하께선 지금 통일대업統一大業을 행하고 계십니다. 어찌 첩 하나를 위하시느라 이 못된 자식을 사사로이 하십니까? 청컨대 주살하시고 모든 이를 응징하소서."라 하여, 주상께서 친히 정벌키로 결정하시니, 간직이 이를 듣고 몹시 두려우매 스스로 군문軍門 앞으로 와서 두 손을 뒤로 하여 묶고서 항복하며 "저를 꼬여 배반케 한 놈이 사마司馬 고주菰舟입니다. 고주舟가 이르길 '폐하께선 저의 어미를 처로 삼으셨으니 필시 신을 자식으로 여겨 용서하실 것'이라 하였으니, 어찌 신의 어미 또한 신을 주살하려 하실 것을 생각이나 했겠습니까? 이 모두 고주의 죄라서, 고주를 잡아서 여기로 찾아왔습니다. 청하옵건대 함께 죽이시어 신의 원통함을 밝혀주십시오."라고 아뢰었다. 주상께서 고주를 신문하시니, 고주가 "시샘하는 개는 요堯를 보고서도 짖었으며, 예로부터 모두 그래왔습니다. 하필 신을 괴이하게 여기십니까?"라 아뢰매, 주상께서 이르시길 "너는 어리석은 아들을 꾀어서 그 아비를 배반케 하였다. 요堯를 보고 짖던 개가 아니다."라 하시고 그를 참하셨다. 간직直이 목숨구걸을 멈추지 않고, 주상께선 차마 주살할 수 없으시어 사면해 선봉을 삼아 장령을 토벌하시니, 량하梁河를 지나 산수酸水331)로 가서 적과 크게 싸워서 깨뜨렸다. 주상께서 뒤따라 군영에 이르시자, 간직直이 제 처 해鮮씨를 침비枕卑로 바쳤고, 심히 아름다웠더니, 주상께서 그녀에게 승은을 내리셨다. 간직의 군사들이 산수를 마시고 중독되었고, 주상께서도 간직과 함께 역시 독기에 침범되어 돌아오셔서, 부위염에게 명하여 그곳 군사들을 대신하여 이끌고 서하西河로 물러나 지키며 때를 기다리게 하셨다. 이즈음 장령長岺사람들이 중독되어 죽는 일이 많았다. 그곳 습속에 시체를 벌판原이나 들판野과 하천河川에 버렸고, 군사들은 산수酸水332)를 마셨다. 그 물속은 시체로 가득하고 적들이 두 차례나 기습해 와서 독을 뿌리고 돌아갔었다. 해解씨가 독두나무 밑에서 거위를 삶는데, 해골이 독두나무 위에서 떨어져 솥 안으로 들어갔다. 그곳의 불결함이 이와 같았다. 료화蓼공주가 가억嘉抑태자를 낳으니, 양신羊臣 처 구龜씨에게 명하여 젖을 먹이게 하셨다.

二月,命秦章“如长岺,救療軍民之中毒者.雖非我民亦皆施薬.”時,长岺人從軍者甚多,皆中是毒而卧,故秦章密行而治之.长岺人仰之如父. 三月,召皇后生翊公主.禾英后生羊太子. 四月,加葉人巾申等来傳“帶青帶赤等相爭而戰.赤敗死,青亦中矢創重.禮氏生鮮百子雲周.鮮素妻烏支生女苔花.” 以乙耕為主穀大加,置大倉庫七十九斫,鄉倉五百余斫,窯竃三百斫,鹽倉七百斫.以奥犍為匠作大加,置金銀工八十斫,竹檀工百五十斫,貝牙工二百所.以仲室禹為主園大加,瓜園三百斫,桑園二十斫,痲園五十斫,氈毛宅百斫.以桓柏為主畜大加,置羊場千二百斫,牛場百五十斫,官馬場百斫,鵞池三百所,鷄鴨場千二百所,雜畜場五十斫,豚場二千七百斫.

2월, 진장秦章333)에게 명하여 장령으로 가서 중독된 군사와 백성을 구원하고 치료하게 하시니, 설사 우리 백성이 아니라도 역시 모두에게 약을 나눠주었다. 이즈음, 종군하는 장령사람334)이 매우 많았고, 모두가 이 독을 당해 쓰러졌음에, 진장이 몰래 돌아보며 그들을 치료해주니, 장령사람들은 그를 아비처럼 우러렀다. 3월, 소召황후가 익翊공주를 낳았고, 화영후가 양羊태자를 낳았다. 4월, 가섭

331) 拼音[suān_] ; 不而天國 西南端이었을 興和縣 老爺岺(桃花岺) 北隣의 東大梁·三水岺[sān_]·大梁溝 일대? 물 흐름이 좋지 않았던 지역이었을 것이다.

332) 屍體들이 썩어서 汚染된 물, 또는 오래도록 고여 있어 썩어서 新鮮하지 않은 물.

333) 黃龍國出身 醫藥博士

334) 未服屬된 卑离賊

사람 건신巾申 등이 찾아와 전하기를 "'대청帶靑[335]·대적帶赤[336] 등이 서로 다투며 싸우다가 대적赤이 패하여 죽고 대청靑 역시 화살을 맞아 크게 다쳤으며,'[337] 예씨가 해백解百 아들 운주雲周를 낳았고 해소解素[338] 처 오지烏支가 딸 태화苔花를 낳았습니다."라 하였다. '을경을 주곡대가로 삼아, 대창고大倉庫[339] 79곳, 향창鄕倉[340] 500여 곳, 요조窯竈[341] 300곳, 소금창고 700곳을 두었다. 오건[342]을 장작대가匠作大加로 삼아, 금·은 가공장 80곳, 대나무·박달나무 가공장 150곳, 조가비·상아 가공장 200곳을 두었다. 중실우[343]를 주원대가主園大加로 삼아, 참외밭瓜園 300곳, 뽕밭桑園 20곳, 대마밭麻園 50곳, 모피공장氈毛宅 100곳을 두었다. 환백[344]을 주축대가主畜大加로 삼아서, 목양장牧羊場 1200곳, 목우장牧牛場 150곳, 관마장官馬場 100곳, 양아지養鵞池 300곳, 양계養鷄·양압장養鴨場 1200곳, 잡축장雜畜場 50곳, 양돈장養豚場 2,700곳을 두었다.'[345]

五月,以沸流太子為淹淲沛者,乙真為司馬.沸流,性仁孝懦弱.然,自類於上而有有為之心,故年才十一,任以沛者之職,以慰其母后. 旒太后乙氏薨,年五十一.召后之母也,以太后禮葬于牛壤陀勃之陵. 上聞"漢主驁不能制其外戚王氏之権,似有呂雉之慮."謂乙耕桓柏,曰"驁不戒呂禍而又作王禍.汝等鑑而戒之."耕曰"臣聞'王以獄吏枉法縱囚,而自以為有陰福.'臣以為不祥也.雖昌必敗.沙麓何可信也.陛下雖云'戚臣勿用.'不才幽其不德.只給羊穀以示恩,則

335) 東夫余의 蘭陵王
336) 東夫余의 東海王
337) 東夫余에서 鮮英所生 金蛙의 아들들 사이에 權力/後嗣 관련 內亂이 있었다.
338) 聖母 柳花의 소생인 金蛙의 아들 ; 或是 芻牟子?
339) 都城지역의 倉庫 즉 京倉
340) 都城以外지역의 倉庫
341) 그릇 등을 흙으로 빚어서 굽는 가마
342) 順奴王 奧川의 鮮凰소생 아들
343) 仲室妃의 남동생으로 主農小加
344) 桓淑이 낳은 慕漱帝 아들
345) 高勾麗 初創期의 방대한 産業규모 ; 高勾麗는 歷史에서 사라진 어떤 古代國家인 무덤촌 정도의 좁다란 集安(輯安) 땅에서 시작한 部族國家聯合體가 결코 아니었음을 雄辯하는 기록 ; 東明7年庚寅(BCE31)3月條와 東明12年乙未(BCE26)12月條 記錄 참조요망 ; 畜産學을 專攻한 譯者는 이때의 大大的 오리飼育이 '北京오리(Peking duck)가 昨今의 肉用오리飼育 産業用 種오리의 土臺'가 된 自然史的 根源일 것으로 確信한다.

豈有外戚之禍扰." 宝燕奪西河豪族于般之妻珙氏,献于扶尉厭.于般怒,誘西河軍民而反.宝燕戦敗,退保溫場. 七月,上親征西河,拔之.以扶尉厭為西河太守鎭北大将軍,鄭福副之.宝燕移守梁山,還珙氏于于般.扶尉厭引汗濱軍五千,伐長岺拔之,斬其守棘東左充.

5월, 비류[346]태자를 엄표패자淹淲沛者[347]로 삼고 을진乙眞을 사마司馬[348]로 삼으셨다. 비류는 성품이 어질고 효성스럽지만 나약하였다. 허나, 자신을 주상과 같은 부류로 여겼고, 또한 그리할 마음을 가진 까닭에, 나이 겨우 열한 살에 패자沛者직분을 맡아서 모후를 위안하였다. 류旒태후 을씨乙氏가 나이 쉰하나에 죽었다. 소후 모친이어서 태후의 예로 우양牛壤[349]의 연타발陀勃 무덤에 장사하였다. 주상께서 "한漢임금 유오鰲[350]가 그 외척 왕王씨[351]들의 권세를 능히 제어하지 못하여 '여치呂雉의 난세'와 같아질 우려가 있다."는 말을 듣고, 을경乙耕과 환백桓柏에게 "유오가 '여치의 화禍'를 경계치 않다가 또 '왕씨의 화'를 키우고 있다네. 너희는 거울로 삼아 조심해야할 것이야."라고 이르시매, 을경耕이 아뢰길 "신이 듣기로 '왕씨는 옥리獄吏 주제에 법을 어기며 죄수를 풀어주었고, 자신들은 음복陰福[352]이 있다고 여겼습니다.' 신은 이를 불길하게 여기오며 설사 창성하여도 무너질 것입니다. 사록沙麓[353]들을 어찌 믿어야 하겠습니까? 폐하께선 단지 '척신戚臣을 등용하지 말라.'고 하셨지만, 인재로 쓰지 말아서 그들의 부덕不德함을 멀리하고 다만 양과 곡식을 주어서 은덕을 보이면, 어찌 외척들의 화가 있겠습니까?"라 하였다. 보연宝燕이 서하西河[354]호족 우반于般의 처인 공珙씨를 빼앗아 부위염에게 바쳤다가, 우반이 노하여 서하의 군사들과 백성들을 꾀어서 반란하

---

346) 罽牟의 召西奴所生 長子
347) 灤河 中流 東便의 支流인 豹河(一名瀑河)지역을 담당하는 沛者(太守)
348) 沛者를 보좌하는 직책
349) 현금 北京市 북부의 于欄山 남방지경이었을 卒本의 都邑地 ; 혹시 高麗營 지역?
350) 前漢 孝成帝
351) 王莽 등의 王氏族들
352) 祖上이 내린 福
353) 쉽게 허물어지는 모래 비탈, 즉 外戚 또는 外戚勢力
354) 長岺 인근 땅으로 桑干河 支流 洋河의 再支流인 西洋河로 추정됨

니, 보연은 싸움에 패하고 물러나서 온장溫場[355]을 지켰다. 7월, 주상께서 친히 서하를 정벌하여 빼앗고, 부위염을 서하태수西河太守[356]·진북대장군鎭北大將軍으로 삼고 정복을 부장副將으로 삼으시니, 보연은 량산粱山[357]으로 옮아가서 지키며 공씨를 우반에게 돌려보고, 부위염은 한빈군 5천을 이끌어 장령을 쳐서 빼앗고 그곳 수장 극동좌충棘東左充[358]을 참하였다.

八月,大行月歌于西都.以孟后為月仙. 九月,禾小后生羊公主. 上謂木公曰“人之一日惡多而善少,惡居七八.如之,何可乎.”木公曰“能果善則雖一亦可.況二三乎.世所謂善者非真善也.”上曰“何為真善乎.”木公曰“不害物也.”上曰“不害物,則無以生.”木公曰“生者惡之本,善者不要生.夫生者,以生為生,故百惡備焉.以善為生者必不得生矣.不得生之生,是為永生也.永生者,無體無名,虛無而寂滅也.寄生之生,謂之生者,假仁借義而終無斫得.”上曰“若如卿言,死乃生也.卿何不死乎.”木公曰“臣亦未得生也久矣.焉能死乎.”上以是疎木公,曰“非人世之道,不足聞.然,亦能逐之.” 上聞黃竜國太楽,而謂左右曰“吾欲立宗廟設太楽,恐以此繁文以誤国.”陜父曰“盖馬鮮卑未下.不可先此也.”上乃止之.

8월, 서도에서 월가회를 친히 거행하시며, 맹孟후로 월선月仙을 삼으셨다. 9월, 화禾소후가 양羊공주를 낳았다. 주상께서 목木공[359]에게 이르시길 “사람의 하루가 악惡은 많고 선善은 적어서 악惡이 (10중에) 7이나 8이 되오이다. 이와 같으니, 어쩌면 좋겠소?” 하셨더니, 목공이 “그 결과가 선할 수 있다면 설사 하나뿐이어도 역시 좋을 것이옵니다. 하물며 둘 셋을 이르십니까? 세상에서 선善이라고 일컫는 것들은 참다운 선善이 아닙니다.”라고 아뢰매, 주상께서 “무엇이 참 선善이외까?”라 이르시니, 목공이 “아무 것도 해치지 않는 것입니다.”라 아뢰었다. 주상께서 “만약 아무 것도 해치지 않고선

---

355) 溫場은 西河 인근에 있다.
356) 山西省 북단의 ‘天鎭’이나 ‘陽原’ 쯤에 西河太守·鎭北大將軍이 주둔하였을 것
357) 들보산, 징검다리산, 두 河川 間의 山 . 즉 廣大한 平原에 山들이 드문드문 있는 곳으로, 東洋河 상류의 ‘土粱’山 추정 ; 張北古城(興和城)과 비슷한 緯度의 西方이다.
358) 反賊인 旺弗 一黨이었나? 혹시 漢人이었나?
359) 荇人國地의 滸原處士

아무 것도 살리지 못하오이다."라 이르시니, 목공이 "삶生이란 것이 악惡의 바탕이라서, 선善한 것은 살아있어야 하지는 않습니다. 대저 삶이란 것은 살기위해 사는 까닭에 모든 악惡을 구비하는지라, 선善하게 살려하는 이는 필시 삶을 얻지 못하옵니다. 살기위한 삶을 얻지 않음이 영생永生이고, 영생이란 것은 실체도 없고 이름도 없으니 비워 없애고서 적멸寂滅[360]함이며, 얹혀사는 것을 삶이라 일컫는 이는 어진 체하고 의義를 빌려도 종당에는 아무 것도 얻는 것이 없습니다."라고 아뢰매, 주상께서 "경의 말대로라면 죽음死이 곧 삶生이거늘, 경은 어찌하여 죽지 않소이까?"라 이르시니, 목공이 "신 역시 아직 삶을 얻지 못한 지 오래이온데, 어찌 능히 죽을 수 있겠습니까?"라 아뢰었다. 주상께선 이 일로 목공을 멀리하시며, 이르시길 "사람세상의 도리道가 아니어서 귀를 기울이기엔 부족하지만 역시 추구할 만은 하겠소."라 이르셨다. 주상께서 황룡국黃龍國 태악太樂에 관해 들으시고 좌우에게 "나는 종묘宗廟[361]를 세우고 태악太樂[362]을 갖추고 싶소만 이 일로 문文[363]을 번창시켜 나라를 그르칠까 두렵소."라 이르시니, 협보가 아뢰길 "개마盖馬와 선비鮮卑를 아직 굴복시키지 못하셨는데, 이 일을 먼저 하심은 좋지 않겠습니다."라 하여, 주상께서 그 일을 그만두셨다.

十月,幸荇北,命摩离伐海山,拔之.祖天隱窟数年,不堪其苦,至是引北鞨残衆而欲再起,竟敗而面縛出降.諸将請誅之.上以其有功於先帝不誅,拿敀東都使居二水之間.盡奪其妻妾奴婢以賜有功諸将,珍宝皆入召皇后宮分賜后妃.上又夢禮后及類利謂摩离曰"朕以大業棄母后及妻子于異国.累夢如此,妻子必怨我也."摩离曰"禮后賢而有智,必不怨矣.若欲率来,則蛙王恐聖母亦動必不聽矣,且卒本人為召后地不肯矣,且待数年何如."上亦然之. 鍊兵二万於西河.增漢館於西河,敎民餠麵烹煮之術鑿井引泉之技,禁用雜水以避疾病. 不而城主屋春公薨,年七十一.屋因妃斫生漱帝之长子也.以卑离国仙室部大兄,復城之初封城主.性柔仁聰悟,能於造礤鑄象,鑄天帝象十二.追封為仙王.

360) 고요히 사라짐
361) 歷代 帝王과 后妃의 位牌를 모시던 祠堂
362) 나라의 行事에 所用되는 禮樂 또는 禮樂을 管掌하는 官府
363) 武의 相對 개념

10월, 행북荇北[364]으로 거둥하시어 마리에게 명하여 해산海山[365]을 쳐서 빼앗으셨다. 조천은 굴속[366]에서 수년을 숨어살다가 그 고초를 견디지 못하더니, 이즈음 와서 북갈北鞨잔중殘衆을 이끌고 재기하고 싶었으나 끝내 패하였고, 손을 뒤로하여 묶고 나와 항복하니, 모든 장수들이 그를 주살하시길 청하였지만, 주상께선 그가 선제先帝[367]시절에 공[368]이 있어 주살치 않으시고 사로잡아 동도東都로 보내시어 '두 물줄기 사이'[369]에서 살게 하셨다. 그의 처첩과 노비들은 모두를 빼앗아서 공이 있는 모든 장수들에게 나눠주시고 진보들은 모두를 소召후의 궁으로 들여서 후·비들에게 나눠주셨다. 주상께서 또 예후와 유리의 꿈을 꾸시고 마리에게 말씀하여 이르시길 "짐은 대업 때문에 모후와 처자들을 남의 나라에 버려두었고, 이리 누차 꿈을 꾸는 것은, 필시 처자들이 나를 원망하고 있음이오."라 하시자, 마리가 아뢰길 "예후께선 현명하고 지혜로우시니 필시 원망하지 않으실 것입니다. 데려오려 하시면 곧 금와왕이 성모께서 역시 동요하실까 걱정되어 응하지 않을 것이고, 또한 졸본사람들도 소召후의 입지를 걱정하며 수긍하지 않을 것입니다. 우선 수년을 기다려보심이 어떠하겠나이까?"라 하매, 주상 역시 그리 여기셨다. '서하西河[370]에서 군사2만을 훈련하시고, 서하에 한관漢館을 늘여지어 백성들에게 떡과 국수만들기 및 삶고 굽는 법과 우물을 파서 샘물을 길어내는 기술을 가르쳐 잡스러운 물을 쓰지 말게 하여 질병을 피하게 하셨다.'[371] 불이성주不而城主인 옥춘공屋春公이 나이 일흔하나에 죽었다. 옥인비가 낳은 모수제 장자로, 비리국卑離國 선실부仙室部 대형大兄이었고, 불이성을 되찾은 초기에 성주로 봉해졌었다. 성품이 여리고 어질며 이해가 빨라 영리하고, 살촉鏃만들기와 형상象주조에 능통하여 천제상天帝象을 열둘이나 만들었다. 선왕仙王을 추봉追封하였다.

364) 荇人國의 북부 즉 荇北郡
365) 荇人國의 夏節期 都城이며, 黃河 河套中部 北邊의 包頭市지경으로 추정된다.
366) 隱居地인 南北海山의 토굴 속
367) 父帝 즉 慕漱帝
368) 旺弗의 反亂을 물리치는 일에 同參함
369) ①平谷縣 '海子庄'지경? 혹시 ②三河縣남린 '泃河'서변 '行仁庄'지경(中國輿圖,1918)?
370) 芻牟가 親征하여 빼앗은 長岺 인근 지역
371) 卑離의 長岺 땅 酸水 부근인 西河지경의 일이었을 것

十一月,馬韓人貫仲獻黃金四百斤銀千斤銅八百斤.上嘉納于皇后宮,以仲為皇后宮使者,使掌金花造作御器御柒等.陜父諫曰"孝皇不受真珠宝盒,劉恒不受千里之馬.盖人主不受民物例也.陛下何受外人之金而爵其人乎.恐非聖人之道也."上曰"吾曾不納真珠者,戒禾叔以儉素也.恒之不受千里馬者,無用処故也.朕今創業之中,賞祿買貨貿蓄之計皆依金銀銅鐵.何可不受乎."陜父曰"此習漸長,必為後世之弊矣."上曰"創業之主,非守成之主.恒之父未嘗如恒,恒未嘗如其父者,盖時不同也.爾何固執之甚邪.然,群臣盖畏威而不敢諫,汝獨能之.不可曰不賢,其賜帛十疋."陜父不受,曰"不納言而只賜帛.是無功而賞也.不敢受."

11월, '마한馬韓사람 관중貫仲이 황금黃金400근·은銀천근·동銅800근을 바쳤다.'[372] 주상께서 황후궁에서 기꺼이 받으시고 관중仲을 황후궁 사자使者로 삼아 금화金花[373]조성造成과 어기御器·어칠御漆 등을 관장케 하시니, 협보가 간하여 아뢰길 "효왕孝王[374]께선 진주보합眞珠宝盒을 받지 않으셨고, 유항劉恒[375]은 천리마千里馬를 받지 않았습니다. 개략 사람들의 임금을 하는 이는 백성들의 물품을 받지 않는 사례일 것입니다. 폐하께선 어찌 바깥나라 사람의 금金을 받으시고 그 사람에게 작위를 주십니까? 성인의 도리가 아니실까 두렵습니다."라 하매, 주상께서 이르시길 "내 증曾조부께서 진주眞珠를 받지 않으신 것은 검소함으로 화숙禾叔[376]을 깨우치신 것이며, 유항恒劉이 천리마千里之馬를 받지 않은 것은 쓸 곳이 없었기 때문이었소. 짐은 지금 창업 중이어서 상을 주거나 봉록을 주거나 물품을 사들이고 바꿔서 쌓아놓는 계책들 모두를 금金·은銀·동銅·철鐵에 의지하고 있는데, 어찌 받지 말아야 하겠소?"라 하셨더니, 협보가 아뢰기를 "이 습속이 점차 길어지면, 필시 후세의 폐단이 될 것입니다."라 하매, 주상께서 이르시길 "창업하는 임금은 지켜서 이루는 임금이 아니

---

372) 三國史記엔 없는 기록 ; 이미 南方의 馬韓사람들이 北方의 芻牟를 認知하고 있었다. 譯者는 勾茶國을 北接한 이 馬韓의 位置를 漢山(邯山-邯鄲)以南지역으로 추정한다. 곧 高勾麗 初創時代에 이미 漢山(邯山) 隣近까지 그 威勢가 미쳤다고 추정한다.

373) 冠飾

374) 后妃列傳 曰 "孝皇,芻牟之曾祖也.德皇,芻牟之祖皇也."

375) 劉恒는 西漢高祖 劉季(劉邦)의 庶子로 世宗 劉徹의 祖父이다.

376) 禾氏叔父로 禾相을 지칭함 ; 禾相은 芻牟의 眞姨從堂叔이다.

고, '유항恒의 아비'[377]는 유항과 같은 시절을 맛보지 못하였으며, 유항은 그의 아비와 같은 시절을 지내지 않았소. 개략 시절이 똑같지 않은데, 자네는 어찌 고집이 그리 심하신가? 허나, 모든 신하들이 대략 위세에 눌려 감히 간諫言하지 않았는데, 그대 혼자만 능히 그리 하였네. 현명하지 않았노라고 이를 수는 없고, 그래서 비단 열 필을 내리겠네."라 하셨더니, 협보가 받지 않고 아뢰길 "말씀드린 것은 받아들이지 않으시고 다만 비단을 내리시니, 이는 공이 없는데 상을 주시는 것이어서, 감히 받을 수 없사옵니다."라 하였다.

十二月,定将軍軍服;上将軍用金[鎧][378]錦袍魚皮大環刀銀鞍紫騮馬,大将軍銀鎧繡袍魚皮大環刀銀鞍白馬,将軍銅鎧繡袍魚皮中環刀銀鞍栗馬,尉及司馬銅鎧鐵甲檀刀大馬.有功者給功章金銀銅牌. 上與蘋蓼両公主如卑离溫宮,拜天帝象,観雪而皈,宴宗室男女于鳳鳴殿.賜奧犍妻乙旃妃黃金二百斤絹繒百疋牛羊千頭以謝九如之功,奧犍為順奴王,乙旃為順奴王妃,奧命為比如侯,奧春為五如侯,鮮聰追為青河王,鮮德為松江王. 宮人奧坤生黔象太子,進為夫人. 置民情使者百五人,巡行州郡,以報民情物価無偏戾,而騷乱常守持満之勢. 加菽公甍,葦妃入瓊宮.

12월, 장군将軍들의 군복軍服을 정했다 ; 상장군은 금개金鎧금포錦袍·어피魚皮대환도大環刀·은안銀鞍자류마紫騮馬[379]를, 대장군은 은개銀鎧수포繡袍·어피대환도·은안백마白馬를, 장군將軍은 동개銅鎧수포·어피중환도中環刀·은안율마栗馬를, 교위尉와 사마司馬는 동개철갑鐵甲·단도檀刀·대마大馬를 쓴다. 공이 있는 이들에겐 공장功章 및 금金·은銀·동패銅牌를 준다. 주상께서 평화蘋·료화蓼 두 공주와 함께 비리 땅의 온궁에 가시어, 천제상天帝象을 배알하시고 설경을 둘러보고 돌아오셔서, 봉명전[380]에서 종실남녀들에게 주연을 베푸셨다. 오건 처 을전乙旃비에게 황금200근·명주비단100필과 소·양 천 두를 하사하시어 '구여[381]향에서 세운 공'[382]을 치사하셨다. '오건을 순노왕으로

377) 劉恒은 西漢 高祖 劉季(劉邦)의 아들로 곧 西漢 5世임금 孝文帝이다.
378) 筆寫本은 [豈+瓦]인 듯하나, 文脈上으로 보아 铠(鎧)의 訛寫로 여겨 飜譯한다.
379) 銀으로 治裝한 鞍裝을 얹은 검은 갈기의 검붉은 말
380) 卒本 西城에 있는 殿閣의 하나
381) 昨今의 河北省 薊縣 쯤으로 보인다.

삼고, 을전을 순노왕비로 삼고, 오명을 비여후比如侯로 삼고, 오춘을 오여후五如侯로 삼고, 해총解驄[383]을 추증하여 청하왕靑河王을 삼고, 해덕[384]을 송강왕松江王으로 삼으셨다.'[385] 궁인 오곤奧坤이 검상黔象 태자를 낳고서, 승차하여 부인으로 되었다. 민정사자民情使者 105인을 두어, 주州·군郡을 순행하면서 민간의 사정과 물가物價를 판가름해 치우침이 없이하고 소란하면 무시로 머물러 만족스런 형세를 유지케 하셨다. 가숙공[386]이 죽고, 위葦비[387]가 경궁에 들어갔다.

東明十三年丙申,春正月,遣使如柵城,獻茶于聖母釧賸于禮后都后. 二月,扶尉猒鄭福等伐高顯城,拔之,虜其酋角辛虎頭等于西都.上嘉其為主盡忠免其死,命從軍於大河. 三月,朔,桂媛夫人生高流公主,適有日食之變,太史以為不吉,上怒黜其太史于大河. 阿隃陀国使二人来朝.貢物皆為馬韓人所奪云.其国在西海岸,海路杜絶,請從山路去.上命夏信月當等率輕騎送于豊城之南.漢王商淫其継母及妹,其兄鳳請誅之,商憒恨歐血而死.上曰"鳳以小嫌殺弟,安能舂斗粟乎.大抵漢人,飢則易子而食之,飽則兄弟相殺.而自以為有道之国不奸之人,焉有有道不奸之義哉.扶余雖僻在東隅未聞大道,飢不食人,父子兄弟不相爭.漢恒殺弟徹殺子,鳳安得不然乎."

동명13년병신(BCE25), 춘정월, 사신을 보내 책성柵城으로 찾아가서 성모께 차를 바치고 예禮후·도都후에겐 팔찌·향낭을 드렸다. 2월, '부위염[388]·정복 등이 고현성高顯城을 쳐서 빼앗고 그곳 추장 각신角辛·호두虎頭 등을 서도로 잡아오니'[389], 주상께선 그들이 주인을 위해 충성을 다했음을 가상히 여겨 죽음을 면해주시고 명하여 대하大河[390]에

---

382) 卒本王妃 乙旒의 여동생인 乙旃이 芻牟의 毛屯 還鄕 直後에 侍寢하면서까지 卒本의 虛實을 詳細히 알려주고 召西奴와의 婚事를 中媒한 일

383) 昭陽荒落(BCE88)에 慕漱帝 둘째아들로 태어나 壬辰(BCE29)에 죽은 檀山公 解驄

384) 重光赤奮(BCE80)에 羊聖后가 낳은 慕漱帝 셋째아들이다.

385) 壬午年(BCE38) 3月에 "奧犍 順奴王, 奧命 比如侯, 奧春 靑河伯"으로 삼았던 것을 "奧犍 順奴王, 奧命 比如侯, 奧春 五如侯, 解驄 靑河王, 解德 松江王"으로 변경해 封爵한 것이다.

386) 애초에 東夫餘 曷思國 黃頭郡侯이었다가 후에 高勾麗 松江王에 封해짐.

387) 柳花 여동생 葦花로 萱花를 代身하던 加菽公妃였음.

388) 당시의 西河太守이자· 鎭北大將軍 ; 副將이 鄭福이었다.

389) 추장 이름들로 보아 北鞨일파가 卑離강역의 高顯城을 끈질기게 사수한 것으로 보임 ; 卑離강역을 최종적으로 평정한 것 ; 高顯은 山西省북변으로 大同·天鎭間 陽高縣?

서 종군하게 하셨다. 3월, 초하루에 계원桂媛부인이 고류高流공주를 낳았다. 마침 일식이 있었고, 태사가 불길하다 하매, 주상께서 노하여 그 태사를 대하大河로 쫓아내셨다. 아유타국阿踰陀国 사신 두 사람이 찾아와서 입조하였다. '공물貢物은 모두를 마한馬韓[391]사람들에게 빼앗겼노라 하였고, 그 나라가 서해西海[392]기슭에 있고 뱃길海路[393]이 (馬韓에게) 끊겨'[394] 산길로 돌아가길 청하여, 주상께서 하신夏信·월당月當 등에게 명하여 경기輕騎를 이끌어 풍성豊城[395] 남쪽에서 전송케 하셨다. 한漢의 왕상王商[396]이 계모繼母와 여동생까지 음행하여, 그 형 왕봉鳳[397]이 그를 주살하길 주청하니, '왕상은 분하고 원통하여 피를 토하고 죽었다.'[398] 주상께서 이르시길 "왕봉은 사소한 일로 동생을 미워해 죽였으니, 어찌 좁쌀 한 말이나 찧을 수 있겠는가? 대저 한인들은 굶주리면 자식으로 바꿔 먹고 배가 부르면 형제들이 서로를 죽였소. 그러면서 '저들은 도리道가 있는 나라이어서 남을 범하지 않는다지만, 어찌 도리가 있어 의義를 범하지 않는다고 하겠소!'[399] 부여扶余는 비록 동쪽 모퉁이에 치우쳐 있어서 아직 큰 도리를 듣지는 못하였으나 굶주려도 사람을 먹지 않고 부자父子·형제兄弟가 서로 다투지 않는데, 한漢은 유항恒[400]이 동생[401]을 죽이고 유철徹[402]이 아들[403]을 죽였으니, 어찌 왕봉이 그리하지 않을 수 있겠소이까?"라 하셨다.

四月,皇軍進拔盖馬国北河城為據,掠北河之東西.盖馬王燕宜悉力以禦東

---

390) 北沃沮의 北鞨30落을 토벌하고 沃沮將軍 10人을 두어 나누어 다스리고 있는 곳.
391) 河北省 邯鄲(邯山-漢山) 以南의 黃河下流지역을 한때 掌握하였던 듯하다.
392) 上古 ①內陸大海 타클라마칸사막 南方? ②青海省 青海주변? ③현금 벵골만 東岸?
393) ①黃河·渭水·黃河·永定河(桑干河)로 된 뱃길? ②東支那海岸·永定河로 된 뱃길?
394) 당시 馬韓의 位置가 뱃길(水路,海路)을 접하였음을 드러내는 기록이다.
395) 당시 馬韓은 漢山(邯山)以南이니, 豊城은 이미 平定된 勾茶故地 豊城郡지역일 것.
396) 西漢 高宗 孝元帝 劉奭의 成都侯로 王莽의 叔父임
397) 西漢 高宗 孝元帝 劉奭의 陽平侯로 王莽의 叔父임
398) 資治通鑑卷三十漢紀二十二의 河平四年(BCE25)夏四月之事이다. 高句麗의 東明曆이 漢의 月曆보다 한 달이 늦었는가?
399) 昨今의 國內의 某某勢力 및 隣近國인 某某國과 恰似한 狀況이었던 듯하다.
400) 西漢 孝文帝
401) 異腹남동생인 淮南王 劉長
402) 西漢 孝武帝 劉徹
403) 戾太子 劉據

城,乃以船暗向南口,南口孤立被囲,城中食盡,殺馬食草. 五月乙卯,南口鎮将胡登以城降.上以其善守賞之,使乙音鎮撫城民賑給豊厚,厥民大喜恨不早降.乃以乙音為玄菟太守南口鎮将,屯兵一万二千積二年之穀,使漢素為造船之備.

4월, '황군皇軍이 진격하여 개마국盖馬國북하성北河城[404]을 빼앗아 거점을 삼고 북하北河[405]의 동·서를 노략하였다. 개마왕盖馬王 연의燕宜는 힘을 다해 동성東城[406]을 지키다가 '배를 타고'[407] 몰래 남구南口[408]로 향하더니 남구가 고립되고 포위되어 성안의 식량이 떨어지매 말을 잡아먹고 풀을 뜯어먹었다(그림-46참조). 5월, 을묘일, 남구

그림-46. 山西省北部 滹沱河·桑乾河上流지역에 南口·(金)龍湖·河陽(堡) 등의 지명들이 몰려있다 ; 盖馬國 討伐服屬 戰場으로 추정된다.

진장 호등胡登이 성을 들어 항복하자,'[409] 주상께선 그가 훌륭히 지

404) 桑乾河(桑干河) 最上流 北岸지역 應縣城쯤으로 추정 ; '盖馬国北河城'은 '盖馬國 北邊의 河城'으로도 飜譯할 수도 있겠다.

405) 桑干河(桑乾河) 最上流지역으로 '應縣' 馬水以西南의 요충이었을 것

406) 東쪽 邊城 ;山西省 중북부 雁門山 북변 桑干河 상류연안 성채였을 것(山陰城?)

407) 桑干河지류인 黃水河 물길로

408) 滹沱河최상류 代縣 平城西北(句注山麓) 南口 ; 後世 "明臨答夫 坐原大捷(CE172)"기록에 南口주변을 淸野한 것으로 보아, 이 南口는 田野·平原지대이다.

켜냈음에 상을 주시고 을음乙音으로 하여금 성민들을 진무하며 아주 넉넉히 구휼케 하시니, '그곳 백성들厥民410)'은 크게 기뻐하며 일찍 항복하지 않은 것을 억울하게 여겼다. 이에 을음을 현도태수411)·남구진장으로 삼고 '병사 1만 2천으로 둔을 쳐서 2년 치의 곡식을 쌓아서'412) '한소漢素로 하여금 배를 지을 준비로 삼게 하셨다.'413)

六月,上幸南口巡視城戍,漢素享上.上見漢素女平氏之美而幸之,仍幸溫場入湯.平氏有乃父之風,而能知文字善烹飪,豐麗穠姿,動靜以節,有似渠母.上溺愛之曰"吾桂妻也."其母大房暖與桂婁后相似,故有是言也. 上聞布穀而欲見其鳥,有善鳥者捕而獻之.上一見其羽毛而與平氏曰"卿其養之."平氏曰"此鳥有何可愛而養之乎."上曰"吾愛其聲也."平氏曰"聲亦不可謂美矣."上曰"勧農于人而催其種鋤,其志可愛也.豈取美聲哉."平氏曰"此鳥實喚其友而鳴也.雄唱雌隨,禽鳥之常也.俗人不知而以為布穀."上曰"若如汝言,是乃夫婦之鳥也,尤可愛矣."平氏曰"是鳥與鳩不同,養于家則不鳴."上曰"汝何以知之."平氏曰"妾母之家以小鳥為業,故知之."上黙然良久,命放之曰"在乎深山之中則鳴于曉窓之月而殊可愛矣.致之金櫝之中則無可観者,豈特布穀而已.其高士清流之自潔而不出者,亦是流也.放于山林之中而縱其野性,可也."平氏之外祖大房良養小鳥而自娛,上累召而不至,故有是言也.平氏曰"妾祖,非布穀而鸞鳳也,非梧桐不棲,非竹實不食,未聞以蝗飼鳳也."上曰"汝欲使我賜爵汝祖以榮之乎."平氏曰"陛下妾之夫也,他乃祖也.夫與祖,孰親而不為夫哉.欲治天下,則非此人不可故也.西伯望呂尙,殷湯訪伊尹.自古聖人,皆渴於得人也."上雖善其言而其好辯,頗有不悅之色.而平氏不知而辯之,必竟失寵.

6월, 주상께서 남구로 거둥하여 성城과 수자리戍들을 순시하시니, 한소가 주상께 연회를 열어드렸다. 주상께서 한소 딸 평平씨가 미모를 보시고 승은을 내리시더니 거듭 온장溫場으로 거둥해 온탕溫湯에 드셨다. 평씨가 그 아비의 풍모가 있어 문자를 능히 깨쳤고 삶아서 익히길 잘하였으며 몹시 아름답고 무르익은 자태에다가 행실에 범

409) 南口는 城이고 盖馬王 燕宜는 이미 脫走함 ; 桑干河 최상류주변의 일로 보인다.
410) ①敵國百姓의 卑稱으로 '오랑캐백성'라는 말, ②牧畜하던 '突厥族'을 指稱하는 말.
411) 當時 高句麗 玄菟郡의 位置가 드러나는 기록 ; 현금 山西省 西北部以西는 玄菟郡屬? ; 이곳이 漢의 樂浪郡이 北接한 玄菟郡의 一部인가?
412) 南口 周邊은 穀物農事가 가능한 平原이었고, 追加的으로 討伐할 意向이 있었음.
413) 盖馬國平定을 마친 直後, 곧 水軍으로 河水를 따라 進擊해 他地를 征伐할 意向임.

절이 있고 그 어미를 닮았음에, 주상께서 그녀에게 푹 빠지셔서 이르시길 "내 계桂처로고."라 하셨으니, 그 어미 대방난大房暖이 계루후와 서로 비슷하였던 까닭에 이리 말씀하신 것이라. 주상께서 '포곡布穀' 소리를 듣고 그 새를 보셨으면 하시어, 새를 잘 아는 이가 붙잡아서 바치니, 주상께선 그 새의 깃털을 일견하고 평씨에게 건네주며 이르시길 "경이 그 새를 기르시오."라 하셨다. 평씨가 아뢰길 "이 새를 무슨 까닭에 애지중지 길러야 하온지요?"라 하매, 주상께서 이르시길 "나는 그 소리가 좋소이다."라 하시니, 평씨가 아뢰길 "소리 또한 예쁘다고 일컫기는 불가하옵니다."라 하여, 주상께서 이르시길 "사람들에게 농사를 권하며 씨앗을 뿌리고 호미질하길 재촉하니, 그 뜻을 예뻐할 만하이. 어찌 예쁜 목소리 때문이겠소!"라 하시니, 평씨가 아뢰기를 "이 새는 실은 제 벗을 부르느라 우는 것이며, 수컷이 울면 암컷이 따라서 합니다. 그 새들의 일상이온데, 속인들이 그걸 몰라서 포곡조라고 여기옵니다."라 하였다. 주상께서 이르시길 "그대의 말과 같다면, 이것은 부부 새이니 더욱 아낄만하겠소."라 하시자, 평씨가 아뢰길 "이 새는 비둘기 같지 않아서 집안에서 기르면 울지 않습니다."라 하니, 주상께서 이르시길 "그대가 어찌 그걸 아시오?"라 하셨고, 평씨가 아뢰길 "첩의 어미집안이 작은 새들을 치는 것을 생업으로 삼아서 그걸 아옵니다."라 하였고, 주상께선 한동안 가만히 계시다가 풀어주라고 명하시며 "깊은 산중에 있게 되면, 새벽녘 창문에 달이 뜨면 울어서 유달리 사랑스럽소. 귀한 궤짝 속에 넣어두면 볼만 한 것이 없을 것이고, 어찌 수컷 뻐꾸기만 그러할 뿐이겠소. 고매한 선비로 맑은 냇물로 자신이나 깔끔히 하면서 바깥으로 나오지 않는 이 또한 이런 갈래이외다. 산림 속에 풀어줘서 그 야성野性을 따르게 함이 좋겠소."라 이르셨다. 평씨의 외할아비 대방량大房良이 작은 새들을 기르면서 스스로 즐거워할 뿐, 주상께서 누차 부르셔도 오지 않은 까닭에 이리 말씀하셨는데, 평씨가 아뢰길 "첩의 할아비는 포곡이 아닌 란새鸞나 봉새鳳이어서 오동나무 아니면 깃들지 않고 대나무씨앗 아니면 먹지 않사온데, 황충으로 봉새를 먹인다는 얘기를 아직 듣지 못하였습니다."라 하매, 주상께서 이르길 "그대는 나로 하여금 그대 할아비에게 작위를 내려서 그를 영예롭게 하려는 것이오?"라 하시자, 평씨가 아뢰기를 "폐하께선 첩의 지아비이시고, 그는 할아비입니다. 지아비와 할아비 중에 누구를 가까이 하며 지아비를 위하지 않겠습니까! 천하를 다스림엔 이런 사람이 아니면 불가한 때문입니다. 서백西伯[414]은 여상呂尙[415]을 기다렸고, 은탕殷湯[416]은 이윤伊尹[417]을 찾아갔으니, 예로부터 성인들께선 모두 인재 얻기에 목말라 하셨습니다."라 하였다. 주상께선 그 말을 옳게는 여기셨으나 좋은 말솜씨엔 꽤나 불쾌하신 안색이셨고, 평씨는 그걸 모르고 떠들어대다가 필경에는 총애를 잃었다.

七月,上将牛羊絹紗,而與平氏,訪大房良於両水.大房之居有茂林脩竹溝池之景,鴻雁麋鹿鷄犬羊豕之聲達乎洞口,籬花圃薬奇且香矣,瓜果熟於園中,蔬菜足於墻下.上佇立玩賞而歎,曰"朕為天子,未嘗有此佳景也."上謂良曰"朕以馬上統合扶余故地,今得七八矣.欲得伊尹治之,卿其出山從朕,否."良曰"臣素無學識.今此老昏不能視事.陛下如欲行堯舜之治,則時不同也.欲行五伯之事,則漢素足矣."上曰"叟不祐我,奈養生何."良曰"為政之要在於得人,一人正則万人正,一人貪則万人貪.雖有指南之車,北向而馳則不能南也.夫外戚者乱政之根,功臣者淩法之瘼也.陛下如欲治天下,先去外戚之勢且銜功臣之口,然後得良吏隐賢而任之,則庻或可矣."上曰"善." 都后使来言"妾年已近五十,容皃大脱.唯願生前,願一相見而得子."時,都后生子都朱而禮氏生子曷百,云.上遣黄金四百斤絹錦二十疋于都禮両后,而約以盖馬平則迎来.召后親製類利衣送之.

7월, 주상께서 소牛·양羊과 명주明紬·박사薄紗를 갖고 평씨와 함께 대방량大房良을 양수兩水[418]로 찾아가셨다. 대방량大房의 거처가 우거진 숲과 매끈하고 길게 뻗은 대나무 및 도랑과 연못이 있는 풍경에 크고 작은 기러기鴻雁와 사슴麋鹿 및 닭鷄·개犬·양羊·돼지豕들의 소리

414) 商(殷) 西方覇者 ; 商(殷)紂王 子帝辛을 滅하고 周를 세운 武王 姬發의 아비 姬昌
415) 呂땅에 봉해진 姜尙(姜子牙,姜太公) ; 東夷 입장에선 華夏를 도운 역적이다.
416) 商湯 또는 成湯이라고도 하며, 姓이 子氏이다.
417) 夏의 桀王 姒履癸를 멸하고 商(殷)을 세운 子成湯의 공신
418) 五台山 북록 茶房子 인근? 恒山 남록 靈邸縣 서편 金峯店지경? 東·西에 南流·北流하는 唐河와 渾河 두 河川이 있고 인근에 溫泉도 있음 ; 石家莊市 平山 서북의 兩河는 인근에 溫湯(鎭)이 있지만 여러 南口들에서 심히 멀리 있고 勾茶國地로 추정됨.

가 동구洞口까지 들려오고 울타리의 꽃들과 뜰의 약초들이 기이하고도 향기롭고 참외와 과일들이 정원에서 익어가고 채소와 나물들이 담장 곁에 풍족하여, 주상께서 명하니 멈춰 서서 구경하시다가 감탄하며 이르시길 "짐은 천자가 되었어도 아직 이리 멋진 경개를 갖지 못하였는데."라 하셨다. 주상께서 대방량良에게 말씀하여 이르시길 "짐이 말을 타고 부여扶余[419]의 옛 땅들을 통합하여, 지금 열에 일곱 여덟을 되찾았습니다. 이윤伊尹의 다스림을 이루려 하니, 경께서는 산을 나와 짐을 따르시오. 아니 되겠소?"라 하셨더니, 대방량이 아뢰길 "신은 본디 학식이 없고 지금은 또 늙고 혼미하여 일을 볼 수 없습니다. 폐하께서 요순지치堯舜之治[420]를 행하길 원하시나 시절이 같지 않사옵고 오백지사五伯之事[421]를 행하길 바라신다면 한소漢素로 족하십니다."라 하매, 주상께서 이르시길 "노인께서 나를 돕지 않으시는데, 어떻게 백성들을 돌볼 수 있겠습니까?"라 하시자, 대방량이 아뢰길 "정사政事를 위한 요체는 사람을 얻는 데 있습니다. 한 사람이 올바르면 만인이 올바르고, 한 사람이 탐하면 만인이 탐하는 것이어서, 설사 지남지거指南之車[422]가 있어도 북쪽으로 내달리면 남쪽을 갈 수 없습니다. 무릇 외척은 정사를 어지럽히는 근원이고 공신은 법을 능멸하여 병들게 합니다. 폐하께서 천하를 다스리려하실 것 같으면, 먼저 외척세력들을 내치고 또한 공신들의 입에 재갈을 물리신 연후에 훌륭한 관리들과 숨어사는 현인들을 얻어 직분을 맡기시면, 많은 것이 어쩌면 가할 것입니다."라 하매, 주상께서 이르시길 "그리 하겠소이다."라 하셨다. 도都후의 사자가 와서 여쭙기를 "첩의 나이 이미 오십이 가깝고 용모가 크게 거칠어졌습니다. 오직 원하기는 죽기 전에 한 번 서로 만나서 아들을 갖고 싶습니다."라 하였다. 이때, 도都후가 아들 도주都朱를 낳았고 예禮씨가 아들 갈백葛百을 낳았다는 말이 있어서, 주상께선 황금 400근과 명주와 비단 20필을 도씨·예씨 두 후들에게 보내주시며 개마盖馬가

419) 北扶余? 北扶余以前의 大扶余?
420) 泰平時節의 仁政?
421) 混亂時節의 春秋五覇 則 齊桓公·晉文公·楚莊王·吳王闔閭·越王勾踐의 功業 卽 霸業
422) 指南鐵을 갖춘 古代戰車

평정되면 곧 맞이해오겠다고 약속하셨다. 소召후가 손수 유리類利의 옷을 만들어 보냈다.

八月,大行月歌于東都而犯夜. 以召后女阿爾兮為萱太子妃. 九月,乙音攻河城,拔之. 上親播鳩麦於西河,與平氏如溫泉,見大房良而論'古今政治得失用人尊賢之道'. 鮮卑王涉臣遣使来貢,請犒皇軍.時,鄭共軍迫龍湖而與盖馬相持,故恐惧而来者也. 十月,畋于杜訥原,置鯉宅十所,以奥花公主為沸流太子妃. 扶芬奴妻禾岑薨,年五十八.上姊鸞之女也,初為順奴王妃,有美色為菸得所汚.羯河之戦,賜扶芬奴為妻,生子五人而薨.葬以小妃禮.以奥綺宝香為扶芬奴妻.綺,奥万女.香,宝得女也.其母皆上姊也.

8월, 월가月歌회를 동도에서 널리 행하시고, 야반통행을 허락하셨다. 소召후 딸 아이혜阿爾兮[423]가 훤萱태자비로 되었다. 9월, 을음이 하성河城[424]을 쳐서 빼앗았다. 주상께서 구맥鳩麥[425]을 서하西河[426]에 친히 파종하시고 평씨와 함께 온천을 가셨으며, 대방량을 만나 고금정사古今政事들의 잘잘못과 인재를 등용하고 현자를 존중하는 도리 등을 논의하셨다. '선비왕 섭신涉臣이 사신을 보내와 공물을 바치고 음식으로 황군을 위로하겠노라 청하였다. 이즈음, 정공의 군대가 용호龍湖[427]로 육박하여 개마와 서로 대치하고 있는 까닭에, 두렵고 걱정되어 찾아온 것이다.'[428] 10월, 두눌원杜訥原[429]에서 사냥하시고 리택鯉宅 열 곳을 설치하셨으며, 오화奧花공주[430]로 비류沸流태자비를 삼으셨다. 부분노 처 화잠[431]이 나이 쉰여덟에 죽었

---

423) 召西奴 所生으로 卒本世族 仇台의 딸이다.

424) 蓋馬國 北邊 河川의 北河城 ; 대략 南口보다 西方(西北方·西南方포함)이었을 것

425) 일찍이 비둘기들이 東夫餘에서 물어온 大麥(보리)·小麥(밀)의 種子

426) ①南口 西北隣 西河堡·西河底 일대? ②長峪인근인 桑乾河 中上流 支流인 西洋河?

427) ①朔州동북·馬邑縣서북의 "司馬泊" 즉 洪濤山남록"金龍池" 즉 桑乾河源? ②雁門關북방"龍家堡"지경? (그림-47참조)

428) 敗走중인 燕宜가 인근에 있어서, 鮮卑王 涉臣이 함께 征討될 것을 두려하였나? 그럼, 鮮卑王 涉臣의 領域은 어디쯤? 혹시 荇東의 南方과 盖馬의 西北方이었나?

429) 黃龍國은 山西省 洋河·南洋河 以南과 滹沱河 以北 대부분을 점유한 것으로 추정됨 ; 당시 黃龍國 中都는 桑乾河중류 支流인 壺流河 中下流쯤의 옛 永定縣 吉家庄·牛大人庄지경 또는 蔚縣東 代王城·大同城지경?

430) 牛姬所生 慕漱帝 딸 乙旃이 낳은 芻牟의 딸(공주)

431) 禾相 아들 禾賴의 딸

다. 주상의 누님 란鸞[432]의 딸이었다. 애초에 순노왕비[433]가 되었는데, 미색이어서 적득[434]에게 욕을 당하였고, 갈하전쟁羯河戰爭시절에 부분노에게 처로 하사되었으며, 아들 다섯을 낳아놓고 죽었다. 소비小妃의 예법으로 장사하시고, 오기奧綺와 보향宝香을 부분노의 처로 삼으셨다. 오기綺는 오만의 딸이고, 보향香은 보득의 딸이며, 그들의 어미 모두는 주상의 누님들이었다.

東明十四年丁酉,春正月,送征袍皮裘於龍湖河城軍,饋以粱酒. 二月,以祖天為荇南沛者. 孟后生莘太子. 三月,以大房良為主刑大加.良奏曰"天子之配,不宜失節人.召后孟后皆是失節之人,不宜正后.宜以禾小后為正后,後宮皆用貞女.有夫之女,不宜入宮."上默然良久,曰"不可倉卒為之.須待吾子孫為之."良曰"不垂範於前,則後襲其風而已,焉能正乎."上卒不能用良言,召后又大怒曰"良為其孫女平氏欲封皇后,而發此不忠之言也.帝后皆君也.豈有以臣辱后如是者邪.大逆大道,當腰斬以雪憤."良聞之,掛巾而去.漢素亦待罪,請廢平氏.上不聽. 乙音進攻蔚岩,大戰,不利.上命烏干将兵往救之,于直指盖馬城聲言"與鄭共大軍陷城."盖馬軍乃退蔚岩.乙音收殘兵退保南口.烏干鄭共囲盖馬,不克而還. 漢素病免,奥犍左輔. 好太后崩,春秋七十一.上與萱皇后極盡孝養,故含飴弄孫而終其餘年.葬于漱帝陵側. 五月,召皇后生棠公主. 時,蛙王病卧,聞好太后丧,而聖母慟甚,故添病甚危.帶素以其嗣,喜其當立而洋洋,使其妻鮮花入侍聖母而守夜看劑.素素有慕聖之行,至是尤甚,至於東間逼之.聖母以是疾作,蛙王少差云. 六月,上遣秦章於柵城侍聖母疾,又遺黃金於類利都祖都孫樟花等各百斤.

동명14년정유(BCE24), 춘정월, 용호龍湖와 하성河城의 군대들에게 정포征袍·갖옷皮裘을 보내시고 좋은 곡식과 술을 보내주셨다. 2월, 조천을 행남패자荇南沛者[435]로 삼으셨다. 맹孟후가 신莘태자를 낳았다. 3월, 대방량大房良을 주형대가主刑大加로 삼으니, 대방량良이 주청하길 "천자의 배필로 정절을 잃은 이는 마땅치 않습니다. 소召후와 맹孟후 모두는 정절을 잃은 이들이어 정후正后로 마땅치 않사오

---

432) 癸未(BCE98)生
433) 順奴侯(順奴王) 奧万의 妃
434) 南沃沮故地로 남하하여 毛屯을 침범하려다가 虎豹患을 당했던 北羯酋長
435) 河套長城 北邊지경?

니, 마땅히 화禾소비를 정후正后로 삼으시고, 후궁들로는 모두 숫처녀를 부리십시오. 지아비를 가졌던 여인의 입궁은 온당치 않사옵니다."라 하여, 주상께선 입을 다무시고 한참을 계시다가 이르시길 "창졸간에 그리하긴 불가하오. 모름지기 내 자손들이 그리하게 합시다."라 하시자, 대방량良이 아뢰길 "앞에서 모범을 보이지 않으시면, 후세들은 그 풍조를 이어받을 뿐인데, 어찌 능히 바르게 되겠사옵니까?"라 하였다. 주상께선 졸지에 대방량良의 말을 따를 수는 없으셨고, 소召후 또한 이를 듣고 크게 노하여 이르기를 "대방량은 그 외손녀 평씨를 위해 황후를 봉하려고 이리 불충한 언사를 뱉은 것입니다. 제帝와 후后는 모두 역시 임금인데, 어찌 신하가 되어 후后들을 욕보임이 이와 같답니까? 큰 도리를 크게 거슬렀으니, 당장 요참腰斬[436]해서 분함을 풀어야겠습니다."라 하였고, 대방량은 이를 듣고 관모를 (벗어서) 걸어놓고 가버렸다. 한소 또한 죄罪받기를 기다리며 평씨를 폐하시길 청하였지만, 주상께서 들어주지 않으셨다. 을음乙音[437]이 울암蔚岩[438]으로 진공하여 크게 싸우다가 불리하여, 주상께서 오간烏干[439]에게 명하여 군대를 끌고 가서 돕게 하시니, 우직于直이 개마성盖馬城[440]을 향해 크게 외치길 "'정공의 대군'[441]과 함께 성을 함락하겠다."고 하였다. 개마군盖馬軍이 이에 울암蔚岩으로 물러나서 지키자, 을음은 상한 군사들을 수습해 남구南口로 물러나 지켰으며(그림-46 참조), 오간과 정공은 개마盖馬군을 포위했다가 이기지 못하고 돌아갔다. 한소가 병으로 물러나고, 오건이 좌보로 되었다. 호好태후가 춘추 일흔하나에 죽었다. 주상께서 훤화萱태후와 함께 극진한 효성으로 봉양하셨음에, 맛있게 먹으며 손자들과

---

436) 腰斬者(허리를 자르는 刑罰)은 斬首者(목을 베는 刑罰)보다 重罪에 해당한다.

437) 당시 玄菟太守 南口鎭將으로, 直前에 河城 즉 盖馬國北河城을 쳐서 빼앗았음

438) 山西省代縣"陽明堡"일대인 듯. 高勾麗史抄 大武神帝紀十年丁酉(CE37)七月條에 "(蔚岩)城中無水"라 하였고, 蔚岩은 漢의 邊將이 大軍으로 高勾麗를 侵入하는 要衝이었으며 南口城·丘利城과 함께 당시 高勾麗 邊方이었음이 밝혀져 있으며, 당시 蔚岩大戰의 勝捷으로 인해 '盖馬諸城悉平'되었다고 하였다.

439) 蔚岩의 北方地域인 梁河(洋河)의 西河에 駐屯하던 將帥

440) 盖馬軍이 지키던 盖馬國의 城으로 盖馬國 都城인지 盖馬軍이 지키던 城인지는 記錄만으로는 不明이다 ; 國城(都城)이 아닌 代縣 陽明堡 북방의 "古城"지경으로 추정헌다.

441) "龍湖(金龍湖)"에 駐屯하던 군대 ; 鄭共의 군대는 "龍家堡"쯤에 駐屯하였었나?

놀다가 여생을 마친 것이라. '모수제릉漱帝陵 곁에 장사하였다.'[442] 5월, 소召황후가 당棠공주를 낳았다. 이즈음, 금와왕이 병으로 누워 있는데, 호태후가 죽어서 성모께서 심히 애통해하신다고 들은 까닭에 병이 겹쳐 심히 위급해졌고, 대소帶素는 자신이 후사後嗣인지라 응당 보위에 오를 것임에 기쁘고 양양하여 제 처 해화解花로 하여금 성모를 곁에서 밤새워 모시며 약을 살피게 하였다. 대소素는 평소素에 성모聖를 흠모하는 행실이 있었는데 이때 와서 더욱 심해져 틈을 살펴 핍박하기에 이르렀다. 성모께서 이로 인해 환후가 생기셨고 금와왕도 차도가 없노라고 들렸다. 6월, 주상께서 진장秦章을 책성柵城으로 보내 성모의 환후를 돌보게 하셨고 또한 '유리類利·도조都祖·도손都孫·장화樟花'[443] 등에게 각각 황금 100근씩을 보내주셨다.

七月,上如北河,慰鄭共烏干,大犒軍士.召涉臣,不来. 胡王莫車遣使,献黃駝三十四駿馬十疋.其妻寧胡閼氏亦送不老酒壽之曰"願逢東池畔,死為青塚人."上厚遺而送之. 上夢見"聖母自柵城逃来竜山南岺,顔色憔悴.上抱而哭之曰'使母至此者乃我之罪也.'聖母曰'自此居汝之側,吾将肥矣.類利幼而不能同来矣.'"上覺夢,令占之,不吉,乃禱山川后土. 上以柵城事欲速盖馬之役,以漢素為玄菟太守南口大将軍,乙音為汗南太守牛壤将軍.以大房彦為河城将軍,良之子也.

7월, 주상께서 (개마국)북하北河로 가서 정공과 오간을 위로하고 군사들을 배불리 먹이셨다. 섭신涉臣을 부르셨으나, 오지 않았다. 호왕 막거가 사신을 보내 누런 낙타 30필과 준마 10필을 바쳤다. 그의 처 '녕호연지寧胡閼氏'[444]또한 불로주를 보내 장수를 축원하며 아뢰길 "동지東池[445]곁에서 뵙고 싶고, 죽으면 청총인靑塚人[446]이 되겠

442) 慕漱帝와 好人太后의 陵原은 대략 熊心山 故國之原 일원이었을 것이다.

443) 각각 芻牟의 禮氏·都氏·都氏·禮氏所生 子女들이다.

444) 王昭君

445) 北夫余 都城(不而城)을 인접한 卑离영역으로, 옛 지도들에 짝으로 그려진 듯한 張家口市 張北縣 서북부 安固里淖?

446) 一般的으로 "靑塚"을 "冬節期에도 靑草(이끼)로 덮인 무덤"으로 解說하나, 前後文意으로 보아 "동쪽 땅 사람"이란 뜻 아니었을까? 즉, "죽어서는 芻牟의 女人이 되겠다."는 뜻으로 解說함이 훨씬 妥當하겠다. 昭君墓는 內蒙古呼和浩特南郊大黑河南岸209国道9公里(40°42'23"N·111°40'38"E)에 '中國漢代王昭君的陵墓'遺跡으로 造成되어있다.

습니다."라 하매, 후하게 주어 전송하셨다. 주상께서 꿈에 "성모께서 책성에서 룡산龍山[447]남령南嶺으로 도망쳐오셨고 안색이 초췌하매, 주상께서 부둥켜안고 곡하시며 '어머니를 이리 만든 것은 저의 죄입니다.'라 아뢰니, 성모께서 '이제부턴 네 곁에 사니, 곧 살이 붙겠지. 유리는 어려서 같이 올 수 없었다.'"라 이르시는 것을 보셨다. 주상께서 꿈에서 깨어나 점을 치시어 (점괘가) 불길不吉이었더니, 명산대천名山大川과 지신地神(后土)께 비셨다. 주상께서 '책성柵城의 일'[448]로 개마정벌을 서두르시어, '한소로 현도태수·남구대장군을 삼고'[449] 을음을 한남태수汗南太守·우양장군牛壤將軍으로 삼으셨으며, 대방언大房彦을 하성장군河城將軍으로 삼으시니 대방량良의 아들이었다.

八月,烏干進拔菰城東城等三城,鄭共進駐羽城. 十六日,聖母訃音至自柵城,命罷月歌會,擧国縞素,召還盖馬征軍於北河城. 聖母崩於七月,而訃使因潦水而遲滯者也.使云"蛙王欲殉於聖母,為群臣所扶而止."上哀慟不已,遣皇宮大加仇都小兄松義往吊,献賻黃金四百斤白金二百斤銅八十斤玄纁十疋白絹二十疋黃紗二百疋檀香五十斤青茶三十斤三酒各七缸玉棺一事太皇后翟服二襲.鳳車三護軍百二十人發行. 漢素拔河陽城,置戍而還. 召皇后恐上過毁,召平氏入宮又使孟后奏琴而慰上悅之. 沸流高婁請往聖母喪而遇見類利而還.上以其年幼世嶮,不許. 遣大仙人木公献薬於金蛙老王,誦經于聖母殯殿,請分骨而還.鮮素不肯之,蛙王曰"渠之母也.汝何拒之.東扶余多水葬,而聖母火葬而分骨立廟,以皇后禮葬之." 漢王鳳以其妾妹有夫者以為宜子,而薦於其主驁.京兆尹王章以為有夫女不可配至尊,言'姜胡殺首子盪腸之事.'鳳怒殺之,漢驁不能禁.召皇后聞之,大喜,曰"漢天子真聖人也.王章之罪大逆不道也.殺之,可也.王鳳真外戚之賢臣也.大房之徒,安可不誅.但恨吾黨無如鳳者也."平氏聞之,欲敀.上不許,曰"雖有王鳳,吾非驁類也.汝何憂之."

8월, 오간이 고성菰城[450]·동성東城 등 세 성을 빼앗았고, 정공이 우성羽城[451]으로 진격하여 주둔하였다. 16일, 성모부음이 책성에서

---

447) 順義縣(北京市順義區) 龍山지역으로 추정함

448) 柵城(東夫余)에 있는 가족들을 빨리 데려와야 할 상황이었음이다.

449) 당시의 盖馬國地(山西省西北半)가 바로 高勾麗의 玄菟故地와 겹쳤었다!!

450) 拼音이 菰城[gū_]이니, 崞縣城[guō_]?

451) 拼音이 羽城[yǔ_,hù_] ; 인근의 寗武縣城[níngwǔ_]이거나 五寨縣城[wǔzhài_]쯤?

당도하여, 명을 내려 월가회를 파하였다. 거국적으로 희고 수수한 옷을 입었고, '개마정벌군을 북하성北河城으로 불러들이셨다.'[452] 성모께선 7월에 돌아가셨고, 부음사신이 큰비潦水[453]로 지체하였던 것이다. 사자가 일컫기를 "금와왕이 성모를 따라죽으려 하시다가 뭇 신하들에게 붙잡혀서 그만두셨습니다."라고 하였고, 주상께선 애통해하시길 멈추지 못하셨으며, 황궁대가 구도와 소형 송의를 보내 찾아가 조상하시고 부의로 황금黃金400근·백금白金200근·동銅80근·현훈玄纁[454]10필·백견白絹[455]20필·황사黃紗[456]200필·단향檀香50근·청차靑茶30근·3주三酒[457]각7항아리·옥관玉棺하나·황태후적복太皇后翟服2벌을 봉거鳳車 석 대에 싣고 호군護軍 120명을 딸려서 보내셨다. 한소가 하양성河陽城[458]을 빼앗아 수자리를 두어놓고 돌아왔다. 소召황후가 주상께서 지나치게 몸이 축나실 것을 염려해, 평씨를 궁으로 불러들이고 또한 맹孟후를 시켜 거문고를 타서, 주상을 위로해 기쁘게 해드렸다. 비류와 고루가 찾아가서 성모를 조상하고 나서 몰래 유리를 만나보고 오겠노라 청하였으나, 주상께선 그들이 나이가 어리고 세상이 험악하여 허락하지 않으셨다. 대선인大仙人 목木공을 보내서 금와 노왕老王께 약들을 바치고서 성모 빈전殯殿에서 경經을 외웠다. 유골을 나누어 돌아가길 청하였더니, 해소가 이를 내켜하지 않으매, 금와왕이 이르길 "그의 어미인데, 네가 어찌 그걸 막느냐? 동부여는 많은 이를 수장水葬하지만[459], 성모는 화장해서 유골을 나누고 사당을 세워서 황후예법으로 장사하라."고 하였다. 한漢의 왕봉王鳳[460]이 제 첩의 여동생이 지아비가 있어도 남자를 밝히매 그녀를 그의 임금 유오驁[461]에게 바쳤다. 경조윤京兆尹 왕장王章이 그녀는

452) 菰城·東城·羽城 등으로 進駐해 흩어진 軍隊들을 한 곳으로 後退·集結시킨 것임
453) 大量으로 오래도록 내리는 비, 장마 또는 큰물 즉 홍수
454) 그윽한 분홍색 緋緞
455) 白色 明紬
456) 黃色薄紗
457) 黍酒·粱酒·酪酒 또는 昔酒·淸酒·事酒
458) 山西省 西北部의 馬邑·山陰縣間 '河陽堡'로, 北河(桑干河支流)의 北岸이니 河北 즉 河陽이다. 盖馬國 討伐據點 北河城까지 討伐軍을 退却시키지는 않았음을 뜻한다.
459) 粱河를 지나 酸水가 있던 長岺 땅의 습속과 유사한 장례풍속
460) 前漢 孝成帝의 外叔

유부녀라서 지존의 배필로는 불가하다며 '강호姜胡[462]가 맏아들을 죽여 속을 씻은 일'을 얘기하자, 왕봉이 노하여 그를 죽였고, 한漢의 유오鶩는 그 일을 막지 못한 것이다. 소召황후가 이를 듣고 크게 반기면서 이르길 "한漢의 천자天子가 진짜 성인聖人이오. 왕장의 죄는 대역부도大逆不道이니 죽이는 것이 옳았고, 왕봉은 진정 외척현신外戚賢臣이었소이다. 대방大房량 무리들은 왜 죽지 않아야 하는가? 그저 내 무리에 왕봉鳳이 같은 이들이 없는 것이 한스럽소."라 하였다. 평씨가 이를 듣고 돌아가려 하니, 주상께선 윤허치 않으시며 이르시길 "비록 왕봉이 있어도, 내가 유오鶩 같은 부류가 아니거늘, 그대는 어찌 그것을 걱정하시오?"라고 이르셨다.

九月,涉羅女主奕居知遣使入貢.涉羅在於桓那之東南,依山傍海,世襲女主.山多野少,民以魚獵為生,冢居岩伏,好歌舞鬼神.国之俊秀者為女主之嬖臣.生女為巫,其最少者継之.其俗淳實不華,能為其主而盡忠.上賜奕居知綾緞,命親自入朝.

9월, 섭라(셔라,시라)涉羅[463] 여임금女主 혁거지奕居知[464]가 사신을 보내 들어와서 조공했다. '섭라국은 환나국의 동남방에 있고 산들을 의지하고 큰 물海(渤海,黃河)을 곁하며 여임금을 세습하고 있었다(그림-47참조). 산이 많고 들이 적어, 백성들은 어렵漁獵을 생업으로 하고, 땅을 돋우어 거처하거나 바위언덕에 엎어져 살면서'[465] 가무歌舞와 귀신鬼神을 좋아하였다. 나라 안의 준수한 이를 여임금의 폐신嬖臣[466]을 삼아, '딸을 낳으면 무녀巫女로 삼고'[467] '그중 가장 나이가 적은 이로 뒤를 이었다.'[468] 그곳 습속은 순박하고 참되어 사치하지 않았으며, 능히 그 임금을 위하면서 충성을 다하였다. '주상께서 혁거지

461) 西漢 孝成帝
462) 姜 땅의 胡
463) '물(黃河,滹沱河) 건너 질척거리는 땅'이란 意味? ; 斯羅=尸羅=斯盧=新羅.
464) 夫餘帝室女? 赫居世는 奕居知의 嬖臣所生親子?
465) 河北省南東部의 黃河下流·渤海西岸 古代斯盧國(斯羅國)? 현금 子牙河동남의 滄州·衡水·德州 일대!! (그림-47참조)
466) 情을 나누는 男色臣下 곧 情夫 곧 男便
467) 東夫余(加葉原)의 巫風이 이미 東都(高句麗)를 거쳐 傳해진 것이라.
468) 아들을 낳으면 곧바로 斯盧國 朴赫居世처럼 물(黃河) 바깥으로 내쳤다는 말이다.

에게 릉단綾緞을 하사하시고, 친히 몸소 입조하라고 명하셨다.'469)

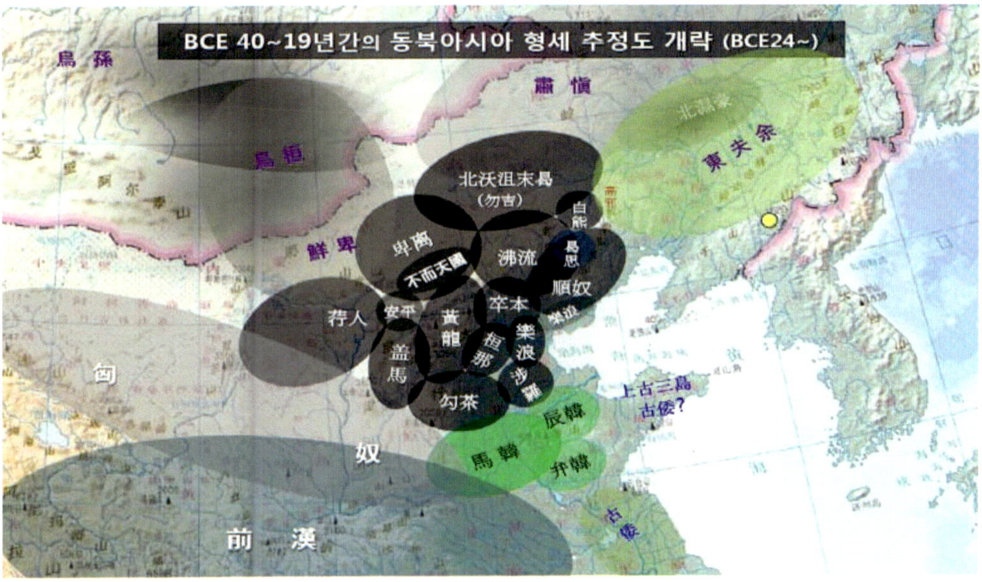

그림-47. 芻牟鏡에 따른 高勾麗 初期疆域 추정도(涉羅國 自進入朝 이후)

十月,木公分骨而還.置神廟於竜山南岺,安骨於玉棺之上.與萱皇后掛孝,召孟以下后妃皆以華服從之,行大祭三日.遣主神大加再思小兄奥天于柵城,而饋神饍方物于蛙王,以謝分骨之恩. 命菸狗馬黎,引兵一万,與鄭共烏干,伐盖馬拔蔚岩城,進逈其都城.燕宜率其妻子而西走潢上.菸狗取其珍宝送于西都.上遣武骨徃犒大軍賜袍,命"勿侵掠其民,使之安居服從.而燕宜子小噲代立為盖馬王,歲修朝貢." 樟花生鮮素子山鮮,上遣使賜衣.上之初孫也,群臣上賀.上與三后受之,賜宗戚公卿酒食. 以奥犍為太輔,鮮德左輔.以蔘花公主為大室夫人.大室者,故旒太后宮也,賜翟服如皇后例.天下稍乏,上漸眷親戚,列封子弟,或納後宮,蔘主寵最高.上春秋方殷,能御数嬪,宗戚夫人之能子而願得上子者,不問老少美醜,皆使當夕.螽斯,雖振勞耗,自多其為害不少.而不忍拒其来,以此宗室當夕之弊久而不絶,為国之累矣.

469) 北夫余의 侯國이 되었는지 또는 附庸했는지는 未詳이나 自進服屬和親常況이 됨. 그랬으니, 奕居知도 곧 夫餘帝室女의 하나 아니었겠나?

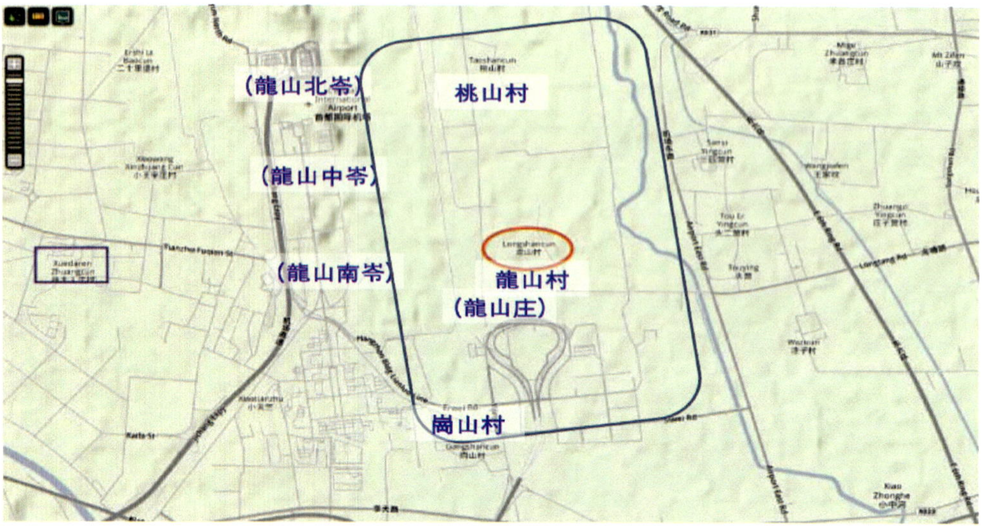

그림-48. 中華人民共和國 北京市 順義區 首都國際機場터의 昨今地名들

10월, 목木공公이 유골을 나누어 돌아오매, '룡산龍山 남령南嵜'[470]에 사당을 세우고 유골을 옥관玉棺 위에 안치하셨다(그림-19,-48참조). 훤황후와 함께 상복을 입고 소召후·맹孟후 이하 후비后妃들 모두는 화복華服으로 이를 따르며 사흘간 큰 제사를 올렸다. 주신대가 재사와 소형 오천[471]을 책성으로 보내 영험한 음식과 방물을 금와왕에게 드리고 유골을 나눠주신 은혜에 감사하셨다. 어구와 마려에게 명하시어, 1만병을 이끌고 정공 및 오간과 함께 개마국을 쳐서 '울암성[472]을 빼앗고서 멀리 도성都城으로 진격하자,'[473] 연의는 제 처 자식을 데리고 서쪽으로 도망해 황潢수[474]곁으로 갔다. 어구가 도성

---

470) 譯者는 이 龍山을 中和人民共和國 北京市 順義區에 있는 首都國際機場 서편을 隣接한 丘陵性山地로 比定함.
이곳에 龍山·龍山村·龍山莊(龍山庄,龍山溫泉場)이 있었음. 그림-48의 龍山南嵜(天竺地區)과 崗山村 지역들에 각각 半徑 70m쯤(2所)과 90m쯤(1所)의 封墳이 파헤쳐진 듯한 모습들의 空地가 10餘年 前까지 'Google人工衛星地圖'로 볼 수 있었다. 허나, 지금은 그곳들조차 그 周邊의 空地와 함께 宅地 등으로 開發되고 있다. 嗚呼 痛哉 哀哉
471) 南堂 註曰 '奧犍의 아들'
472) 高勾麗史抄 大武神帝紀 十年丁酉 七月條의 戰史를 참조하면, "蔚岩城"은 "南口城"의 南方쯤으로 末期의 西漢에 비교적으로 가까웠다. 따라서, 恒山인근 蔚縣은 무관함.
473) 南口(雁門關지경) 西方·西南方의 寗武縣 또는 靜樂縣 지경이었을 것이며, 羽城이 寗武縣城이었으면 盖馬國 都城은 靜樂縣城쯤이었다 할 것이다.

의 진보를 거두어 서도로 보냈고, 주상께선 무골을 보내 찾아가서 대군을 잘 먹이셨으며, 겨울옷을 하사하고 명하시길 "백성들을 노략하지 말아서 그들이 편히 살며 복종케 하고, 또한 '연의 아들 소쾌小噲는 대신해 보위에 올라 개마왕盖馬王이 되어 매년 조공하라.'"[475]고 하셨다. 장화樟花가 해소 아들 산해山觧를 낳으니, 주상께서 사신을 보내 옷을 하사하셨다. 주상의 첫 손자이매, 뭇 신하들이 하례를 올렸고, 주상께선 세 후들과 함께 하례를 받고 종척과 공경들에게 술과 음식을 하사하셨다. 오건을 태보로 삼고, 해덕을 좌보로 삼았다. 료화蓼花공주로 대실大室부인을 삼고, 대실大室이 옛 류旒태후궁이었음에, 황후에 준해 적복을 하사하셨다. '천하가 비로소 평정되어(그림-47참조),'[476] 주상께선 점차 친척들을 돌보셨다. 자제들을 줄줄이 봉하시고, 혹자는 후궁으로 들이셨는데 료화공주蓼主를 총애하심이 최고였다. 주상께선 춘추가 때마침 한창이시어 능히 여러 빈嬪들을 거느리셨더니, 종척의 부인으로 능히 자식을 낳을 수 있고 주상의 자식을 가지길 원하는 이라면 늙은 이 젊은 이 고운 이 추한 이를 불문하고 모두로 하여금 밤일을 감당케 하셨다. 누리蝗蟲가 일면, 설사 무던히 애써서 없애버려도 절로 많은 것에 피해가 적지 않거늘, 그들이 찾아옴을 차마 막지 않으셨고, 이로 인해 종실이 밤일을 맡는 폐해가 오래도록 끊이지 않아서 나라에 누가 되었다.

十一月,鍊兵扵湖海.涉臣遣牛羊犒軍又以美女数十贈于鍊兵将士而欲得歡心,将士刼其使責求愈多.涉臣知不可當,欲與之戦,請救扵紫蒙.紫蒙王西川恐禍及己,遣使来告.上命練兵将士勿與涉臣構怨,又遣吉士扵鮮卑慰論涉臣曰"朕之伐盖馬也,不得已也.卿以忠誠早来臣服久矣.近日征馬之将有不美扵卿,朕已治之矣.勿為惧慮而自誅.不變向日之忠則爾国安矣.勿自妄動而取禍."涉臣喜而自新遣其子涉俊為質,永為父子之国.許之. 行聖母懺悔大經筵七日,以奥芳夫人為聖母庙主,秩一品公夫人.

---

474) 內蒙古 歸綏(呼和浩特)북방 陰山山脈에서 發源하여 北方으로 흐르는 西拉木倫河(潢河,塔布河)? ; 내몽고 和林格爾 北隣의 土城子와 双庙子를 지나 托克托 東北에서 大黑河와 合流하여 黃河로 들어가는 黃水河(潢水)는 荇人國地이니 不可하다.

475) 盖馬國을 토벌하여 封國으로 정리함

476) 北夫余 諸侯國들의 再伏屬을 완료 ; 順奴·曷思·卒本·桓那·沸流·黃龍·樂浪·梁貊·末曷·北沃沮·白熊·肅愼·卑离·紫蒙·勾茶·荇人·涉羅·盖馬 등등

11월, '호해湖海[477]에서 군대를 훈련하였다. 섭신涉臣이 소와 양을 보내 군사들을 먹였고 또한 미녀 수십을 병졸을 훈련하는 장수와 군사들에게 바쳐 환심을 사려 하였더니,'[478] 장수와 군사들이 그 사신을 겁주고 책망하며 더 많은 것을 내놓으라 하니, 섭신이 당해낼 수 없음을 깨달아 그들과 싸우려고 자몽紫蒙[479]에게 도움을 청하였고, 자몽왕 서천西川[480]은 화禍가 자신에게 미칠까 두려워 사자를 보내 발고하니, 주상께서 병졸들을 훈련하는 장수와 군사들에게 명하시어 섭신과 더불어서 원한을 쌓지 말게 하시고, 길사를 섭신에게 보내 위로하며 의론하여 이르시길 "짐이 개마국을 친 것은 부득이 하였소. 경은 충성스러워 일찍이 찾아와 신하로 복속한지가 오래요. 근일에 개마를 친 장수와 군사들이 경에게 불미했던 바는 짐이 이미 다스려놓았소. 두려워하고 걱정하다가 자신을 베지 마시오. 해日[481]를 향한 충정이 변하지 않으면, 그대의 나라는 안전하리니, 스스로 망동하여 화를 부르지 마시오."라 하셨다. '섭신이 기뻐하며 몸소 처음으로 제 아들 섭준涉俊을 인질로 삼아 보내고 영원토록 부자父子의 나라가 되겠노라고'[482] 하여, 허락하셨다. 7일간의 성모참회대경연聖母懺悔大經筵[483]을 거행하시고, 오방奧芳부인夫人을 성모사당聖母庙을 주관할 질秩1품品공부인公夫人으로 삼으셨다.

十二月,烏桓蘇鶏侯元杜紀遣使来朝,請赦燕宜之罪.上曰"燕宜自来,可一言而决矣.何區區使人介之我."使去.燕宜又遣使来献虎皮陶器,請献二女入宮永為君臣.上曰"雖兄弟亦可,何必君臣.當相見而議也."燕宜只送二女而竟不来,陜父奏曰"燕宜終始疑訝,不可不伐."上曰"燕宜涉臣皆是奸物也.不可一朝而破,徐當究其道理,不必燥燥也." 鮮朱遣使来,言"都后難産而崩.臨終,

---

477) ①大同 北方 豐鎭의 東北方인 葫芦海(壺芦海,壺盧海,集寧海)? ②大同 北方의 豐鎭 西方인 大海(岱海)? 역자는 그림-45의 左上端의 壺盧海로 추정함.

478) 節期가 嚴冬이어서, 遊牧하던 鮮卑(涉臣)가 南下하여 陰山山脈 東部이자 大青山(卓資山) 西便인 大黑河 沿邊에 散居하였을 것이다.

479) 大同府북방 豐鎭지경 古長城의 '土色이 紫色이어 붙은' 鮮卑族 部名 또는 地名인가?

480) 紫蒙太上天王 廣公의 의붓아들(義子)

481) 日子 즉 天子 즉 鮮氏인 芻牟

482) 鮮卑의 自進服屬

483) 聖母께 不孝한 일을 懺悔하는 큰 經筵

恨不見上而泣,血淚流下."上聞之慟哭,遣皇宮大加仙都小兄松義,持金棺玉馬翟服鹵簿以皇后禮治其喪.都后臨崩,語於鮮朱曰"吾死,故汝兄.勿火而漬,送尸于西都,得與汝兄相見."朱乃漬而送之.嗚呼,都后以貝陵国漁人之女,有出天之顔色惱人之嬌態,為其王妃,轉為屋相國妃矣.聖上以其遺命娶之生子女,而不能告別而来期其再會.至是崩,春秋四十八.上謂群臣曰"都后,朕之初妻也.事我兄弟三人而生子七人.有仁賢之德,可謂天子之配.自余別来,思念自苦未嘗怨尤,唯望早早相見,不意至此.今年以来,天不祚我,喪母失妻,無乃朕之失德者欤.其赦国中死囚及捕口買奴.以休征伐之役,病傷軍卒皆加祿治療,賑其妻子父母."都后葬禮,悉如聖母太后禮,葬于太后陵傍,立庙曰"都皇后庙." 以上女都孫妻鮮朱,遣宗府大加奥春如柵城行禮.上賜都孫黃金五百斤繒絮四段真珠宝扇白馬宝車公主翟服,又献蛙王黃駝二匹香麝一頭甘草酒二缸.蛙王大喜,賜都蓀珍宝佩玩,而護都后子女. 上賜創業功臣烏伊摩离陜父扶芬奴漢素再思武骨默居奥犍奥命奥春于真扶尉猒菸狗鄭共馬黎烏干乙耕仇賁仇都逸苟焚永吉士都喜桓福桓柏松太禾黍等,虎皮大鏡二枚香婢七口.

12월, 오환烏桓 소계후蘇鷄侯 원두기元杜紀가 사신을 보내 조정으로 와서 '연의의 죄'[484]를 사면하시길 청하매, 주상께서 "연의가 몸소 오면 말 한 마디로 끝날 것을, 어찌 구구하게 남을 끼워 넣는고?"라 이르시니, 사신이 물러갔다. 연의가 또 사신을 보내와 호피虎皮와 도기陶器를 바치고 '두 딸을 바쳐 입궁시키겠으며 영원토록 임금과 신하로 되겠노라고' 청하여, 주상께서 "설사 형제여도 역시 좋을 것을, 하필 군신君臣이오? 당장 서로 만나 의견을 나눕시다."라 이르셨는데, 연의는 단지 두 딸만을 보내놓고 끝내 오지 않았다. 협보가 주청하길 "연의는 모든 것이 의심스럽고 괴이하여 토벌치 않아선 아니 되겠습니다."라 아뢰니, 주상께서 이르시길 "연의와 섭신은 모두 간사한 인물이라서 하루아침에 깰 수는 없소. 천천히 마땅한 도리를 찾읍시다. 조급하게 애태울 필요 없소."라고 하셨다. 해주解朱[485]가 사신을 보내와서 "도都후가 난산 끝에 죽었습니다. 죽음을 앞두고 성상을 뵙지 못함을 한스러워해 우는데, 피눈물이 흘러내렸습니다."라 여쭈매, 주상께선 듣고 통곡하셨고 황궁대가 선도仙都와

484) 高勾麗에게 抗拒하다가 서북방 潢水(錫拉木倫河) 곁으로 도망한 盖馬王의 罪

485) 芻牟의 첫 內室이었던 都后가 臨終할 當時에는 都后의 지아비임

소형 송의松義[486]를 보내 금관金棺·옥마玉馬·적복·의장을 가져가시어 황후예법으로 장사하셨다. 도후가 죽기에 임박해 해주朱에게 말하여 이르길 "나는 죽어선 그대 형님께 돌아가겠소. 시신을 태우지 말고 담가서漬[487] 서도로 보내 그대 형을 상봉케 해주오."라 하매, 해주가 이에 담가서 보내면서 소리 내어 울었다. 도후都后는 패릉국貝陵國[488] 고기잡이漁人[489]의 딸인데, 하늘이 낸 안색顔色에 남자들을 괴롭히는 아리따운 자태인지라 그곳 왕[490]의 비妃가 되었다가 옥屋상국의 비妃로 되었었다. 성상께서 그(옥상국)의 유명을 따라 혼인하여 자녀[491]를 낳았으나, '능히 이별을 고하고 떠나오시지도 재회를 기약하시지도 못하셨는데,'[492] 지금에 이르러 죽으니, 춘추 마흔 여덟이었다. 주상께서 군신들에게 말씀하여 이르시길 "도후는 짐의 첫 처였고, 내 형제 셋을 섬기면서 아들 일곱을 낳았으며, 어질고 현명한 덕이 있어 가위 천자의 배필이었소. (짐이) 동부여를 떠나온 이래로 자신의 괴로움을 마음속에 묻어놓고 아직까지 멀리 떨어져있음을 원망하지 않았으며 오직 하루빨리 만나보길 바라다가 불의에 이리 되었소이다. 금년이래로 하늘이 내게 복을 주지 않아서, 어미를 여의고 처를 잃었으니, 짐이 덕을 잃었음 아닌 것이 없소이다. 나라 안의 죽음을 기다리는 죄수들과 잡혀온 생구들 및 팔려온 노비들을 풀어주고 정복전쟁을 멈출 것이며, 병들거나 다친 군졸들 모두는 봉록을 늘려주고 치료하여 낫게 할 것이며 그들의 처자와 부모를 진휼하시오."라 하셨다. 도후의 장례는 모두를 성모태후의 예법과 같이하여 태후릉 곁에 장사하고 사당을 세워 "도황후사당都皇后庙"이라 하셨다. 주상의 딸 도손을 해주에게 처로 삼아주시고 종부대가宗府大加 오춘을 책성으로 보내서 예를 갖춰주셨다. 주상께서 도손에게

486) 松讓의 子로 貫貝所生임

487) 屍身이 傷하지 않게 하는 液體에 적시거나 담가서(北方의 葬禮習俗인 듯)

488) 芻牟境上 卷二 成長紀五歲(丁卯,BCE54年)記錄 참조; 譯者는 白城·通遼·雙遼·彰武地境을 貝陵國故地로 잠정 추정한다.

489) 漁業을 管掌하는 下級官吏일 것; 本鏡 東明七年庚寅三月 기록 참조.

490) 貝陵國 왕의 이름은 芻牟鏡衍義 曰 紅株이다. 屋斗辰에게 나라를 빼앗기고 于山國으로 逃避한 이후로 屋斗辰을 咀呪하였다.

491) 都祖태자 및 都孫공주

492) 芻牟鏡衍義에 傳하길 '都氏는 禮氏와 달리 心弱하였다.'고 한다.

황금500근·증서필단繒絮匹段·진주보선眞珠宝扇·백마보거白馬宝車·공주적복公主翟服을 하사하시고, 금와왕에게 누런 낙타 2필과 예쁜 사향노루 한 마리 및 감초주 두 항아리를 드리니, 금와왕이 매우 기뻐하며 도손에게 진보로 된 패물과 노리개를 하사하고 도후 자녀들을 보호하였다. '주상께서 창업공신 오이·마리摩离·협보·부분노·한소·재사·무골·묵거·오건·오명·오춘·우진·부위염·부어구·정공·마려馬黎·오간·을경·구분·구도·일구·분영·길사·도희·환복·환백·송태·화서 등에게 호피虎皮와 대경大鏡[493] 2매枚와 향비香婢 일곱을 하사하셨다.'[494]

493) 큰 銅鏡이었을 것. 銅鏡은 오로지 帝王君主들만의 專有物이 아니었음이라.

494) 父皇의 北夫餘屬地 모두를 회복해 高勾麗 初期疆域을 完成한 후에 論功行賞한 것.

芻牟鏡 下
추모경 하

원문출처(http://mf.history.go.kr/Pdf/MF0020000/00322326.pdf)

芻牟鏡 卷六
추모경 권6

本紀 第七
본기 제7

東明十五年戊戌,正月,癘疫大行.遣医扵各地,施薬給良水.黃龍国仙王昷公薨,年四十四.漱帝之別子也.其母羊芳為羊吉所逼而死.羊吉以是待昷公甚厚,妻之以女,尊以天帝.上之至黃竜,昷来降,降封為仙王,号中川公.為人懦弱無能且多疾病,竟不能壽.賜其妻子年穀. 太輔奥犍薨,年五十七.犍,順奴王奥川之子也.其母,上姊凰主也.為人忠厚愛人,為国盡忠,不與人爭功.其妻乙旃氏為上寵妃,累曠其枕而未嘗慍意,亦未嘗移愛,故上累勧旃妃攷犍,至是犍薨,自稱九如宮太大夫人.上賜金印玉章,寵幸倍前.旃好奢侈有房道,能悅上意.年已五十二而有如少婦. 觧德太輔,奥命左輔.

동명15년무술(BCE23), 정월, 열병이 널리 퍼져서, 의원들을 각지로 보내 약을 써주고 깨끗한 물을 대주었다. 황룡국 선왕仙王 온昷공[1]이 죽었다. 나이 마흔넷으로, 모수제 별자別子이다. 그 어미 양방羊芳이 양길에게 핍박을 받다가 죽었고, 양길이 이에 온공을 대함이 몹시 후해져서 제 딸을 그에게 처로 주고 천제天帝로 존숭하였었다. 주상께서 황룡에 당도하시자, 온昷공이 찾아와 항복하였고, 선왕仙王으로 강봉되어 중천공中川公으로 불렸다. 사람됨이 나약하고 무능하며 게다가 질병이 많아서 끝내 천수天壽를 다할 수 없었다. 그의 처자들에게 년곡을 하사하셨다. 태보 오건奥犍[2]이 나이 쉰일곱에 죽었다. 오건犍은 순노왕 오천奥川의 아들로, 그 어미는 주상의 누님인 해황공주凰主였다. 사람됨이 충직忠直순후淳厚하며 남을 아꼈고, 나라

---

1) BCE66年生 ; 羊芳后가 낳은 慕漱帝 아들. 羊芳은 法皇女所生 黃龍侯羊山의 딸.

2) BCE79年生

를 위해 충성을 다하며 남들과 공을 다투지 않았다. 그 처 을전乙旃씨가 주상의 총비로 되어, 누차 잠자리가 쓸쓸하여도 화내지 않았고 또한 사랑하길 저버리지도 않았음에, 주상께서 누차 을전비旃妃에게 오건에게 돌아가길 권하셨다. 지금 와서 오건이 죽고, 구여궁九如宮태대부인太大夫人을 자칭하매, 주상께선 금인·옥장을 하사하셨고 전보다 갑절로 총애하셨다. 을전旃은 곧잘 사치하나 방도房道가 좋아서 능히 주상의 마음을 즐겁게 하였고, 나이가 이미 쉰둘이나 젊은 여인 같았다. 해덕解德을 태보로 삼고, 오명奥命을 좌보로 삼았다.

二月,燕宜與其妻秋氏入朝.秋,故㭍公之妻也,上知秋氏之忠不能救其急.生其子女而献其二女于上,一則㭍公之女,一則燕宜之女也.二女皆得上寵而娠,故燕宜聞其女言,而知上無害意而来也.上使扶尉猒立燕宜為盖馬王,命小噲入朝.秋氏依㭍公遺命,欲得上子為嗣.故乃留後宮.年已三十九而二齒落,陜父諫其留,上重㭍公之意而不聽其諫. 孟皇后染疫而崩,春秋四十三.上慟哀之,葬于真珠陵側,以其子桓福為主農大加,仲室禹主賓大加. 以九如宮太大夫人乙旃妃為第三皇后,使居孟后宮.於是乙氏之勢大昌,而召皇后寵益加焉. 禾英后生轂太子,請以年老退去.上慰之曰“汝以乙旃之故,怨我邪.”英曰“豈敢妬㤘.今畓産涉,故恐年老也.”上曰“姑待之,吾所以不階汝者,恐群臣之議也.汝秩當重於皇后位矣.”乃以禾英宮為瓊天宮. 奥坤夫人生黔乙太子.上與乙旃后徃慰之,加其奴婢牛羊,乃旃出犍女也.

2월, 연의[3]가 제 처 추씨秋氏와 함께 입조하였다. 추秋씨는 죽은 칠공㭍公의 처였었는데, 주상께선 추씨의 충정을 아시면서도 그녀를 위급함에서 구해주지 못하셨음에, 그들의 아들딸들을 낳아서 두 딸을 주상께 바쳤다. 하나는 칠공의 딸이고 하나는 연의의 딸로, 두 딸 모두가 주상의 승은을 입어 임신하였고, 그런 까닭에 연의가 그 딸들의 말을 듣고서 주상께서 해치실 의향이 없음을 알아서 찾아온 것이라. 주상께서 부위염을 시켜 연의를 개마왕으로 세우고, 소쾌에겐 명하여 입조케 하셨다. 추씨가 칠공의 유명을 따라 주상의 아들을 얻어 후사를 삼으려 한 까닭에 이윽고 후궁에 남았다. 나이 이미 서른아홉[4]이고 이빨 둘이 빠졌음에, 협보가 그녀의 눌러앉음을

3) 陰山山脈 北邊의 瀵水(錫喇木倫河)北方으로 逃走한 盖馬王

말렸지만, 주상께서 칠공의 뜻을 중히 여겨 그의 간언을 물리치셨다. 맹孟황후가 역병이 옮아 춘추 마흔셋[5]에 죽었다. 주상께서 이를 애통히 여겨 진주릉眞珠陵[6] 곁에 장사하시고, 그 아들 환복을 주농대가로 삼으셨고, 중실우[7]를 주빈대가로 삼으셨다. 구여궁태대부인 을전[8]비를 제3황후로 삼아서 맹후궁에 거처케 하셨다. 이로써 을씨乙氏세력이 크게 번창하였고, 소召황후를 총애하심도 한층 더하여졌다. 화영禾英후가 곡穀태자를 낳고서 나이가 들었음에 물러나서 돌아가겠노라 청하자, 주상께서 그녀를 위로하시며 이르시길 "그대는 을전의 일로 나를 원망하셨지요?"라고 하시니, 화영英이 아뢰길 "어찌 감히 투기하였겠습니까? 이번 출산이 껄끄러웠던 까닭에 나이가 든 것이 걱정이었습니다."라 하매, 주상께서 "잠시 기다리시오. 내가 그대를 올려주지 않은 것은 신하들의 의론을 겁낸 때문이었소. 그대는 의당 품계가 황후보다 중重했어야 했습니다."라 이르시더니, 화영궁禾英宮을 경천궁瓊天宮으로 삼으셨다. 오곤奧坤부인夫人이 검을黔乙태자를 낳았다. 주상께선 을전후와 함께 찾아가 위로하시고 노비 및 소와 양을 얹어주셨으니, 을전이 낳은 오건의 딸이었다.

三月,涉臣送其妹可突納後宮.上命置譯院,使習諸語.可突能通漢胡之語,故有是命.習語之院始此. 上與旃后如蹴勒園観梅,勒献黃金七百斤於旃后又献骐麟玉盃於上.上與旃后醉舞,勒之妻女皆助舞,稱曰梅花舞,其俗始此. 馬韓人甘成来献翡翠桃盒于召后,曰"得於漢之南方"云.時,召后雙鸞殿成.飾以金玉香木,非初年之宮制也,上以為太侈,后以為不足以為天子之居.召后盖好奢侈而寵高頗多自專,每聞漢宮之制而不見穹廬之居,故其言如是.上雖多后妃而召后常専房多寵,宮室起居之事多出其意,未免始倹終侈之責矣. 以漢人衛秀為医薬博士.秦章如栅城為蛙王昕留,鄭共乃薦衛秀為宮中之医.秀詳敏溫順謹勤如一,宮中皆稱其賢.比秦章之踈濶高傲,反有譽聲.

3월, 섭신이 제 여동생 가돌可突을 후궁으로 바쳐오니, 주상께서

---

4) BCE61年生이다.
5) BCE65年生이다.
6) 黃龍故地 眞珠城 인근 眞珠河山의 桂后陵이니 곧 桂娄皇后
7) 主園大加 ; 이때 겸하여 主園大加를 主農大加로 바꾼 것인가?
8) 召后의 姨母

명하여 통역원譯院을 두어 여러 언어들을 교습하게 하셨다. '가돌이 한漢과 호胡의 말에 능통하여'[9] 이런 명이 있었고, 습어원習語院[10]이 예서 비롯되었다. 주상께서 전旃후와 함께 소륵원踈勒園[11]에 가시어 매화梅花를 구경하셨다. 소륵이 황금700근[12]을 전후旃后에게 바치고 또한 기린옥배猉麟玉盃를 주상께 바쳤으며, 주상께서 전후와 함께 취하여 춤을 추시자, 소륵의 처와 딸 모두가 춤을 거들었다. 매화무梅花舞라 불렸고, 그 습속이 이것에서 비롯되었다. 마한사람 감성甘成[한성]이 와서 비취도합翡翠桃盒을 소召후께 바치며 아뢰길 "한漢나라 남방에서 구했습니다."라 하였다. 이때 소후의 쌍란전雙鸞殿이 완성되었다. 금·옥·향목으로 치장하여 초년의 궁전꾸밈이 아니어서, 주상께선 지나친 사치로 여기셨고, 소후는 천자의 거처로 삼기에 부족하다고 여겼다. 소후가 개략 사치를 좋아하였고 총애가 높았음에 한껏 자기 멋대로 하면서 매양 한漢의 궁전宮을 꾸미기는 청하여 듣고 궁려窮廬[13]들은 눈여겨보지 않은 때문에 이런 얘기가 있은 것이라. 주상께는 비록 후비后妃들이 많으셨어도 소후가 늘 방사를 독차지하여 총애하심이 많았고, 궁실宮室·기거起居에 관한 많은 일들이 그의 의중에서 나왔으니, 시초엔 검소했으나 종당엔 사치스러웠다는 책망을 면할 길이 없었다. 한인漢人 위수衛秀를 의약박사로 삼았다. 진장秦章이 책성으로 갔다가 금와왕에게 붙들려있음에, 정공이 위수를 천거하여 궁중의원으로 삼았다. 위수秀는 두루 명민하고 온순하며 삼가고 부지런함이 한결같았더니, 궁중의 모든 이들이 그를 현명하게 여겼다. 진장이 거칠고 어설픈데도 교만하였던 것에 비교되어, 도리어 칭찬하는 소리가 있었다.

四月,召皇后親蚕,旃皇后親氈,禾小后親麻.上親耕于東都南郊,召太史占年豊祭牛神. 荇南沛者祖天卒.以奥天代之. 徵盖馬勾茶黃竜荇人卑离壮丁,修

---

9) 夫餘族은 이미 옛 朝鮮의 西半이었던 匈奴 및 漢人의 言語들을 解得함에 通譯이 필요하였고, 당시 鮮卑族 涉臣은 漢語·胡語·夫余語를 通用하는 곳에 있었다는 記錄.

10) 外國言語 教習院

11) 당시 漢蠶이 성행하였던 黃龍國 西川(滋河)의 河濫(汎濫原)지역에 있었다.

12) 黃金 産出이 많았던 지역이었나? 또는 養蠶으로 致富하여 買入한 黃金이었나?

13) 北方族들의 移動形 居所

築南口鵠林南蘇河陽等城.其費浩創,上曰“戦則傷,守則勞,天下事固不容易也.拓地千里一時之勢也,片土不失万代之力也.馬上之得城而保之然後,不泡馬上之得矣,吾子其安而保吾勞可也.遂决守成之策而不招安平.” 癘疫以来遺尸抛野者,命皆埋之.以掩骼埋鬻為一功而奬民掩尸. 上謂主民卿,曰“民之生也以穀,病也以薬矣.有穀無薬,安能生民也.宜敎民以薬.”乃置薬田千頃,使民種栽而考其績.能者以為薬師,分置各州.各州置刺使,曰于臺,三十三人;

4월, 소召황후가 친히 누에蚕를 치고, 전旃황후가 친히 융단氈을 짜고, 화禾소후가 친히 삼麻을 가꾸고, 주상께선 친히 동도[14] 남교에서 밭을 갈고 태사太史를 불러 점을 치시니 풍년임에 우신牛神께 제사하셨다. 행남패자 조천이 죽어서, 오천으로 그를 대신하게 하셨다. 개마·구다·황룡·행인·비리의 장정들을 징발해 ‘남구南口[15]·곡림鵠林[16]·남소南蘇[17]·하양河陽[18] 등의 성城들을 고쳐 쌓았다.’[19] 그 비용이 커서 혼이 났음에, 주상께서 이르시길 “전쟁하면 다치고 지키기는 힘이 드니, 천하를 다스림은 분명코 쉽지 않소. 천 리 땅을 넓히긴 일시의 힘이면 되나, 땅 조각을 잃지 않는 데는 만대의 힘이 드오이다. 말을 타서 얻었으면 성城을 쌓아 지키고, 그런 후에도 말을 타서 얻은 것을 흥성케 해놓아야, 우리 자식들이 안전할 것이고 우리의 수고를 지켜낼 수 있을 것이오. 모름지기 이룰 계책들을 결행하면서 편안하기를 찾지 맙시다.”라고 하셨다. 열병이 돌았던 이래로 들판에 내버려져서 남아있는 시신들을, 명하여 모두 땅에 묻게 하셨고, 백골을 흙으로 덮거나 살점을 땅에 묻는 것을 하나의 공적으로 삼아서 백성들에게 시신을 땅에 묻도록 권장하셨다. 주상께서 주민경主民卿[20]에게 말씀하여 이르시길 “백성들을 살리려면 곡식이 있어야 하고 병病에는 약藥이 있어야 할 것이어, 곡식이 있

---

14) 鶻岺(滑岺) 및 鶻川(滑川)의 인근에 지은 都城
15) 盖馬國故地 북부의 要衝
16) 拼音은 [hú_,gǔ_,hè_]로, ‘鵠河’가 흐르는 곳 중의 要衝이었을 것 ; 類似音 ‘郜河’가 (大)沙河 支流로 行唐縣을 관통한다.
17) 勾茶國故 都城지역으로 역시 要衝
18) 盖馬國故地 북부의 要衝
19) 서북방 鮮卑와 남방 馬韓이 盖馬故地와 勾茶故地 침입할 것을 대비함으로 推定
20) 主民卿은 主民大加로 上五加(大卿)의 하나. 당시는 漢素가 主民大加였다.

은들 약藥이 없으면 어찌 백성들을 살릴 수 있겠소이까. 백성들에게 약藥을 가르쳐야겠소."라 하시고, 이에 약초밭 1,000경頃[21]을 만들고 백성들로 하여금 심어 재배케 하고서 그 실적을 따져 능통한 이들을 약사藥師로 삼아서 각 주州로 나눠보내고, 각 주州에는 자사刺使[22]들을 두셨다. 우대于臺[于台]라 불리는 33인이었으니;

鮮凍松江州刺使	奥蠻河南州刺使
奥淸汗濱州刺使	牛太湯東州刺使
松成湯南州刺使	松喜湯西州刺使
禾突湯北州刺使	五文梁山州刺使
契元大河州刺使	祖駿荇北州刺使
多古荇東州刺使	沙信荇西州刺使
祖賓荇南州刺使	仇連淹淲州刺使
乙福鯤淵州刺使	克榮毛屯州刺使
乙辰牛壤州刺使	正福汗南州刺使
羊臣箕東州刺使	桓人桂林州刺使
桂文桓那州刺使	大房允西河州刺使
棟直中川州刺使	仲室六宗西川州刺使
魚雲杜訥州刺使	小室甫梁狛州刺使
亀三卑离州刺使	張索人高顯州刺使
尙海黃山州刺使	鄭道東長岺州刺使
桓卑豊城州刺使	鄭[道][23]宋南蘇州刺使

漢悉南口州刺使 ; 皆賜二妻三妾.

해동 송강주자사	오만 하남주자사
오청 한빈주자사	우태 탕동주자사
송성 탕남주자사	송희 탕서주자사
화돌 탕북주자사	오문 량산주자사
설원 대하주자사	조준 행북주자사
다고 행동주자사	사신 행서주자사

21) 1천 頃은 즉 1千万坪 ; 1頃=100畝, 1畝=100坪, 1坪=3.30㎡
22) 西土歷代國 관직인 刺史 및 太守에 해당
23) '道東'과 형제인 '道宋'으로 필사에 漏落된 것으로 보고 譯者가 '道'字를 삽입함

조빈 행남주자사　　구련 엄표주자사
을복 곤연주자사　　극영 모둔주자사
을진 우양주자사　　정복 한남주자사
양신 기동주자사　　환인 계림주자사
계문 환나주자사　　대방윤 서하주자사
동직 중천주자사　　중실육종 서천주자사
어운 두눌주자사　　소실보 양맥주자사
구삼 비리주자사　　장삭인 고현주자사
상해 황산주자사　　정도동 장령주자사
환비 풍성주자사　　정도송 남소주자사
한실 남구주자사 ; 모두에게 2처 3첩을 하사하셨다.

五月,禁民賣子女為奴婢,以娛其身. 上與旃后如九如牧丹園,宴奥氏兄弟姊妹及乙氏鮮氏之族. 選国中秀才秀媛使入宗府,敎以文字禮儀以配宗子宗女. 戚里子女以補諸司之官. 上東巡至楽浪,浮海納柴吉女鵲氏為夫人.盖陝父之請也. 七月,禁両都蕩子女犯夜穢行以乱風化,乃大房良之請也. 上與召皇后如胡盧湖,玩月食瓜,而慰二桂之靈於湖上神祠. 収民間神馬以為官神馬,使馬黎考其優劣而等之.

5월, 백성들이 자녀를 팔아 노비가 되게 하여서 제 몸을 편안히 함을 금하셨다. 주상께서 을전旃후와 함께 구여九如향[24] 모란원牧丹園으로 가시어 오奥씨 형제자매들과 을乙씨·해鮮씨 무리族들에게 연회를 베푸셨다. '나라 안의 혼전인 뛰어난 인재들과 빼어난 미녀들을 선발해 종부宗府로 들여서, 문자·예의를 가르쳐 종실자녀들의 짝으로 삼아주고'[25], 척리戚里[26]의 자녀들로 모든 관부의 관리들을 돕게 하셨다. 주상께서 '동쪽으로 순행해 락랑樂浪[27]국을 가시어'[28] '배를 띄우고 시길柴吉의 딸 작鵲씨[29]를 거두어 부인을 삼으셨다.'[30] 협보의

24) 卒本故地와 順奴故地의 접경 지역이었을 것
25) 優秀한 子孫들을 두기 위한 策略
26) 帝王의 內外 戚族들
27) 天津 이북지경?
28) 이때의 高句麗 主都 西都는 樂浪의 遠西지역이었다.
29) 柴吉女鵲氏는 陜父妻柴花夫人과 姊妹之間이다.

청이었다. 7월, '두 도성都城'[31]의 방탕한 자녀들이 야반에 통행하며 추접한 짓으로 풍속을 어지럽히는 것을 금하셨다. 이는 대방량의 청이었다. 주상께서 소召황후와 함께 호로호胡盧湖[32]로 가시어 달을 감상하며 참외를 맛보셨고, 호수 곁의 신사神祠에서 두 계桂[33]후의 혼령을 위로하셨다. 민간의 신마들을 수집해 관부의 신마로 삼고, 마려로 하여금 이들의 우열을 살펴 등급을 나누게 하셨다.

八月,上與召皇后親閱神馬二千匹于汗濱,而試其騎馳而賞其優者. 親行聖母大祭于聖母庙.封庙主奥芳夫人為上品王大妃,賜翟服花魚.芳,犍之妹而松江王鮮德之妻也,刺使涷之母也.時,年四十三,而得上寵生二子,皆敀于德而不取. 鮮朱與都孫来朝.上見都孫皃类其母,抱而落淚,賜朱一品公服都孫翟服.朱言"類利與鮮百不和."上命朱徃諭利義. 召皇后方寵隆,欲以己子為嗣,恐類利不久来朝,與旃后說上曰"今,天下稍乞,順卒之民民皆願立正胤."上曰"朕年尚少而諸子皆幼,立胤似早."召后乃與乙耕陜父動上意曰"上意若在扵類利太子,則待其来而改之,未晚也.然,蛙王質聖母而欲制上,豈肯赦類利乎.帝王之事不可豫測,故莫不立胤,而副望也.權且立胤以順天意人心,何如."上曰"平時立長嫡,而難時立智賢.今,吾子皆幼而且當難時.誰最可乎."皆曰"萱太子與沸流太子,皆嫡長而仁賢,皆懦弱而智不足.高婁太子雖賢,亦近扵不智.請立斗功太子為正胤."上曰"朕意亦然,渠年尚幼,奈何."衆乃固請,上不得已許之.

8월, 주상께서 소召후와 함께 친히 신마 2천 필을 한빈汗濱[34]에서 검열하시고, 기병을 태우고 달리는 것을 시험해 우수한 놈들에게 상을 주셨다. 친히 성모큰제사聖母大祭를 성모사당聖母庙에서 거행하시고, 묘주廟主 오방奥芳부인을 '주상上 품계品'[35]인 왕대비王大妃로 삼아 적복·금화花·금어魚를 하사하셨다. 오방芳은 오건의 여동생으로, 송강

---

30) 后妃當夕例曰"戊戌五月,如楽浪納鵲氏于海中為夫人,從上連夕."이니, 楽浪은 海岸이었다. 東明8年辛卯(BCE30)七月條의 기록 참조.

31) 西都와 東都이며, 이때 당시 芻牟大帝는 西都가 居所였다.

32) 譯者는 '慰二桂之靈扵湖上神祠'한 神祠가 ①眞珠陵·眞珠城의 인근이었다면, 胡盧湖 역시 行唐·曲陽縣以西지경이었을 것이며, ②桓那故地에 있었다면, 保定·定興縣지경일 것으로 추정한다.

33) 桂婁와 桂孟子

34) 桑干河 연변

35) 一品보다 위의 秩品으로, 主上과 對等한 品階 즉 品等

왕 해덕의 처이고, 자사 해동凍의 어미였다. 이때 나이 마흔 셋으로, 주상의 승은을 입어 두 아들을 낳았으나 모두를 해덕의 아들로 삼고 취하지 않으셨다. 해주鮮朱가 도손都孫과 함께 찾아와 입조하니, 주상께서 도손의 모습이 그 어미를 닮아서 품에 안고 눈물을 흘리셨으며, 해주朱에게 1품 공복을 도손에겐 적복을 하사하셨다. 해주가 "유리가 해백과 화목하지 않습니다."라 아뢰매, 주상께서 해주에게 명하여 돌아가서 유리利를 옳은 길로 타이르게 하셨다. 소召황후가 바야흐로 총애가 두터우매, 자기 아들을 후사로 삼고 싶었고, 유리가 머지않아 찾아와 입조할까 두려우매, 전旃후와 함께 주상을 설득하며 아뢰길 "지금 천하가 점차 안정되어, 순노와 졸본 백성들 모두가 정윤正胤 세우시길 원하고 있사옵니다."라 하매, 주상께서 "짐의 나이 아직 젊고, 여러 아들 모두 어리니, 정윤을 세우기 이른 것 같소."라 이르시니, 소召후가 이에 을경·협보와 더불어 주상의 마음을 충동하여 아뢰길 "주상의 뜻하심이 유리태자께 있으시면, 유리태자가 오시거든 바꿔도 늦지 않으십니다. 허나 금와왕이 성모를 인질로 삼아 주상께서 꼼짝 못하시게 하고 있으니, 어찌 유리태자를 풀어 주겠사옵니까? 제왕의 일은 예측 불가한 까닭에 정윤을 아니 세울 수는 없어서, (유리태자는) 두 번째 물망物望입니다. 만일을 살펴 정윤을 세우시고 하늘의 뜻과 민심을 따르심이 어떠하겠나이까?"라 하니, 주상께서 이르시길 "평탄한 시절엔 적장자를 세우고 혼란한 시절엔 지혜롭고 현명한 이를 세워야 할 것인데, 지금 내 아들 모두는 어릴 뿐이고 게다가 혼란한 시절을 봉착해 있소. 누가 가장 좋겠소?"라 하시자, 모두가 아뢰길 "훤태자와 비류태자 모두는 적장들로 어질고 현명하나 모두 나약하고 지혜가 부족하며, 고루태자는 현명하나 지혜롭지 못함에 가깝습니다. 청컨대 두근태자를 정윤으로 세우소서."라 하매, 주상께선 "짐의 생각 역시 그러하나 그 애의 나이 아직 어린데 어쩌란 말이오?"라 이르셨다가, 많은 이들이 굳세게 청하매, 주상께서 부득이 그리 허락하셨다.

十月,以斗功太子為正胤,以烏干女為太子妃.以馬黎為東宮師,使習文字經籍. 禾小后生羔太子.以暖公主為鮮晉太子妃,皆年十四.晉母芊花入謝上恩,

上思旒后而抱主嗚咽良久.上之愛子女出人如此. 鄭共與盖馬反将胡雉,戰于胡海,中矢而薨.上哭哀之,以左輔禮葬之,陞其子女爵一級.共父漢人而母黃竜国豪族土垣氏也.其妻張氏,漢豪之女,以美色累承上寵而生皇子女,上以是益重之,其兄妹諸侄皆至貴顯.上納張氏琳宮而以皇后例待之. 以元易公主為沸流妃.

10월, 두근斗坊태자로 정윤正胤을 삼고, 오간烏干의 딸로 태자비를 삼으셨으며, 마려로 동궁사東宮師를 삼아 문자와 경적들을 가르치게 하셨다. 화禾소후[36]가 고羔태자를 낳았다. 난暖공주를 해진鮮晉[37]태자비로 삼으니, 모두 나이가 열 넷이었다. 해진晉 어미 간화芉花[38]가 들어와 주상의 은혜에 감사하자, 주상께선 류旒후를 떠올리시며 공주를 껴안고 울음을 삼키시더니 오래도록 아무런 말씀이 없으셨다. 주상께서 자녀를 생각하심에 출중하심이 이와 같으셨다. 정공鄭共이 개마盖馬반장反将 호치胡雉와 호해胡海에서 싸우다가 화살을 맞아 죽었다. 주상께서 곡하시며 이를 슬퍼하셨고, 좌보예법으로 장사하고 그 자녀들의 작위를 한 급씩 올려주셨다. 정공共의 아비는 한漢인이고 어미는 황룡국 호족 토원土垣씨이다. 그 처 장張씨는 한漢호족의 딸로 미색이었고, 누차 주상의 승은을 입어 황자·황녀를 낳았으니, 주상께서 이로 인해 그녀를 더욱 중히 여기사, 그녀의 오빠와 여동생 및 여러 조카들 모두가 존귀해졌고 이름이 높아지기에 이르렀다. 주상께서 장씨를 림궁琳宮[39]으로 거두어 황후에 준하여 대우하셨다. 원양元易공주로 비류沸流의 비妃를 삼으셨다.

東明十六年己亥,春正月,平夫人生上女漢公主. 沸流国王多勿侯松讓卒.以其子義為多勿侯,爵中兄.而義妻奧花為公主,賜翟服花魚,旒后出也. 築河陽南蘇豊城之外城及黃山平山馬山等城. 禮后使皓彬来献御衣而言"帶素大行殺戮,其兄弟多被戮.蛙王不能禁之云."上慮觧朱等,遣松義如柵城,使察其動靜而来.義母貫貝謂義,曰"汝見類利太子.何如."義曰"英雄也.聖上諸子無如此人."貫貝曰"汝何不深結此人乎.汝不聞呂不韋之奇貨,可居之言乎."義

36) 賈達所生禾相之女 禾英이 낳은 黃龍王 宝得의 딸
37) 芉花所生罽牟子로, 慕漱帝 第二子 檀山公 鮮聰의 義子(假子)로 되었음.
38) 黃龍王羊山의 딸로, 慕漱帝同胞妹 竜公主所生임.
39) 雜色出身인 貴한 여인들의 거처 또는 그러한 宮人 ; 龍骨出身은 瓊宮에 거처함.

乃然之,及至柵城,與類利相通,結為兄弟,曰"太子之事,臣當担之."

동명16년기해(BCE22), 춘정월, 평平씨부인[40]이 딸 한漢공주를 낳았다. 비류국왕·다물후 송양松讓이 죽어서, 그 아들 송의義를 다물후로 삼고 작위를 중형으로 하셨다. 또한 송의義 처 오화奧花를 공주로 삼아 적복·금화·금어를 하사하시니, 전旃후 소생이었다. '하양河陽[41]·남소南蘇[42]·풍성豊城[43]의 외성外城들 및 황산黃山[44]·평산平山[45]·마산馬山[46] 등의 성城을 쌓았다.'[47] 예禮후의 사신 호빈皓彬이 찾아와 어의御衣를 바치며 아뢰길 "대소帶素가 크게 살육을 저질러서 그 형제 여럿이 죽임을 당하였고, 금와왕이 그 일을 막지 못했습니다."라 하여, 주상께서 해주 등이 걱정되사, 송의를 보내 책성으로 가서 그곳 동정을 살펴오게끔 하시니, 송의義 어미 관패가 송의에게 말하여 이르길 "너는 유리태자를 만나보았다. 어떠하더냐?"라 하매, 송의가 이르길 "영웅입니다. 성상의 여러 아들들 중에 이 사람 같은 이가 없습니다."라 하니, 관패가 이르길 "너는 왜 이 사람과 깊이 결연하지 않느냐? 너는 여불위呂不韋가 진기한 물건을 사두었다가 큰 이득을 보았음을 듣지 못하였더냐?"라 하매, 송의는 이에 그래야겠노라 여겨 책성으로 가서 유리와 상통해 형제가 되기로 약속하고서 "태자님 일은 제가 맡아 책임지겠습니다."라고 말하였다.

三月,上如䟽勒園觀梅,仍幸南口聞漢素之言,遂决南下之策,大增水軍及戦艦. 萱皇后以疾崩,萱太子哀毀而亦薨.廢朝三日.上哀痛失聲,食不下咽.召后慰之曰"南下之計未成.而不宜自毀如此.恐漢素知之."萱后以上之至親,為上之寵姬,及都禮之為正后,出為加葰公妃.上之南下,從而居中宮十九年,専房生子女七人.春秋五十,性寛厚恕人,未嘗妬一後宮,而寵常居首,召后次之.常以事委於召后曰"我老不及召妹,陛下宜從召妹言方可無事."上猶重萱而輕召曰

---

40) 漢素의 딸 平氏로 大房良의 外孫女임
41) 盖馬國 北河지경 河陽城(河陽堡)
42) 勾茶故地.로 勾茶古都
43) 勾茶故地로 阿隃陀国 사신이 山路로 經由하여 歸國한 곳
44) 勾茶故地.
45) 勾茶故地.
46) 勾茶故地.
47) 對方西·對南方 즉 鮮卑와 漢에 대비한 요충들 ; 河陽·南蘇·豊城은 內外 二重城

“十召不如一萱.”自萱之沈疾以来,召寵頗加,無復與之爭寵者.

3월, 주상께서 소륵원疏勒園[48]에 가서서 매화를 감상하시고, 거듭 남구南口[49]로 거둥하여 한소의 아룀을 들으시고 마침내 ‘남쪽으로 쳐내려갈 계책을 결심하사 수군과 전함을 크게 늘리셨다.’[50] 훤萱황후가 병으로 죽고, 훤萱태자가 슬퍼하다가 몸이 축나서 또한 죽으매, 사흘간 조회를 폐하셨다. 주상께서 애통해하시다가 목이 가라앉아 음식을 넘기지 못하시자, 소召후가 위로하며 아뢰기를 “남하계책이 아직 이뤄지지 않았는데, 몸소 몸을 해치심이 이와 같아선 아니 되십니다. 한소가 알까 걱정스럽습니다.”라 하였다. 훤후는 주상의 지친으로 주상의 총희가 되었다가, 도都씨·예禮씨가 정후正后로 되기에 이르자 출가하여 가숙加菽공의 비妃가 되었고, 주상께서 남하하실 때 따라나서서 중궁中宮에서 19년을 지내며 총애를 독차지해 아들딸 일곱을 낳았다. ‘춘추 50이었다.’[51] 성품이 너그럽고 남을 두터이 헤아려 어느 한 후궁도 투기하지 않았더니, 총애가 항상 으뜸이었고 소후가 다음이었다. 늘 정사政事는 소召후에게 맡겨놓고서 아뢰길 “저는 늙어서 소매召妹에게 미치지 못합니다. 폐하께선 소매의 말을 좇으면 바야흐로 탈이 없을 것입니다.”라 하면, 주상께서는 되려 훤후를 중시하고 소후를 경시하며 “열 소召가 훤萱 하나만 못합니다.”라 이르셨다. 훤萱후의 환후가 깊어진 이래로, 소召후는 총애 받음이 자못 늘어서, 다시는 그녀와 총애를 다툴 이가 없었다.

四月,大閱水軍于河濱,入河濱侯漢素之湖宮,幸漢素妻大房氏及仇氏.仇曼,本上之寵姬,時年二十六.大房暖,本素之正妻,亦累經寵幸而生上子女,而終始以老自処而不近于上.上雖爱其豊厚有德,知其有閨範而不奪其志者亦多矣.至是,又被寵而娠.時年三十九,未嘗小耗而稱老,故上嘲以為此“吾老妻君.”移河濱軍於南口,分十二部,将攻安平.以鄭共副妻桓曼(福妹)妻漢素為第三

48) 黃龍國 西川(滋河,磁河)의 河濫原에 소재

49) 南口는 蓋馬故地 東部의 일부이거나 이미 再次服屬된 黃龍故地 ; ①蔚縣 동북의 古南口營? ②현금 涿鹿서방 涿鹿서방 東城·懷安 間의 南口? ③현금 山西省 嵐河 河口? ④滹沱河 最上流 代縣 西北隣 句注山 中의 南口? ⑤嵐河口? ⑥他地?

50) 一次로 平定할 北夫餘의 강역이 아니었던 馬韓·辰韓·西漢 등을 征伐할 意向 !!

51) BCE71年生이다.

妻,亦上之所累幸者也.上每以寵姬賜寵臣,又好幸寵臣之妻如是矣.上以鄭共之妻妾皆賜共子道東為妻妾,而唯張氏桓氏入後宮,至是又以桓氏賜漢素.素以仇桓為上陛,澤而事之如君,稱臣而侯之,上益敬漢素.

4월, 친히 수군水軍을 하빈河濱[52]에서 사열하고 하빈후 한소漢素의 호궁湖宮을 들르시어 한소 처 대방大房씨 및 구仇씨에게 승은을 내리셨다. 구만仇曼은 본시 주상의 총희였고, 이때 나이 스물여섯이었다. 대방난大房暖은 본시 한소素의 정처로 역시 누차 승은을 입어 주상의 자녀를 낳고서도 시종 나이가 들었음을 자처하며 주상을 가까이하지 않았다. 주상께선 비록 그녀가 얼굴이 통통하고 덕이 있음이 예뻐하면서도 그녀가 규방의 도리를 지킴을 알아 그녀의 뜻을 꺾지 않으심이 많았지만, 이번엔 승은을 입어 아이가 생겼다. 이때 나이 서른아홉이고 흠결이 적은데도 늙었노라고 하는 까닭에, 주상께서 이를 조롱하시길 "내 늙은 마누라님"이라 하셨다. 하빈군河濱軍[53]을 남구南口[54]로 옮겨서 12부대로 나누셨다. 곧 안평국安平[55]을 칠 참이었다. 정공鄭共[56] 부처副妻 환만桓曼[57]을 한소에게 처로 줘서 셋째 처를 삼게 하셨다. 역시 주상의 승은을 여러 번 입은 이이었다. 주상께선 매번 총희寵姬를 총신寵臣에게 하사하셨고 또한 즐겨 총신寵臣의 처에게 납심이 이와 같으셨다. 주상께서 정공의 처첩妻妾들 모두를 정공의 아들 정도동道東에게 처·첩으로 삼아주시고 오직 장씨張氏·환씨桓氏만을 후궁으로 들이셨다가 지금에 와서 또 환씨를 한소에게 하사하신 것이다. 한소는 구仇씨와 환桓씨가 주상의 품계이라서, 은덕을 베풀기는 하되 임금처럼 섬겨 신하를 자칭하면서 그들을 시중하였음에, 주상께선 한소를 한층 더 공경하셨다.

---

52) ①潮白河下流 연변? ②玄菟太守·南口大將軍 漢素가 確保한 盖馬國 北河 河陽城 쯤?

53) 本紀 東明三年丙戌十二月條에 [時,淹淲河南湯東汗濱河濱有水陸両軍,質山中川桓那牛壤西城有車騎両軍,皆置将軍司馬以統之.]이었으니, 역시 水陸 兩軍일 것

54) 南口는 蓋馬故地 북부의 일부 ; 이미 진압된 黃龍故地 蔚縣 동북 南口는 불가함.

55) 盖馬國을 평정한 직후에 南口州에서 水陸兩軍으로 평정할 곳이니, 河川으로 접근이 가능한 곳으로 한정되는 盖馬國 인근이었을 것임에, 작금 河北省 滹沱河 연변의 安平縣은 불가함. 安平國은 복속된 후에 安平州로 되었으니, 한 州 크기의 小國이었음.

56) 이미 盖馬反将 胡雉와 胡海에서 싸우다가 화살을 맞아 戰死하였음.

57) 桓福의 여동생

七月,與安平王鍾离戦于雙山,大破之.离奔入安平固守不出.粮盡而退.掠其生口七千人為奴婢,多美女才男.　鍾离遣使于鄭[道][58]宋請和.上命宋遣其使于漢素,約歲貢牛馬各千頭彩段二千疋黃金二千斤薬七十種豆粱三万石,稱臣納女生口男三百人女七百人為式.　雙山之戦,右将軍宝燕身被十創而卒,囊尸而来.上與其妻克氏撫尸而哭,曰"汝乃吾曹叅也.當血食千秋."克氏,再思女也,時年二十五,只有一子一女而幼,未能授爵,故納克氏于後宮為夫人.燕學釼于上,以釼術為當世之宗,大戦十余次,身被数十槍,竟死於其術,可謂死於道者也.善攀者墜善泳者沈之謂也.　暖公主生鮮晉子焄.上與芊花宮如公主宮,撫慰,賞賜甚多.

7월, 안평왕安平王 종리鍾离와 쌍산雙山[59]에서 싸워서 그를 대파하셨다(그림-49참조). 종리离가 안평安平성[60]으로 도망쳐 들어가서 굳게 지키고 나오지 않으매, 군량이 다하여 물러나셨다. 그곳 생구 7천인을 잡아다가 노비로 삼았는데, 미녀와 재주 좋은 사내들이 많았다. 종리가 사신을 정[도]송鄭道宋[61]에게 보내 화친하길 청하매, 주상께서 정도송宋에게 명하여 그 사신을 한소[62]에게 보내시니, 약속을 받아내길, '매년 소와 말 각각 천 두, 채단 3천 필, 황금 2천 근, 약재 70종, 콩과 기장 3만 석을 조공하며 칭신하고, 딸과 남자생구 3백인 및 여자생구 7백인을 바치도록 규정하였다.'[63] 쌍산전쟁雙山之戦에서 우장군 보연宝燕이 몸에 열 곳을 다쳐 죽어서 시신이 자루에 담겨 돌아왔음에, 주상께서 그 처 극씨克氏와 함께 시신을 어루만지며 곡하셨고 "그대는 나의 조참曹參[64]이었소. 나라에서 천년토록 제사함이 마땅할 것이오."라 이르셨다. 극씨는 재사再思의 딸로 이때

58) 召集되어 參戰한 南蘇州刺使 '鄭道宋' 또는 長岺州刺使 '鄭道東'의 誤寫로 본다.

59) 盖馬國요충인 南口북방의 山陰縣동북방 '越河'지경에 雙山이 있고, 그 雙山은 고래로부터 물산이 풍부하였을 평원지역의 중심에 있어서 水·陸 兩軍을 동원하여 평정할 수 있는 곳이며, 바로 悔仁縣남방 일대인 이곳에 安平小國이 있었을 것 ; 安平國은 北夫餘 內訌時節에 한 번도 本紀에 기록·거론되지 않은 곳으로, 4月中에 정벌군을 동원·배치해 3개월여 동안 전투를 준비하며 雨期를 지낸 후에 싸워서 이긴 것으로 보인다.

60) ①(西)雙山 북린의 '日中城[rìzhōng__]'지경? ②懷仁縣城?

61) ①소집되어 遠征한 南蘇州刺使? ②長岺州刺使 鄭道宋의 誤寫?

62) 爵位는 河濱侯이며 行職은 玄菟太守·南口大将軍임

63) 人口와 物産이 매우 豊富한 곳 ; 桑干河 上流北岸을 낀 懷仁 평원지역?

64) 劉邦의 漢 立國 時에 蕭何의 戰略을 韓信과 함께 잘 實行한 武臣

나이가 스물다섯에 단지 아들 하나 딸 하나 있으나 아직 어려서 작위를 줄 수도 없었음에, 극씨를 후궁으로 들여 부인으로 삼으셨다.

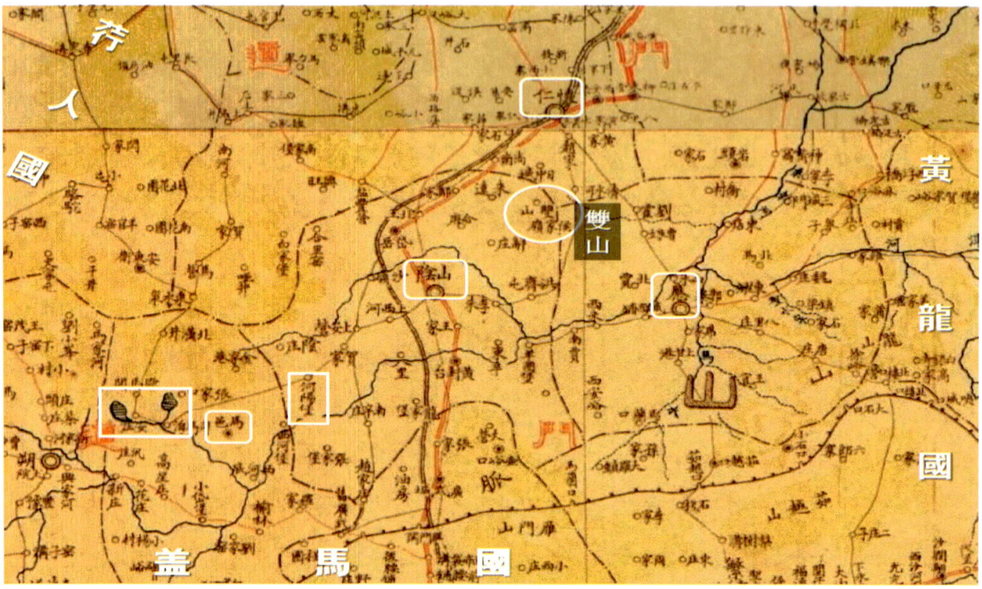

그림-49. 安平國 服屬戰場 雙山 위치 ; 安平國은 山西省 서북부의 桑干河 上流 北岸 懷仁縣지경에서 黃龍國·盖馬國·荐人國의 사이에 끼인 小國으로, 雙山 北隣 日中城 쯤에 都邑하였던 것으로 추정된다.

보연燕은 칼 쓰기를 주상께 배워서, 검술로는 당대제일이었는데, 큰 전쟁 10여 차례에 몸에 수십의 상처를 입어서 끝내는 그 재주로 죽었으니, 정통한 이에게 죽었다 할 만하였다. 잘 오르는 이가 나무에서 떨어지고 헤엄 잘하는 이가 물에 빠졌음이었다. 난暖공주가 해진解晉[65]의 아들 해훈君을 낳았다. 주상께서 간화궁芊花宮과 함께 공주의 궁으로 납시어 어루만져 위로하셨고, 상賞으로 하사하신 것이 심히 많았다.

上姊蘋花宮崩,春秋四十四,葬以皇后禮.以其子宝臣為芊花宮大夫,宝得子也.蘋乃芊花所生潄帝之女也.初,入于羊吉之後宮生宝臣,時年二十二.蘋,皃美而善歌善画.然,左目眇,常着青玉鏡,以紅玉尺裁袈裟,甚妙繡花鳥為屛.自

65) 芊花所生으로 檀山公 解聰의 뒤를 이은 皇子임

乙酉歲,從上侍於瓊府.上愛重之事之,甚恭如太后禮.蘋亦事上以至誠,生三子一女,曰“不敢希天寵,唯願多生子.”至是,難産而崩.上悲哀而歌,曰

“青玉鏡紅玉尺 何處更相見
翡翠鳥鴛鴦鳥 無使我心傷
蘋花依旧發 空洲寒雨滴”

琉离明皇時,有鳳凰來儀於蘋太后陵,乃作鳳凰池而立二聖祠.後人題詩,曰

“蘋花初發鳳凰池 回憶當年比翼時
一日三秋脊令愛 如今猶在鳳凰池”

주상의 누님 평화궁蘋花宮이 춘추 마흔넷[66]에 죽어, 황후예법으로 장사하시고, 그 아들 보신宝臣을 간화궁대부芊花宮大夫로 삼으시니 보득宝得의 아들이다. 평화는 간화芊花소생 모수제의 딸로, 애초에 양길의 후궁으로 들어가서 보신을 낳았으니, 그때 나이 스물 둘이었다. 평화는 미모에 노래와 그림에 능하였고, 왼쪽 눈이 사시眇視라서 늘 청옥안경青玉眼鏡을 쓰고 홍옥척紅玉尺으로 가사袈裟[67]를 지었으며, 몹시 기묘한 꽃들과 새들을 수놓아서 병풍屛風으로 삼았다. 을유년(BCE36년)부터 주상을 따르며 경부瓊府[68]에서 시중함에, 주상께서 애지중지하며 공경하심이 태후를 모시는 예법 같았고, 평화 또한 주상을 지성으로 섬기며 아들 셋과 딸 하나를 낳았다. 말하자면, 감히 천자의 총애를 바라진 않아도 많은 아들을 낳기는 원했음이며, 이때에 이르러 난산으로 죽으니, 주상께서 슬퍼하고 불쌍히 여기며 읊으시길;

“청옥경青玉境 홍옥척紅玉尺을 어디에서 다시 볼꼬.
물총새翡翠鳥 원앙새鴛鴦鳥도 내 마음을 아리게 하지 않건만,
부들꽃蘋花[69]이 옛날처럼 피어나니,
휑한 모래섬洲에 차가운 빗줄기 방울져 듣는구나.”라 하셨다.

유리명황琉璃明皇[70]시절에 봉황들이 돌아와서 평화태후릉에서 짝을

66) 蘋花는 BCE65年生
67) 仙人들이나 僧侶들이 長衫 위에 비스듬히 걸치던 겉옷
68) 龍骨女人들이 거처하는 官府, 또는 그러한 宮人.
69) ‘蘋花’는 ‘빈화’로 읽고 ‘개구리밥 꽃’으로 해석할 수 있겠으나, 여동생 ‘蓼花’의 이름이 ‘여뀌 꽃’임을 보아 ‘평화’로 읽고 ‘부들 꽃’으로 해석함이 옳겠다.
70) 琉璃光明大帝, 金富軾三國史曰琉璃明王

지음에, 봉황지鳳凰池를 만들고 2성사二聖祠를 세웠더니, 후세 사람들이 시제詩題로 삼아서 읊기를;

"부들꽃이 봉황지鳳凰池에 피기 시작하여,
비익比翼하던 그 시절 돌이켜 생각하노니,
하루가 3년 같이 올곧고 아름답던 사랑
지금도 마치 봉황지에 있는 듯하구나."라 하였다.

八月,扶尉猒伐九里城拔之,置句麗縣,入紫蒙城.紫蒙王西川以其妻婁洽乞命.尉猒遂通婁洽而妾之.西川又以其雀舌来乞命.尉猒亦取之,約歲貢牛馬二千匹薬草二十種虎皮七十張而退軍湖海.献紫蒙豕大如牛者及婁洽雀舌,上問婁洽曰"汝欲故西川乎,故尉猒乎."洽曰"願作陛下婢."上曰"汝與西川作夫妻十七年,生子女多矣.何可薄情相棄乎."洽曰"西川多美妾,以妾為老朽而棄之."上遂笑而納之,以雀舌為尉猒之妻.召紫蒙豕翁,養豕于御園,取其大牡大牝為種,獎于民間,歲餘牛豕遍滿國中.人稱尉猒豕. 上遣使烏桓欲迎廣公,公不来.初,公娶西川母而為紫蒙王,以西川為嗣.西川長不恭於公,公遂讓位而如烏桓.烏桓王妃,公之姨也,以公為国太王而與其政,云.

8월, 부위염이 구리성九里城[71]을 쳐서 빼앗아 구리현勾麗縣을 두어 놓고 자몽성紫蒙城[72]으로 들어가니, 자몽왕 서천西川이 제 처 루흡婁洽을 바쳐 목숨을 구걸하매, 부위염이 이에 루흡을 통정하여 첩으로 삼았고, 서천이 또 그의 작설雀舌을 데려와 목숨을 구걸하매, 부위염이 역시 그녀를 취하고 해마다 우마牛馬2천필·약초薬草20종·호피虎皮70장을 바치기로 약속받고 군대를 호해胡海[73]로 물렸으며 소만큼 큰 자몽시紫蒙豕[74] 및 루흡과 작설을 (주상께) 바쳤다. 주상께서 루흡에게 물으시길 "자네는 서천을 따르겠는가, 부위염을 따르겠는가?"라 하시니, 루흡이 아뢰길 "폐하의 비첩이 되길 원하옵니다."라 하매, 주상께서 이르시길 "자네는 서천과 함께 17년을 내외가 되어서

---

71) '九里城'은 내몽고 '凉城'·'岱海(大海)'북방의 '車尒山'남방 '德布色墨河'原지경? 이곳이 소위 '漢玄菟郡'의 '勾麗縣'이었나?

72) '紫蒙城'은 당시 舃牟大帝의 主都城인 西都로부터 '九里城'보다 外地로, 내몽고 '陶林'지경? 紫蒙城은 西都로부터 胡海의 外方이었다.

73) 내몽고 남중부의 壺盧海 ; 역자는 그림-45의 左上端의 壺盧海로 추정함.

74) 紫蒙城지역에서 기르던 체구가 대단히 큰 돼지(豕,猪,豚)의 한 種類이었을 것이다.

낳은 자식이 많았거늘, 어찌 그리 박정하게 서로를 저버리는가?"라 하시니, 루흡이 아뢰길 "서천은 예쁜 첩들이 많아서 첩을 노후하였다며 버렸습니다."라 하매, 주상께선 이에 웃으시며 그녀를 거두셨고 작설을 부위염의 처로 삼으셨다. 자몽시를 기르던 노인을 불러 돼지를 어원御園에서 길러서 큰 수컷과 큰 암컷을 취하여 종자로 삼아 민간에 장려하셨다. 한 해 남짓에, 소만한 돼지가 나라 안에 널리 가득하였고, 사람들이 위염시尉厭豕라 불렀다. 주상께서 사신을 오환烏桓[75]으로 보내서 광공廣公[76]을 맞이하고자 하셨으나, 광공公이 오지 않았다. 애초에 광공은 서천 어미에게 장가들어 자몽왕紫蒙王이 되었고 서천을 후사로 삼았는데, 서천이 장성하여 광공에게 공손치 않으매, 광공이 이에 양위하고서 오환으로 가니, 오환왕비가 광공의 이모姨母였음에 광공을 국태왕國太王으로 삼아 그에게 정사政事를 맡겼노라고 하였다.

九月,大豊,宴父老於西河行宮.皇后親酌勧酒,而觸寒入溫宮,生子而夭,悲哀不豫.上憂之,抱后度夜.群臣請禱山川,許之. 十月,鍾离遣使請减歲貢,許之.納离女鍾氏為後宮,年才十三.上以其年幼,幷求其母晋氏,為安平宮夫人.十二月,紫蒙王西川與其子忽赤入朝.白髮如雪,問其年,四十二也,問其早白之由,"臣自幼好色多房而致如此."上笑曰"朕亦好色而尙青.卿之早白非有於好色也."西川曰"臣好少艾而易衰,陛下好腆腴而補陽故也.洽勢旺,恐不利於陛下."上笑曰"卿與洽十七年比翼而棄如弊履乎."西川曰"臣之髮皆為渠之昕白也.雖然,深染之女,豈可忘㤰."上然之,命率婁洽而去.西川感泣,欲留忽赤為質.上曰"朕知卿忠厚,何必留子耶.婁洽離鄉日久,娠吾子矣.生子卿子之,生女卿妻之."西川叩頭而去. 以禾小后為第三天后.

9월, 큰 풍년이 들어서, 서하행궁西河行宮[77]에서 부로들에게 잔치를 베푸셨다. 소황후가 친히 술을 따르며 마시길 권하다가 한기寒氣를 쐬었다. 온궁으로 들어가 아들을 낳았는데 죽었더니, 슬픔과 서러움

75) 옛朝鮮에서 갈려나간 匈奴일파로, 前漢後期에 山西省 西南部지경에서 내몽고 中西部 지역으로 축출된 이들 ; 烏桓이 赤峰市인근이었다는 說은 허무맹랑한 허설이다.

76) 慕漱帝의 賈達所生 아들로, 당시 鮮卑(卑离)故地 紫蒙部 太上天王 ; 匈奴單于 且鞮侯의 外孫子임.

77) 所在 ; ①桑乾河 중상류의 西洋河지경? 西河行宮은 겨울추위가 빠른 곳이었다.

으로 위태로웠다. 주상께서 걱정되어 소후를 끌어안고 밤을 새우셨으며, 군신들이 산천에 빌기를 청하여, 그리 하셨다. 10월, 종리鍾离[78]가 사신을 보내서 해마다 바치는 공물을 줄여주시길 청하매, 허락하시고 종리 딸 종鍾씨를 거두어 후궁을 삼으시니, 그녀의 나이 겨우 열 셋이었다. 주상께서 그녀의 나이가 어려 어미 진晉씨를 함께 오게 하여 안평궁부인安平宮夫人을 삼으셨다. 12월, '자몽왕 서천西川이 자기 아들 홀적忽赤과 함께 입조하였다.'[79] 백발이 눈과 같아서, 나이를 물으시니 마흔 둘이었고, 일찍 희게 된 연유를 물으시니, "신은 어릴 적부터 색色을 즐겨 방사가 많았음에 이리 되었습니다."라 하매, 주상께서 웃으며 이르시길 "짐 또한 색을 즐겼으나 아직 젊소이다. 경이 일찍 희게 된 것은 색을 즐겨서가 아닐 것이오."라 하셨더니, 서천이 아뢰길 "신은 나이어린 털북숭이들을 즐겨서 쉬이 쇠한 것이고, 폐하께선 넉넉하니 살진 이들을 즐기시어 보양하신 때문이옵니다. 루흡洽은 힘이 왕성하여, 폐하께 이롭지 않을까 걱정스럽습니다."라 하매, 주상께서 웃으며 이르시길 "경은 루흡婁洽과 함께 17년을 비익比翼[80]하고서도 헌신짝처럼 버렸단 말이오?"라 하셨더니, 서천이 아뢰길 "신의 머리털 모두는 그 사람 때문에 희었고, 설사 그랬어도, 속속들이 몸을 섞던 여인을 어찌 잊을 수야 있겠습니까?"라 하매, 주상께서도 그리 여기사 루흡을 데리고 돌아가라고 명하시니, 서천이 감읍하며 홀적을 인질로 남겨놓으려 하매, 주상께서 이르시길 "짐이 경의 충정이 두터움을 알고 있는데, 하필 아들을 남겨놓는단 말이오? 루흡이 고향을 떠난 지 오래여서 내 자식을 가졌으니, 아들을 낳거든 경의 아들로 삼고, 딸을 낳거든 경의 처로 삼으시오."라 하시니, 서천이 머리를 조아리고 돌아갔다. 화禾소후[81]를 제3천후天后로 삼았다.

<u>東明十七年庚子</u>,正月,上如孟后陵奥犍墓,觸寒不豫而還.陜父憂之,上曰"凡為人主者,東戦西闘,身被数十創而猶屹然不屈,些少寒痛何足慮犹."遂强

---

78) 安平王
79) 鮮卑 紫蒙國의 自進 入朝 服屬
80) 함께 나란히 붙어살았던 夫婦
81) 禾英所生으로 黃龍王 宝得의 딸

疾而起. 類利太子得神釼断片於柱下而與屋智勾鄒都祖等發柵城,禮氏亦隨之.時,帶素觧百欲留禮氏母子,而蛙王命放去.帶素累違蛙王意,遂如其意者,一以桓恩於類利,而二欲乱爭嗣之致也. 上如芋花宮.上壽后之旧晬也,上親嚼鹿脯而哺食之,上慕先皇爱芋花之情而綢繆之密至於此矣. 召皇后錄公卿妻女及民間女已經聖幸者九十七人,作鶩結後,改琳府賜年穀歲衣時饌.上知之益賢召后曰"賢扰.吾妻也.能至於此乎."

동명17년경자(BCE21), 정월, 주상께서 맹후孟后등과 오곤奧犍무덤엘 납셨다가 한기寒氣를 쐬시고 편치 않아져서 돌아오셨다. 협보가 이를 걱정하니, 주상께서 이르시길 "임금이 된 모든 이들은 여기저기에서 전투하다가 몸에 수십 곳을 다쳤어도 오히려 위엄스레 우뚝 서서 굴하지 않았거늘, 사소한 한통寒痛을 어찌 걱정할 만하겠소!"라 하시고 마침내 환후를 거슬러 일어나셨다. 유리類利태자가 기둥 아래에서 신검神劍조각을 찾아갖고 옥지屋智[82]·구추勾鄒[83]·도조都祖[84]등과 함께 책성을 떠났고, 예禮씨 또한 이들을 따라나섰다. 이때, 대소帶素와 해백觧百이 예씨 모자를 눌러 앉히려하다가, 금와왕이 명하여, 풀어주어 떠나게 하였다. 대소가 여러 차례 금와왕의 뜻을 거역하다가 마침내 금와왕과 뜻을 같이 한 것은, 첫째로 하찮은 은혜를 유리에게 베풀어서, 둘째로 어지러운 후사다툼이 잇달게 하고자 함이었다. 주상께서 간화궁芋花宮에 가셨다. 주상께서 후의 구수旧晬(進甲)날에 장수를 빌며 술을 따르셨고, 주상께서 친히 사슴육포를 씹어서 입에 넣어주어 먹게 하셨으니, 주상께선 선황先皇께서 간화를 아끼시던 정을 받들어 미리미리 세밀히 챙겨 빈틈없으심이 이에 이른 것이라. 소召황후가 공경의 딸과 민간의 딸을 기록하여, 이미 주상께 승은을 입은 이들 97인으로 아결鶩結[85]을 만든 후에 림부琳府[86]가 내리는 년곡年穀[87]·세의歲衣[88]·시찬時饌[89]을 고쳤더니, 주상께

82) 都氏所生 屋斗辰의 아들
83) 陜父子 仇鄒의 誤寫? 召西奴 첫 남편 仇台의 兄인 仇道의 여동생 ; 只珍內禮가 낳은 陜父의 아들이라면, 勾鄒를 仇鄒로 訛記할 수도 있었을 것. 三國史記는 '仇鄒也脫解王生父.'라 하였으나, 脫解王은 雀太子이거나 雀太子의 아들일 수는 있겠다.
84) 都氏所生 芻牟長子로, 萱花后所生 芻牟長子인 萱太子보다 나이가 적다.
85) 帝王의 女人(鶩)들 무리를 身分別로 즉 龍骨과 雜色 등으로 整理한 家譜文書
86) 琳府는 帝王의 非龍骨女人들이 出入·居住하는 宮 또는 官署로, 瓊府에 相對됨.

서 소후가 더욱 현명해졌음을 아시고 이르시길 "현명하시오, 내 처여. 능히 이런 일을 하시게 되었다니!"라 하셨다.

三月,上與召皇后蓼公主如獸林溫宮.時,二后皆有娠故也.上慰留七日,而進熊蹯駝峰鵞皮鼋卵,撫愛周密.　桓柏羊臣等擊東安平,拔之,虜其世豪二十家移于西都,牛羊馬豕豆粱段匹無数.置安平州刺使及太守.太守以武将,刺使以宗戚功臣子弟中年高知事者為之.先是,鄭道[東][90]年十七為長岺州刺使,為土民所怨,故有是命.　以萱公主為屏太子妃,賜宴宮中.仲室氏張氏鄭氏等親族加爵授職.　四月,上與皇后親临鸞庭,閱州郡貢士三百七十人.孝友廉德之士,仙儒秀才,医薬卜筮農工藝術之人,各授其職.自今年為始,經三年遞舉補用.　長岺州老人鳶孫自来請謁.上接見于私殿,老人曰"自古聖王之治,以養老為重.臣年八十未聞陛下敬老之宴,故自来求之."上大喜曰"朕果失矣.叟之責我宜矣."乃行敬老之宴,年七十以上,各於其州賜酒肉衣杖.

3월, 주상께서 소召황후·료화蓼[91]공주와 함께 수림온궁獸林溫宮[92]에 가셨다. 이때, 두 황후 모두 임신한 까닭에 주상께서 위로하며 이레를 머무셨고, '곰발바닥熊蹯·낙타혹駝峰·거위껍질鵞皮[93]·자라알鼋卵을 선사하여'[94] 위로하고 아끼심에 빈틈없으셨다. 환백桓柏[95]·양신羊臣 등이 동안평東安平[96]을 쳐서 빼앗고 대를 이은 호족豪族 20집안을 사로잡아 서도로 옮겼다. 소·양·말·돼지·콩·기장·직물이 무수하였다. 안평주安平州[97]에 자사刺使와 태수太守를 두셨다. 태수는 무장武將으로 하고 자사는 종척이나 공신자제로 나이 많고 정사를 아는 이로

87) 매년 소용될 穀食 즉 俸穀

88) 매년 입을 옷가지

89) 季節별 飮食

90) 十五年 기사에 鄭道宋은 南蘇州刺使이고 長岺州刺使는 鄭道東이었음에, 筆寫本의 '宋'은 '東'의 誤寫로 보았다.

91) 蘋花의 同腹여동생(妹)이니, 芻牟의 異腹누님(姊)이다.

92) 獸林溫宮은 芻牟帝의 直前居所 東都보다는 當時居所 西都에서 가까웠을 것이다.

93) 鵞皮' 料理는 현금 '북경오리구이(北京烤鴨)'가 껍질위주 음식인 것에 比肩됨.

94) 熊蹯·駝峰(駝峰肉兒)·鵞皮·鼋卵 料理가 토속 요리로 남아있는 곳이 즉 高勾麗 核心疆域의 일부이었을 것.

95) 慕漱帝의 桓淑所生 아들로 芻牟의 異腹兄이며 湯外鎭將·八旗將軍·主畜大加이다.

96) 東安平은 安平國의 東方일 것이니 懷仁 東·東南方의 桑干河 西岸지경인 듯 ; (西)安平國은 懷仁縣西方·山陰縣西北方의 雙山北方 平原이었을 것으로 본다.

97) 安平國과 東安平을 合한 지역으로, 山西省 북변의 懷仁縣지경으로 추정된다.

하셨다. 이에 앞서 정도동鄭道東을 나이 열일곱에 장령주長岺州자사刺使로 삼았더니 토착백성들에게 홀대를 당하였음에 이리 명하신 것이다. 훤萱공주로 병屛태자비를 삼으시고 궁중에서 연회를 여셨으며, 중실씨·장씨·정씨 등 친족들에게 작위를 올려주고 직무를 주셨다. 4월, 주상께서 황후들과 함께 친히 란정鸞庭[98]으로 왕림하시어 주州·군郡들이 천거한 선비 370인을 살피셨다. 효성과 우애가 있고 검소하고 덕을 갖춘 선비들과 선도仙道와 유학儒學에 빼어난 인재들 및 의약醫藥·복서卜筮·농공農工에 재주나 기술이 있는 이들 각각에게 직무를 주셨으며, 금년부터 시작해 3년마다 번갈아 발탁하여 보충·등용키로 하셨다. '장령주 노인 궉손鴌孫'이 몸소 찾아와 배알하길 청하매, 주상께서 사사로이 쓰시는 전각에서 접견하시니, 노인이 아뢰길 "자고로 훌륭하신 임금님들 치세엔 노인들 부양을 중히 여겼습니다. 제 나이 여든인데 폐하의 경로연敬老宴을 아직 들어보지 못하였기에 스스로 찾아와서 열어주시길 청하옵니다."라 하매, 주상께서 크게 기뻐하시며 "짐이 과연 놓쳤소이다. 노인께서 나를 책망하시길 잘하셨습니다."라 이르시고 경로연회를 열어주셨다. 나이 일흔 이상들 각자가 자기의 주州에서 술·고기·옷·지팡이를 하사받았다.

五月,玄菟太守南口大将軍漢素薨,年五十二.上慟哀之,曰"折我右臂矣."以太輔禮葬之,納素妻大房暧於後宮為夫人,賜翟服如后禮.暧辞曰"妾已四十,皃亦醜劣,不足以配聖人.請與兒輩送余年于亡夫墓側."上曰"吾見卿如素.豈徒為色甙.素之子女則我之子女也.宜皆携入宮中,可也."暧辞之不得,携其子女七人而入宮.上賜其子女姓鮮氏.暧以貞潔自守未有外夫,治家有道,世稱賢妻之範.累因其夫之命而薦枕於上,至於生子而未肯奔放,至是入宮乃知天命而事上以夫而縱其情,上大惑之.其母聞而喜,其父聞而怒曰"列女不更二夫,雖万乘,何可屈乎.非吾女也."乃上書言"天子不奪匹婦之節."上為之謝,曰"吾與素約為一身,久矣.舅何多言邪."仍謂暧曰"如汝父者真吾舅也."遂賜金銀帛叚於暧之父母.其父不受,其母受之,上并皆賜其母,尋以良為右輔御史大夫追封漢素為燕王.

5월, 현도태수·남구대장군 '한소漢素가 나이 쉰둘에 죽으매'[99], 주

98) 西都 鸞臺의 뜰

상께서 이를 애통해하시며 "내 오른 팔이 잘렸소이다."라 이르셨다. 태보太輔예법으로 장사하시고, 한소素의 처 대방난大房暖을 후궁으로 거두어 부인夫人으로 삼아 후后의 예법처럼 적복을 하사하셨다. 대방난暖이 고사하며 아뢰기를 "첩은 이미 마흔[100]이고 용모 또한 추하고 못생겨서 성인의 짝으론 부족합니다. 아이들과 함께 죽은 지아비의 무덤 곁에서 여생을 보내게 해주시길 청하옵니다."라 하매, 주상께서 "나는 경을 한소와 같이 여기오. 어찌 색사色事 때문이겠소. 한소의 자녀는 곧 내 자녀이니, 의당 모두를 데리고 궁중으로 들어와야 할 것이오."라 이르셨더니, 대방난은 사양하다가 어쩌지 못하여 아들딸 일곱을 데리고 입궁하였고, 주상께선 그 자녀들에게 해解씨 성姓을 하사하셨다. 대방난暖은 정결하게 자신을 지켜서 바깥지아비外夫가 없었고 가내家內를 다스림에 도리가 있어서 세칭 현처賢妻의 모범模範이었다. 누차 지아비의 명으로 인하여 주상의 잠자리를 모셔서 아들을 낳았어도 분방하지 않았다. 지금에 와서 입궁하더니 이윽고 천명임을 깨달아 주상을 지아비로 섬기며 그 정을 풀어놓으니, 주상께서 크게 혹하셨다. 그녀의 어미는 이를 듣고 기뻐했으나, 그녀의 아비는 이를 듣고 노하여 이르길 "빼어난 여인들은 두 지아비를 겪지 않았거늘, 비록 만승万乘이었더라도 어찌 굽혀야 했더냐? 내 딸이 아니다!"라 하고, 글을 올려 아뢰길 "천자는 필부匹婦의 절개를 빼앗지 않습니다."라 하니, 주상께서 그리하신 것을 사과하시며 "나와 한소는 한 몸이 되길 약속한 지 오래였습니다. 장인께선 어찌 여러 말씀 하십니까?"라 이르시고, 대방난暖에게 말씀하여 이르시길 "그대 아버님 같으신 이가 진정한 내 장인이시오."라 하시더니, 이윽고 금·은·비단을 대방난暖의 부모에게 하사하셨다. 그 아비는 받지 않고 그 어미는 받아서, 주상께서 모두를 합쳐 그 어미에게 하사하셨고, 더하여 대방량良을 우보右輔·어사대부御司大夫로 삼으시고 한소를 추봉하여 연왕燕王[101]을 삼으셨다.

---

99) 漢素는 BCE72年生이어서 芻牟보다 14歲 年上이었고, 玄菟는 南口 근처이었다.

100) 大房暖은 BCE60年生이어서 芻牟보다 2歲 年上이었다.

101) 長壽大帝 時節 燕王은 南蘇(勾茶古都)를 授封해 지켰고, 慕容氏燕도 勾茶故地였다. 春秋戰國 燕의 位置는 ①勾茶故地(石家庄市)一圓이었나? ②潮白河 下流 隣近이었나?

八月,行聖母大祭于南岺.　以大房彦為太守南口将軍,大房暉為河城将軍.大房氏自此昌盛,而為于太后之先祖.　類利太子自曷思至松江,寄于加菽公邸而觀望情勢,貫貝夫人迎入于其家而密謀立儲之事.時,召皇后專寵已久,政事多决於其手,百官之任免黜陟亦多出於其意,卒本人之居官者甚多.黃竜沸流之人,多怨之,與荇卑盖勾等新附之国,皆擁類利太子而欲新其政.貫貝與召皇后爭寵被黜,而欲伸其寃亦引類利.順奴之民多被類利之恩救,且以宗戚之鄕隐有背卒之勢,亦敀於類利.而召后未之覺禮后與貫貝同年同月之生結為姉妹,類利與松義為兄弟,以奥春為謀主.　以漢素妻仇春為漢悉妻,桓曼為鄭道東妻,妾五卿等皆為悉妾.悉,大房之出,時年二十四,襲封河濱侯,為上之假子.道東,張妃出,時年十九,亦上之假子也,頗有寵而資勢.　上聞婁洽生子,遣使於紫蒙,賜洽翟衣黍酒及兒衣.

8월, 남령南岺[102)]에서 성모큰제사를 지내셨다. 대방언大房彦을 현도태수·남구장군으로 삼고, 대방휘大房暉[103)]로 하성장군河城將軍을 삼으셨다. 대방大房씨는 이로부터 창성하여 우于태후[104)]의 선조가 된다. '유리태자가 갈사曷思[105)]에서 송강松江으로 와서 가숙공[106)]저택에 의탁하고 정세를 관망하니, 관패부인이 자기 집으로 맞이하여 들여서 동궁으로 세우는 일을 밀모하였다. 이때, 소召황후가 성총을 독차지하여 많은 정사들이 그녀 손에서 결정되고 백관을 임면하여 내치고 승차함 또한 그녀 의중에서 나옴이 많아서, 관직에 있는 졸본사람이 심히 많았다. 많은 황룡과 비류 사람들이 이를 원망하며 행인荇·비리卑·개마盖·구다勾 등 새로 귀부한 나라들 모두와 함께 유리태자를 옹위하여 정사를 새롭게 하고자 하였고, 관패는 소후召后와 총애를 다투다가 쫓겨나서 원통함을 풀어보고자 유리를 끌어당겼으며, 순노백성들도 유리의 은혜로운 도움이 많았을 뿐더러 종척들의 고향이고 은근히 졸본세력을 배척하는 기세가 있어 유리에게로 돌아섰다. 허나, 소후는 예후禮后가 관패와 한 해 한 달에 태어나서 자

---

102) 芻牟大帝의 陵寢이 만들어지는 卒本故地 龍山의 南岺이다. 譯者는 北京市 順義區의 天竺地區(北京首都國際機場 西邊)지역을 推定한다. ☞天竺,朝鮮天毒之地也.

103) 大房彦과 더불어서 大房良의 아들일 것

104) 烽上帝(雉葛,歃矢婁,相夫)의 生母로 于漱의 딸이다.

105) 多勿郡지경?

106) 前任曷思侯·松江王

매가 되기로 결연하였고 유리가 송의와 형제를 맺어 오춘을 모주謀主로 삼았음을 아직 모르고 있었다. 한소 처들인 구춘仇春[107]을 한실漢悉[108]의 처로 삼고 환만桓曼을 정도동鄭道東의 처로 삼았으며, 첩이던 오경五卿 등은 모두를 한실悉의 첩으로 삼았다. 한실悉은 대방난소생으로 이때 나이 스물넷에 하빈후河濱侯를 습봉襲封하고 주상의 의붓아들假子로 되었고, 정도동은 장張비 소생으로 이때 나이 열아홉에 역시 주상의 의붓아들로 꽤나 총애를 받았고 재물과 세력이 있었다.'[109] 주상께서 루흡이 아들을 낳았음을 듣고 사신을 자몽으로 보내 루흡에게 적의翟衣·기장술黍酒·아기옷兒衣을 하사하셨다.

九月,召皇后生歡公主. 閏九月,朔,蓼花公主生鶩太子. 以烏伊女鴹氏為蘋太子妃,賜羊氏烏氏宴. 烏孫王烏就屠死,子無离大為其弟日貳所殺,無离大之子安日求救於漢,漢逐日貳而立安日,安日追日貳於康居而刺殺之.上聞之,召諸皇子而戒之,曰"兄弟相爭,亡国之道也.爾等戒之.序長而立賢,何爭之有.幼者宜屈於長,而愚者宜尊賢而讓位而已,如烏孫者借漢之力而兄弟相殘,無道之甚也." 太輔松江王解德薨,年六十,葬以王禮.潄帝之第三子也,有儉閑之德,居位不矜好問於人,常以仙學不進為憂而逝.以大房良為太輔,乙耕左輔,武骨右輔,奥命淸河侯,賜奴婢莊園.

9월, 소召황후가 환歡공주를 낳았다. 윤9월, 초하루에 료화蓼花공주가 아鶩태자를 낳았다. 오이의 딸 양鴹씨로 평蘋태자비를 삼고 양씨羊氏·오씨烏氏들에게 연회를 베푸셨다. '오손烏孫왕 오취도烏就屠[110]가 죽고, 아들 무리대無离大가 동생 일이日貳에게 죽으매'[111], 무리대의 아들 안일安日이 한漢에 도움을 청하니, 한漢은 일이를 쫓아내고 안일을 보위에 세웠고, 안일은 일이를 강거康居까지 쫓아가 베어 죽였다. 주상께서 이를 듣고 여러 황자들을 불러 타이르시길 "형제들

---

107) 南堂은 '一作曼'이라 註釋하였고, 本典 東明五年條엔 '仇曼'으로 기록되었다.

108) 漢素의 子女들에게 이미 鮮氏 姓이 下賜되었으니 漢悉은 곧 鮮悉인 셈이었다.

109) 召后勢力 以外의 모든 勢力들이 類利太子를 推戴하기로 뜻을 모으고 財物을 確保하였다.

110) 烏孫의 大昆彌가 아닌 小昆彌 烏就屠

111) 漢書 卷九十六下 西域傳 第六十六下 烏孫國傳에는 [小昆彌烏就屠死.子拊離代立,為弟日貳所殺.]이라 하였다. '無离大'는 '拊離'의 誤寫인가?

이 상쟁함은 나라를 망하게 하는 길이니, 너희는 이를 삼가 조심하라. 맏이를 따르거나 현명한 이를 세운다면, 어찌 다툼이 있겠느냐. 나이 적은 이는 의당 나이 많은 이에게 굽히고, 어리석은 이는 의당 현명한 이를 받들어, 자리를 양보할 따름이다. 오손 같은 놈들은 한漢의 힘을 빌려서 형제상잔兄弟相殘하였으니, 무도無道함이 심하였다."라 하셨다. 태보·송강왕 해덕解德이 나이 예순[112]에 죽어서, 왕례王禮로 장사하였다. 모수제의 셋째 아들로, 검소하고 부산하지 않은 덕이 있어서 왕위에 있어도 남에게 묻기를 좋아하지 않았고, 늘 선仙과 학문學問에 진전이 없음을 걱정하다가 서거하였다. 대방량을 태보로 삼고, 을경을 좌보로, 무골을 우보로, 오명을 청하후淸河侯로 삼으시고, 노비와 장원을 하사하셨다.

十月,上幸南口閱武,而醉通大房彦之妻張氏,乃張皇后之妹也,旣醒而自愧,問於彦曰"朕何如人邪."彦曰"陛下多情多淚之好色君子,無可無不可之大英雄大聖人也."上大笑曰"果如汝言則可以自慰.其過千世之後,豈無公論耽.朕旂以惧也."彦曰"臣之妾,陛下之妾也.誰敢論乎."上笑曰"汝真吾婭.然似非汝父之子也."彦類其母而能媚嫵,無渠父强硬之風,故云. 授三輔以下公卿大夫紅錦魚袋紫綬黃盖,列王加檀車香輿,改後宮秩次翟服佩勝. 置公服旂金銀旂螺匠旂紡績旂於召皇后宮之右,以皇后宮使者掌其職事.

10월, 주상께서 남구南口로 거둥하여 군대를 사열하시고 나서 술에 취해 대방언大房彦[113]의 처 장張씨와 상통하셨더니 장張황후의 여동생이었다. 술에서 깨어나시자 스스로 부끄러우사, 대방언彦에게 물어 이르시길 "짐이 어떤 사람같이 보이오?"라 하시자, 대방언이 아뢰길 "폐하께선 다정하고 눈물 많으신 호색군자好色君子이시고, 옳고 그를 것 없으신 큰 영웅에 큰 성인이십니다."라 하니, 주상께서 크게 웃으며 이르시길 "과연 그대 말과 같다면 스스로 위안할 수 있겠소만, 지나쳤음을 천년이 지난 후엔 어찌 공론하지 않겠소! 짐이 한 짓이 부끄럽소."라 하시자, 대방언이 아뢰길 "신의 첩은 폐하의 첩이었거늘, 누가 감히 공론하오리까?"라 하매, 주상께서 이르시길

112) 解德은 羊聖所生으로 BCE80年生 ; 셋째라 함은 屋因所生 屋春을 제외한 것이다.
113) 大房良의 아들 ; 당시의 玄菟太守·南口將軍

"그대는 진정 내 동서요. 허나 그대 아비의 아들은 아닌 것 같소이다."라 하셨다. 대방언이 그 어미를 닮아 능히 아부할 줄은 알았으되 그 아비의 강경한 기풍은 없어 그리 말씀하신 것이라. 3보 이하 공경대부에게 주홍색비단어패주머니紅錦魚袋·자주색인끈紫綬·황색일산黃盖을 하사하고, 열왕列王에겐 단거檀車·향여香輿를 얹어주셨으며, 후궁들의 질품秩品·차서次序·적복·노리개佩·머리장식勝을 바꾸셨다. 공복소公服所[114]·금은소金銀所[115]·라장소螺匠所[116]·방적소紡績所[117]를 소황후召皇后 궁전 우측(서쪽)에 두어 소황후궁 사자使者들이 그 직분의 일을 관장케 하셨다.

上如主農大加桓福之第壽柘公,而會羊蘋,仍謂桓福,曰"沙漠地方牧畜而已.我国地廣而土沃,力農可也.農藝之士,擢其優者,特授五品之職而列于大夫.桑蔴之士,尤為加賞可也."桓福以柘公之子,肖其母孟后,以美皃上愛之如陜父,年未三十而致卿位.孟后崩,益加爱護,委以農政,命鑄錢以平穀価.其妻羊蘋,羊吉之女,而蘋主之出也.自未嫁時受上之寵幸,及長賜桓福為妻.其妹桓英,于仁妻,亦被上寵.于仁妹于氏,桓福之初妻,亦被上寵為葱太子乳母.以故,福恃上寵,其勢炎大熾,車馬莊園窮奢極侈出於宗戚大家.上不禁之,初年之政漸潰,識者患之.

주상께서 주농대가 환복桓福의 저택으로 납시어 자공柘公[118]께 장수하시길 축원하고 양평羊蘋을 만나보시더니, 이어 환복에게 말씀하여 이르시길 "사막지방은 널리 목축이나 할 뿐이지만, '우리나라는 땅이 넓고 흙이 기름지니 농사에 힘써야 할 것이야.'[119] 농사農와 원예藝에 유식한 사람으로 우수한 이를 발탁해 특별히 5품 직위를 주어 대부반열에 세우되, 뽕桑과 삼蔴에 유식한 이는 상을 더 얹어 줘야 좋겠네."라 하셨다. 환복은 자공의 아들로 그 어미 맹후孟后를 닮아 미모인지라 주상께서 협보처럼 아끼셨더니, 나이 서른 이전에

---

114) 公服製作所
115) 金銀細工所
116) 螺鈿細工所
117) 製絲工所
118) 桓淑所生 慕漱帝子(BCE76年生)로, 桂孟子와 婚姻하여 桓福을 낳았다.
119) 高勾麗가 深山幽谷에서 開國 都邑하였다는 記錄은 造作이자 虛構이다.

경卿의 지위에 이르렀다. 맹후가 죽어, 더욱 아끼고 감싸며 농정農政을 그에게 맡기셨고, '엽전葉錢을 주조해서 곡물 값을 매기게나.'[120] 라고 명하셨다. 그의 처 양평羊은 양길의 딸로 평蘋화공주가 낳았고, 출가 이전부터 주상께 고임을 받아 승은을 입었으며, 장성해선 환복에게 하사되어 처가 되었다. 그의 여동생 환영桓英은 우인의 처로 역시 주상의 승은을 입었고, 우인의 여동생 우于씨는 환복의 첫 처로 역시 주상의 승은을 입었으며 총葱태자 유모가 되었다. 이런 까닭에 환복은 주상께서 총애하심을 믿어 권세의 불길이 크게 성하였고 거마車馬·장원莊園의 사치가 극에 달하여 종척들의 큰 집들 중에 눈에 띄었다. 주상께서 그것을 금치 않으시어, 초년정사初年政事[121]가 점차로 무너지매, 식자識者들이 이를 걱정하였다.

東明十八年辛丑,春正月,五日,琳宮張皇后崩,春秋三十六.上哀痛之如失左右手,葬儀山陵一如萱皇后禮,葬于中川之原,名曰玉陵,以玉為欄故也.后父士傑,漢人也,来自邯鄲居黃竜国,三世以宝玉為商.母,中川人棟白之女也.穠麗雅娟,揣人意且有媚術腴道,深入上肺.以功臣之妻,竟登壼極,生皇子屛帳女幌帨.其父士傑生后而卒,士傑之弟殷娶后母棟氏而育后,殷以善歌為宮中楽大夫,以后故封中川侯食祿二千石.棟氏亦被上寵而生菌公主.后妹大房彦妻張紈鄭福妻張緋,后弟張索人妻漢人公孫氏,亦皆被上寵.時,人曰張殷為善舞大夫,盖笑陛澤也.

동명18년신축(BCE20), 춘정월, 5일, 림궁 장張황후[122]가 춘추 서른여섯에 죽으니, 주상께서 양 손을 잃은 듯 애통해하셨다. 장의葬儀와 산릉山陵의 일들을 훤황후의 예법과 같게 하여 중천원中川原[123]에 장사하고 옥릉玉陵이라 하셨다. 옥玉으로 란간欄杆[124]을 한 때문이라. 후의 아비 사걸士傑은 한인漢人으로, 한단邯鄲[125]에서 황룡국黃龍國으

120) 山西省東北部~河北省西北部 一帶에선 이 葉錢이 이미 發掘되었을 수 있겠다.
121) 儉素했던 初年의 各種規範 등
122) 본시 漢人 鄭共의 妻였던 張氏로 BCE55年生. 鄭共은 芻牟와 年齒가 비슷했을 것
123) 山陵은 箕丘인근 中川(大沙河)邊 丘陵일 것. 行唐縣 大沙河·郜河 間 '玉亭鄕'지경?
124) 陵寢의 槨欄 즉 外棺
125) 勾茶國의 南部 邊境쯤으로 당시 馬韓의 疆域에 해당하였을 것이다; 邯鄲의 中心地域에 邯山(한산=漢山?)이 있다.

로 와서 3세世[126]를 살면서 진귀珍貴한 옥玉을 행상行商하였다. 후의 어미는 중천中川사람 동백楝白의 딸인데, 활짝 핀 꽃처럼 곱고 우아하며 늘씬하고 남의 의중을 헤아릴 뿐만 아니라 유혹하는 재주와 넉넉한 방도가 있어서 주상의 마음 깊은 곳에 들었고, 공신의 처로 필경엔 '곤극壼極[127]에 오르더니' 황상의 아들 병屛·장帳과 딸 황幌·세帨를 낳았다. 그 아비 사걸이 후가 출생하자마자 죽어서, 사걸의 동생 사은殷이 후의 어미 동씨楝氏를 취하고 후를 양육하였다. 사은은 노래를 잘하여 궁중악대부宮中樂大夫가 되었고 후后로 인해 중천후中川侯와 식읍 2천석에 봉해졌다. 동씨 또한 주상의 승은을 입어 균菌공주를 낳았으며, 후의 여동생인 대방언 처 장환張紈과 정복 처 장비張緋 및 후의 남동생 장삭인張索人의 처인 한인漢人 공손公孫씨 역시 주상의 승은을 입었다. 이즈음에 남들이 장張삭인과 사은殷을 선무대부善舞大夫[128]라 일렀으니, 대략 임금의 은덕을 비웃은 것이라.

二月,禾英后生秥公主.上以其向衰之年,命加療養于溫泉. 三月,大房夫人生孝房太子.去年生上女而又生太子,上爱其善産,陞夫人為琳宮皇后,賜大房良夫妻衣酒美肉.良曰"臣有何功當此御饍.請斬臣女以謝天下万民."上曰"卿女貞潔自守,朕以强力奪其志也,渠何罪乎.乃朕好色之過也,請受楚韃於吾舅."良曰"古者聖君亦有三后五妃九嬪之禮.今陛下後宮不多.其於廣嗣之道,當择有德之貞女,年可二八者,封冊可也.何取功臣之未亡褪物乎."上曰"一以報其餘功於其妻,而生吾子女則與素子女同胞之親,世為瓜葛藩屛,不亦好乎."自是,大房皇后之寵漸高.然,召后不敢妬.

2월, 화영禾英후가 점秥공주를 낳으니, 주상께서 그녀가 노쇠해질 나이임에 명하시어 온천에서 요양療養하게 하셨다. 3월, 대방부인大房夫人이 효방孝房태자를 낳았다. 지난해에 주상의 딸을 낳았고, 또 주상의 아들을 낳은 것이다. 주상께서 아이를 잘 낳음을 어여삐 여겨 부인夫人을 림궁황후琳宮皇后[129]로 승차시키고, 대방량 내외에게는 옷과 술과 맛있는 고기를 하사하시니, 대방량이 아뢰길 "신이 무슨

126) 黃龍國 羊吉以前 三王之治世
127) 女人의 가장 높은 地位인 帝王의 女人자리 즉 壼位
128) 춤을 잘 춰서 된 대부 ; 여기선 희롱을 잘 하는 대부 쯤
129) 非龍骨(雜色)出身의 皇后

공이 있다고 이런 어선御饍을 받사옵니까? 청컨대 신의 딸을 참하여 천하 만민에게 사죄하옵소서."라 하매, 주상께서 이르시길 "경의 딸은 정결하여 자신을 지켰었고, 짐이 강한 힘으로 그녀의 뜻을 빼앗았거늘, 그녀가 무슨 죄를 지었습니까? 짐이 호색한 탓이니, 회초리를 쳐주시길 내 장인께 청합니다."라 하시니, 대방량이 아뢰길 "옛날의 성군聖君들 역시 3후后·5비妃·9빈嬪 예법을 따르셨습니다. 지금 폐하께선 후궁들이 많지 않으시니, 광사지계廣嗣之計[130]이시라면, 응당 덕성德性있는 숫처녀를 택하실 일이고, 16살인 이들을 책봉冊封하심이 옳을 것이옵니다. 어찌 공신功臣의 미망인未亡人인 퇴물褪物이시랍니까?"라 하매, 주상께서 이르시길 "오직 그의 남은 공을 그 처에게 보답하기 위함이었고, 게다가 내 아들과 딸을 낳으면 곧 한소의 자녀들과 같은 배에서 태어난 지친인지라 세세토록 참외넝쿨칡넝쿨(一家親戚)이 되어 감싸고 지켜줄 것인데, 그 또한 좋지 않겠습니까?"라 하셨다. 이때부터 대방황후를 총애하시길 차츰 드높이셨고, '그리 하셨어도, 소召후는 감히 시샘하지 못하였다.'[131]

五月,神馬巨婁無故瘦死.上不楽久之,有無何之症,且有頻夢. 定"公卿三妻五妾,大夫二妻三妾,士一妻二妾,吏一妻一妾,庶人一妻一夫,賤者一妻二夫之制.大夫之妻為公卿之妾者,士妻為大夫之妾者,吏妻為士妾者,不在定数之內,故不能受其年穀.公卿之正妻願得上子者,自願當夕.大夫之正妻願得其上典之子,亦如之.士吏庶人亦皆如其例.兄亡而妻嫂者守其家産而傳于兄子,弟亡而妻娣者守其家産而傳于弟子,叔亡而妻嬸者守其家産而傳于叔子,侄亡而妻姪者守其家産而傳于其侄子.如無子者,以其子為其前夫之子而傳之.若有窃其産而逐其子者抵罪.父死而妻妾少者,長子娶之.母死而其夫少者,其女嫁之."

5월, 신마神馬 거루巨婁가 까닭 없이 말라죽고, 주상께선 편찮으신 것이 오래되셨다. 무언지 모를 증상이 있으실 뿐만 아니라 빈번히 꿈을 꾸셨다. 정하시길 "공경公卿은 3처妻·5첩妾, 대부大夫는 2처妻·

130) 子息을 많이 두어서 後嗣를 튼튼히 하려는 計策
131) 聖寵과 함께 權勢가 大房氏에게로 기울고 있음을 認知한 것 ; 前年 八月條의 記事와 곧 이어 있었던 後嗣決定 기록을 참조하면 명확해진다.

3첩妾, 벼슬아치士[132]는 1처·2첩, 구실아치吏[133]는 1처·1첩, 서인庶人[134]은 1처妻1부夫, 천민賤民은 1처2부로 하였다. 대부의 처가 공경의 첩으로 되고, 벼슬아치의 처가 대부의 첩으로 되고, 구실아치의 처가 벼슬아치의 첩으로 된 이들은, 정해진 수효를 넘었으면 그런 까닭으로 년곡年穀을 받을 수 없다. 공경의 정처正妻가 주상上의 아들을 가지길 원하면 자원하여 밤일을 감당하고, 대부의 정처가 그 상전上典의 아들을 갖고 싶어도 역시 그러하고, 벼슬아치·구실아치·서인에 있어서도 역시 모두 그러하다. 형兄이 죽어 형수嫂를 처妻로 들인 이는 형의 가산家産을 지켜 형의 아들에게 물려주며, 동생弟이 죽어 제수娣를 처로 들인 이는 동생의 가산을 지켜 동생의 아들에게 물려주며, 숙부叔가 죽어 숙모嬸를 처로 들인 이는 숙부의 가산을 지켜 숙부의 아들에게 물려주며, 조카侄가 죽어 조카며느리姪를 처로 들인 이는 조카의 가산을 지켜 조카의 아들에게 물려준다. '아들이 없을 것 같으면, 제 아들을 앞선 지아비의 아들로 삼아서 물려준다.'[135] 죽은 이의 가산을 훔치고서 죽은 이의 아들을 내쫓은 이는 죄로써 다스린다. 아비父가 죽고 그 처첩의 나이가 젊으면 장자長子가 그들을 아내로 취하며, 어미母가 죽고 그 지아비夫가 젊으면 그 딸女이 그에게 출가한다."라고 하셨다.

六月,禾皇后崩,春秋三十三.上痛哀之,葬于中川之原,以瓊后禾英夫人為第三天后.　胡王莫車死.弟且糜胥立,遣使来献土物.　太輔御史大夫大房良請"選公卿女年二八者納後宮,而退四十以上有夫女在後宮者還其本夫."上難之,問於木公.木公曰"不可.昔周穆王年三十娶西王母年八十餘,盖老陰宜於少陽,故穆王居位六十年而無疾病.陛下始陽以来,多涉老厚腴陰,故所以益旺也.如嗜少艾則損耗多矣,安能廣嗣乎."上然之,欲罷其議.時,烏伊摩離等女皆欲入後宮而爭之,上不得已選功臣十八人納後宮.皆二八貞女也,上勞於此群,精力大損,況染而不能自已.時人目大房曰伐聖之良臣.　七月,類利太子與禮后移于奥春家.時,類利太子與貫貝情好,有妬婢密告于召后,召后使人搜類利,貫

132) 武士·文士·仙士 등의 벼슬아치 ; 大夫와 吏 사이의 身分
133) 胥前
134) 奴婢나 賤人 또는 賤民이 아닌 庶民 즉 一般百姓(良民)들
135) 生前에 無子인 者에게 養子(義子)주기와 그의 遺産의 處分을 制度로 定한 것이다.

貝聞之密送于奥春家.

6월, 화禾황후[136]가 춘추 서른셋에 죽어, 주상께서 이를 애통해하셨다. 중천원中川原[137]에 장사하고, 경후 화영禾英[138]부인을 제3천후로 삼으셨다. 호왕 막거가 죽고, 그 동생 저미서且糜胥[139]가 보위에 올라 사신을 보내와서 토산물을 바쳤다. 태보·어사대부 대방량이 청하길 "나이 16살인 공경들의 딸을 선발해 후궁으로 들이고 나이 40을 넘은 후궁에 있는 유부녀들은 물리쳐서 본시의 지아비들에게 돌려보내소서."라 하매, 주상께서 난감하사 목木공에게 물으시니, 목공이 아뢰길 "불가합니다. 옛적에 나이 서른인 주周 목왕穆王은 나이 여든을 넘긴 서왕모西王母와 혼인하였고, 대략 노음老陰[140]이 소양少陽[141]에게 알맞은 까닭에 목왕은 60년을 보위에 머물면서 질병이 없었고, 폐하께선 양기陽氣가 시작되신 이래로 나이 들고 통통한 여인을 많이 겪으신 까닭에 더욱 왕성하셨습니다. 나이어린 풋내기를 즐기실 것 같으면 손상되어 없어짐이 많으실 것인즉, 어찌 능히 광사지계를 이루시겠습니까?"라고 하였고, 주상께서도 그리 여겨 논의를 끝내려 하셨다가, 이때 오이·마리 등의 딸들이 모두 후궁으로 바쳐지길 다투었음에, 주상께서도 어쩔 수 없이 공신 열여덟을 택하여 후궁들을 바치게 하셨다. 모두 숫처녀이었고, '주상께선 이 무리에게 애쓰시다가 정기精와 근력力이 크게 손상되셨으며, 하물며 전염되어 몸을 다스리지 못하셨더니, 이 시절 사람들이 대방량을 임금을 죽이기에 좋은 신하라고 지목하였다.'[142] 7월, '유리태자가 예후禮后와 함께 오춘奥春의 집으로 옮겨갔다.'[143] 이때, 유리태자가 관

---

136) 宝得女로 BCE52年生
137) 南堂遺稿 高句麗史抄 芻牟大帝己 曰"葬桂后塚西"
138) 禾皇后生母
139) 匈奴의 搜諧선우
140) 나이 든 여인
141) 젊은 남자
142) 芻牟大帝가 天壽를 다하지 못하고 夭折하게 된 결정적 원인의 하나인 듯
143) 奥春은 順奴人으로 당시 五加侯·宗府大加였으며, 類利太子를 추대하는 謀主였다. 당시 貫貝는 潮白河지류로 沸流國故地를 東流하던 白河변 琉璃廟(湯河口東南琉璃河邊) 쯤에 거주하였고, 奥春은 대략 興隆남린 霧靈山(琉璃瓶山,伏凌山) 쯤에 주거하였을 것으로 추정된다. 괜히 沸流國故地와 順奴國故地로 추정되는 곳에 아무런 緣故없이 琉璃

패貫貝와 정분나서 좋아함에, 시기하던 비첩이 소召후에게 고하였고, 소召후가 사람들을 시켜서 유리를 찾아내게 하였더니, 관패가 이를 알아차리고 몰래 오춘의 집으로 보낸 것이라.

八月,上射鹿扵矮山方石之原,類利與都祖来謁献其神釼斷片.其服色皆上旧時衣也.上左右抱之,喜不自勝,使摩离将兵万人而衛之.命居西都鸞坮,迎禮后扵奥春家亦同居之,上密行見之.　老人鳶孫等七十二人,請類利太子為正胤.上賜酒嘉納.召后不悦曰"立儲之事,吾夫妻家事.老人何預."上曰"彼為国盡忠而已."召后[曰][144]"早知如此,妾與斗坊遠遁山谷而讓之.事出不意,適足以見笑而已."上曰"汝勿深慮.類利豈敢與汝相爭扰.吾當善処之." 禾英皇后崩,春秋五十五,葬于禾后陵側.以漢素妻大房氏為第三天后,其父良極諫之曰"臣女無行.陛下何為此事.請斬臣頭而詔後世."上曰"卿乃忠直之臣也,何以斬之.卿女有德,吾皇后中第一人也.卿何謙為."乃封良為国舅太公西川侯.良曰"臣女之為素妻,万人皆知也,奈何."上曰"欲報素功而配我也."良曰"封素為王,素亦分已足矣.穢女何功."上不聽.　上以萱太子妃阿爾公主為類利太子妃,溫公主為其副妃.設宴三日,上與禮后召后旃后大房后受群臣慶賀于鳳鳴殿.

8월, 주상께서 왜산矮山 방석원方石之原[145]에서 사슴을 사냥하시는데, 유리類利가 도조都祖와 함께 찾아와서 알현하고 끊어진 신검조각을 바쳤다. 복색服色들이 모두 주상의 옛적 옷들이었음에, 주상께서 이들을 좌우로 껴안고 기쁨을 감추지 못하셨고, 마리를 시켜 군병 만 명을 이끌어 그들을 호위케 하셨다. 명하여 서도西都란대鸞坮에서 머물게 하시고, 오춘의 집에 있는 예禮후를 맞이하여 역시 함께 머물게 하시더니, 주상께서 은밀히 납시어 그들을 만나보셨다. 노인 궉손鳶孫 등 72인이 유리태자를 정윤正胤[146]으로 삼기를 청함에, 주상께서 술을 하사하시며 기쁘게 받아들이시니, 소召후가 기쁘지 않아하며 아뢰길 "동궁儲(正胤)을 세우는 일은 우리내외의 집안일인데, 노인이 어찌 참견이랍니까?"라 하매, 주상께서 이르시길 "저이는 나

廟와 琉璃瓶山이란 지명이 남아있겠는가?

144) 記錄의 內容을 보아, 文脈을 부드럽게 하려고, 譯者가 挿入한 것임.

145) 네모난 큰 바위가 있는[또는, 돌들이 四方에 至賤인] 언덕·평원·구릉?

146) 東宮太子

라를 위해 충성을 다할 뿐이오."라 하셨고, 소召후가 아뢰길 "이와 같아질 것을 일찍 알았더라면, 첩은 두근斗坊과 함께 멀리 산곡으로 달아나 양보했을 것인데, 일이 뜻밖에 터졌으니, 바라보고 웃기나 하면 마땅하겠지요."라 하니, 주상께서 이르시길 "그대는 심려하지 마시오. 유리가 어찌 감히 그대와 서로 다투겠소? 내가 응당 선처하였소!"라 하셨다. 화영禾英황후가 춘추 쉰다섯에 죽어, '화후릉결'[147]에 장사하고, 한소 처 대방씨를 제3천후로 삼으셨더니, 그 아비 대방량이 극간하여 아뢰길 "제 딸은 도리를 다하지 않았습니다. 폐하께선 어찌 이런 일을 하십니까? 청하옵건대, 제 머리를 참하여 후세에 알리십시오."라 하매, 주상께서 이르시길 "경은 충직한 신하인데 어찌 참할 수 있고, 경의 딸은 덕망이 내 황후 중에 제일이거늘, 경께선 왜 겸양키만 하십니까."라 하시고 대방량을 국구태공國舅太公·서천후西川侯로 봉하시니, 대방량이 아뢰길 "제 딸이 한소의 처가 되었던 것을 세상사람 모두가 알고 있는데, 어쩌시겠습니까?"라 하매, 주상께서 이르시길 "한소의 공을 보답하려고 내 짝을 삼은 것입니다."라 하시니, 대방량이 아뢰길 "한소를 왕으로 봉하신 것은 한소의 분수로야 족하오나, 더러운 딸이야 무슨 공이옵니까?"라 하여도, 주상께선 듣지 않으셨다. 주상께서 훤태자비 아이阿爾[148]공주를 유리태자비(正妃,元妃)로, 온溫공주를 부비副妃(次妃)로 삼고, 사흘간 연회를 베푸셨다. 주상께선 예禮후·소召후·전旃후·대방大房후와 함께하시어 뭇 신하들의 경사축하를 봉명전鳳鳴殿에서 받으셨다.

十月,上與禮后類利謁神隧,會群臣議正胤.召后見勢不利大怒,與仇都仇賁等退去牛壤,曰"依太伯仲雍古事,欲讓国於類利太子."上素以無何之症,又値此難,自然添病.群臣憂之. 以鮮朓公主為皇子貝倫太子妃. 屏太子爱民間女欲為妻而不愛萱公主,上怒欲斬之,大房良諫曰"子之不行,父之責也.陛下宜自省而已.何乃作劉徹狂事乎."上改容謝之,廢屏太子為庶人,以萱公主為都祖妻賜一品公服. 上命群臣立旗於東西,從東者為斗坊,從西者為類利,而試其多少.斗坊進曰"序長立賢之敎,臣已聞之.今何此擧而誤此小子耶."乃自詣

147) 禾后가 묻힌 곳 역시 中川原이었음
148) 阿爾는 東明13年 萱太子妃로 되었고 東明16年 萱太子가 죽은 이후로 獨身이었음

立西旗之下,群臣無敢立東者而盡攸于西旗.上大贊斗坊,曰"賢敓.斗也.今雖讓于兄,後必自立矣."乃命類利曰"善護斗坊,使之制南而守成然後,徐徐制坤,可也."

10월, 주상께서 예禮후·유리와 함께 신수神隧[149]를 알현하고 뭇 신하들을 모아서 정윤正胤문제를 의론하셨다. 소召후가 세력이 불리함을 깨달아 몹시 화가 나서 구도仇都·구분仇賁 등과 함께 우양牛壤[150]으로 물러가서 머물며 "태백중옹고사太白仲雍古事[151]를 따라 나라를 유리에게 넘겨주겠소."라 이르매, 주상께선 평소 까닭을 모를 증세가 있으신데 또 이런 난관을 만나시어 자연히 병세는 더욱 나빠지셨고, 뭇 신하들은 그게 걱정이었다. 해순解肫공주를 황자 패륜貝倫[152]태자의 비로 삼았다. 병屛태자가 '민간의 딸'[153]을 다스리고서 처로 삼고 싶어 훤萱공주는 아끼지 않음에, 주상께서 노하시어 그를 참하려 하셨더니, 대방량이 간하며 "아들이 할일을 하지 않는 것은 아비의 책임이어서, 폐하께선 마땅히 자성自省하셔야 할 뿐이신데, 어찌 유철劉徹[154]의 미친 짓을 하십니까?"라 아뢰자, 주상께선 낯빛을 고쳐 용서를 빌고 병태자를 폐하여 서인으로 삼으셨으며, 훤공주를 도조의 처로 삼아 1품 공복을 하사하셨다. 주상께서 뭇 신하들에게 명하시어 '동쪽과 서쪽에 깃발을 세우고, 동쪽으로 가는 이는 두근斗坊[155]을 위하는 것으로 하고, 서쪽으로 가는 이는 유리類利를 위하는 것으로 하여, 많고 적음을 가리자.'고 하시자, 두근이 앞으로 나서서 "장자를 세우거나 현명한 이를 세우는 가르침을 신은 이미 들었사온데, 지금 어찌 이런 일을 하시어 이 소자小子를 그르치려 하십니까?"라고 아뢰었고 이어서 스스로 서쪽깃발 곁으로 가서 섰더니, 뭇 신하들 누구도 감히 동쪽에 서지 않았고 모조리 서쪽깃발로 모여듦에, 주상께서 두근을 크게 칭찬하며 이르시길 "현

149) 소위 高勾麗 國東大穴이라는 것 ; 天祭(또는 地祭)를 지내는 곳.
150) 卒本古都 즉 高麗營지경?
151) 周文王 伯父·仲父인 太伯·仲雍이 멀리 도망해 보위에 뜻이 없음을 보였다는 古事
152) 貫貝所生인 芻牟子
153) 玉氏
154) 西漢 世宗 孝武帝
155) 溫祚의 初名

명하다, 두근아! 지금은 비록 형에게 양보하나, 훗날엔 반드시 몸소 보위에 설 것이야."라 하시고, 이어서 유리에게 "두근을 잘 감싸줘서 '두근이 남방[156]을 제압해 지키기를 이루게 한 연후에'[157] 서서히 곤방[158]을 제압해야 할 것이다."[159]라고 명하셨다.

東明十九年壬寅,春正月,以類利太子為正胤,上召乙音密,詔曰"吾疾不可須更,欲以汝妹妻類利而傳国.可速召来."乙音乃與溫公主如牛壤告其意,召后曰"吾非王嬙,安肯與莫車相通邪."乙音曰"天下事宜從大勢.今,類利,已定名分.而英勇不下於聖上.背之則敗,順之則成.況上以奇症朝不慮夕,欲以汝妻之而傳位.機不可失也.汝若不肯,必敀於旃與大房.大房執政則吾輩魚肉矣.何不思之."召后乃悟而還都謁上,上曰"吾疾似非尋常.可如東宮好為之.吾已許汝于東宮矣."召后抱帝而哭,曰"汝何言邪.死則同死,生則同生."上命召東宮来,使抱召后而去.后謂東宮,曰"妾非敢逆命也.奈聖候如此何."東宮曰"謹當如命矣."自是,国之大事,東宮與召后决之.后務從東宮之意而不自執,己唯以美服濃粧送眼挑情.東宮徃徃有難,時抱后腰而埋頭.后撫之,從容曰"妾不敢不知,時猶未至也.願東宮自重."乃命溫主扶東宮而去.東宮顧后而欲倒,后亦恍惚自倒亦数矣.自是,后慕東宮之心頓加.上見后愛東宮之状則喜,不然則怒.一夜,東宮與后侍上而困,東宮頹臥而睡,后引東宮之首枕后股而侍.上覺而見之,喜而歌,曰;

"此股本我股,今為東宮股.
東宮則我身,彼股亦我股."

后乃低首面上而又面東宮,東宮乃覺. [二][160]月,鵲夫人生鵲太子,陜父妻柴花乳之. 三月,以斗坊太子為溫祚太子,為桓那沛者.上命以斗坊太子為類利太子之故,改名溫祚者也.

동명19년임인(BCE19), 춘정월, 유리태자를 정윤으로 삼고, 주상께서 을음乙音[161]을 불러 은밀히 조칙하여 이르시길 "내 질환이 모름지기 좋아지긴 불가하오. 그대의 여동생을 유리의 처로 삼아서 나라

156) 馬韓(辰韓) ; 勾茶國南邊 漢山以南 ; 河北省西南部·河南省東北部·山東省西北部
157) 남쪽 땅을 차지해서 나라를 세워 지키도록 도운
158) 西南方으로는 前漢 즉 西漢이 있었다.
159) 黃河邊을 斗坊(溫祚)이 가지게 한 연후에 西南쪽 漢을 제압하라는 遺命
160) 本傳의 '三月'은 '二月'의 誤寫로 보아 譯者가 바로잡았다.
161) 鯤淵伯 乙宋의 딸 旒氏가 낳은 卒本侯(王) 乙足의 아들. 召西奴의 이부동모 오빠

를 물려주려 하니, 속히 불러오시오."라 하셨다. 을음이 이에 온溫공주162)와 함께 우양牛壤으로 가서 그 뜻을 알리자, 소召후가 이르길 "내가 왕장王嬙이 아닌데, 어찌 수궁하고 막거莫車와 함께 상통하겠소?"라 하매, 을음이 "천하의 일은 마땅히 대세를 따라야 하네. 지금 유리는 명분이 이미 정해졌고, 또한 영특하고 용감하긴 성상보다 못하지 않네. 불복하여 배척하면 패하고, 순응하면 이길 것이네. 하물며 주상께서 환후가 위급해 아침에 저녁을 생각하실 수 없으시어, 자네를 그에게 처로 주고서 보위를 물려주시려는 것이야. 기회를 잃지 말아야 할 것이야. 자네가 응하지 않으면 필시 전旃후나 대방大房후에게 돌아갈 것이고, 대방이 정사를 거머쥐면 우리 사람들은 짓밟혀서 결딴이 날 것일세. 어찌 그것은 생각하지 않는가?"라 하니, 소召후가 마침내 깨닫고 도성163)으로 돌아와서 주상을 알현하였다. 주상께서 이르시길 "내 병이 심상치 않은 듯하오. 동궁에게로 가서 그와 좋게 지내야 하겠소. 나는 이미 그대를 동궁에게 맡겼소이다."라고 하시자, 소召후가 추모제를 껴안고 울면서 아뢰길 "당신께선 무슨 말씀이십니까? 죽어도 함께 죽고 살아도 함께 살아야 할 것입니다."라 하였다. 주상께서 명하시어 동궁을 불러오게 하여 소후를 안아가게 하시니, 소후가 동궁에게 이르길 "첩은 감히 명을 어기는 것은 아니나, 성상께서 안위安危가 이러하니, 어쩌겠습니까?"라 하였고, 동궁은 "삼가 명하신 대로 감당할 뿐입니다."라 하였다. 이때부터 나라의 큰 정사를 동궁이 소후와 함께 처결하는데. 소후는 힘써 동궁의 의중을 따르며 몸소 집정하지 않았고 자기는 오직 예쁜 옷에 짙은 화장으로 눈길을 보내서 정감을 돋우었다. 동궁이 왕왕 참기 어려워 때때로 소후의 허리를 껴안아 머리를 묻으면, 소후는 그를 어루만지며 나직하니 이르길 "첩이 감히 모르는 게 아니옵고, 때가 아직 아닙니다. 원컨대 동궁께선 자중自重하세요."라 하였고, 온溫공주에게 명하여 동궁을 데려가게 하였다. 동궁이 소후에게 돌아가서 엎어지려 하면 소후 역시 황홀하여 스스로 쓰러진 것이 여러 번이더니, 이로부터 소후가 동궁을 연모하는 마음이 갑자기 더해

---

162) 沸流와 雙胎인 召西奴所生 芻牟長女로 類利의 副妃(次妃)임
163) 西都

졌고. 주상께서는 소후가 동궁과 친밀한 모습을 보시면 기뻐하셨고 그렇지 않으면 노하셨다. 어느 날 밤엔가, 동궁이 소후와 함께 주상 곁을 지키다가 피곤하여, 동궁이 모로 누워 잠이 들자, 소후가 동궁의 머리를 끌어다가 소후의 허벅지를 베게 하여 지키는데, 주상께서 정신을 되찾더니 그 모습을 보시고 기뻐하며 읊조리시길 ;

"이 허벅지는 본시 내 허벅지였다가
지금은 동궁의 허벅지가 되었구나.
동궁이 곧 내 몸이니,
저 허벅지 또한 내 허벅지이려니."라 하시매,

소후가 고개를 숙여 주상을 바라보다가 또 동궁을 바라보았더니, 동궁도 마침내 깨어났더라. [2]월, 작鵲부인[164]이 작鵲태자를 낳았고, 협보 처 시화[165]가 젖을 먹였다. 3월, 두근斗圿태자를 온조溫祚[166]태자로 하고 '환나패자로 삼았다.'[167] 주상께서 명을 내리시어, 두근태자가 유리태자를 위하였던 까닭에, 온조로 개명改名하신 것이라.

四月,西河人高星等七十五人獻猉獜.五彩具備,丹角而碧蹄.上與召后詣鸞庭観之,曰"巨娄去而猉獜来.吾其上天者歟."召后怒曰"汝年尙少,統業未盡,何為此言."上曰"万事如浮雲而已."遂卧而不言一晝一夜,命召后傳神釼金璽于正胤.召后乃抱釼璽而泣,上曰"善事新主,可也.何乃泣為."后乃如東宮傳宝,東宮不受曰"父皇無恙,何作此事."后曰"無何之症不可測矣.權受之何如."東宮乃與后謁上,上已不能言只抱后手加于東宮之手而崩.上弦之月将落而光.后乃掩面而抱新上曰"妾之一生從此在于陛下."新上曰"母邪,妻邪,国之宝欤,汝無我則何以為后.我無汝何以為帝."遂登床而歡好.月色皝皝,召后以臂蔽目曰"何月之皝皝."新上曰"女媧之夕,白日昭昭.今卿之夕,紅月皝皝.皝皝昭昭,皆天之賜也.何羞之有."后乃歛容而起,陪上而出.烏伊等俯伏,山呼.遂卽位於新宮鸞坮. 旃后大房后鵲氏平氏等欲殉,先帝以遺詔禁殉之.

4월, 서하西河사람 고성高星 등 75인이 기린猉獜[168]을 바쳤다. 5색

---

164) 樂浪王 柴吉의 딸 柴花(夫人)의 여동생으로 芻牟의 宮人
165) 樂浪王 柴吉의 딸 鵲(鵲氏)의 언니인 柴花夫人
166) 溫祚라는 이름은 天子位(祚)를 圓滿溫和하게 한 太子라는 의미일 것이라.
167) 汗南 땅인 桓那故地를 斗圿(溫祚)에게 封한 것이다. 統治 訓練 ?
168) 帝王의 崩御을 暗示하거나 太平聖代를 이루었음을 알리는 神物인 짐승?

을 두루 갖추고 붉은 뿔에 푸른 발굽이었다. 주상께서 소召후와 함께 란정鸞庭[169]으로 납시어 그것을 구경하며 이르시길 "거루가 가더니 기린이 왔구려. 내가 죽으려나?"라고 하시자, 소후가 노하며 아뢰길 "당신께선 아직 젊으시고, 나라를 합치는 일도 끝내시지 않았는데, 어찌 그런 말씀이십니까?"라 하니, 주상께선 "만사가 뜬구름 같았을 뿐이오."라 이르셨고, 이윽고 자리에 누워 한 낮 한 밤을 아무 말씀 없으시다가 소후에게 명하여 정윤에게 신검과 황금옥새를 전해주게 하셨다. 소召후가 신검과 옥새를 부여안고 울고 있어서, 주상께서 이르시길 "새 임금을 잘 섬겨야 하겠거늘, 어찌 울기만 하시오."라 하사, 소후가 이에 동궁으로 가서 보물을 전해주었다. 동궁이 받지 않고 이르기를 "부황께선 병도 없으신데 어찌 이런 일을 하신단 말입니까?"라 하매, 소후가 아뢰길 "까닭을 몰라서 고치지 못하는 병은 앞날을 예측할 수 없으니, 그걸 헤아려 받으심이 어떠시겠소?"라 하였다. 동궁이 이윽고 소후와 함께 주상을 알현하니, 주상께선 이미 말씀을 할 수 없으시어 다만 소후 손을 쥐어다가 동궁의 손에 포개놓고 숨을 거두셨다. '상현上弦달이 곧 떨어질 참인데도 밝았다.'[170] 소후가 이에 얼굴을 가려드리고, 새 주상을 품에 안고 아뢰기를 "첩의 일생이 이제부터 폐하께 달렸습니다."라 하니, 새 주상께선 "어미이신지, 처이신지, 나라의 보배이신지, 그대는 나 없이 어찌 후가 되겠고, 나는 그대 없이 어찌 임금이 되겠소."라 이르시고 침상으로 올라서 기쁘게 정을 나누셨다. 달빛이 황황晄晄하여, 소후가 팔로 눈을 가리고 아뢰길 "왜 달이 황황하지요?"라 하니, 새 주상께선 이르시길 "여왜女媧의 밤은 흰 태양이 소소昭昭하였고 지금 경의 밤은 붉은 달이 황황하오. 황황하건 소소하건 모두 하늘이 내리신 것이거늘, 어찌 그것이 부끄럽겠소?"라고 하셨다. 소후가 이에 얼굴빛을 거두고 일어나서 임금을 모시고 밖으로 나가니, 오이 등이 부복하여 만수무강하시길 외쳤고, 이윽고 신궁新宮[171] 란대鸞臺에서 즉위하셨다. 전旃후·대방大房후·작鵲씨·평平씨 등은 따라죽

169) 西都 鸞臺의 뜰
170) 高勾麗創業主 鄒牟는 東明十九年壬寅 四月七日(或八日)子正쯤에 生을 마감하였다.
171) 西都所在 ; 父皇의 主居所인 西都의 皇宮이 아닌 別宮이었을 鸞臺(鸞宮)

으려 하였으나, 앞서신 임금께서 조칙詔勅을 남겨 순사를 금하셨다.

新上與烏伊等議,曰"朕以年少蔑識,專賴父皇之力而帝臨此位.然,国家大事多不知其所以成,今邊方多事.外國若聞大行之丧,則必有變動矣.秘不發丧,以行摂政之治,何如."烏伊等俯伏奏曰"陛下聖明至此,臣等不勝欣賀." 上以軍事委於烏伊,政事委於召后.上以諒闇停後宮當夕,唯命召后阿溫二主侍側而已.大房良諫曰"天子之孝,以廣嗣為一.當立溫主為皇后,而更選公卿女為妃嬪以廣嗣."上以其汚濁不用,良又請三年之丧,上曰"此皆太平無事之事.秘不發喪者,何以掛孝."上聞召后之言,每違良奏.良乃辞太輔而攸.大房后亦以父故請退,上不許曰"大行以卿等遺我.卿乃吾妻也.安敢以私親之故請退乎."乃命旃后大房后五日一夕.又召貫貝妃入宮受幸,召后不敢妬.

새 주상께서 오이 등과 함께 의론하며 이르시길 "짐은 나이가 어리고 식견이 없는데, 오직 부황父皇의 힘에 기대 천제天帝소임所臨인 이 자리에 임하였고, 그리하여 나라의 큰일들을 어찌 이루어야 할지 모르는 것이 많고, 지금 변방엔 일들이 많아서, 바깥나라들이 대행大行께서 돌아가셨음을 들으면 곧 필시 달리 움직임이 있을 것이오. 상喪이 났음을 알리지 말아 숨기고, 섭정을 두어서 다스렸으면 하오이다. 어찌 생각하시오?"라고 하시니, 오이 등이 부복하여 상주하길 "폐하의 총명하심이 이에 이르셨으니, 신 등은 기쁜 마음으로 하례치 않을 수 없사옵니다."라 하였다. 주상께서 군사軍事는 오이에게 위임하고 정사政事는 소召후에게 위임하셨다. 주상께서 상중임을 들어 후궁들의 밤일감당을 멎게 하시고, 오직 소召후와 아이阿爾[172]·온溫[173] 두 공주에게만 곁에서 시중토록 명하셨을 뿐이었더니, 대방량이 간하여 아뢰길 "천자의 효도로는 많은 후사를 두시는 것을 으뜸으로 삼사오니, 마땅히 온溫공주를 황후로 삼으시고 다시금 공경들의 딸들을 골라 비빈으로 삼으시어 많은 후사를 두십시오."라 하였으나, 주상께선 이를 추醜하고 근고勤苦한 것으로 여겨 용납하지 않으셨고, 대방량이 또 3년 복상服喪을 청하자, 주상께서 "그것들 모두는 태평무사한 시절의 일이오. 상을 당했음을 숨기는 이가

172) 東宮時節의 太子正妃(元妃)
173) 東宮時節의 太子副妃

어찌 상복을 입겠소?"라 하셨다. 주상께서 소召후의 말은 들어주고 매번 대방량의 주청은 어기셨더니, 대방량이 태보자리를 사직하고 돌아갔다. 대방후 역시 아비의 일로 물러나기를 청하였으나, 주상께서 허락치 않으시며 "대행께서 경을 내게 남기셨으니 경은 내 처이오. 어찌 감히 사사로이 아비의 일로 물러나길 청하시오?"라 이르시더니, 을전乙旃후·대방大房후에게 명하여 닷새에 하룻밤을 감당케 하셨고, 또한 관패비를 궁으로 불러 승은을 내리셨으나, '소召후는 감히 투기하지 않았다.'174)

五月,營大行陵于龍山. 萱公主生屛太子子,以為都祖子,名以都彦.上慮屛太子背国,賜其年穀奴婢如故. 上以木公鳶孫有功於立儲,命召后叙爵.召后曰"此等人優遊,而不喜拘束.雖賜爵,不為榮.只可敬而遠之."上曰"不然,天子之政,莫重於賞罰.有功不賞,何以奬人.汝為吾妻,當以吾意為意,何以汝意為意乎."乃以木公為太輔以代大房良,鳶孫為長岑侯主神大加,二人皆辞而不赴.上以穗公主妻木公,木公辞曰"臣本仙人不妻.况諒闇乎."上不許,命婚於宮中.初夜,木公不知去処,四索不得.長岑侯鳶孫請得穗公主為妻,上以鳶孫年老疑之,孫曰"木公比臣尤老而猶生子.况臣比木公則兒孫行耳."上乃使穗公主為鳶孫妻,時年十七,未幾生鳶孫之子,是為長岑鳶氏之祖云.

5월, 대행릉大行陵175)을 룡산龍山176)에 지었다. 훤萱공주가 병屛태자 아들을 낳더니, 도조都祖 아들로 삼고 이름을 도언都彦이라 하매, 주상께서 '병태자가 나라를 등질 것을 걱정하시어 그의 년곡과 노비를 이전과 같이 내려주셨다.'177) 주상께서 목공木公과 궊손鳶孫이 동궁세우는 일에 공이 있었음에 소후에게 명하여 작위를 주게 하시니, 소召후가 아뢰길 "이와 같은 이들은 일없이 편하고 한가롭게 지내면서, 묶여있길 반기지 않습니다. 설사 작위를 주어도, 영예로 여기지 않습니다. 다만 경의를 표하여 멀리하심이 좋겠습니다."라 하매, 주상께서 "그렇지 않소. 천자의 다스림으로 상주고 벌주는 것보

174) 召后 立儲之事 등으로 인해 召西奴는 앞선 情人·宮人들보다 立地가 약하였다.
175) 죽은 帝王 ; 謚號를 定하기 以前의 呼稱임.
176) 현금 中華人民共和國 '北京首都國際機場'之境 天竺地區의 '龍山'·'龍溝'·'龍山庄'이 이 陵寢과 關聯되었을 것이다. 그림-48 참조.
177) 父皇이 罰한 것을 兄弟의 友誼로 包容한 것이다.

다 중한 것이 없소. 공이 있어도 상을 주지 않으면 어찌 사람들을 따르게 하겠소. 그대는 내 처가 되셨으니 응당 내 뜻을 뜻으로 삼아야 하시겠거늘, 어찌 그대의 뜻을 뜻으로 삼으시오?"라 이르시고, 목공木公으로 태보를 삼아 대방량大房良을 대신하고 궉손鴌孫을 장령후長岺侯·주신대가主神大加로 삼으셨으나, 두 사람 모두 고사하고 부임하지 않았다. 주상께서 당糖공주를 목공에게 처로 주시니, 목공이 고사하며 아뢰기를 "저는 본시 선인이어서 처를 두지 않습니다. 더구나 상중이시잖습니까?"라 하여도, 주상께선 윤허치 않고 명하여 궁중에서 혼인하게 하셨다. 첫날밤에 목공이 찾아갈 곳을 몰라 사방을 뒤지다가 이루지 못하매, 장령후 궉손이 당공주를 취하여 처를 삼겠다고 청하였다. 주상께서 궉손이 나이가 많아서 의아해 하시니, 궉손이 아뢰길 "목공은 저에 비해 훨씬 늙어서도 오히려 아들을 낳았습니다. 하물며 저야 목공에 비하면 아들·손자뻘입니다."라 하였고, 주상께서 이에 당공주로 하여금 궉손의 처가 되게 하시니, 이때 나이 열일곱이었고, 오래지 않아서 궉손의 아들을 낳으니, 이 이가 장령長岺궉씨鴌氏[178]의 시조가 되었다 한다.

九月,葬大行于竜山,春秋四十.葬巨妻猉獜之骨于陵下.平氏鵲氏欲自焚而殉.上大怒,命幽於琳府之獄.　以上母禮皇后為天宮太皇后,以召后旓后大房后為三天后,阿爾溫主為左右小后,芋花蓼花等為瓊宮太后,依禮太后命择日當夕.阿爾小后生上子都圽.禮太后生大行女再思公主.還安平宮夫人晉氏于安平王鍾离.命停公卿妻當夕.胡王且櫜胥烏桓王廣公鮮卑王涉臣等遣使来吊獻賻.安平王鍾离紫蒙王西川盖馬王燕宜入朝.上賜其衮冕金印,妻以先帝後宮而還.十月,上巡西河至南口,與召后入溫泉.祖天母蘭氏薨,年七十八,以大妃禮葬于龍山陵下.盖其所願也.　以扶芬奴為鎮西大将軍南蘇州太守.以溫祚為上子,封汗南王,命都牛壤.召后不悅,欲敀牛壤,溫祚諫止之.上如蓼花宮旓后宮大房后宮.

9월, 대행을 룡산龍山에 장사하니, 춘추 40이었다. 거루와 기린의

---

178) '鴌'字의 音이 [fèng]인 것으로 보면 '鴌'字는 '鳳'字의 異字란 說이 可할 것이고, 꿩(鴌翟鷮雉甾) '鴌'字라고 하는 것을 보면 '鳳凰'은 바로 아름다운 '암 수 한 쌍의 꿩'이었을 수도 있겠다. '궉'씨라고 한 것은 鴌이 '꿕!'하며 날라서, 조심스러우나, 그 音을 새로이 쓴 것일 수도 있겠다.

유골을 무덤아래에 장사하였다. 평平씨와 작鵲씨가 스스로 몸에 불을 질러 따라죽으려 하였음에, 주상께서 대노하고 명하여 림부琳府의 옥에 가두셨다. 주상의 모친 예禮황후를 천궁태황후天宮太皇后로 삼고, 소召후·전旃후·대방大房후를 세 천후天后들로 삼고, 아이阿爾공주·온溫공주를 좌·우 소후小后들로 삼고, 간화芊花·료화蓼花 등을 경궁태후瓊宮太后들로 삼으니, 예禮태후의 명을 따라 날을 잡아서 밤일을 감당하였다. 아이소후가 주상의 아들 도근都功[179]을 낳았다. 예태후가 대행의 딸 재사再思공주를 낳았다. 안평궁부인 진晉씨를 안평왕 종리鍾离에게 돌려보냈다. 명을 내려 공경 처들의 밤일감당을 멈추게 하셨다. 호왕 저미서且糜胥와 오환왕 광공廣公 및 선비왕 섭신涉臣 등이 사신을 보내와 조상하고 부의를 바쳤다. '안평왕 종리[180]와 자몽왕 서천 및 개마왕 연의가 입조하여,'[181] 주상께서 그들에게 곤룡포袞·면류관冕·금인장金印을 하사하시고 선제 후궁들을 처로 주어 돌려보내셨다. 10월, 주상께서 서하西河[182]를 순시하고, 남구南口로 가시어 소召후와 함께 온천을 들르셨다. 조천 어미 란蘭씨가 나이 일흔여덟에 죽어, 대비大妃예법으로 룡산릉龍山陵[183] 아래에 장사하였다. 대략 그녀가 그리 원하였음이다. 부분노를 '진서대장군鎭西大將軍·남소주태수南蘇州太守'[184]로 삼았다. 온조溫祚를 주상의 아들로 삼아 한남왕汗南王을 봉하고, 명하여 우양牛壤[185]에 도읍케 하셨더니, 소召후가 기뻐하지 않고 우양으로 돌아가려 하였다가, 온조가 말려서 그만두었다. 주상께서 료화궁蓼花宮·전후궁旃后宮·대방궁大房宮으로 발길을 놓으셨다.

十一月,上幸不而城,謁檀林宮天帝象. 命摩离為鎮北大将軍卑离州太守,

---

179) 三國史記 曰 '都切'이다.

180) 安平國은 山西省 懷仁南方 '雙山'北原의 日中城[rì_zhōng-]쯤에 都邑하였던 小國으로 추정됨.

181) 安平王鍾离가 紫蒙王西川·盖馬王燕宜와 함께 入朝하였음에, 이들 三國들은 서로 隣近하였던 것으로 추정한다.

182) 桑乾河 中上流의 支流인 西洋河(西梁河)로 추정됨

183) 芻牟陵

184) 南蘇 ; 山西省 東南部 또는 하북성 石家莊 南佐鎭지경?

185) 卒本古都 ; 北京市의 ①牛欄山지경? ②高麗營지경?

以卑离王素奴女妻摩离.　上與召后如牛壤,謁陀勃陵,與溫祚議南進之計,以烏干馬黎為其左右輔. 十二月,黃竜王于仁薨,年四十三.以烏伊為黃竜王. 改元光明. 盖馬王燕宜,諒闇以来,累侵卑离界.上陞摩离為卑离王,而使鎮荇人盖馬肅愼磧東之地. 行東明大祭于東都,尊大行為東明聖王.長壽帝十六年尊為芻牟大帝. 命先帝後宮次第當夕,納于仁妻為後宮. 封先帝諸子為列王,漱帝諸子為列公,德帝諸子為列侯,孝帝諸子為大夫,法皇庶子亦為大夫.公主亦如之.以瓊府為瓊天宮瓊叢宮.天乃諸主入侍之宮,而叢乃諸王入侍之宮也.

11월, 주상께서 불이성不而城으로 거둥하여 단림궁檀林宮 천제상天帝象을 배알하셨다. 마리摩离에게 명하여 진북대장군鎭北大將軍·비리주태수卑离州太守로 삼고 비리왕卑离王 소노素奴의 딸을 마리의 처로 삼으셨다. 주상께서 소召후와 함께 우양으로 가서 연타발의 무덤을 배알하고 온조溫祚와 함께 '남진계획南進之計'186)을 논의하셨으며, 오간烏干과 마려馬黎를 온조의 좌보와 우보로 삼아주셨다. 12월, 황룡왕 우인이 나이 마흔셋에 죽어서, 오이를 황룡왕으로 삼았다. 년호를 광명光明으로 바꾸셨다. 개마왕 연의가, 상을 당한 이래로, 수차례 비리卑离의 경계를 침입하였음에, 주상께서 '마리를 승차시켜 비리왕을 삼아 행인荇人·개마盖馬·숙신肅愼·적동磧東 땅들을 지키게 하셨다.'187) 동명대제東明大祭를 동도東都에서 치르고 대행을 '동명성왕東明聖王'으로 존호尊號하셨다. '장수제長壽帝16년(長春16年己巳,CE429)에 추모대제芻牟大帝로 존호된다.'188) 선제先帝189) 후궁들에게 명하여 질품과 차서대로 밤일을 감당케 하시고 우인의 처를 거두어 후궁으로 삼으셨다. 선제의 아들들을 열왕列王으로 삼고, 모수제漱帝190)의 아들들을 열공列公으로 삼고, 덕제德帝191)의 아들들을 열후列侯로 삼고, 효제孝帝192)의 아들들을 대부大夫로 삼고, 법황法皇193)의 아들들

---

186) 父皇의 命을 따라서 南方에 溫祚의 나라를 만들어 줄 계획
187) 먼 北方의 肅愼과 먼 西南方의 磧東지역도 初期 高勾麗가 統制하였다는 意味이다.
188) 南堂遺稿 芻牟鏡을 필사한 底本이 高句麗 長壽大帝 이후에 修撰된 것임을 뜻한다.
189) 東明聖王 즉 芻牟大帝(高朱蒙)
190) 芻牟의 生父로 類利의 親祖父이다.
191) 芻牟의 親祖父로 類利의 親曾祖父이다.
192) 芻牟의 親曾祖父로 類利의 親高祖父이다.
193) 慕漱帝의 叔父일 것

역시 대부大夫로 봉하셨으며, 공주들 또한 그리하였고, 경부瓊府[194]를 경천궁瓊天宮과 경총궁瓊叢宮으로 하셨다. 경천天궁은 뭇 공주들[195]이 입시하는 궁이고, 경총叢궁은 뭇 왕들[196]이 입시하는 궁이다.

丑 都祖太子 母都皇后 妃萱公主 封汗濱王
卯 原贊太子 母再贊妃[197] 妃加菽公女韋氏 封曷思王
巳 耳公太子 母烏伊妻都氏都皇后妹 妃蘭巴女 封湯東王
午 國太子 母仲室妃 妃奧春公女晨氏 封毛屯王
午 陵太子 母好陵太后 妃丹公女丹氏 封青河王
申 晨太子 母奧春公妃鮮晨后 妃桓茵公主 封河南王
酉 沸流太子 母召皇后 妃元易公主 封淹淲王
酉 晉太子 母芊太后 妃暖公主 封檀山王
子焄公為鮮德公嗣
戌 高娄太子 母桂皇后 妃高易公主 封桂林王
戌 屏太子 母張皇后 妃玉氏 封梁貊侯
亥 貝倫太子 母貫貝后 妃肫公主 封湯南王
亥 豆智太子 母英皇后 妃蓳公主 封箕東王
亥 蘋太子 母蘋太后 妃鴹氏 封西河王
子 溫祚太子 母召皇后 妃烏氏 封汗南王
子 豆信太子 母旒太后 妃乙耕女乙氏 封箕西王
子 菽太子 母蓳花太后 妃仇都女仇氏 封汗東王
丑 房太子 母房皇后 封河濱王
丑 萶太子 母萱皇后 封奄利侯
丑 旃太子 母旃皇后 封九如侯
丑 蔓太子 母仲室妃 封竜山侯
丑 桓太子 母孟皇后 封桂南侯
丑 蘭太子 母蘭妃 封荇東侯
丑 胡太子 母胡括太后 封磧東侯

194) 龍骨사람들이 거처하는 官府 또는 그 宮殿
195) 骨品이 龍骨인 女人들
196) 骨品이 龍骨(皇子) 또는 雜色인 王들
197) 芻牟鏡衍義의 記錄을 따르면, 贊太子는 其實 生母가 好人으로 夾父生母 再贊兒에게 出生直後에 委託되었다. 本傳에 記錄된 召皇后의 鵝結에는 달리 整理된 것이다.

寅 若太子　母蘋太后 封東池侯
寅 達倫太子 母貫貝后 封湯西侯
寅 素太子　母素括妃 封紫蒙侯
卯 蒜太子　母孟皇后 封中川侯
卯 豆容太子 母旒太后 封胡盧侯
辰 薏太子　母萱皇后 封普逑侯
辰 帳太子　母張皇后 封河上侯
辰 高离太子 母桂媛妃 封質山侯
辰 英太子　母桓英妃 封黃山侯
巳 鸗太子　母蓼太后 封西川侯
午 葱太子　母孟皇后 封猷林侯
未 羊太子　母英皇后 封豊城侯
未 黔象太子 母奥坤妃 封馬山侯
申 藻太子　母蘋太后 封平山侯
未 嘉抑太子 母蓼太后 未封
酉 莘太子　母孟皇后 未封
酉 鴦太子　母蓼太后 未封
酉 德太子　母奥芳后 未封
酉 穀太子　母英皇后 未封
酉 羔太子　母禾皇后 未封
酉 黔乙太子 母奥坤妃 未封
酉 㴲太子　母㴲妃 未封
酉 宋太子　母旆皇后 未封
亥 杞太子　母張緋 未封
子 鴦太子　母蓼太后 未封
丑 彦太子　母張紈 未封
丑 孝太子　母房皇后 未封
寅 鵲太子　母鵲夫人 未封
萱太子　母萱皇后 妃阿爾妃 子萶 己亥薨年二十
追封順奴太王 庚辰生
芳太子　母奥芳后 妃元昜妃 子德芳 戊戌薨年十七
追封松江王

其餘 母妃次序未詳太子十七人 母妃未詳已卒太子亦五人
公主幷載后妃列傳

정축(前44) 도조태자 모도황후 비훤공주 봉한빈왕
기묘(前42) 원찬태자 모재찬비 비가숙공녀위씨 봉갈사왕
신사(前40) 이공태자 모오이처도씨 도황후매 비란파녀 봉탕동왕
임오(前39) 국태자　모중실비 비오춘공녀신씨 봉모둔왕
임오(前39) 릉태자　모호릉태후 비단공녀단씨 봉청하왕
갑신(前37) 신태자　모오춘공비해신후 비환인공주 봉하남왕
을유(前36) 비류태자 모소황후 비원양공주 봉엄표왕
을유(前36) 진태자　모간태후 비난공주 봉단산왕 자훈공해덕공후사
병술(前35) 고루태자 모계황후 비고양공주 봉계림왕
병술(前35) 병태자　모장황후 비옥씨 봉양맥후
정해(前34) 패륜태자 모관패후 비순공주 봉탕남왕
정해(前34) 두지태자 모영황후 비위공주 봉기동왕
정해(前34) 평태자　모평태후 비양씨 봉서하왕
무자(前33) 온조태자 모소황후 비오씨 봉한남왕
무자(前33) 두신태자 모류태후 비을경녀을씨 봉기서왕
무자(前33) 숙태자　모위화태후 비구도녀구씨 봉한동왕
기축(前32) 방태자　모방황후 봉하빈왕
기축(前32) 권태자　모훤황후 봉엄리후
기축(前32) 전태자　모전황후 봉구여후
기축(前32) 만태자　모중실비 봉룡산후
기축(前32) 환태자　모맹황후 봉계남후
기축(前32) 란태자　모란비 봉행동후
기축(前32) 호태자　모호괄태후 봉적동후
경인(前31) 약태자　모평태후 봉동지후
경인(前31) 달륜태자 모관패후 봉탕서후
경인(前31) 소태자　모소괄비 봉자몽후
신묘(前30) 산태자　모맹황후 봉중천후
신묘(前30) 두용태자 모류태후 봉호로후
임진(前29) 의태자　모훤황후 봉보술후

임진(前29) 장태자 모장황후 봉하상후
임진(前29) 고리태자 모계원비 봉질산후
임진(前29) 영태자 모환영비 봉황산후
계사(前28) 란태자 모료태후 봉서천후
갑오(前27) 총태자 모맹황후 봉수림후
을미(前26) 양태자 모영황후 봉풍성후
을미(前26) 검상태자 모오곤비 봉마산후
병신(前25) 조태자 모평태후 봉평산후
을미(前26) 가억태자 모료태후 미봉
정유(前24) 신태자 모맹황후 미봉
정유(前24) 목태자 모료태후 미봉
정유(前24) 덕태자 모오방후 미봉
무술(前23) 곡태자 모영황후 미봉
무술(前23) 고태자 모화황후 미봉
무술(前23) 검을태자 모오곤비 미봉
무술(前23) 칠태자 모칠비 미봉
무술(前23) 송태자 모전황후 미봉
기해(前22) 기태자 모장비 미봉
경자(前21) 아태자 모료태후 미봉
신축(前20) 언태자 모장환 미봉
신축(前20) 효태자 모방황후 미봉
임인(前19) 작태자 모작부인 미봉
훤태자 모훤황후 비아이비 자춘 기해(前22)홍 년20
추봉순노태왕 경진(前41)생
방태자 모오방후 비원양비 자덕방 무술(前23)홍 년17
추봉송강왕

그 외로 모·비·차서 미상인 태자 17인이 있고,
모·비 미상하고 이미 죽은 태자 역시 5인이 있다.
공주들은 후비열전后妃列傳에 함께 싣는다.

后妃當夕例
후비당석례

癸未正月 萱花天太后召西天皇后,連當夕.乙旃地皇后仲室人皇后,五日一當夕.

甲申二月 萱花左皇后召西右皇后,連當夕.乙旃下皇后仲室小皇后小室左夫人張綺右夫人,七日一當夕.

甲申五月 萱上天后召中天后旒下天后,三日夕.
乙旃上天妃貫貝中天妃仲室小天妃小室小天妃張綺小天妃,七日夕.

乙酉二月 萱花上天后召西左天后桂婁右天后,皆連夕.旃上天妃貫左天妃張右天妃仲前天妃小後天妃,七日夕.旒太室后芉瓊后英瓊后蘋瓊后蓼瓊后,十日夕.芳瓊后,月夕.

乙酉七月 好人皇太后旒小太后,自夕.葦花瓊后,月夕.

丙戌七月 好陵瓊后菽陵瓊后芉英瓊后,月夕.

十一月 禾姬天宮小妃,連夕,宮殿鹵薄天后例.

丁亥三月 萱召桂三天后禾小妃,四日夕.旃天妃禾英天妃蘋天妃蓼天妃蒲花天妃荷花天妃六宮,六日夕.貫張仲小,皆攸夫,節夕.

戊子正月 大房夫人,月夕.九月,蘭瓊妃,隨意夕.

己丑正月 胡括瓊后,自夕.素括第七天妃,連夕.

계미(前38) 1월, 훤화천태후·소서천황후,연당석. 을전지황후·중실인황후, 5일1당석.

갑신(前37) 2월, 훤화좌황후·소서우황후,연당석. 을전하황후·중실소황후·소실좌부인·장기우부인, 7일1당석.

갑신(前37) 5월, 훤상천후·소중천후·류하천후, 3일석. 을전상천비·관패중천비·중실소천비·소실소천비·장기소천비, 7일석.

을유(前36) 2월, 훤화상천후·소서좌천후·계루우천후,모두연석. 전상천비·관좌천비·장우천비·중전천비·소후천비, 7일석. 류태실후·간경후·영경후·평경후·료경후, 10일석. 방경후, 월석.

을유(前36) 7월, 호인황태후·류소태후,자석. 위화경후, 월석.
병술(前35) 7월, 호릉경후·숙릉경후·간영경후, 월석.
11월, 화희[198]천궁소비, 연석. 궁전·의전은 천후례.
정해(前34) 3월, 훤·소·계3천후·화소비,4일석. 전천비·화영천비·평천비·료천비·포화천비·하화천비6궁,6일석. 관·장·중·소 모두는 지아비에게 돌아가서, 4철석.
무자(前33) 1월, 대방부인,월석. 9월, 란경비, 수의석.
기축(前32) 1월, 호괄경후,자석. 소괄제7천비, 연석.

庚寅,三月,萱召桂三天皇翟服;紫錦袴,綠錦襦,紫羅紋袍,黃羅衫,紅玉帶,七宝珠冠,金花·孔雀尾,佩金魚玉馬金印玉章,金釵·金釧·金玉環,十二香囊黼黻,真珠宝扇麝香蘭綬,硨磲宝盒,瑪琉盒,玉床,玉轎,四馬宝車. 七妃依皇后例. 四月,降仲室氏貫貝氏張氏為夫人,小室氏公夫人,賜其翟服,節夕.乙旃妃禾英妃禾小妃素括妃祖天女霓姬為五妃,五日夕. 五月,以張氏大房氏貫貝氏為新小妃,月夕. 七月,桂孟子為瓊后,賜天后翟服,從上于陣中連夕. 十一月,以桂媛為高娄太子大夫,依天妃服賜翟服,五日夕. 桂皇后崩,上縞素撤食,日與瓊后桂孟子同床不起,目以孟皇后.

경인(BCE31)년, 3월, 훤·소·계 3천황후 적복; 자금고·록금유·자라문포·황라삼·홍옥대·칠보주관·금화공작꼬리에 금어·옥마·금인·옥장·금채·금천·금옥환·십이향낭보불을 패용하고 진주보선·사향란수·차거보합·마류합·옥상·옥교·사마보거를 쓴다. 7비는 황후의 예를 따른다. 4월, 중실씨·관패씨·장씨를 강등해 부인으로 삼고, 소실씨를 공부인을 삼아 적복하사, 4철석. 을전비·화영비·화소비·소괄비·조천녀예희를 5비로 삼아, 5일석. 5월, 장씨·대방씨·관패씨를 신新소비로 삼아 월석. 7월, 계맹자를 경후로 삼아 천후적복 하사. 주상을 진중으로 따라나서 연석. 11월, 계원을 고루태자대부로 삼고 천비 옷을 준해 적복하사, 5일석. 계황후가 죽으매, 주상께서 흰 비단소복으로 먹지 않으시다가, 매일 경후 계맹자와 잠자리를 같이하시며 기침하지 않으시더니 계맹자를 황후로 지목하심.

---

198) 禾英所生 黃龍王宝得女로 芻牟宮人. 高句麗史略(三代)孺留紀三年三月條曰"納禾黍女于後宮."으로 기록된 類利의 宮人인 禾姬와는 同一한 女人일 듯

辛卯,七月,桓英夫人,賜翟服年穀依桂媛例. 八月,桂孟子為第三天皇后,禾天妃天宮小后,三日夕.以張小妃為第五天妃,五日夕.上與孟天后胡瓊后素天妃張天妃,如東池,會胡王莫車.
壬辰,正月,檀山公鮮驄妻羊春爲瓊后,依天妃例,賜翟服年穀.陜父諫,不聽,命隨意夕.
癸巳,正月,旒太后,宝令四十九血盡而退,賜年穀二千石牛羊奴婢如太后例.
甲午,正月,桓福妻羊氏于氏,賜夫人翟服年穀,月夕. 三月,以奥坤為瓊妃,賜翟服年穀. 五月,禾萼禾穗瓊后,賜翟服年穀,月夕.
乙未,五月,旒太后崩,春秋五十一. 加菽公薨,公妃葦花后入宮,加年穀奴婢,六日夕.
丙申,六月,上如南口營,以大房氏為天妃,平氏為夫人,皆賜翟服年穀. 蘇公主来,為瓊后.

신묘(BCE30)년, 7월, 환영부인에게 적복·년곡을 하사. 계원에 준함. 8월, 계맹자를 제3천황후로 삼고 화천비를 천궁소후로 삼아, 3일석. 장소비를 제5천비로 삼아, 5일석. 주상께서 맹천후·호경후·소천비·장천비와 함께 동지로 납시어 호왕 막거와 회동.

임진(BCE29)년, 1월, 단산공 해총 처 양춘을 경후로 삼고 천비에 준해 적복·년곡 하사. 협보가 말렸으나 듣지 않고, 마음대로 당석.

계사(BCE28)년, 1월, 류태후가 보령 마흔아홉에 달거리가 끝나서 물러나매, 년곡2천석·소·양·노비를 태후의 예를 준하여 하사함.

갑오(BCE27)년, 1월, 환복 처 양씨·우씨에게 부인적복·년곡을 하사, 월석. 3월, 오곤을 경비로 삼아 적복·년곡을 하사. 5월, 화악·화수를 경후로 삼아 적복·년곡을 하사, 월석.

을미(BCE26)년, 5월, 류태후가 춘추 51에 죽었다. 가숙공이 죽어, 공비 위화후를 입궁시켜 년곡·노비를 얹어주고, 6일석.

병신(BCE25)년, 6월, 주상께서 남구군영으로 납시어, 대방씨를 천비로 삼고 평씨를 부인으로 삼아 모두에게 적복·년곡 하사. 소공주가 찾아와서, 경후로 삼음.

丁酉,三月,好人太后崩,春秋七十一.以胡陵瓊后為皇太后,自夕. 八月,聖母訃音至. 十月,蓼天妃,太室后. 十一月,芳瓊后,聖母庙主,秩一品,公夫人. 十二月,漆公女漆氏為瓊妃,燕宜女燕氏為夫人,賜翟服年穀,五日夕.　都皇后梓宮來.
戊戌,正月,旃天妃敀其夫奧犍,為九如宮太大夫人.上賜金印玉章,寵幸倍前.年五十二柔如少婦,其陰甚宜於上,與萱天后受幸最多.　二月,燕宜妻秋氏受幸,封為瓊妃,賜翟服.　孟皇后崩,春秋四十三.九如太大夫人為第三天皇后.禾英天妃蘋天妃蓼天妃蒲天妃荷天妃,皆為瓊天后.以素天妃霓天妃張天妃大房天妃桂媛天妃為五妃,五日夕.　五月,如楽浪,納鵲氏于海中為夫人,從上連夕.

정유(BCE24)년, 3월, 호인태후가 춘추 일흔하나에 죽어, 호릉경후를 황태후로 삼고, 스스로 당석하게 함. 8월, 성모부음 당도. 10월, 료천비를 태실후로 삼음. 11월, 방경후로 성모사당주관자 녹봉1품 공부인을 삼음. 12월, 칠공 딸 칠씨를 경비로 삼고 연의 딸 연씨를 부인을 삼아, 적복·년곡을 하사, 5일석. 도황후 시신 당도함.
무술(BCE23)년, 1월, 전천비를 지아비 오건에게 돌려보내고 구여궁태대부인을 삼음. 주상께서 금인·옥장을 하사하시고, 승은을 전보다 배가하심. 나이가 쉰둘인데도 부드럽기가 어린 아낙 같았고, 그녀의 음기가 주상께 심히 적절하여, 훤천후와 함께 주상의 총애가 제일로 많았음. 2월, 연의 처 추씨가 승은을 입어, 경비로 봉하고 적복을 하사. 맹황후가 춘추 마흔셋에 죽어, 구여궁태대부인을 제3천황후로 삼고, 화영천비·평천비·료천비·포천비·하천비 모두를 경천후로 삼음. 소천비·예천비·장천비·대방천비·계원천비를 5비로 삼아, 5일석. 5월, 락랑으로 납시어 작씨鵲氏를 해중海中에서 거두어 부인을 삼음, 주상을 따라 연석.

己亥,三月,萱皇后崩,春秋五十,廢朝三日.上撤食號泣不省人事.后有聖德,贊成大業,事上二十五年如一日,寵最高而幸亦最多.　召皇后為天宮上天皇后,旃皇后為天宮左天皇后,禾小后為天宮右天皇后,張天妃琳宮天皇后,禾英瓊天后瓊上天皇后,蘋花瓊宮左天皇后,蓼花瓊宮右天皇后,大房天妃天宮小天皇后.素天妃霓天妃桂媛天妃漆天妃秋天妃為五妃,夕皆依例.　七月,蘋天后崩,春秋四十四.葦花宮代為瓊宮左天皇后.
庚子,五月,大房小后入宮,連夕,寵大加.

辛丑,正月,張皇后崩,春秋三十六.以大房小后為琳宮天皇后,秋天妃為天宮小后. 五月,禾天后崩,春秋三十三.禾英后天宮右天皇后,葦花后代禾英后,蓼后代葦后,蒲后代蓼后. 選公卿女十八人為夫人,次第當夕. 八月,禮皇后来謁,連夕. 英天后崩,春秋五十五.大房后天宮右天皇后,秋小后琳宮天皇后,桂媛天妃天宮小后,仲室氏琳宮左皇后,貫貝氏琳宮右皇后,桓英四天妃,張紈五天妃.

기해(BCE22)년, 3월, 훤황후가 춘추 50에 죽어, 3일간 조정을 폐함. 주상께서 잡숫길 물리치고 울부짖으며 인사불성하심. 후는 성덕이 있어 대업을 이룸에 참여하였고, 주상섬기기 25년이 하루 같았음. 총애와 승은이 가장 높고 많았음. 소황후를 천궁상천황후, 전황후를 천궁좌천황후, 화소후를 천궁우천황후, 장천비를 림궁천황후, 화영경천후를 경상천황후, 평화를 경궁좌천황후, 료화를 경궁우천황후, 대방천비를 천궁소천황후, 소천비·예천비·계원천비·칠천비·추천비를 5비로 삼음. 모두 법식을 따라 당석. 7월, 평천후가 춘추 마흔넷에 죽어, 위화궁이 대신하여 경궁좌천황후로 되었음.

경자(BCE21)년, 5월, 대방소후가 입궁해 연달아 당석. 총애가 크게 더해짐.

신축(BCE21)년, 1월, 장황후가 춘추 서른여섯에 죽어, 대방소후를 림궁천황후로 추천비를 천궁소후로 삼음. 5월, 화천후가 춘추 서른셋에 죽어, 화영후를 천궁우천황후로 삼고, 위화후로 화영후를 대신하고, 료후로 위후를 대신하고, 포후로 료후를 대신함. 공경들의 딸 18인을 골라서 순차적으로 당석하게 함. 8월, 예황후가 찾아와 배알하고 연석함. 화영천후가 춘추 쉰다섯에 죽어, 대방후를 천궁우천황후, 추소후를 림궁천황후, 계원천비를 천궁소후, 중실씨를 림궁좌황후, 관패씨를 림궁우황후, 환영을 넷째천비, 장환을 다섯째천비로 삼음.

芻牟鏡 后妃列傳
추모경 후비열전

后妃列傳
후비열전

德皇禾太后는漱帝之母오禾相之姑라.德皇이太仁하사仙人愛鍾之禍를遭하니,后이法皇으로與해愛鍾을捕斬하여社稷을扶하고法皇을立한後에二世后가為사漱帝를皇太子로하시고,禾相에게軍政을委하사國基를安乞히하시고,執政한지十八年에崩하시니春秋四十五러라.德皇의子漱帝와女黿을生하니,黿은黃竜侯羊山之妃라.法皇의女亀鼇鼊鼂鼈主等과子角公이有하더라.

덕황화태후德皇禾太后는 수제漱帝의 모친이오 화상禾相[1]의 고모姑라. 덕황[2]이 심히 어지사 '선인仙人 애종愛鍾의 화禍'[3]를 당하시니, '후后가 법황法皇[4]과 함께해 애종愛鍾을 붙잡아 참하여 사직을 지탱하고 법황을 세운'[5] 후에 2세후二世后[6]가 되사 수제를 황태자로 삼으시고 화상에게 군정을 위임하사 국기를 안정히 하시고 집정한 지 18년[7]에 죽으시니 춘추 마흔다섯[8]일러라. 덕황의 아들 수제와 딸 원黿을 낳으니, 원은 황룡후 양산羊山의 비妃라. 법황의 딸 구龜·오鼇·벽鼊·조鼂·별鼈공주 등과 아들 각角공이 있으셨더라.

漱皇羊皇后,諱는聖이니,黃竜侯羊川之女라.聖德이有하사,漱皇이愛敬하고大政을問하여,補益이多하더라.長女鮮凰은順奴侯奧川之妃오,次女鷩은初嫁于禾相之子頼하여生子羊吉하고生女禾岑而改嫁于羊福하고,三女禽은為胡王虛閭之妻하여生子狦하고,長子曰存이니序居四하고,四女駾次子驄五女華三子德六

1) 禾相은 鮮卑族으로 漱帝의 姨從四寸兄이며, 漱帝는 禾相의 內從弟 즉 姑從弟임
2) 漱帝의 父皇으로 芻牟大帝의 祖皇. BCE111年까지 在位하였고 卽位年은 未詳
3) 究明되어야 할 事件임. 仙人이 施術한 長生術의 被害? 反亂? 芻牟鏡衍義에는 "昔에 德皇이 左史의 말을 듣지 않아서 胡斗의 難을 당하고..."라는 기록이 있다.
4) 在位期間은 BCE111∼BCE76年 ; 法皇은 漱帝의 叔父쯤인 듯
5) BCE111年의 일
6) 다음 帝王의 后 ; 德皇과 法皇 즉 2世를 섬긴 后
7) 慕漱帝紀 彊圉淵黙(丁亥,BCE94)年條의 記錄 참조
8) BCE138年生이었다.

女骨等이有하며,兄羊山의女를納하여副后를作하여後에政을委하고閑居하다가,乙卯春에崩하시니春秋五十三이라.不而城後德皇陵側에葬하였더니'四國乱'에賊의發한所이為니라.

수황漱皇**양**羊**황후**, 휘는 성聖이니, 황룡후黃竜侯 양천羊川의 딸이라. 성덕이 있으사, 수황이 공경하고 사랑하며 큰 정사를 물으시어, 도와서 이롭게 함이 많았더라. 장녀 해황鮮凰은 순노후順奴侯 오천奥川의 비요, 차녀 해란鸞은 애초 화상의 아들 화뢰頼에게 출가하여 아들 양길羊吉[9]을 낳았고 딸 화잠禾岑을 낳고서 양복羊福에게 개가하고, 셋째 딸 해금禽은 호왕胡王 허려권거虛閭[10]의 처가 되어 아들 산狦[11]을 낳았고, 장자는 해존存[12]이니 넷째이며, 넷째 딸 해태駾, 차자 해총驄, 다섯째 딸 해화華, 셋째 아들 해덕德, 여섯째 딸 해골骨 등이 있으셨으며, 오빠 양산羊山[13]의 딸을 바쳐서 부후副后로 삼은 후에 정사를 맡겨놓고 한가하게 살다가 을묘년(BCE66) 봄에 죽으시니 춘추 쉰셋[14]이라. 불이성不而城 뒤쪽 덕황릉德皇陵 곁에 장사하였더니 '4국의 난리'[15]에 적에게 파헤쳐지는 까닭이 되었더라.

芳皇后는羊山之女이니,其母는竉이라.十五에漱皇의副后가為여姑羊皇后로與해迊夕專房하더니,十九에女晨을生하고,二十二에女晃을生하고,二十五에昷公을生하고,二十八에女星을生하니,時에佗利이作乱하여后妃가被辱者이多호대,后獨自貞이라.旺弗의乱을遭하여兄羊福의救護로親家에攸하여母主竉妃로與해檀澤에逍遙하더니,羊福의義子羊吉이后의美皃를愛하여累次桃情할새,后이義로써拒絶하여더니,吉이深夜에后의寢中에侵入하여后를抱하니,后倉卒에身을收拾이不能하여被汚하고號泣하니,竉妃撫慰曰"吉이年少好色하여不省人事故로吾亦袴汚오渠母亦然이러다.况汝福盡之.天乎야.外人이聞之면不利于国하리오.隱忍自重하라."后乃聽其母之言하고不敢聲言이라니,吉이夜夜来濡하여遂娠其子라.

---

9) 기실 禾吉로, 義父의 氏를 따라 羊吉 ; 鸞이 芻牟姉이니 羊吉은 芻牟의 內從姪
10) 匈奴 帝王(單于)인 虛閭權渠
11) 稽候 즉 呼韓邪
12) BCE 94年生
13) 侯國인 黃龍國王 羊川의 아들
14) BCE 118年生
15) 順奴·桓那·青河·梁貊·盖馬·鮮卑·肅愼이 黃龍에 호응하여 旺弗을 北漠으로 축출한 연후에 黃龍·荇人·盖馬·鮮卑의 4國이 不而城을 分守하던 중에 발생한 혼란

방芳**황후**는 양산羊山의 딸이니 그 어미는 해원鼋[16]이라. 열다섯에 수황의 부후가 되어 고모 양황후[17]와 함께 번갈아 밤일을 감당하여 방사房事[18]를 도맡더니, 열아홉에 딸 해신晨[19]을 낳고, 스물둘에 딸 해황晃[20]을 낳고, 스물다섯에 해온昷공[21]을 낳고, 스물여덟에 딸 해성星[22]을 낳았더니. '그즈음 타리佗利가 난리를 일으켜'[23] 후비들이 욕을 당함이 많았으되 후 혼자만 스스로 정절을 지켜내더라니. '왕불旺弗의 난리'[24]를 만나, 오빠 양복羊福[25]의 도움으로 친정으로 돌아가서 어미인 공주 해원鼋비[26]와 함께 단택檀澤을 거닐었더니, 양복의 의붓아들 양길羊吉이 후의 미모를 애모하여 누차 겁탈하려할 새, 후가 의로써 거절하였더니. 양길吉이 심야에 후의 침실 속으로 침입하여 후를 껴안으니, 후는 창졸간에 몸을 수습하기 불능하여 욕을 당하고서 소리 내어 울었더니, 해원비가 토닥이며 위로하여 이르기를 "양길이 나이 어린 것이 호색하여 인사불성인 까닭에 나 또한 욕을 당하고 그 어미[27] 또한 그러하였다. 하물며 너야 복이 다하였으니, 하늘인들 어쩌랴? 남들이 알게 되면 나라에 이롭지 않으리오. 은인자중하라."라 하였더니. 후가 이에 어미의 말을 좇아 감히 말을 꺼내지 않았더니, 양길이 밤마다 찾아와 은혜를 입어서, 마침내 그의 아들을 가지게 되었더라.

未幾에漱皇이亦至黃竜하여見后之臨朔하고問其誰子러니.以實告之러니,漱皇이

16) 漱帝의 누이
17) 羊川女인 羊聖
18) 當夕之事
19) BCE72年生(己酉.黃鷄)
20) BCE69年生
21) BCE66年生
22) BCE63年生
23) BCE63年에 禾相의 義子로 不而天王이었던 佗利에게 慕漱帝가 天王位를 (慕漱帝 아들인) 簋公에게 넘기라는 下命에 반란하여 끝내 [使武士逐帝於獍野卑濕之地,强逼芊花以為其妃,分派諸将嚴其防備.]한 사건
24) BCE64~61年間의 記錄 참조 ; 佗利의 반란을 평정하고(BCE62) 不而城을 탈취한 旺弗이 不而天王을 자칭하고 天帝 慕漱帝를 BCE 61년 초봄에 水上으로 내친 사건
25) 羊山의 아들
26) 漱帝父皇인 德皇의 딸로 禾太后所生임
27) 鮮鸞 ; 羊聖皇后所生인 漱皇의 次女

喜曰"非佗非旺이오惟吉之子야.吉是吾孫이니何嫌之有리오."后亦此言을聞하고比前安心하여顏色이稍佳하고吉이依旧来濡호대帝亦不問이러니.未幾에羊福이卒하고,吉이代立함에后를請하여正妻로하려할새,漱皇이不許曰"吾之正妻가為汝正妻則人必笑之하리라.烝之濡之는在汝所好이니吾不問焉하리라."吉이不聽하고遂以后로為其正妃하여謁於其母鸞.鸞이於漱에는為母요於吉에는為子라,把后之手曰"子可以為母,而母可以子歟아.婦人之命이如是崎嶇라하고相抱而泣이러라."

얼마 되지 않아 수황 역시 황룡국에 당도하여 후의 해산이 임박했음을 보고 누구 자식인가를 묻더라니. 이실직고하니, 수황께서 기뻐하며 이르시길 "타리佗도 아니고 왕불旺도 아니면, 생각건대 양길이 자식이로다. 양길은 내 손자이니, 어찌 그걸 부끄러워하리오."라고 하셨다. 후 또한 이 말씀을 듣고 이전보다 안심하여 안색이 차츰 예뻐졌고, 양길이 이전처럼 찾아와 은혜를 입어도 수제 또한 따지지 않으시니. 오래지 않아 양복이 죽고, 양길이 대신 보위에 올라 후를 정처로 삼겠노라 청하려할 새, 수황께서 불허하여 이르시길 "내 정처가 네 정처가 되면, 남들이 비웃으리라. 위로 붙어 은혜입기를 네가 좋아함은 내가 따지지 않겠다."라 하셨더니, 양길이 듣지 않고 기어이 후를 제 정처로 삼아 제 어미 해란鸞을 배알하였다. 해란[28]이 수제에겐 어미가 되고 양길[29]에겐 자식이 된지라 후의 손을 잡고 이르길 "자식이 어미를 그리하였다고, 어미가 그럴 수야 있겠느냐! 부인婦人[30]들의 운명이 이같이 기구하구나."라 하고, 서로 부둥켜안고 울뿐일러라.

漱皇이自後로后와訣別하여咫尺이千里라.吉이后手를携하고池畔에逍遙할새帝가樓上에서望見하고'池畔의歌'를作하니,后가聞하고'籠禽의曲'을和上하여더니,吉이怒하여漱皇을獸林溫宮에移하고后의心을悅히하려努力苦心하여起居飮食을窮奢極侈하여日로数千錢을費하고金玉釧佩를各種으로造作하여后의翟服을鮮麗히하나后이喜色을不形이라吉이方士等을召하여悅后의計를究할새各色悅房之材와助氣旺陽之飮을日服하여后의一笑를見하면吉이喜不自勝하니,后이帝를哀하며吉을哀하여両情之間에苦悶하다가井에墮하여崩하니春秋三十二라.吉이哀慟하여尸를抱

---

28) 羊聖皇后所生인 漱帝의 딸
29) 禾頼子로 鸞所生
30) 婚姻한 女人 즉 有夫女

하고三日을卧하다가皮를取하여衣하고頭를乾製하여卧室에置하고骨은玉函에盛하여溺池를作하고肉腸을脯塩하며便尿를乾搗하여和薬하더라.后崩함에漱皇은傷心하여青河로播遷하고,后의長女鮮晨이后를代하여羊吉의寵을受하여쓰나后와如하여腴柔의楽이不足하여未久에寵衰하니라.

수황께서 이후로 후와 결별하여 지척이 천리인지라, 양길이 후의 손을 잡고 못가池畔31)를 소요할 새, 수제께서 루상에서 멀리 바라보고 '지반가池畔歌'를 지으시니. 후가 전해 듣고 '롱금곡籠禽曲32)'으로 화답하여 올렸더니, 양길이 노하여 수황을 수림온궁獸林溫宮으로 옮겨 놓고, 후의 마음을 기쁘게 하려고 힘써 고심하며 기거와 음식을 사치함이 궁극하여 매일 수천 전을 쓰고 금·옥으로 목걸이釧와 패물佩들 각종을 만들어 후의 적복을 산뜻하고 곱게 하였으나, 후가 희색을 짓지 않는지라, 방사方士33) 등을 불러 후를 기쁘게 할 계책을 구할 새, 갖가지 방사房事를 기쁘게 할 재료로 기운을 돕고 양기를 왕성하게 하는 것을 날마다 마셔서 후가 한 번 웃는 것을 보면 양길이 기쁨을 감추지 못하니, 후는 수제를 불쌍해하며 양길을 불쌍해하여 두 정인情人 간에 고민하다가 우물에 떨어져 죽으니 춘추 서른둘이라. 양길이 애통하여 시신을 끌어안고 사흘을 누웠다가, 살갗皮을 취하여 옷衣으로 입고, 머리頭를 말려 침실卧室에 놓아두고, 뼈骨는 옥함玉函에 채워 익지溺池를 만들고, 살점肉과 장腸은 소금에 절여놓고, 똥便·오줌尿은 말려乾 빻아서搗 약薬에다 합쳤더라. 후께서 죽으매, 수황께서 상심하여 청하青河34)로 파천하고, 후의 장녀 해신鮮晨이 후를 대신하여 양길의 총애를 받았으나, 넉넉하고 야들야들한 즐거움이 후처럼 부족하여 오래지않아 총애가 식었더니라.

芉花太后는羊山之女오竃主之出이라.腴厚는芳后에不及하나娟麗는過하여乙卯三后에芳后의慈와羊后의美와賈后의状을人이稱하더니.妙齡에乱을當하여佗利와旺弗에게被汚하고黃龍에敀하여芳后가崩함에后가羊吉의正妃가為야宝得을生하

---

31) 연못의 가장자리

32) 새장에 갇힌 새의 노래

33) 不老長生은 위한 神仙術法을 닦은 사람 ; 道士

34) 故國之原의 ①青水河(淸水河)? ②青龍河?

고寵이頓加하여后을愛함이芳后와如의하니后이死後에尸를保기不能할가하여疎寵의計를施하니,芋直을生한後에寵이頓衰하여,其臣于玄에게與하려할새,髮을断하고矢를遺하며鼋妃懷中에隱하니,吉이強與지不하더라.時에吉이其母鸞과荒淫하여晝夜抱卧하며事事言聽함으로,后이鸞을母事하고媚附하니,鸞이力救하여,更히吉의寵을回復하여女大禾와小禾를生하고寵이復衰하니,

간화芋花태후는 양산羊山의 딸로 해원공주 소생이라. 성대하고 굉장함은 양방芳후에 미치지 못하나 늘씬하고 예쁘기는 더하여, 을묘년[35]3후后들인 양방芳후[36]의 자애와 양성羊후[37]의 미모에 가달賈후[38]의 용모임을 남들이 칭송하더니. 묘령에 난리들을 당하여 타리와 왕불에게 욕을 당하고 황룡국에 돌아와서, 양방후가 죽으심에 후가 양길의 정비가 되었고, 보득宝得을 낳고서 총애함이 갑자기 더해져, 후를 사랑함이 양방후와 같았더니, 후가 죽은 뒤에 시신을 지키기 불능할까 하여 총애를 멀리하는 계책을 펼치니, 간직芋直을 낳은 후에 총애함이 돌연 식더니 그 신하 우현于玄에게 주려할 새, 머리카락髮을 자르고 똥矢을 싸놓고서 원鼋비 품속으로 숨으니, 양길이 억지로 함께하지 못하더라. 이때 양길이 제 어미 해란과 황음해 밤낮껴안고 누워서 사사건건 모든 말을 들어줌으로, 후가 해란을 어미로 모시고 비위 맞춰 붙으니 해란이 힘써 도와 다시금 총애를 회복하였으나 딸 대화大禾와 소화小禾를 낳고서 다시 총애가 쇠하더니.

時에鼋妃도已沒하고鸞妃도寵衰하여,城外에尼居하여古楽을習하며餘年을送하니,吉의寵臣禾光이后의美皃를慕하여吉의許를得하여后를娶코자하여白牛十四과明珠十顆를献하고婚을請할새,后이不得已하여光의妻가為니,光은禾相의庶子오,其母는天姜이라,時年이十八이라.后年三十三歳壯陰之節임으로光을爱하여其子禾德禾善을生하니,居然의七個星霜을過하였다.宝得이已長하여其父羊吉을責하여母를還하라하니,吉이更의后를納하여正妻로하고禾光을后宮大夫로하여依舊相通케하니,宝得이怒하여禾光을逐하고后를烝하여宝玩을生하니,后이羞愧하여羊吉의子라하더라.羊吉이愛妾을殺하여皮를取하고肉을食하는狂疾이有함을知하고,美女는大概容을

35) BCE66년
36) 羊聖 兄 羊山의 鮮鼋所生女 ; 羊聖 姪女로 正后 羊聖이 芋花를 副后로 들였음
37) 羊川女인 羊聖
38) 匈奴선우 且鞮侯의 딸인 賈達

不理하고腆女는房을不調하여禍를免하니,吉이荒酒乱色하여旧日의修文太子라하며美名은赤洗無痕하고政事는后와宝得이共執하여國力을挽回케하였으나羊吉이當國二十余年에浮華와奢侈와淫乱을漸長爲고田野와牧畜은不振하여大患이将至하리라하여는者이不少하나救国之策이別無하고,末曷의坐大를瞻望하더니.芻牟가東来하여末曷을斥하고順奴를起하고卒本과桓那를合하니,黃竜國臣民이手額하고芻牟를苦待하니,后이大勢를順應하여芻牟에게使을送하여幣를献하고謁을求하니,芻牟이旧緣을重히하사鄭重히答禮하고后로與해中川에會하니,時年이四十五라.

이즈음, 해원鼋비도 이미 죽고 해란鸞비도 총애가 쇠하여, 도성 밖에서 홀로 살며 고악古樂[39]을 익히면서 여생을 보내고 있으니, 양길의 총신 화광禾光이 후의 미모를 애모하여 양길의 허락을 얻어 후를 아내로 들이고자 흰 소 10필과 맑은 구슬 10과를 바치고 혼인을 청할 새, 후가 부득이하여 화광光의 처가 되었더니. 화광은 화상禾相의 서자요 그 어미는 천강天姜이며, 이때 나이 열여덟이라. 후는 나이 세른 셋이어 음기가 왕성한 때이므로 화광을 사랑하여 그의 아들 화덕禾德과 화선禾善을 낳으니, 쉽사리 7년이 지났다. 보득이 장성하여 그 아비를 책망하며 어미를 되돌려놓으라 하니, 양길이 다시금 정처로 삼고서 화광을 후의 궁대부宮大夫[40]로 삼아 지난날처럼 상통케 하였더니, 보득이 노하여 화광을 내치고 후를 치붙어 보완宝玩을 낳으니, 후는 부끄럽고 창피하여 양길의 아들이라 하더라. 양길이 애첩을 죽여 살갗을 벗기고 살을 먹는 미친병狂疾이 있음을 알고 미녀들은 대개 얼굴을 매만지지 않았고 노련한 여인들은 방사를 부조하게 하여 화를 면하였더니. 양길이 황주난색荒酒乱色하여, 지난날의 수문태자修文太子[41]라며 확실히 갈고닦아 흠을 없앤다는 미명으로 정사는 후와 보득이 함께 보게 하여 국력을 만회하게 하였으나, 양길이 나라를 맡은 지 20여년을 겉을 호화로이 하고 사치하며 음란하길 점차로 가중하고 농사와 목축을 진작하지 아니하여, 큰 우환이 곧 다가오겠노라고 하는 사람들이 적지 않았으나 나라를 구할 방도가 특별히 없었고, 말갈末曷들[42]이 대거 머물고 있어도 쳐다보

---

39) 夫餘古樂?

40) 使人 ; 或兼 情夫(私臣)

41) 글을 읽던 또는 학문을 닦던 태자 ; 崇文太子

기만 하였더니. 추모芻牟가 동쪽[43]에서 와서 말갈[44]을 내쫓아 순노順奴를 일으키고 졸본卒本과 환나桓那를 합병하니, '황룡국 신하들과 백성들이 두 손을 이마에 대고'[45] 추모를 고대하였더니. 후가 대세를 순응하여 추모에게 사자를 보내 예물을 바치고 알현하길 바랐더니, 추모가 옛 인연을 중히 여기사 정중히 답례하고 중천中川[46]에서 후와 함께 만나셨더니, 이때[47] 나이 마흔다섯[48]이라.

天后旧服을服하고芻牟를抱하여曰夫皇을謁함과如하다하니,上이笑曰我皃가父皇과如하느냐하더라.后이媚狎曰妾雖四五나尚有血氣하니願得一子라할새,上이許하고禾英과聯床하여寵을受하니其夜는甲申'十一月五日'[49]이더라.上이一房에后를頓愛하사数日昼夜로連寵하시고瓊宮에納하사后를封하시니.后이過壮之年에始로天乞夫皇을逢하여盡心力히忠愛를供献하니心神이自然肥爽하여顔光이倍佳하더라.連日夕과無時寵을得하여晋太子를生하시고朓公主와蒙太子를生하니春秋五十三이라.上이太后의禮로謁하고稱臣拜禮하며進供을極豊케하며芉直으로宮大夫를為야后의意에洽한生涯를하여하시니,后이蒙을生後에更娠지不함을悲歎하사容皃이衰함에,上이慰撫하여時로寵愛를不絶하시고,紀甲이過함에尤加眷養이러니,上이臨崩에特히后를新上에게托하심으로,新上이老齢을不顧하고特히加寵하사瓊宮의長을하시니라.

천후天后의 옛 옷을 입고서 추모를 껴안고 '부황夫皇을 뵙는 것 같다'[50]고 아뢰니, 주상께서 웃으시며 '내 용모가 부황父皇과 비슷하냐'고 이르시더라. 후가 애교 떨며 편히 말하길 "첩은 비록 나이 마흔다섯이나 아직 달거리 기운이 있으니, 아들 하나 낳기를 원합니다."라 하였더니. 주상께서 허락하셨고, 화영禾英과 침상을 나란히 하여 성총을 받았으니, 그 밤은 갑신년(BCE37年) 11월 5일이었더라.

42) 沸流國 西方 湯外郡지역의 河北末曷 ; 桑乾河/桑干河/永定河 중상류지역이었던 듯
43) 東夫余
44) 順奴 南半 즉 南沃沮 지역에 들어와 있던 末曷
45) 하늘에 고마움이나 희망을 표하면서
46) 箕山(箕丘)의 隣近 黃龍國 中川
47) 甲申(BCE37)年11月條 記錄 참조
48) 癸未(BCE37)年에 45歲였다면, 芉花는 BCE81年生임.
49) 南堂이 註釋하길 "或作十月五日."라 하였다.
50) 芉花 역시 漱皇의 后 즉 宮人이었다는 뜻

주상께서 잠자리 한 번에 후를 갑자기 아끼게 되사, 여러 날을 주야로 연달아 승은을 내리시고 경궁瓊宮51)으로 들여 후로 봉하시니. 후는 한창 때를 넘긴 해에 처음으로 하늘이 정한 부황夫皇을 만남이어서 진심으로 힘써 충성과 애정을 헌상하니, 심신이 절로 살지고 상쾌하여 얼굴빛이 갑절로 예뻐지더라. 날마다 밤일한 결과 무시로 승은을 입어 진晋태자를 낳고 순旽공주와 몽蒙태자를 낳으니, 춘추 쉰셋이라. 주상께서 태후 예로 찾아뵙고 칭신배례하며 받들어 모시길 지극히 풍성케 하며 간직52)을 궁대부로 삼아 후의 마음에 흡족한 생애가 되게 해주시니. 후가 몽蒙태자를 낳은 후로 다시 임신치 못함을 비탄하사 용모가 거칠어지매, 주상께서 위무하며 때때로 총애하길 멈추지 않으셨고, 환갑紀甲이 지났음에 더욱더 보살피시더니, 주상께서 죽음을 앞두고 후를 '새 임금'53)에게 특별히 부탁하심으로, 새 임금이 나이 든 것을 불고하고 성총을 특히 가중하사, 경궁瓊宮의 장長을 하시니라.

賈達皇后는胡王且鞮侯之女也라.其兄孤鹿臨死에謂其子壺衍曰"漢人이多詐하니不如東結夫余라"하여乃以賈達로献於潄帝하니,時卽法皇二十八年丁酉也라.命禾相하여往迎할새,禾相이與賈達로至磧東之三湖하여遇風而留라니.相이心動하여與賈達相通하고敀告於法帝以實하였대乃賜禾相為妻하니,孤鹿이遣使来詰이라니乃命潄帝하여取之為妃호대猶與禾相續好라.時에法帝이愛亀公主,政事이多出於其手라니,賈達이媚付亀主하여與禾相으로用事하니.法帝이亦寵之하여生女禾穗하고,次生禾穎하니潄帝之女오,次生禾萼하니禾相之女라.乙巳에法帝이崩하고,潄帝卽位하사以羊聖羊芳好陵為三后,賈達好人桓淑牛姬秋英이爲五妃라니.已而에以好陵으로為帝女라하여以其母屋因으로代好陵為第三天后하고好陵은只封公主호대寵愛는過於聖芳이러라.帝以亀主가恃法帝之寵하고多矯聖旨라하여廢置幽室이러니.時에烏桓王丁威丧妻求配故,賈達이說帝曰"兄弟는手足이라.雖有微瑕나安可廢置리오.烏桓은西方强国이오,丁威는妾母之弟라,結為兄弟에可以制漢이니다."上이然之하여遂以亀主로妻丁威하니.時에亀年三十五라,未生一子故로柔如二十하니,丁威爱之하여生子丁烏하고以其女妻角公하니

51) 龍骨宮人들을 위한 宮
52) 芊花所生인 羊吉의 아들
53) 類利 ; 光明大帝 즉 琉璃明王

라.女英子滿은禾相之出이오,子篁는瀫帝之出이라.乙卯春에羊聖이崩하고屋因이退함으로芋花買達이入叅三后하여勸帝立佗利為不而天王하고,仍為佗利之妻하여擅行不而國事하니,盖自禾相時로其所擅行者也라.且鞮之弟槐里가爲鮮卑女王夫輿之夫而生佗利하니,佗利는買達之從弟也.其母夫㒷은禾相之從弟,而夫㒷之母는乃禾太后之妹,故亦瀫帝之從妹也라여,以故로佗利이為禾相之子하여取穗為妻하니.時에穗年이尙少하여不堪政事라하고買達이仍行二世妃事하니,以天帝三后로仍行其国之政은自屋因始라.

가달買達**황후**는 호胡왕[54] 저제후且鞮侯[55]의 딸이라. 그 오빠 호록고孤鹿姑[56]가 죽음을 앞두고 제 아들 호연제壺衍鞮[57]에게 이르길 "한漢 사람들은 속임수가 많으니 부여[58]와 동쪽으로 결연함만 못하다."라 하여, 이에 가달을 모수제께 바치니, 때는 즉 법황28년 정유년(BCE84)이라. 화상에게 명하여 가서 맞아오게 하실 새, 화상이 가달로 함께하여 '적동磧東[59]3호三湖'에 이르러 우연히 바람을 만나 체류하더라니, 화상이 마음이 동하여 가달과 상통하고 돌아와서 이실직고하였다. 이에 화상에게 주어서 처로 삼으니, 호록고가 사자를 보내와 힐문하고 수제에게 그녀에게 장가들어 비[60]로 삼길 명하였으되, 도리어 화상과 계속하여 좋아지내더라. 이즈음 법제法帝[61]께서 구龜공주[62]를 아껴서 정사政事들이 그녀 손에서 많이 나왔더니, 가달이 구공주에게 아부하며 달라붙어 화상을 등용해 정사를 보았더니. 법제 역시 그녀를 총애하여 딸 화수禾穗를 낳았고, 다음에 화영禾穎을 낳으니 모수제의 딸이었고, 이어서 화악禾萼을 낳으니 화상의 딸이었어라. 을사(BCE76)년에 법제가 죽고, 모수제께서 즉위하시어

54) 匈奴의 帝王인 單于(=單干=檀君?)
55) 口黎湖의 동생 ; 재위기간 BCE101~97
56) 孤鹿姑 ; 재위기간 BCE97~85
57) 狐鹿姑單于 末年의 左谷蠡王 壺衍鞮 ; 재위기간 BCE85~68
58) 北夫余
59) 磧東은 당시 壺衍提선우 匈奴의 東邊領域이었거나 漢 또는 匈奴에서 北夫余로 가는 길목 ; 南流黃河東岸 '磧口(鎭)'之境 또는 南流黃河西岸 府谷 西南 磧塄의 東方 즉 山西省 中西邊 離石(永寧)縣이나 保德 지역을 추정함.
60) 法帝 在位時節로 瀫帝가 宝位에 오르기 以前이니 皇太子妃임
61) 法皇
62) 禾太后所生 法皇女

양성·양방·호릉을 3후로 삼고 가달·호인·환숙·우희·추영을 5비로 삼으셨다가, 이미 호릉은 모수제의 딸로 삼았다하여 그 어미 옥인屋因으로 호릉을 대신하는 셋째 천후를 삼고 호릉은 단지 공주로 봉하였으되 총애하시긴 양성·양방보다 더하였더라. 모수제께서 구공주龜主[63]는 법제法帝[64]의 성총을 믿고 성지聖旨를 거스름이 많았다 하여 폐하여 외딴방에 가두셨더니. 이때 오환烏桓[65]왕 정위丁威가 처를 잃어 배필을 구하는 까닭에 가달이 모수제를 설득하며 아뢰기를 "형제는 손과 발입니다. 비록 작은 결함이 있었으나 어찌 폐하여 내버려두리오. 오환은 서방 강국이오, 정위는 제 어미의 남동생이오라, 결연하여 형제가 되시면 한漢을 제어하기에 좋을 것이옵니다."라 하매, 주상께서 그리 여겨 이윽고 구龜공주로 정위의 처를 삼으시니, 때에 구공주는 나이 서른다섯이라. 아직 자식을 하나도 낳지 않은 까닭에 여리기가 스무 살 같더니, 정위가 그녀를 사랑하여 아들 정오丁烏를 낳았고, 그의 딸을 각角공[66]에게 처로 주었더니라. 딸 화영英과 아들 화만滿은 화상의 자식이고, 아들 해보簠[67]는 수제의 자식이라. 을묘년(BCE66) 봄에 양성이 죽고 옥인이 물러남으로, 간화[68]와 가달이 3후로 나란히 들어서서 모수제께 권하여 타리를 불이천왕不而天王[69]으로 삼았고, 거듭 타리의 처가 되어 불이국 정사政事를 멋대로 행하니, 개략 화상시절 이래로 주무른 것이라. 저제且鞮 동생 괴리槐里[70]가 선비鮮卑[71] 딸女 왕부흥王夫興[72]의 지아비가 되어 타리를 낳았으니, 타리는 가달의 4촌 남동생이라. 그 어미 왕부흥夫興

---

63) 禾太后所生인 法帝(法皇)의 長女로 漱帝(漱皇)의 從妹임

64) 漱皇(漱帝)의 叔皇임

65) 烏桓은 대략 서쪽·서남쪽으로 匈奴와 접하고 동쪽은 鮮卑들과 접하였던 고대국가 ; 그 혈통은 匈奴와 鮮卑·夫餘와의 混血쯤으로 추정됨.

66) 禾太后所生 法皇의 아들 ; 漱帝와는 異父同腹兄弟임.

67) BCE67年生

68) 黃龍侯王 羊山의 딸

69) 北夫余帝國의 都城인 不而城(國)을 감당한 (不而)天王

70) 匈奴 且鞮侯 單于의 남동생

71) 앞의 기록에 [鮮卑 '王柏'이 '槐里'를 그 딸 '王松'의 지아비로 삼아서 外孫子 '佗利'를 얻었다.]

72) 앞의 기록에 佗利가 鮮卑族 王柏의 딸 王松이 낳은 槐里의 아들이었으니, 王夫興은 즉 王柏 딸 王松이고, 王松은 出嫁後에 王夫興으로 改名하였나? ☞ 王氏는 鮮卑族.

은 화상의 4촌 동생이고, 부흥의 어미는 화태후의 여동생인 까닭에 역시 모수제 4촌 여동생이라 하여, 이런 까닭으로 타리가 화상의 아들이 되어서 화수穗[73]에게 장가들어 처를 삼았더니, 이때 화수가 아직 나이가 어려 정사를 감당하지 못한다 하고, 가달이 이에 2세비二世妃의 일을 행하였으니, 천제의 3후로 거듭하여 그 나라의 정사를 보았음은 옥인[74]으로부터 시작되었음일러라.

佗利가以天后로為妻하고權傾天下에乃有侮帝之心하여多忤聖旨에,賈達이輒以義曉하고雖愛佗利나忠於夫帝하여夕必侍枕하고昼則與佗利歓好하니,佗利以為不足하여竟奪賈達之夕호대,帝不能禁이라,三后之名이無實故로,賈達이輒昼供以悅上하니,佗利怒打賈達曰"福盡之帝를汝何愛之오.勿汚吾身하라."賈達이曰"天帝는天神이오非人이니,汝若侮之에必亡이라."하더라.佗利이殺旺仁而奪秋英하고子旺弗이라니,賈達이力諫호대,不聽하고,遷帝狁野에號泣爭諫하니,佗利大怒하여欲殺호대不能自刃하고旺弗을命하여斬케하니,旺弗이賈達之美皃에惑하여不能殺之하고引而通之하니.賈達이始逆終順하여謂弗曰"汝若救帝而討賊,則吾當為汝妻而共楽平生하리라."弗이大喜하여誓滅佗利러니.佗利이更思賈達하고復奪而寵之하니,弗이以此로益怒하여遂陥不而하니,賈達之臣皐葉이身被数創하고力護賈達而至于佗利이러니,佗利이皐葉을立斬하고"失城而退하여保眷為名이라."하더니,賈達이叩胷而泣曰"此禍는汝不敬帝之致라.皐葉이何罪오.皐葉이自幼로為吾臣하여忠於吾라가為汝所殺하니豈不寃乎.吾이勧禾相하여立汝為子라니,汝今為賊而亡國하니,死何見禾相乎야."佗利大怒하여而斬皐之釼으로擊賈達하니,臂断而血湧이라.罵不絶口而死라니,旺弗이来見하고抱而痛哭曰"吾為汝而至此라니,汝何死乎야."遂取賈達之皮하여為其寝茵하고以皇后之禮로厚葬其骨於禾相之側이라니.

타리가 천후로 처를 삼고 천하의 권세가 기울었음에 천제를 업신여기는 마음을 가져 성지聖旨를 거역함이 많음에, 가달이 문득 의義를 깨닫고서 비록 타리를 사랑하나 부제夫帝께 정성을 다하여 저녁에는 필히 잠자리를 시중하고 낮에는 타리와 더불어 기꺼이 즐거워하니, 타리가 이에 흡족치 아니하여 끝내 가달의 잠자리시중을 빼앗았으

73) 賈達所生인 法皇의 딸

74) 漱帝의 아들인 屋春公을 낳은 漱帝의 妃

되, 천제께선 금하지 못하시는지라, 3후들의 명색이 무실한 까닭에, 가달이 빈번히 대낮에 황상을 즐겁게 하였더니, 타리가 노하여 가달을 때리며 이르길 '복이 다한 천제를 그대가 왜 가여워하오. 당신 몸뚱이를 더럽히지 마시오.'라 하매, 가달이 이르길 "천제는 천신이오. 사람이 아니니, 그대가 만약 천제를 업신여기면 필히 망할 것이오."라 하더라. 타리가 왕인旺仁[75]을 죽여 추영秋英을 빼앗고 왕불旺弗을 아들로 삼더니, 가달이 애써 말렸으되 듣지 아니하였고, 천제를 돼지새끼들이나 기르는 벌판으로 옮겨놓음에 울부짖어 하소연하며 말리니, 타리가 대노하여 죽이고 싶었으되 몸소 칼질하고 못하고 왕불에게 명하여 참斬하게 하였더니, 왕불이 가달의 미모에 혹하여 죽이지 못하고 끌고 가서 통정하였더니. 가달이 처음엔 반항하다가 종당엔 순응하며 왕불에게 이르길 "그대가 만약 천제를 도와 토벌하면, 나는 응당 그대의 처가 되어 평생토록 즐거움을 함께 하리라."라 하였고, 왕불이 매우 기뻐하며 타리 멸하길 서약하였더니. 타리가 가달을 고쳐 생각하고 다시 가달을 빼앗아 총애하니, 왕불이 이로써 '더욱 노하여'[76] 마침내 불이성을 함락하였더니. 가달의 신하 고섭皐葉이 몸에 몇몇 창상을 당하고 가달을 힘써 호종하여 타리에게 당도하니, 타리가 고섭을 세워 둔 채로 참하고서 "성을 빼앗기고 물러나서, 권속을 지킨 것을 명분으로 삼다니!"라 하매, 가달이 가슴을 치며 울면서 이르길 "이 화禍는 그대가 천제를 공경하지 않아서 불러왔어! 고섭이 무슨 죄야! 고섭은 어릴 적부터 내 신하가 되어 내게 충성하다가 너에게 죽었으니, 어찌 원망치 않겠나! '내가 화상에게 권하여 너를 보위에 세우고서 아들로 삼게 하였더니'[77], 네가 지금 도적이 되어 나라를 망쳤으니, 죽어서 화상을 어찌 만날 수 있겠나!"라 하니, 타리가 대노하여 고섭을 벤 칼로 가달을 후려쳐서, 팔이 떨어지고 피가 솟았으며, 입에선 욕하기가 떨어지지 않으며 죽었더니. 왕불이 와서 보고 끌어안고 통곡하며 "내가 그대를 위해 이곳에 왔거늘, 그대는 어찌하여 죽었소!"라 하고 가달의 살갖

---

75) 旺弗의 生父로, 역시 北夫余系 鮮卑部族이다.
76) 生父를 죽이고 生母를 빼앗은 것을 참았는데, 탐내는 女人을 주었다가 빼앗으니...
77) 佗利는 鮮卑族 王柏의 딸인 松의 親子로, 禾相의 사위인 동시에 義子가 되었던 것.

을 취하여 잠자리깔개를 만들고 유골은 황후예법으로 화상 곁에 후히 묻어주었다.

東明十一年八月에上與禾英后로親祭于賈后之陵,曰"单于之女오,天帝之妻라. 万古英雄이오絶代佳人이라니而今에安在오,使我傷心이니다."하시고熱淚가滂沱하시더라.禾穗이賈達의愛用하던玉環金釧을献하니,上이愛玩하시고穗를顧하여曰"汝母若生이면我當為后함이라."하시고,"吾妻中엔汝母와髣髴하는者이無하다."고嗟歎하시더니,乙卯三后를評하여"賈后는英雄이니第一이오,芳后는烈女이니第二오,吾妻는無骨娘이니我와如한庸人之妻에最適하다."고芊花를弄하시더라.后之第五女인佗仙은佗利之女오,第三子旺山은旺弗之子라.辛巳에生하사庚申에崩하시니春秋는四十이라.胡人之往来過陵者이必拜曰"社稷陵"이라하니盖后之來嫁時에姉妹가問"其為何而遠嫁"하니,后曰"社稷計라."함에서此名을得하여後人이陵村을"社稷村"이라호대其由는不識이러라.

동명11년(BCE27) 8월에 주상께서 화영禾英후와 함께 가후賈后릉에 친히 제사하며 이르시길 "선우의 딸이요 천제의 처이시라. 만고영웅에 절대가인이셨는데, 지금은 안녕히 계신지, 내 마음이 아픕니다."라 하시고 뜨거운 눈물을 주룩주룩 흘리시더라. 화수禾穗[78]가 가달이 애용하던 옥반지·금팔찌를 바치니, 주상께서 사랑스레 만져보시며 화수穗를 돌아보고 이르시길 "그대 어미께서 살아계시면, 내가 응당 후로 삼았으리."라 하시고 "내 처들 중엔 그대 어미와 방불할 이가 없소."라 하시고 한숨지어 한탄하시더니 '을묘년(BCE66) 3후들'을 평하시길 "가후賈后는 영웅이니 첫째요, 방후芳后는 열녀이니 둘째요. 내 처는 기개 없는 여인이니, 나와 비슷한 평범한 이가 처로 삼기에 가장 적합하오."라고 간화芊花를 놀리셨더라. 가달후의 다섯째 딸 타선佗仙은 타리 딸이요 셋째 아들 왕산旺山은 왕불旺弗의 아들이라. 신사(BCE100)에 태어나사 경신(BCE61)에 죽으셨으니, 춘추는 사십이라. 호인胡人[79]들이 왕래하다가 릉 곁을 지나는 이들이 필히 절하고서 "사직릉社稷陵"이라 하였더니. 개략 후께서 시집오실 적에 자매가 '무얼 위해 멀리 시집가느냐.'고 하니, 후께서 이르시길

78) 賈達所生인 法帝의 딸
79) 匈奴族 또는 北方의 夷族

'사직을 위한 계책이라.'함에서 이 이름을 얻어 후세사람들이 릉이 있는 촌락을 사직촌社稷村이라 하였으되 '그 연유'80)는 모를러라.

聖母太皇太后之諱는柳花이니姓은屋氏라.屋氏世守鯤淵之長屋하여以是得姓하니,長屋者祭淵之屋也라.皇祖屋文大王之母后屋氏浣紗于泽畔할새時當盛夏하여裸卧當風이라니,大鵞來交하여生子하니背有青痣하여如大鵞之文이라乃名屋文이라니.及長에事孝帝하여平南閭之乱하고愛鍾之乱에與禾相으로誅鍾而迎立法帝하여,以功으로封青河伯하시고命世襲狗加하니乃仙相也라.文女屋玩이為羊川之妃하여生羊聖하시고,屋因이為奧山之妃하여生好人하시니,皆漱帝之后妃也라.漱帝初年에多疾하사只娶一后一妃할새,以屋因為妃하고羊聖為后하니.屋因은帝之紀甲也라,帝自二七로寵因三十余年하사宮中之事를多决於其手하고能善蚕織毛氊하여帝之衮冕이皆出其手故로帝頗重之하여稱姊而不名하시고因이常淨御饌而掌藥茗하여以護聖躬之功이莫大故로其子奧川이尚長公主凰而封為順奴侯하니,順奴地廣하여沃沮東海가皆屬於是라.文以因之父로功高勳重하고為國柱石하여坐鎮天下라가,年至七十而疾篤하여戒子女以忠하고薨하니,法帝三十四年癸卯也라.漱帝卽位하사加封為青河大王하고以屋因之母牛氏로太妃를為하고,斗辰之母乙氏로青河王妃를為하고其子斗辰으로狗加青河伯을封하시며,斗辰妻好人으로青河夫人을封하시고寵幸을累加하시니屋因之女라.火羊之春에聖母를誕生하시니,不天大雌오堯母舜妻라.王母之美와女媧之德을兼하시니,豊麗腆腴하시고藝德이天成하며陰教가自進이라.

성모聖母태황태후太皇太后의 휘諱는 유화柳花이니, 성姓은 옥씨屋氏라. 옥씨는 세세토록 곤연鯤淵(大淵)의 장옥長屋을 지켜 이로써 성姓을 얻었으니, 장옥은 제사하던 못淵에 있던 집이라. 황조皇祖81) 옥문대왕屋文大王의 모후 옥씨屋氏가 못가에서 얇은 비단옷을 빨래할 새, 때가 한여름이어 벗고 누워 '당풍當風'82)이라니, 큰 거위大鵞가 와서 교접하여 아들을 낳으니 등에 푸른 점이 있었고 큰 거위무늬 같은

80) "賈達皇后는胡王且鞮侯之女也라.其兄孤鹿臨死에謂其子壺衍曰'漢人이多詐하니不如東結夫余'라하여乃以賈達로献於漱帝하니,時卽法皇二十八年丁酉也라."란 기록 참조.

81) 罽牟皇의 外高祖父

82) 男子들이 山頂의 隱閉된 곳에서 샅을 바람을 쐬어 말리며 陽氣를 받아들이는 '擧風'에 對應하는 女子들의 行爲이다. 濕氣로 눅눅해진 冊들을 바람에 말리는 것 역시 '擧風'이라고 한다.

지라 이에 이름을 옥문屋文[83]이라 하였더니. 장성하여 효제孝帝[84]를 섬겨 '남려南閭의 난'[85]을 평정하고 '애종愛鍾의 난'[86]에 화상과 함께 애종을 죽이고 법제法帝를 맞이해 세워, 그 공으로 청하백青河伯[87]을 봉하시고 명하여 구가狗加[88]를 세습하니 곧 선상仙相[89]이라. 옥문文의 따님 옥완屋玩이 양천羊川[90]의 비가 되어 양성羊聖을 낳으시고, 옥인屋因이 오산奧山의 비가 되어 호인好人을 낳으시니, 모두 모수제漱帝의 후后와 비妃이라. 모수제께서 초년에 질환이 많으사 단지 1후后·1비妃를 아내로 맞이하실 새, 옥인을 비로 삼고 양성을 후로 삼으시니. 옥인은 수제의 기갑紀甲[91]이라. 수제께서 열 넷 이래로 옥인을 30여년을 총애하사 궁중의 일들을 그[92] 손안에서 많이 결정하셨고, 능히 비단 짜고 털옷 만들기를 잘하여 수제의 곤룡포袞·면류관冕이 모두 그 손에서 나온 까닭에, 수제께서 무척 중히 여겨 누님을 칭하며 이름을 부르지 않으셨고, 옥인이 늘 어찬을 정결히 하고 약藥과 차茗를 맡아 옥체를 돌본 공이 막대한 까닭으로 그 아들 오천奧川이 맏 공주 해황凰에게 장가들어 순노후順奴侯로 봉해졌더니, 순

---

83) 屋文은 BCE14慕漱帝의 伯兄 즉 翖牟의 伯父이었다.

84) 慕漱帝의 祖皇 즉 翖牟皇의 曾祖皇

85) 濊君 南閭의 반란 ; 桓檀古記 北夫餘紀에서 BCE128年에 北夫餘 高鮮斯檀君이 몸소 步騎 1萬으로 背叛한 濊君의 南閭城을 빼앗아 官吏를 두었다는 事件. 史記와 漢書는 "元朔元年(BCE128)에 東夷의 濊君 南閭 등 28萬이 降服하여 蒼海郡으로 삼았다."라 하였고, 後漢書에선 "濊君 南閭 등이 右渠에게 反亂하여 28萬을 거느리고 遼東으로 來屬하니, 武帝가 그 땅을 滄海郡으로 삼았다."라 하여, 마치 浿水(溴水?)인근의 右渠朝鮮이 漢에 服屬되기도 이전에 漢이 이 溴水보다 훨씬 먼 東北方인 그곳을 滄海郡으로 삼은 듯이 기록하였고, 아무런 說明 없이 "元朔3年(BCE126) 봄에 滄海郡을 罷하였다."라고 하였으나, 滄海는 海東力士 張良과 관계가 있고 우리 歷史疆域이었다. 南閭와 同音인 地名 南呂가 河北省 饒陽縣과 完縣에 있으니 解說에 注意해야 할 것이다.

86) 仙人愛鐘의 난리 ; 구체적인 내역은 미상이나, 아마도 仙人 愛鐘이 만들어 바친 仙丹(不老長生藥)이 德皇을 죽게 한 事件이었을 것으로 譯者는 추측한다.

87) 翖牟(象鮮)의 外祖父 青河伯 ; 이 青河는 곧 故國原의 淸水河(青水河)?

88) (河北省 東北部 泃河 流域에 살던) 豪族長? 桓檀古記가 인용한 朝代記·大辯經에 '狗加가 형벌을 담당했다'는 기록들이 보이나, 北夫余末期 당시에 '狗加'가 '仙相'이었다는 기록과는 부합해 보이지는 않는다.

89) 仙을 主管하던 宰相

90) 黃龍侯王

91) 띠同甲 ; 慕漱帝(BCE118年生)보다 屋因이 12살이 많았다는 뜻인가?

92) 屋因

노順奴는 땅이 넓어서 옥저沃沮[93]와 동해東海[94]가 모두 이에 속했더라. 옥문은 옥인의 아비로 공훈功勳이 높고 중하여 나라의 기둥과 주춧돌이 되어 천하를 지키다가 나이 70에 이르러 병세가 위독하여 자녀들에게 충성하라 이르고 죽었으니, 법제法帝[95]34년 계묘癸卯(BCE78)이라. 수제께서 즉위하사[96] 가봉加封하여 청하대왕靑河大王을 삼고, 옥인 어미 우씨牛氏로 태비太妃를 삼고, 두진斗辰의 어미 을씨乙氏로 청하왕비靑河王妃를 삼고 그 아들 두진으로 구가狗加·청하백靑河伯을 봉하시며, 두진의 처 호인으로 청하부인靑河夫人을 봉하시고 각별한 승은을 누차 베푸시니 옥인의 딸이라. 화양火羊(丁未,BCE74)년 봄에 성모聖母를 탄생하시니, 복이 없는 뛰어난 여인이시요, 요堯의 어미에 순舜의 처이시라. 서왕모西王母[97]의 미모에 여왜女媧[98]의 덕을 겸비하셨더니, 넉넉하니 통통하고 곱도록 파리하시고 재주藝와 공덕德이 자연히 이루어지며 음교陰敎가 자진自進이라.

羊吉之乱에帝가单舸로青河에至하니,時에聖母二八芳齡에達했더니,帝이封為天后하시고愛之重之하사暫不離側하고如鴛如鴦이라니.雲重雨深하여花開花落하니,五龍이擁衛하고鵠仙이羽翼한中에一位仙帝가猉獜背에鳳凰鞍을跨하고下空하시니,聖母이適在澤畔이라가倒履出迎하니,仙帝이来抱하시고澤畔에野合하니,满身天香에恍惚呻吟하니,仙帝가龍化하사一大巨龍이聖母를蟠交하여淫流濺蕩이라.聖母이警覺하니一場柯夢이오夫皇이在腹이라니,不勝喜幸하여告之以夢하시니,帝曰"六十平生이在此一舉"라하시고結花而起하사天地四方에拜하시고又拜於聖母曰"夫余千年之業이吾妻腹中에在하니,吾妻는愼之戒之하여聖子를胎養하소서."하시고,聖母이答拜曰"妾亦今房大事가决非凡常함을知하오니胎敎를善守하여陛下之聖子를誕生하리다."하시고一枕一食을極盡其誠이라니.澈帝가偶然得病하사乘彼白雲하고帝鄉에敀하시니聖母이失聲痛哭하사不省人事라가腹中之聖子를

93) 현금 天津市 주변일대와 潮白河灤河 사이지역의 海岸低平地 모두?
94) 동쪽 땅 ; 현금 潮河以東~南流西遼河(西拉木倫河最下流) 땅 모두?
95) 屋文은 BCE147年生이고, 法帝는 BCE111年에 即位함.
96) 旃蒙荒落(乙巳,BCE76)之事이다; 三年桑을 치르고 나서 即位하였나?
97) 상고시절 周穆王이 崑崙山 瑤池에서 함께 하였다는 仙女
98) 人面蛇身 형상으로 그려지는 神話 중의 女神 ; 인간세상에서 처음으로 아이를 출산한 것으로 전해지고 있으며, 어미를 상징하는 女神 또는 인간의 조상신으로 칭해지기도 한다.

為하여忍痛節哀하고慘愼之日을逍遣하시니.

‘양길의 난행’[99]에 모수제께서 큰 배 한 척으로 청하靑河[100]에 당도하시니, 때에 성모께서 이팔방령二八芳齡[101]에 달하였더니, 모수제께서 천후天后로 봉하시고 애지중지 하사 잠시도 곁을 떠나지 않고 원앙이 암수들 같이 하셨더니. 구름이 두텁고 비가 넉넉하여 꽃이 피고 꽃이 지니, 오룡五龍[102]이 옹위하고 곡선鵠仙[103]이 보좌한 가운데 한 분 선제仙帝께서 기린麒麟 등背의 봉황안장을 걸터앉아 하늘에서 내려오셨더니. 성모께서 마침 못가에 계시다가 신발을 거꾸로 신고 나서서 맞이하시니, 선제께서 다가와서 껴안으시고 못가의 벌판에서 합환하니. 온몸에 가득한 천향에 황홀하여 신음하니, 선제가 용으로 변하시어 한 거대한 용이 성모를 휘감아 교접하여 어지러운 흐름이 뜨겁고 헌걸찬지라, 성모께서 놀라서 깨어나셨더니, 한 자락 남가일몽南柯一夢이오 부황夫皇이 배위에 계심이라니. 승은을 입은 기쁨을 이기지 못하여 꿈이었노라 아뢰셨더니, 모수제께서 이르시길 “60평생[104]이 이 한 번의 일에 있으리라.” 하시고, 결화結花[105]하시고 자리에서 일어나사 천지사방에 절하시고 또한 성모께 절하며 이르시길 “부여천년을 계승함이 내 처 뱃속에 있으니, 내 처는 삼가고 조심하여 성자聖子를 잉태해 기르소서." 하시니, 성모께선 답배하며 아뢰길 “첩 또한 금번 큰 방사房事가 결코 범상치 않음을 아오니, 태교胎敎를 잘 지켜서 폐하의 성자聖子를 탄생하리다.” 하시고 잠자는 것 하나 먹는 것 하나를 지극정성이라니. 모수제께서 우연히 병을 얻으시어 피안의 흰 구름을 타고 ‘천제天帝본향本鄕으로 돌아가시니’[106], 성모께선 실성통곡하사 인사불성이시다가 뱃속의 성자聖子

---

99) 羊吉이 不肖하여 荒淫難色하며 旺弗의 침입을 물리치지 않은 亂行

100) 현금 灤河 중하류의 東便支流인 淸河(靑河)?

101) 꽃다운 나이 16歲

102) 五龍山?

103) 흰 고니 즉 白鳥? 鶴?

104) 此年에 漱皇이 60歲이면, 生年은 BCE118年이었다.

105) 흐트러진 머리카락을 가지런히 하여 비녀를 꽂는 행위. 또는, 서로 뒤엉켜 花樂하는 행위.

106) 慕漱帝는 BCE59年에 崩했으니, BCE118年生이고 8歲에 皇太子位에 登極하였음.

를 위하여 애통함을 참아 절제하고 혹독하게 근신하는 나날을 배회하며 보내시니.

時에東扶王金蛙이其妻鮮氏를丧하고天下絶色을求하여妻를作하려할새,羊加烏文이奏曰"靑河伯屋斗辰之女柳花이有沈魚落雁之色하고具屋因羊聖之姿하니千古一色이오萬代聖雌이라.漱皇이以福盡之帝로納為天后라가血盡而逝하니,可知其艾壮之道라.陛下이若得此后為配에可以興國昌家리다."金蛙聞之하고叩膝大喜曰"天乎天乎라.天以此后로賜我하니,安可不娶枤"야.於是에斗辰을優渤에訪하니,金蛙之母乙原은斗辰母乙蘭之妹라,蛙이少時에美容으로斗辰과竜陽之誼를結하고刎頸을約하여,斗辰이金蛙를家에置하고好人을許했더니.夫婁가東扶余王位에登함에斗辰[이]107)金蛙를薦하여夫婁之侍臣에列하더니,夫婁之女鮮氏와悅하여夫婦가為고,夫婁이死後에東扶余王이為었더니,鮮氏가擅政하고金蛙는尸位에居하여斗辰과相見할機가無하더니,至是에来訪하니其喜를不可形言이라.時에聖母는春困이来襲하여依案而眠이러니,夫皇이來邊하여撫慰曰"今에吾妻之好運이來矣라.勿失而護兒하라."하고因忽不見이러니,覺之하니,乃夢이라.

이때 동부여왕 금와金蛙가 그 처 해씨鮮氏108)를 잃고 천하절색을 구하여 처를 삼으려할 새, 양가羊加 오문烏文이 상주하여 아뢰길 "청하백 옥두진의 딸 유화가 침어낙안沈魚落雁109)할 미색이고 옥인과 양성의 자태를 갖추었으니 천고일색千古一色이오 만대의 훌륭한 여인입니다. 수황이 복이 다한 천제로 거두어 천후天后로 삼았다가 '기혈이 다하여 서거하였으니'110), 그녀의 미모와 왕성함은 알아줄만 합니다. 폐하께서 이런 여인을 얻어 짝하시면 나라가 흥하고 가문이 번창할 것입니다."라 하니, 금와가 이를 듣고 무릎을 치며 기뻐하여 이르길 "하늘의 뜻이로다! 하늘의 뜻이야! 하늘이 이런 후后를 내게 주심이거늘, 어찌 혼인하지 않겠는가?"라 하였고, 이에 두진을 우발優渤111)로 찾아갔더니. '금와 어미 을원乙原은 두진 어미 을란乙蘭의

107) 譯者가 文脈을 살펴 南堂의 筆寫에 漏落된 것으로 보아 挿入하였다.

108) 鮮英. 金蛙는 屋斗辰의 姨母乙原所生으로 東夫余皇帝 夫婁를 嗣位함.

109) 물고기가 놀라서 깊이 가라앉고 나르던 오리가 놀라서 땅으로 떨어질 만한

110) 他邦에 알려진 偶然得病의 內容

111) 灤河(滦河) 中流의 支流 河川인 長河 쯤에 해당한다. 소발(牛足) 또는 소발굽(牛蹄) 모양의 山이나 河川이나 마을에 해당할 것이라.

동생이라'[112], 금와가 어릴 적에 고운 용모로 두진과 용양龍陽[113]의 정분을 맺고 문경지우刎頸[114]를 약속하여, '두진이 금와를 집으로 초치해 호인好人을 허락하였더니'[115]. 부루夫婁가 동부여의 왕위에 오름에, 두진이 금와를 천거하여 부루를 곁에서 모시는 신하로 늘어세웠더니, 부루의 딸 해씨와 좋아하여 부부가 되고, 부루가 죽은 후에 동부여왕이 되었더니. 해씨가 정사를 차지하고, 금와는 시위尸位[116]에 머물러서 두진과 서로 만나볼 기회가 없었더니. 이제야 찾아와서 방문하니, 그 기쁨을 말로 형언할 수 없었더라. 때에, 성모는 춘곤春困이 래습來襲하여 서안書案을 의지해 잠이 들었더니, 부황夫皇[117]이 곁으로 다가와 어루만져 위로하며 이르길 "지금 내 처에게 좋은 운세가 찾아왔음이나, 놓치지 말아서 아이를 지켜내라."고 하고 언뜻 보이다가 바로 보이지 않았더니. 깨어났더니, 곧 꿈이었더라.

門外에有人馬聲이러니,金蛙之親訪을聞하고慈母好人宮을伴하여蛙를出見하니.蛙이聖母之螓首蛾眉와雪膚玉顔을見하고恍惚来把曰"天后之美는西施에過하다."하고引抱垂吻이러니.聖母이斂客曰"妾이不幸하여天帝之喪에居하고腹中에聖子를孕胎하였으니,伏願叔父는哀此寡孀하사恕此守貞하소서."하시니,斗辰이曰"陛下는為汝親訪하시니.敢曰守貞乎야.勿辞侍枕하여,以北夫余之天后로再作東夫余之天后에不亦好乎야.禾太后之二世作后는為漱皇之計오,汝母之作天妃는爲汝之計라.汝娠聖子而美하니未免强者之侵이라.若非吾陛下면孰能保汝而護聖子리오."好人도傍賛하고,夢兆亦然故,值此春節하여不無懷春之血이라,恍惚難測하여遂倒蛙懷하니,蛙이抱而登床하여弄盡雲雨하니,聖母이不勝春興하여如狂如醉라.乃舉十燭之典하고,爰進百両之幣하여其枕三日三夜하니,情則夫皇이오誼則叔父라.王年三十三壮이오后年十七妙齡이라,如山之愛와如海之情을何可盡言이리오.蛙王이乃築柵城新宮하여以為聖母之殿하고以斗辰為相하며以好人為妃하니,青河之人이皆攸柵城하여一躍為東余之高官大爵者이不少러라.

112) 金蛙와 斗辰은 姨從四寸間임
113) 男色 또는 임금과 신하
114) 刎頸之友 즉 서로의 목을 베어도 나무라지 않을 생사를 같이하는 벗
115) 好人이 柳花를 낳기 以前의 일인 듯
116) 祭祀床에 神位를 대신하여 앉혔던 同一血統의 尸童 ; 여기서는 허수아비라는 뜻
117) 지아비였던 皇上 즉 漱皇

문 밖에 사람과 말의 소리가 있더라니, 금와가 몸소 방문했음을 듣고 자애로운 어미 호인궁好人宮을 따라나서 금와를 알현하니, 금와가 성모가 진수아미螓首蛾眉[118]에 설부옥안雪膚玉顔[119]임을 보고 황홀하여 다가와 붙잡고 이르길 "천후天后의 미모가 서시西施[120]에 넘치도다!"라 하고 끌어안아 입술을 드리우려하니, 성모가 손님에게 부탁하며 아뢰길 "첩이 불행하여 천제의 상중喪中에 있고 뱃속엔 성자聖子를 잉태하였으니, 엎드려 바라건대 숙부는 이 연약한 과부를 불쌍히 여기사 이녁의 정절지킴을 용서하소서." 하시니, 두진이 이르길 "폐하는 너를 위해 몸소 찾아오셨거늘, 감히 정절지킴을 일컫느냐? 잠자리시중을 물리치지 말아서 북부여의 천후로 재차 동부여의 천후가 되면 역시 좋지 않겠느냐? 화태후禾太后께서 2세후二世后[121]를 하심은 수황漱皇을 위한 계책이었고, 네 어미[122]가 천비天妃가 되었음은 너를 위한 계책이었느니라. 너는 성자聖子를 임신하였어도 아름다우니, 강한 이들의 도발을 면할 수 없느니라. 내 폐하가 아니면 그 누가 능히 너를 지켜주고 성자를 보호하겠느냐?"라 하였고, 호인도 곁에서 찬동하고 꿈속 조짐 또한 그랬던 까닭에, 이번 봄을 맞이해 춘정이 그리운 혈기도 없지 않은지라, 황홀함이 가늠키 어려워서 끝내 금와 품으로 쓰러지니. 금와가 품에 안고 침상으로 올라 마음껏 운우를 다하였더니, 성모도 춘흥을 못 이겨 미친 것 같고 취한 것 같았더라. 이슥고 '열 촛불을 밝히는 예'[123]를 거행하고 백 수레의 예물을 선사하여 3일 3야를 동침하니, 정으로는 부황夫皇이오 따져보면 숙부叔父[124]라. '왕은 서른세 살'[125]로 한창이오, '후는 열일곱'[126] 묘령인지라, 산 같은 사랑과 바다 같은 정을 어찌 다

118) 매미 등처럼 넓고 둥근 이마
119) 눈같이 흰 살결과 아름다운 얼굴
120) 西土 春秋時代 越의 美人. 越王 句賤이 吳에게 敗亡하여 西施를 吳王 夫差에게 보냈더니, 夫差가 惑하여 國事를 돌보지 아니하다가, 吳가 句賤과 范少佰의 侵攻을 받아 亡했다고 함.
121) 德皇이 죽자 法皇을 擁立하고 法皇의 后로 살았던 일
122) 好人
123) 婚禮
124) 金蛙는 生父 斗辰의 姨從이니 곧 柳花의 陳姨從 堂叔이다.
125) 金蛙는 BCE91年(庚寅)生이다.

말할 수 있으리오. 금와왕이 이에 책성柵城[127]에 신궁新宮을 지어 성모의 전각으로 하고서 두진을 재상으로 삼고 호인을 비妃로 삼으니, 청하사람 모두가 책성으로 귀부하여, 일약에 동부여 고관대작으로 된 이들이 적지 않을러라.

四月,聖母이聽鳳鳴之聲而誕生芻牟하시니,日光이来照하여移席則逐之하니,人以為奇러라.蛙王이見芻牟之雄姿하고大喜曰"娶妻而得子하니,此所謂雉卵之獲이로다."乃命以芻牟為太子하여序於蛙王之第八子하니,鮮氏之七子帶素等이亦爱之如弟러라.后既生芻牟에一心爱護할새,以芻牟之故로納無意之媚於蛙王者亦多矣러라.蛙王爱后而又爱好人하여,好人先受胎而生女하니,是乃禮皇后也라.丙寅에后亦生蛙王之子鮮弗하시고,己巳에生女鮮花하시니後為帶素之妻하니라.壬申에鮮朱를又生하시고,乙亥에鮮百과戊寅에鮮素를又生하니,百素之容皃가多肖於芻牟故로,帶素等이蛙王께譖호대"象鮮가渠母를烝하여百素를生하였으니非吾弟라."하나,蛙王이笑而不問함으로事故靈地러라.辛巳에蘇公主를生하니,甚美함으로,后이恒常公主를戒하여曰"汝는長커던必히象鮮之妻가為라."했더니,丙申에來하여瓊后를作하고恃寵放恣호대,上이不問하시니라.甲申에鮮雄과丁亥에鮮苾과庚寅에鮮重과癸巳에鮮彬等을生하니.舉皆容皃가美麗하고遊藝를好하나唯鮮素一人이頗多芻牟之風이러라.聖母이以此로蛙王之子를生함을不願하사雖房不花라니.

4월, 성모께서 봉황울음소리를 듣고서 추모芻牟를 낳으시니, 햇빛이 다가와 비춰서 자리를 옮기면 곧 뒤따르니, 사람들이 기이하게 여길러라. 금와왕이 추모의 웅위한 자태를 보고 크게 기뻐하며 이르길 "처를 얻고 아들도 얻었으니, 이것이 소위 꿩 먹고 알을 먹음이로다."라 하고, 하명하여 추모를 태자로 삼아 금와왕의 여덟 째 아들로 차례를 매겼더니, 해씨의 일곱 아들 대소帶素 등이 동생처럼 아낄러라. 후가 추모를 낳으셨음에 한마음으로 아끼고 보호할 새, 추모 때문에 금와왕에게 마음 없는 교태를 바친 것 또한 많았더라. 금와왕이 후를 소중히 하고 그리고 또 호인을 소중히 하여, 호인이 먼저 수태하여 딸을 낳으니 이 이가 바로 예禮황후라. 병인(BCE55)

---

126) 柳花는 BCE75年(丙午)生이다.

127) 嫩江省 扶裕? 吉林省 西北端 雙城?

년에 후 역시 금와왕의 아들 해불解弗을 낳으시고, 기사(BCE52)년에 딸 해화解花를 낳으시니 훗날 대소의 처가 되었더라. 임신(BCE49)년에 해주解朱를 또 낳으시고 을해(BCE46)년에 해백解百과 무인(BCE43)년에 해소解素를 또 낳으시니. 해백百과 해소素의 용모가 추모를 많이 닮은 까닭으로 대소 등이 참언하길 "상해象解[128]가 그 어미를 치붙어 해백과 해소를 낳았으니, 내 동생들이 아닙니다."라 하였으나, 금와왕이 웃기만 하고 캐묻지 않음으로 '일은 령지靈地[129]에 맡겨졌더라.'[130] 신사(BCE40)년에 해소蘇공주를 낳으니, 심히 아름다웠음으로, 후가 항상 공주를 타일러 이르길 "너는 자라거든 꼭 상해 처가 되어라."라 하셨더니, 병신(BCE25)년에 찾아와 경후瓊后로 되었고 총애를 믿어 방자放恣해도 주상께서 문책하지 않으시니라. 갑신(BCE37)년에 해웅解雄과 정해(BCE34)년에 해필解苾과 경인(BCE31)년에 해중解重과 계사(BCE28)년에 해빈解彬 등을 낳으셨더니. 거의 모두 용모가 미려하고 유희遊와 오락藝을 즐겼으나, '오직 해소解素 한 사람이 추모의 기풍이 파다할러라.'[131] 성모께서 이로써 금와왕 아들 낳기를 원치 않으사, 설사 합방合房하셔도 꽃을 피우지 않으셨더라니.

丁酉,五月에蛙王之疾을侍하여帶素妻鮮花와守夜不眠할새,蛙王이中宵에鮮花를引抱하고登床하거니.后이避而出帳하니,帶素이逼烝하여,不意之辱을被함에憤怒成疾이러니,月余에有身함을知하고羞憤하사七月七夜에牛女를望하고恨歎하시다가鰒卵을食하시고崩하시니,春秋五十一이라.顔色이如生하시고手에潄帝之象을握하였더라.蛙王이哀慟하여十日不食하고鮮花를抱臥하여悲泣度日하니.鮮朱等이木公을用하여腹兒를引出하고骨을分할새,鮮素不肯하거늘,蛙王이曰"渠母之骨을安可不分이리오."東余이多水葬,而聖母이獨留皮骨而他皆灰之而分於諸子女하니라.聖母陵은一在於西蘭山하고一在於竜山之南岑하고皮為庙神之主이라니.芻牟之夢에聖母가累現하여"吾欲居汝之身이라."하여,上이乃取皮而服之하시고,以

128) 金蛙王이 芻牟에게 지어준 "해의 모습"이라는 뜻의 兒名 즉 初名.

129) 神靈들의 땅. 또는 祭祀하는 神聖한 땅.

130) 鮮百·鮮素를 出産한 乙亥(BCE46)年·戊寅(BCE43)年에 象鮮(芻母)가 13歲·16歲였음에, 寶位를 競爭하는 帶素 등은 (解白과 解素를 柳花所生 芻牟之子로) 疑心하였고, 金蛙는 是非를 가리지 않고서 웃어넘기고 말았음이라. 禮后와 曷百 및 類利의 일을 勘案할 것.

131) 解素는 柳花所生 芻牟子란 말일 수 있다.

奧芳夫人으로為庙主라니.聖母之骨은收于玉函中이라가,芻牟崩에以遺命으로取聖母骨하여入于芻牟之梓宮,以聖母之皮로為芻牟之庙神主하니,今人이以母為皮者이此也.

정유(BCE24)년, 5월, 금와왕의 질환을 시중하며 대소 처 해화鮮花와 밤을 새우며 잠을 자지 않을 새, 금와왕이 한밤중에 해화를 끌어당겨 품에 안고서 침상으로 올랐거니. 후께서 피하여 휘장을 나왔더니, 대소가 핍박해 치붙어서, 불의에 욕을 당하매 분하고 노여워서 병이 되었더니. 한 달여에 임신되었음을 알고 부끄럽고 괴로우사, 7월 7일 밤에 '견우직녀牛女[132]'성을 바라보고 한탄하시다가 복어鰒알卵을 잡숫고 죽으시니, 춘추 쉰하나라. 안색이 살아있는 것 같으시고 손에는 모수제漱帝 조각상象을 쥐었더라. 금와왕이 애통하여 열흘을 먹지 않고 해화를 끌어안고 누워서 슬피 울며 나날을 보내니. 해주 등이 목공木公을 써서 뱃속 아이를 끄집어내고 유골遺骨을 나눌 새, 해소가 따르지 않거늘, 금와왕이 이르기를 "그이[133] 어미의 유골을 어찌 나누지 않을 수 있으리!"라 하였다. 동부여는 많이들 수장水葬하지만, 성모는 오직 살갗과 뼈를 제외한 나머지 모두를 재로 만들어서 여러 자녀들에게 나눠줬더니라. 성모의 릉침은 하나는 서계산西鷄山에 있고, 하나는 룡산龍山남령南嶺에 있고, 살갗으로 사당廟 신령의 위패를 만들었더라니. 추모의 꿈에 성모가 누차 나타나서 "나는 네 몸에 자리하고 싶다."라 하여, 주상께서 이에 살갗을 취하여 옷으로 입으시고 오방부인奧芳夫人으로 묘주廟主를 삼았더니. 성모의 유골은 옥함에 넣어두었다가, 추모께서 죽으심에 유명을 따라, 성모의 유골을 꺼내서 추모의 재궁梓宮(棺)에 넣었고, 성모 살갗으로 추모사당의 신령한 위패를 삼았더니, 요사이 사람들이 어미로 살갗을 삼았다는 것이 이것이라.

東明萱皇后之諱는萱花이니聖母之妹라.聖母之娠芻牟也에后年十三이로대亦得帝寵이러니,帝臨崩에命為芻牟之妻故로芻牟이落地함에萱花이受하여起卧寢食을共히하여十年이如一日이러니.乙亥春二月之望에萱花이芻牟를侍하고伴寢

132) 牽牛織女星

133) 芻牟 즉 象鮮

如常이러니,中夜에罽牟이睡起하사萓花를引抱하고,萓宜陽이라하고雲雨를始興하니,萓花之喜는不可形言이라.自是로遂作鴛鴦하여未嘗離側이러니.南下之時에先往曷思国加菽公处하여待上之来하니,菽公萓之情夫也라.罽牟이以水漲難渡로欲棄萓而去하니,萓이乃投水中而欲為牲而祭神하니,大亀이負出하여,一行이得渡라.既至毛屯에罽牟이爱仲室而寵乙旃호대,萓이未嘗一妬하고勸罽牟하여納召后以合卒本하니,其功이大矣라.罽牟이好色하사多通近臣之妻故로他后는不悦,而后獨歓待之하여容人以德故로,罽牟이最爱之而又最多房호대,未嘗恃寵而恣하고常勤慎自守하며能於女工有屋因羊聖之德이라.上常謂諸后妃曰"為人妻者이當如吾萓이라."하사,平生에與后로未嘗有一溫하고,常以藹和相對하여笑不絶口하시며順生子女하여萓太子元陽主高陽主萶太子薏太子等이皆仁孝友爱하고不與人爭功이러라.己亥三月에以疾로崩於上之膝上할새,上이問其所欲言하셔도,后曰"陛下勿多房하시고勿納雜女하시면,妾이死亦安心矣"리다.上이泣曰"愛我如此하니,汝乃妻而母也라."하시고潰而時灌이러니.罽牟이崩에以遺命으로亦入尸于罽牟梓宮中할새顔色猶如生時러라.春秋는五十이오,事上二十五年에居天后上位十九年하시고,生女四人男三人하니라.

동명東明**훤황후**萓皇后의 휘諱는 훤화萓花니, 성모聖母 여동생妹이라. 성모가 추모罽牟를 임신함에, 후后는 나이 열 셋이로되 역시 모수제의 승은을 입었더라니. 모수제께서 죽음을 앞두고 '추모의 처가 되라'고 명하신 때문에, 추모가 땅으로 떨어짐에 훤화가을받아내서 일으키고 눕히며 먹고 자기를 함께한 지가 10년이 하루와 같았더니. 을해(BCE46)년 춘2월 보름에 훤화가 추모를 시중하여 여느 날처럼 함께 잠자리에 들었더니, 추모가 한밤에 자다가 일어나서 훤화를 끌어안았고, 훤화가 양물陽物이 알맞다 하고 바야흐로 운우雲雨를 시작하였더니, 훤화의 기쁨은 불가형언不可形言이라. 이로부터 이윽고 원앙이 되어 곁을 떠난 적이 없었더니. 남하南下하던 시절에 먼저 갈사국曷思國 가숙공加菽公 처소로 가서 주상이 오시길 기다렸더니, 가숙공菽公은 훤후后의 정부情夫라. 추모께서 물이 불어나서 건너기 어렵기로 훤萓후를 놓아두고 가려하니, 훤후가 이에 물속으로 몸을 던져서 희생犧牲134)이 되어 신께 제사하려 하였더니, '큰 거북이들이 업고 나타나서'135), 일행이 건넜더라. 모둔毛屯에 당도한 후로 추모

134) 살아있는 짐승으로 바치는 祭物

께서 중실仲室씨를 아끼고 을전乙旃씨를 총애해도 훤화는 투기 한번 하지 않고 추모에게 권하여 소후召后를 거두어 졸본卒本을 합쳤으니, 그 공이 컸음이라. 추모께서 호색好色하사 근신近臣들의 처를 통정함이 많았던 까닭으로 다른 후后들은 기뻐하지 않았으나, 훤후 홀로 그들을 환대하며 덕德으로 남들을 용납한 까닭에, 추모께서 훤후를 최고로 사랑하고 또한 최다로 방사房事하셨어도, 총애를 믿어 방자하지 않았고 항상 근신하여 자신을 지켰으며, '여인네들女의 일工'136)에 능하여, 옥인屋因과 양성羊聖의 덕德이 있었음이라. 주상께서늘 여러 후비后妃들에게 이르시길 "임금의 처가 된 이는 응당 내 처 훤후와 같아야 한다."고 하사, 한 번도 훤후의 일로 얼굴 붉히신 일 없었고, 항상 부지런하고 온화하게 서로를 대하여 입가에 웃음을 잃지 않으셨으며, 자녀를 유순하게 길러서 훤萱태자·원양元陽공주·고양高洋공주·권卷태자·의薏태자 등 모두가 어질고 효도하며 우애가 좋아 남들과 공을 다투지 않을러라. 기해(BCE22)년 3월에 병환으로 주상의 무릎위에서 죽으실 새, 주상께서 하고픈 말을 물으시니, 훤후가 아뢰길 "폐하께서 방사가 많지 않으시고 잡녀雜女137)들을 거두지 않으시면, 첩이 죽어서도 역시 안심하리다."라 하였더니, 주상이 눈물을 흘리며 이르시길 "나를 아끼심이 이러하시니, 그대는 처妻이자 어머니母이셨소."라 하셨으며, (사후에는 시신을 방부액 등으로) 침지浸漬하여 놓고 때때로 (침지액을) 부어주셨더니. 추모가 죽으심에, 유명遺命을 좇아 역시 추모 재궁에 시신을 넣을 새, 안색이 생시와 같을러라. '춘추 50이었고'138), 주상섬기기 25년에 천후天后윗자리에 19년을 있었으며, 딸 넷과 아들 셋을 낳으셨느니라.

東明召皇后는延陀勃之女이니,其母乙旃이夢召西之鳥而生故로名曰召西奴라.后自幼로端潔多智하고好為政事하여,陀勃이病卧에與其母로共治卒本이라가,

---

135) 큰 거북모양의 배들, 즉 大龜船들이...나타나서; 芻牟에 앞서서 도착한 이들 또는 順奴人들의 準備가 있었던 것이다; 白竜(庚辰,BCE41)年의 기록에 나타난 '豪傑七十人'을 참조.

136) 음식 만들기와 바느질 및 길쌈 등

137) 雜女는 龍骨女에 對應되는 女人들로, 骨品이 非龍骨인 雜色女人을 의미함.

138) 萱花는 BCE71年生이다. 언니 柳花는 BCE74年生이고, 52歲에 食鰒卵而自殺함.

芻牟이征曷興順에后이見勢甚明하여逐其情夫하고與上結婚하니.摩离는'美如秋花하고潔如銀鱗이라.'하고,陜父는'巧笑納媚가似是好淫하니不宜聖配라.'하더라.后이以是로惡陜父,而芻牟愛陜父故로終芻牟之世而不能踈陜父하고并執政事而未嘗開口一笑,陜父이察后之意而欲挽后意하여改儲之時에陜父이獨黨抡后,而后終不解溫하여以是로見忤抡新上而終廢矣라.然이나陜之論이誠不虛矣라,芻牟이每與后歡連房数日而必至毀損者多矣하니,盖后有儀,力而難免也라.臨事能断하여不失其規故로吏不敢弄文而民不敢犯法하니,芻牟이常稱其才曰"雖呂尙之才와蕭何之能이나何敢當吾妻乎야.內有召妻陜父하고外有桂婁烏伊하니吾何憂尤야."하고,民穀之事를一以任之.州牧之任을后皆黜陟하여,卒本人이多登用抡朝而他不能及,故怨后之聲이始聞이라니.芻牟이命均用而鮮溫이나,竟以此로失人和하여,改儲時에大敗而故牛壞하니.芻牟謂烏伊摩离曰"召后이秉政十九年에國事이多决抡其手하고人物이多出抡其下하니,廢之則必生變이오,誅之則實不忍이라.吾豈為劉徹之事乎야.吾欲以召后로妻類利하여吾死之後에使作二世之后而継其治,則一以安其心하고一以輔新主하고一以保其子女하여一擧而三得이라.汝等이以為何如오."烏伊拜伏曰"誠聖德之事라,万世可法이니다."

동명소황후東明召皇后는 연타발延陀勃의 딸이니, 그 어미 을류乙旒가 '서쪽을 불러들이는 새鳥'[139]를 꿈꾸고서 낳았던 까닭으로 이름이 소서노召西奴[140]라. 후后는 어릴 적부터 단아·깔끔하고 지혜가 많았고 정사政事보길 좋아하여, 연타발陀勃이 병으로 누웠음에 어미와 같이 졸본卒本을 함께 다스리다가, 추모께서 말갈曷을 쳐서 순노順를 흥興하게 하심에, 후가 보건대 대세가 심히 명백하여 정부情夫[141]를 쫓아내고 주상과 더불어 혼인하였더니. 마리는 '미모가 가을꽃 같고 깔끔하기 은빛물고기 같다'고 하고, 협보는 '억지 미소로 아양 떠는 것이 음란함을 좋아할 것 같으니 성인聖人의 배필로 마땅치 않다'라 더라. 후는 이 일로 협보를 미워했으나, 추모께서 협보를 아끼시는 까닭으로, 추모치세 내내 협보를 능히 멀리하지 못하고 함께 정사를 보면서 입을 열어 경시하지 않았다. 협보는 후의 속내를 알아서 '후后의 마음'[142]을 끌어보려고 후사後嗣를 바꾸던 때에 홀로 후를

139) 鳳凰새
140) 서쪽을 불러들이는 놈, 또는 서쪽에 깃들 놈; 召西之鳥 ↔ 召西之奴
141) 優台의 職位에 있던 仇台
142) 陜父를 싫어하여 축출하려는 마음

편들었으나, 후는 끝내 화를 풀지 않았고 이로써 새 임금[143]을 거스르는 것을 보더니 끝내 그만두게 하였다. 허나, 협보陜의 주장은 진실로 헛된 것이 아니었던지라, 추모께서 매번 후와 합환하실 때면 여러 날을 연이어 합방하여 필경엔 몸에 축남이 많았다. 아마도 후가 버릇이 있어서, 힘써본들 면하기 어려웠음이라. 정사를 살핌엔 능히 결단하여 규칙을 어기지 않는 까닭으로 관리들이 함부로 문서를 업신여기지 못하고 백성들이 감히 법을 어기지 못하였더니, 추모께서 늘 그 재주를 칭송해 이르시길 "여상呂尙[144]의 재주와 소하蕭何[145]의 능력이라도 어찌 내 처를 필적할 수 있을 것이고, 내치內治엔 소처召妻와 협보陜父가 있고 외치外治엔 계루桂婁와 오이烏伊가 있으니, 내가 무얼 걱정하리오!"라 하고, 백성을 살피고 곡물을 관장하는 일을 그에게 한꺼번에 위임하셨다. 주州·목牧의 보임 모두를 후后가 내치거나 보직하여 졸본사람들이 많이 조정에 등용되고 다른 이들은 미치지 못한 까닭에 후를 원망하는 소리가 들리기 시작하더라니. 추모께서 균등하게 등용해서 화를 풀어주라고 명하셨으나, 필경엔 이로써 남들과 화합하길 놓쳐서 후사를 바꿀 적에 크게 패하여 우양牛壤으로 돌아갔더니. 추모께서 오이와 마리에게 이르시길 "소후가 국정을 잡은 지 19년에 나랏일 다수가 그 손에서 결정되고 많은 인물들이 그 휘하에서 나왔으니, 폐위하면 변란이 생길 것이고, 주살하기는 실로 감내할 수 없소. 어찌 내가 유철劉徹이가 한 짓을 하겠소! 나는 소후를 유리의 처로 삼아 내가 죽은 후에 2세후가 되게 하여서 그녀의 다스림이 계속되게 하고픈 즉 한편으로 그녀의 마음을 안심시키고 한편으로 새 임금을 돕고 한편으로 그녀의 자녀들을 지켜주어 일거에 셋을 얻는 것이오. 그대들은 이를 어찌 여기시오?"라 하셨더니, 오이가 아뢰길 "진정 성덕을 베푸시는 일이오라 만대萬代토록 법法으로 삼을 만하옵니다."라 하였다.

於是乃召乙音入內,曰"吾欲以汝妹賜東宮而欲作二世之后하니,可急召来하라.

143) 類利 즉 光明大帝 즉 琉璃明王
144) 呂 땅에 封해진 姜尙 즉 姜太公 즉 太公望
145) 劉季 즉 劉邦의 西漢立國 時의 戰略家

不來에汝等이皆族矣이라."乙音이徃告利害하니,后知帝性이라知其無詐하고內雖踴喜나不形於色하고,徐言"吾非王嬙이니安用莫車乎야."하니,乙音이曰"汝若不去에大房이必作二世하리니,吾等은族矣라."后乃攸謁于帝하니,帝召類利賜之曰"開國原勳이오治世之能臣이라.汝非此妻에安能知新而溫古리오.可作二世之后而體我,至死勿變其爱하라."后曰"夫婦之道이死則同死,生則同生而已라.汝何妄言如此乎야."帝曰"汝非匹夫之妻라.安能如汝志이리오.此乃社稷大計也이니,汝當為社稷之妻오,無為象觧之私妻하라."因謂類利曰"吾於都氏에亦通於生前하니,汝亦引去而相通하여使我得聞喜報하라."하니,類利이抱去而欲濡하니,后猶恐帝疾愈則或以此失寵하여,乃說類利曰"妾이既為東宮之妻則安敢不承寵이리오만,聖候이如此하니似非相濡之時라,伏願夫皇은少竢하소서.天子이當穆穆이오不可苟為니다."類利然之하여相議國事而度夜할새,后以濃粧送情하여使類利로昏倒者累矣.然後에使溫主引去하고自如帝側하니,帝問"已婚"이라니,后이羞笑曰"新夫이恐上而不敢来報喜이니다."上大喜하여命召類利來하니,后이走抱類利之頸而面吻如夫妻하니,上이大喜하여命東宮共枕曰"吾将見汝等之生子然後에死라."하시니,是夜에東宮遂通后於便殿,而后諱之而不言이라니.

이에 을음을 안으로 불러들여 이르시길 "나는 그대 여동생을 동궁에게 주어서 2세후二世后로 만들려하니, 빨리 불러와야 할 것이라. 오지 않으면, 그대 등이 모두 씨족을 멸함이라." 하니. 을음이 가서 이해득실을 알리니, 후는 추모제의 성품을 아는지라, 속임수가 없음을 깨닫고, 속으론 비록 뛸 듯이 기뻤어도 얼굴에 나타내지 않고서 평온하게 말하기를 "내가 왕장이 아니니, 어찌 막거를 부리겠소!"라 하니, 을음이 이르길 "자네가 가지 않으면 대방이 필시 2세후가 되리니, 우리 등은 족멸族滅이라." 하였다. 후가 이에 돌아와 추모제께 여쭈니, 추모제께서 유리를 불러 소후召后를 하사하시고 "개국원훈開國原勳이오 치세治世에 능한 신하이라, 네가 이 사람을 처로 삼지 않고서야 어찌 능히 새 것을 깨우치고 옛일을 익히겠느냐? 2세후로 삼아서 내 뜻을 체득해야 할 것이며, 죽을 때까지 그녀 아끼길 변치 말라."고 이르셨다. 후가 아뢰길 "부부의 도리는 죽어도 함께 죽고 살아도 함께 살 뿐이거늘, 당신은 어찌 이처럼 망언하십니까?"라 하자, 추모제께서 이르시길 "그대는 필부匹夫의 처가 아닌데, 어찌 그대의 뜻대로 할 수 있으리오. 이는 사직社稷을 위한 큰 계책이니, 그대는 응당 사직을 위하는 처가 되시오. 상해象觧의 사사로운 처가 되지 마시오."라 하셨으며, 잇달아 유리에게 이르시길 "나도 도씨都氏와 생전에[146] 상통하였느니. 너 또한 데리고 가서 상통하여 나로 하여금 기쁜 소식을 듣게 하라." 하니. 유리가 데리고 가서 승은을 베풀려 하니, 후가 도리어 성상의 환후가 나으면 혹여 이로써 총애를 잃을까를 겁내며 유리를 설득하며 이르길 "첩이 이미 동궁의 처가 되었은즉 어찌 감히 승은을 받들지 않으리오. 다만, 성상의 환후가 이러하니, 서로 흠뻑 젖을 때가 아닌 듯하여, 엎드려 원하오니 부황夫皇은 조금만 기다리소서. 천자는 두루 원만하셔야 하며 구차해서는 아니 되십니다."라 하였다. 유리가 그리 여겨 국사를 서로 의논하며 밤을 새울 새, 후가 짙게 단장하고 음정陰精을 흘려 유리로 하여금 정신이 아득하여 누차 엎어지게 한 연후에 온공주溫主[147]로 하여금 데려가게 하고 자신은 추모제 곁으로 갔더니, 추모제께서 이미 혼인하였는지를 물으셨다. 후가 수줍게 웃으며 "새 지아비는 주상이 두려워서 감히 찾아와 기쁜 소식을 아뢰지 못합니다."라 아뢰었더니. 주상께서 매우 기뻐하시며 명하여 불러서 유리가 왔더니, 후가 달려가 유리의 목을 껴안고 마주하여 입맞춤이 부부 같았더니. 주상께서 크게 기뻐하며 동궁에게 명하여 모두 함께 누워서 "내가 장차 너 등이 아들을 낳은 연후에 죽을 것이야."라 이르시니, 이날 밤에 동궁이 마침내 편전便殿에서 후와 상통하였고, 후는 내키지 않아하며 아무런 말이 없더라니.

乃帝之崩에遂登床而歡於殯宮할새,后頗'羞月'[148]하사乃有月䖻之曲而孕珍公主하사,琴瑟之和와比翼之情이無以形言이라.起則扶起하고卧則扶卧하며暫不相離하니,禮太后이恐新上이疾作하여常戒后勿過房하시니,后頗苦之러라.后春秋已三十七이라壯熾膏腴하고累經寵妬하여深得事上之道라,腴如萱花하고雅如乙旃하고淳如大房하여,取其長而有之하시니,皆是腐心之餘는所以自得也라.大非前日之召后故로新上極愛하사每抱卧而賞之曰"人言汝性敏苛하며雖美나無情이

146) 즉 斗辰이 作故하기 以前에

147) 召后所生인 罽牟의 딸

148) '羞月閉花(달빛을 부끄럽게 하고 아름다운 꽃도 움츠리게 한다.)'의 줄임으로, 絶世美人을 比喩해 이르는 말.

라더니,豈謂如是其溫柔多情𢓡야."后笑曰"妾之前日은生木而野雉也라,任情自好하여恃寵發惡하니,至今思之면得罪於先皇이多矣라.艾壯之年을居中宮二十一年하여閱群芳之妙道而自得하니,今也에少可矣라.願以不及於先帝者로事陛下以慰先帝之靈則似可贖罪나,然이나但所恨者靑春이不多하니,膏血恐不能長継矣"이니다.上曰"汝雖禿老骨立이나吾當愛之如是矣이라."上之初來也에[貫貝]149)獻身而受身故,卽位則約為皇后故納入宮中,而恐后不悅而不能封后.后知上意而勸封而遂和如初曰"母已去矣라.兄弟不相容𢓡야."貝亦然之하여友愛頗加러라.

이윽고 추모제께서 죽으셨음에, 마침내 평상에 올라 빈궁殯宮150)에서 합환할 새, 후가 꽤나 달빛을 부끄럽게 하사, 월황지곡月皝之曲151)이 생겨났고 이에 진珍공주를 잉태하사, 금슬이 화합함과 비익比翼하는 정의를 형언할 수 없었더라. 일어날 땐 부축하여 일어나고 누울 땐 부축하여 누워서 잠시도 서로 떨어지지 않으니, 예禮태후가 새 임금이 환후가 생길까 걱정되어 늘 후를 훈계하여 이르시길 "지나치게 합방하지 말라."고 하시니, 후가 이를 무척 괴로워하더라. 춘추가 이미 서른일곱이라 기세 왕성하며 윤기가 풍족하여 누차 성총과 투기를 겪어 임금섬기는 도리를 깊이 체득한지라, 훤화처럼 넉넉하고 을전처럼 단아하며 대방같이 순박하여 그들의 장점을 취하여 갖추었으니, 모두가 마음을 썩인 끝에 몸소 체득한 것들이더라. 전날의 소후와 크게 달라진 까닭에, 새 임금께서 지극히 사랑하사 품에 안고 누울 때마다 상찬하여 이르시길 "남들이 그대의 성품이 민첩하고 모질며 예쁘나 무정하다더니, 어찌 그리 말했단 말이오. 이리 온유하고 다정하시거늘?"이라 하였더니, 후가 웃으며 아뢰기를 "첩의 지난날은 다듬지 않은 나무토막에 길들지 않은 꿩이었던지라, 한껏 잘난 체하며 총애를 믿고 발악發惡하였으니, 지금 와서 생각해보면 선황께 죄를 지은 것이 많았습니다. 거칠고 팔팔한 시절 스무 한 해를 궁중에 있어서 많은 미인들의 오묘한 도리를 둘러보고 몸소

149) 筆寫는 '貫那'이나 譯者가 直後記錄을 勘案해 '召西奴'之姊인 '貫貝'로 바로잡았다.
150) 임금의 梓宮(棺)을 發靷할 때까지 모셔두는 빈소로 쓰이는 궁전
151) 本傳 東明十九年壬寅 四月條의 기록을 보면, [新上曰"女榪之夕,白日昭昭.今卿之夕,紅月皝皝.皝皝,昭昭,,皆天之賜也.何羞之有."]라 했으니, 月皝之曲은 類利가 지었다.

체득한지라 이제 좀 알만합니다. 원하건대 선제先帝께 바치지 못한 것으로 폐하를 섬겨서 선제영령을 위로하면 속죄할 수 있을 듯하나, 다만 한스럽게도 청춘이 많이 남지 않았으니, 애쓴 보람이 오래 가지 못할까 두렵습니다."라 하매, 주상께서 이르시길 "그대가 비록 머리털이 빠지고 늙어서 뼈가 불거져도, 나는 응당 그대를 지금처럼 아끼겠소."라 하시더라. 주상께서 처음 찾아왔을 적에 관패貫貝가 헌신하여 자신을 받아준 때문에 즉위하면 황후를 삼기로 약속한 까닭에 궁중으로 거두었으나 후가 기뻐하지 않을 것을 염려하여 후로 봉할 수 없었더니, 후가 주상의 뜻을 헤아려 후로 봉하길 권하고 애초와 같이 화목해져 이르기를 "어미께서 이미 돌아가셨거늘, 형제가 서로 용납하지 않아야겠소!"라 하니, 관패貝 역시 그리 여겨 우애를 몹시 두터이 할러라.

東明禮太后는蛙王之女이니,其母好太后는青河伯屋斗辰之妻而漱帝之天妃也라.聖母之為蛙后也에好以后母로受蛙寵而生禮太后하니,端麗腆美하여內有屋因之傳하고外有蛙王之容이라.蛙王이爱東明而妻之하시니,情則夫婦이오誼則姨也라.生樟花孕類利而別하니,后曰丈夫之志를不可以女子로錮之라하고許帝南下러니.聖母이悶其久曠하여使帝弟鮮弗로娶之하여,甲申에生子王同하고,戊子에生子王兢하고,壬辰에生女王典하니是年正月에弗이卒하고,更為帝弟鮮百之妻하여丙申에生子曷百하니.時에類利이已長하여與曷百으로爭后不睦이라니,聖母命百棄后曰"勿與汝弟相爭하라."於是에后與類利로同室而生女曰雲이라.帝聞之하고累夢而送黃金数千斤하여命敀之라니,辛丑八月에始與帝로再會於鸞坮하니.時에后春秋이已三十八이라旧時之容이頗無함에,上惻然曰"使汝至此者는吾之罪也라."后이笑曰"自今吾在汝懷而不離하리니,猶勝於都姊之先去라."더니,未幾에娠再思公主하여,未見其生而帝崩하시니.新上이尊為天宮皇太后하여,專掌后妃當夕禱子以為楽曰"夫死從子하니,吾何憂扰야."然,常爱帝而自夕하여,寵不下召房溫旃이러라.

동명東明**예태후**禮太后는 금와왕의 딸이니, 그 어미 호인태후는 청하백 옥두진의 처이자 모수제의 천비天妃라. 성모께서 금와의 후가 되심에 호인이 왕후[152]의 어미로서 금와의 승은을 입어 예禮태후[153]를

152) 金蛙의 后 즉 聖母 柳花를 지칭함

낳았더니, 단아하고 고왔으며 착하고 미모여서 속은 옥인을 물려받고 겉은 금와왕의 용모라. 금와왕이 동명東明[154]을 아껴 처로 삼아주시니, 정으로는 부부이고 따져보면 이모이라. 장화樟花를 낳고서 유리類利를 임신하여 헤어지게 되니, 후가 이르길 "장부의 뜻을 여자로써 가로막음은 아니 된다."라고 하고 추모제의 남하를 허락하였더니, 성모께서 그녀가 오래도록 홀로지낼 것을 걱정하여 추모제 동생 해불解弗[155]로 하여금 그녀를 처로 들이게 하여, 갑신(BCE37)에 아들 왕동王同을 낳고 무자(BCE33)에 아들 왕긍王兢을 낳고 임진(BCE29)에 딸 왕전王典을 낳았더니. 이해(BCE29) 정월에 해불弗이 죽고, 다시금 추모제 동생 해백解百[156]의 처가 되어, 병신(BCE25)에 아들 갈백曷百을 낳았더니. 이때에 유리[157]가 이미 장성하여 갈백과 함께 예후를 다투며 화목하지 않더라니, 성모께서 해백百에게 명하여 예후를 포기케 하고 이르시길 "네 동생[158]과 함께 서로 다투지 말라."고 하셨다. 이리 되었음에 예후가 유리와 함께 같은 방을 쓰다가 딸 운雲[159]을 낳았더라. 추모제께서 이 소식을 듣고 누차 꿈을 꾸시더니 이윽고 황금 수천 근을 보내주어 찾아오라고 명하셨더니. 신축(BCE20) 8월에 비로소 추모제와 란대鸞坮[160]에서 재회하니, 이때에 예후는 춘추가 이미 서른여덟이라 옛날모습이 사뭇 없었음에, 주상께서 측은히 여기시며 "그대로 하여금 이리되게 한 것은 내 죄요."라 이르셨더니, 예후께서 웃으시며 "지금부터 난 당신 품을 차지하여 떨어지지 않으리니 오히려 앞서 죽은 도씨都언니姊[161]보다는 낫습니다."라 아뢰더니, 머지않아 재사再思공주를 임신하여 그 출생을 보이지 못하고 추모제께서 죽으셨더니. '새 주상'[162]께서 천궁황태후

153) 柳花之異父同腹妹
154) 像解 즉 芻牟
155) 柳花所生金蛙子 즉 芻牟之異父同腹弟로 丙寅(BCE55年)生임.
156) 柳花所生金蛙子 즉 芻牟之異父同腹弟로 乙亥(BCE46年)生임.
157) 類利는 BCE39年生이니, 이 丙申(BCE25)年엔 15歲이었다.
158) 好人基準에 柳花·禮氏는 異父同腹姊妹 ; 禮氏所生 類利는 柳花所生 鮮百의 姨從弟
159) 禮后所生인 類利女. 不然이면 鮮百女이다.
160) 鸞臺 즉 西都
161) 象解 즉 東明 즉 芻牟가 禮氏에 앞서서 婚姻하여 맞이한 都氏언니(姊).
162) 類利

天宮皇太后로 높여, 후비后妃들이 당석當夕하여 아들 낳기를 바라는 일을 홀로 주관하였고 이를 즐거움으로 삼으면서 이르기를 "지아비夫가 죽어 아들子을 따르고 있으니, 내가 무얼 근심하랴!"라 하셨다. 허나, 늘 광명대제[163]를 아끼고 몸소 밤일을 감당하여, 성총이 소召·방房·온溫·전旃에 뒤지지 않았더라.

東明旃皇后는鯤淵侯乙宋之女也.其母牛姬는漱帝之天妃也라.與聖母同年하여,聖母為天后之年에為奧犍之妻하여得幸於漱帝하니,漱帝曰"汝必大貴이오,不徒為奧犍之妻이라."하더니,東明之初到九如之夜에犍이薦之于枕하여遂相綿而不捨하시니,犍이遂以后로献于東明帝하여與萱后로競寵上下라니.召后入宮에序居三位하고,甲申五月에上이尊召后之母旒太后為天后,故落為天妃而序居四位호대,寵未嘗衰하고得房이最多라.上雖以軍事疲勞면每與后歡則神爽,故常從于幄舍而供歡如少婦하여慰上이甚多하니,上每稱之曰"汝乃菽粟이니不可一時缺이오.召張은雖美나如藥石하니不可常用이라.諸后中에連得数房者이唯后而萱而已라.萱은典淨之友오后補腴之交라."常居而安하고連歡而不損하여每有困憊小痛이면輒引后而歡하여快洗其證故로上常戲后曰"汝乃吾溫泉也라."하시니,名不虛矣러라.乙酉以来로後宮이漸多하여每多過勞호대,幸后則平故,唯后이連夕而不缺하니,諸后이皆羨之曰"旃與聖母同年而為乙蘭之親故로其得寵如是라."하고不知'其儀合而溫甘和平하여能医上勞也.'러라.

동명東明**전황후**旃皇后는 곤연후鯤淵侯 을송乙宋의 딸이고, 그 어미 우희牛姬는 모수제의 천비天妃라. 성모와는 동갑同年이어, 성모께서 천후天后로 되신 해에 오건奧犍의 처로 되어 모수제께 승은을 입으니, 모수제께서 "그대는 필시 대단히 귀히 될 것이오. 오건의 처가 되려고 헛되이 하지 말 것이리라."고 이르셨더니, 동명東明께서 구여향九如에 처음으로 당도하신 밤에 오건犍이 그녀를 잠자리에 바쳐 서로 얽히게 되었고, 버리지 않으셨더니, 오건이 마침내 후로 동명제께 바쳐, 훤화후와 함께 승은의 상하를 겨루더라니. 소召후가 입궁함에 셋째 지위에 있었고, 갑신(BCE37) 5월에 주상께서 소후 어미 류旒태후를 높여 천후天后로 삼으신 까닭에 천비天妃로 낮춰져 넷째 지위에 있었으나, 성총이 쇠하지 않아서 합방合房은 가장 많았더라.

---

163) 光明大帝 즉 琉璃明王 즉 類利

주상께서 비록 군병軍兵의 일로 피로하시면 매번 후와 함께 합환하시면 정신이 상쾌하신 까닭에, 늘 군막으로 따라다니며 젊은 여인처럼 합환해드려서 주상을 위로함이 심히 많았더니, 주상께서 매번 칭찬하여 이르시길 "그대는 '콩菽과 좁쌀粟이니'[164] 한 시도 없어선 아니 되겠소. 소召와 장張은 비록 아름다우나 약돌藥石 같으니 상용해선 아니 되는지라, 여러 후들 중에 연거푸 여러 번을 합방할 이는 오직 후와 훤후[165] 뿐이외다. 훤후는 사념邪念을 없애주는 벗友이고, 후는 약해진 몸을 보補해주는 동무交요."라 하셨다. 늘 같이 있어도 편안하고 연거푸 합환해도 축나지 아니하여, 피곤하거나 약간 아플 때면 잠시 후를 불러 합환하여 그 증세를 말끔히 씻는 까닭으로 주상께서 늘 후를 놀리며 이르시길 "그대는 내 온천溫泉이오."라 하시니, 빈말이 아닐러라. 을유(BCE36)이래로 후궁이 점점 많아져서 매일 과로함이 많았어도, 후와 합환하면 곧 평온한지라, 오직 후는 저녁잠자리를 연이으며 거르지 않으니, 여러 후들 모두 그것이 부러워서 이르기를 "을전旃은 성모와 동갑에 을란乙蘭[166]의 친족인 때문으로 총애 받음이 이와 같다."라 하고 '짝이 맞고 온감溫甘·화평和平하여 능히 주상의 노고를 낫게 하였음'을 깨닫지 못하더라.

以故로上이每以黃金数千兩으로密遺於后而縱其所好호대,后唯以事上為第一楽事하고不喜仙巫禱祝하며不為子女求福하여,奧天이久屈於下하고,奧媛이久未受寵而不言이러라.后性이混厚圓満하고待人에常有和氣藹然하고未嘗疾言遽色하며衣服飮食이淡然若仙人호대,惟服溫中之材而不失悦聖之道하니,亦可謂'浴水之鴛啄尾之鶩'[167]라.后이健厚善子하여,健出이有媛天登坤潤乾真하고,帝出은乃奧花公主旃花公主旃太子犍花公主乙花公主宋太子宋花公主七人也라.帝崩而后春秋이已五十三矣나容皃이尚未衰而柔如小兒矣라.召后為二世之后専房하고秘不發丧故로,后欲殉死於殯宮이라니,新上이抱止之而引至召后枕하여受初幸하고,天房后是夜에亦受幸하니,盖時之三天也라.新上謂旃后曰"汝雖年高나父皇이托汝於我하니,雖死나不可離我"라하니,后이感泣曰"妾이

164) 每日 먹어도 질리지 않고 산뜻한 맛있는 飮食
165) 萱花 즉 柳花의 여동생으로 芻牟에겐 姨母이자 첫 女人임.
166) 斗辰의 生母
167) 本傳의 '浴水之鴛啄尾之鶩'는 서로 對句가 되는 '浴水之鴛啄尾之鶩'의 誤寫로 보임

事大行二十二年에恩透爱徹하여一毛一肉이莫非大行之有라,雖欲從其遺命하여更報于陛下나奈老에何오."上이曰"勿慮하라.汝老我少하니可以相合이라.況汝氣血이尙冨하여能使我悅하니何謂老乎야."遂留於側而連歡数次에儀合情深하여漸入佳妙하니.后以美袪淡粧으로嫵媚百端하여遂娠上子하고年過紀甲而猶生上子하고寵不少衰하니後宮이莫不羡其老壯이러라.

이런 까닭에, 자주 주상께서 황금 수천 냥을 슬며시 후에게 보내서 좋아하는 것을 맘껏 해보라고 하셔도, 후는 오로지 주상을 섬기길 제일 즐거운 일로 삼고 선仙·무巫들로 기도禱·축원祝하길 좋아하지 아니하며 자녀들을 위해 복福을 구하지도 아니하여, 오천奧天[168]이 오래도록 낮게 굴종하고, 오원奧媛[169]이 오래도록 총애를 받지 못하여도 아무 말이 없음일러라. 후의 성품이 분별없이 후하여 원만圓滿하고, 남들을 대함에 항상 화기和氣가 가득하고 아직 말이 빨라지거나 급한 안색을 드러나지 않았으며 의복과 음식은 담담하여 선인仙人과 같았으되 오직 몸을 따듯하게 하는 것으로만 옷을 입어 성인聖人을 기쁘게 해드리는 도리를 잃지 않았으니, 역시 '목욕물 안의 원앙鴛과 꼬리를 쪼는 거위鵞'라 할 만하였다. 후는 건강하고 정성스러워 자식을 잘 낳아서, 오건의 자식으로 원媛·천天·등登·곤坤·윤潤·건乾·진眞이 있고, 추모제의 자식은 오화奧花공주·전화旃花공주·전旃태자·건화犍花공주·을화乙花공주·송宋태자·송화宋花공주 일곱 사람이더라. 추모제께서 죽으시매, 후의 춘추가 이미 쉰셋이나 용모는 아직 쇠하지 않아서 부드럽기가 어린아이 같았더라. 소召후가 2세후가 되어 방사를 독차지하고 상喪이 났음을 숨기며 알리지 않는 까닭으로, 후가 빈궁에서 순사코자 하였더니, 새 주상이 껴안아 말리고 소召후 침소로 데리고 가서, 첫 승은을 입었고, 천후인 대방후房后가 이날 밤에 역시 승은을 입으니, 모두가 이즈음의 세 천후天后[170]들이라. 새 주상이 전후에게 말하여 이르길 "그대가 비록 나이가 많으나 부황父皇이 나에게 맡겼으니, 설사 죽어서도 내 곁을 떠날 수 없소."라 하니, 후가 감읍하여 아뢰길 "첩은 대행大行 섬기기 스물 두 해에

168) 乙旃所産奧犍之子
169) 乙旃所産奧犍之女
170) 乙旃天后·召西奴天后·大房天后

받은 은혜와 성총이 온통 스며있어서 털끝 하나 살점 하나가 대행의 것 아님이 없는지라, 비록 그 유명을 따르며 다시금 폐하께 갚고자하나 늙었으니 어쩌겠습니까?"라 하니, 주상이 이르길 "걱정마시오. 그대는 늙었고 나는 젊었으니, 서로 잘 맞을 것이오. 하물며 그대는 기혈이 아직 흘러넘쳐 나로 하여금 능히 즐겁게 하였으니, 어찌 늙었노라고 말할 수 있겠소?"라 하매, 이윽고 곁에 머물며 합환하기 수차에, 짝이 잘 맞고 정이 깊어져서 점점 아름답고 묘한 지경에 들었더니. 후가 예쁘게 차려입고 옅은 치장으로 갖가지 교태를 부리며 마침내 주상의 자식을 잉태하여 나이가 환갑을 넘어서도 도리어 주상의 자식을 낳았고 승은이 조금도 줄어들지 않았더니, 그가 늙어서도 왕성함을 부러워하지 않는 후궁들이 없을러라.

東明桂皇后는桓那侯桂亮之女이니,其母桓淑은漱帝之天妃也라.天姿穠麗豪爽하여,有急人,好俠之風이라니.十九에為桓那女主하여,與勾茶卒本涉羅로爭界하여無年不兵故로,欲得智勇이可以保國者而為夫나,無其人하여,不肯以九常親戚으로為配하니,親戚이多怨之라니.及見罽牟에遂發大雌之情하여爰修玄牝之禮하사盡以其國界로割與卒本하니,其臣이多不平이라니,后曰"天下皆敀於罽牟이可也라.尺寸之地를何可爭이리오."하더니,是年十月에與帝로更會于箕丘之東하여,以羚換麝而相歡于野人之家하고誓作夫婦하니,國臣이不從호대,后欲棄國而敀罽牟故로國人莫知如何라가.甲申冬에又從罽牟於中川하여乞獻國之策할새,命烏干하여率精騎一千하고入桓那城하여與柘公等으로討其反側者藁原等以護桂原之黨하고以罽牟為桓那國天帝라가,乙酉春正月에遂廢桓那國而以后為聖配하시니,桓那国人이喜迎聖上하여,二月遂與后로入其国而謁其宗廟하고撫其宗親曰"桓淑은吾母也라.敢忽吾民哉야."遂行天后之禮於其宮而合巹三日하고,大赦其民하여反側之在獄者를亦皆放之하니,其民이欣服이라.乃命后兄桂孟子하여代執國政하고,使其子桓福으로為沛者하니,福父는卽柘公也라.孟子이亦為罽牟之妃하사累經寵幸하니,桓那之民이以罽牟為父故로勾茶涉羅가不敢更窺하여國遂富强하니,人莫不悅이라.

동명계황후東明桂皇后는 환나후桓那侯계량桂亮의 딸이니, 그 어미 환숙桓淑[171)]은 수제漱帝의 천비天妃여라. 타고난 자태는 무르익어 아름

171) 慕漱帝寵姬 즉 桂妻生母

답고, 호탕하며 뜻이 굳세서 위급한 사람이 있노라면 호협好俠의 기풍이라니. 열아홉에 환나桓那여임금女主이 되어, 구다勾茶·졸본卒本·사라涉羅와 국경을 다퉈서 전쟁 없는 해가 없는 까닭으로, 지혜와 용맹함이 나라를 지킬만한 이를 얻어서 지아비로 삼으면 좋겠다고 바랐으나, 그럴 이가 없어서, 범상한 친척으로 짝을 삼으려하지 않았더니, 친척들이 그를 많이 원망하더라니. 추모를 만나보기에 다다르매, 이윽고 뛰어난 암컷大雌의 정情을 발동하여 곧 '오묘한 여인의 예법玄牝之禮'[172]을 익히시어 그 나라의 국경을 모두 졸본에게 떼어주었더니. 그 신하들의 불평이 많았더니, 후께서 이르시길 "천하 모두를 추모에게 귀속함이 좋겠거늘, 약간의 땅을 어찌 다투리오."라 하더니, 이해 10월 추모제帝와 함께 기구箕丘[173] 동쪽에서 만나 영양羚을 사향麝노루와 바꾸고서 야인野人의 집에서 서로 합환하고 부부가 되기로 서약하셨더니. 나라의 신하들이 따르지 않아도 후께선 나라를 버리고 추모께 출가하려하신 까닭으로, 나라사람國人[174]들이 어찌할 바를 몰라 하다가, 갑신(BCE37) 겨울에 또 중천中川에서 추모를 따르며 나라를 바칠 계책을 정할 새, 오간에게 명하여 정예기병 1천을 이끌고 환나성桓那城으로 들어가 자柘공 등과 함께하여 반대편 사람 고원藁原 등을 토벌하여 계원桂原무리를 보호하고 추모를 환나국 천제天帝로 삼으셨다가, 을유(BCE36) 춘정월에 이윽고 환나국을 폐하고 나서 황후로서 성상의 짝이 되시니. 환나 국인들이 기꺼이 성상을 맞이하여, 2월에 이윽고 후와 함께 그 나라로 들어가서 그 나라 종묘를 참배하고 그곳 종친들을 위무하사 "환숙은 나의 어미이시라. 감히 내 백성을 홀대하겠는가!"라 이르셨고, 이어서 천후天后로 삼는 예절을 그 궁에서 거행하여 사흘을 합근合巹하시고, 그곳 백성들을 널리 사면하여 반대편으로 옥에 갇힌 이들 역시 풀어주시니, 그곳 백성들이 기쁜 마음으로 따르는지라, 이에 후의 언니 계맹자桂孟子로 하여금 국정을 대신 집정케 하시고 그 아들 환복桓福으로 하여금 패자沛者가 되게 하시니, 환복福의 아비는 곧 자柘공

172) 萬物을 낳아서 기르는 根源的인 道理
173) 黃龍故地 東部에 所在한 箕山이다.
174) 나라의 모든 官吏 즉 臣下들(宗室을 包括한다)

이라. 계맹자孟子 역시 추모의 비妃가 되사 누차 승은을 입으니, 환나 백성들이 추모를 아비로 여기는 까닭에, 구다勾茶와 사라涉羅[175]가 감히 다시는 엿보지 못하여, 나라가 이윽고 부강해지니, 즐거워하지 않는 사람이 없더라.

七月,好人太后至自曷思,尊為皇太后,乃依扶余三后之制,以萱召桂為三天后而至于崩日無變.后性雅貞淸秀,雖侍上終日而無媚嫵之態,故得房最少生子亦只子女而已,故入廟之時에宗府推旃后於桂后之上하여,至今猶言當時之誤禮者이多矣라.旃后之聖功이非不大矣나其於創業에安能當桂后之万一耽야.光明之時에桂后이推下而高娄謹愼閑地者는盖因孟后桓福之不得于瓊府故也라.方子午谷之大戦에事出不意하여賊이囲於谷中하고俯瞰而輻矢하니皇軍之死者이難計라.上亦中二矢하여,后이扢而吮之하고負而行之라가,后亦中一矢而不以為意하니.見風勢而督火攻하여遂至大捷然後에始治其創하니,其鎮衆自重之度이如是러라.天子立后之時에必以鼓吹登床하여名曰吹禮者는自桂后始하니,桂后이恐上過勞而煩此禮矣라니.召后之為二世后也에欲使國人知之하여吹禮而登床故로遂為後世立后之式矣라.后命諸将之妻從夫於陣中者는必使騎馬而不許轝行之風이亦自后始하여稱為騎妻러라.

7월에 호인好人태후가 갈사曷思에서 당도하여 황태후皇太后로 높여졌고, 이에 부여扶余의 3후后제도制를 따라 훤萱·소召·계桂가 세 천후天后로 되어 죽는 날까지 변함없었다. 계후后는 성품이 우아·정숙하고 욕심 없기로 빼어나서, 비록 주상을 온종일 곁에서 모시면서도 아양 떠는 몸짓이 없던 까닭에 합방이 가장 적었고 낳은 자식 역시 달랑 아들 하나에 딸 하나 뿐인 까닭에 종묘에 들일 때에 종부宗府가 전旃후를 계桂후의 위로 받들어서, 지금 와서도 오히려 당시 예법이 잘못되었음을 언급함이 많았더라. 전旃후의 훌륭한 공적이 크지 않았음은 아니나, 그것이 창업함에 있어서 어찌 능히 계후의 만분의 하나에나 필적하겠는가! 광명시절에 계桂후를 아래로 받들어 고루高娄가 삼가 조심하는 한가한 지위였던 것은 개략 맹후孟后[176]와 환복이 경부瓊府[177]에 접근하지 못한 때문이었던 것이라. '자오곡대

175) 尸羅 즉 斯羅
176) 桂孟子

전子午谷之大戰[178]에서 일이 불의不意에 생겨, 적이 계곡 중에서 포위하고 숨어서 굽어보며 바퀴살들이 몰려들듯 화살을 쏘니, 죽은 황군의 수가 헤아리기 어려웠음을' 헐뜯었음이라. 주상 역시 화살 두 대를 맞으시어, 후가 그곳을 닦아내며 입으로 빨아냈고 등에 업고 다니다가, 후 역시 화살 한 대를 맞았어도 괘념치 않았더니. 바람의 기세를 보며 화공火攻을 독려하여 마침내 크게 이긴 연후에 비로소 자신의 창상을 치료하였으니, 그가 군사들을 진정하며 자신의 언행을 무겁게 하는 태도가 이와 같았더라. 천자가 후를 세울 때에 필히 북을 치고 나발을 불고서야 침상에 올라서 취례吹禮[179]라 부르던 것은 계桂후로부터 비롯된 것이었더니. 계후가 주상께서 과로하실 것을 걱정하여 이 예법을 번거롭게 하였노라니. 소召후가 2세후로 될 적에 국인들로 하여금 이를 깨닫게 하고자 하여 취례를 행하고 나서 침상에 올랐던 까닭으로 이윽고 후세에 '후를 세우는 법식法式[180]'이 되었더라. 후가 모든 장수의 처들에게 명하여 '군진 중으로 지아비를 따라나선 이는 필히 말을 타게 하여서 수레를 타고 나심을 허락하지 않는 풍조'가 역시 후로부터 비롯되어 '기처騎妻'로 칭해졌더라.

后不喜粉黛理鬟而天姿이自麗故로後宮이多倣后而修天姿하니,時稱桂后粧이라.又不喜金玉之飾하여雖以翟服侍上이라가多闕金玉하고惟以真珠綬為頂飾하니,其母桓淑之所佩故로,其母而用之者也라.人稱桂后以真珠后者이以此故也라.后父桂亮公이嘗為閃尼母斫欺하여獵于界上이라가過伏兵於丹山하여受困而還故로,上之七年六月親率沸流軍三千하고出汗上하여先取丹山為桓那屬領하니,閃尼이怒辱於后라가敗敀而反이라니.進攻斐河黃東에皆用后計勝之하고,及至其都하여與賊虎山大戰於都下.上親鼓督戰,虎山之矢飛来,后迎其矢于上前

177) 龍骨들이 居處한 官府, 또는 그 宮人들

178) 荇人國征伐戰場中一處 : 子午谷大戰은 北方의 肅愼과 北曷이 荇人軍을 도우려고 찾아온 荇人國地境으로 西進하던 荇人征伐軍과 接戰한 곳이니, 質山[zhìshān]즉 銕山[zhìshān]의 西北方으로 和林格爾 一帶의 丘陵性 山地의 通路였을 것으로 譯者는 推定한다. 이 子午谷은 현금의 陝西省南部 秦嶺山脈南邊의 子午岺(漢中·關中間의 要地) 및 陝西省北部 甘泉인근의 子午岺과는 決코 無關하다.

179) 나발(나팔)을 불어서 알리는 禮法

180) 特定 週期別 또는 特定 儀式을 行할 때마다 마땅히 지키는 規程

連中二矢而毒劇忍痛而不言.上親射虎山殺之,以下九将皆殞於陣前,賊自知不敢當而降之.遂斬閃尼而滅其國為郡.然后以此卧,十一月崩,春秋三十二,子曰高娄太子,女曰曼公主.以皇后禮葬于真珠河山,名曰真珠陵.上作吾妻曲而悲之.李文真譯之以詞,載于皇麗詞林嗚呼.東明天后九八人,惟后與禾后正婚典.而后之功業光於百世,歷代無亡讀子午之史,過其谷者未嘗不掩卷而歎.

후后는 분을 바르고 눈썹을 그리거나 머리 다듬길 반기지 않았어도 타고난 맵시가 절로 고왔던 까닭으로 후궁들이 후를 많이 모방하여 타고난 맵시를 다듬더니, 때에 '계후장桂后粧'이라 칭하더라. 또한 금과 옥으로 치장하는 것도 반기지 않으며 비록 적복으로 황상을 모실 때에도 금과 옥으로 된 많은 것들을 없애고 진주인끈真珠綬만으로 정수리를 꾸몄으니, 그 어미 환숙桓淑이 패용한 까닭으로 자신의 어미를 생각하며 썼던 것이라. 남들이 계후를 진주후真珠后로 칭함은 이러한 까닭이라. 후의 아비 계량桂亮공이 일찍이 섬니閃尼[181] 어미에게 속아 국경근처에서 사냥하다가 단산丹山에서 복병을 지나쳐서 곤욕을 치르고 돌아온 까닭에, 주상께서 재위7년(BCE31年) 6월에 친히 비류군沸流軍 3천을 이끌고 '한수汗水 곁'[182]을 나가서 우선 단산丹山[183]을 빼앗아 환나桓那속령屬領으로 만드시니, 섬니가 노하여 후에게 욕을 퍼붓다가 패하고 돌아가더니 되돌려오더라니. 진격하여 쌍하雙河[184]와 황산黃山[185]동쪽을 공격함에 모두 후의 계책을 써서 이겼고, '섬니의 도성'[186]으로 가서 적장 호산虎山과 어울려 그 도성 아래에서 크게 싸웠다. 주상께서 친히 북을 치며 독전하시는데, 호산의 화살이 날아오매, 후가 주상의 앞에서 화살을 가로막아 연달아 두 대를 맞으셨고 독毒이 극심劇甚하여 고통을 참느라 말을 하지 못하였더니. 주상께서 친히 호산을 쏘아 죽이셨고, 그 휘하 아

181) 勾茶國女主

182) 桑干河 즉 永定河

183) 丹山은 檀山이나 赤山? 河北省 完縣·唐縣 北隣의 檀山? 이 丹山은 雙河(二水)·黃山·勾茶都城 北方으로 相互隣近한 지역이었을 것이다.

184) 本紀 東明七年庚寅 七月 條의 기록은 '二水'여서, 滹沱河나 大沙河 上流쯤의 두 물줄기인 듯.

185) 河北省 曲陽·行唐縣間의 黃山?

186) 潞城·長治間의 南垂鎭 쯤?

홉 장수들이 모두 군진 앞에서 죽었더니, 적들은 스스로 감히 당해낼 수 없음을 깨닫고 항복하였다. 이윽고 섬니를 참하고 그 나라를 멸하여 군郡들[187]로 삼았다. 그러나 후는 이로써 자리에 누우셨고 11월에 죽으시니, 춘추 서른둘(BCE62年生)이었다. 아들은 고루高婁태자이고 딸은 만曼공주이다. 황후 예법으로 '진주하산真珠河山'에 장사하고 진주릉真珠陵이라 일컬었다. 주상께서 '오처곡吾妻曲'을 지어 슬퍼하셨는데, 이문진李文真[188]이 이를 가사로 번역하여 '황려사皇麗詞' '림명호林鳴呼'에 실었다. 동명의 천후는 모두 여덟이나, 오직 계후와 화禾후만이 정식 혼인예법이었다. 그리고 후의 공功·업業이 백세百世토록 빛나서, 대대로 '자오지사子午之史'[189] 읽기를 잊지 않았고, 그 고을[190]을 지났던 이들은 과연 읽던 책을 덮으며 탄식하였더라.

禾皇后,黃竜王宝得之女也.初為小妃,孟后萱后之後入為天后.雖無顯行大德,不失坤儀敬事夫皇,敎子女以方.辛丑六月崩,春秋三十三,葬于中川之原.后性仁孝勤儉,不與人爭卑辞,爱人篤信天帝之詞,不以帝胄美容為自矜,盖后之容光為當世之一云.

화황후禾皇后는 황룡왕 보득宝得[191]의 딸로, 애초에 소비小妃로 되었다가, 맹후孟后와 훤후萱后의 뒤로 들어서서 천후天后로 되었다. 비록 뛰어난 행적과 큰 덕은 없어도 곤위坤位의 예의를 잃지 않고 부황夫皇을 섬겼으며, 자녀들을 반듯하게 가르쳤다. 신축년(BCE20) 6월에 죽었으니, 춘추 서른셋(BCE52年生)으로, 중천원中川之原[192]에 묻혔다. 후의 성품은 인효仁孝·근검勤儉하여 남들과 비속한 말을 다투지 않았고, 사람을 아끼고 천제의 말씀을 독실하게 믿었으며, 천제의 핏줄임과 예쁜 얼굴을 스스로 자랑하지 않았으나, 개략 후의 얼굴빛이 당세의 제일이었다 한다.

---

187) 馬山郡·平山郡·黃山郡·泥河郡·豊城郡

188) CE600年에 留記100卷을 新集五十卷으로 刪修(簡略修撰)했다는 高勾麗 太學博士

189) 毒矢 둘을 맞은 임금을 擁衛하다가 自身도 毒矢를 맞은 채로 勝捷을 이끈 子午谷戰爭史 얘기.

190) 子午谷 部落

191) 芋花所生 羊吉의 아들

192) 黃龍故地

高勾麗 創世記

南堂遺稿 [illegible]牟鏡

인　　쇄　2020년 7월 28일
발　　행　2020년 8월 13일

校譯校註　金 星 謙
발 행 인　孫 光 春
인 쇄 처　圖書出版 修 書 院
발 행 처　서울특별시 성북구 삼선교로 2길 7-3
　　　　　TEL.765-0924~5, FAX.765-0927
E-mail　suseowon@hanmail.net
등　　록　1971.12.9. No.2-282
ISBN / 978-89-6798-061-0

〈정가 30,000원〉

이 도서의 국립중앙도서관 출판시 도서목록(CIP)은 서지정보유통지원시스템 홈페이지(http://seoji.nl.go.kr)와 국가자료공동목록시스템(http://www.nl.go.kr/kolisnet)에서 이용하실 수 있습니다(CIP제어번호 : CIP2020030759).